SPURGEON'S SERMON NOTES

스펄전 구약설교노트

세계
기독교
고전

◀ 62 ▶

SPURGEON'S SERMON NOTES

스펄전 구약설교노트

찰스 스펄전 | 김귀탁 옮김

CH북스
크리스천
다이제스트

※일러두기

스펄전의 설교노트는 총264편으로 구성되어있는데 1~129편은 구약편이고,
130~264편은 신약편이다. 이 책의 차례 번호는 원서를 그대로 따랐다.

서 언

　　나는 여러 번에 걸쳐 "설교의 개요에 도움을 줄 수 없습니까?"라는 요청을 받았습니다. 그때마다 나는 시중에 그런 종류의 책들이 많이 나와 있다고 대답했습니다. 그러자 그들의 대답은 더 간단하고, 덜 수사학적인 책이 필요하다는 것이었습니다. 나는 그들의 요청을 통해 정말 그런 책을 써야 되겠다고 마음먹었습니다.

　　나는 설교자들의 게으름을 조장하지 않고, 오히려 지친 그들에게 열심을 자극하기 위해 이 노트를 준비했습니다. 따라서 나는 설교자가 아무 생각 없이 이 노트에 따라 설교하거나 지친 설교자가 아무 도움을 받지 못하는 일이 절대로 없기를 바랍니다.

　　철저하게 원고 없이 설교할 수 있는 설교자는 거의 없습니다. 만일 그렇게 하는데도 그들의 설교가 충분히 은혜를 끼친다면, 그들은 정말 복된 설교자입니다. 어떤 설교자들은 목발에 의지해서 설교를 합니다. 그들은 남이 준비한 설교를 거의 읽어 내려갑니다. 그러나 이것은 정말 절름발이 작업이 될 것입니다. 우리들 가운데 대부분은 지팡이가 필요하고, 필요할 때가끔 의지하곤 합니다. 완전히 유능한 사람은 아무 막대기도 필요하지 않습니다. 나는 첫 번째 부류에 속하는 설교자는 아닙니다. 나는 "내 지팡이만 가지고 이 요단을 건넜습니다"(창 32:10). 이제 나는 이 지팡이를 자신의 설교 여행에서 필요하다고 느끼는 사람들에게 제공하고자 합니다.

　　우리가 지하로부터 물을 끌어올리기 위해 펌프에 약간의 물을 부어넣는 것처럼, 이 설교 노트도 지쳐 있는 수많은 설교자들에게 자극을 줌으로써 원래 갖고 있는 그들 자신의 능력이 충분히 발휘되도록 돕는 역할을 하기를 바랍니다. 성령께서 이 노트를 그의 분주한 종들을 돕는데 사용할 수 있기를 바랍니다. 그리하여 오직 그분께 모든 찬양이 돌려지고, 그분의 교회에 유익이 되기를 원합니다.

우리가 그분 없이 무슨 일을 하겠습니까? 그분이 우리와 함께 하실 때, 우리가 할 수 없는 일이 또 무엇이 있겠습니까? 이 설교 노트를 사용하는 설교자들이 설교를 준비할 때 주님의 임재가 충만하기를 기원합니다.

나는 한 줌의 나무 지저깨비를, 아니 원한다면, 한다발의 장작을 제공해 주고, 그리하여 설교자가 자신의 난로에 그것으로 불을 지피고, 자신의 성도들을 위해 음식을 준비하도록 돕는 자가 되기를 바랍니다. 게으른 설교자도 자신의 나무로 냄비를 끓게 할 수는 있을 것입니다. 하지만 그 경우에도 그 음식이 정말 맛있다면, 그것을 탓하지는 않겠습니다.

내가 이 노트를 통해 그가 자신의 연료를 전혀 사용하지 못하도록 유혹함으로써, 철저하게 게으른 설교자를 돕는 자가 되어 버린다면, 그것은 정말 불행한 일이 될 것입니다. 하지만 나는 그때에도 그 문제를 절망의 눈으로 바라보지는 않겠습니다. 왜냐하면 아마 그 과정에서 그 게으른 설교자도 자신의 손가락을 태우게 될 것이기 때문입니다. 또 그가 나의 장작을 만나지 못했다면, 틀림없이 다른 장작더미에서라도 그것을 취할 것이라고 생각되기 때문입니다. 그러므로 어느 누구든 거룩한 불을 사용할 때, 나의 이 장작더미로 말미암아 크게 손해 보는 자는 없을 것입니다. 이 노트에 포함되어 있는 진리들은, 그것들이 그에게 정직하게 말씀하도록 허용된다면, 절대로 손해 볼 사람은 아무도 없을 것입니다.

나는 이 노트가 스스로 생각하기를 포기한 사람들에게는 별로 도움이 되지 않기를 바라고, 또 그러리라고 믿습니다. 이 노트는 설교를 준비하는 자

를 돕기 위해 썼고, 그 외에 다른 목적은 없습니다. … 이 노트의 내용들은
오로지 복음주의 진리를 최대한 분명하게 드러내고 있습니다. 내가 호의적
으로 생각하지 않는 사람들은 이것 때문에 나의 작업이 무익하다고 평가할
것입니다. 그러나 그들의 이런 평가가 나에게는 아무런 경고가 되지 않습니
다. 왜냐하면 그들의 평가의 비중은 그리 크지 않기 때문입니다.

　때가 언제든, 이 노트의 저자인 내가 논쟁의 한복판에 서게 될 때가 분명
히 올 것입니다. 나는 단지 은혜의 교리, 십자가의 가르침, 구원의 복음 외
에는 모릅니다. 다만 나는 이 진리들이 더 광범위하게 전파되었으면 하는
마음으로 글을 씁니다. 만일 이 진리를 믿는 사람들이 이 노트를 사용함으
로써 나에게 감사한다면 나는 그저 기쁘고, 하나님의 은총이 그들의 설교에
함께 하리라고 확신합니다. 하나님의 말씀의 산 씨에 골고루 물을 뿌리도록
믿음 안에 있는 동역자들을 돕는 것은 결코 작은 기쁨이 아닙니다.

　설교자들이 그들 자신의 것이 아닌 메시지를 전달하도록 돕는 것은 결코
나의 의도는 아니었습니다. 그것은 선지자들이 상대방의 예언을 훔치는 것
만큼 악한 일입니다. 그렇게 되면 그것들 — 전부 — 은 거짓 예언이 되고
맙니다. 그러나 젊은 선지자가 친구의 도끼를 빌려서, 그것으로 자기가 쓰
러뜨려야 할 나무를 내려치는 것이 결코 비난받을 일이 아닌 것처럼, 우리
는 그것들 속에 제시된 주제를 발견하고 거기서 일련의 사상을 찾아내어,
그것을 사람들에게 전심을 다해 설교함으로써, 그것들을 써먹는 것을 절대
로 비판해서는 안 됩니다. 하지만 이 책이 그들의 주문품이 되어서는 안 됩
니다.

　누구든 자신의 도끼를 가지고 있어야 합니다. 절대로 "아아, 내 주여 이
는 빌려온 것이니이다"(왕하 6:5)라고 외쳐서는 안 됩니다. 누구나 특별히
곤란할 때, 육체가 병들 때, 정신적으로 피로할 때가 있습니다. 그때 사람은
옆에 있는 형제의 도움에 대해 크게 감사하고, 지체 없이 그 도움을 받습니

다. 나는 바로 이런 경우 도움이 되도록 이 책을 준비했습니다.

오, 나는 예수님을 위해 영혼을 얻는 설교를 할 수 있도록 동료 설교자들을 조금이라도 도울 수 있기를 바랍니다. 이를 위해서는 설교자들의 다정하고, 인간적인 증거가 크게 도움이 되고, 따라서 이 책에 요약해 놓은 진리들에 그들 자신의 신실한 증거를 덧붙이기를 바라고, 그렇게 되면 많은 성도들이 주님을 성공적으로 전파할 수 있으리라고 믿습니다. 겸손한 동료 설교자들에게 한 분을 소개하는데, 그분이 그들을 진실로 도와주시기를 바랍니다. 그분은 바로 성령이십니다. 성령이 없으면, 이 책 속에는 마른 뼈 골짜기 외에 아무것도 없습니다. 그러나 성령의 네 바람으로부터 숨이 불어넣어지면, 이 노트의 모든 문장은 생명으로 충만하게 될 것입니다.

1886년 3월, 웨스트우드에서
그리스도 안에 있는 여러분의 동역자,
찰스 스펄전으로부터.

차 례

1
롯을 재촉하심

동틀 때에 천사가 롯을 재촉하여
_ *창세기 19:15*

이 인물이 천사였을까 아니면 하나님이 나타나신 것일까? 그러나 그것은 중요하지 않다. 문제는 그들이 하나님으로부터 구원하도록 보내심 받은 사자들이라는 것이다. 어쨌든 그들은 우리가 사람들을 일깨워 구원을 받도록 하려면 어떻게 해야 하는지를 가르쳐 준다. 그들은 집으로 찾아갔다("그 집으로 들어오는지라." 3절). 그들은 진상에 대해 설명을 했다("여호와께서 이 성을 멸하실 터이니." 14절). 그들은 재촉하고 설득했다("너희는 일어나 이 곳에서 떠나라." 14절). 그리고 그들은 강권적인 사랑의 힘을 사용했다("그 사람들이 롯의 손과 그 아내의 손과 두 딸의 손을 잡아 인도하여 성 밖에 두니." 16절). 두 천사가 4개의 손을 모두 사용하여 롯과 그의 아내와 딸들의 손을 잡고끄는 장면을 상상해 보라.

I. 의인들은 재촉 받아야 한다.

1. 어떤 면에서? _주님께 순종하는 문제들에 대하여. 그러나 "나는 주의 계명을 지키기 위해 부지런했고, 결코 지체하지 않았다"고 말할 수 있는 사람은 아주 적다.

- 세상에서 나오는 일. "롯이 지체하매"(17절). "롯의 아내는 뒤를 돌아보았으므로"(26절). "너희는 그들 중에서 나와서 따로 있으라"는 명령의 긴급성은 우리가 "일어나 떠나는" 일을 얼마나 싫어하는지를 보여 준다.

- 가족들의 유익을 구하는 일. "이 외에 네게 속한 자가 또 있느냐"(12

절).
- 영적인 문제에 신속하게 대처하는 일. "도망하여 생명을 보존하라"
(17절). "속히 도망하라"(22절).

2. **왜?**_육신은 약하기 때문에. 롯은 노인이었고, 세속에 너무 깊이 물이
들어있었다. 그는 올바른 길을 가도록 이끌어 준 정신적 스승인 아브라
함으로부터 떨어져 있었다.
- 버티는 일은 힘들다. '내가 도망하여 산에까지 갈 수 없나이다'(19절).
- 소돔은 게으름의 영향력이 강한 곳이다. 우리는 종종 순례자에게 잠
을 전염시키는 "미혹의 땅"을 통과한다.
- 우리가 세상일에 지나치게 집착하고, 그것이 생각의 대부분을 차지한
다면, 우리는 결단을 방해받게 된다.
- 일하지 않고 노는 것은 더 나쁘다. 세상 속에서 아무 일도 하지 않고
사는 사람은 종교 안에서도 제대로 하는 일이 없게 된다.

3. **어떤 방법으로?**_그들의 할 일, 그들의 기회 그리고 이미 허비해 버린
시간들을 그들에게 상기시켜 줌으로써.
- 세월은 빠르고 인생은 짧다는 것을 그들에게 말해 준다.
- 완고한 그들에게 확실히 임할 멸망에 대해 경고한다.
- 할 일을 하지 않는 것은 죄요, 그것은 또 다른 죄를 일으킨다는 사실
을 설명해 준다.

II. 죄인들은 재촉 받아야 한다.

1. 죄인들은 아주 느리고, 꾸물거리는데 익숙하다.
- 그들은 죄로 가득 찬 소돔 땅에 살고 있다. 게으른 만큼, "손을 모으고
좀 더 누워있기"(잠 6:10; 24:33)를 바란다.
- 그들은 멸망의 도성과 다양한 연줄로 묶여 있다.
- 그들은 우리의 경고를 믿지 않는다. "그의 사위들은 농담으로 여

겼더라"(14절).

- 그들은 우리의 주장에 반대하지 않을 경우에는 그것을 무시한다.
- 미루는 것은 사탄이 그들의 멸망을 위해 펼치는 중요한 궤계 가운데 하나다.
- 미루는 것은 우리의 설득을 좌절시킨다. 그것은 포위된 도성의 성벽 위에 널려 있는 양털처럼 공성망치의 공격을 무력화시켜 버린다. 벨릭스는 바울의 강론에 두려운 마음이 들자 "틈이 있을 때" 다시 듣겠다고 미룸으로써, 자신의 놀란 양심을 진정시켰다.

2. 죄인들을 재촉하는 것은 우리의 의무다.
- 우리는 이 천사들처럼 열심을 내야 한다.
- 우리는 인내하며 우리의 주장을 끈질기게 선포해야 한다.
- 우리는 결연한 자세로 그들의 손을 잡아끌어야 한다.

3. 우리는 죄인들을 재촉해야 할 이유들을 많이 갖고 있다. 성령이 죄인들에게 다음과 같은 사실들을 볼 수 있도록 역사하시기를 바란다:
- 머뭇거리는 동안 그들에게 임할 절박한 위험들.
- 하나님이 도망하여 생명을 보존하라고 명하실 때 그 명령에 늑장 부리는 죄.
- 어떤 막연한 미래보다 현재가 중요하다는 것.
- 그들이 바라는 낙관적인 미래의 도래가 불확실하다는 것.
- 어떤 일에 대해 즉각적인 결단이 시급히 요구된다는 것. 왜냐하면 그것은 그들에게 "지금 아니면 다시는" 기회가 주어지지 않기 때문이다. 지금 하나님의 음성을 듣지 않는다면, 그들은 "죄 가운데 죽게 될" 것이다.

❖ 예 화 와 기 타 ❖

그리스도인인 한 상인이 수년 동안 단골손님으로 자신의 가게를 찾았던 사람에게 한 번도 그의 영혼의 상태에 관해 말해 준 적이 없음을 상기했다. 그 상인은 다음번에 그가 가게를 찾으면 반드시 복음을 전해야겠다고 결심했다. 그러나 다음번은 없었다. 그 사람이 갑자기 죽는 바람에, 더 이상 그를 만나지 못했기 때문이다.

한 젊은이가 복음을 믿는다고 공개적으로 고백을 하자 그의 아버지는 크게 반대하면서, 이렇게 충고했다: "아들아, 먼저 사업가로 성공하고. 그 다음에 종교에 관해 생각하면 어떻겠니?" 이에 대해 그는 "아버지, 예수 그리스도께서는 저에게 그렇게 권면하지 않으십니다. 그분은 '먼저 하나님의 나라를 구하라'고 말씀하십니다"라고 말했다.

사람들은 세상 쾌락에 빠져 주님 찾는 것을 미루기 때문에, 다음과 같은 말로 그들에게 지체해서는 안 된다는 사실을 역설하고, 바로 지금 구원을 받으라고 진지하게 권면해야 한다:

> 오, 장미꽃은 피어 있을 때 따도록 하라.
> 내일은 결코 오늘이 아니다.
> 한순간도 헛되이 흘러가지 않도록 하라.
> 시간은 화살처럼 날아가느니라.

순종의 가장 큰 미덕은 그것을 의심 없이 즉각적으로 실천하는데 있다. 천국에서 하나님의 뜻은 즉시 이루어질 것이다. 그곳은 온전한 사랑이 지배하기 때문이다. 천국의 자녀가 순종을 더디 한다면 그것은 불순종이다.

죽어가고 있는 한 사람이 옆의 친구에게 "여보게, 왜 자네는 내 영혼의 상태에 관해 그렇게 절실하게 말해 주지 않았는가?"라고 말했다. 이에 그 친구는 "사랑하는 친구여, 내가 자네에게 여러 번에 걸쳐 말하지 않았던가?"라고 대답했다. 그러자 그는 이렇게 대답했다: "그래, 자네는 그런 나를 책망하지 않고 항상 조용한 목소리로 말했지. 나는 자네가 내 앞에 무릎을 꿇거나 내 목을 부여잡고 흔들며 말해 주기를 바랐었네. 왜 그런 줄 아는가? 나는 지옥에 떨어져도 잠을 잘 정도로 본래 무심한 사람이기 때문일세."

바느질을 해서 먹고 사는 가난한 여인이 침침한 촛불 아래서 마무리 바느질을 하고 있다. 그때 그녀의 손가락이 얼마나 신속하게 움직이는지 보라. 너무 어둡기 때문에 손가락이 바늘에 찔릴까봐 두려워 멈칫거린다면, 그녀는 그 일을 제대로 마칠 수 없다.

어떤 그리스도인은 **명령이 자기들의 마음에 절실하게 느껴지지 않기 때문에,** 신속하게 순종하지 못한다. 자녀가 아버지에게 이렇게 한다면 또는 병사가 그의 상관에게 이런 식으로 한다면, 어떻게 될까! 그것 대신 다른 어떤 것이 곧 그들에게 더 절실하게 느껴지게 될 것이다.

어떤 신자는 그들 자신이 늑장을 부리기 때문에, 죄인들로 하여금 늑장을 부리게 만드는 역할을 하지 않는가? 예배당 회중석에 앉아있던 한 사람이 목사에게 "목사님, 내가 이 자리에 앉아있으면, 언젠가는 회심하게 되리라고 믿어도 되겠습니까?"라고 묻자 목사는 "그럼요, 그렇게 되기를 바랍니다. 그렇게 되도록 기도하겠습니다. 그래도 괜찮겠습니까?"라고 말했다. 그러자 그는 "물론이죠, 목사님. 다른 어떤 일보다 그것을 원합니다"라고 반응했다. 그러나 교회에 팽배해 있는 낙관적인 기대감 때문에 그가 재촉 받지 못한 것은 아니었을까? 확실히 사람을 둘러싸고 있는 분위기는 중요하다. 가슴이 뜨거운 그리스도인들은 무심한 사람들이 무관심한 상태에 있도록 그냥 놔두지 못할 것이다.

2
하나님과 겨루는 능력

네가 하나님과 겨루어 이겼음이니라
_ 창세기 32:28

하나님과 겨루는 것은 최고의 복이다. 그것은 하나님이 주시는 온갖 능력을 소유하도록 이끌기 때문이다. 본문의 뒷부분에 "및 사람들과"라는 말이 덧붙여져 있는 것은 이상한 일이 아니다. 야곱은 하나님과 겨루어 그분을 이겼을 때, 형 에서를 두려워할 이유가 없었다. 우리는 여기서 그것이 깊은 고통의 순간에 한 개인에게 주어진 능력임을 주목해야 한다. 그렇다면 두세 사람이 모여 합심 기도를 드리는 곳에서 주어지는 능력은 얼마나 더 클까! 다음과 같은 사실을 유념하자:

I. 이 능력이 될 수 없는 것.

- 육체적 힘은 될 수 없다. "네가 하나님처럼 능력이 있느냐"(욥 40:9).
- 정신적 힘은 될 수 없다. "네가 깨달아 알았거든 말할지니라"(욥 38:4).
- 마술적 힘은 될 수 없다. 어떤 이들은 기도를 마치 부적처럼 생각하지만, 이것은 근거가 없다. "그가 신상을 만들어 경배하며"(사 44:15). "기도할 때에 이방인과 같이 중언부언하지 말라"(마 6:7).
- 공로도 될 수 없다. "네 행위가 온전한들 그에게 무슨 이익이 되겠느냐"(욥 22:3). "그대가 의로운들 하나님께 무엇을 드리겠으며"(욥 35:7).
- 독립적일 수 없다. 그것은 하나님으로부터 주어져야 한다. "그가 큰 권능을 가지고 나와 더불어 다투시겠느냐 아니로다 도리어 내 말을 들으시리라(but he would put strength in me)"(욥 23:6).

II. 이 능력이 나오는 곳.

1. 그것은 하나님의 속성으로부터 나온다. 그분의 선하심과 인자하심은 그분이 우리의 슬픔과 연약함을 바라보실 때 솟아난다. 병사가 어린 아이를 죽이려고 할 때, 그 아이가 "죽이지 마세요, 아직 어리잖아요" 라고 외치면, 무기를 거두는 법이다.

2. 그것은 하나님의 약속으로부터 나온다. 자신의 언약과 복음과 말씀 안에서, 하나님은 그분의 진실하심과 신실하심을 변론으로 내세우는 사람들에게 그것을 보증하신다. "너는 나에게 기억이 나게 하라 우리가 함께 변론하자"(사 43:26).

3. 그것은 은혜 관계로부터 나온다. 아버지는 자기 아들의 말을 분명히 들어주실 것이다. 친구는 그의 친구에게 진실할 것이다. 아테네에 사는 한 아이의 권력에 관한 이야기가 전해진다. 그 아이의 어머니는 그 지역을 총독으로 다스리던 그의 아버지를 지배했는데, 그는 그런 어머니를 지배함으로써 아버지를 지배하는 권력을 갖게 되었다는 이야기다. 이처럼 어머니의 사랑이 왕과 그의 백성들을 다스리는 권세를 아이에게 주도록 만들었다. 우리를 향하신 하나님의 사랑도 우리로 하여금 그분과 겨루도록 능력을 준다.

4. 그것은 하나님의 사전 행동으로부터 나온다. 그의 백성들에 대한 하나님의 만세 전 선택은 그분이 자신의 목적을 절대로 바꾸시는 분이 아니기 때문에, 그분과 겨루는 능력이 된다. 우리가 이미 얻은 대속, 거듭남, 소명 그리고 친교 등은 우리의 궁극적 구원의 근거가 된다. 왜냐하면 하나님의 은혜는 그분의 지혜가 시작해 놓은 것을 절대로 포기하지 않기 때문이다. 모든 복은 쇠사슬처럼 서로 연결되어 있다. 과거의 은혜는 현재와 미래의 복을 구하게 만드는 최고의 변론이 된다.

III. 이 능력이 나타나게 하는 방법.

1. 약함에 대한 깊은 깨달음이 있어야 한다. "내가 약한 그때에 강함이라"(고후 12:10).

2. 하나님의 선하심을 믿는 단순한 믿음이 있어야 한다. "나를 믿는 자는 내가 하는 일을 그도 할 것이요"(요 14:12). 믿음은 이기게 하는 은혜다.

> 믿음은 세상과 지옥을 짓밟고,
> 믿음은 죽음과 절망을 사라지게 한다.
> 믿음은 기도를 통해 하늘을 이기도록 하는데,
> 이 말은 얼마나 희한한 말일까!

3. 하나님의 뜻에 굴복하는 진지한 순종이 있어야 한다. "그의 뜻대로 행하는 자의 말은 들으시는 줄을 우리가 아나이다"(요 9:31).

4. 단호한 결심이 있어야 한다. "당신이 내게 축복하지 아니하면 가게 하지 아니하겠나이다"(창 32:26).

5. 여기에 끈질긴 근성이 가미되어야 한다. "어떤 사람이 날이 새도록 야곱과 씨름하다가"(창 32:24).

6. 온 마음을 쏟아 부어야 한다. "울며 그에게 간구하였으며"(호 12:4).

7. 힘들다고 멈추어서는 안 된다. 야곱은 절름발이가 되었지만, 승리했다. "저는 자도 그 재물을 취할 것이며"(사 33:23).

IV. 이 능력이 사용되어야 할 곳.

1. 우리 자신을 위해.
   - 특별한 시험으로부터 우리 자신을 구하기 위해.
   - 우리 자신의 영예를 위해. "네 이름을 이스라엘이라 부를 것이니"(창 32:28).
   - 우리의 미래의 안전과 힘과 성장을 위해. 야곱처럼, 우리도 계속되

는 시험에 봉착할 때가 있을 것인데, 그때 그것이 이기는데 사용되어야 한다.

2. 다른 사람들을 위해.

- 야곱의 아내와 자녀들이 보존을 받았고, 에서의 마음도 부드러워졌다. 만일 우리가 하나님과 더 크게 겨루게 된다면, 이웃들 사이에서 우리의 영향력도 더 커질 것이다.

- 아브라함, 욥, 사무엘, 바울 등 다른 경우에서 보는 것처럼, 그들은 하나님과 겨루어 이기는 능력을 다른 사람들의 유익을 위해 사용했다.

- 우리는 이 능력을 통해 사람들을 예수님께 인도해야 한다. 사람들을 위해 하나님과 겨루어 이기는 능력을 사용하는 사람은 하나님을 위해 사람들과 겨루어 이기는 능력을 갖게 될 것이다. 오, 하나님과 겨루어 이기는 능력을 얻기 바라는 거룩한 야망을 품게 되기를! 만일 그것을 얻는다면, 우리는 절대로 그것을 잃어버리지 않고 계속 써먹을 수 있어야 한다. 하나님과 겨루어 이기는 능력을 갖지 않고 우리 자신의 보잘것없는 힘으로 감히 그분과 겨루고자 하는 것은 얼마나 끔찍한 일일까!

더 깊은 이해를 위한 글

야곱은 하나의 인간, 단순한 개인, 유랑민, 지친 영혼, 쉽게 부서지고 발아래 짓밟히기 십상인 인간도 아닌 한 마리의 버러지 같은 존재에 불과했지만(사 41:14), 은밀한 기도를 통해 전능하신 하나님을 이길 정도의 능력자가 되었다. 그는 전능자를 이길 정도로 강하다. _ 토머스 브룩스(Thomas Brooks)

아무리 엄격한 아버지라도 자기 딸의 눈에 맺힌 눈물에는 약한 법이다. 아무리 무정한 사람이라도 낭패를 당해 상심하는 사람을 보면 마음이 누그러지고 자비를 베푸는 법이다. 슬픔은 연민을 낳는다. 완강함이 슬픔의 손을 잡을 때, 그 둘은 자비의 문으로 함께 나아가고, 자진해서 그 문을 연다. 성실, 진지성, 인내, 신뢰 그리고 기대감 등은 모두 하나님과 겨루어 이기는 능력의 강력한 도구들이다.

나는 자신의 팔로 자기 아버지의 목을 끈질기게 붙잡고 눈물을 흘리며 입을 맞추는 어린아이를 종종 보는데, 어느 아버지가 그것을 거절할 수 있겠는가? 말 못하는 동물이 먹을 것을 위해 우리의 얼굴을 간절한 눈으로 올려다볼 때에도 그것을 모르는 척할 사람이 누가 있을까? 하나님이 우리보다 사랑이 더 없겠는가? _ 거스리 박사(Dr. Guthrie)

성경에서 기도가 일으키는 놀라운 일들을 열거하며 설명하기는 무척 쉽다. 기도는 하늘 문을 열고 닫는 열쇠다. 그것은 강력한 군대를 이기고, 은밀하게 숨겨져 있는 마귀 자신의 궤계를 전면에 드러나게 한다. 그것은 사악한 음모들이 마음속에서 아예 잉태되지 않도록 소멸시킨다. 또 그것은 성도들을 괴롭히는 악의 세력의 함정들을 그 고안자들에게 다시 돌려보내고, 그리하여 그들이 다른 사람들에게 사용하려고 설치해 놓은 교수대를 되돌려받도록 한다. 기도의 노크 소리로 옥문이 열리고, 무덤이 죽은 자들을 다시 내어놓고, 바다의 리워야단은 잡아먹은 희생물을 소화시키지 못하고 그것을 다시 토해낼 것이다. 그것은 하늘에서 태양의 병거를 멈추게 한다. 아니 그것이 다시 되돌아가게 만든다. 그리고 그것은 하나님이 사람들을 대적하여 나아갈 때에도 다시 돌아가는 은혜를 베풀게 만들 정도로, 전능자의 능력을 취하여 모든 것을 압도한다. _ 윌리엄 거널(William Gurnall)

핀니 목사는 어느 마을에 오랜 세월 동안 부흥이 일어나지 않은 교회가 있었다고 말한다. 그 지역의 교회는 폐쇄 직전이었고, 젊은이들 가운데에는 전혀 회심자가 없었으며. 오직 쓸쓸함만이 지배하고 있었다. 그 마을의 변두리에는 대장간을 운영하는 한 노인이 살고 있었는데, 말을 너무나 더듬거려서 그의 말을 듣는 것이 고통스러울 정도였다. 어느 금요일, 일하기 위해 대장간에 나왔을 때, 그의 마음은 교회 상황과 회개하지 않는 사람들 때문에 심히 괴로웠다. 그 괴로움이 너무 커서 제대로 일을 못할 정도였다. 오후에 그는 대장간 문을 닫고, 안에서 기도를 시작했다. 그는 하나님과 겨루었고, 주일에는 목사를 찾아가 집회를 갖자고 요청했다. 잠시 머뭇거리던 목사는 그 요청에 동조하기는 했으나 얼마나 참석할지 염려하는 빛이 역력했다. 같은 날 저녁 넓은 개인 집에 사람들을 모으기로 약속했다. 저녁이 되자 그 집에 앉을 수 있는 것보다 훨씬 더 많은 사람들이 몰려들었다. 잠시 침묵이 흘렀다. 이윽고 한 죄인이 눈물을 흘리며 누구든 기도할 수 있다면, 자기를 위해 기도해 달라고 부탁했다. 다른 사람이 뒤를 이었고, 또 다른 사람이 계속 뒤를 이었다. 급기야는 그 마을에 사는 모든 사람들이 깊은 참회의 눈물을 흘리는 일이 벌어졌다. 노인이 대장간에서 기도하고 있던 그 시간에 그들이 모두 회심하게 된 것은 얼마나 놀랄 만한 일인가! 그 교회에 대부흥의 역사가 이어졌다. 그렇게 말을 더듬는 노인은 승리했고, 하나님과 겨루어 이긴 자가 되었다.

3
"거기서 그에게 축복한지라"

거기서 야곱에게 축복한지라
_ 창세기 32:29

중요한 일은 복을 받는 것이다. 천사는 야곱이 자신의 이름을 물었을 때 그의 궁금증을 풀어주지 않고, 대신 그를 축복해 주었다. 제자들이 "이스라엘 나라를 회복하심이 이때니이까"(행 1:6)라고 묻자 주님이 "때와 시기는 아버지께서 자기의 권한에 두셨으니 너희가 알 바 아니요 오직 성령이 너희에게 임하시면 너희가 권능을 받으리라"(행 1:7-8)고 대답하셨을 때, 제자들에게 권능이 주어지는 역사가 일어난 것과 똑같은 역사가 이 시대를 사는 우리에게도 일어나기를! 우리는 미래를 알 필요는 없지만, 현재를 위해 능력을 얻을 필요는 있다.

I. 거기서 주어진 야곱의 복은 무엇이었는가? "거기서 야곱에게 축복한지라."

1. 그는 큰 위험 곧 에서의 공격으로부터 구원을 받았다. "내가 그를 두려워함은 그가 와서 나와 내 처자들을 칠까 겁이 나기 때문이니이다"(11절).

2. 그는 큰 잘못에 대해 용서를 받았다. 에서에 대한 그의 간구는 형의 용서를 이끌어냈다.

3. 그는 큰 불화에서 벗어났음을 느낄 수 있었다. "에서가 달려와서 그를 맞이하여 안고 목을 어긋맞추어 그와 입맞추고 서로 우니라"(창 33:4).

4. 그는 새로운 이름과 지위를 얻었다(28절). 그는 거기서 작위를 받고, 땅을 지배하는 족장이 되었다.

5. 그는 이제 새로운 지위 아래 있게 되었다. 그 후부터 이전보다 탁월한

사람이 되었다. "나를 모든 환난에서 건지신 여호와의 사자께서"(창 48:16).

II. 거기는 어디였는가? "거기서 야곱에게 축복한지라."

　　1. 큰 시련의 장소(6, 7절).

　　2. 겸손한 고백의 장소. "나는 주께서 주의 종에게 베푸신 모든 은총과 모든 진실하심을 조금도 감당할 수 없사오나"(10절).

　　3. 탄원의 장소(1, 12절). "어떤 사람이 날이 새도록 야곱과 씨름하다가"(24절).

　　4. 교제의 장소. "내가 하나님과 대면하여 보았으나"(30절).

　　5. 연약함을 깨달은 장소. "그가 브니엘을 지날 때에 해가 돋았고 그의 허벅다리로 말미암아 절었더라"(31절).

이 모든 것은 우리에게도 충분히 교훈을 준다. 왜냐하면 우리는 호세아서 12:4에서 "천사와 겨루어 이기고 울며 그에게 간구하였으며 하나님은 벧엘에서 그를 만나셨고 거기에서 우리에게 말씀하셨나니"라는 말씀을 발견하기 때문이다.

III. 또 다른 '거기'가 있는가?

　　1. 창세 전 하나님이 그리스도 예수 안에서 택함 받은 사람들에게 복을 주셨을 때(엡 1:3-4).
　　　마태복음 25:34을 보라. "내 아버지께 복 받을 자들이여 나아오라."

　　2. 예수님의 십자가와 무덤과 그 보좌. "네 씨로 말미암아 천하 만민이 복을 받으리니"(창 22:18).

　　3. 하늘의 처소. "또 함께 일으키사 그리스도 예수 안에서 함께 하늘에 앉히시니"(엡 2:6).

　　4. 회심할 때. "오늘부터는 내가 너희에게 복을 주리라"(학 2:19). "허물

의 사함을 받고 자신의 죄가 가려진 자는 복이 있도다"(시 32:1-2).

5. 징계 받고, 연단 받고, 겸비하고, 간구할 때. "시험을 참는 자는 복이 있나니"(약 1:12).

6. 신속하게 순종할 때. "복 있는 사람은 … 오직 여호와의 율법을 즐거워하여 그의 율법을 주야로 묵상하는도다"(시 1:1-2). "주의 종이 … 이것을 지킴으로 상이 크니이다"(시 19:11).

7. 성례에 참여할 때(행 8:39; 눅 24:30-31).

IV. 다음과 같은 경우도 '거기'인가?

만약 당신이 다음과 같이 행한다면, 역시 거기가 맞다.

• 기꺼이 죄를 포기할 때.

• 모든 것을 다 바쳐 예수님을 소유하려고 할 때.

• 아버지의 뜻을 위해 자신을 포기할 때.

• 하나님이 정하신 법을 따라 그분을 섬길 때.

구원의 복이 없이는 다른 복을 구하지 마라. 먼저 그것을 믿으라. 그것을 위해 씨름하라. 하나님이 먼저 그것을 주셔야만, 다른 복을 구할 수 있다. 하나님이 복을 베푸시고, 그것들을 사용할 수 있도록 하시지 않는다면, 무엇인들 은혜의 수단이 되겠는가?

✤ 단평과 일화 ✤

본문에서 그리스도께서 야곱을 축복하실 때에 주신 복은 그 속에 다른 모든 복을 담고 있는 신령한 복이었다. 그것은 발등상 곧 땅의 복에서 보좌 곧 하늘의 복에 이르기까지 그 안에 모든 복을 망라한 것이었다. 야곱은 발등상의 큰 창고 속에 이미 많은 은혜 — 많은 재물, 많은 아내와 자녀들 따위 — 를 채워 넣었다. 그러나 그는 이 현세의 복들로 만족하지 않았다(아니 만족할 수 없었다). 그는 더 강하게 잡아당겼고, 그 결과 그는 이것보다 훨씬 더 큰 은혜 곧 보좌의 은혜인 하나님과의 평화를 얻을 수 있었다. 그는 이 은혜가 형 에서와의 화목뿐만 아니라 다른 모든 선한 일들을 가져왔다는 것을 잘 알고 있었다. 이런 이유로 욥은 "너는 하나님과 화목하고 평안하라 그리하면 복이 네게 임하리라"(욥 22:21)고 말했다. 야곱은 임마누엘 하나님과 거루어 이긴 능력에 형 에서를 이기는 능력이 수반되어 있음을 알고 있었다. _ 크리스토퍼 네스(Christopher Ness)

한 젊은이와 함께 전도 집회에 참석했다. 그는 작은 예배당 안으로 들어가 "내게로 돌이켜 구원을 받으라"는 설교를 들었다. 그는 주의 명령에 기꺼이 순종했고, 거기서 주님은 그에게 축복하셨다. 얼마 후 그는 많은 증인들 앞에서 신앙을 고백하고, 주님께 성별된 삶을 살겠다고 다짐했는데, 거기서 주님은 그에게 축복하셨다. 머지않아 그는 얼마 되지 않는 사람들 중에서, 작은 예배당에서 주를 위해 봉사하기 시작했고, 거기서 주님은 그에게 축복하셨다. 그의 봉사의 기회는 더욱 확대되어 믿음으로 주님을 위해 과감하게 사역을 감당했고, 거기서 주님은 그에게 축복하셨다. 그의 믿음은 가족에게도 확대되어 그는 사랑하는 아내와 함께 자녀들이 하나님을 경외하도록 훈련을 시키기 시작했고, 거기서 주님은 그에게 축복하셨다. 그 후 호된 시험이 자주 찾아와 그는 고통과 고뇌 속에 있었지만, 거기서도 주님은 그에게 축복하셨다. 이것은 회심하는 순간부터 지금 이 순간까지 한결같이 그가 경험한 사실이다. 언덕 위를 가든지 골짜기 아래를 가든지 그의 길은 다양했지만, **"거기서 주님은 그에게 축복하셨기"** 때문에 그는 자신의 모든 순례 길에서 그분을 찬양할 수 있었다.

나는 여기서 어려서 잘 알고 지내던 풀러가 말한 신앙의 두 가지 면에 관해 언급했다. 하나님의 섭리는 순경의 때에 그 가운데 하나를 보여 주신다. 또 다른 하나는 역경의 때에 나타난다. 그의 친구의 마음이 이생에 대한 염려와 속이는 재물에 마음이 빠져들지 않도록 권면하면서, 어느 날 그는 친구에게 순경의 복이 오히려 덫이 된 적은 없는지를 물었다. 그는 한숨을 돌리고 이렇게 대답했다: "나는 모든 일들 속에서 하나님을 즐거워하기 때문에 그런 마음이 들지 않는다." 몇 년 후에 그의 친구의 상황은 역전되었다. 비록 전부는 아니었지만, 그때까지 얻었던 것들의 대부분을 잃어버렸다. 이 재난으로 인해 그의 소유는 크게 줄어들었다. 어느 날 그는 최근에 닥친 재난으로 상황이 너무 어렵게 된 것을 어떻게 생각하는지를 다시 물었다. 그러자 그는 한숨을 돌린 다음에 이전과 똑같이 "나는 모든 일들 속에서 하나님을 즐거워하기 때문에 그런 마음이 들지 않는다"라고 대답했다. 이것이야말로 진정한 신앙의 삶이다. 야곱의 경우처럼 그에게도 그것은 진실이었다.

"거기서 그에게 축복한지라" _ 어빈의 일화(Arvine' s Anecdotes)

4

"내 소유도 족하오니"

에서가 이르되 … 내게 있는 것이 족하니 …
야곱이 이르되 … 내 소유도 족하오니
_ 창 33:9, 11

소유가 넉넉하다고 자족하는 사람을 보게 되는 경우는 거의 없다. 대다수의 사람들은 더 많은 소유를 갈망한다. 여기서 우리는 현재의 소유로 만족하는 두 사람을 보게 된다. 그들은 부자였지만, 한때는 가난한 자보다 더 큰 욕심을 부렸던 것이 사실이다. 우리는 여기서 두 사람, 아니 두 형제 곧 서로 전혀 다른 기질을 가진 두 형제를 만나는데, 희한하게도 그들은 각기 "내게 있는 것이 족하다"고 말하고 있다. 이 세상 어디서 그 두 형제와 같은 형제들을 만날까? 확실히 그들 아버지가 기도했던 축복이 자족하는 두 형제들 위에 임했다. 그들은 정말 놀라운 형제들이었다.

I. 소유가 넉넉하다고 자족하는 불신자가 있다.

에서는 다른 잘못을 범하고 있기 때문에 그가 불만을 갖거나 더 큰 욕심을 부리는 것은 당연하지 않다. 만족은 영적 은혜지만 또한 도덕적 미덕이기도 하다. 불신자들은 종종 이 세상에서 자기들의 분깃에 만족한다.

1. 소유에 대한 만족은 반드시 또는 자주 나타나는 것이 아니다. 그들은 대부분 불만족하는 사람들이다.

2. 그것은 에서의 경우처럼 가끔 나타난다.

   • 이것은 힘이 부족할 때 나타날 수 있다.

   • 또는 성격적으로 낙천적이거나 쉽게 즐거워하는 사람들에게 나타날 수 있다.

- 또는 오로지 현재의 쾌락만을 추구하는 속물들에게서 나타날 수 있다.
3. 그것은 약간의 이점이 있다.
   - 소유에 대한 탐욕과 압박감으로부터 벗어나게 하기 때문에
   - 가끔 너그러운 마음씨를 보여 주는 자선과 공존공생의 기질을 촉진시키기 때문에
4. 그러나 그것은 나쁜 면이 있다.
   - 그것은 더 많은 소유를 갈망했다면 결코 그렇게 하지 않았을 사람들로 하여금 부나 부의 축적을 과시하도록 한다.
   - 그것은 영적 재산을 무시하도록 만드는 경향이 있다.
   - 따라서 그것은 현세에서 사람의 운명을 결정하는 징후가 될 수 있다.

II. 소유가 넉넉하다고 자족하는 신자가 있다.

1. 이것이 모든 그리스도인에게 해당되지 않는 것은 유감이다. 어떤 그리스도인들은 스스로 세상과 구별된 존재라고 고백하지만, 세상 것을 열심히 추구하는 모습을 보여 준다. 이것은 마음을 염려와 불평과 시기로 가득 채우고 영혼을 쇠약하게 한다.
2. 소유가 넉넉하다고 자족하는 것은 즐거운 일이다. 자족이 풍부보다 낫다.
3. 가난한 자를 돕는 것은 정말 기분 좋은 일이다. 이것은 우리의 수고의 목표가 되어야 한다. 사도 바울은 "가난한 자에게 구제할 수 있도록 자기 손으로 수고하여 선한 일을 하라"(엡 4:28)고 말한다.
4. 이 모든 것을 우리 하나님을 통해 얻는 것은 복이다. 야곱은 "하나님이 내게 은혜를 베푸셨고 내 소유도 족하오니"(11절)라고 말했다.
5. 모든 것을 다 갖는 것은 최고의 복이다. 난외주에서 우리는 야곱이 "내가 모든 것을 다 가졌으니"라고 말한 것을 읽는다. "다 너희의 것이요"

(고전 3:22).

- 신자에게 필요한 모든 것은 언약 안에 약속되어 있다.
- 모든 것은 섭리를 따라 하나님의 유익을 위해 합력한다.
- 자신의 분깃으로 하나님을 소유한 자는 모든 것보다 더 많이 소유한 것이다.

따라서 그는 힘과 은혜를 충분히 소유한 자가 된다. 그리스도와 말씀과 성령 안에 충만히 거하라. 하나님의 사랑과 능력과 신실하심 속에 충만히 거하라. 하나님 자신 안에 무한한 양식이 있고, 그분의 이름은 "모든 것을 충만케 하시는 하나님"이시다.

일반 불신자도 만족할 때가 있기 때문에 하나님의 자녀가 불만족하는 것은 부끄러운 일이다.

신자는 진심으로 만족해야 한다. 모든 것을 가진 자인데, 무엇을 더 바랄 수 있겠는가? "여호와 앞에 잠잠하라"(시 37:7).

❖ 예화 ❖

한 가난한 여성도가 금식을 마치고, 빵과 물 컵을 손에 들고서는 "오! 이 모두와 그리스도가 다 내 소유라니!" 하고 감격스럽게 외쳤다.

청어와 감자를 앞에 놓고 한 청교도 설교자가 이렇게 축복 기도를 했다: "주여, 우리는 당신이 바다와 땅을 샅샅이 뒤져 당신의 자녀들의 양식을 구해 주심을 감사드립니다."

"우리는 누구나 큰 소리로 세상을 잠시 스쳐가는 여관처럼 생각하고 '지나가자! 지나가자! 하고 외쳐야 한다. 만일 그들이 하늘에 도착해서 자기들보다 훨씬 탁월한 천사들이 천사장으로 임명될 계획이 없었다는 것을 알면 얼마나 놀라겠는가!" _ 묵상을 위한 잠언(Maxims for Meditation)

"소는 산에서 풀을 뜯어먹는 것으로, 벌은 이슬을 먹거나 꽃으로부터 자양분을 빨아들이는 것으로 만족하지 않는가? 그러나 인간의 만족은 마음속에 있다. 인간이 만족을 얻는 길은 배를 채우는데 있는 것이 아니라 마음을 평온하게 하는 데 있다. 만족하는 인간(세네카가 말하는)은 행복한 인간이다. … 불만족은 인간으로부터 그가 소유하고 있는 즐거움의 능력을 빼앗아간다. 한두 방울의 식초가 포도주 잔을 시게 만드는 법이다." _ 토머스 왓슨(T. Watson)

거듭나지 않은 사람이 누리는 만족의 전형적인 실례를 하나 든다면, 다음과 같은 경우를 지적할 수 있다: "경건한 신자였지만, 가난한 삶을 살아온 그린랜드의 원주민 한 사람이 포경선 선장에게 그의 인생이 저주받은 불행한 인생이라고 한마디 했다. 그러자 선장은 그 원주민에게 이렇게 외쳤다: '불행하다고? 천만에! 나는 항상 코에 고래 뼈를 달고 다니고, 언제든 마실 고래 기름이 충분히 있는데, 더 바랄 게 뭐가 있겠소?'"

5
부드럽게! 부드럽게!

야곱이 그에게 이르되 내 주도 아시거니와 자식들은 연약하고
내게 있는 양 떼와 소가 새끼를 데리고 있은즉
하루만 지나치게 몰면 모든 떼가 죽으리니
_ 창세기 33:13

야곱은 혼자 몸이었다면 에서와 함께 갈 수 있었지만, 자식들과 가축들이 너무 많아 천천히 갈 수밖에 없었다. 그는 자신의 사정을 에서가 헤아려 주기를 기대했고, 그래서 에서와 헤어져 따로 가고 싶었다. 결국 야곱은 자신의 입장을 분명히 밝혔고, 그의 형은 그것을 충분히 납득했다. 우리도 다른 길을 가고자 한다면 그 분명한 동기를 알려 주어야 하고, 그렇게 함으로써 우리는 너무한다는 오해를 받지 않게 된다. 매튜 헨리는 "친구들은 서로 간에 화합할(fall in) 수 없는 일이 있으면, 그 일로 불화하지(fall out) 않기 위하여 그 이유를 분명히 알기 원한다"고 말한다. 야곱은 자기에게 너무나 소중한 존재들인 연약한 가솔들을 배려하기 위해 화해한 형과 헤어졌다.

I. 우리는 야곱을 우리의 본보기로 삼아야 한다.

그는 어리고 연약한 자들에 대해 따스한 애정을 보여 주었다. 우리도 그렇게 해야 한다. 이를 위해서는 다음과 같은 점을 고려해야 한다:

  1. 우리가 연약한 자들을 어떻게 박대할 수 있는가?
   • 난해하고 논란이 많은 교리상의 문제로 그들과 다툴 때 그리고 그들이 정확한 의견을 갖고 있지 않다는 이유로 그들을 백안시할 때. "믿음이 연약한 자를 너희가 받되 그의 의견을 비판하지 말라"(롬 14:1).
   • 경험을 기준으로 삼고, 그들이 우리가 느끼는 슬픔이나 기쁨과 같은

감정을 느끼지 못한다는 이유로 그들을 불쾌하게 여길 때.

- 그들이 아직 싹이 나기 전의 봉오리 상태인데도 불구하고 그들에게 높은 수준의 믿음, 용기, 인내 그리고 다른 미덕들을 요구할 때.
- 위로가 되는 약속과 말씀들을 전하는 대신에 단지 공격적인 진리를 설교하거나 두려움을 갖게 만드는 경고를 언급함으로써 끊임없이 의무 이행을 강요할 때.
- 연약한 형제들의 영혼에 대해 꾸지람, 의심, 공격, 비판 등을 일삼거나 그들을 경멸할 때.
- 잘못만 지적하고 칭찬은 하지 않을 때. "아비들아 너희 자녀를 노엽게 하지 말지니 낙심할까 함이라"(골 3:21).
- 항상 시련, 유혹, 불행 속에 있는 신자들에게 그들의 기쁨과 권리 등에 관해서는 거의 말하지 않을 때.
- 이외에도 다양한 경우에 신앙의 교사들은 야곱이 다닌 학교에 들어가 목자 훈련을 쌓고, 그의 부드러운 마음을 본받을 필요가 있다.

2. 우리는 왜 양들을 박대해서는 안 되는가?
- 통상적인 인간애 때문에.
- 우리가 연약했을 때 겪었던 경험이 우리로 하여금 더 잘하도록 가르치기 때문에.
- 우리도 다시 연약해질 수 있고, 큰 인내가 필요하기 때문에.
- 예수님이 그들을 소중하게 여기시기 때문에.
- 성령이 그들 안에 거하고, 따라서 우리는 그들을 통해 행하시는 그분의 사역이 아무리 약할지라도 그것을 존중해야 하기 때문에.
- 만일 우리가 그들을 박대한다면 그것은 사탄의 일을 행하는 것이 되기 때문에.
- 그렇게 하는 것은 우리 스스로 지혜가 없고 은혜가 부족하다는 것을 보여 주는 증거가 되기 때문에. 만일 우리가 지금 어린양들을 죽여 버

린다면, 다음에 어디서 그 양들을 얻겠는가?

- 어린양들을 잘못되게 한 자들에게는 두려운 심판이 선포되어 있어서 그들을 박대한 책임을 면할 수 없기 때문에.

우리는 예수님이 얼마나 사랑이 풍성하신 분이었는지 알고 있다. 그리고 이것은 우리로 하여금 다음 두 번째 요점을 생각하도록 이끈다.

II. 우리는 야곱을 주 예수님의 형상으로 보아야 한다.

이사야서 40:11에 나오는 그분에 관한 묘사를 보자: "그는 목자 같이 양 떼를 먹이시며 어린양을 그 팔로 모아 품에 안으시며 젖먹이는 암컷들을 온순히 인도하시리로다."

1. 연약한 자들은 주님의 특별한 사랑을 받고 있다.
2. 그분은 그들이 멸망할 존재들이라면 그런 사랑을 베풀지 않으실 것이다.
3. 그러므로 그분은 그들 중 하나도 박대하시지 않는다.
4. 그러나 그분은 그의 연약한 자들의 걸음대로 "천천히 인도하여"(창 33:14) 그들에게 발걸음을 맞추신다. "내가 아직도 너희에게 이를 것이 많으나 지금은 너희가 감당하지 못하리라"(요 16:12).
   - 주님은 우리에게도 이처럼 풍성한 사랑을 베푸시지 않는가? "주의 온유함이 나를 크게 하셨나이다"(시 18:35).
   - 우리는 마치 그분이 강요하는 자인 것처럼 조바심내거나 불안해해서는 안 된다. 우리는 예후에게 이끌려서는 안 되고, 예수님에게 인도 받아야 한다. 우리는 그분의 사랑 안에서 안식을 누려야 한다. 하지만 동시에 필요 이상으로 지체해서는 안 된다.
   - 우리는 이웃을 내 몸처럼 사랑해야 하기 때문에 다른 사람들에 대해 부드러워야 한다.

✦ 도움말 ✦

주님은 연약하고 허약한 사람들 중에서 자신의 양을 인도할 목자들을 택하여 그들이 연약한 자들과 동감하게 하신다. 렐라 메릴(Lelah Merill)은 자신의 저서 「요단의 동쪽」에서 아랍 족속의 이동에 관해 묘사할 때, 다음과 같이 말한다:

"양과 염소 떼들은 대부분 어린 목자를 따라 움직인다. 때때로 인도 받는 양들보다 더 어린 아이에게 인도를 받는 경우도 있었다. 그들의 팔로 양을 두서너 마리씩 품에 안을 수 있는 목자도 있었지만, 한 마리도 제대로 안을 수 없는 목자도 있었다. 부엌 용품들 중에는 자루가 달린 큰 냄비가 있지만, 그 안에는 여행할 때 쓰도록 아주 작은 냄비들이 함께 들어 있는 법이다."

양초에 불을 피워 다른 곳으로 이동시켜야 할 때, 아주 천천히 이동시켜야 한다. 그렇지 않으면 꺼지기 십상이다. 거의 꺼져가는 불은 조용한 미풍 속에서는 불꽃이 살아나지만, 큰 바람이 불면 있던 불꽃마저 꺼져버릴 것이다. 작은 나무에 지나치게 물을 많이 주면 오히려 그것을 죽게 할 수 있고, 지나치게 햇빛을 많이 받으면 아름다운 꽃도 시드는 법이다.

부드러움만큼 강한 것은 없다. 정말 강한 것은 부드러운 것 외에 다른 것이 아니다. _ 프랜시스 드 살레(Frances de Sales)

존슨 박사는 부드러움이 부족한 것은 인격의 결함으로서, 그것은 타락의 증거일 뿐만 아니라 어리석음의 증거이기도 하다고 말했다.

스톡웰 고아원의 보행 규칙은 항상 **어린아이를 앞장세우는 것**이다. 이 규칙에 따르면 어린 아이들은 학대를 받거나 홀로 버려두어서는 절대로 안 된다. 나아가 모든 아이들은 자기들의 앞을 훤히 볼 수 있어야 한다. 왜냐하면 맨 앞에 키가 큰 사람들을 세우는 일반 관습에 따르면, 뒤따라가는 사람은 앞에서 인도하는 몇몇 사람들 외에는 아무것도 볼 수 없기 때문이다. 마찬가지로 교회도 연약한 형제들을 크게 배려하고, 교회의 활동은 그들에 대한 지속적인 관심 아래 이루어져야 한다. 강한 그리스도인은 오직 자기 일만 생각한다면, 많은 일들을 합법적으로 처리할 수 있다. 하지만 그가 합법적으로 행동하면서, 그의 형제를 근심케 하거나 그에게 걸림돌이 되지 않기를 바란다면, 그렇게 해서는 안 될 것이다.

심지어는 우리의 태도에도 부드러움이 나타나야 한다. 진정 친절한 행동 하나는 슬픔을 기쁨으로 만들 수 있는 능력을 갖고 있다. 우리는 거지에게 동전 하나를 던져줌으로써 그를 구원하기는커녕 오히려 상처만 준 사람에 관한 말을 들은 적이 있다. 사랑으로 충만한 마음은 그 은사의 가치를 배가시키는 나름대로의 비결을 갖고 있다. 우리가 아무 생각 없이 사랑 없는 행동을 해 버리면, 세상에는 그만큼 불행이 늘어나게 된다. 어떤 사람들은 병적일 정도로 예민하고, 이것은 그들에게 약점이다. 그러나 우리가 그들의 약점을 깨닫게 되면, 그들에게 쓸데없는 고통을 안겨 주지 않기 위해 행동을 조심하게 될 것이다. 통풍에 걸린 사람은 우리가 둔탁한 발걸음으로 방안을 쿵쿵 걸어 다니면 비명을 지를 것이다. 우리는 이것 때문에 그를 비난해야 할까? 아니다. 오히려 그를 불쌍히 여기고, 천천히 발을 떼야 한다. 우리는 성격이 예민한 사람에 대해서도 똑같이 해야 한다.

창고를 여는 요셉

요셉이 모든 창고를 열고
_ 창 41:56

요셉 이야기는 굉장히 흥미롭다. 그러나 그것은 우리 주 예수님의 생애에 대한 놀라운 예표로 볼 때 우리에게 크게 유익하다.

이스라엘 족속, 아니 온 세상을 기근으로부터 구원하기 위해 요셉을 높이 세우시는 하나님의 섭리의 은혜를 주목하라. 그리고 그의 백성들을 구원하고, 땅 끝까지 하나님의 구원이 미치도록 예수님을 세우시는 그분의 주권의 위대함을 주목해 보라. 요셉은 모든 창고에 곡식을 미리 채워놓았다. 본문은 그가 그 창고를 어떻게 사용하고 있는지를 보여 준다. "요셉이 모든 창고를 열고." 예수님을 통해서는 얼마나 더 많은 일이 이루어졌을까! 오, 그분의 은혜에 참여하는 자들에게 일어난 일은 얼마나 엄청날까!

I. 요셉은 왕의 권세에 의지해 창고를 열었다.

1. 왕은 요셉을 통해서만 만나도록 되어 있었다: "요셉에게 가서"(55절). 이것은 예수님도 마찬가지다. "나로 말미암지 않고는 아버지께로 올 자가 없느니라"(요 14:6).

2. 왕은 요셉에게 순종하도록 명령했다: "그가 너희에게 이르는 대로 하라"(55절). "이는 모든 사람으로 아버지를 공경하는 것 같이 아들을 공경하게 하려 하심이라"(요 5:23).

3. 온 땅에서 요셉 외에 창고를 열 수 있는 자가 없었다: "아버지께서 아들을 사랑하사 만물을 다 그의 손에 주셨으니"(요 3:35).

II. 요셉은 창고를 열 권리가 있는 합당한 사람이었다.

1. 그는 창고를 만들었고, 당연히 그것을 관리하는 자로 임명을 받았다. 33-36절을 보라. "이와 같이 하나님의 영에 감동된 사람을 우리가 어찌 찾을 수 있으리요"(38절).

2. 그는 창고에 곡식 쌓는 일을 수행했고, 그것은 그가 창조적일 뿐만 아니라 실천적인 사람임을 입증했다. "쌓아 둔 곡식이 바다 모래 같이 심히 많아"(49절).

3. 그는 그 일을 대규모로 실행했다. 그는 곡식을 엄청나게 많이 축적했다. "세기를 그쳤으니 그 수가 한이 없음이었더라"(49절).

4. 그는 곡식을 지혜롭게 분배했다.

우리 주님과의 비교는 쉽게 그려진다. 왜냐하면 주 예수님도 우리 영혼의 기근에 양식을 공급해 주신 큰 집의 주인이기 때문이다. "아버지께서는 모든 충만으로 예수 안에 거하게 하시고, 우리가 다 그의 충만한 데서 받으니 은혜 위에 은혜러라"(골 1:19; 요 1:16).

III. 요셉은 창고를 실제로 열었다.

1. 이것을 위해 그는 창고를 가득 채웠다. 은혜는 사용하도록 되어 있다.

2. 그 문을 닫아두는 것은 그에게 아무 유익이 없었다.

3. 그는 적당한 때에 그것을 열었다: "애굽 온 땅이 굶주리매"(55절). "온 지면에 기근이 있으매"(56절).

4. 그는 기근이 있는 동안 계속 그 문을 열어놓았다. 배고픈 사람들이 나아오는 동안에는 절대로 그 문이 닫히지 않았다.

   • 곡식은 기근이 계속되는 동안 떨어지지 않았다.
   • 창고가 있던 장소는 편리한 곳이었다(48절).
   • 곡식을 분배하는 기간은 정해져 있었다.
   • 곡식을 얻으러 온 사람들을 적절히 배치하고 관리했다.

이 모든 것은 실체이신 예수님 안에서 훨씬 더 완전하게 성취되었다. 충만이 거하는 예수님은 항상 우리 가까이 오시고, 우리가 날마다 나아가 만날 수 있으며, 구하는 모든 자에게 필요한 양식을 충분히 주시는 분이다.

IV. 요셉은 나아오는 모든 자에게 창고를 열었다.

1. 이스라엘에게는 "하나님이 큰 구원으로 당신들의 생명을 보존하려고 나를 당신들보다 먼저 보내셨다"(창 45:7)는 특별한 배려가 있었다. 또한 요셉은 "바로에게 아버지가 되고"(창 45:8) 열방의 보존자가 되었다.

2. 창고 가까이 나아오는 것은 특권이었다. 그러나 그것은 그들이 그 앞에서 죽은 사람들을 볼 때에는 두려운 일이었다. "단지 듣기만 하는 자들"이 되는 것을 조심하자. 열왕기하 7:19을 읽어보라.

3. 많은 사람들이 양식을 위해 먼 곳에서 왔다: "각국 백성도 양식을 사려고 애굽으로 들어와 요셉에게 이르렀으니"(57절).

4. 우리는 빈손으로 돌아갔다는 말씀을 읽지 못한다.

요셉은 돈을 받고 곡식을 팔았다. 하지만 예수님은 돈 없는 자에게도 양식을 주신다. 당신은 하늘 양식을 위해 그분께 나아오지 않겠는가?

V. 요셉은 왕을 위해 애굽의 모든 소유를 모았다.

애굽 사람들은 그들의 돈, 그들의 땅 그리고 그들이 소유한 사람들을 바로에게 아낌없이 바쳤고, 그 결과 그들의 삶은 보존 받을 수 있게 되었다. 마찬가지로 우리도 우리 자신, 우리의 재산, 우리의 능력, 우리의 시간, 우리의 모든 것을 주님께 바쳐야 한다. 요셉의 정책은 단호한 것처럼 보이지만, 예수님의 계획은 사랑 그 자체이다. 우리가 주님께 충분히 복종하고, 헌신하게 되는 것은 그분의 무한하신 사랑이 우리에게 임한 결과다.

✤ 빛을 위한 창문 ✤

"요셉이 높임을 받는 것 ─ 이것이 애굽과 온 세상의 유일한 소망이다. 요셉은 권위를 갖고 있다. 무엇이 주어지든 그 찌꺼기까지도 그와 함께 하면 유용한 것이 될 수 있다. 그는 그의 손에 열쇠를 지니고 있다. "각국 백성도 양식을 사려고 애굽으로 들어와 요셉에게 이르렀으니"(57절). 멸망 가운데 있는 세상도 요셉이 다스린다는 이 위대한 사실에 따라 그 운명이 좌우된다. _ 캔들리쉬 박사(Dr. Candlish)

코네스 박사는 설교자로서 몇 년 동안 과거와는 비교할 수 없는 복음의 능력을 강하게 느꼈다. 그는 헬라어 성경에서 에베소서 3:8 곧 "모든 성도 중에 지극히 작은 자보다 더 작은 나에게 이 은혜를 주신 것은 측량할 수 없는 그리스도의 풍성함을 이방인에게 전하게 하시고"라는 말씀을 읽게 되었다. 그는 "그리스도의 풍성함"을 자신에게 적용시켰다. " '측량할 수 없는 그리스도의 풍성함'! 나는 이것에 관해 어떻게 설교했는가? 나는 이것에 관해 무엇을 알고 있는가?" 하나님의 영의 축복 아래 그는 이것을 깨닫고 새로운 인생과 새로운 사역의 길로 들어섰다. 자신의 양심에 이와 비슷한 질문을 함으로써 생명력 있는 삶을 산 사람들이 많지 않은가?

윌리엄 브리지는 이렇게 말한다: "예수 그리스도 안에는 우리를 돕는 모든 것이 충만하게 들어있다. 만일 둘이나 여섯이나 스무 명의 사람들이 목이 마르고, 그들이 한 병의 물을 놓고 그것을 마시기 시작한다면, 한 사람이 물을 마시는 동안, 다른 사람들은 질투할 것이다. 왜냐하면 그가 마시는 양만큼 자기가 마실 양이 줄어든다고 생각하기 때문이다. 그러나 백 명의 목마른 자들이 강으로 가서 그 물을 마신다면, 하나가 마신다고 나머지 사람들이 질투하지 않는다. 자기들이 모두 마셔도 부족하지 않을 만큼 물이 충분하기 때문이다."

교회를 부요하게 하는 영적 복은 모두 그리스도 안에 있고, 그리스도로 말미암아 주어진다. 사도 바울은 그 중에 최고의 복 몇 가지를 열거하고 있다(엡 1:3). 우리의 선택은 그분으로 말미암는다(4절). 우리의 양자됨도 그분으로 말미암는다(5절). 우리의 대속과 죄사함도 그분을 통해 이루어진다. 하나님과 그의 백성들 사이에 맺어진 은혜로운 모든 약속들도 그리스도를 통해 주어진다. 하나님은 그리스도를 통해 우리를 사랑하신다. 그분은 그리스도를 통해 우리의 기도를 들으신다. 그분은 그리스도를 통해 우리의 모든 죄를 용서하신다. 그리스도를 통해 그분은 우리를 의롭게 하신다. 그리스도를 통해 그분은 우리를 성결케 하신다. 그리스도를 통해 그분은 우리를 높이신다. 그리스도를 통해 그분은 우리를 완전케 하신다. 그분과 우리의 모든 관계는 그리스도로 말미암아 주어진다. 우리가 소유하고 있는 모든 것은 그리스도로부터 온 것이다. 우리가 얻기를 바라는 모든 것은 그분에게 달려 있다. 그분은 우리의 모든 구원을 지탱시켜 주는 황금 돌쩌귀다. _ 랠프 로빈슨(Ralph Robinson)

만일 애굽의 어떤 사람들이 요셉에게 가기를 거절한다면, 그들은 요셉만이 아니라 왕을 무시하는 것이고, 왕만이 그들에게 줄 수 있는 재산을 거부하는 것과 같다. 마찬가지로 우리의 위대하신 대속주를 무시하는 자들은 시온의 거룩한 산 위에 그분을 왕으로 세우신 그 아버지를 무시하는 것이 아니겠는가? … 만일 요셉이 기근에 허덕이는 애굽 사람들 앞에 그의 창고를 활짝 열어놓았다면, 그들은 곧 그 심각한 염려의 열매들을 버리게 될 것이다. … 배고픔은 아주 견디기 힘든 것이지만, 종종 배부름보다 훨씬 낫다. 그들은 돈을 있는 대로 다 가져와서 먹을 양식을 사는데 기꺼이 값을 지불할 것이다. 그렇다면 돈 없이, 값없이 와서 포도주와 젖을 사지 않는 사람들이 그토록 많은 이유는 무엇일까? 그들은 그것에 대해 배고픔을 느끼지 못하기 때문이다. 그들은 그것에 대한 필요를 깨닫지 못하고 있기 때문이다. _ 조지 로손(George Lawson)

7
유다

유다야 너는 네 형제의 찬송이 될지라
네 손이 네 원수의 목을 잡을 것이요
네 아버지의 아들들이 네 앞에 절하리로다
_ 창 49:8

우리는 유다를 주 예수님의 모형으로 사용할 것이다. 예수님은 유다 지파의 후손이요, 다윗 왕가의 상속자로서, 모든 백성들이 복종하게 될 실로다 (10절). 우리는 인간 유다와 유다지파를 예수님을 가리키는 비유로 사용할 것이다.

I. 유다의 찬송.

"너는 네 형제의 찬송이 될지라." 그를 가장 잘 알고 있고, 그와 친밀한 관계를 맺고 있고, 그가 가장 크게 관심을 갖고 있는 사람들은 그를 가장 크게 찬송할 것이다.

1. 그는 중보자로서 으뜸이다.

- 이것은 그의 언약적 복이다. "여호와여 유다의 음성을 들으시고"(신 33:7).
- 그는 그의 아버지인 야곱의 중재를 통해 이것을 증명하였다(창 43:3).
- 그리고 베냐민을 억류했을 때 요셉에게 간청하는 것으로 이것을 증명하였다. 그가 얼마나 감동적으로 말했던가! 그는 얼마나 진지하게 대리인 역할을 감당하고 있는가!(창 44:14)

2. 그는 지혜에 으뜸이다.

- 유다는 하나님의 영으로 충만한 사람으로서, 광야에서 성막을 세운

자였다. "내가 유다 지파 훌의 손자요 우리의 아들인 브살렐을 지명
하여 부르고 하나님의 영을 그에게 충만하게 하여 지혜와 총명과 지
식과 여러 가지 재주로"(출 31:2-3).

- 유다에게는 입법권이 있었다. "유다는 나의 규이며"(시 60:7). "규가
유다를 떠나지 아니하며"(10절).

3. 그는 헌물을 드리는데 으뜸이다.

첫째 날에 헌물을 드린 자는 유다 지파의 후손이었다. 민수기 7:12을 보라.

4. 그는 행군하는데 으뜸이다.

내려갈 때나 올라갈 때, 전투할 대나 전진할 때나 첫 번째 자리에 서는 것이
유다의 기준이었다. 민수기 10:14; 사사기 1:2을 보라.

5. 그는 모든 일에 탁월하다.

유다 지파의 후손인 다윗은 여호와로부터 왕으로 택함을 받았다. "또 요셉
의 장막을 버리시며 에브라임 지파를 택하지 아니하시고 오직 유다 지파와
그가 사랑하시는 시온 산을 택하시며"(시 78:67-68).

II. 유다의 광범한 승리.

"네 손이 네 원수의 목을 잡을 것이요." 유다 지파의 후손인 다윗의 생애
를 통해 예증해 보자:

- 그는 혹독한 시험을 통과했다. 사무엘상 17:34-36을 보라.
- 그는 큰 승리를 얻었다(대하 13:14).
- 그는 평화의 제국을 건설했다.
- 그는 그의 대적들의 힘을 철저하게 무력화시키고, 모든 원수들의 목
을 잡았다.
- 마찬가지로 우리 주님도 자신의 생애, 죽음, 부활, 다스리는 능력 그
리고 재림을 통해 이것을 보여 주셨다.

III. 유다의 가문에서의 영광.

"네 아버지의 아들들이 네 앞에 절하리로다."

1. **그는 가문의 머리가 되었다.**

2. **그는 사자 같은 능력을 덧입었다.** "꿇어앉고 누움이 수사자와 같고 암사자와도 같으니"(민 24:9). 9절을 보라. "유대 지파의 사자 다윗의 뿌리가 이겼으니"(계 5:5).

3. **그는 우리의 복종의 대상이다.** "그에게 모든 백성이 복종하리로다"(10절).

4. **그의 영광은 그의 온유함에 있다.** "그의 나귀를 포도나무에 매며 그의 암나귀 새끼를 아름다운 포도나무에 맬 것이며"(11절). "네 왕이 네게 임하나니 그는 겸손하여 나귀, 곧 멍에 메는 짐승의 새끼를 탔도다"(마 21:5).

5. **그의 초림과 재림의 때, 포도주는 그를 우리 눈에 아름답게 보이도록 만든다.** 11절과 12절을 보라. "내가 홀로 포도즙 틀을 밟았는데 … "(사 63:1-3).

6. **그는 우리에게 영원토록 왕이 되신다. 할렐루야.** 호세아서 11:12을 보라. "에브라임은 거짓으로, 이스라엘 족속은 속임수로 나를 에워쌌으나 유다는 여전히 하나님과 거룩하고(Judah yet ruleth with God)"

   • 그가 사자처럼 대적하여 싸우는 원수들 가운데 우리가 있는가? 우리가 어떻게 그로 말미암아 높임을 받았는지 주목하자(9절).

   • 그가 위해서 싸우는 그의 친구들 사이에 우리가 있는가? 온 마음으로 그를 찬양하고, 그 앞에 무릎을 꿇자. 우리는 그의 아버지의 아들들이 아닌가?

   • 하늘 양식에 대해 배고프고 목마른가? 12절에서 그에게 포도주와 우유가 얼마나 풍성한지를 보라.

❖ 제 안 ❖

우리가 본문으로 선택한 한 구절(창 49:8)에서 우리는 세 개의 설교를 뽑아낼 수 있는 풍부한 내용을 발견한다. 그리고 그 다음 구절들은 특히 더 풍부하다. 유다라는 이름은 찬양을 의미한다. 다윗의 인격을 통해 유다는 찬양의 대표자가 되었다. "하나님은 **그를 위해**, **그 안에서**, **그로 말미암아** 찬양을 받으셨고, 그 결과 그의 형제들은 그를 찬양할 것이다." 정복자로서 높임을 받아 통치자들과 권세들을 파하고, 오른손에 엄위하신 신성의 능력을 갖고 계시는 우리 주 예수님 안에서 사자의 **사나움**과 **웅크림**을 함께 보라. "유다 지파의 사자가 이기었도다"

러더퍼드는 종종 "오, 참으로 멋진 하프를 위해!'라고 외쳤다.

토머스 브룩스가 쓴 글에서 발췌한 다음 글은 우리가 얼마나 다양하게 주님을 찬양할 수 있는지를 보여 주는데 도움을 줄 것이다. "그리스도인들이여, 이것을 기억하라. **두드러지게, 아니 유일하게 그리스도 안에서만 사람들과 사물들을 칭찬할 모든 이유가 있다.** 그러므로 주 예수님께 최상의 가치를 두라. 당신은 어떤 사람들의 아름다움을 칭찬할 것이다. 그러나 주 예수 그리스도야말로 사람의 아들들 중에서 가장 아름다운 분이다(시 45:1-2; 아 5:10). '내 사랑하는 자는 희고도 붉어 많은 사람 가운데에 뛰어나구나.' 곧 최고로구나. 당신은 다른 사람들의 힘을 칭찬한다(사 26:4). '너희는 여호와를 영원히 신뢰하라 주 여호와는 영원한 반석이심이로다.' 당신은 다른 사람들이 그들의 아버지의 장점을 닮은 것을 칭찬한다. 그러나 주 예수님은 그의 아버지의 영광의 광채시요, 그 본체의 형상이시다(히 1:3). 당신은 다른 사람들의 지혜와 지식을 칭찬한다. 이 사람은 아주 현명하다고 말하면서, 당신은 그를 칭찬한다. 그러나 그리스도 안에는 지혜와 지식의 모든 보화가 감추어져 있다(골 2:3). 모든 천사들과 사람들 속에 있는 모든 완전함과 탁월함은 그리스도 안에 그대로 농축되어 있다는 것은 진리다. 하늘에 있는 모든 천사들은 그리스도 안에 있는 완전함 가운데 단지 몇 가지만을 갖고 있을 뿐이다. 완전한 지혜, 완전한 능력, 완전한 선, 완전한 자비 그리고 완전한 사랑 등은 아무리 영화된 피조물이라도 그 속에는 없다. 아니 그것들은 영화된 모든 피조물들 속에서 함께 만날 수 있는 것이 아니다. 그러나 이제는 그리스도 안에서 이 모든 완전함과 탁월함이 함께 만나는데, 마치 모든 물이 바다에서 만나는 것처럼, 모든 빛이 태양 속에서 만나는 것처럼 만난다. 당신은 다른 사람들의 장점을 칭찬한다. 사람들과 사물들이 유익할수록 당신은 그들과 그것들의 장점을 칭찬하고 가치를 부여할 것이다.

주 예수 그리스도는 그의 백성들에게 보편적으로 곧 모든 면에서 유익한 분이다. 그러나 그분은 그의 백성들의 오른쪽 눈이다. 그들은 그 눈이 없으면 볼 수 없다. 그분은 그의 백성들의 오른쪽 손이다. 그들은 그 손이 없으면 아무것도 할 수 없다. 그분은 그의 백성들에게 유일하게 유익한 분이다. 그분은 연약한 성도들에게 힘을 주시고, 의심하는 성도들에게 확신을 주시는 분이다. 그분은 잠자는 성도들을 소생시키고, 타락한 성도들을 도와주며, 방황하는 성도들을 회복시키는 분이다. 순경 속에서 그분은 그의 성도들이 겸손하고, 조심하고, 죄에 빠지지 않고, 열매 맺도록 도우시기에 유익한 분이다. 역경 속에서 그분은 그들이 낙심하지 않고 즐거워하도록 역사하기에 충분한 분이다. 그러므로 우리 심령이 그 무엇보다 가장 크게 힘써야 할 일은 이 그리스도를 찬송하는 것이다."

어린양에 대해 식구가 너무 적으면

너희 각자가 어린양을 잡을지니 각 가족대로 그 식구를 위하여
어린양을 취하되 그 어린양에 대하여 식구가 너무 적으면
그 집의 이웃과 함께 사람 수를 따라서 하나를 잡고
각 사람이 먹을 수 있는 분량에 따라서 너희 어린양을 계산할 것이며
_ 출애굽기 12:3-4

어린양은 먹어야 하되, 모든 식구들이 다 먹어야 했고, 그것도 즉시 먹어야 했다. 주 예수님은 영혼이 그 양식으로 받아먹어야 하는 분이다. 그리고 이것은 그리스도 전체에 대해 이루어져야 하고, 그의 백성들 한 사람 한 사람에게 일어나야 하며, 그것도 지금 당장 일어나야 한다. 유월절 전체 주제는 그 가르침을 살펴보면 더 풍성하게 드러난다. 우리는 이 본문 속에 우리 각자를 포함시켜야 한다.

I. 본문은 우리에게 주어지는 핵심 은혜가 무엇인지를 상기시킨다.

1. 이스라엘 백성들은 유월절 어린양을 각자 **스스로** 먹었다. "각 사람이 먹을 수 있는 분량에 따라서." 마찬가지로 우리도 예수님을 먹되, 각자가 자기 식성, 자기 능력, 자기 힘에 따라 먹을 수 있어야 한다.

2. 그러나 이 동일한 맛있는 음식은 **가족별로** 먹어야 한다. "각 가족대로 그 식구를 위하여 어린양을 취하되." 오, 부모 모두, 자녀들과 종들 모두가 그리스도를 먹는 일에 참여해야 하리라! 가르침, 훈련, 기도 그리고 거룩한 본보기 등을 통해 이 식사는 더욱 맛있게 될 것이다. 성령께서 그 복을 더하시기 때문이다.

이 두 가지 사실은 결코 무시되어서는 안 된다. 어느 누구든 구원이 각 개인에게 일어나지 않는 한 만족해서는 안 된다. 또 구원이 가족 전체에게 일어

나지 않을 때에도 만족해서는 안 된다. 우리는 "주 예수를 믿으라 그리하면 **너와 네 집**이 구원을 받으리라"(행 16:31)는 유명한 본문에서 이 두 가지를 다 약속받았다.

II. 본문은 어떤 불가능성에 대해서는 침묵하고 있다.

1. 어린양은 가정을 위해 결코 가벼운 것이 아니었다. 마찬가지로 주 예수님도 아무리 대가족이라고 해도 결코 무시하지 않고, 아무리 죄가 큰 사람들이라고 하더라도 소홀히 대하시지 않는다.

2. 우리는 너무 많은 것을 주님께 요구한다는 두려움 때문에 기도를 그만둘 이유가 없다.

3. 주 예수님이 우리에게 능력이나 은혜를 충분히 주실 수 없다는 이유로 우리의 수고를 중단해서는 안 된다.

4. 구원에 대한 주님의 계획, 준비 또는 자발성 등에 대해 별 기대가 없는 일부 가족들 때문에 구원에 대한 소망을 제한시켜서는 안 된다.

"각 사람이 먹을 수 있는 분량에 따라서"라는 말씀은 누구나 그리스도의 축제에 참여할 수 있음을 보여 준다. 믿음이 있는 모든 죄인은 그리스도를 자신의 것으로 취할 수 있고, 누구든 거부당하리라는 두려움을 가질 필요가 없다. 왜냐하면 "아버지께서는 모든 충만으로 예수 안에 거하게 하시기"(골 1:19) 때문이다.

III. 본문은 가능성을 언급하고, 그것을 준비한다.

먹어야 할 어린양은 충분히 준비되었지만, 그것을 먹어야 할 사람의 수가 부족한 경우가 있을 수 있다. 혼인 잔치에서 있어야 할 마지막 일은 손님들이었다. 소와 살진 돼지들이 죽임을 당하고, 모든 음식이 준비되면, 오래지 않아 "혼인잔치는 손님들로 북적거리게 되었다."

1. 한 가족은 확실히 예수님 곧 어린양이라는 상급을 받기엔 너무 적다.

2. 한 가족은 그분이 받으실 만한 찬양과 예배와 섬김과 사랑을 제공하기에는 너무 적다.

3. 한 가족은 하나님의 어린양을 선포하고, 진리를 유지하며, 교회를 찾고, 세상을 구원하기에는 너무 적다.

그러므로 우리는 우리 가족 외에 가까운 이웃을 함께 초청해야 한다.

- 우리의 가까운 이웃은 우리가 책임져야 할 첫 번째 대상이다.
- 그는 가장 쉽게 접근할 수 있고, 그의 초청을 통해 그의 가까운 이웃에게도 접근할 기회를 갖게 된다.
- 그는 우리가 영향을 미칠 수 있는 가장 쉬운 사람이다.
- 어쨌든 여기에는 한 가지 법칙이 있는데, 우리는 그것을 지켜야 한다: "예루살렘에서 시작하여"(눅 24:47). 우리는 안드레가 "먼저 자기의 형제 시몬을 찾아간 것"(요 1:41)을 성경에서 읽는다. 이스라엘 백성들은 예루살렘 성곽을 고친 다음에 각각 자기 집을 중수했다(느 3:28).
- 초청했는데도 이웃이 오지 않는다면, 우리는 거기에 대해서는 책임이 없다. 그러나 그를 초청하지 않아서 그가 멸망을 당한다면, 그의 피를 우리에게서 찾는 심판이 임할 것이다. '네가 그 악인에게 말로 경고하지 아니하면 … 내가 그의 피를 네 손에서 찾으리라"(겔 33:8).

IV. 본문의 전체 주제는 우리가 복음 안에서 이웃과 교제해야 함을 제시한다.

1. 개인이나 가족이 자기만을 위하는 이기성을 버리고, 더 폭넓게 다른 사람들의 유익을 구하는 것은 참 좋은 일이다.

2. 그것은 교제의 핵심에 "어린양"을 둘 때 참으로 복된 결과를 가져온다.

3. 우리가 예수 안에서 하나 될 때 나오는 교제로부터 흘러나오는 무수한 복이 우리에게 있다. 교회의 교제는 이 방향 속에서 결실을 맺는다.

4. 그리스도 안에서 우리가 서로에게 관심을 갖는 것은 한 몸의 연합체를 이루는데 도움이 된다. 이것은 유월절 어린양을 함께 먹는 것이 이스라엘 백성들을 하나의 민족으로 선언하고, 그 유대성에 도움을 주는 것과 같다. 이 영적 연합은 최고의 특권이다.

5. 이것이 철저하게 이루어지면, 이 땅에서 천국의 전조가 나타나게 될 것이다. 왜냐하면 예수님에 대한 사랑과 형제간의 사랑이 모든 심령 속에서 발견되기 때문이다.

- 우리는 개인적으로 경건한 삶을 살아야 하며, 그것을 단순한 민족적 신앙이나 가족적 신앙고백으로 미루어서는 안 된다.
- 우리는 그리스도인으로서 관대해야 하며, 함께 사는 가족이나 친구 또는 이웃에 대해 인색해서는 안 된다.

✤ 관 심 사 ✤

한 작은 소년이 자기 엄마에게 「천로역정」에 나오는 인물들 중에서 누구를 가장 좋아하는지에 대해 물었다. 그녀는 이렇게 대답해 주었다: "그야 물론 크리스챤이지, 그는 그 전체 이야기의 주인공이거든." 그러자 그녀의 아들이 이렇게 말을 받았다: "나는 아니야, 엄마, 나는 크리스티아나를 가장 좋아해. 왜냐하면 크리스챤은 순례를 떠날 때 혼자 갔지만, 크리스티아나는 자기 자녀들과 함께 떠났기 때문이야."

"여호와께서 노아에게 이르시되 **너와 네 온 집은** 방주로 들어가라"(창 7:1). 참신앙은 가족을 생각한다. 나는 자기가 "진리"라고 부르던 것을 아주 먼 곳까지 찾아가 전해 준 한 사람을 알고 있다. 그의 아내나 자녀들은 하나님을 예배하러 교회에 가지 않았다. 내가 가족들에 관해 묻자 그는 "여호와께서 내 가족은 구원하겠지요"라고 말했다. 그래서 나는 그에게 여호와께서 **그를** 인정하지 아니할 것이라고 대답해 줄 수밖에 없었다. 이에 대해 그는 그 근거를 요구했고, 나는 그에게 "누구든지 자기 친족 특히 자기 가족을 돌보지 아니하면 믿음을 배반한 자요 불신자보다 더 악한 자니라"(딤전 5:8)는 말씀을 전해 주었다. 하나님이 이런 사람을 자신의 택한 자로 인정하실까?

어느 날 아침 어떤 사람이 공장으로 근무하러 가는 중이었다. 그때 그는 강물이 제방 위로 넘쳐 마을을 휩쓸어버림으로써, 곳곳에서 사람들이 죽고 건물들이 파괴되고 있다는 말을 전해 들었다. 그 소식을 전해 준 자는 그 문제를 별로 대수롭지 않게 생각하는 것처럼 보였다. 그러나 그 용감한 직공은 "만약 그렇다면, 누구든 그 소식을 마을 사람들에게 알려 주어야 한다"고 외치면서 즉시 마을 아래로 뛰어 내려갔다. 그의 때맞춘 경고로 많은 사람들이 목숨을 구하게 되었다.

함께 음식을 먹는 것은 가장 효과적인 교제의 상징 가운데 하나다. 따라서 유월절과 성찬예식은 우리에게 그리스도 안에서의 하나됨을 상기시켜 준다. 우리는 혼자 가볍게 식사를 해서는 안 된다. 우리는 살진 고기를 먹고, 맛있는 음료를 마실 때, 먹을 것을 준비하지 못한 사람들과 함께 즐겁게 그것을 먹어야 한다.

적절치 못한 기도

너는 어찌하여 내게 부르짖느냐
_ 출애굽기 14:15

모세도 이런 질문을 받아야 할 때가 있다. 부르짖음을 행동으로 바꿀 시기가 있는 것이다. 기도가 들려지고 홍해가 갈라지는데도 불구하고 여전히 두려워 떨며 기도만 하고 있다면, 그것은 부끄러운 불순종이 되고 말 것이다. 그러므로 모세는 그의 지팡이를 높이 들고 이스라엘 백성들이 앞으로 전진하도록 외쳐야만 한다. 성령의 모든 열매는 적당한 때에 열리고, 그래야 그 열매가 아주 보배롭게 된다. 적절한 때가 아니면 기도도 온전한 상태에 이르지 못한다. 무시로 구하라. 하지만 받을 준비를 하고 구해야 한다. 열심히 찾으라. 하지만 당신이 찾아내는 시간이 될 때까지 뒤로 물러나서는 안된다. 두드리고 두드려라. 하지만 문이 열리는 순간 신속히 들어가야 한다.

우리가 자비를 소유하고 있음을 당연히 믿고 있는데, 왜 우리는 그것을 마치 얻지 못한 것처럼, 계속 부르짖어야 하는가? 믿음은 바라는 것들의 실상인데, 왜 우리는 우리의 믿음의 영역 안에 두어져 있는 복을 구하고만 있는가? 지켜야 할 의무가 확실한데, 왜 우리는 그것을 이행하기를 지체하고, 기도를 우리의 지체에 대한 변명거리로 만드는가?

"너는 어찌하여 내게 부르짖느냐." 이 질문은 기도하는 사람이라면 누구나 해야 할 질문이다.

I. 때때로 아주 불만족스런 응답이 있을 수 있다.

1. 내가 그런 응답을 자초했기 때문이다. 어떤 이들은 어렸을 때 배운 기도의 형태를 습관적으로 반복함으로써 커다란 위선의 죄를 범한다.

2. 기도는 나의 신앙의 한 부분이다. 이런 기도는 회교 수도사들이나 탁발
   승과 같은 사람들이 팔을 높이 쳐들고 기도하는 것과 같다. 그러나 그
   들은 기도의 영적 능력에 관해서는 아무것도 모르고 있다(마 6:7).

3. 그렇게 하는 것이 옳으니까 기도한다. 정말로 우리가 기도하는 것은 옳
   은 일이다. 그러나 경건한 말을 단순히 반복하기만 하는 것은 허영에
   불과하다(사 29:13).

4. 나는 기도를 하고 나면 마음이 편안해진다. 당신도 그렇게 느끼는가?
   하지만 이런 당신의 기도는 하나님께 어리석은 짓이 되고, 따라서 그것
   은 죄를 쌓는 일이 아닐까?(사 1:12-15; 겔 20:31).

5. 나는 기도가 공로요 구원의 근거라고 생각한다. 그러나 이것은 정말 끔
   찍한 오류다. 그것은 주 예수님의 공로와 희생제물 사역에 대한 엄청난
   도전이다.

II. 때때로 응답은 우리의 무지를 폭로할 것이다.

1. 기도가 즉각적인 회개를 가져오지 않을 때. 어떤 이들은 죄를 멈추거나
   슬퍼하지 않고, 기도에 관해 말한다. "순종이 제사보다 낫고" 또한 기
   도보다 낫다.

2. 기도가 예수님을 믿는 신앙을 방해할 때. 복음은 "기도하고 구원받는
   것"이 아니라 "주 예수 그리스도를 믿고 구원받는 것이다"(마 7:21; 요
   6:47).

3. 기도가 우리를 예수님께 의로운 존재로 나아가도록 만든다고 생각할
   때. 우리는 죄인으로서 그분께 나아가야 한다. 우리의 기도는 조금이
   라도 의의 한 행동으로 간주되어서는 안 된다(눅 18:11, 12)

4. 오직 기도만이 복을 가져올 것이라고 생각할 때.

III. 때때로 응답은 철저한 교정을 가져올 것이다.

1. 나는 교정 받아야 하기 때문이다. 나는 문제 속에 있고, 그러기에 기도해야 한다. 그렇지 않으면 망할 것이다. 한숨과 탄식은 주문에 따라 나오는 것이 아니라 불가항력적인 마음의 폭발이다(시 42:1; 롬 8:26).

2. 하나님께서 들으셔야 함을 알고 있기 때문이다. 그러므로 나는 기도할 때 하나님과 대면하려는 강력한 욕구를 갖는다. "그의 귀를 내게 기울이셨으므로 내가 평생에 기도하리로다"(시 116:2).

3. 내가 기도를 즐거워하기 때문이다. 기도는 내 마음에 안식을 주고, 내 심령이 소망을 갖게 한다. 그것은 나의 하나님과 교통하는 아주 달콤한 수단이다. "하나님께 가까이함이 내게 복이라"(시 73:28).

4. 주님께 열렬하게 부르짖을 때 나의 작은 믿음과 회개를 가장 잘 표현할 수 있기 때문이다.

5. 이것들은 기도할수록 더 좋아지기 때문이다. 당연히 우리는 성령 하나님이 우리를 붙들어 주신다면, 더 좋은 상태에서 기도할 수 있다.

6. 나는 하나님께 모든 것을 기대하고, 그래서 그분께 부르짖기 때문이다(시 62:5). 그분은 우리가 구해야 할 대상이시다(겔 36:37).

• 자신의 기도에 의존하는 사람들은 왜 그런가?
• 기도하지 않는 사람들은 왜 그런가?
• 미신적으로 중언부언하는 것 말고는 기도할 이유를 갖고 있지 사람들은 왜 그런가?

❖ 촌철살인 ❖

내가 분명히 "주 예수를 믿으라"고 위대한 복음을 전해 주었던 한 진지한 여인이 있었다. 하지만 어떻게든 그녀의 영혼이 자기를 벗고 그리스도께 나아가도록 힘쓰는 나의 노력에도 불구하고, 그녀는 계속 혼란스러워 했다. 급기야 그녀는 "저를 위해 기도해 주세요! 제발 기도해 주세요!"라고 외쳤다. 그때 나는 그녀에게 "이제는 그렇게 하지 않겠습니다. 나는 이미 당신을 위해 많이 기도했습니다. 당신이 하나님의 말씀을 믿지 않는다면, 기도해도 아무 소용이 없습니다. 하나님은 당신에게 자기 아들을 믿으라고 명령하십니다. 그런데도 그렇게 하지 않는다면, 하나님을 거짓말쟁이로 만드는 것이고, 당신은 멸망할 것입니다. 그렇게 되는 것이 당연합니다"라고 말해 주었는데, 그녀는 크게 충격 받은 것 같았다. 이것은 그녀에게 자신의 분수를 알게 하는 기회를 주었다. 그녀는 다시 내게 묻기를 구원의 길을 말해 달라고 했다. 그녀는 어린아이처럼 조용히 내 말을 들었고, 그녀의 몸은 크게 떨렸고, 얼굴은 밝게 빛났다. 드디어 그녀는 "목사님, 나는 이제 믿을 수 있습니다. 아니 믿습니다. 나는 구원받았습니다. 불신앙에서 벗어나도록 도와주신 당신께 감사드립니다." 그리고 이어서 아주 조용한 음성으로 "이제 저를 위해 기도해 주시지 않겠습니까?"라고 말했다. 즉시 나는 "그럼요"라고 대답했고, 믿음의 기도를 드릴 수 있게 된 것에 대해 우리는 함께 즐거워했다.

다음 일화는 기도에는 그만한 노력이 수반되어야 한다는 것을 보여 주는 좋은 실례가 된다:

한 여학생이 있었는데, 그녀는 배운 것을 기가 막히게 암기를 잘했다. 하루는 별로 공부를 열심히 하지 않는 한 친구가 그녀에게 "너는 어떻게 항상 그렇게 완벽하게 암기를 잘하니?" 하고 물었다. 그녀는 이 질문에 "나는 항상 암기를 잘할 수 있게 해 달라고 기도해"라고 대답했다. 그러자 그 친구는 "기도한다고? 그러면 나도 기도해야겠다"고 말했다. 그러나 유감스럽게도 그 다음날 아침 그 친구는 배운 내용을 하나도 암기할 수 없었다. 화가 난 그 친구는 그녀에게 달려가 자기를 속였다고 비난을 퍼부었다:

"기도했지만, 한마디도 기억해낼 수 없었단 말이야."

"하지만 너는 열심히 공부를 안했잖아."

"공부! 공부! 그래 나는 전혀 공부하지 않았어. 기도하면 다 되기 때문에 공부할 필요가 없다고 생각했기 때문이야."

이런 실수는 흔히 벌어지는 실수다.

미국의 어느 강에서 일어난 일이다. 해빙기가 되자 한 사람이 강 위에 나갔는데, 그만 얼음판 위에서 미끄러져 넘어졌다. 얼음은 아직 깨지지 않은 상태로 안전했다. 그러나 그는 두려움 때문에 그것을 보지 못하고, 그 자리에서 무릎을 꿇고 하나님께 구해 달라고 큰 소리로 기도하기 시작했다. 그러자 강가에 있던 구경꾼들이 그에게 큰 소리로 "여보세요, 기도를 멈추고 빨리 강 밖으로 나오세요"라고 외쳤다. 마찬가지로 나 역시 여러분에게 "쉬지 말고 기도하시오, 하지만 예수님을 믿으시오"라고 말할 것이다. _ *The Christian*, 1874

어느 날 존 번연이 기도에 힘쓰고 있는데, 유혹자가 "하나님의 자비도, 그리스도의 피도 너와 아무 상관이 없고, 절대로 너를 죄로부터 구원할 수 없기 때문에 기도하는 것은 헛된 일"이라고 속삭였다. 그러나 그는 스스로 "나는 기도하겠다"고 다짐했다. 그러자 유혹자는 "그래도 너의 죄는 절대로 용서받을 수 없다"고 속삭였다. 그는 "그렇다고 해도 나는 기도하겠다"고 말했다. 유혹자는 계속해서 "그것은 소용없다"고 했다. 그래서 그는 "그래도 나는 기도할 것이다"라고 말하고 이렇게 기도하기 시작했다: "주여, 사탄이 당신의 자비도, 그리스도의 보혈도 내 영혼을 구원하기에 충분치 못하다고 거짓말합니다. 주여, 제가 당신이 구원하실 수 있고, 또 구원하시리라고 믿음으로써 당신을 최고로 공경하길 바라십니까? 아니면 당신이 구원하실 수도 없고, 구원하시지도 않는다고 믿음으로써 사탄을 공경하길 바라십니까? 주여, 저는 당신이 구원하실 수 있고, 또 구원하실 것이라고 믿음으로써 당신을 공경하기를 진실로 원합니다." 그가 이렇게 기도하는 순간 "마치 어떤 사람이 뒤에서 그의 등을 찰싹 때리는 것처럼" 그의 마음속에 "오 아들아, 네 믿음이 크도다!"라는 하나님의 말씀이 아로새겨졌다.

기도를 통해 오직 너의 하나님만 찾으라.
혹 절망과 의심에 빠지더라도
힘써 그분을 찾으라.
그리하면 그분에게서 영원토록 은혜를 찾아내리라.

10

누가 여호와의 편에 있는 자인가?

이에 모세가 진 문에 서서 이르되
누구든지 여호와의 편에 있는 자는 내게로 나아오라 하매
레위 자손이 다 모여 그에게로 가는지라
_ 출애굽기 32:26

이스라엘은 여호와를 반역하고, 금송아지 우상을 만들었다. 모세는 그들에게 나타나 크게 진노하며 그들이 만든 우상을 던져 버리고 아론을 꾸짖었다. 백성들은 여호와의 종이 나타나자 크게 두려워하고, 우상을 만들며 마음이 더 강퍅해진 사람들을 제외하고는 성막을 찾았다. 이 엄청난 반역을 근절시키고 응징해야 할 필요성을 느낀 모세는 여호와 편에 속한 신실한 사람들과 레위 자손들을 자기에게 불러들였다. 이 엄격한 시험을 통과한 자들은 그들의 사명을 성취했고, 그리하여 영원토록 이스라엘의 선생이 되었다. 결단은 여호와께서 그의 사자들에게서 보기 원하는 것이다. 그분은 그것을 볼 때 그에 합당한 상급을 베푸신다. 신명기 33장에서 레위 족속에게 주어지는 축복을 기억하라. "레위에 대하여는 일렀으되 주의 둠밈과 우림이 주의 경건한 자에게 있도다 주께서 그를 맛사에서 시험하시고 므리바 물 가에서 그와 다투셨도다 그는 그의 부모에게 대하여 이르기를 내가 그들을 보지 못하였다 하며 그의 형제들을 인정하지 아니하며 그의 자녀를 알지 아니한 것은 주의 말씀을 준행하고 주의 언약을 지킴으로 말미암음이로다 주의 법도를 야곱에게, 주의 율법을 이스라엘에게 가르치며 주 앞에 분향하고 온전한 번제를 주의 제단 위에 드리리로다 여호와여 그의 재산을 풍족하게 하시고 그의 손의 일을 받으소서 그를 대적하여 일어나는 자와 미워하는 자의 허리를 꺾으사 다시 일어나지 못하게 하옵소서"(8-11절).

참된 신자들은 결단하는 자들이 되어야 한다. 왜냐하면 오늘날에도 두려

운 갈등이 계속되고 있고, 결단 없이 중간에 있는 자들에게 저주가 임할 것이기 때문이다.

I. 여호와 편에 설 때 주어지는 갈등

- 무신론 및 다른 불신앙의 형태들 대(vs) 하나님을 믿는 믿음.
- 거짓 철학 및 "현대사상" 대 성경.
- 복음 대 미신
- 그리스도 대 자기의
- 하나님의 명령 대 자기쾌락
- 거룩 및 의 대 죄 및 압제

II. 여호와의 친구들과 그들이 해야 할 일

- 확고한 충성심을 보여 주어야 한다. "오늘 여호와께 헌신하게 되었느니라"(29절).
- 밖으로 나와 깃발 아래 함께 모여야 한다: "누구든지 여호와의 편에 있는 자는 내게로 나아오라." 우리는 교회와 참된 연합을 가짐으로써, 담대하게 죄를 거절함으로써, 적극적으로 진리를 증거함으로써, 세상과의 타협을 거부함으로써, 우리 주 그리스도께 자신을 드림으로써 이것을 해야 한다(고후 8:5).
- 기꺼이 소수 편에 서야 한다. 필요하다면, 열한 지파와 대적하는 한 지파 편에 서야 한다.
- 전투적이어야 한다. "너희는 각각 허리에 칼을 차고"(27절).
- 그 열심이 세상에 매이는 것을 이겨내야 한다. "그의 형제들을 인정하지 아니하며"(신 33:9).
- 명령 받은 바를 준행해야 한다. "레위 자손이 모세의 말대로 행하매"(출 32:28).

III. 여호와의 군대와 그들이 받은 격려

- 그들이 받은 격려의 동기는 의와 진리에 있었다. 선한 동기는 견고한 토대가 되고, 강력한 자극제가 된다.
- 그것은 전능하신 하나님의 동기다. "네가 네 하나님 여호와의 말씀을 청종하여 이 율법책에 기록된 그의 명령과 규례를 지키고"(신 30:9).
- 그리스도 자신이 우리의 대장이다. 누가 이런 그리스도인을 지체시킬 수 있겠는가? "내가 그를 만민의 인도자와 명령자로 삼았나니"(사 55:4).
- 천사들이 우리와 함께 한다. "불말과 불병거가 산에 가득하여 엘리사를 둘렀더라"(왕하 6:17).
- 허다한 신앙의 위인들이 우리 편에 속해 있다(히 12:1).
- 그것은 양심의 편이고, 깨끗한 마음에 속해 있다.
- 세상에서 끝없이 펼쳐졌던 전쟁은 천국에서는 끝나고 승리를 만끽한다(계 19:14).

IV. 본문의 질문, 그리고 전쟁을 위한 제안

- 입대하라: 믿음으로 약속을 받아들인다.
- 군기를 꽂으라: 그리스도를 고백함으로 공개적으로 세례를 받는다.
- 규율에 복종하라: 기꺼이 배우고, 훈련에 복종한다.
- 군복을 입으라: 거룩의 옷, 사랑의 의복, 하나님의 전신갑주를 입는다(엡 6:13-18).
- 검을 허리에 차라: "성령의 검 곧 하나님의 말씀을 가지라."
- 먼저 내전에 참가하라: 자신의 영혼 안에서 전투를 벌인다. 죄를 죽이고, 자아를 정복하고, 교만한 얼굴을 벗어버린다.
- 전쟁터로 행군하라: 거짓, 미신, 학대, 압제, 술취함, 불결 그리고 모든 죄의 형식들과 어디서든, 아니 모든 곳에서 맞서 싸운다.

❖ 엄선된 예화 ❖

미국 남북 전쟁 당시 북군의 한 장군이 "우리는 주님이 우리 편이라는 사실을 확신합니다. 대통령 각하!"라고 링컨 대통령에게 말했다. 그러자 링컨 대통령은 "나는 그 말이 그렇게 중요한 말이라고 생각하지 않네." 옆 자리에 있던 장군들이 깜짝 놀라는 표정을 보면서, 링컨 대통령은 계속 이렇게 말했다: "내게는 우리가 주님 편인가를 아는 것이 더 큰 관심사일세."

링컨 대통령이 옳았다. 옳은 편은 내 편도 아니고 네 편도 아니다. 주님의 편이야말로 우리 모두가 참여해야 할 자리다. 그분의 깃발 위에는 의, 진리, 사랑 그리고 거룩이라는 말이 적혀 있다. 비록 홀로 있을지라도, 당신은 하나님의 깃발을 들고 서 있음을 확신해야 한다.

기조(Guizot)는 프랑스 루이 왕의 생애에 관해 이런 이야기를 전해 준다. 당시 프랑스에는 프랑스 왕을 섬기는 신하이면서 동시에 영국 왕의 신하인 제후들이 있었다. 그들이 두 왕을 섬길 때, 그 사이에서 미묘하면서도 애매한 문제들이 자주 야기되었다. 드디어 프랑스 왕은 영국 영토에 땅을 소유하고 있던 모든 제후들을 불러놓고, "내 나라의 땅에서 살고 있는 자가 영국 영토에 재산을 소유하고 있다면 그것은 두 주인을 섬기는 것으로 절대로 용납할 수 없노라. 그러므로 그대들은 짐에게 전적으로 충성하든지 아니면 영국 왕에게 충성하든지 양자택일을 하도록 하라." 이렇게 말한 후 그는 기간을 정해 양자 간 하나를 선택하도록 하였다.

왕의 면류관을 얻기 위해
하나님의 아들이 싸우러 가신다.
그의 피로 물들여진 붉은 기가 저 멀리 나부끼는데,
누가 그의 행렬을 따를까?

"참가를 신청합니다, 대장님." 존 번연에 따르면, 이 말은 천국의 궁정을 향하여 진군하는 군사가 해야 할 말이고, 그때 그는 다음과 같은 환영의 노래를 듣게 될 것이다:

들어오라, 들어오라,
영원한 영광이 그대에게 있으리라.

내 가장 가까운 친구이자 장성한 아들과 딸들을 둔 한 가정의 가장인 친구가 있는데, 그가 최근에 갑자기 세상을 떠났다. 그는 죽기 전날, 가족들을 불러 모았는데, 그 자리에는 그 즈음 구원의 은혜를 체험한 아들도 함께 있었다. 아버지는 큰 기쁨 속에서 자녀들의 머리에 차례차례 안수하면서 축복 기도를 했다. 주체할 수 없는 감동 속에서 그는 "**이 녀석**도 주님의 편입니다! **이 녀석**도 주님의 편입니다!"라고 말했다. 경건한 부모의 임종 자리에 우리가 서 있다면 어떠했을까? 부모는 우리가 주님 편에 서 있기 때문에 즐거워하지 않을까?

11
속죄제물에 안수함

그 속죄제물의 머리에 안수하고
_ 레위기 4:29

여기서 우리는 속죄제물이 안수자에게 효력을 일으키는 방법의 전형을 보게 된다. 똑같은 의식이 4절, 15절, 24절과 33절 그리고 다른 곳들에서 명해지고 있다. 그러므로 그것은 중요하고, 우리는 그 교훈을 배울 필요가 있다.

많은 영혼들에게 문제는 그리스도를 통해 구원받기 위해서 그분에게 어떤 관심을 두어야 하느냐 이다.

이것은 확실히 절대적으로 필수적인 일이다. 그러나 슬프도다. 그것은 두렵게도 많은 사람들에게 무시되어 왔다. 만일 그리스도께서 믿음의 대상이 아니라면, 그분은 헛되이 죽으신 것이다. 그것은 즉시 행해져야 한다.

본문은 우리에게 "그리스도의 속죄제물이 어떻게 내게 유효하게 될 수 있는가?"라는 문제에 대해 그림을 보듯 생생한 해답을 제공한다. 그것을 배워보자:

I. 그 상징의 의미

1. 그것은 죄의 고백을 상징했다. 다른 이유로는 속죄제물이 필요 없다.

- 여기에 마땅히 받아야 할 형벌에 대한 고백이 더해졌다. 그렇지 않다면 왜 희생제물이 죽임을 당해야 하겠는가?
- 죄를 제거하는 다른 모든 방법을 포기하는 것도 포함되어 있었다. 손들은 비어 있었고, 오직 속죄 제물 위에 두어져 있어야 했다.
- 이것은 십자가에서 이루어진 일의 상징이다. 왜냐하면 거기서만 죄

가 제거되기 때문이다.

2. 그것은 대속의 계획에 대한 만족을 상징했다.

- 어떤 이들은 이 같은 구원방법의 정당성과 확실성에 의문을 제기한다. 그러나 구원받게 될 자는 그렇게 생각하지 않는다. 왜냐하면 그는 하나님 자신이 그 의에 대한 최고의 심판자로서, 만일 그분이 만족하신다면, 우리도 당연히 그와 같이 생각해야 함을 알기 때문이다.
- 대속은 특히 율법을 존중하고, 공의를 입증한다.
- 사건을 만족시키는 다른 계획은 없다. 아니 철저히 그것만 주목해야 한다. 인간의 죄책감은 다른 방법으로는 만족되지 않는다.
- 그러나 이것은 아주 민감한 양심에 안식을 제공한다.

우리가 전세계를 조사해 본다면 어떨까,
영국에서 일본까지 조사해 보자.
기독교가 없는 곳은 한 군데도 없을 것이다.
그래서 하나님께는 의가, 인간에게는 안전이 있도다.

3. 그것은 희생제물에 대한 열납을 상징했다.

- 예수님은 가장 합당한 대속제물이었다. 왜냐하면 그분은 두 번째 아담으로서, 인류의 두 번째 머리가 되시고, 참된 인간의 형상이시기 때문이다.
- 그분은 죄를 만족시킬 수 있는 유일한 인간으로서, 신성과 결합된 완전한 인성의 소유자다.
- 오직 그분만이 하나님이 받으실 만한 분이다. 그분은 또한 우리가 받아들이기에 합당하신 분이다.

4. 그것은 믿을 만한 죄의 전가를 상징했다.

- 손을 얹음으로써 죄는 예표적으로 희생제물에 전가되었다.

- 죄는 제물 위에 두어짐으로써 더 이상 안수자에게 있지 않았다.
5. 그것은 희생제물에게 기대는 것을 상징했다.
- 기대야 할 심령에게는 예수 안에 가장 확실한 의지처가 있지 않을까?
- 속죄가 이루어진 고난과 죽음의 본질을 고찰해 보라. 그러면 당신은 그것을 의지하게 될 것이다.
- 죽음을 감수한 희생제물의 존엄성과 가치를 고찰해 보라. 그리스도의 인격의 영광은 그분의 속죄의 가치를 확대시킨다(히 10:5-10).
- 현재 천국에 있는 성도들은 다른 속죄제물을 가진 자가 하나도 없음을 기억하라. "오직 예수로만"이 의롭게 된 모든 사람들의 슬로건이었다. "오직 그리스도는 죄를 위하여 한 영원한 제사를 드리시고"(히 10:12).
- 구원받은 우리는 오로지 거기서만 안식하게 된다. 그런데 왜 **당신은** 그렇게 하여 모든 염려를 벗어버리지 않는가?

II. 그 상징의 단순성

1. 선행하는 의식들이 없었다. 희생제물이 있었고, 그 위에 안수하는 손이 있었다. 거기에 그것 외에 다른 것은 없었다. 우리는 그리스도에게 서문이나 부록을 첨가하지 않는다. 그분은 알파요 오메가시다.
2. 안수자는 자신의 모든 죄를 가져왔다. "내가 행한 것만큼." 안수자가 희생제물을 갖고 오면 그의 죄가 제거되도록 되어 있었다. 안수자 자신이 죄를 제거하는 것이 아니었다.
3. 그의 손에는 공로나 가치가 전혀 없었다.
4. 그의 손 위에는 아무것도 없었다. 금반지를 끼고 있다고 그가 부자인 것은 아니다. 옥새가 곧 권력을 가리키는 것은 아니다. 보석이 신분을 말해 주는 것은 아니다. 안수자는 배운 사람이나 부자나 존경받는 사람으로서가 아니라 단순히 사람으로서 나아왔다.

5. 그는 손으로 속임수를 쓰지 않았다. 그 위에 손을 기댐으로써 그는 희생제물이 자기를 대표하도록 했다. 하지만 그가 의지한 것은 의식 행위 자체가 아니었다.

6. 그의 손으로 행해진 일은 아무것도 없었다. 그의 의존의 근거는 희생제물이지 자신의 손이 아니었다. 그는 손을 깨끗이 하기를 원했으나 그 사실을 죄 사함의 근거로 삼지는 않았다.

사랑하는 자여, 그러므로 성도든 죄인이든 당신은 나아와 예수님만 강하게 의지하라. 그분이 세상 죄를 제거하신다. 그분께 당신의 죄를 담당시키라. 그러면 영원히 그 죄가 제거될 것이다. 지금 당신의 손을 내밀라. 그리고 대속주 주님의 속죄를 당신의 속죄로 선택하라.

✤ 일화와 예화 ✤

리버풀에 사는 한 가난한 맹인 여성이 회심한 후 많은 찬송가를 암기했다. 그녀는 더비에 사는 당시 백작의 조부를 가끔 방문했다. 그녀는 노백작에게 찬송가를 불러주었다. 노백작은 그것을 좋아했고, 그녀에게 계속 불러달라고 요청했다. 그러나 어느 날 찰스 웨슬리의 "지나가는 자여"라는 찬송가를 불렀는데, 그녀는 이렇게 노래했다:

"진노의 날에 주께서 너의 죄를
어린양 위에 두셨네. 그가 죄를 담당하셨네"

그러자 갑자기 그가 "브라스 양 멈추시오. '은혜의 날에 주께서 두셨도다'라고 불러야 하지 않소?"라고 말했다. 그녀는 그의 비판이 타당하지 않다고 생각했다. 그러나 그녀는 무관심한 귀에 진리를 헛되이 전달한 것은 아니었다. 눈먼 여인이 죽어가는 귀족에게 복을 전해 주었음을 입증하는 다른 증거들이 많이 있었다. _ 팩스턴 후드(Paxton Hood)의 「아이작 와츠의

생애」에서

"크리스마스 에반스가 죽음을 목전에 두자 여러 목사들이 그의 침대 주위에 서 있었다. 그가 말했다. '형제 여러분, 사람들에게 그리스도를 설교하십시오. 나를 바라볼 때, 나는 단지 멸망할 존재입니다. 그러나 그리스도 안에서 나를 바라보니, 나는 천국이요 구원입니다.'"

당신을 구원하는 것은 당신의 믿음의 양이 아니다. 한 방울의 물도 바다 전체의 물과 똑같다. 마찬가지로 작은 믿음도 가장 큰 믿음과 똑같은 믿음이다. 난 지 8일 된 어린 아이도 60살 먹은 어른과 똑같은 사람이다. 하나의 불꽃도 커다란 불길과 똑같은 불이다. 병에 걸린 사람도 건강한 사람과 똑같이 살아 있는 것이다. 마찬가지로 당신을 구원하는 것은 당신의 믿음의 높이가 아니다. **당신이 구원을 붙들도록 하는 것은 피다.** 입에 숟가락을 가져가는 어린아이의 연약한 손도 어른의 강한 팔과 똑같이 음식을 먹을 수 있도록 하는 법이다. 왜냐하면 당신을 자라게 하는 것은 손이 아니기 때문이다. 아무리 힘이 없어도 손은 당신의 입에 음식을 집어넣을 수 있지만, 당신을 자라게 하는 것은 당신의 위에 전달되는 음식이다. 마찬가지로 아무리 약할지라도 그리스도를 붙들기만 한다면, 그분은 당신을 결코 멸망시키지 아니하실 것이다. … 아무리 연약한 손이라도 가장 강한 손과 마찬가지로 하나님의 선물을 붙잡을 수 있다. 그리스도가 이 선물이다. 약한 믿음도 강한 믿음과 같이 그분을 붙잡을 수 있다. 그리스도는 당신이 약한 믿음을 갖고 있을 때에도, 당신이 강한 믿음으로 기쁨의 승전가를 부를 때와 똑같이, 변함없이 당신의 것이다. _ 웰쉬(Welsh)

청교도들은 믿음을 기대는 것, 의존하는 것으로 설명한다. 그것은 기댈 힘이 필요하지 않다. 그것은 우리 자신의 힘을 쓰는 것을 멈추고, 우리의 연약함은 다른 힘을 의존하도록 한다. 어느 누구든 "나는 기댈 수 없다"고 말해서는 안 된다. 그것은 당신이 할 수 있는 것의 문제가 아니라 당신이 할 수 없는 것에 대한 고백으로서, 예수님께 모든 문제를 맡기는 것이다. 어떤 사람이라도 **"나는 약해질 수 없다"**고 말할 수 없다. 그것은 힘의 문제가 아니다. 그리스도의 **생명 속으로 사라지라. 당신이 아무것도 아닐 때,** 그분은 당신에게 모든 것이 되실 것이다.

12
불평에 대해

여호와께서 들으시기에 백성이 악한 말로 원망하매 여호와께서 들으시고
진노하사 여호와의 불을 그들 중에 붙여서 진영 끝을 사르게 하시매
_ 민수기 11:1

역사적 사실을 살펴보라. 잡다한 무리들이 진영 밖에서 어떻게 죄를 범하
고 있는지 그리고 여호와의 불이 진영의 끝을 어떻게 불사르셨는지를 관찰
해 보라. 교회의 큰 위험은 교회의 진영 끝에서 따라오는 사람들이나 그와
관련된 자들 안에 있다. 그들은 참이스라엘을 오염시킨다. 따라서 교회의
입구를 감시하고 그 안에서 훈련시켜야 할 필요성이 있다. 불평, 불만, 배은
망덕 ─ 이런 것들은 은혜로우신 하나님을 대적하는 치명적인 죄악들이다.
우리는 일련의 관찰을 통해 그 주제를 고찰해 볼 것이다.

I. 불평하는 영혼은 주님을 기쁘시게 하지 못한다.

1. 우리는 이것을 우리 자신의 감정으로부터 추론할 수 있다. 우리는 식객
   들, 자녀들, 종들 또는 자선을 베푼 자들이 항상 불평하는 것을 경험한
   다. 그때 우리는 그들에게 짜증을 내고 화를 내게 된다.

2. 하나님을 따르는 사람들의 경우에, 그들이 그분의 손에 선을 들려드리
   지 못하기 때문에 불평은 아주 악한 일이고, 그 반대도 역시 마찬가지
   다. "살아 있는 사람은 자기 죄들 때문에 벌을 받나니 어찌 원망하랴"
   (애 3:39; 시 103:10).

3. 그 경우는 또한 주님의 선, 지혜, 진리 그리고 능력을 반성해 보면 알 수
   있다. 4-6절에 나오는 불평을 보라.

4. 불평에 수반되는 악한 정욕은 그것의 불법적 성격을 보여 준다. 우리는

하나님과 다툴 만반의 준비가 되어 있다(고전 10:5-12).

5. 하나님은 진노를 발하시고, 징계를 오랫동안 거두시지 않는 것을 그렇게 나쁘게 생각하시지 않는다. 본장 33절과 성경의 다른 부분들을 보라.

II. 불평하는 영혼은 즐거움을 부정하는 데서 쾌감을 발견하게 되리라고 생각한다.

이스라엘은 만나를 가지고 있었지만, 고기, 오이, 수박, 양파 등과 같은 음식을 그리워했다. 그러나 우리가 갖고 있지 못하는 것에 상상적 가치를 부여하는 것은 다음과 같은 특징이 있다.

1. 그것은 어리석고, 유치하고, 변덕스러운 것이다.
2. 그것은 우리 자신에게 유해하다. 왜냐하면 그것은 우리가 이미 가진 것에 대한 즐거움을 방해하기 때문이다. 그것은 사람들로 하여금 천사들의 음식을 비방하게 하고, 그것을 "이 하찮은 음식"이라고 부르도록 만든다. 그것은 하만으로 하여금 한 사람이 자신을 존경하지 않는다는 이유로 자신의 형통을 하찮은 것으로 여기도록 만들었다(에 5:13).
3. 그것은 하나님을 향하지 못하도록 훼방하고, 그분의 은혜에 감사하지 못하게 한다.
4. 그것은 반역, 거짓, 시기 그리고 온갖 종류의 죄악으로 이끈다.

III. 불평하는 영혼은 그 소원이 이루어진다고 해도 거기서 즐거움을 찾지 못한다.

이스라엘 백성들은 그들의 어리석은 기도에 대해 지나치게 육신적인 응답을 기대했다. 그러나 그것은 다음과 같은 특징을 갖고 있다:

1. 그것은 영혼의 빈약함의 결과다(시 106:15).
2. 그것은 싫증을 일으켰다. "냄새도 싫어하기까지 한 달 동안 먹게 하시

리니"(20절).

3. 그것은 죽음의 원인이 되었다. 하나님이 "그들 중 강한 자를 죽이시며"
   (시 78:31).

4. 따라서 그것은 모든 면에서 슬픔을 일으켰다. 기브롯 핫다아와 곧 "탐
   욕의 무덤"이 이 상태를 가리키는 이름이 되었다(34절).

IV. 불평하는 영혼은 마음이 규제를 받아야 함을 보여 준다.

하나님의 은혜는 우리의 욕망을 정돈시키고, 우리의 생각과 감정을 그 적절
한 자리에 위치시킨다. 그러므로:

1. 우리가 갖고 있는 것들로 만족하라(히 13:5).

2. 다른 일들에 대해서는 욕망을 조절하라. "나를 가난하게도 마옵시고 부
   하게도 마옵시고"(잠 30:8).

3. 부족한 세상 것들에 대해서는 충분히 단념하라. "나의 원대로 마시옵고
   아버지의 원대로 하옵소서"(마 26:39).

4. 가장 먼저 그리고 가장 열렬하게 하나님을 갈망하라. "내 영혼이 하나
   님 곧 살아 계시는 하나님을 갈망하나니"(시 42:2).

5. 그 다음에는 가장 큰 은사를 열심히 사모하라(고전 12:31).

6. 항상 사랑 안에서 가장 좋은 길을 따르라(고전 12:31).

❖ 유 익 한 글 ❖

나는 카이사르에 관한 글을 읽은 적이 있다. 그는 그의 신하들과 친구들
을 위해 대향연을 베풀었다. 그런데 그날따라 너무 날씨가 험악해서 제대로
잔치를 치를 수 없었다. 그는 크게 기분이 상했고, 화가 났다. 그는 모든 군
사들에게 로마의 최고신인 주피터를 향해 화살을 쏘도록 명령했다. 유피테
르가 자기를 무시하여 그 좋은 날에 비가 오도록 했기 때문이다. 명령대로
군사들은 유피테르의 머리를 향해 화살을 날렸다. 그러나 하늘로 날아간 화

살은 하늘에 미치지 못하고 그들의 머리에 다시 떨어졌다. 이로 인해 그들 가운데 많은 사람들이 극심한 상처를 입었다. 이와 마찬가지로 우리도 불평하고 불만을 터뜨림으로써 많은 화살을 하나님을 향해 쏘아 올린다. 그러나 그것은 곧 되돌아와 우리의 머리나 심장에 박힌다. 그것은 그분에게까지 다다르지 못하고, 우리를 맞출 것이다. 그것은 그분에게 상처를 입히는 것이 아니라 우리에게 상처를 입힐 것이다. 그러므로 불평하는 것보다는 입을 다물고 있는 것이 더 낫다. 소멸하는 불인 하나님께 불평하는 것은 극히 위험한 일이다(히 12:29). _ 토머스 브룩스(Thomas Brooks)

하나님은 우리에게 많은 신경을 쓰신다. 우리가 건강이나 평온이나 자녀나 재산이나 친구나 우리 자신을 잃거나 간에 모든 일들 속에서 그렇게 하신다. 이스라엘 백성들이 메추라기에 양념이 없다거나 옷이 너무 낡았다거나 그 여정이 너무 힘들다는 이유로 실족하지 않은 것은 하나의 이적이다. 본성은 욕구를 절제하지만, 자만은 탐욕을 일으킨다. _ 홀 주교(Bp. Hall)

원망은 하나님과 다투고, 그분을 신랄히 비판하는 것이다. "백성이 하나님을 향하여 원망하되"(민 21:5). 원망하는 자는 해석해 보면 자기가 하나님을 대접하는 것만큼 그분은 자기를 잘 대접하지 않는다고 말하는 것이다. 원망하는 자는 하나님을 어리석은 자로 돌려세우는 것이다. 하나님은 더 지혜롭고 현명해져야 한다는 것 ― 이것이 원망하는 자의 말, 아니 차라리 독설이다. 원망하는 자는 반역자다. 이스라엘 백성들은 한 본문(민 17:10)에서 "원망하는 자"와 "반역한 자"로 동시에 불린다. 거역하는 것과 점치는 죄가 같지 않은가?(삼상 15:23) 원망하는 자는 하나님을 마법사나 요술사 또는 마귀를 부리는 자로 여긴다. 이것은 가장 큰 죄다. 종종 원망은 저주로 끝난다. 미가의 어머니는 은 천백을 잃어버렸을 때 저주에 빠졌다(삿 17:2). 원망하는 자도 자신의 소유 가운데 일부를 잃어버렸을 때 그렇게 한다. 우리의 원망은 마귀의 음악과 같다. 이것은 하나님께서 도저히 참을 수 없는 죄다. "나를 원망하는 이 악한 회중에게 내가 어느 때까지 참으랴"(민 14:27). 그것은 사람들에게 칼을 들이대는 죄다. 그것은 땅에서 멸망당하는 죄다. "그들 가운데 어떤 사람들이 원망하다가 멸망시키는 자에게 멸망하였나니 너희는 그들과 같이 원망하지 말라"(고전 10:10). _ 토머스 왓슨(T. Watson)

하나님께 화를 내는 것은 신앙생활 속에서 많은 사람들이 상상하는 것보다 훨씬 더 빈번하게 벌어지는 일이다. _ F. W. 훼이버

어떤 사람들의 삶은 쐐기풀밭과 같다. 그들의 불평하고 성가시게 구는 성질은 부드럽지만 불안한 상태에 있는 그들의 피부를 통해 항상 날카롭게 찔러댄다. 그러나 만일 그들이 그 악한 마음을 갖고 천국에 들어간다면, 거기서도 그들은 선한 천사들, 좋은 날씨, 심지어는 장미꽃의 색깔에 대해서까지 불만을 터뜨릴 것이다. _ 부쉬넬 박사(Dr. Bushnell)

나는 저주나 욕하는 것보다 불평하는 것이 더 두렵다. _ 존 웨슬리(John Wesley)

한 어린아이가 심하게 울면서 떼를 쓰고 있을 때, 그 엄마가 "너 까닭 없이 계속 울면 정말 혼난다"고 말하는 것을 들었다. 나는 그 엄마의 말을 듣고, 쓸데없이 원망하는 자들은 스스로 매를 자초하고, 또한 그것 때문에 크게 괴로워하게 될 수도 있음을 깨달았다.

13
인간의 곤경과 하나님의 기회

여호와께서 자기 백성을 판단하시고 그 종들을 불쌍히 여기시리니
곧 그들의 무력함과 갇힌 자나 놓인 자가 없음을 보시는 때에로다
_ 신명기 32:36

불신자들에게는 멸망의 날이 치명적이다. 그들에게는 다시 일어설 기회가 없다. 그들은 부(富)의 사다리를 타고 높이 올라가지만, 결국 더 이상 높이 올라갈 수 없게 된다. 그들의 발은 미끄러지고, 모든 것은 끝장이 난다. 이 재앙은 신속히 진행된다. "그들이 실족할 그때에 내가 보복하리라 그들의 환난 날이 가까우니 그들에게 닥칠 그 일이 속히 오리로다"(35절).

그러나 여기서 우리가 말할 세 종류의 사람들은 그런 일을 당하지 않게 된다: "우리가 판단을 받는 것은 주께 징계를 받는 것이니 이는 우리로 세상과 함께 정죄함을 받지 않게 하려 하심이라"(고전 11:32). 그들은 각각 "그는 넘어지나 아주 엎드러지지 아니하나니라"(시 37:24)는 말씀을 듣게 될 것이다.

I. 주님의 교회

1. 교회는 "무력하거나 놓인 자가 없을"(36절) 때, 호된 시험에 떨어질 수 있다.
   • 핍박으로 말미암아 신실한 자들이 줄어들 수 있다(시 107:39).
   • 이동, 죽음, 가난으로 말미암아 교회는 가슴아프게 쇠락할 수 있다(사 1:8-9).
   • 충성스러운 사역이 결여됨으로써 교회가 부흥 되지 않고, 남은 자들이 연약하고 침체에 빠질 수 있다.
   • 회중들, 지체들의 일반적인 타락으로 말미암아 교회가 정신을 차리

지 못할 정도로 흔들릴 수 있다. 내적 불화, 이단의 침투, 영적 생활의 침체 등과 같은 다양한 상황들이 성도들을 흩어놓을 수 있다. 영적 양식이 없는 곳에서 굶주린 영혼들은 편안할 수 없다(욥 15:23).

2. 그러나 그럴 때 교회는 하나님께 부르짖을 수 있다.
- 진실로 **하나님의 백성**이라면, 언약은 굳게 서 있고, 하나님이 그들을 판단하실 것이다.
- **하나님의 종**이라면, 하나님께서는 언약을 굳게 지키고, 그들의 회개를 받아주실 것이다.
- 하나님의 눈은 항상 **그들** 위에 있고, 그들의 눈은 그분을 올려다보아야 한다.

3. 하나님은 자신의 교회를 회복시키고 부흥시킬 것이다. 죽이기도 하시는 분이 살리기도 하실 것이다(39절). 그분은 그의 자녀들이 슬픔 속에서 무너지는 모습을 보실 때, 불쌍히 여기신다.

4. 한편 시험은 허용된다. 그 이유는:
- 자신의 종들을 찾아내고 위선자들을 제거하기 위해(사 33:14).
- 신실한 성도들의 믿음을 테스트하고, 그것을 강화시키기 위해.
- 시험당할 때에 그들을 도우심으로써 그리고 장래의 복을 갖고 그들을 찾아와 자신의 은혜를 보여 주시기 위해.
- 행복한 날들이 임할 때 영광을 자신에게 돌리도록 하기 위해.

II. 시험 속에 있는 신자

1. 그는 힘을 잃을 수 있다. 인간적으로 무력한 자가 될 수 있다. 육체의 건강을 잃고, 분별력이 떨어지고, 재능이 소멸되고, 용기를 잃고, 심지어는 영적 권능도 떠날 수 있다(애 3:17-18).

2. 그는 세상의 도움을 받지 못할 수 있다. "갇힌 자나 놓인 자가 없다." 친구가 없는 사람은 하나님의 긍휼하심을 향해 움직인다.

3. 그는 의심과 두려움에 사로잡히고, 스스로 어떻게 해야 할지 거의 모를
   수도 있다(욥 3:23-26). 이 모든 것이 죄에 대한 징계로 임할 수 있다. 그
   것은 본문의 문맥에 나타나 있다.
4. 그의 소망은 하나님의 긍휼하심에 있다: 그분은 그의 백성들을 슬픔 속
   에 두는 것을 즐거워하시지 않는다. "다시 우리를 불쌍히 여기셔서" (미
   7:19). 이같이 혹독한 시험은 다음과 같은 이유로 주어질 수 있다:
   • 내면에 숨겨져 있는 죄악을 철저하게 고치도록 하기 위해(사 27:9).
   • 온 마음이 오직 하나님만 바라보도록 하기 위해
   • 신자의 장래 신앙생활에 충분한 자극을 주기 위해(사 38:16).
   • 그의 경험을 단련시키고, 말씀에 대한 그의 지식을 확대시키며, 하나
     님에 대한 그의 증거를 온전케 하기 위해.

III. 회개하는 죄인
그는 자신을 교만하게 만들었던 모든 것들로부터 깨끗하게 된다.
1. 그의 자기의가 소멸된다. 그는 과거를 자랑하거나 미래에 대한 자만심
   을 갖지 않게 된다.
2. 선을 행할 수 있는 능력에 대한 확신이 사라진다. "그들의 무력함", "허
   물과 죄로 죽었던 너희" (엡 2:1).
3. 갇혀 있던 그의 은밀한 욕망이 이제 죽어 장사된다.
4. 그의 교만한 허황된 꿈이 사라진다(사 29:8).
5. 그의 세속적 쾌락, 겁 없는 반항, 불신앙, 큰 소리, 경솔함, 허탄한 확신
   등이 모두 제거된다.
6. 하나님의 긍휼하심을 절대로 놓지 않는다(시 103:13).
   • 밀물은 썰물이 가장 극에 달했을 때 몰려든다.
   • 탕자는 돌아오기 전에 있는 재산을 다 탕진했다.
   • 죄인들은 손이 비어 있을 때 그리스도의 충만함을 기꺼이 받아들인

다.
• 주님은 절망 속에 있는 자들의 슬픔을 불쌍히 보시기 때문에, 그들은 그들의 죄를 주의하고, 회개해야 한다.

✢ 도움을 주는 글 ✢

뉴 파크 스트리트에 있는 교회는 슬프게도 교인 숫자가 감소하고, 예배당이 있는 주변지역은 번영하지 못하고 크게 쇠퇴하고 있는 것처럼 보였다. 그러나 교인들 중에는 많지는 않지만 교회의 부흥을 위해 쉬지 않고 기도하는 사람들이 있었다. 신자의 숫자는 갈수록 줄어들었다. 하지만 그들은 계속 소망을 가졌고, 항상 소망을 갖고 있었다. 그들이 최악의 상태에 있을 때 주님이 그들을 기억하고, 결코 슬퍼하거나 의심하지 않았던 그들에게 번영의 밀물을 허락하셨음을 절대로 잊어서는 안 된다. 그 후 그들이 즐거워하는 시간들은 기갈에 목말라했던 시간들보다 훨씬 더 길었다:

> 인간의 곤경은 하나님의 기회요,
> 극한 상황은 끈질긴 재촉의 근거가 된다.
> 인간의 지혜의 끝이 그의 믿음의 끝은 아니다.
>
> _ 매튜 헨리(Matthew Henry)

브라운 박사는 자신의 한 저서에서 우리에게 스코틀랜드 출신 할머니 신자의 이야기를 들려준다. 그녀는 자신의 믿음의 근거에 관해 질문하는 교회 목사의 도전에 당당하게 대꾸했다. 목사가 "자넷 성도님, 하나님이 당신을 위해 하신 모든 일에도 불구하고 당신을 지옥으로 떨어뜨린다면, 어떻게 말하겠습니까?"라고 물었다. 그녀는 "그분이 좋아하신다면 어쩔 수 없지요. 하지만 만일 그렇게 하신다면, 그분은 나보다 더 큰 것을 잃어버릴 것입니다." 그녀는 하나님이 자신으로 말미암은 진리와 선의 영예를 잃어버리실 것이라고 말한 것이다. 따라서 하나님은 그의 백성들이 곤경에 몰렸을 때 절대로 그들을 그냥 버려두실 수 없다.

"기도하는 그리스도인은 누구나 그 천사가 없으면 겟세마네도 없다는 것을 발견할 것이다."

하나님은 그의 백성들을 광야로 이끄시지만, 그것은 그들에게 위로의 말을 전해줄 수 있도록 하기 위해서이다. 그분은 그들을 격렬히 불타는 용광로 속으로 집어넣을 수 있지만, 그것은 그들이 그분과의 사귐을 더 잘 가질 수 있도록 하기 위해서이다. _토머스 브룩스

헤엄을 치지 못하는 사람이 물에 빠졌다. 헤엄을 잘 치는 사람이 그를 구하기 위해서 물속으로 뛰어들었다. 그러나 그는 허우적거리는 사람을 즉시 구해 오지 않고, 그가 허우적거리는 것을 멀리서 바라보고 있다가 그가 그 행동을 멈추자 그를 붙잡고 해안으로 끌어냈다. 부두에 있던 사람들이 물에 빠진 사람을 왜 즉각 구하지 않았느냐고 묻자 그는 "그가 스스로를 구하기 위해 애쓰고 있는 한, 그를 구할 수 없다"고 말했다. 하나님도 죄인들에게 이렇게 역사하신다. 그들은 스스로 구원하려는 시도를 멈추어야 한다. 그래야 하나님께서 그들에게 자신의 은혜의 능력을 보여 주실 것이다.

죄인이 자신의 케케묵은 빵 껍질을 갖고 있는 한, 천국의 만나를 먹지 못할 것이다. 그들은 '반이라도 없는 것보다 낫다'(Half a loaf is better than no bread)고 말한다. 그러나 이것은 진리가 아니다. 왜냐하면 반 덩어리 빵으로 사람들은 굶주림을 면할 수 있을지 모르지만, 빵이 없으면 오히려 하늘에서 내려온 양식을 위해 예수님께 날아갈 것이기 때문이다. 영혼이 혜택이라고 생각할 만한 한 푼의 동전을 갖고 있다면, 어리석게도 지은 빚을 탕감해 주겠다는 은혜를 거절할 것이다. 하지만 아주 가난하게 되면 그것이 오히려 영혼을 참된 부요의 길로 이끈다.

영혼을 자유롭게 하는 것은
완전한 가난 그것뿐이다.
우리가 한 푼이라도 우리 자신의 것이라고 말한다면,
충분히 탕감 받지 못하리라.

14
영적 무능력

여호수아가 백성에게 이르되 너희가 여호와를 능히 섬기지 못할 것은
_ 여호수아 24:19

여호수아의 질문에 대답할 때, 백성들은 "우리도 여호와를 섬기리니 그는 우리 하나님이심이니이다"(18절)라고 말했다. 그러나 여호수아는 그들의 대답을 신뢰할 수 없다는 것을 너무 잘 알고 있었고, 그래서 그들이 약속한 것을 절대로 지킬 수 없음을 상기시켰다. 그들은 여호수아를 믿지 않고, "아니니이다 우리가 여호와를 섬기겠나이다"(21절)라고 외쳤다. 하지만 그들의 이후 역사는 여호수아의 경고가 진실이었음을 증명했다. 하나님의 말씀은 우리가 우리 자신을 아는 것보다 우리를 더 잘 알고 있다. 전능하신 하나님은 우리 존재의 각 부분을 해부학자가 신체의 각 부분들을 파악하듯이 알고 계신다. 또한 그분은 우리의 도덕적, 영적 본성을 가장 완전하게 알고 계신다. 시계를 만든 자가 시계에 대해서는 최고의 판단자인 것처럼, 사람을 만드신 분은 사람의 상태와 능력에 관해 최고의 지식을 갖고 계신다. 그러므로 우리는 인간의 능력에 관한 그분의 판단을 상고해야 한다.

I. 거듭나지 아니한 사람들은 하나님을 섬길 수 없다는 진리의 확실성.

그것은 육체적 무능력이 아니라 도덕적 무능력이고, 그들의 본성이 아니라 그들의 타락한 본성으로서 하나님께 속한 것이 아니라 죄에 속한 것이다. 그들은 만약 잘했더라면, 하나님을 섬길 수 있었을 것이라고 말할 수 있다. 그러나 "만약"이라는 말에 전체 문제의 핵심이 들어있다. 인간의 무능력은 원하는 대로 할 수 있는 도덕적 능력이 없다는 것과 실제로 그것을 행할 만한 의지를 갖고 있지 못하다는데 있다. 그렇다고 이것이 그의 책임을 조

금이라도 면제시켜 주는 것은 아니다. 왜냐하면 그는 하나님을 섬겨야 할 의무가 있고, 그의 무능력은 그의 잘못이기 때문이다(렘 13:23).

1. 하나님의 본성은 타락한 인간들에게 완전한 섬김을 불가능하게 만든다. "너희가 여호와를 능히 섬기지 못할 것은 그는 거룩하신 하나님이시요 질투하시는 하나님이시니." 본문의 문맥을 보라.

2. 그들이 거듭나지 못한 사람들이라고 간주할 수 있는 최고의 증거는 그들에게 마음과 의지가 결여되어 있다는 것이다. 따라서 그들이 드리는 것은 받아들여질 수 없다. 사랑과 믿음이 없는 사람들은 하나님을 기쁘시게 할 수 없다. 그리스도가 없는 영혼의 기도, 자선 그리고 예배는 어떤 것일까?(사 1:15)

3. 하나님의 법은 완전하고, 포괄적이고, 영적이고, 광범위하다. 누가 그것을 지킬 수 있기를 바랄까? 만일 보기만 해도 간음을 범하게 된다면, 누가 율법을 일점일획까지 지킬 수 있겠는가?(마 5:28)

4. 세속적인 영혼은 자기의지, 자기추구, 정욕, 증오, 교만 그리고 온갖 다른 악들을 범하는 성향이 있다. "육신의 생각은 하나님과 원수가 되나니 이는 하나님의 법에 굴복하지 아니할 뿐 아니라 할 수도 없음이라"(롬 8:7).

5. 사람들로 하여금 온전히 순종하도록 해 보라. 그들은 그렇게 하지 못할 것이다. 그들은 능력이 있다고 자랑하지만, 그것을 행사하는 것은 아주 싫어한다.

II. 이 진리로부터 야기되는 절망.

이것이 사람들을 절망으로 이끌 것이라고 주장할 때, 이에 대한 우리의 대답은 그것이 사람들에게 일으키는 절망은 아주 바람직하고 유익하다는 것이다.

1. 그것은 사람들로 하여금 불가능한 일에 대해 절망하도록 이끈다.

그들이 스스로의 힘으로 온전한 순종을 보여 주겠다고 하는 것은 이미 그 자체로 죄를 범하는 것으로서, 불가능한 장치를 발명하려고 희망하는 것과 같다. 만일 어떤 사람이 자신의 손으로 사다리를 붙들고 있으면서 동시에 그 꼭대기에 오르려고 한다면, 그는 자신의 악한 본성으로 거룩을 이루려고 하는 것 이상으로 불가능한 일을 하는 것이다.

2. 그것은 파멸의 길에 대해 절망하도록 이끈다.

자기의는 치명적인 것으로, 자비에 대한 오만한 거부요, 은혜에 대한 반역이다. 어떤 종류든 자기신뢰는 구주의 원수다.

3. 그것은 의식들이나 어떤 외적 종교행사들에 의존하는 것에 대해 절망하도록 이끈다. 그것은 이런 것들이 결코 충분하지 않다는 것을 확신시켜 준다.

4. 그것은 모든 종류의 자기구원의 길로부터 절망하고, 사람들로 하여금 주 예수님을 믿는 믿음의 길을 차단하지 않도록 한다. 그보다 더 좋은 일이 그들에게 일어날 수 없다(골 2:22-23).

III. 우리가 이 진리를 통해 기억해야 할 필수적 사실.

거듭나지 아니한 자여, 여러분이 하나님을 섬기려면 다음과 같은 것들이 요구된다:

- 오직 하나님의 영만이 여러분 속에 창조하실 수 있는 새 본성: 옛 사람은 하나님을 섬길 수 없다. 더러운 샘은 더러운 물을 흘려 내보내는 법이다. 나무는 좋은 나무가 되어야 하며, 그렇지 않고는 좋은 열매를 맺을 수 없다.

- 화해: 원수가 어떻게 그의 왕을 섬길 수 있겠는가? 양자 간에 먼저 용서, 친교, 상호 기쁨 등이 있어야 한다. 하나님과 여러분은 중보자를 통해 서로 친구가 되어야 한다. 그렇지 않으면 여러분은 절대로 하나님의 종이 될 수 없다.

86

- 용납: 여러분이 받아들여질 때까지는 여러분의 섬김은 하나님을 기쁘시게 할 수 없다. 오직 완전한 의만이 여러분을 거룩하고 질투하시는 하나님에게 받아들여질 수 있도록 한다. 예수님 외에 여러분을 완전한 의에 이르도록 할 자는 아무도 없다.
- 지속적인 도움: 여러분이 이전에 그 도우심을 받았다면, 그것을 계속 유지하도록 해야 한다(삼상 2:9; 유 1:24-25).
- 만일 여러분이 원하는 것만큼 충분히 하나님을 섬길 수 없다면, 예수 그리스도 안에서 그분이 자신을 보여 주시는 것만큼 그분을 신뢰하라. 그러면 원하는 만큼 충분히 하나님을 섬길 수 있을 것이다.
- 이것은 여러분으로 하여금 더 차원 높은 원리에 따라 하나님을 섬길 수 있게 할 것이다.
- 본성의 이 같은 변화는 여러분을 찾아와 여러분 안에 거하실 성령을 통해 일어나게 될 것이다.
- 이것은 여러분을 천국에 합당한 자로 만들고, 거기서 여러분은 "그분의 종이 되어 하나님을 섬길 것이다."

❖ 인상적인 글 ❖

말벌은 꿀을 만들지 못한다. 그렇게 되려면 꿀벌로 변모되어야 한다. 돼지는 그 더러운 얼굴을 씻기 위하여 불 앞의 고양이처럼 앞발을 세우고 앉지 못한다. 마찬가지로 타락한 사람은 거룩을 즐거워하지 못할 것이다. 마귀는 절대로 천사들처럼 하나님을 찬양할 수 없다. 거듭나지 아니한 사람은 성도가 하는 것처럼 하나님이 받으실 만한 섬김을 보여 줄 수 없다.

그들의 무능력은 모든 도덕적 행위에 미쳤다. 그들은 그렇게 할 수 있는 성향을 가지고 있지 않기 때문에 그것을 할 수 없었다. 그것은 마치 요셉의 형들이 "아버지가 형들보다 그를 더 사랑함을 보고 그를 미워하여 그에게 편안하게 말할 수 없었다"(창 37:4)고 말한 것과 같다. ⋯ 그러나 이 원천으로부터 나오는 무능력은 술 마신 것을 절제할 수 없어서 술 취한 자의 무능력이 그것을 지배하는 것과 똑같은 이유로, 분명히 제어할 수 없게 되었다. 마찬가지로 그의 의무수행과 관련한 회개하지 아니한 죄인의 "불능성"도 똑같이 제어할 수 없다. _ 조지 부쉬(George Bush), 「여호수아주해」에서

우리 안에 거하고 있는 죄는 그 결과로서 그 죄에 입각한 어떤 행동을 하도록 우리에게 역사한다. 이때 우리가 이것을 피할 능력은 백치가 자신의 바보짓을 변화시킬 능력을 갖고 있지 못한 것보다 또는 중풍에 걸린 손이 그 무감각으로부터 손을 자유롭게 움직일 능력을 갖고 있지 못한 것보다, 더 갖고 있지 못하다. _ B. W. 뉴턴(B.W. Newton)

"한 작은 소녀가 어떤 잘못을 저질러 엄마에게 책망 들을 때, 동생들이 본받도록 올바르게 행동해야 한다고 말하자 이렇게 대답했다: '내 안에 올바른 것이 없는데 어떻게 올바르게 행동할 수 있겠어요? 바울도 똑같은 고백을 하지 않았는가?'(롬 7:18)

"인간은 완전한 순종으로 구원받을 수 없다. 그 이유는 절대로 그렇게 할 수 없기 때문이다. 또 불완전한 순종으로 구원받을 수도 없다. 그 이유는 그때는 하나님께서 그것을 인정하실 수 없기 때문이다."

자신의 영혼에 관해 깊이 번민하는 한 사람이 친구와 그 주제에 관해 대화를 나누고 있었다. 그 친구가 "즉시 예수님께 나아가게. 그분이 자네가 짊어지고 있는 죄의 짐을 자네 등에서 제거하실 걸세"라고 말하자 그는 "맞네. 나도 그것을 알고 있네. 하지만 내 등은 어떻게 한단 말인가?"라고 말했다. 나는 내 죄가 제거된다는 것을 알고 있지만, 나 자신은 여전히 그대로 있다

는 것도 알고 있다. 그때 그것을 어떻게 다루어야 할까? 내 등만이 아니라 손과 발, 머리와 가슴이 다 죄악 덩어리이기 때문에, 내가 평강을 얻기 위해 진정 제거하기를 원하는 것은 바로 나 자신이다. _ 영국의 복음전도자

내가 그 종이 아닌 사람을 위해 어쩌다 한 번 섬기는 것은 가능하다. 그러나 위대한 사람은 다른 주인의 종들에게도 섬김을 받는 것이 마땅하다고 말할 수 있다. _ 존 하우(John Howe)

뛰어라, 뛰어라 그리고 행하라, 율법은 명한다.
그러나 내게 발이나 손은 필요 없다.
달콤한 복음의 소리를 들려 달라.
복음은 날으라고 명하니, 내게 날개를 달라.

15
신실한 감람나무

감람나무가 그들에게 이르되 내게 있는 나의 기름은
하나님과 사람을 영화롭게 하나니
내가 어찌 그것을 버리고 가서 나무들 위에 우쭐대리요 한지라
_ 사사기 9:9

유혹이 무화과나무, 감람나무, 포도나무에게 임한 것처럼, 이 우화는 우리가 아무리 순조롭고, 훌륭하고, 열매 맺는 삶을 산다고 해도, 유혹에서 자유롭지 않다는 것을 가르쳐 준다. 이 유혹은 달콤한 영광의 형태를 취할 수 있다. 왕관이 아니라면, 승진이나 권력 같은 것이 유혹이 될 수 있다. 나무들은 하나님의 정부 아래 있었고, 왕을 원하지 않았다. 그러나 이 우화에서 나무들은 자기들의 자리를 버리고 "갔다." 그 다음 나무들은 사람들처럼 되기를 원했고, 그리하여 하나님이 그것들이 타락한 인간들처럼 되기를 원하시지 않는다는 것을 망각해 버렸다. 스스로 반란을 일으킨 나무들은 열매가 풍성한 좋은 나무들을 차지하기 위해 다툼을 벌였다.

나무들이 화려하고 기름진 감람나무를 선택한 것은 이상한 일이 아니다. 그와 같은 군주를 갖는다면 그 나라가 더 존귀하게 될 것이기 때문이다. 그러나 감람나무는 지혜롭게 사양하고, 그 이유를 다음과 같이 설명했다.

I. 외관적 성공에 집착해서는 안 된다.

여기서 '내가 해야 하는가?'라는 질문이 있어야 한다. 우리는 격에 맞지 않고, 어울리지 않고, 지혜롭지 못한 일을 해서는 안 된다(창 39:9).

이 질문에서 '내가'라는 말에 비중이 두어져야 한다. 내가 해야 하는가? 만일 하나님이 나에게 특수한 은사나 특별한 은혜를 주셨다면, 그 복들을 헛되

이 사용하는 것이 과연 합당하겠는가? 그것들을 자신의 영예를 얻는데 사용해야 하겠는가?(느 6:11)

- 높은 자리가 더 좋아 보일 수 있지만, 이런 희생을 무릅쓰고 그것을 얻는 것이 옳은 일일까?(렘 45:5)
- 그것은 의무와 걱정을 가져올 것이다. "나무들에게 가서"라는 말은 염려, 감시, 순시 등이 있었다는 것을 함축하고 있다.
- 이 의무는 내게는 확실히 생소한 것이 될 것이다. 왜냐하면 감람나무처럼, 지금까지 한곳에 심겨져 있었기 때문이다. 나의 무리한 욕심을 위해 새로운 유혹, 새로운 난관에 뛰어들어야 할까?
- 이런 생소한 일에 대해 하나님의 복을 기대할 수 있을까? 우리 앞에 놓여 있는 부, 명예, 권력 등과 같은 경우에 대해 이 질문을 해 보라. 우리는 평강을 내주고, 거룩을 상실하고, 헌신을 감소시키며, 유익이 사라질 위험을 무릅쓰고 그것을 붙잡아야 할까?

II. 실제적 이익들이 무시되어서는 안 된다.

- "내가 어찌 그것(기름)을 버리고 가서." 내가 이 큰 복을 누리고 있는데, 어찌 그것을 쉽게 잃어버리겠는가?
- 하나님과 사람 모두에게 유익하게 하는 것은 인생 최대의 복이다. "내게 있는 나의 기름은 하나님과 사람을 영화롭게 하나니." 우리는 이 최고의 복을 얻는데 최선을 다해야 한다.
- 세상이 주는 어떤 것을 위해 이 복을 버리는 것은 엄청난 손실이 될 것이다. "사람이 어찌 레바논의 눈을 떠나겠는가?"(렘 18:14; 2:13)
- 우리가 기름을 소유하고 있는 것은 왕이 되리라는 유혹을 가져온다. 우리는 그리스도 안에 있을 때, 그분을 섬길 때, 그의 백성들과 함께 할 때 그리고 하늘의 상급을 바라볼 때 충분히 행복하다. 우리는 자리 이동을 통해 우리 자신을 더 좋게 할 수 없다. 있던 자리에 머물러 있

는 것이 좋다.

- 우리는 또한 생각을 통해서도 유혹을 만날 수 있다.
- "내가 어찌 그것을 버리고 가서" — 그 생각이 참 놀랍다. 감람나무가 이렇게 하는 것은 당연하지 않다. 신자가 거룩한 삶을 버리는 것은 끔찍한 일이다(요 6:68).
- "그것을 버리고 가서" — 회고해 보면 정말 끔찍한 일이다. 은혜와 진리와 거룩과 그리스도를 버리고 간다면 어떻게 되겠는가? 가룟 유다를 생각해 보라.
- 이런 버림은 시간의 손실도 가져올 것이다. 감람나무가 그 기름을 버리고 간다면 하루 동안 어떤 일이 벌어지겠는가?
- 그것은 결국 절망으로 끝날 것이다. 왜냐하면 주님을 버리는 것을 상쇄시킬 만한 일은 아무것도 없기 때문이다. "주를 버리는 자는 다 수치를 당할 것이라"(렘 17:13).
- 견고하게 섬으로써 모든 유혹을 물리치는 일은 성인들, 순교자들 그리고 그들의 주님이 다 똑같다. 하지만 은혜보다 영예를 더 좋아하는 것은 단순히 가시나무의 어리석음과 같다.

III. 유혹은 전화위복이 되어야 한다.

- 우리는 더 깊이 뿌리박아야 한다. 우리의 기름을 버리고 가라고 단순히 유혹받는다면, 그것이 오히려 우리를 더 강하게 만들도록 해야 한다.
- 우리는 우리의 기름이 즐거움을 빼앗는 것이 되지 않도록 조심해야 한다. 만일 우리가 그것을 버리지 않는다면, 그것이 **우리를** 버리는 일은 결코 일어나지 않을 것이다.
- 우리는 기름을 더 많이 생산하고, 더 풍성한 열매를 맺어야 한다. 크게 얻는 자가 그만큼 덜 손해보는 법이다. 우리가 은혜 안에서 자랄수

록 그것을 버릴 가능성도 그만큼 작아진다.

• 우리는 은혜 받은 우리의 상태에 대해 더욱 만족하고, 더욱 긍정적으로 말함으로써, 그 무엇도 우리를 유혹할 수 없도록 해야 한다. 사탄은 우리의 행복한 모습을 볼 때, 우리를 실족시키려는 희망이 그만큼 적어질 것이다.

✧ 비망록 ✧

많은 사람들이 돈을 더 벌기 위해 거룩한 교제와 말씀을 듣고 은혜 안에서 자랄 신성한 기회를 저버렸다. 그들은 그들 자신의 슬픈 상실을 위해 주일성수를 포기하고, 영혼을 키우는 사역을 멈추고, 세상 사람들 속에서 타락한 삶을 살았다. 이런 사람들은 스페인 사람들에게 하찮은 염주를 받고 금을 주어버린 불쌍한 인디언들만큼이나 어리석다. 영혼을 메마르게 하면서 얻은 부는 언제나 저주일 뿐이다. 당신이 주중 저녁 예배에 참석할 수 없을 정도로 사업이 번창하는 것은 실제로는 더 가난하게 되는 것이다. 천국의 즐거움을 포기하고, 그 대신 세속적 염려를 받아들이는 것은 한심한 장사다.

제임스 1세 당시 영국의 대법원장이었던 에드워드 코크 경은 고결한 영혼의 소유자로서, 종종 지나친 애국심 때문에 왕의 심기를 불편하게 만들곤 했다. 언젠가 그의 행위에 영향을 줄 수 있는 부당한 압력이 들어오자 그는 "사건이 일어났을 때, 나는 재판관으로서 합당한 일만 하겠다"고 말했다. 오, 시험 속에 있는 모든 그리스도인들이여, 그리스도를 따르는 자들로서 합당하게 행동하기를!

불라이 지역 영주의 아내가 된 한 시골 처녀에 관한 테니슨의 이야기를 보면, 세속적 영광은, 그것을 구하지 아니했는데 주어졌을지라도, 얼마나 허망한 것인지를 다음과 같이 보여 준다:

그러나 그녀는 타고나지 않은
영예의 짐 때문에
근심이 무겁게 짓누르고,
밤낮으로 당혹스러워 했네.

"내게 어떤 지위와 권력이 주어지는 것은
좋은 일 아닌가?
그때 나와 함께 그대에 대한 찬양도 높아지고,
내 지위도 나눠 가지리라.

하지만 그대가 나를 높인다고 해도,
내가 그대를 높이리라는 것을 어떻게 알랴?
비록 높은 자리와 그대에 대한 찬양이 있다 해도
너무 좋아하지 말라."

_ 조지 허버트(George Herbert)

하나님이 나에게 정해 주신 이 소명과 직업이 너무 하찮거나 의미가 없다
고 말하지 말라. 하나님의 뜻은 최고의 소명이요, 그것에 충실하는 것이 가
장 가치 있는 일이다. 하나님은 종종 최고의 복을 아주 작은 일들 속에 두신
다. 당신의 교만한 마음이 이 작은 사역을 통해 겸손과 포기를 배운다면, 당
신의 겸손한 섬김에 대해 높은 보상이 주어지지 않겠는가? _ 독일 사람의 글
에서

16

하나님을 섬기기로 결심한 룻

룻이 이르되 내게 어머니를 떠나며 어머니를 따르지 말고 돌아가라
강권하지 마옵소서 어머니께서 가시는 곳에 나도 가고
어머니께서 머무시는 곳에서 나도 머물겠나이다
어머니의 백성이 나의 백성이 되고
어머니의 하나님이 나의 하나님이 되시리니
_ 룻기 1:16

본문은 아주 대담하고 거리낌 없는 신앙고백이다. 그 고백은 한 여인, 곧 젊은 여인, 가난한 여인, 과부, 이방인 여인에 의해 주어진 것이다. 세속적 손실이 그보다 더 큰 영적 이득을 주었기 때문에, 심각한 갈등에도 불구하고, 그녀의 시어머니는 그것을 크게 기뻐하지 않을 수 없었다. 그녀의 시어머니는 모압의 가정은 잃었지만, 대신 며느리의 영혼을 얻었다. 나오미가 자신의 옛 고향으로 돌아가는 일은 룻에게 결단을 일으키는 계기가 되었다. 그리스도인들이 믿음을 변함없이 지키면, 자주 그들의 자녀와 친구들이 회심하는 역사가 일어난다.

I. 경건한 자들에 대한 사랑은 우리를 경건의 길로 이끌 것이다.

이 효과를 위해서 많은 힘들이 연합한다:

1. 교제에서 나오는 영향력이 있다. 우리는 악인들보다 경건한 사람들로 부터 더 큰 영향을 받아야 한다. 그것은 우리가 그들의 영향에 큰 도움을 받기 때문이다.

2. 감동에서 나오는 영향력이 있다. 모방은 당사자에 대한 최고의 찬양이다. 우리는 좋아하는 것을 따르는 법이다. 그러므로 우리는 성도들을 모방해야 한다.

3. 가르침에서 나오는 영향력이 있다. 선생에게 배울 때 우리는 다양하게 영향을 받는다. 가르침은 인격형성의 한 도구다.

4. 존경에서 나오는 영향력이 있다. 우리보다 나이나 지혜가 많거나 성품이 더 좋은 사람들은 우리 안에 깊은 존경심을 일으키고, 그들을 본보기로 삼도록 이끈다.

5. 그들을 즐겁게 하려는 욕구에서 나오는 영향력이 있다. 이것은 우리로 하여금 말씀에 대한 관심을 갖게 하고, 그리스도인 친구들과 함께 예배에 기꺼이 참석하게 하고, 그들과 대화 나누는 것을 진심으로 바라도록 만든다. 왜냐하면 우리는 이것이 그들을 크게 즐겁게 하리라는 것을 알고 있기 때문이다.

6. 단절의 두려움에서 나오는 영향력이 있다. 우리의 구원을 구하는 사랑하는 자들로부터 영원히 분리되는 것은 끔찍한 일일 것이다. 주의 만찬 자리에 그들은 참여하는데 우리는 참여하지 못할 때, 그들과 떨어지는 것은 커다란 고통이다.

II. 경건에 대한 결단은 시험받게 될 것이다.

1. 경건한 자들의 가난과 그들의 다른 시련들로 말미암아. 나오미는 극빈자였다. 그러나 룻은 "내게 어머니를 떠나라고 강권하지 마옵소서"라고 말했다. 가난한 성도들은 종종 무시당한다. 젊은이들은 가난한 자의 믿음을 평가절하하기 쉽다.

2. 치를 대가를 계산함으로 말미암아. 당신은 룻처럼 당신의 친구들로부터 나와야 할 것이다. 그리고 룻이 나오미에게 가담한 것처럼, 하나님의 백성들의 분깃에 참여해야 할 것이다(히 11:24-26).

3. 다른 사람들의 물러남으로 말미암아. 오르바는 한때 약속을 잘 지켰던 많은 사람들처럼 입맞춤을 하고 물러났다. 그리스도인들은 우유부단한 사람들이 되돌아가는 것 때문에 실망해서는 안 된다.

4. 신앙에 내포된 의무로 말미암아. 룻은 밭으로 일하러 가야 한다. 어떤
   교만한 사람들은 그리스도의 집의 규칙이나 신자들의 매일의 삶을 지
   배하는 규정들에 복종하지 못할 것이다.

5. 신자들의 외형적 냉랭함으로 말미암아. 나오미는 자기와 함께 하자고
   룻을 설득하지 않는다. 오히려 그 반대다. 그녀는 신중한 여인이었고,
   그래서 룻이 설득이 아니라 확신을 통해 자기를 따르기를 원했다.

6. 어떤 그리스도인들의 은밀한 슬픔으로 말미암아. 나오미는 "나를 나오
   미라 부르지 말고 나를 마라(괴로움)라 부르라"(20절)고 말했다. 슬픔
   에 빠져있는 영혼들은 언제나 있을 것이다. 그러나 이것이 우리가 주님
   을 따르는 것을 방해해서는 안 된다.

III. 이 경건은 주로 하나님에 관한 선택에 의해 좌우될 것이다.

1. 하나님은 신자의 특별한 소유다. "어머니의 하나님이 나의 하나님이 되
   시리니."

2. 하나님은 그의 중요한 신앙 항목이다. "내가 하나님을 믿나이다."

3. 하나님은 그의 지배자요 법 수여자이시다. "주를 경외하게 하는 주의
   말씀을 주의 종에게 세우소서"(시 119:38).

4. 하나님은 그를 가르치는 자이시다. "여호와여 주의 길을 내게 가르치소
   서"(시 25:4).

5. 하나님은 그의 의지요 지주이시다. 룻기 2:12을 보라. "이 하나님은 영
   원히 우리 하나님이시니 그가 우리를 죽을 때까지 인도하시리로다"(시
   48:14).

IV. 그러나 그것은 그의 백성들에 관한 선택도 포함해야 할 것이다.

"어머니의 하나님이 나의 하나님이 되시리니."

- 그때 그들은 다른 나라에 속한 사람들에게 욕을 먹는다.

- 우리는 그들이 그런 욕을 먹기를 바라지 않았다.
- 그들이 그렇게 욕을 먹을 때 유익을 얻는 사람들은 아무도 없다.
- 그러나 여호와는 그들의 하나님이고, 그들은 그의 백성이다.
- 우리의 영원한 기업은 그들과 함께 누리는 분깃이다.
- 그들 중에는 가까운 친족이 끼어있다. 참 보아스(예수 그리스도)는 우리를 기꺼이 자신에게 이끌고, 우리의 기업을 되찾아줄 것이다.
- 우리는 하나님과 그의 성도들을 위해 신중하고, 겸손하고, 단호하고, 즐겁게, 즉각 선택해야 한다. 그리하여 이 세상에서 그들의 거처를 받아들이고, 그들이 어디로 가든지 그들과 함께 가도록 해야 한다.
- 이에 대해 우리의 형제들은 뭐라고 말할까? 당신은 지금 당신의 경건한 친척들과 가깝게 지낼 것인가? 아니면 다른 길을 가고, 그리하여 그들과 멀리 떨어진 결말을 선택하겠는가?

✦ 빛 ✦

가끔 나는 어머니에 대한 사랑이 젊은 아들의 가슴 속에 그 어머니의 하나님을 알려는 욕구를 일으킨 사례들을 보았다. 죽은 아버지를 다시 보고 싶은 간절한 마음은 자녀들로 하여금 자주 주님을 구하도록 이끌곤 한다. 인간적 사랑이 하나님에 대한 사랑을 효력 있게 만드는 아주 유익한 수단이 되지 않는가? 아기들은 엄마의 팔에 안기고 싶은 열망 때문에 걸음마를 배우게 된다. 많은 사람들이 사랑하는 부모를 기쁘게 하려는 마음 때문에 믿음의 첫걸음을 떼어놓게 된다.

얼굴과 모습을 통해 그리고 말을 통해 분명히 드러나는 그리스도인의 인격의 힘은 다음 일화에서 잘 예증되고 있다: 언젠가 한 아프가니스탄 사람이 영국의 윌리엄 마쉬 박사의 친구들과 한 시간 정도 시간을 가졌다. 그는 마쉬 박사가 죽었다는 말을 듣고, "그분의 종교는 이제 나의 종교가 될 것입니다. 그분의 하나님은 나의 하나님이 될 것입니다. 그분이 계신 곳에 가서 그

98

분의 얼굴을 다시 보고 싶기 때문입니다"라고 말했다.

나는 신자가 자기 옷을 찢고 재를 뒤집어쓰는 모습이 불신자가 웃는 모습보다 더 낫다고 생각한다. _ 새뮤얼 러더퍼드(Samuel Rutherford)

조지 레터스 목사의 전기를 보면, 그가 어느 주일 저녁에 있었던 가족기도의 자리에서 회심했다고 기록되어 있다. 그날 저녁 그의 어머니는 자녀들과 함께 난롯가에 앉아 있었는데, 자녀들이 한 가족으로서 천국 임금의 대로를 따라 함께 여행한다면, 더 큰 즐거움이 없을 것이라고 말했다. 갑자기 조지가 용수철처럼 튀어 일어나 주위를 두리번거리면서, 조용하지만 결연한 목소리로, "나는 그리스도를 믿기로 결심했습니다"라고 말했다. _ 감리교 잡지에서

하나님의 백성들과의 폭넓은 연합은 아주 바람직하다. 만일 병사가 그의 군대 제복을 입지 않고, 그의 지위에 충실하기를 거부한다면, 불충성 논란에 휩싸이게 될 것이다. 그렇게 되면 그는 홀로 싸워야 하고, 그 싸움은 아마 비참한 결말로 끝나고 말 것이다. 만일 하나님의 백성이 우리를 부끄러워하지 않는다면, 우리도 그들을 부끄러워해서는 안 된다. 나는 훔쳐온 옷을 입고 가식적인 모습으로 공적 모임에 참석하고 싶지 않다. 나는 나 자신의 옷을 입고 싶다. 나는 그리스도인들이 어떻게 세속의 옷을 입고 견딜 수 있는지 이해할 수 없다.

17
전쟁은 여호와께 속한 것

또 여호와의 구원하심이 칼과 창에 있지 아니함을
이 무리에게 알게 하리라 전쟁은 여호와께 속한 것인즉
그가 너희를 우리 손에 넘기시리라
_ 사무엘상 17:47

똑같은 교리를 다루는 데에는 항상 두 가지 방법이 존재한다. 본문의 진리는 마취제가 아니면 흥분제로 사용될 수 있다. 어떤 이들은 만일 그것이 여호와의 전쟁이라면, 우리는 전투할 필요가 없다고 악한 말을 한다. 그것은 마치 우리가 추수를 보면서, 그것은 주님의 소관이기 때문에 우리는 씨를 뿌리거나 곡식을 거두는 일을 할 필요가 없다고 말하는 것과 같다. 우리는 다윗이 이 진리를 어떻게 사용하고 있는지 알고 있다: 그것은 그의 영혼에 불을 붙이고, 그의 팔에 기운을 북돋아 주었다. 우리 모두는 이편이나 저편이나 어느 한편에 속해 싸우는 사람들이다. 그러므로 가장 나쁜 사람들은 자기들의 중립을 자랑하는 자들이다. 그리스도인에게 이 말씀은 그가 그의 깃발에 문장으로 꾸며 넣고, "여호와의 전쟁의 책"이라는 제목 아래 그것을 써 놓아야 할 정도로 중요한 진리다.

I. **위대한 사실**: "전쟁은 여호와께 속한 것인즉."
  1. 진리, 의, 거룩, 사랑 그리고 주님이 좋아하는 다른 모든 것들과 같이 전쟁도 여호와께 속한 것이다(시 45:4).
  2. 그 목적은 여호와의 이름과 영광에 있다. 의가 이 땅에 세워지는 것을 보는 것이 그분의 영예다. 복음은 하나님을 크게 영화롭게 한다. 인간이 그것에 반대할 때 신적 영예에 도전하는 것이다. 여호와께서 자신의

이름의 정당성을 입증하실 것이므로 우리의 전쟁은 하나님의 전쟁이다(사 40:5).

3. 우리는 오직 하나님의 능력으로 싸운다. 성령이 우리의 힘이다. 우리는 여호와 없이는 아무것도 할 수 없다. 따라서 영적 싸움은 절대적으로 그분의 전쟁이다(대하 13:12; 20:12).

4. 여호와는 우리에게 싸우라고 명하신다. 우리 대장의 명령에 따라 우리는 이 전쟁을 수행한다. 우리는 모든 것을 스스로 책임져야 하는 무소속 군사들이 아니라 그분의 명령 아래 움직이는 하나님 나라의 전사들이다(딤전 6:12).

5. 여호와께서 이 전쟁을 책임지고 수행하신다. 그의 아들에게 약속된 상급, 은혜언약 그리고 그의 말씀에 대한 확실한 보증 등이 이 전쟁을 그분의 전쟁으로 만든다. 그분은 신실하시기 때문에 주 예수님은 강한 군사들과 그 전리품을 함께 나누신다. 그분은 속히 사탄을 우리 발 아래에서 상하게 하실 것이다(롬 16:20).

6. 전쟁이 승리로 끝나면 영광은 여호와에게만 돌려질 것이다(시 98:1). "그는 높고 영화로우심이요"(출 15:1).

II. 그 전쟁이 우리의 마음에 미치는 영향.

1. 우리는 적의 대항을 가볍게 여긴다. 누가 여호와를 대항해 설 수 있단 말인가?

2. 우리는 우리가 연약하다고 해서 겁먹지 않는다. "내가 약한 그때에 강함이라"(고후 12:10).

3. 우리는 성심성의껏 그 싸움에 임한다. 주 예수님께서 크게 힘을 주시기 때문에 우리는 그분을 위해 굳세게 싸워야 한다(고전 16:13).

4. 우리는 최고의 무기를 선택한다. 우리는 여호와의 대포로 마귀의 화약에 불을 붙이지 않는다. 사랑, 진리, 열심, 기도, 인내 등의 무기로 하나

님의 전쟁에서 최선을 다해야 한다(고후 10:4).

5. 우리는 승리를 확신한다. 여호와께서 패하실 수 있겠는가? 그분은 바로를 물리치셨고, 때가 되면 사탄도 똑같이 정복하실 것이다.

III. 그 전쟁에 관련된 교훈

하나님의 목적을 위해 싸우라. 절대로 그것을 이기적인 문제로 전락시키지 말라.

- 당신의 동기. 오직 그분의 영광만 목표로 삼으라. 불순한 모든 의도들은 깨끗이 제거하라.
- 당신의 방법. 예수님이 싸우신 것처럼 믿음을 위해 싸우라. 절대로 주님이 인정하시지 않는 방법으로 하지 말라.
- 당신의 믿음. 당신은 하나님께서 자신의 전쟁을 수행하신다는 것을 신뢰할 수 없는가?

그것이 주님의 일이라는 것을 잊지 말라.

- 그렇지 않으면 당신은 그 속에 자신을 심을 것이다.
- 당신은 싸움을 판단하기 시작할 것이다. 그러나 인간이 감당하기에는 너무나 거대한 규모로 치러지기 때문에 당신은 많은 시행착오를 겪게 되고, 승리가 확실한 곳에서 패배를 당하거나 재앙을 자초하는 방법으로 성공을 바라게 될 것이다.
- 당신은 두려움으로 원기를 상실할 것이다. 여호와의 손이 당신과 함께 하지 않는다면, 싸움은 당신의 패배로 끝날 것이기 때문이다.

그것은 여호와의 전쟁이기 때문에:

- 비록 개인적으로는 패배를 당한다고 할지라도 기쁘게 여기라. 왜냐하면 예수님이 크게 높아지기 때문이다.
- 항상 묵묵히 신뢰하라. 왜냐하면 궁극적 문제에 관한 한 두려워할 이유가 전혀 있을 수 없기 때문이다. "잠잠하고 신뢰하여야 힘을 얻을

것이거늘"(사 30:15).

우리는 전쟁이 여호와께 속한 것임을 알고 있다. 그렇지 않은가? 우리는 모두 승리자 편에 서 있는가? 그렇다면 우리의 구원 자체이신 그분을 왜 바라보지 않는가? 그분은 우리의 칼이나 창이 필요하지 않다. 다만 그분은 자기를 의지하는 사람들을 구원하실 것이다.

✤ 주 의 사 항 ✤

옹켄(Oncken)은 함부르크의 시장 앞에 소환된 사실을 내게 털어놓았다. 시장은 그에게 신앙집회를 갖지 말라고 압력을 넣었다. "당신은 이 새끼손가락이 보입니까? 손가락을 움직일 수 있는 한, 나는 신자들을 핍박할 것이오." 이에 옹켄은 이렇게 말했다: "예, 당신의 새끼손가락이 잘 보입니다. 그러나 또한 당신이 볼 수 없는 큰 팔도 내게는 보입니다. 하나님의 큰 팔이 우리를 위해 들어 올려지는 한, 당신의 새끼손가락은 우리에게 아무런 두려움이 되지 않을 것입니다."

우리는 오렌지의 윌리엄과 같다. 그는 소수의 추종자들과 빈 지갑만 가지고 세상 한쪽의 지배자와 싸움을 벌여 보물로 가득 찬 페루의 광산을 차지하게 되었다. 윌리엄처럼, 우리도 우리의 자원에 의문을 갖게 될 때, "이 목적을 완수하기 전에 우리는 만왕의 왕이신 분과 밀접한 제휴관계에 들어갔다"고 말할 수 있다. _ 데이비드 그레이시(David Gracey)의 "칼과 삽"에서

이슬람교도 타릭은 스페인을 정복하기 위해 출정했을 때, 자기를 따르는 군사들에게 자기는 하늘이 승리에 대한 확신을 주는 꿈을 꾸고 출정한다고 역설했다. 그는 꿈속에서 메디나에 피신하고 있을 때, 그의 편이 되어 주었던 거룩한 신도들과 신실한 동료들에게 둘러싸여 있는 선지자 모하메드를 보았던 것이다. 그들은 칼집에서 빼낸 칼과 장전된 화살로 무장하고 그의

침대 곁을 지켰다. 그때 그는 선지자가 "오 타릭이여, 용기를 내어 그대가 목표로 하는 일을 반드시 완수하라"고 하는 말을 들었다. 이어서 그는 선지자와 그의 동료들이 이슬람의 신실한 추종자들의 앞길을 미리 안내하는 것처럼 스페인으로 들어가는 모습을 보았다. 참된 환상(vision)과 확고한 신념을 갖고 우리는 싸움에 나가 계속 투쟁하며, 십자가의 깃발 아래 싸우는 사람들의 전쟁에 참가한다. 정복자에게는 낮과 밤이 이어지는 것처럼 천국의 목적이 확실하게 이루어지고, 따라서 그는 다스림의 권세를 갖고 지배하는 자가 될 것이기 때문이다. _ 맥마이클(G. McMichael), 「침례교잡지」에서

하나님의 백성들이 겁쟁이가 되는 것은 그분의 뜻이 아니다. _ 매튜 헨리

박해 받던 퀘이커 교도들에 관해 그들이 그들의 전능하신 지도자의 힘을 변함없이 바라볼 때, 그들은 이렇게 말한다고 전해진다:

'내가 누구냐'고 말하지 말라. 오히려,
'내가 두려워해야 할 사람이 누구냐'고 말하라.
_ 초기 퀘이커회 연보

루터의 힘은 그가 종교개혁의 짐을 여호와께 맡겨 버렸다는데 있다. 그는 끊임없이 기도하면서, 이렇게 간구했다: "주여, 이것은 내 일이 아니라 당신의 일입니다. 그러므로 당신 자신의 일을 하십시오. 만일 이 복음이 승리하지 않는다면, 루터만 패배하는 것이 아니라 당신의 이름도 수치를 당하게 될 것이니까요."

우리 주님은 우리 자신의 책임 하에 전쟁을 치르기를 원하시지 않는다. 병사는 군량미나 무기에 자신의 힘을 두지 않는다. 우리의 왕은 인색하신

분이 아니다. 만일 그분이 자신의 목적을 위해 우리를 전쟁에 내보낸다면, 그분은 우리의 머리를 덮어 주고, 우리의 팔을 붙들어 주기 위해 우리와 함께 가실 것이다. 만일 우리가 그분의 일을 염려한다면, 그분은 우리를 염려하실 것이다. 엘리자베스 여왕은 한 상인에게 해외에 나가 자신을 위해 일해 줄 것을 요청했다. 그가 그렇게 되면 자신의 사업이 망하게 될 것이라고 언급하자 여왕은 "너는 내 일에만 신경을 쓰라. 나는 네 일에 신경을 쓸 테니까"라고 대답했다. 만일 그것이 오직 여호와의 전쟁이라면, 우리는 그분이 그것과 함께 우리를 보살펴주시리라는 것을 확신할 수 있다.

18
언약으로 맺어진 사랑

요나단은 다윗을 자기 생명 같이 사랑하여 더불어 언약을 맺었으며
- 사무엘상 18:3

다윗에 대한 요나단의 사랑이 그를 다시 맹세하게 하였으니
이는 자기 생명을 사랑함 같이 그를 사랑함이었더라
_ 사무엘상 20:17

왜 요나에 관한 설교는 그토록 많은데, 요나단에 관한 설교는 그토록 적을까? 온순하고 관대한 사람보다 고집쟁이를 연구하는 것이 더 가치가 있는가? 이 훌륭한 왕자는 자기가 사랑했던 사람의 유익을 자신의 기쁨으로 삼았다. 요나단은 참으로 아름다운 미덕을 갖춘 사람이다. 이것은 다윗에 대한 그의 비이기적이고 관대한 사랑이었다. 불쌍한 죄인들인 우리에게 예수님의 비교할 수 없는 사랑이 있다는 것은 얼마나 아름다운 미덕일까!

I. 큰 사랑은 사랑하는 자와 하나로 묶이기를 원한다.

- "요나단은 다윗을 사랑하여 더불어 언약을 맺었으며."
- 언약은 그들 상호간의 사랑 때문이 아니라 요나단이 다윗을 사랑했기 때문에 맺어졌다. "그대가 나를 사랑함이 기이하여 여인의 사랑보다 더하였도다"(삼하 1:26).

1. 예수님은 언약적 유대로 말미암아 우리를 자신과 하나로 묶으신다. 그분은 은혜언약 안에서 우리의 보증으로서 우리의 짐을 떠맡으신다.
   - 그분은 우리를 대표하기 위해 우리의 본성을 취하심으로써, 둘째 아담이 되셨다(고전 15:47).
   - 그분은 우리를 구속하기 위해 자신을 희생제물로 바치셨다. "나를 사

랑하사 나를 위하여 자기 자신을 버리신 하나님의 아들"(갈 2:20).

- 그분은 우리를 자신과 연합시키셨다. "우리는 그 몸의 지체임이라"
(엡 5:30).

- 그분은 우리의 미래의 삶을 자신의 삶과 하나로 묶어놓으셨다. "너희
생명이 그리스도와 함께 하나님 안에 감추어졌음이라"(골 3:3). "내가
살아 있고 너희도 살아 있겠음이라"(요 14:19). "아버지여 내게 주신
자도 나 있는 곳에 나와 함께 있어"(요 17:24). "내 안에 거하라 나도
너희 안에 거하리라"(요 15:4). 가상칠언.

- 그분은 자기가 갖고 있는 모든 것을 우리에게 나눠 주셨다. 본문의 기
사에 나오는 것처럼(4절), 자신의 겉옷까지도 우리에게 벗어 주셨다.

- 그분은 우리에게 다가오실 수 없는 분이었지만, 그렇게 하셨다.

- 이 모든 언약의 행위들 속에서 그분은 자신의 완전한 사랑을 보여 주
신다.

2. 예수님은 우리를 위해 우리를 자기에게 묶어놓으셨다. 그분이 그렇게
하셨기에 우리는 다음과 같이 해야 한다:

- 사랑으로 충만한 그분의 구원능력에 우리 자신을 복종시키자.

- 그분의 크신 사랑 때문에 우리가 그분을 사랑하자. 다윗이 그래서 요
나단을 사랑한 것처럼 말이다.

- 우리가 선택, 값 주고 사심 그리고 능력으로 말미암아 그분의 것이라
는 사실을 인정하되, 사람들이 언약을 맺는 것처럼, 그렇게 진지하고
엄숙하게 인정하자.

- 그의 백성들과 연합하자. 왜냐하면 그분은 그들을 자기로 간주하기
때문이다.

- 우리도 그분을 위해 그분에게 속한 모든 사람들에게 사랑을 베풀자.
다윗이 므비보셋을 선대한 것처럼(삼하 9장) 말이다.

- 나아가 우리의 이익을 그분의 이익으로, 우리의 영예를 그분의 영광

으로 바꾸자(고후 5:14-15). "내 주의 생명은 내 주의 하나님 여호와와 함께 생명 싸개 속에 싸였을 것이요"(삼상 25:29). 얼마나 멋진 표현인가! 그러나 정말 진실하기를!

3. 이것이 우리 주님의 소원이라면, 우리는 그것을 이루어야 하지 않겠는가?

- 그 유대는 상호적이고, 불가분리적이다(아 2:16).
- 우리는 왕의 무한한 선물을 받아들이고, 무조건 그분께 충성해야 한다.
- 우리는 우리 자신을 사랑하는 것처럼 그분을 사랑해야 한다. 왜냐하면 그분은 자신보다 우리를 더 사랑하셨기 때문이다(마 27:42).
- 지금 사랑할 때, 우리의 맹세를 새롭게 할 때, 자아를 예수로 철저히 변화시킬 때로 삼아야 한다(갈 2:20).

II. 큰 사랑은 그 대상으로부터 갱신된 서약을 요구한다.

"다윗에 대한 요나단의 사랑이 그를 다시 맹세하게 하였으니."

- 그것은 이기적인 마음에서가 아니라 거룩한 질투심 때문이다. "너희의 하나님 여호와는 질투하시는 하나님이신즉"(신 6:15). 또한 아가서 8:6을 보라.
- 그것은 우리가 받을 수 있는 사랑에 대한 유일한 보답이기 때문이다. 우리는 예수님을 사랑할 수 있고, 우리가 그 외에 할 수 있는 일은 없다. "너희 모든 성도들아 여호와를 사랑하라"(시 31:23).
- 그것은 우리의 최고의 축복을 위한 것이기 때문이다. 제단 뿔을 붙잡을 때 우리는 자유롭게 된다. 그리스도와 혼인할 때 우리는 축복을 받는다.
- 우리는 사랑의 교제라는 새로운 연료가 만드는 사랑의 불꽃으로 따스하게 되어야 할 만큼 너무 얼어붙어 있기 때문이다.

- 우리는 우리의 서약을 더 진지하게 기억하고, 더 자주 새롭게 하지 않으면 안 될 정도로 자주 시험을 당하고 공격을 받기 때문이다.
- 만일 우리가 타락한다면 크게 불행에 빠지기 때문이다. 모든 타락은 불행을 초래한다. 그러므로 우리는 우리 주님에게 견고하게 붙어있어야 한다.
- 지금 그분이 우리를 새로운 서약으로 초대하기 때문이다(아 8:8).
- 우리의 첫 번째 복종이 엄숙한 헌신과 함께 시작되었기 때문이다.
- 우리의 세례는 그분의 죽음, 장사, 부활에 연합하여 그분과 하나 되는 것에 대해 그분이 정하신 징표이기 때문이다(롬 6:4).
- 우리의 성찬은 언약에 대한 갱신을 성결케 하기 때문이다:

    모든 예배 행위를 당신께 드리겠나이다.
    당신과 정혼할 때처럼,
    그 소중한 순간 하늘로부터 처음
    당신의 사랑의 서약을 받았던 때처럼.

- 병에서 회복되었을 때 우리가 드려야 할 특별한 찬양을 기억하고, 주의 백성들 앞에서 우리의 맹세를 보여 주어야 한다(시 116:8, 14).
- 우리의 새로운 상태에 특별한 헌신이 수반되어야 한다. 이사, 승진, 결혼, 자녀들의 출생, 지인들의 죽음 등은 헌신을 재다짐하는 소중한 기회가 된다.
- 영적 부흥의 때 곧 우리가 주님과 그의 성도들과 충분한 교제를 나누고 있을 때가 새 출발의 계기가 되어야 한다.
- 이처럼 모든 일이 순조로울 때 우리는 나아가 우리의 사랑을 새롭게 해야 한다.
- 우리는 홀로 있는 시간을 갖고 가장 사랑하는 주님만이 들을 수 있는

순수한 열망을 그분께 표현해야 한다.

• 우리는 그분에 대한 우리의 사랑을 표현할 만한 특별한 헌신의 행위를 생각하고, 그것을 즉시 실천해야 한다. 우리는 사랑하는 주님의 발을 씻겨드릴 향유옥합을 지니고 있어야 하고, 그 발에 존경의 마음으로 입맞춤할 수 있어야 한다.

✤ 보석창문 ✤

한 작은 소녀가 엄마가 문필 작업에 바쁘게 몰두하고 있는 방에서 인형을 갖고 놀고 있었다. 엄마는 일을 다 마치자 딸에게 "알리스야, 이리 오렴, 오늘 아침 할 일을 다 마쳤단다"라고 말했다. 이에 소녀는 달려가 엄마 품에 안기면서 "고마워. 엄마. 난 엄마를 정말 사랑하고 싶었거든" 하고 외쳤다. "하지만 나는 네가 인형을 가지고 놀 때 정말 행복해 한다고 생각했는걸." "응, 엄마. 행복했어. 하지만 인형을 사랑하는 일은 곧 싫증이 났어. 인형은 나를 사랑할 줄 모르거든." "그것이 네가 엄마를 사랑하는 이유였니? 내가 너를 사랑해 주기 때문이었어?" "그것도 한 이유지만, 첫 번째나 최고의 이유는 아니야." "그럼 첫 번째나 최고의 이유는 무엇이지?" "나는 엄마를 사랑하는 것이 아주 작은데, 그래도 엄마는 나를 많이 사랑해 주었기 때문이야." **"주님이 먼저 우리를 사랑하셨기 때문에 우리가 그분을 사랑하는 것이란다"**라고 속삭일 때 엄마의 눈은 눈물로 가득 찼다.

브루크 경은 필립 시드니 경과의 평생 친구관계를 즐거워하여 그의 묘비에 "필립 시드니 경의 친구가 여기 잠들다"라고 새겨달라고 부탁했다.

그리스도와 그분을 사랑하는 신자는 마치 그들 사이에 한 영혼을 갖고 있는 것처럼 산다. 땅과 하늘만큼 서로 거리가 멀다고 그들 사이가 분리되는 것은 아니다. 참사랑은 그리스도께서 어디에 계시든 그분을 찾아내고 말 것이다. 땅에 계셨을 때, 그분을 사랑했던 자들은 그분과 동고동락했다. 지금 그분은 하늘에 계시고, 눈에 보이지 않기 때문에 그분을 사랑하는 자들은 자주 자기들의 마음을 그분께 올려보낸다. 참으로 그들은 그들의 영혼이 예수 그리스도와 그가 십자가에 못 박히신 것을 알기 전에는 다른 것에 대해서는 알지 않기로 작정했다(고전 2:2). _ *The Morning Exercises*

"네가 나를 사랑하느냐," "내 양을 치라" 이 말씀은 베드로가 세 번에 걸쳐서 자신의 주님에 대한 사랑을 말하도록 그리고 자신의 남은 인생을 사명을 다해 그 사랑을 보여 주도록 우리 주님이 부드러운 음성으로 하신 말씀이었다. 친구로서 예수님은 세 번에 걸쳐 질문을 하신 다음에 징표를 정하신다: 베드로는 세 번에 걸친 질문에 진지한 사랑을 보여 주는 대답을 하고, 그 대답을 한평생 징표로 삼는다. 사랑은 어느 편에서 보든 눈에 띄는 법이다.

성도들은 자신을 철저히 주님의 친구로 간주하고, 그분의 모든 대적자들에 대해서는 반대해야 한다. 주님은 경쟁자들과는 함께 하시지 않는다. 만일 당신이 그분을 선택한다면, 그들은 떠나갈 것이다. 영혼은 언약 안에 거할 때까지는 안식이 없다. 그것은 마치 꿀벌이 꽃에서 꽃으로 옮겨 다니거나 새가 숲에서 숲으로 날아다니는 것과 같다. 영혼은 그리스도와 혼인할 때 그분과 하나로 묶이게 되고, 다른 모든 것들과의 동맹관계는 깨지게 된다.

당신이 언약 속에 들어갈 때 그 관계는 공격적 및 방어적 동맹관계가 된다는 것을 기억하라. 당신은 주님의 공통의 친구가 되고, 또 그분의 공통의 원수가 되어야 한다. 그분의 백성들은 당신의 백성들이고, 그분의 원수들은 당신의 원수들이다.

당신의 귀는 주님의 문설주에 닿아 있고, 당신의 입은 주님을 향해 열려 있으며, 절대로 뒤로 후퇴할 수 없음을 명심하라. 당신은 그분의 목표를 벗어나서는 안 되고, 그분의 방해가 되어서도 안 된다. 성도들이 주님과의 언약을 곰곰 살펴보고, 그것을 굳게 지키며, 그것에 새로이 도장을 찍고, 항상 자신들을 주님의 파트너로 인식하는 것은 칭찬할 만한 습관이다. 아무리 모범적인 성도들이라도 그 속에 타락한 본성이 있다. 그러나 우리가 언약을 새롭게 갱신하는 것은 이 독의 해독제가 된다. 나아가 진실로 이 언약에 참여한 자는 지체 없이 그리스께 자신을 드리고, 주님의 손에 붙잡혀서 바울처럼 "주여, 내가 무엇을 하기를 원하시나이까?" (행 9:6)라고 말할 것이다. 이것은 우리 하나님을 크게 기쁘시게 하는 것이다. _ 토머스 보스턴(Thomas Boston)

19

다윗의 전리품

이는 다윗의 전리품이라
_ 사무엘상 30:20

우리는 다윗의 싸움과 승리 속에서 주 예수님의 형상을 본다. 그것은 다른 무수한 것들 속에도 나타나 있지만, 그가 차지한 전리품에도 나타나 있다. 악에 대항하는 전사로서 그에게는 전리품이 주어진다. 여호와는 "내가 그에게 존귀한 자와 함께 몫을 받게 하며 강한 자와 함께 탈취한 것을 나누게 하리니"(사 53:12)라고 말씀하신다. 우리는 그분에 관해 "주는 약탈한 산에서 영화로우시며 존귀하시도다"(시 76:4)라는 말씀을 들을 수 있다.

I. 우리가 누리는 모든 좋은 것은 예수님으로 말미암아 온다.

우리가 율법 아래 소유하고 있는 모든 것을 약탈자가 가져갔다.

우리는 자신의 노력을 통해서는 상실한 것을 하나라도 다시 찾을 수 없다.

우리의 위대하신 대장께서 우리에게 전리품을 나누어 주셨다.

1. 하나님이 이스라엘 군사들에게 승리를 주신 것은 다윗(예수 그리스도)을 위해서였다.

2. 그들이 전쟁에서 승리한 것은 다윗의 지도력 때문이었다.

- 여기서도 예수님은 우리의 구원을 주도하는 대장이 되신다(히 2:10).

- 그분은 우리 안에 위대한 구원을 이루셨다. 그분은 강한 자를 굴복시킬 때에 그가 믿던 무장을 빼앗고 그의 재물을 나누셨다(눅 11:22). 그분은 욥이 말한 것처럼 "노획한 물건을 그 잇새에서 빼내신"(욥 29:17) 분이라고 말할 수 있다.

- 우리는 죄로 말미암아 모든 것을 상실했지만, 예수님이 그것을 회복

시키셨다. "내가 빼앗지 아니한 것도 물어 주게 되었나이다"(시 69:4). "다윗이 아말렉 사람들이 빼앗아갔던 모든 것을 도로 찾고"(18절).

- 우리의 참 자아는 포로가 되었지만, 그분이 우리를 해방시키셨다. "다윗이 그의 두 아내를 구원하였고 그들이 약탈하였던 것 곧 무리의 자녀들이나 빼앗겼던 것은 크고 작은 것을 막론하고 아무것도 잃은 것이 없이 모두 다윗이 도로 찾아왔고"(18-19절).

- 우리의 영원한 기업은 빼앗겼었지만, 그분이 그것을 속량하셨다(엡 1:14). 전리품을 강한 자로부터 빼앗아온 것이다. "다윗이 모든 것을 도로 찾고."

- 우리의 원수들은 우리를 부요하게 하고, 그분의 이름을 영화롭게 만들었다. "통치자들과 권세들을 무력화하여 드러내어 구경거리로 삼으시고 십자가로 그들을 이기셨느니라"(골 2:15). "너에게서 노략질한 모든 자는 노략물이 되리라"(렘 30:16)는 약속이 지금 이루어졌다.

II. 우리가 죄로 말미암아 잃어버린 것을 훨씬 능가하는 것이 예수님을 통해 주어진다.

"다윗이 또 양 떼와 소 떼를 다 되찾았더니 무리가 그 가축들을 앞에 몰고 가며 이르되 이는 다윗의 전리품이라 하였더라"(20절).

예수님이 우리가 타락하기 전에 가졌던 안전보다 더 큰 안전을 주셨던 것처럼, 그분은 또한 우리를 그전보다 훨씬 더 부요하게 하셨다.

1. 인간을 하나님과 방불할 정도로 높여 주신다. 이것은 처음에는 우리의 것이 아니었지만, 주 예수님에 의해 우리에게 주어진 것이다.

   선택, 자녀됨, 상속권, 영적 생명, 그리스도와의 연합, 예수님과의 약혼, 하나님과의 사귐 그리고 장래 혼인잔치의 영광 등 이 모든 것은 최고의 전리품들이다.

2. 창조주 되신 주님께서 고난당하심으로써, 우리가 구속 받은 피조물이

라는 사실은 모든 사람들이 아니라 예수 그리스도로 말미암아 오직 그
분의 자녀가 된 사람들에게만 속한 영예다(히 2:16).

속량 받은 사람으로서 우리는 대속주와 특별한 유대관계로 맺어져 있
다. "너희는 너희 자신의 것이 아니라 값으로 산 것이 되었으니"(고전
6:19-20).

3. 죄를 알고 있고, 죄로부터 구원받은 피조물로서 우리의 특별한 상태는
주 예수 그리스도로 말미암아 얻게 된 것이다. 우리의 완전함은 구원
받게 된 악을 영원토록 혐오하고, 하나님의 은혜로 말미암아 얻게 된
선을 사랑하는 자유의지를 가진 행위자들의 완전함이다. 이것은 천사
들에게도 없는 것이다.

　　대속의 은혜와 죽음의 사랑은
　　하늘의 천사도 결코 맛보지 못한 것.

4. 스랍들의 면류관에서도 발견되지 않는 보석인 우리의 부활은 부활하신
주님으로 말미암아 주어진 것이다(고후 4:14).

5. 유물론과의 관계가 아닌, 우리의 하나님과의 관계는 예수님의 또 하나
의 희한한 선물이다. 우리는 우주를 위해 하나님이 세우신 왕이요, 제
사장들이다. 정신과 물질의 성화는 하나님의 사랑을 받는 우리에 의해
완성된다.

6. 하나님의 영광이 우리를 통해 충분히 드러난다. 우리는 경험을 통해 하
나님의 최고의 지혜, 사랑, 능력 그리고 신실하심을 모든 지적 존재들
에게 선포하게 될 것이다(엡 3:10).

진실로 이 모든 존재들은 "사람이 많은 탈취물을 얻은 것처럼 나는 주
의 말씀을 즐거워하나이다"(시 119:162)라고 우리에게 외칠 것이다.

III. 우리가 예수님께 기꺼이 드리는 것은 그분의 전리품이라고 부를 수 있다.

1. 우리의 마음은 영원토록 오직 그분의 것이다. 따라서 우리가 갖고 있는 모든 것은 그분에게 속한 것이다. "이는 다윗의 전리품이라" — 우리의 삶의 사랑과 감사(요일 3:19)가 그것이다.

2. 우리의 특별한 은사도 그분의 것이다. 십일조와 드려지는 모든 것들이 그분의 전리품이다. 우리는 온전히 드려야 한다(말 3:10). 아브라함은 멜기세덱에게 전리품의 십분의 일을 바쳤다(창 14:20).

3. 교회로서 우리가 바치는 충성도 그분께 속한 것이다. 그분은 그의 교회를 위해 만물의 머리가 되신다. 시온에서 다스리시는 것이 그분의 상이다.

4. 민족은 그분 앞에 무릎 꿇어야 한다. 모든 보좌와 권세들이 그분의 주권을 인정한다. 이것 역시 우리의 영원하신 다윗의 전리품이다.

- 지금 예수님께 복종하라. 그리고 그분 안에서 당신의 안전과 당신의 천국을 찾으라.
- 당신은 어떤가? 당신은 다윗의 전리품인가?
- 만약 그렇지 않다면, 죄와 사탄이 매일 당신을 노략질할 것이다.

❖ 주 의 사 항 ❖

(1) 죄는 은혜가 제거시킨다면, 죄책과 무관하다. (2) 죄는 은혜가 새롭게 한다면 아름다움을 조금도 손상시키지 못한다. (3) 죄는 은혜가 회복시키면 축복을 빼앗지 못한다. _ 고 찰스 빈스(Charles Vince)의 로마서 5:20에 관한 설교 개요 .

1741년 아씨씨의 노샘프턴에서, 한 가난한 아일랜드인이 살인죄로 사형을 언도받았다. 도드리지 박사는 그의 무죄를 확신하고, 형의 집행을 유예시키기 위해 전력을 다했다. 가난한 죄인은 감사하다는 표현밖에 할 말이 없었다. 그는 이렇게 말했다: "내 피 한 방울까지 당신에게 감사를 표합니다. 그 모든 방울을 불쌍히 여겨 주셨기 때문입니다. 당신은 나의 구원자요, 나에게 권리를 갖고 계십니다. 만일 내가 산다면 나는 당신의 소유요, 당신의 충실한 종이 되겠습니다."

우리 모두는 "로스라는 사람"의 시를 기억하고 있다. 그는 가는 곳마다 좋은 일을 했다. 누가 이런 일을 했느냐고 묻자 아이들마다 혀가 잘 돌지 않는 목소리로 "로스라는 사람"이라고 말했다.

정확히, 우리의 복된 소유를 살펴보고 그것이 어디서 왔는지 묻는다면, 우리의 유일한 대답은 "이것은 예수님의 전리품으로, 십자가에 못 박힌 손이 우리에게 주셨다"는 것이다.

한 목사가 컴버랜드에 굿 인텐트 소사이어티라는 교회를 개척했다. 그 교회는 헌금할 여력이 없는 가난한 사람들로 이루어졌지만, 그들은 주 예수님을 위해 뭐든 하겠다는 열망이 있었다. 그들은 한 주간에 한 시간을 무엇이든 선행을 하거나 주님을 섬기기 위해 필요한 약간의 돈을 벌기 위해 노동을 하는데 할애한다. 각자 자신들이 갖고 있는 다양한 능력에 따라 예수님을 위해 특별한 사역을 행한다. 이 사람들은 그렇게 수고하는 것으로 복을 찾는 사람들이다. 우리도 각각 우리 구주의 몫을 챙기기 위해 규칙적으로 그리고 체계적으로 일하고, "이는 다윗의 전리품이"라고 말해야 하지 않을까?

20

마음속에서 발견된 기도

> 만군의 여호와 이스라엘의 하나님이여
> 주의 종의 귀를 여시고 이르시기를
> 내가 너를 위하여 집을 세우리라 하셨으므로
> 주의 종이 이 기도로 주께 간구할 마음이 생겼나이다
> _ 사무엘하 7:27.

하나님은 그의 종들이 자기를 위해 일할 마음을 갖기를 얼마나 자주 바라실까! 다윗은 여호와를 위해 성전을 세우기를 소망했고, 그분은 그의 집을 세워주셨다. 하나님의 종들은 한 길이 응답받지 못할 때, 다른 길로 응답받는다. 그들은 그들의 소망을 따라 행한 일을 여호와께서 허락하지 않는 것을 나쁘게 생각하지 않는다.

그러나 그들은 하나님의 뜻을 배우고, 그 앞에 복종하며, 그로 말미암아 그분을 찬양한다. 다윗은 여호와 앞에 나아가 무릎 꿇고 기도했다. 그는 다른 방법으로는 도저히 그 감동을 표현할 수 없었기 때문이다. 하나님이 약속하실 때, 우리는 간구해야 한다. 그분이 베푸시는 시간은 우리가 구하는 특별한 시간에 만들어진다.

I. 다윗은 어떻게 기도했는가? "이 기도로 주께 간구할 마음이 생겼나이다."

- 그는 기도할 마음이 생겼는데, 그것은 그가 그토록 간절히 바랐던 것이다. 아무렇게나 기도하는 사람들은 응답받지 못할 것이다. 우리는 조심스럽게 기도에 임해야 한다(욥 13:4).
- 책이나 그의 기억이나 머리나 상상이 아니라 또는 그의 혀만이 아니라 그의 마음으로 기도했다(시 84:2).
- 이것은 그에게 마음이 있었고, 그것이 어디 있는지 알고 있었으며, 또

그것을 들여다 볼 수 있어서 자주 살폈다는 것이다(시 77:6).

- 그것은 살아 있는 마음이었음이 틀림없다. 그렇지 않다면 살아 있는 기도는 드려질 수 없었을 것이다.

- 그것은 믿음이 있는 마음이었음이 틀림없다. 그렇지 않다면 그는 거기서 "이 기도"를 찾지 못했을 것이다.

- 그것은 경박하고, 부주의하고, 냉랭하고, 무감각한 마음이 아니라 진지한 마음이었음이 틀림없다. 그렇지 않다면 그는 거기서 무수히 헛된 것들을 발견하고, 그것은 기도가 아님을 알았을 것이다. 질문: 지금 이 순간 당신은 마음속에서 기도할 심정을 찾을 수 있는가?(호 7:11)

- 그것은 겸손한 마음이었음이 틀림없다. 왜냐하면 그런 마음이 바로 기도이기 때문이다.

- 이것이 당신이 기도하는 방법인가? 당신은 "나는 기도하지 않는다"고 대답하는가? 하나님은 당신이 그렇게 할 때 당신의 마음속에서 기도를 찾아내실 것이다.

- 이것이 당신이 기도하는 방법인가? 당신은 "나는 나의 기도를 말한다"고 대답하는가? **당신의** 마음으로부터 나오지 않는 기도가 어떻게 하나님의 마음에 닿을 수 있겠는가?

II. 그의 기도가 그의 마음속에서 어떻게 생겼는가?

여호와께서 거기 계시며, 기도를 거기에 두셨기 때문이다.

1. 여호와의 영이 그에게 기도하는 법을 가르쳐 주셨다.

- 필요의식을 그에게 주심으로써. 다윗의 경우처럼, 큰 복은 우리에게 우리의 필요가 무엇인지를 가르쳐 준다.

- 하나님을 믿는 믿음을 그에게 주심으로써. 하나님께서 자신의 약속을 지키신다는 사실을 확신할 때, 우리는 기도할 마음을 갖게 된다.

- 그의 마음속에 적절한 약속을 두심으로써. "주의 종의 귀를 여시고 … 주의 종이 이 기도로 주께 간구할 마음이 생겼나이다."

2. 여호와께서 기도하도록 그의 마음이 기울어지게 하셨다.

- 하나님의 절대적인 약속은 기도를 필요 없는 것으로 만드는 것으로 말해왔다. 그러나 이런 약속에 대해 가져야 할 첫 번째 반응은 기도하는 것이다. 여호와께서 다윗의 마음을 그렇게 조종하셨다.
- 마음을 뜨겁게 함으로써. 기도는 얼음 우물 안에서는 자라지 않는다.
- 그가 낙관적인 전망을 갖고 기뻐하도록 함으로써. 기도는 활짝 열려 있는 소망의 창문을 통해 날아 들어온다.
- 그와 대화를 나눔으로써. 하나님이 우리에게 말씀하실 때, 우리는 그분께 말하도록 움직이게 된다.

3. 여호와께서는 다음과 같은 수단을 써서 기도하도록 그에게 자극을 주었다:

- 약속을 내세움으로써. "내가 너를 위하여 집을 세우리라 하셨으므로."
- 약속을 마음속에 새겨둠으로써. "주의 종의 귀를 여시고."
- 그분의 언약은 기도를 자극할 목적으로 정해진 것이다. "그래도 이스라엘 족속이 이같이 자기들에게 이루어 주기를 내게 구하여야 할지라" (겔 36:37).
- 그분이 과거에 베푸신 큰 은혜, 우리의 기도에 대한 응답, 변함없는 인자하심, 결코 지치지 않는 능력 그리고 의심의 여지가 없는 신실하심 등이 우리로 하여금 기도하도록 만든다.
- 그분의 아들이신 예수님은 항상 성공적으로 간구하는 중보자가 되시고, 이것이 우리 마음속에 기도할 마음이 생기게 한다.
- 그분의 거룩한 영이 기도할 때 우리의 연약함을 돕도록 되어 있고, 이것 역시 우리에게 기도할 마음을 준다.

III. 당신은 마음속에서 기도를 어떻게 발견할 수 있는가?

- 당신의 마음을 들여다보고 부지런히 살피라.
- 당신 자신의 필요를 생각하라. 이것이 기도를 일으킬 것이다.
- 당신의 무력함을 생각하라. 그러면 당신은 겸손히 하나님께 부르짖게 될 것이다.
- 진리에 대한 약속, 교훈, 교리들을 생각하라. 이것들은 각각 당신에게 무릎 꿇도록 요청할 것이다.
- 당신의 마음속에 그리스도를 품으라. 그러면 기도는 자연적으로 따라올 것이다(행 9:11).
- 하나님을 가까이 하라. 그러면 당신은 그분께 자주 말하게 될 것이다.
- 당신은 마음속에서 기도와 다른 거룩한 일들을 발견하는가? 아니면 허영, 세속적 욕망, 야심, 불경건 등으로 채워져 있는가?
- 당신의 마음이 어떠냐에 따라 좌우된다는 것을 기억하라(잠 23:7).

❖ 핵 심 사 실 ❖

기도할 때 마음의 자발적인 협력이 없다면,
입술은 결코 결정적 요소가 아니다.

_ R. 헤릭

위대한 음악가 베토벤은 기도문 웅창(Kyrie Eleison) 표지에 "마음에서 마음으로 스며들기를" 이라고 썼다.

동양계 러시아인들은 가을에 바이칼호 — 시베리아에 있는 아주 위험한 호수 — 위에 있을 때만, 사람은 마음으로 기도하는 법을 배운다고 말한다.
"내 시간의 대부분은 마음이 기도에 협조하도록 하는데 사용된다" _ 맥체인(M' Cheyne).

왕의 마음을 움직이는 청원서는 금빛나는 종이와 좋은 필체에 있는 것이 아니라 감동적인 글의 내용에 있다. 그리고 마음을 헤아리는 왕에게는 마음의 내용이 모든 것의 의미로서, 오직 그것만이 그가 유일하게 관심을 갖는 것이다. 그는 마음이 말하는 것을 귀 기울여 듣고, 마음이 침묵하고 있는 곳에서는 아무것도 취하지 않는다. _ 레이턴(Leighton)

나는 한 젊은 여성에게 "회심하기 전에 기도해본 적이 있는가?" 하고 물었다. 그녀는 그런 적이 있는 것 같다고 말했다. 그때 나는 "당신의 현재 기도와 주님을 알기 전에 했던 기도 사이에 어떤 차이가 있느냐?"고 물었다. 그녀의 대답은 이랬다: "그때는 내 기도를 말했지만, 지금은 그것을 **마음으로 나타냅니다**. 그때는 다른 사람들이 내게 가르쳐 준 기도문을 말했지만, 지금은 그것을 마음속에서 발견합니다."

마음속에서 기도를 발견할 때 "유레카!" (알았다!)라고 외치는 것은 일리가 있다. 홀리 브래드퍼드(Holy Bradford)는 자신의 마음이 철저하게 거룩한 일에 종사하는 것을 발견할 때까지 기도를 멈추거나 찬양을 그치지 않았다. 만일 기도가 마음속에 없다면, 그것이 생길 때까지 기도해야 한다. 그러나 오, 마음이 간헐천이 대폭발하는 것처럼 강력한 간구를 쏟아낼 때, 그때 누리는 하나님과의 교제는 얼마나 즐거울까! 온 심령이 하나의 살아 있고, 갈급하고, 고대하는 욕구가 될 때, 그 간구는 얼마나 힘이 있을까!

하나님은 우리가 얼마나 자주 기도하는지, 우리의 기도의 수학을 주목하시지 않는다. 우리가 얼마나 오래 기도하는지, 기도의 수사학에도 관심을 두시지 않는다.

또 우리가 어떤 방법으로 기도하는지, 기도의 음악에도 별로 귀를 기울
이시지 않는다. 다만 기도가 얼마나 마음으로부터 나오는지, 우리 기도의 신
학을 중요하게 여기신다. 그러므로 기도를 효력 있게 하는 것은 은사가 아
니라 은혜다. _ 존 트랩(John Trapp)

21
제단 뿔을 잡음

그(요압)가 여호와의 장막으로 도망하여 제단 뿔을 잡으니 …
브나야가 여호와의 장막에 이르러 그에게 이르되
왕께서 나오라 하시느니라 그가 대답하되 아니라 내가 여기서 죽겠노라
_ 열왕기상 2:28, 30

요압은 솔로몬이 다른 반역자들을 다루고 있다는 소식을 듣자 양심이 찔렸다.

요압은 냉혹한 전사였지만, 자신에게 위기가 오자 죽음을 피해 도망쳤다.

요압은 믿음이 별로 없는 사람이었지만, 칼이 자기 목숨을 위협하자 제단으로 도망갔다.

요압은 그 피난처에서 나오기를 거절하고, 제단에서 죽임을 당한다.

많은 사람들이 죽음의 위협을 받을 때 종교의식을 사용하기 위해 달려간다. 그때 그들은 성경이 지시하고 있는 것보다 더 멀리 달려간다. 그들은 여호와의 장막으로 갈 뿐만 아니라 제단 뿔을 붙잡고 늘어진다.

I. 외적 형식에 의지하는 것은 구원에 아무 소용이 없다.

- 만일 누가 외적 형식에 의지한다면, 그는 거기서 죽을 것이다.
- 건강할 때나 병들었을 때나 성례는 구원의 수단 역할을 하지 못한다. 그것은 이미 구원받은 사람들을 위해 주어진 것이고, 그렇지 못한 사람들에게는 오히려 해가 된다(고전 11:29).
- 자주 설교를 듣는 것, 기도회에 참여하는 것, 성경읽기 모임에 참석하는 것, 가정예배를 실천하는 것과 같은 종교적 준수사항들은 그것들을 몽땅 지킨다고 해도, 사람을 죄의 형벌로부터 구원할 수 없다. 그

것들은 좋은 것이기는 하나 단순히 그것들을 형식적으로 실천하는 것은 구원에 아무 소용이 없다.

- 성직자들도 구원과는 상관없다. 어떤 죽어가는 사람들은 어리석게도 이들을 숭배하는 마음을 갖고 있다. 그들은 죽을 때 침상에서 이들이 기도하면 천국에 갈 것이라고 기대한다. 그래서 그들에게는 장례식 설교나 의식들이 중요하다. 얼마나 어리석은 미신인가!
- 신앙고백을 의지하는 것도 문제가 있다. 이것들은 정확하고, 길고, 반복적이고, 또 멋질 수 있지만, 구원의 근거가 될 수는 없다. 아주 좋은 교회에 출석하는 것도 진리의 확실한 근거가 될 수는 없다.
- 정통 교리나 의식이나 종교적 실천을 어떤 사람들은 굉장히 중시하는데, 그것들 역시 구원에는 크게 불충분하다.
- 감정들도 문제가 있다. 두려움, 기쁨, 환상, 절망과 같은 감정들은 적절할 때 소망의 근거가 되어 줄 수는 있다. 그러나 그것들 역시 구원에는 전적으로 무익하다.

당신의 손이 여호와의 제단을 붙잡고 있는데 멸망하게 된다면, 얼마나 끔찍한 일인가! 그러나 당신의 마음이 하나님의 은혜를 통해 거듭나지 않는 한, 당신은 그렇게 될 수밖에 없다.

외적 제단은 죄책이 있는 자들을 위한 성소로 세워진 것이 아니다. 출애굽기 21:14을 보라. 그곳을 보면 사람을 고의로 죽인 죄인에 관해 "너는 그를 내 제단에서라도 잡아내려 죽일지니라"고 한다.

II. 영적으로 참제단을 붙잡는 것은 구원에 도움이 된다.

우리는 요압의 경우를 하나의 사례로 사용할 것이다.

1. 그의 행위: 그는 "제단 뿔을 붙잡았다."
- 우리가 영적으로 공의의 칼에서 예수님의 인격으로 도망갈 때 그렇게 하는 것이다.

- 그분의 위대한 속죄사역을 붙잡음으로써, 그리고 그렇게 함으로써 우리는 믿음을 통해 그분의 화해에 참여하게 된다.

2. 그의 대적자의 두려운 요구: "그에게 이르되 왕께서 나오라 하시느니라."

이것은 다음과 같은 대상들을 요구한다:

- 행위 구원을 가르치는 독신적인 바리새인들.
- 사람 속에 있는 고발하는 양심.
- 성경을 거짓되게 인용하는 사탄.

3. 요압의 필사적인 결심: "아니라 내가 여기서 죽겠노라" 이것은 현명한 결단이다. 그것은 다음과 같은 이유 때문이다:

- 다른 곳에 가면 반드시 죽기 때문이다.
- 그리스도를 붙잡으면 사태가 더 악화될 수 없기 때문이다.
- 우리가 예수님을 붙잡으면 절대로 내던져지지 않기 때문이다.
- 여기서 망한 자는 아무도 없다는 사실에서 소망을 얻기 때문이다.

4. 보장된 안전: "아들을 믿는 자에게는 영생이 있고"(요 3:36).

만일 예수님을 믿는데 실패했다면, 당신의 멸망은 다음과 같은 결과를 낳을 것이다:

- 하나님을 패하게 했다.
- 그리스도의 명예를 실추시켰을 것이다.
- 죄인들이 예수님께 나아오지 못하도록 실망을 주었을 것이다.
- 성도들이 하나님의 약속들을 의심하도록 낙심케 했을 것이다.
- 영화된 자들이 회개하는 자들을 보고 즐거워했지만, 지금은 실족하게 된 것을 보고 근심에 빠지도록 했을 것이다.

그러므로 즉시 주 예수님께 나아와 영생을 취하라.

- 당신은 나아올 수 있다. 그분이 당신을 초청하시니까.
- 당신은 나아와야 한다. 그분이 당신에게 명령하시니까.

- 당신은 지금 나아와야 한다. 지금이 구원을 받을 만한 때이므로.

✣ 적 절 한 사 례 ✣

콜레라가 유행하던 당시 한밤중에 죽어가는 한 사람으로부터 기도해 달라는 부탁을 받은 일이 기억난다. 그는 주일에 소풍을 갔다. 월요일 새벽 3시에 나는 그의 침상을 찾았다. 집안에 성경책도 없었다. 그는 평소에 설교자를 비웃던 사람이었다. 그러나 정신이 혼미해지기 전, 그는 종에게 나를 찾아가라고 부탁해 놓았다. 그 상황에서 내가 무엇을 할 수 있었겠는가? 그는 의식이 없었고, 나는 옆에 서서 악랄하게 그리스도를 거부했으나 결정적인 순간이 되자 미신적으로 성직자에게 도망친 한 사람의 비참한 상태를 바라보며 슬픔에 잠겨 있었다.

로버트 하위(Robert Howie) 목사에게 한 여성이 편지를 썼다. "무엇을 믿어야 할지 확실히 적어 주시겠습니까? 많은 본문들을 읽어 보았지만, 말씀들이 너무 달라 혼란을 일으킵니다. 죄송하지만 저에게 반드시 믿어야 할 말씀 한 구절만 가르쳐 주세요." 그 대답은 이랬다: "안내판의 지시를 읽고 도피성으로 도망친 사람이 구원받았다는 것 외에 구원을 가르쳐 주는 하나의 본문이나 몇 개의 구절은 없습니다. 우리를 생명으로 인도하시는 주 예수님의 인격과 사역을 믿음으로써, 우리는 즉시 거듭나고 그 생명을 보장받게 된답니다."

어떤 사람이 목이 말라 우물을 찾을 때, 그의 갈증은 단순히 그곳에 도착하는 것으로 해소되는 것이 아니다. 그가 발걸음을 옮길 때마다 오히려 그의 갈증은 더 심해진다. 그의 갈증은 그가 우물에서 나오는 물을 먹을 때 해소된다. 마찬가지로 영적 해갈도 당신을 안심하게 만드는 규례들을 단순히 육적으로 준수하는데 있는 것이 아니라 진실로 그 살이 떡이 되고, 그 피가

음료가 되는 예수님을 그 규례들 속에서 맛볼 때 주어진다. _ 맥체인(M'
Cheyne)

주 예수님은 불쌍한 죄인들이 자기에게 도망쳐 자기를 붙잡는 것을 아주
좋아하신다. 왜냐하면 이것이 그분께 은혜의 구주로서 합당한 영광을 드리
고, 그분에게 주어진 사명의 목적을 달성하는 일이 되기 때문이다. 그분은
구원자를 자처하신다. 따라서 우리는 그분이 자처하시는 대로 그분을 사용
하고, 그렇게 함으로써 그분을 가장 고귀하게 만드는 영광을 그분께 드려야
한다. 파일럿은 손에 키를 쥐는 것을 좋아하고, 의사는 중환자가 자기를 믿
어주는 것을 좋아하며, 변호사는 그의 의뢰인이 찾아오는 것을 좋아한다. 마
찬가지로 예수님도 쓰임 받는 것을 좋아하신다. 예수님은 복을 베풀기를 고
대하고, 그래서 그분은 모든 죄인에게, 우물가의 여인에게 하신 것처럼, "물
을 좀 달라"고 말씀하신다. 오, 당신의 대속주를 기분 좋게 할 수 있는 일을
생각하기를! 불쌍한 죄인이여, 속히 그 일을 하라.

22
예수님께 상의함

스바의 여왕이 여호와의 이름으로 말미암은 솔로몬의 명성을 듣고 와서
어려운 문제로 그를 시험하고자 하여
_ 열왕기상 10:1

우리는 스바의 여왕이 솔로몬을 방문한 사건을 상고함으로써 큰 유익을
얻을 수 있다. 왜냐하면 그녀는 우리에게 하나의 표적을 제공하기 때문이다
(마 12:42). 확실히 그녀는 행복한 나라인 아라비아로부터 왔다. 그러나 우
리 주변의 많은 사람들이 무자비한 나라인 아라비아 사람으로 사는 것은 두
려워해야 할 일이다. 왜냐하면 그들의 마음은 바위처럼 단단하기 때문이다.
예수님은 지혜에서 솔로몬보다 훨씬 더 크신 분이다. 그것은 그분이 아버지
자신을 알고 계시고, 지혜와 지식의 모든 부요함이 그분 안에 충만하기 때문
이다. 그러므로 우리가 모든 의심과 고민을 가지고 예수님께 나아가 그분의
사랑과 지혜를 시험해 보는 것은 큰 힘이 될 것이다.

I. 우리는 여왕의 행동절차에 대해 감동해야 한다.

1. 그녀는 왕에게 배움으로써 그의 지혜를 시험했다. 그리스도를 아는 최
   고의 길은 그의 제자가 되는 것이다.
2. 그녀는 많은 질문을 함으로써 왕을 시험했다. 인생의 끈에는 많은 매듭
   이 있다. "누구든지 지혜가 부족하거든 모든 사람에게 후히 주시고 꾸
   짖지 아니하시는 하나님께 구하라"(약 1:5).
3. 그녀의 질문은 어려웠다.
   • 그녀 자신은 풀지 못하는 질문이었다.
   • 그녀 나라의 현자들이 풀지 못하는 질문이었다.

- 그러나 솔로몬의 지혜로운 마음을 넘어서는 질문은 아니었다.
- 이런 질문을 하는 것은 그녀가 얻기 힘든 기회를 활용하는 것이었다.
- 위대한 지혜는 어려운 질문을 수반한다.
- 예수님을 액면 그대로 사용하라. "일천 천사 가운데 하나가 그 사람의 중보자로 함께 있어서"(욥 33:23).
- 이런 질문은 솔로몬을 즐겁게 했다.
- 그녀는 그의 영광과 식견에 관해 말할 때 믿음을 보여 주었다.
- 또한 그녀 자신의 마음도 편안해졌다. 왜냐하면 많은 의문이 영원히 해소되었기 때문이다. 이것은 예수님에 대해서도 마찬가지다.

II. 우리는 그녀의 실례를 본받고, 우리의 위대하신 솔로몬께 나아와 어려운 질문으로 시험해야 한다.

그것들 가운데 해 볼 만한 몇 가지 질문이 여기 있다:

1. 사람이 어떻게 하나님처럼 의로울 수 있을까?
2. 하나님이 어떻게 의로우시며, 믿는 자를 의롭게 하실 수 있는가?
3. 사람이 어떻게 행함 없이 오직 믿음으로 구원받을 수 있고, 구원 받은 자는 선한 행위를 가져야 한다는 것이 어떻게 참일 수 있는가?
4. 사람이 늙으면 어떻게 다시 태어날 수 있는가?
5. 하나님은 만물을 감찰하면서 어떻게 신자들의 죄는 보지 못하시는가?
6. 사람이 보이지 않는 하나님 아버지를 어떻게 볼 수 있는가?
7. 하나님으로부터 난 자는 죄를 범하지 않는다는 것이 어떻게 참일 수 있으며, 그러면서 그가 어떻게 매일 죄를 자백하는가?
8. 사람이 어떻게 새 사람이 될 수 있으며, 새 사람이 어떻게 옛 사람 때문에 탄식해야 하는가?
9. 사람이 항상 즐거워하면서 어떻게 슬퍼할 수 있는가?
10. 사람이 이 땅에 살면서 어떻게 그의 생명을 하늘나라에 둘 수 있는가?

우리는 솔로몬이 여왕에게 그녀의 모든 질문에 대해 대답해 주었다는 것을 읽는다. 우리는 예수님이 우리에게 우리가 알아야 할 모든 것을 가르쳐 주실 수 있음을 확신할 수 있다. 왜냐하면 "그 안에는" 지혜와 지식의 모든 보화가 감추어져 있기 때문이다(골 2:3).

III. 우리는 실제로 실천할 수 있는 질문을 해야 한다.

- 우리는 그리스도께 어떻게 나아올 수 있는가?
- 우리는 그리스도에 관한 어려운 질문을 어떻게 물을 수 있는가?
- 그리스도는 우리에게 어떻게 대답하실 수 있는가? 그의 말씀, 그의 영, 그의 섭리를 통해서 답변하신다.
- 예수님이 이끄는 사람들이 아니면 아무도 그분께 나아올 수 없는데, 그분에게 나아오는 자를 그분이 어떻게 절대로 버리시지 않게 되는가? 당신 자신의 경험을 통해 이 두 진리를 시험해 보라. 그러면 그것들은 증명이 될 것이다.
- 정한 시간과 제한된 날이 있는데, 어떻게 주님은 우리에게 즉시 예수님께 나아오라고 명령하시는가? 와 보라.
- 우리가 더 일찍 나아오지 못한 것은 왜 그런가?
- 우리는 왜 지금 이 순간에 나아와야 하는가?

❖ 은바구니에 담긴 금사과 ❖

철학은 이교도가 낳았다. 그러나 그것은 그리스도인이 되어 "마리아"라는 이름으로 세례를 받아야 한다. 그것은 예수님의 발 앞에 앉아 있는 것을 자랑할 수 있다. 유대의 메시아에게 나아온 헬라는 특출하게 아름다운 모습을 지니고 있다. _던컨 박사

질문자들은 가르침을 잘 받는 자들이어야 한다. 하이든이 런던에 있을

때, 한 귀족이 그에게 음악에 대한 가르침을 받았다. 그러나 그는 하이든이 말한 내용에 대해 일일이 잘못을 지적했다. 결국 참지 못한 하이든은 "선생님, 내 눈에는 당신이 나를 가르쳐야 할 만큼 잘 알고 있는 사람처럼 보입니다. 나는 이런 대가의 영예를 더럽히지 않겠다고 고백하지 않을 수 없습니다."

학생들에게 말을 많이 해서 가르친다고 해서 지혜가 당신에게 금메달을 걸어 주리라고 생각하지 말라. _ T. T. 린치(T.T. Lynch)

기독교적 경험에 대한 난해한 역설 가운데 한 실례가 랠프 어스킨(Ralph Erskin)의 "복음 소네트"의 한 연에 나온다:

나는 죄인이지만, 죄가 없다.
온통 얼룩져 있지만, 완전히 깨끗하다.
검음과 아름다움이 함께하듯
내 안에는 지옥의 암흑과 천국의 아름다움이 공존한다.

가이오의 집에 머물고 있던 순례자들은 이러한 역설을 묻고 답하는데 시간을 보냈다. 묻지 않기 때문에 길을 잃는 사람들은 동정받기보다는 비난받아야 할 것이다. 사람들은 고명한 의사의 견해를 듣기 위해서 많은 돈을 지불한다. 그렇다면 값을 치를 필요도 없는 무오하신 의사에게 조언을 구하지 않는 병든 사람들에 대해서 뭐라고 말해야 할까? 예수님은 질문을 기다리고 계신다. 하지만 대부분의 사람들은 그분의 무오한 가르침을 받아들이기보다는 그들 자신의 유치한 생각에 더 의존했다. 우리는 이런 사람들처럼 되어서는 안 된다. 이 위대한 선생과 대화를 나눌 황금의 기회를 갖고 있는 우리는 그분 앞에 모든 어려움을 가지고 나와, 마리아처럼 예수님 발 앞에 앉아, 그분께 배워야 한다.

인생의 난해한 질문은 우리를 시험하고, 우리로 하여금 우리의 무지와 어리석음을 보게 만든다. 그러나 우리는 그것이 없기를 바라지 않는다. 왜냐하면 그것은 또한 예수님을 시험하고, 우리로 하여금 그분의 지식과 지혜를 보도록 하기 때문이다. 우리는 우리가 대답할 수 없는 섭리 속에서 난해한 질문을 생각해낼 수 있다. 그러나 그분은 그것을 대낮처럼 환히 밝히셨다. 내적 갈등을 일으키는 난해한 질문에 대해서도 그분은 충분히 해결하셨다. 외관상 아직 성취되지 아니한 약속들에 관한 질문에 대해서도 그분을 통해 지금은 이해하고 있다. 복음 교리에 관한 난해한 질문에 대해서도 지금 우리는 그분 안에서 그 진리를 보고 있다. 우리는 계속해서 우리 주님을 시험해야(prove) 한다. 하지만 그분을 시험해서는(tempt) 안 된다. 예수님에 대한 모든 정당한 시험(test)은 스바의 여왕이 솔로몬에게 한 질문보다 훨씬 더 설득력이 있다. 그분은 솔로몬보다 더 잘 감당하시기 때문이다.

23
마음에 있는 것을 말함

예루살렘에 이르니 수행하는 자가 심히 많고
향품과 심히 많은 금과 보석을 낙타에 실었더라
그가 솔로몬에게 나아와 자기 마음에 있는 것을 다 말하매
_ 열왕기상 10:2

일반적으로 자신의 마음속에 있는 것을 다 털어놓는 것은 지혜로운 일이 아니다. 삼손은 들릴라에게 이같이 함으로써 어리석음의 극치를 보여 주었다. 그러나 만일 우리가 우리의 모든 어려움을 해결해 줄 수 있는 솔로몬을 만난다면, 그렇게 하는 것이 지혜로울 것이다.

우리는 예수님 안에서 솔로몬보다 더 큰 지혜를 갖고 있다. 그분은 지혜의 화신이다. 우리가 그분과 함께 할 때에는 너무 말이 없고, 세상 친구들과 함께 할 때는 말이 너무 많은 것은 잘못이다. 이 악습은 고쳐져야 한다.

I. 우리는 그분께 마음속에 있는 모든 것을 말해야 한다.

1. 예수님과의 대화를 게을리 하는 것은 아주 몰인정한 것이다. 왜냐하면 그분은 자기와 대화하도록 우리를 초청하시기 때문이다. "내가 네 얼굴을 보게 하라 네 소리를 듣게 하라 네 소리는 부드럽고 네 얼굴은 아름답구나"(아 2:14). 우리의 천국 신랑이 우리 영혼과의 교제를 박탈당해야 하는가?

2. 그토록 진실한 친구에게 뭔가 숨기는 것이 있다는 것은 감추어야 할 어떤 잘못이 있다는 슬픈 현실을 드러내는 것이다.

3. 만일 우리가 우리 마음속에 있는 모든 것을 예수님께 말할 수 없다면, 그것은 우리가 그분의 사랑이나 연민 또는 지혜에 대한 신뢰가 부족하

다는 것을 보여 준다. 신부와 신랑 사이에는 비밀이 없어야 한다. 그렇지 않으면 사랑은 상처를 입게 될 것이다.

4. 만일 우리가 그분에게서 무엇이든 숨긴다면, 그것은 우리 자신에게 불안의 원인이 될 것이다. 그 책임은 전적으로 우리에게 있고, 이것은 우리를 무겁게 내리누를 것이다.

5. 그것은 그분의 조언과 도우심을 잃게 할 것이다. 왜냐하면 우리가 속마음을 털어놓을 때, 그분은 우리의 입장을 만족시켜 주시기 때문이다. 만일 우리가 고민을 숨긴다면, 그분은 자기에게 모든 비밀을 털어놓을 때까지 우리로 하여금 조바심을 갖도록 하실 것이다.

6. 예수님에 대해 과묵한 것은 보통 다른 사람에게 우리의 고민을 털어놓는데 열심을 내도록 자극할 것이다. 사람을 막역한 친구로 삼고, 하나님에게는 문제를 숨겨야 하겠는가?

II. 할 얘기가 없다고 대화를 멈추어서는 안 된다.

1. 우리의 슬픔. 그분은 그것이 무엇인지 알고 있고, 그 아래 있는 우리를 위로하고, 그것으로 말미암아 유익을 얻도록 도우며, 때가 되면 그것을 제거하실 것이다.

2. 우리의 즐거움. 그분은 그것을 가라앉히고, 쓴 맛이 나도록 하실 것이다. 예수님 없는 즐거움은 빛 없는 태양과 같기 때문이다. 그것은 곧 사라진다. 예수님 없는 즐거움은 여호와의 질투를 자극시키는 금송아지만큼 악한 것이다.

3. 우리의 섬김. 그분은 종이셨다. 그래서 우리의 심정을 알고, 우리의 어려움에 대해 동정하실 수 있다. 따라서 우리는 그분께 자유롭게 말해야 한다.

4. 우리의 계획. 그분은 여호와를 경외하는데 열심과 열정을 갖고 계시고, 생각이 빠르셨다. 그분은 우리가 마음을 다해 아버지를 위해 해야 할

일들에 관해 우리와 기꺼이 대화하실 것이다.

5. 우리의 성공과 실패는 총사령부에 보고되어야 한다. 세례 요한의 제자들은 스승이 잡혔다는 소식을 예수님께 전했다(마 4:12). 우리 주님의 제자들도 돌아와 자기들이 행한 일에 대해 보고했다(눅 9:10).

6. 우리의 욕구. 거룩, 쓰임 받음, 천국과 같은 것들은 모두 예수님의 관심을 일깨운다. 그분은 우리를 위해 이 일들에 관해서 기도하신다.

7. 우리의 두려움: 타락, 궁핍, 실패, 무기력, 죽음 등에 대한 두려움. 이것들을 예수님께 언급하는 것은 그것들을 끝내는 것이다.

8. 우리의 사랑. 세상과 하늘에 대한 사랑, 타인들과 자신에 대한 사랑 등. 우리가 예수님께 감히 말하지 못하는 사랑이 있다면 그것은 악한 정욕뿐이다.

9. 우리의 비밀: 이해할 수 없는 느낌들, 말로 설명할 수 없는 불안, 복합적인 정서 등. 이런 것들은 예수님 앞에서 정화되어 더 좋은 것이 될 것이다.

III. 우리는 그럴 이유가 없다고 대화를 멈추어서는 안 된다.

1. 하나님의 아들과의 교통은 우리를 얼마나 품위 있고, 고상하게 만들까!

2. 세상을 이기신 분과의 사귐은 우리에게 얼마나 위로와 용기를 줄까!

3. 우리의 의, 주님이신 완전자와 연합하는 것은 우리를 얼마나 거룩하고, 순결하게 할까!

4. 영원토록 복 주시는 인자와 매일 동행하는 것은 얼마나 우리를 안전하고, 건전하게 할까!

5. 제자들이 그 선생과 성도들이 그 구주와 말하는 것은 얼마나 적절하고, 당연할까!

6. 우리 영혼을 사랑하시는 분과 황홀한 대화를 나누는 것은 얼마나 즐겁고, 멋진 일일까!

- 예수님께 말하지 않는 사람들에 대한 경고. 그분은 마지막 날에 "내가 너희를 도무지 알지 못하니라"(마 7:23)고 말씀하시지 않을까?
- 그분과 거의 교제하지 않는 사람들에 대한 불만. "이것이 네가 친구를 후대하는 것이냐"(삼하 16:17).
- 그분과 항상 교통하는 사람들에 대한 조언. 이것을 조심하라: 거룩한 교통을 계속 유지할 것 그리고 이 목적이 온전히 이루어지도록 당신 집의 모든 방문을 열어 예수님이 들어오시게 할 것.
- 이 교제를 오랫동안 누려온 사람들에 대한 축하.

❖ 촌철살인 ❖

한 노동자가 궁핍해지자 일할 때 쓰는 연장만 빼고 모두 팔아먹었다. 그가 연장을 팔아먹지 않은 이유는 그렇게 하는 것은 모든 것을 잃어버리는 것과 같기 때문이었다. 하나님의 말씀을 읽는 것과 기도는 그리스도인의 작업을 위한 연장이다. 그것들이 없으면 그는 도움 받을 곳이 없는 존재가 된다. 그런데 어떻게 시간이 없다고 그토록 자주 그것들을 잊어버리거나 단축시키겠는가? 어떻게 연장을 팔아먹을 수 있는가?

만일 내가 해야 할 어떤 일이 있다면, 또 하지 않고 남겨둔 어떤 일이 있다면, 먼저 나는 철저히 기도할 것이다. _ 헨리 마틴(Henry Martyn)

내게 기도하게 하시는 하나님은 복이 있다. _ 데이비드 브레이너드

고뇌를 나누어 주는 자가 자주 도움을 받는다.
슬픔을 말할 때 그 고통은 반감된다.
_ 스펜서

아버지나 형제에게 말하지 않는 가족에 관해 뭐라고 말하겠는가? 이런 가족이 있는 가정은 불행의 씨앗이 있도다! 그렇다면 날마다 예수님과 개인적으로 대화를 나누지 않는 그의 신부들에 대해서는 어떻게 생각해야 할까? 거룩한 교제를 갖지 않는 것은 아주 서글픈 현실이다. 참사랑은 터놓고 지내는 사이를 만든다. 그것은 사랑하는 자와 비밀을 갖거나 대화를 억제하는 것을 견딜 수 없게 만든다. 신자는 "예수님과 사귐을 가진 지 얼마나 되었나요?"라는 질문에 "그것을 잊고 산 지 참 오래 되었군요"라고 대답하는 사람을 그분이 좋아하지 않는다는 것을 알아야 한다. 이것은 정말 나쁜 징조가 아니겠는가?

> 우리는 단순히 그분과 함께 해야 하는데,
> 뒤로 물러서거나 경직되거나 냉랭해서는 안 되리라.
> 우리의 베들레헴만큼
> 시내 산도 오래 되었도다.

신자는 그리스도께서 세우신 집과 친숙하고, 충분한 믿음의 확신을 갖고 그곳에 가까이 다가가야 한다. 와서 그분께 당신의 필요와 소원을 하나도 숨김없이 자유롭게 말하라. 그렇지 않으면 거리감과 불신감을 보여 주게 되기 때문이다. 믿음이 강할수록 말하고 싶은 욕구도 강해지고, 더 충분히 말하게 된다. 당신은 주님께 말할 수 없는 것이 있기를 원하는가? 그것은 참된 욕구도 아니고, 믿음이 좋다는 증거도 아니다. 강한 믿음은 천국과 자유로운 교통을 갖고, 무엇이든 말하고 아무것도 숨기지 않는다(엡 3:12). "우리가 그 안에서 그를 믿음으로 말미암아 담대함(boldness)을 가지고" 여기서 '담대함'이라는 말은 "무엇이든 말함"(telling all)이라는 뜻이다. _토머스 보스턴

마음이 약해질 때, 예수님께 찬송을 부르라.

위로든 불평이든, 예수님께 모든 것을 말하라.
삶이 슬프다면, 길이 멀다면,
내일이 두렵다면, 그분께 찬송으로 그것을 아뢰라.
면류관과 승리를 위해 그대의 마음은 아프겠지만,
그대의 영은 믿음의 찬송과 함께 걸어가리라.

_ E. 팩스턴 후드

24
나약해진 엘리야

> 자기 자신은 광야로 들어가 하룻길쯤 가서
> 한 로뎀 나무 아래에 앉아서 자기가 죽기를 원하여 이르되
> 여호와여 넉넉하오니 지금 내 생명을 거두시옵소서
> 나는 내 조상들보다 낫지 못하니이다 하고
> _ 열왕기상 19:4

우리는 다른 사람들의 삶을 통해 많은 것을 배울 수 있다. 엘리야 자신은 예언자(a prophet)였을 뿐만 아니라 하나의 예언(a prophecy)이기도 했다. 그의 경험은 그대로 우리의 교훈이다. 때때로 우리는 기이하고 신비로운 침체상태에 들어간다. 또 다른 사람이 죽음의 계곡에 들어갔던 경험을 성경으로부터 배우는 것은 유익하다. 마음이 지치고 병든 상태에 있어 극도로 피곤한 사람들은 약해지기 십상이다. 이럴 때 그들은 잘 일어나지 않는 불행한 일이 하필이면 자기들에게 일어났다고 상상한다. 그러나 실제로는 그렇지 않다. 역사의 모래 위를 내려다 볼 때, 그들은 거기서 사람의 발자국을 볼 수 있고, 그것도 그 주인공이 미천한 인간이 아니라 여호와의 유능한 종이었음을 깨달을 때, 그들에게 큰 위로가 될 것이다. 그것을 배워보자:

I. 엘리야의 연약함. "자기가 죽기를 원하여."

  1. 그는 우리와 똑같은 성정을 가진 사람이었다(약 5:17).

- 그는 가장 강했던 지점에서 실패했다. 다른 많은 성도들도 그랬다. 아브라함, 욥, 모세, 베드로 등.

- 이것은 그가 본성상 강했던 것이 아니라 하나님의 힘 때문에 강했음을 입증했다. 그는 철 같은 강심장을 가진 냉정한 사람이 아니었다. 놀라운 것은 그가 약해지지 않았다는 것이 아니라 자기를 뚫고 들어

온 맹렬한 열 속에서도 굳건히 서 있었다는데 있다.

2. 그는 급격히 나락에 떨어진 것을 괴로워했다. 올라간 사람들은 떨어지게 마련이다. 침체의 깊이는 황홀의 높이와 같다.

3. 그는 극도의 절망을 경험했다. 왜냐하면 아합이 여전히 이세벨의 통제 아래 있었고, 이스라엘은 여호와께 나아가지 못했기 때문이다.

4. 그는 갈멜 산 사건으로 말미암아 크게 지쳐 있어서 아합의 전차를 피해 도망가기가 수월치 않았다.

5. 그의 소원은 어리석었다. "여호와여 넉넉하오니 지금 내 생명을 거두시옵소서."

   • 그는 죽음으로부터 도망쳤다. 만일 그가 진정 죽기를 원했다면, 이세벨에게 목숨을 맡기고, 굳이 도망할 필요가 없었을 것이다.

   • 그는 항상 좋은 상태를 유지하기를 원했다.

   • 통상적으로 소원을 갖고 사는 것보다 그는 죽기를 더 원했다. 그러나 그는 나은 때를 바라보며 사는 것을 더 원했어야 했다.

   • 그는 죽기를 원해서는 안 되었다. 죽음을 피하고자 했던 사람이 "내 생명을 거두시옵소서"라고 외치는 것은 이상하다. 우리의 영이 침체 속에 있을 때 우리는 얼마나 미련하게 기도할까!

6. 그의 이유는 진실하지 않았다. 그가 죽기를 원한 데에는 그만한 이유가 없었다. 여호와께서는 어떤 면에서 그의 조상들보다 그를 더 나은 존재로 삼아주셨다.

   • 그는 그들보다 더 나은 일을 해야 했다. 그는 더 강하고 담대했고, 홀로 있을 때에도 하나님의 말씀을 선포했고, 능력에서도 탁월했다.

   • 그는 대부분의 다른 선지자들보다 더 즐거워해야 했다. 그 이유는 하나님으로부터 더 큰 능력을 받아 누구도 흉내내지 못할 이적들을 행했기 때문이다.

   • 그는 특별한 섭리와 특수한 은총을 받았고, 그러기에 다른 누구보다

더 좋은 조건에서 활동을 시작했다: 하나님의 병거들이 그를 기다리고 있었다.

II. 엘리야에 대한 하나님의 사랑.

1. 하나님은 그가 잠을 자도록 허락하셨다: 이것은 약이나 내적 징계나 영적 교훈보다 훨씬 더 큰 효과가 있었다.

2. 하나님은 편리하고 이적적인 방법으로 그에게 음식을 제공하고, 먹이셨다.

3. 하나님은 그에게 천사의 도움을 받도록 하셨다. "천사가 또 다시 와서 어루만지며."

4. 하나님은 그가 고민을 말하도록 배려하셨다(10절): 이는 종종 가장 효력 있는 구원방법이다. 그는 그의 사정을 말했고, 그리하여 마음이 평온해졌다.

5. 하나님은 자신과 자신의 뜻을 계시하셨다. 바람, 지진, 불, 심지어는 세미한 음성까지 다 하나님의 목소리들이었다. 하나님이 어떤 분이신지 알 때, 우리는 다른 문제들에 대해 덜 고민하게 된다.

6. 하나님은 그에게 기쁜 소식을 주셨다: "그러나 내가 이스라엘 가운데에 칠천 명을 남기리니"(18절). 이로써 그의 고독감은 깨끗이 사라졌다.

7. 하나님은 그에게 추가로 감당해야 할 사명 — 책망과 가르침을 통해 하나님의 뜻을 수행할 다른 종들에게 기름을 붓는 일 — 을 주셨다.

여기서 우리는 몇 가지 유익한 교훈을 배워야 한다.

- 죽여 달라고 기도할 권리가 거의 없다는 것. 그 문제는 전적으로 하나님의 소관이다. 우리는 우리 자신의 생명을 임의로 처리할 수도 없고, 그렇게 해 달라고 주님께 구해서도 안 된다.

- 죄인에게는 죽음을 구하는 것이 전혀 권리가 아니다. 그 이유는 그에게 죽음은 곧바로 지옥이기 때문이다. 고의적인 자살은 자신의 정죄

를 스스로 결정하는 것이다.

- 성도에게는 이런 소원이 허용될 수는 있지만, 그것도 한계가 있다. 그는 빨리 죽어서 천국에 가기를 고대할 수 있지만, 단순히 삶의 고난이나 절망이나 불명예 때문에 죽기를 바라는 것은 안 된다.
- 죽음을 바라는 것은 조건에 따라 적절할 수 있다. 하지만 그것을 열렬히 기도해서는 안 된다.
- 우리가 죽기를 바랄 때, 그 이유는 성급하거나 감정적이거나 경솔하거나 교만하거나 나태한 것이 되어서는 안 된다.
- 우리는 이 세상에서 우리를 위해 준비되어 있는 것이 무엇인지 전혀 모른다. 우리는 다만 상황이 형통하고, 우리 자신이 잘되는 것만 볼 수 있다.
- 어쨌든 우리는 하나님을 믿고, 선을 행하되, 절대로 두려워할 필요가 없다.

❖ 엄선된 글 ❖

여기서 우리가 듣는 것은 무엇인가? 무기력하고 자포자기하는 엘리야! 그 영웅적인 정신은 죽고 사라졌도다! 아합의 얼굴에 대고 담대하게 "내가 이스라엘을 괴롭게 한 것이 아니라 당신과 당신의 아버지의 집이 괴롭게 하였다"(왕상 18:18)고 말하던 자, 죽은 자를 살리고 천국 문을 여닫고 기도를 통해 불과 물을 내리도록 한 자, 모든 이스라엘 백성들을 가차 없이 책망하고 논박하던 자, 칼로 450명의 바알숭배자들을 눈 하나 깜짝 않고 죽이던 자 ― 그가 어찌 한 여인의 불쾌한 얼굴과 위협에 벌벌 떠는가? 그는 목숨을 잃을까봐 생명을 취해 달라고 바라는 것인가? 엘리야가 실패할 때 누가 육체로부터 불굴의 기개를 기대할 수 있을까? 아무리 강하고 거룩하다 할지라도 이 땅에 사는 성도들은 어느 정도 두려움과 연약함에서 오는 불안이 있을 수 있다. 항상 그리고 변함없이 선한 모습은 단지 천국에 있는 영화된 영들에게나 가능한 일이다. 따라서 지혜롭고 거룩하신 하나님은 우리가 연약할 때 그의 능력으로 우리를 온전케 하시는 것이다. 우리가 육체를 갖고 있는 한, 때때로 영적 질병을 일으켜 영적 건강을 잃어버리는 경우가 있는 것처럼 항상 변함없는 건강을 유지하기를 바라는 것은 헛된 일이다. 거룩한 사람들이 죽기를 바라는 것은 결코 새로운 일이 아니다. 누가 유리한 쪽을 바란다고 이상하게 여기거나 비난할 수 있겠는가? 지친 여행자가 쉬기를 간절히 바라는 것, 감옥에 갇힌 죄수가 자유를 간절히 소망하는 것, 추방된 자가 고향으로 돌아가기를 절실히 소원하는 것은 너무나 당연한 일로서, 오히려 그 반대의 경우가 이상한 일이다. 변화가 주는 이점은 우리에게 의욕을 제공하는 정당한 동기다. 그러나 삶이 싫증이나 고통을 참지 못해서 죽기를 바라는 것은 성도에게는 어울리지 않는 연약함의 표시다. 오 엘리야여, 그것은 바람직하지 않도다! 하나님은 그대에게 더 큰 일을 행하셨도다: 그대의 하나님은 그대의 조상들이 했던 것보다 그대를 더 영예롭게 하셨으니, 그대는 그분을 영예롭게 하기 위해 살아야 하리라.

수고와 슬픔 때문에 선지자는 로뎀나무 아래서 잠을 잤다. 그 나무의 그늘은 그가 휴식하기에는 안성맞춤이었다. 죽기를 원했을 때 그 소망은 이루어지지 않았다. 하나님의 천사가 그가 깊이 잠들어 있는 동안 기다리고 있었다. 그 복된 영혼들에게 주어지는 유익을 생각한다면 광야는 그렇게 외로운 곳이 아니다. 그는 하나님의 사자에 의해 잠에서 깨어나 식사를 제공받음으로써 충분히 보살핌을 받았다. 그가 자고 있을 때 그 천사의 손에 의해 그를 위한 음식이 준비되었다. "머리맡에 숯불에 구운 떡과 한 병 물이 있더라"(왕상 19:6). 오, 전능자의 도우심과 섭리는 결코 중단되지 않아 어느 곳이나 어느 상태에서도 차단되지 않는도다! 우리에게 뭔가 필요할 때, 우리 자신에게 뭔가 보충되어야 할 때, 그때 하나님께서 우리에게 은혜를 베푸실 때, 그분은 우리의 기대를 뛰어넘어, 또는 그것과는 반대로 우리에게 역사하실 수 있다! 그분이 그의 종의 식사를 준비하기 위해 동원한 도구는 얼마나 다양한가! 언젠가는 까마귀가, 또 전에는 사렙다 과부가 그리고 지금은 천사가 음식을 전달하는 도구가 되었다. 그것들은 모두 놀라운 이적이었다. 이 잠에서 그를 깨우기 위해 또 다른 도구들이 공급되었다. 오 하나님! 당신의 섭리의 눈은 결코 희미해진 적이 없고, 당신의 권능의 손은 결코 짧아진 적이 없습니다. 오직 우리가 당신만 의지하고, 당신만 섬기도록 가르치소서! _ 홀 주교(Bp. Hall)

엘리야는 "일어나 자기의 생명을 위해 도망하였다"(왕상 19:3). 그러나 도망하지 않고 선지자로서 자기 임무를 수행했어야 했다. 그는 크리소스토무스가 유독시아 황후로부터 위협받을 때 대답했던 것처럼 했어야 했다. "그녀에게 가서 말하리라. 나는 죄밖에 두려운게 없다." 또는 바실리우스처럼 했어야 했다. 바실리우스는 아리우스파에 속한 로마 황제 발렌스가 죽이겠다고 위협하자 "죽이면 죽겠나이다. 그렇게 되면 천국에 더 빨리 가겠지요"라고 말했다. 루터도 두려운 마음이 들 때가 있었지만, "나는 교황의 호의도, 분노도 개의치 않는다"고 말하곤 했다. 그레고리우스는 엘리야는 자신이 행한 위대한 행위들로 인해 자기를 과대평가하기를 즐겨했기 때문에 이 같은 두려움에 봉착하게 되었고, 따라서 낮아짐을 위해 자기를 낮추는 자리에 들어가지 않으면 안 되었다고 단호하게 말했다. 이것은 분별력 없는 하녀가 옥에서 나온 베드로를 보고 깜짝 놀란 것과 같다. 조그마한 난관에 부닥쳤을 때 우리는 우리가, 심지어는 물처럼 얼마나 약한지 깨닫게 된다. _ 존 트랩(John Trapp)

누가 엘리야에게 "넉넉하다"고 말했는가? 하나님이? 아니다. 하나님은 엘리야가 행하고 감당하기에 넉넉하다고 알고 계셨는가? 사실은 넉넉하지 않았다. 하나님은 그를 더 가르쳐야 했고, 그가 하는 일 이상으로 일하셔야 했다. 만일 여호와께서 그의 말을 듣고 "그래, 그 정도면 넉넉하다"고 말씀

하셨다면, 엘리야의 인생은 영광의 면류관을 쓰지 못했을 것이다. _ 키토
(Kitto)

"넉넉하오니"라는 표현에서 우리는 아무 기대감 없이 좌절에 빠져 하나
님과 세상 모두에 대해 절망하고, 자신이 짊어지고 있는 십자가를 견디지 못
하고 지쳐버린 한 영혼 요나처럼, 전능자의 다루심에 불만족하고, 말하자면
죽음을 소원함으로써, 즉 이같이 극단적인 방법을 취함으로써 자신을 이해
시키고자 하며, 죽음 외에는 그 고통으로부터 벗어날 길이 없는 우울증에 빠
진 한 영혼의 고뇌를 보게 되는 것은 부정할 수 없다. 그럼에도 불구하고 엘
리야의 영혼 속에 있는 이 육신적 흥분에 수반된 신적 신앙적 열망은 하나님
을 향한 갈망으로서, 영원한 빛을 향해 위로 날아가는 날개를 만들었다. 그
렇다. 이 슬픈 애가의 기조는 하늘에 계신 그의 아버지의 마음이 그를 향해
움직이도록 만들고, 그의 자비로우신 하나님께서 다시 한 번 그의 어둠을 밝
게 비추고, 그의 종의 영혼을 위로하도록 이끈 애틋한 감정이었다. 따라서
우리는 엘리야 선지자의 기도 속에서 희한하게 결합되어 있는 자연적 영적
생명의 요소들을 확인한다. 본성과 은혜의 불꽃들이 상호 대립하면서 하나
의 화염이 되어 불타올랐다. 그 금속은 용광로 속에 있고, 열은 불순물을 빛
으로 만드는데, 누가 정금을 볼 때 그 찌끼를 잊어버리지 않겠는가? _ F. W.
크루마허(F. W. Krummacher)

1. **엘리야의 낙심의 원인.** (1)육체적 힘의 고갈. (2)고독. "오직 나만 남았
거늘"(10절). **오직**을 주목하라. 엘리야에게는 자신의 처지의 외로움이 충격
적인 사실이었다. (3)임무의 결여. 엘리야가 선지자로서 할 일이 있을 때,
그 일이 아무리 힘든 일이라고 해도, 모든 일을 왕성하게 해내었다. 그러나
그의 임무가 사라졌다. 내일과 모레, 그가 이 땅에서 할 일이 무엇이었던가?
아무 할 일 없는 자의 비참은 자의든 타의든 그 본성 속에 원인이 있다. (4)

성공에 대한 기대감의 좌절. 갈멜 산에서 엘리야의 인생의 위대한 목적이 바야흐로 달성되는 것처럼 보였다. 바알 선지자들은 죽임을 당했다. 여호와께서는 한마디로 우상숭배가 끝장났음을 인정하셨다. 엘리야의 필생의 목적 ― 이스라엘을 하나님나라로 바꾸는 것 ― 이 거의 이루어졌다. 그런데 어느 날 이 밝은 그림이 순식간에 지워졌다.

2. **하나님의 다루심.** (1)하나님은 그의 종의 소진된 힘을 다시 회복시키셨다. 역사서를 읽어보라. 기적을 통해 음식이 주어진다. 그때 엘리야는 자고, 깨고, 먹는다. 그 음식의 힘으로 40일 여행길에 오른다. (2)여호와께서 자연의 치유능력을 통해 그의 격발되었던 마음을 가라앉혔다. 그분은 바람이 산을 가르고, 지진이 땅을 흔들도록 명하셨다. 또 지진 후에는 불이 있도록 하셨다. 이 모든 것은 엘리야의 감정의 표현이요, 반영이었다. 자연이 우리를 진정시키는 방법 ― 우리의 감정을 표현하고 반영하는 ― 은 우리가 말씀 속에서 발견할 수 있는 것 못지않게 우리의 감정을 적당하고, 고결하게 한다. (3)하나님은 그로 하여금 생명의 엄숙함을 느끼도록 하셨다. 네가 어찌하여 여기 있느냐? 생명은 활동을 위해 주어진 것이다. 선지자의 생명은 더 고귀한 일을 하도록 주어진 생명이었다. 그런데 선지자는 활동은 하지 못하고 신음소리만 내고 있었다. 이런 소리는 그대로 우리 모두에게서도 반복되고 있다. 무감각, 낙심 또는 무사안일로부터 우리를 깨우기 위해 "네가 어찌하여 여기 있느냐?'는 소리가 이 짧은 우리의 인생 속에 계속 울려 퍼지고 있다. (4)하나님은 승리에 대한 확신을 주심으로써 회복의 역사를 마치셨다. "그러나 내가 이스라엘 가운데에 칠천 명을 남기리니 다 바알에게 무릎을 꿇지 아니하고 다 바알에게 입맞추지 아니한 자니라"(왕상 19:18). 이렇게 해서 엘리야의 생애는 결국 실패가 없었다. _ F. W. 로버트슨(F. W. Robertson)

25
바보 같은 행동

종이 이리저리 일을 볼 동안에 그가 없어졌나이다
이스라엘 왕이 그에게 이르되
네가 스스로 결정하였으니 그대로 당하여야 하리라
_ 열왕기상 20:40

우리는 변명할 상황을 만들지 않으려면 부지런히 일해야 한다. 변명은 상실된 영혼이 흔히 범하는 실수다: "나는 너무 바빠 신앙생활을 할 시간이 없어." 그들은 "전혀 핑계대지 않는 것보다는 궁색한 핑계라도 대는 게 낫다"고 말하는데, 이것은 정말 큰 문제. 여기서는 그 핑계 때문에 그를 정죄하는 일이 벌어지기 때문이다. 선지자의 얘기에 나오는 사람은 죄수를 지키도록 명령을 받았다. 그것이 그의 첫 번째 의무였다. 그러나 그는 자신의 욕망을 따르기를 더 좋아하여 개인적인 일에 종사했다. 그 결과 죄수는 "없어져 버렸다." 그는 분명히 왕의 직무에 참여할 권리를 갖고 있었지만, 자신의 일에 종사했다. 그의 변명은 그가 고의적으로 불순종했음을 보여 주는 고백에 지나지 않았다.

I. 그것은 아무나 써먹을 수 있는 변명이 아니다.

1. 그들은 할 일이 별로 없는 사람들이다. 그들은 직업이 없는 귀족들이나 여성 또는 한가한 여유가 많은 사람들이나 생계를 위해 아무 일도 할 수 없는 병약자들이다. 따라서 그들은 사색과 독서에 임할 충분한 시간을 갖고 있다.

2. 그들은 열심히 일했지만, 병이나 노령으로 은퇴한 사람들로서, 시간을 때우는 것이 힘들다고 생각한다.

3. 그들은 절대로 바쁘지 않다. 왜냐하면 근면에 대해 아무런 자극을 받을 수 없는 게으름뱅이들이기 때문이다. 그들은 시간을 죽일 뿐이다.

II. 그것은 정당성이 없는 변명이다.

1. 그렇게 바쁘게 일해야 할 절대적인 필요란 없다. 많은 사람들이 자기들의 필요를 충분히 채우기 전에, 영혼을 돌아볼 시간들을 충분히 내어야 함에도 불구하고, 필요를 얻는데 자신을 노예로 만든다.

2. 주님을 믿으면 인생의 필요에 대한 관심은 줄어들고, 그래서 일에 대한 압박감도 가벼워지는 법이다. 그것이 생계를 방해한다는 이유로, 자신의 영혼을 소홀히 할 자유를 갖고 있는 사람은 진실로 아무도 없다.

3. 당신은 다른 필요 — 먹고, 마시고, 입고, 말하고, 잠자는 문제 — 를 위해서는 시간을 할애한다. 그렇다면 당신의 영혼이 자라는 일 곧 생수를 마시고, 의의 옷을 입고, 하나님과 말하고, 그리스도 안에서 안식을 얻는 시간도 가져야 하지 않는가?

4. 당신은 오락을 위해 시간을 할애한다. 많은 시간들이 무익한 잡담, 무의미한 독서, 더 부질없는 일들로 허비되고 있음을 생각해 보라. 만일 휴가를 가거나 저녁 연회 시간이 주어진다면, 당신은 없는 시간이라도 만들어서 시간을 낼 것이다. 그렇다면 당신은 더 중요한 문제들을 위해서도 그렇게 해야 할 것이다.

5. 당신은 다른 사람들을 비판하고, 위대한 진리를 의심하고, 문제를 끄집어내며, 쓸데없는 말을 하는데 시간을 할애한다. 당신은 자기검토와 말씀 연구를 위해 그리고 주님을 찾는데 시간을 갖지 않겠는가? 당연히 가져야 할 것이다. 그러면 어디서 그렇게 하겠는가?

III. 그것은 그것을 행하는 사람을 고소하는 변명이다.

1. 당신은 매일 하는 일 속에서 무수한 은혜를 누려왔다. 왜냐하면 그것을

통해 당신의 임무를 감당해 왔기 때문이다. 그렇다면 이 일들이 당신에게 감사의 조건이 되어서는 안 되는가?

2. 당신은 여기저기 바쁘게 일하는 동안 많은 시험들을 겪었다. 그것이 왜 당신을 하나님께 이끌지 못했는가?

3. 당신은 일에 대한 능력을 갖고 있고, 그것은 하나님을 위해 사용되어야 했다. 하나님께서 당신에게 그것을 주시지 않았는가? 왜 그 능력을 이기적인 돈벌이에 허비하는가?

IV. 그것은 중요한 사실을 망각하게 하는 변명이다.

- 헛되이 열심히 일하는 것: 부지런히 살고, 부지런히 잠을 자지만, 실패하고 결국 불쌍하게 죽는 것은 슬픈 일이다.
- 당신이 돈을 모으는데 성공했으나 모든 것을 버려두고 떠나야 한다는 것은 비참한 일이다. 하지만 어쩔 수 없이 그렇게 될 수밖에 없다.

V. 그것은 잃어버린 것을 회복시킬 수 없는 변명이다.

- 만일 시간을 잃어버렸다면, 당신은 확실히 그것을 맡기신 분에게 그 이유를 설명하도록 요구를 받을 것이다. 그러나 당신은 그것을 되찾을 수 없고, 그 잃어버린 것을 만회할 수도 없다.
- 조개나 줍고, 통속소설이나 읽으면서 빈둥거리며 여행함으로써 인생을 허비하고, 그리하여 하나님을 섬기고 대속주를 알 기회를 갖지 못하는 것은 얼마나 불쌍한 일인가!
- 사람들은 이보다 더 악한 일을 저지른다: 그들은 죄를 범할 뿐만 아니라 다른 사람들을 죄의 길로 이끌고, 시간을 죽이는 방법을 고안하고, 그러면서 시간이 없다고 변명한다.
- 그들은 정신을 회의적인 생각에 집중시킴으로써, 무신론을 선전하고, 성경을 손상시키거나 복음에 반대한다. 그러나 신앙생활을 할 시간

은 갖지 않는다.

- 청년들에게 시간이 있을 때 시간을 선용하도록 촉구하라.
- 노인들에게 남은 시간들을 잘 사용하도록 촉구하라.
- 그리스도인들에게 여기저기 바쁘게 일하는 동안 그의 자녀들에게 악한 영향을 미치지 않도록 조심하라고 촉구하라.
- 경험이 많은 신자들에게 사람들 때문에 주 안에 있는 기쁨을 빼앗기지 않도록 조심하도록 촉구하라.

✥ 예화 ✥

복잡하고 분주한 런던 거리에 설치되어 있는 커다란 성 바울 시계가 여러 번에 걸쳐 종을 쳤지만, 사람들은 거리의 시끄러움 때문에 그 소리를 듣지 못했다. 하나님은 자주 말씀하시지만, 사람들은 다른 소리들이 그들의 귀를 막기 때문에 그 음성을 듣지 못한다. 두 군대가 맞붙어 치열한 전투를 벌이고 있는 전쟁터에 대지진이 일어났지만, 전투에 참여하는 군사들 중 누구도 그것을 알지 못했다. 정신이 다른 곳에 팔려 있는 한 우리는 참으로 비중 있는 필수적인 일들을 하지 못하게 될 것이다.

네로 황제는 로마제국이 기근에 있을 때 알렉산드리아에 배를 보냈는데, 그 이유는 굶어죽는 백성을 위한 곡식을 실어오려는 것이 아니라 투기장에 사용할 모래를 실어오기 위해서였다. 그는 로마가 불타고 있을 때 빈둥거리며 소일했다. 지금도 많은 사람들이 그처럼 스스로에게 잔인한 일을 하고 있지 않은가? 그들은 덧없는 쾌락에 빠져 영원을 위해 준비해야 할 보배 같은 시간을 허송하고 있지 않은가?

게으름이 당신이 연구 활동을 할 때나 즐거움을 추구하는 일을 할 때나 사업을 할 때 당신 속에 살며시 끼어드는 경우에는 반드시 한 가지에 대해 항상 조심하고, 항상 깨어 있어야 한다는 사실을 명심하라. 나는 여기서 그 한 가지가 신앙생활의 의무들이라고 말하는 바이다. 단 하루라도 성경을 읽는데 게으름을 피우는 상태에 빠지지 않도록 조심하라. 절대로 그 일에 게을러서는 안 된다. _ 벅스턴(Buxton)이 그의 아들에게 해 준 말

헨리 4세가 알바 공작에게 가장 최근에 일어난 개기일식을 관찰한 적이 있는지 물었다. 이에 공작은 "없사옵니다. 저는 땅 위에서 할 일이 너무 많아 한가롭게 하늘을 바라볼 여유가 없었사옵니다"라고 대답했다. 아, 이것이 오늘날 신자를 자처하는 사람들의 고백이 아니던가! 그들의 마음과 시간이 땅 위의 일들에 너무 집중되어 그리스도와 영원한 평강에 속하는 일들을 바라볼 여가가 없다는 것은 얼마나 슬픈 일인가! _ 토머스 브룩스(Thomas Brooks)

토울의 대주교인 클라우드는 영혼의 탁월성과 존엄성에 관한 한 논문에서 이렇게 결론을 맺고 있다: "나는 오로지 하나의 영혼을 소유하고 있고, 오직 거기에만 가치를 둘 것이다."

시간을 붙잡으라.
천국의 시간은 날개가 있나니,
세상 사람들이 부를 사기 원할 때,
우리는 우리가 바라는 시간을 붙잡아야 하리라.

_ 영

역사가 그로티우스는 죽을 때, "아, 쓸 데 없는 일에 내 인생을 다 소모하고 말았구나. 내 모든 지식과 영예를 청렴결백한 존 우릭(John Urick, 청빈한 신앙으로 유명한 사람)에게 바치노라"고 외쳤다.

한 귀족이 죽어 가면서 이렇게 통곡했다: "자비로우신 하나님, 제가 인생을 어떻게 살았나요! 제 인생은 얼마나 미친 인생이었을까요! 태양이 그 행로를 따라, 별들이 그 운행을 따라 빛을 비추고 있을 때, 어쩌면 그 빛들은 내게는 단지 멸망으로 가는 길을 비추었을 뿐이니, 도대체 제가 무엇을 하고 살았단 말인가요! 저는 그림자만 쫓았고, 꿈만 꾸다가 말았습니다. 저는 티끌만 모았고, 그것마저 바람에 날려 버렸습니다. 차라리 짐승처럼 초원에서 풀을 뜯거나 숲에서 새처럼 노래를 부르는 것이 내가 살아온 어떤 순간들보다 훨씬 더 가치 있는 일이 될 것입니다."

엘리야의 하나님은 어디 계시니이까?

> 엘리야의 몸에서 떨어진 그의 겉옷을 가지고
> 물을 치며 이르되 엘리야의 하나님 여호와는 어디 계시니이까 하고
> _ 열왕기하 2:14

우리가 바라보아야 할 위대한 대상은 오로지 여호와 하나님 곧 엘리야의 하나님뿐이시다. 그분에게는 모든 것이 충만하시다. 그분이 안 계시면 우리는 망하고 죽는다.

거룩한 사역을 시작하는 사람들은 누구나 그들의 전임자에게 역사하셨던 하나님을 바라보아야 한다. 엘리야의 하나님은 동시에 엘리사의 하나님이셨다는 것은 얼마나 은혜로운 사실일까! 그분은 또한 우리의 하나님이시다. 왜냐하면 "이 하나님은 영원히 우리 하나님이시니 그가 우리를 죽을 때까지 인도하시리로다"(시 48:14)라고 말씀하고 있기 때문이다.

큰 난관에 봉착했을 때 하나님 외에 누구도 우리를 도와줄 자가 없다. 여호와 곧 엘리야의 하나님을 제외하고 누가 요단 강을 그렇게 가를 수 있겠는가?

엘리사는 처음에 여호와께 "엘리야의 하나님 여호와는 어디 계시니이까"라고 물었다. 엘리야가 없어지자 그는 **그**(엘리야)가 아니라 그의 하나님을 찾았다.

그는 엘리야의 낡은 겉옷을 사용하고, 뭔가 새로운 것을 만들지 않았다. 동일하신 하나님의 도우심을 간절히 바라면서 그는 그의 전임자의 겉옷을 가지는 것으로 만족했다. 진리는 새로운 것이 아니다.

그러나 우리는 과거로부터 낡은 것을, 현재로부터 새로운 것을, 미래를 위해 기이한 것이 필요하지 않다. 우리는 다만 삼위일체 하나님을 원한다.

154

성부, 성자, 성령 하나님께서 우리 가운데 일으키시는 놀라운 일들을 우리는 엘리야 시대와 똑같이 보게 될 것이다. "엘리야의 하나님 여호와는 어디 계시니이까." 동일하신 하나님을 믿는 믿음과 함께 사용된 낡은 겉옷이 강물 여기저기를 갈라놓았다. 그것이 사용되는 곳마다 능력이 나타났다.

I. 질문이 기도로 바뀌었다.

그것은 "오 엘리야와 함께 하신 하나님이여, 저와도 함께 하소서!"라고 부르짖는 것과 같다. 이 시대에 우리의 유일한 필요는 엘리야의 하나님이시다.

1. 그를 견고하게 지켜 주신 하나님은 진리 안에 거하기만 하면 우리도 견고하게 지켜 주실 것이다(고전 1:8).
2. **그의** 기도를 들어주신 하나님은 의인의 간구로 드려지기만 하면 우리에게도 역사하실 것이다.
3. 그릿과 사르밧 그리고 광야에서 그의 필요를 채워 주셨던 하나님은 우리의 모든 필요도 채워 주실 것이다(시 23:1).
4. 그를 통해 죽은 자를 살리신 하나님은 우리를 통해서도 죄 안에서 죽은 사람들을 일으키실 것이다(왕상 17:22).
5. 그에게 불로 응답하신 하나님은 우리의 마음속에 생명과 힘과 열정을 심으실 것이다(왕상 18:38).
6. 그의 오랜 여정에 음식을 공급해 주신 하나님은 우리 인생의 순례 여정도 붙들어 주시고, 끝까지 우리를 보존해 주실 것이다(왕상 19:8).
7. 왕들과 맞서도록 그에게 용기를 주신 하나님은 우리에게도 사람을 두려워하지 않도록 극히 담대한 마음을 주실 것이다(왕상 21:20).
8. 선지자를 위해 요단 강을 가르신 하나님은 우리가 우리의 가나안으로 가기 위해 요단 강을 건널 때 실패하지 않도록 역사하실 것이다(왕하 2:8).

9. 불병거로 그를 둘러싸게 하신 하나님은 우리에게도 천군천사들의 호위를 허락하고, 영광에 들어가도록 하실 것이다.

II. 질문은 대답되었다.

엘리야의 하나님 여호와는 죽거나 주무시거나 중간에 그만 두시는 분이 아니다.

1. 하나님은 지금 자신의 남은 자들을 위해 하늘에 계신다. 비록 그들은 굴속에 숨어있지만, 하나님은 그들을 자신의 것으로 알고 계신다.

2. 그분은 지금 메마른 땅을 축복해 달라는 기도를 따라 움직이실 것이다.

3. 그분은 지금 믿음이 없는 세대에 믿음을 지키도록 우리를 도우심으로써 바알에게 무릎 꿇지 않도록 하실 수 있다.

4. 그분은 지금 작은 음성으로 말씀하신다. 조용히 경건한 심령들에게 말씀하신다. 조용하지만 담대한 영을 통해 자신의 목적을 이루고 계신다.

5. 그분은 지금 섭리를 따라 압제자들을 망하게 하고(왕상 21:18-19), 그의 종들을 보호하며(왕하 1:10) 신실한 사람들의 존속을 위해(왕상 19:16) 통치하고 계신다.

6. 그분은 원수를 갚으러 오실 것이다. 당신은 그분의 불병거 소리를 듣지 않는가? 그분은 그의 백성들에게는 상을 주시지만, 오, 불신자들이여 그대들은 "엘리야의 하나님 여호와는 어디 계시니이까"라고 조롱하며 외쳤던 때를 쓰라린 마음으로 후회하리라!

   • 오, 우리가 하나님 앞에서 칭찬들을 수 있는 일에 종사하게 되기를!
   • 오, 우리가 그분의 은총을 기대할 수 있도록 성결한 자가 될 수 있기를!
   • 오, 그분의 힘으로 허리띠를 졸라매고 그분 앞에 서게 되기를!
   • 오, 이 질문을 더 이상 묻지 않을 만큼 신실한 삶을 살기를!

❖ 발췌된 보조자료 ❖

불신자였던 프랑스의 클로비스 1세는 전쟁터에서 위기에 처하자 "클로틸다 왕후의 하나님이여, 클로틸다 왕후의 하나님이여! 저에게 승리를 주소서!'라고 기도했다. 그는 왜 자기가 의지하던 신에게 부르짖지 않았을까? 아이작 뉴턴 경의 재능에 극찬을 아끼지 않고, 그의 신앙이 온전하도록 도움을 주었던 손더슨은 임종하는 자리에서 우울한 어조로 "아이작 뉴턴 경의 하나님이여, 저에게 자비를 베푸소서!'라고 말했다. 인생의 마지막 순간에 왜 이런 식의 교체가 일어날까? _ 다니엘 베이커 목사의 "젊은이들에게 고함"

1. **엘리야의 하나님은 그에게 차갑고 죽은 세대에 따스함과 생명력을 유지하는 복된 경험을 허락하셨다.** 다른 사람들의 최악의 상태가 그에게는 최고의 상태가 되었다. … 그러나 참된 신앙고백자들이 점차 사라지고, 그 전에 있었던 생명력과 사랑이 제거된 채 불경건의 물결이 날로 드세지는 데, 죄악은 그 머리를 쳐들고 관영하고, 경건의 능력은 그 머리를 뒤로 숨기고 있는 이 시대에 엘리야의 하나님은 어디 계실까? 이 악한 시대에 하나님이 우리에게서 멀어지고, 거룩의 빛이 후퇴하고 그것을 붙드는 손을 찾아볼 수 없는 것은 정말 슬픈 일이다.

2. **엘리야의 하나님은 그에게 기도의 능력에 대한 복된 경험을 허락하셨다**(약 5:17). 그러나 기도를 통한 천국과의 교제의 문이 너무나 좁은 이 시대에 엘리야의 하나님은 어디 계실까? 슬프게도, 입술로만 신앙을 고백하는 이 시대 사람들의 맥없고, 냉랭하고, 기운 없는 기도는 천국에 상달되기에는 너무나 허약하고 빈약하도다!

3. **엘리야의 하나님은 그에게 여호와를 의존할 때 맺게 되는 아름다운 열매에 대한 경험을 허락하셨다**(왕상 17:16). 그러나 우리가 혹 불면 날아가 버릴 것 같은 것, 그래서 아무 열매가 없는 이 시대에 엘리야의 하나님은 어디 계실까? 우리의 식탁은 진수성찬으로 덮여 있지만, 우리의 영혼은 굶주리고 있다. 때때로 우리의 선은 아침 구름처럼 약해 보이지

만, 그것은 하늘 전체를 검게 하고 조만간에 천국의 소낙비를 예고한다. 그러나 그것은 사람의 손바닥만큼이나 작은 구름에 불과하고, 결국 아무 열매 없이 사라지고 말 것이다. 참으로 이 세대는 자연적으로 빛을 주는 수단들에 눈이 멀어 있다. 아! "엘리야의 하나님 여호와는 어디 계시니이까?"

4. 비록 최악의 상황이기는 했지만, 그가 살던 당시의 **극히 사악한 시대 상황에 맞서도록 엘리야의 하나님은 그에게 담대함이라는 은혜를 베푸셨다.** 이것은 그가 아합 왕을 만났을 때 아주 두드러지게 나타났다(왕상 18:1). 그러나 지금 우리 시대의 죄악들은 이런 저항을 크게 약화시키고, 하나님의 주장을 드러내기 위해서는 눈을 부릅뜨는 용기가 필요하고, 그분을 변호하는 혀와 그분을 위해 행동하는 마음은 크게 결여되어 있는 이 시대에 엘리야의 하나님은 어디 계실까? 세상의 악인들은 죄악의 원인들이 그들의 손에 있기는 해도 죄를 너무 쉽게 저지른다. 그러나 슬프도다! 하나님의 백성은 겁이 많고, 너무 연약해서 주장해야 할 진리들을 부끄러워하고 있다. 만일 하나님이 우리에게 다른 영 곧 이 시대에 적절한 영을 주시지 않는다면, 우리는 우리의 믿음을 배반하고, 다가올 세대들에게 저주를 물려주게 될 것이다.

5. **엘리야의 하나님은 엄숙한 의식을 행할 때 영광스럽고 강력한 자기계시를 체험하도록 허락하셨다.** 그 일은 갈멜 산 희생제사 사건에서 일어났는데, 그때 엘리야는 여호와께 간절히 기도했다(왕상 18:37-39). 그러나 엘리야의 하나님이 계심에도 불구하고 의식들 속에서, 그 엄숙한 의식들 속에서 그분의 영의 능력은 왜 그토록 약하게 나타날까? 겉옷이 여기 있는데, 엘리야의 하나님은 어디 계실까? 때때로 주님을 감쌌던 수의가 여기 있는데, 그분은 어디 계실까? 스코틀랜드에서는 때로 성찬식을 치르는 날에 큰 영광이 나타나고, 예식에 참예한 사역자들은 상한 마음을 고침 받고, 강퍅한 마음이 깨어지는 놀라운 역사가 일어났는

데, 지금 엘리야의 하나님은 어디 계실까?

6. **엘리야의 하나님은 그에게 음식을 제공함으로써 먼 길을 갈 수 있는 역**
사를 허락하셨다(왕상 19:8). 그러나 지금은 이런 경험이 어디 있을까?
지금 우리가 앉아있는 곳에 있는 영적 양식에는 왜 그만한 힘이 없을
까? 지금은 이런 경험이 크게 필요한 시대다. 하나님은 그의 백성들에
게 "일어나 먹으라. 갈 길이 멀다"고 말씀하시는 것처럼 보인다. 다른
음식이 주어지지 않는다면 갈 길이 힘든 사람이 있는데, 누가 그것을
알고 있을까? 오, 우리에게 선포된 진리 안에 더 기름진 음식이 들어있
기를!

7. **엘리야의 하나님은 그에게 그의 길에 있는 모든 어려움을 제거하심으**
로써 그것을 느낄 수 없도록 은혜를 베푸셨다. 요단 강은 갈라졌다. 베
드로 역시 그 앞에 활짝 열린 옥문을 보았다. 하나님께서 역사의 주도
권을 쥐고 계시기 때문에 우리가 포기하지 않는 한, 그분의 역사는 성
공할 것이다. 확실히 우리는 오늘날 이 시대에 이런 경험이 필요하다.
이 시대에 얼마나 많은 영혼들이 하나님으로부터 오랫동안 그리고 멀
리 떨어짐으로써 고작 할 수 있는 일이란 도망치고 후퇴하는 일밖에 없
는 상태에 빠져 있을까! 아! 심연에 빠져 있는 자들을 구해내는 일이 멈
추었는데, 엘리야의 하나님은 어디 계실까? 원수들은 교회를 둘러싸고
있고, 그것은 낭떠러지 입구에 세워져 떨어질 위기에 있다. 교회에 피
할 길을 주실 엘리야의 하나님은 어디 계실까? _ 토머스 보스턴

27
열린 눈

기도하여 이르되 여호와여 원하건대 그의 눈을 열어서
보게 하옵소서 하니 여호와께서 그 청년의 눈을 여시매
그가 보니 불말과 불병거가 산에 가득하여 엘리사를 둘렀더라
_ 열왕기하 6:17

믿음은 신자의 눈을 열어 주고, 다른 사람들이 볼 수 없는 것을 보게 한다. 이것은 그에게 아늑함과 평온함을 주고, 그로 하여금 "아아, 내 주여 우리가 어찌하리이까"(15절)라고 부르짖는 사람들의 두려움을 억제시키는 역할을 하도록 한다.

이 기사를 통해, 우리는 우리 주위에서 어떤 일이 일어나는지 그것을 육체의 눈으로는 볼 수 없다는 것을 배우게 된다. 우리는 이것을 통해 다음과 같은 사실을 가르칠 것이다:

I. 육체의 눈은 천국의 일들을 전혀 볼 수 없다.

- 하나님은 모든 곳에 계신다. 그러나 죄로 말미암아 눈먼 자들은 그분을 보지 못한다.
- 그분의 법은 마음의 생각과 계획에 미친다. 그러나 그 놀라운 영적 의미는 육체의 눈에는 포착되지 않는다.
- 사람들은 본래 악하고, 죄책을 지고 있고, 오류에 종속되어 있다. 그러나 그들은 자신들의 흠과 상처와 썩어가는 종기를 보지 못한다.
- 그들의 위험은 절박하다. 그러나 그들은 지옥의 입구에서 눈이 먼 채 춤추며 놀고 있다. 브라이튼 거리에 가면 "저는 **진짜** 소경입니다"라는 글을 써넣은 팻말을 목에 두르고 있는 한 남자가 있다. 이것은 이

시대의 어리석은 자들에게 딱 맞는 모습이다.

- 예수님은 사람들 가까이 계시며, 도울 준비를 하고 있다. 그러나 그들의 눈은 감겨 있어서 그분이 예수님임을 알지 못한다. 그분은 완전히 사랑과 자비로 충만하신 분으로 영혼의 태양이지만, 전혀 알려지지 않고 있다.

- 이 영적 분별력의 결여는 사람을 무지한 자로 만든다. 눈먼 삼손의 모습은 너무나 가엾은 모습이다. 그는 이스라엘의 사사에서 블레셋의 노예로 전락하고 만다.

- 이것은 사람을 세상 것으로 만족하는 존재로 만든다. 그는 그것이 얼마나 불쌍한 것인지 보지 못한다. 그에게 세상은 고통을 주고, 상처를 주고, 죄를 범하게 만들고, 천국을 잃게 만드는 곳이기 때문이다.

- 이것은 많은 사람들로 하여금 부질없는 정욕의 일에 몰두하도록 만든다. 고상한 하늘의 일을 추구하지 못하고, 마치 눈먼 말이 맷돌 주위를 수없이 도는 것처럼, 고생과 수고를 지루하게 반복하는 악순환을 추구한다.

- 이것은 사람들을 교만하게 만든다. 그들은 육안으로 보이는 것을 전부로 알기 때문에 자기들이 모든 것을 알고 있다고 착각한다.

- 이것은 사람들을 위험으로 끌고 간다. "만일 맹인이 맹인을 인도하면 둘이 다 구덩이에 빠지리라"(마 15:14).

II. 오직 하나님만이 사람의 눈을 여실 수 있다.

- 우리는 맹인들을 인도할 수는 있으나 보게 할 수는 없다. 우리는 그들 앞에 진리를 내놓을 수는 있으나 그들의 눈을 열어 그것을 보게 할 수는 없다. 그 일은 오직 하나님의 몫이다.

- 어떤 사람들은 의안을 사용하고, 또 어떤 사람들은 안경이나 망원경이나 선글라스를 사용한다. 그러나 이것들은 맹인에게는 아무 소용

이 없다. 치료는 오직 여호와만이 하실 수 있다.

1. 시력을 주는 것은 창조와 똑같은 이적이다. 누가 눈을 만들 수 있겠는 가? 죄인에게는 영적 시력이 없다.

2. 사람은 맹인으로 태어난다. 어둠은 그의 한 부분이다. "창세 이후로 맹 인으로 난 자의 눈을 뜨게 하였다 함을 듣지 못하였으니"(요 9:32).

3. 사람은 고의로 맹인이 되었다. 보지 않겠다는 사람들만큼 눈먼 자는 없 다. "눈이 있어도 보지 못하고"(사 43:8).

4. 눈이 열리는 것은 언약의 축복으로 정해져 있다. 하나님은 "너를 세워 백성의 언약과 이방의 빛이 되게 하리니 네가 눈먼 자들의 눈을 밝히 며"(사 42:6-7)라고 자신의 아들에게 약속하셨다.

사탄은 에덴동산에서 이것을 속이고 "너희 눈이 밝아져 하나님과 같이 되리라"(창 3:5)고 했다.

III. 우리는 사람들의 눈을 열어달라고 하나님께 기도할 수 있다.

우리는 "여호와여 원하건대 그의 눈을 열어서 보게 하옵소서"라고 부르짖 어야 한다.

1. 우리는 환난 속에 있는 죄인들을 볼 때, 그것이 희망의 징조임을 알고, 그들을 위해 끝까지 끈질기게 기도해야 한다(사 26:2).

2. 우리는 그들의 질문을 들을 때, 그들을 위해 여호와께 질문해야 한다. 그들의 기도는 우리의 기도로 울려 퍼져야 한다.

3. 우리가 확실히 보는 자들이라면, 우리는 그들을 위해서 보아야 한다.

4. 그들의 눈먼 상태가 우리를 놀라게 할 때, 그것은 우리로 하여금 무릎을 꿇도록 해야 한다.

5. 다른 사람들의 기도는 우리에게 큰 힘이 되므로, 우리는 기도의 보물창 고인 교회가 복을 받도록 해야 한다.

6. 사람들의 눈을 열어 주는 것은 하나님을 영화롭게 하는 일이다. 그러므

로 우리는 하나님이 그분의 아들을 영화롭게 하시리라는 믿음을 갖고
소망 속에서 기도해야 한다.

IV. 하나님이 사람들의 눈을 여신다.

1. 하나님은 한순간에 그렇게 하실 수 있다. 맹인의 눈을 뜨게 하신 우리
   주님의 많은 이적들을 보라.
2. 그분은 특별히 젊은이들의 눈을 열어 주신다. "여호와께서 그 청년의
   눈을 여시매."
3. 그분은 **당신의** 눈을 여실 수 있다. 눈이 먼 사람들은 그 부류가 다양하
   지만, 그들은 "여호와께서 맹인들의 눈을 여시며"(시 146:8)라는 중요
   한 말씀에 모두 해당되는 사람들이다.
4. 그분은 한 순간에 당신이 그분의 은혜를 충분히 그리고 아주 가까이서
   볼 수 있도록 하실 수 있다. "하나님이 하갈의 눈을 밝히셨으므로 샘물
   을 보고 가서"(창 21:19).

V. 이미 보고 있는 사람들도 더 확실히 볼 필요가 있다.

엘리사의 청년은 볼 수 있는 눈이 있었지만, 하나님은 그의 눈을 더 크게
열어 주셨다.

1. 성경에 더 깊이 보아야 할 것이 있다. "내 눈을 열어서 주의 율법에서
   놀라운 것을 보게 하소서"(시 119:18).
2. 복음의 위대한 교훈들 속에 숨어 있는 더 큰 빛이 있다.
3. 섭리 속에 큰 기사들이 있다. 만물 속에서 하나님의 손길을 보는 것은
   특별히 그분의 이름을 영화롭게 하는 것으로, 놀라운 복이다(시
   107:24).
4. 자아, 죄, 사탄 속에도 우리가 보면 유익한 깊이들이 있다. 또 우리는 눈
   을 크게 열고 사람들을 보아야 한다.

5. 그리스도 예수 자신 속에 숨겨진 영광들이 있다. "선생이여 우리가 예
수를 뵈옵고자 하나이다"(요 12:21; 히 2:9).
당신은 영적 시력을 갖고 있는가? 그렇다면 천사들과 영적 사실들을 보
라. 그러나 다른 무엇보다 당신의 주님을 보라!

❖ 낙수집(落穗集) ❖

사람에게 가장 슬픈 일 가운데 하나는 마음 위에 수건을 덮어놓고 하나님
의 말씀을 읽음으로써, 성경이 포함하고 있는 대속의 사랑과 은혜에 대한 놀
라운 증거들을 눈으로 보지 못하고 놓쳐 버리는 것이다. 하나님의 활동을
보지 못하고 놓쳐 버리는 것, 꽃, 별, 석양 그리고 무수한 자연의 장관들의
세계에 살면서 그 놀라운 복을 깨닫지 못하고 놓쳐 버리는 것은 비난받을 일
은 아니라고 해도 슬픈 사실이다. _ 딘 골번(Dean Goulbourn)

언젠가 한 여성이 그림을 그리고 있던 터너에게 이렇게 말했다: "당신은
왜 이처럼 엉뚱한 색상으로 그림을 그리나요? 내가 보기엔 자연 속에는 그
런 색깔이 없는 것 같은데 말이에요." "부인, 부인이 그렇게 본 것 아닌가
요?" 그것은 정확한 대답이었다. **그**가 본 것을 **그녀**는 보지 못했던 것이다.
마찬가지로 신자들은 선지자처럼 세상 사람들이 보지 못하는 하나님의 무
수한 이적들을 보게 된다.

그분의 말씀이 우리를 가르치면, 오직 그 거룩한 빛을 통해
모든 마음의 어두운 방이 밝게 비춰지고,
드러나지 않은 진리가 밝혀진다.
그때 모든 것이 분명해 지리라.

_ 쿠퍼(Cowper)

순교자 윌리엄 틴들(William Tyndale)은 죽을 때 "열정적이고 큰 음성으로" 이렇게 기도했다: "주여, 영국 왕의 눈을 열어 주소서!"

28
잡종

> 그들이 처음으로 거기 거주할 때에 여호와를 경외하지 아니하므로
> 여호와께서 사자들을 그들 가운데에 보내시매 몇 사람을 죽인지라 …
> 이와 같이 그들이 여호와도 경외하고 또한 어디서부터 옮겨왔든지
> 그 민족의 풍속대로 자기의 신들도 섬겼더라
> 그들이 오늘까지 이전 풍속대로 행하여
> 여호와를 경외하지 아니하며 또 여호와께서 이스라엘이라 이름을 주신
> 야곱의 자손에게 명령하신 율례와 법도와 율법과 계명을
> 준행하지 아니하는도다
> _ 열왕기하 17:25, 33-34

참된 것을 주장하는 것 못지않게 거짓된 것을 배척하는 것 역시 필수적이다. 영적 변화를 보여 주는 회심은 모방되고, 거짓된 것이 참된 것인 것처럼 가장되기도 한다. 그것은 이중성을 띤 양심을 안심시키고, 교회의 질을 떨어뜨리고, 교회의 증거를 훼손시키며, 참종교의 명예를 실추시킨다.

I. 그들의 최초의 상태. "그들이 여호와를 경외하지 아니하므로"

1. 그들은 어떤 종류든 간에 종교를 거의 아니 전혀 인정하지 않았다.
2. 그들은 참하나님을 섬기는 일에 대해 고민하지 않았다.
3. 그들은 심지어 여호와와 그의 백성들을 조롱하기까지 했다.
4. 그러나 그들은 하나님을 경외하는 사람들을 가까이 했다. 그들은 종교 대개혁을 일으킨 히스기야 왕을 가까이 했다. 이런 영향은 그들이 크게 종교적인 것처럼 보이게 한다.

II. 그들의 가식적 회심. "그들이 여호와도 경외하고."

1. 그들은 단지 두려움에 사로잡혔을 뿐이었다. "사자들"은 그들에게 복

음을 전하는 자들이고, 사자들의 이(齒)는 그들의 반론을 차단했다.

2. 그들은 여호와의 인격에 관해 무지했고, 단지 "땅의 신을 믿는 방법"만 알고 있었다. 표면적 종교는 많은 사람들에게 인기가 있다. 그들은 하나님 자신에 대해서는 관심이 없다.

3. 그들은 신실치 못한 제사장 곧 과거에 송아지 숭배에 빠졌었고, 지금은 거짓 신들을 사랑하는 사람들 가운데 하나로부터 영향을 받았다. 이런 사람들은 크게 그 대가를 치러야 한다.

4. 그들은 제사장의 숫자를 늘리고, 높은 곳에 제단을 쌓는 것과 같은 외적 규정을 준수하는 것으로 자기들의 회심을 보여 주었다.

5. 그러나 그들의 회심은 근본적으로 불완전하다. 왜냐하면 다음과 같은 이유 때문이다:

• 회개가 없었다.

• 대속적 희생제물이 하나님의 제단 위에 드려지지 않았다.

• 거짓 신들이 제거되지 않았다. "각 민족이 각기 자기의 신상들을 만들어"(29절). 죄가 지배하는 동안 은혜는 없다.

• 그들은 하나님에 대한 사랑을 보여 주지 못했다. 그들은 **두려워했지만**, 그것은 신뢰나 사랑이 아니었다.

• 그들은 하나님에 대한 순종을 이행하지 못했다. 심지어는 그들의 예배도 자의적 예배에 불과했다. "그들이 여호와도 경외하고 또한 어디서부터 옮겨왔든지 그 민족의 풍속대로 자기의 신들도 **섬겼더라.**" 이것은 엄청난 차이다.

• 헛된 신뢰를 포기하지 않았다. 그들은 여호와를 바라보지 않았다.

사례들:

• 종교적 술주정뱅이. 그가 슬퍼하는 것을 보라! 그가 말하는 것을 들어 보라! 그는 하나님을 두려워하지만, 그는 바카스(술의 신)를 섬긴다.

• 부정한 위선자. 그의 실제 예배는 가장 천박한 정욕에 따라 드려지는

데, 그는 그것이 발각될까봐 두려워한다.

- 경건한 주일파괴자. 아주 헌신적이지만, 주일에는 독주를 마시거나 거듭남보다 오락을 더 좋아한다.
- 경건한 구두쇠. 그는 가장 부정적인 의미에서 "인색을 믿는 믿음"을 갖고 있다.
- 헐뜯는 고백자. 그는 더 큰 거룩을 가장하고 의인들을 비난한다.

III. 그들의 실제 상태. "그들은 여호와를 경외하지 아니하며."

1. 그들은 오직 하나님만을 의지하지 않는다. 다른 신들을 받아들이는 것은 참하나님에 대한 배반이다. 그분은 전부가 아니면 아무것도 아닌 존재가 된다.
2. 그들은 실제로 그분에게 순종하지 않는다. 그들이 그렇게 하기 위해서는 그들의 우상, 죄 그리고 거짓된 믿음을 버려야 한다.
3. 그분은 그들과 언약을 맺지 않는다. 그들은 그것을 전적으로 무시한다.
4. 그분은 그들에게 구원을 베푸시지 않는다.
5. 그들은 자기들이 그분의 것이 아님을 확실히 보여 주는 행동을 한다. 느헤미야서에서 사마리아인들의 미래 역사를 보라. 다음은 그 항목들이다:
   - 그들은 이득을 위해 이스라엘과 연합하기를 바란다.
   - 그들은 거절당할 때 원수가 된다.
   - 그들은 교만해서 참이스라엘을 판단한다. 그들은 자기들이 "믿음을 신실하게 고백하는 사람들"보다 낫다고 말한다. 그들은 자신들의 교활함을 기준으로 남을 판단한다.

참된 회심에는 다음과 같은 사실이 포함되어 있어야 한다:
   - 우상타파. 죄와 자아가 포기되어야 한다.
   - 여호와에 대한 집중. 우리의 유일하신 하나님만이 경배되고 섬겨져

야 한다.

- 그리스도에 대한 신뢰. 그분이 단번에 드린 희생제사가 제공되고, 믿어져야 한다.
- 충분한 복종. 우리의 마음은 하나님께 바쳐지고, 그분의 길을 가기를 즐거워해야 한다.

29
웃사의 교훈

다윗과 이스라엘 온 무리는 하나님 앞에서 힘을 다하여
뛰놀며 노래하며 수금과 비파와 소고와 제금과 나팔로 연주하니라 …
그날에 다윗이 하나님을 두려워하여 이르되
내가 어떻게 하나님의 궤를 내 곳으로 오게 하리요 하고
_ 역대상 13:8, 12
이에 다윗과 이스라엘 장로들과 천부장들이 가서
여호와의 언약궤를 즐거이 메고 오벧에돔의 집에서 올라왔는데
_ 역대상 15:25

다윗은 그의 하나님을 사랑하고, 그분의 임재에 대한 상징을 존중했다.
그는 여호와께서 정하신 예배를 회복시키고자 했고, 언약궤를 제자리인 지
성소에 두기를 원했다. 그러나 올바른 일은 올바른 방법에 따라 이루어져야
하며, 그렇지 않으면 소용없는 일이 되고 만다. 이 경우 실패는 참으로 슬프
고, 상징적이다. 왜냐하면 웃사가 죽었고, 언약궤는 오벧에돔의 집에 잘못
안치되어 있었기 때문이다.

I. 실패. 첫 번째 본문: 역대상 13:8.
- 여기에 다수의 무리가 있었다. "다윗과 이스라엘 온 무리는." 그러나
  일은 수포로 돌아갔다. 사람이 많다고 복이 보장되는 것은 아니다.
- 여기에 화려한 행렬 — 노래, 수금, 나팔 등 — 이 있었다. 그러나 그것
  은 슬픔으로 끝났다. 호화로운 의식이 은혜를 보증하는 것은 아니다.
- 여기에 힘이 있었다. "다윗과 이스라엘 온 무리는 하나님 앞에서 힘
  을 다하여 뛰놀며." 이것은 활기 없고, 생기 없는 예배가 아니라 밝고
  활력 있는 섬김이었다. 그러나 예배는 실패로 돌아갔다.
- 그러나 하나님의 마음을 헤아리는 생각은 없었다. 다윗은 "이는 우리

가 규례대로 그에게 구하지 아니하였음이라"고 고백했다(대상 15:13).

- 영적 감동은 극히 작았다. 음악이 은혜보다 컸다.
- 제사장들은 자기 자리를 지키지 못했고, 레위인들도 언약궤를 나르지 못했다. 황소가 자진하는 사람들의 위치를 대신했다. 예배는 충분히 영적이고, 겸손하지 못했다.
- 희생제물이 없었다. 이것은 결정적인 하자였다. 우리가 희생제물 없이 어떻게 하나님을 예배할 수 있겠는가?
- 숭배심이 거의 없었다. 우리는 여기서 기도에 관해서는 거의 듣지 못하고, 그 대신 황소들과 수레 그리고 너무나 익숙한 웃사의 손에 관해서 많이 듣는다.
- 그런데 심지어 다윗조차 자기 자리를 지키지 못했다. 여호와의 명령은 자의적 예배로 대체되어서는 안 된다. 그리하여 여호와께서는 웃사를 엄벌했고, 다윗은 크게 두려워했다.
- 우리가 하나님의 명령에 온전히 순종하고, 거룩한 두려움으로 그분을 섬기도록 조심하지 않으면 똑같은 실패를 반복하지 않겠는가? 우리 교회의 모든 종교의식과 실천은 과연 성경적인가? 그것들 가운데 일부는 순전히 자의적 예배가 아닌가?

II. 두려움. 두 번째 본문: 역대상 13:12.

- 웃사의 끔찍한 죽음은 큰 두려움의 원인이 되었다. 따라서 여호와께서는 이상한 불을 드린 나답과 아비후를 죽였다. 또 언약궤를 들여다본 벧세메스 사람들도 죽였다. 여호와께서는 "나는 나를 가까이 하는 자 중에서 내 거룩함을 나타내겠고 온 백성 앞에서 내 영광을 나타내리라"고 말씀하셨다(레 10:3).
- 자신의 잘못된 감정 때문에 다윗은 두려움에 사로잡혔다. 왜냐하면

우리는 본문에서 "다윗이 노하여"(David was displeased)(11절)라는 말씀을 보기 때문이다. 우리는 하나님께서 우리에게 노하시기 때문에 하나님에 대해 노하기를 너무 쉽게 한다.

- 이 거룩한 활동이 아무 소용이 없게 되었다는 느낌 때문에 다윗은 "내가 어떻게 하나님의 궤를 내 곳으로 오게 하리요"라고 부르짖지 않을 수 없었다.
- 하나님께서 그의 종들에게 기대한 것을 이루지 못했다는 느낌 때문에 다윗은 거룩한 두려움을 갖게 되었다. "너희와 너희 형제는 몸을 성결하게 하고 내가 마련한 곳으로 이스라엘의 하나님 여호와의 궤를 메어 올리라"(대상 15:12).
- 다윗의 의도는 선했지만 실수를 범했고, 그리하여 그 일을 멈추게 되었다. 그러나 그 멈춤은 오래 가지 않았다. 하나님의 언약궤는 오벧에돔의 집에 3개월 동안 있었을 뿐, 더 이상 오래 있지 않았다(14절).
- 어떤 사람들은 하나님의 거룩하심과 그분의 법의 엄격함을 자신들의 악한 게으름을 변명하는 핑계거리로 삼는다.
- 또 어떤 사람은 거룩한 두려움에 압도당해 섬김을 더 잘 준비하지 못하고 멈춰 버린다.

III. 기쁨. 세 번째 본문: 역대상 15:25.

1. 하나님은 오벧에돔의 집을 축복하셨다. 마찬가지로 하나님과 함께 하는 겸손한 영혼들은 망하지 않으리라. 여호와의 언약궤를 모신 집들은 크게 형통할 것이다.
2. 언약궤를 두 번째 옮길 시점이 되었을 때 다윗과 그의 백성들의 마음은 온전히 준비된 상태에 있었다. 15장 전체를 읽어보라.
3. 여호와의 생각이 고려되었다: "모세가 여호와의 말씀을 따라 명령한 대로 레위 자손이 채에 하나님의 궤를 꿰어 어깨에 메니라"(15절).

4. 제사장들은 자기 자리를 지켰다: "이에 제사장들과 레위 사람들이 이스라엘 하나님 여호와의 궤를 메고 올라가려 하여 몸을 성결하게 하고"(14절). 사람들과 방법, 두 가지가 동시에 하나님이 정하신 법에 따라야 한다.

5. 희생제물이 제공되었다: "하나님이 여호와의 언약궤를 멘 레위 사람을 도우셨으므로 무리가 수송아지 일곱 마리와 숫양 일곱 마리로 제사를 드렸더라"(26절). 흠이 없고 완전한 희생제물이 항상 앞장서야 한다.

6. 그 결과 주체할 수 없는 기쁨이 임했다(28절).

- 우리도 이처럼 조심스럽고, 영적이며, 존숭심이 담긴 방법으로 거룩의 의식들을 행함으로써 하나님께 가까이 나아가고 있는가?
- 그렇게 하면, 우리는 안전하게 큰 즐거움을 맛보고, 우리의 마음은 다윗 왕이 그랬던 것처럼(29절), 여호와 앞에서 춤추지 않을 수 없을 것이다.

✛ 강조 ✛

오랫동안 폐기되었던 규정들을 다시 부활시킬 때 아주 지혜롭고 선한 사람도 어느 정도 실수를 범하게 되는 것은 흔한 일이다. 다윗이 언약궤를 수레에 싣고 가는(대상 13:7) 실수를 하리라고 누가 상상이나 했겠는가? 블레셋인들이 그렇게 운반하고, 또 하나님께서 특별 섭리로 수레를 인도하셨기 때문에(삼상 6:12), 그는 자기들도 그렇게 해도 된다고 생각했다. 그러나 우리는 그것들이 서로 다를 때, 하나님의 법에 따라 움직여야 하며 사람들의 선례에 따라 움직여서는 안 된다. 절대로 하나님의 섭리가 그렇게 인도했다고 해도 선례를 따라서는 안 된다. _ 매튜 헨리

1. 신앙의 의무를 수행하는데에 의무 자체와 그것을 수행하는 올바른 방법은, 하나님의 명령 속에, 서로 연계되어 있다. 하나님은 자신을 섬기는 일

을 잘 하기를 바라실 뿐만 아니라 진실하게 행하기를 원하신다. 우리는 온전한 심령과 자발적인 마음으로 하나님을 섬겨야 한다. 왜냐하면 여호와께서는 마음을 감찰하고, 마음의 생각까지 살피시는 분이기 때문이다. 땅 위의 지배자들은 그의 신복들에게 의무 자체뿐만 아니라 그 의무를 이행하는 방법까지 순종하도록 권력을 행사한다. 만일 그들이 의무 자체를 수행하더라도 요구된 방법을 취하지 않는다면 그것은 받아들여질 수 없다.

2. 잘못된 방법으로 의무를 수행하는 것은 그 의무의 본질을 변질시키고, 그것에 대해 죄를 범하는 것이다. 따라서 "악인이 형통한 것"은 다 죄다(잠 21:4). 또 침상에서 슬피 부르짖는 기도도 마찬가지로 죄가 될 수 있다(호 7:14). 함께 모여서 주의 만찬을 먹는다고 참된 교제가 되는 것이 아니다(고전 11:20). 만일 집이 강한 목재와 단단한 반석 위에 세워지지 않는다면, 그 기초가 튼튼하고 올바른 기반 위에 세워지지 않는다면, 거주자가 그 지붕 아래 들어오는 날은 저주의 날이 될 것이다.

3. 올바른 순서에 따라 수행되지 않은 의무로 하나님께 드려지는 섬김은 그 절반뿐이고 나머지 절반은 가장 악한 일이 되고 말 것이다.

_토머스 보스턴

30
사랑 때문에 세워진 왕

> 두로 왕 후람이 솔로몬에게 답장하여 이르되
> 여호와께서 자기 백성을 사랑하시므로
> 당신을 세워 그들의 왕을 삼으셨도다
> _ 역대하 2:11

솔로몬의 성품은 심지어 후람이 이스라엘 백성들에게 복이라고 말할 정도로 탁월했다. 우리가 어떤 입장에 있든 다른 사람들을 축복하는 일이 우리의 일이 되기를! 하나님은 우리를 그 머리, 그 친구 또는 그 종 등으로 세운 가정을 사랑하시기 때문에 우리가 그렇게 하기를 원하신다.

심지어는 이교도까지도 하나님의 사랑의 큰 복을 느낄 정도였다. 이교도들은 여호와의 선하심을 말하지 않고, 그것을 "우연"이나 "행운"이라고 말하는 사람들이 아닌가!

솔로몬과 후람처럼, 지배자들 사이의 대화가 경건한 분위기를 풍기는 것은 커다란 복이다. 이 구절은 당연히 우리 주 예수님께 적용시킬 수 있다. 성령께서 이후의 우리의 묵상을 축복해 주시기를!

I. 하나님의 사랑이 예수님을 우리의 왕으로 만드셨다.

1. 그리스도에 대한 법을 지키는 것은 짐이 아니다. 그분의 계명은 무거운 것이 아니다(요일 5:3).
2. 예수님은 자신의 신하로서 우리가 필요하지 않지만, 우리는 예수님의 지배와 지도를 받을 필요가 있다.
3. 우리의 왕께 순종하는 것은 우리를 크게 행복하게 만든다. 그분의 법은 단순히 우리의 행복이 있는 지점을 가리킨다.

4. 우리 왕의 인품은 그분을 자기들의 임금으로 삼는 신하들에게 커다란
   복이 된다.
   • 지극히 지혜로우시다. 그러므로 판단과 지시의 능력을 갖고 계신다.
   • 지극히 강하시다. 그러므로 부요하게 하고 보호해 줄 능력을 갖고 계
     신다.
   • 지극히 은혜로우시다. 그러므로 우리의 유익을 위해 자기 자신을 바
     치신다.
   • 지극히 거룩하시다. 그러므로 그의 백성들을 고상하게 하고 정결하
     게 하신다. 이 점에서 솔로몬은 실패했지만, 예수님은 성공하셨다.
5. 그분의 우리와의 관계는 그분을 왕으로 삼는 우리에게 커다란 복을 선
   사한다. 우리는 이방인의 폭정 아래 있지 않다. 선지자의 말씀이 우리
   에게 성취된다: "그 영도자는 그들 중에서 나올 것이요 그 통치자도 그
   들 중에서 나오리라"(렘 30:21).

주 예수님은 신자인 우리 모두에게 다음과 같은 분이 되신다:
   • 우리의 형제. 그러므로 그분을 따르는 것은 노예가 아니다.
   • 우리의 대속주. 그러므로 그분의 재산을 우리 안에 소유하는 것은 기
     쁨이다.
   • 우리의 신랑. 누가 그토록 사랑하는 자의 명령에 따르지 않겠는가?

   모든 것들 속에서 우리를 축복하신 분에게 모든 것들을 통해 복종하는
것은 즐거운 일이다.

II. 하나님의 사랑이 우리를 예수님의 신하로 만들었다.

1. 우리는 주님이 우리를 택하신 선택 속에서 이것을 본다.
   우리는 이스라엘과 같았다.
   • 지위, 능력 또는 지혜에 무가치함.
   • 실수를 범함 그리고 우리 왕에 대해 계속적으로 쉽게 반역함.

- 연약함, 따라서 그분께 합당한 헌신을 드릴 수 없음.
- 변덕스러움, 그래서 다스리고 인도할 사람들에게 상처를 줌.

2. 우리는 그분이 우리를 복종시키는 사역 속에서 이것을 본다.
   우리는 반역으로 시작했으나 왕께서는 우리를 정복하고, 자기의 크신 사랑을 통해 우리를 행복한 복종 상태에 두셨다.

3. 우리는 그분이 주장하는 건전한 질서 속에서 이것을 본다. 우리가 지혜의 법 아래 있는 것은 좋은 일이다. 사랑은 반역자들을 강하고, 은혜롭고, 용서하는 지배자로 만든다. 견고한 손과 사랑으로 가득 찬 마음은 무법자들을 유순하게 만들어 그들을 온유한 존재로 만들 것이다.

4. 우리는 그분이 제공하는 평화 속에서 이것을 본다. 마음과 교회, 그 안팎 모두에 평안이 있다(왕상 4:24).

5. 우리는 그분이 여기저기 뿌려놓는 풍성한 복들 속에서 이것을 본다. "왕이 예루살렘에서 은금을 돌 같이 흔하게 하고 백향목을 평지의 뽕나무 같이 많게 하였더라"(대하 1:15). 예수님의 통치가 우리에게 더 크게 임할수록 은혜의 부요함도 더 커진다.

6. 우리는 그분이 우리에게 두시는 영예 곧 자기와 함께 우리 모두를 왕과 제사장으로 삼아 주시는 영예 속에서 이것을 본다(계 1:5-6).

III. 하나님을 향한 우리의 사랑은 예수님의 통치를 우리의 복으로 만든다.

1. 그것은 그분의 법정을 우리의 즐거움으로 만든다.
2. 그것은 그분의 섬김을 우리의 재창조로 만든다.
3. 그것은 그분의 소유를 우리의 부요함으로 만든다.
4. 그것은 그분의 영광을 우리의 영예로 만든다.
5. 그것은 그분의 십자가를 우리의 면류관으로 만든다.
6. 그것은 그분 자신을 우리의 천국으로 만든다.
   - 주여, 당신의 백성들이 충성과 순종을 지키도록 역사하소서.

- 주여, 반역한 백성들이 그토록 은혜롭고 지혜로우신 왕께 무릎 꿇고 나아가도록 역사하소서.
- 주여, 이제부터 우리의 왕과 구주가 되시는 예수님을 높이도록 우리를 축복하소서. 그분의 성령이 우리 위에 임하시기를!

31
준비가 없었던 르호보암

르호보암이 악을 행하였으니
이는 그가 여호와를 구하는 마음을 굳게 하지 아니함이었더라
_ 역대하 12:14

본문은 르호보암 인생의 결론이다. 그는 그렇게 악한 왕은 아니었지만,
의도적이기보다는 나태해서 다양하게 악을 저질렀다.

아버지의 죄와 어머니의 우상숭배의 악한 결과가 그 아들에게서 나타난
것이지만, 또 다른 원인도 있었다. 즉 그의 마음의 준비가 부족한 것도 한 원
인이었다. 솔로몬의 아들은 아주 자연스럽게 많은 아내를 둘 마음을 품게
되었다(대하 11:23). 암몬 족속인 나아마의 아들이 우상과 산당을 만들어 그
땅을 더럽힌 것은 결코 우연이 아니었다. 그의 마음은 여호와 앞에서 완전
하지 못했고, 그 자신은 여호와를 예배할 때 조심스레 성별된 모습을 보여주
지 못했다. 르호보암은 준비만 되었더라면, 훨씬 선한 왕이 되었을 것이다.

I. 그는 인생을 여호와를 구하는데서 시작하지 않았다.

1. 그는 젊어서 하나님의 지혜를 구했어야 했다. 그러나 세겜으로 가서 기
   도와 희생제사를 모르는 사람들을 만났다(대하 10:1). 하나님 없이 시
   작하는 것은 무엇을 하든 실패로 끝날 것이다.

2. 그는 "너희가 어떻게 권고하겠느냐?"고 물으면서 충고자들을 의지했
   다. 그가 선택한 자들은 크게 도움이 되지 않는 자들 곧 젊은 신하들과
   교만한 간신들이었다(대하 10:8). 하나님의 지혜를 거부하는 자들은 일
   반적으로 다른 지혜까지도 거부하게 된다.

3. 그는 백성을 위협하고, 그들의 정당한 요구를 묵살함으로써 어리석음

을 크게 범했다. 그는 그들의 왕으로 받아들여질 만한 모습을 전혀 보여 주지 못했다(대하 10:13-14). 그는 자기 아버지의 지혜를 조금도 갖지 못했다. 여호와의 인도를 받지 못하는 사람들이 과연 얼마나 분별력 있고 번영할 수 있겠는가?

II. 그는 그 후에도 여호와를 구하는 마음을 보여 주지 못했다.

1. 그는 하나님의 사람이 이스라엘과 함께 싸우지 말도록 권고했을 때, 선지자의 소리에 순종했다. 그러나 그 후 그는 여호와의 율법을 버렸다(대하 12:1). 그는 **우유부단**을 의미하는 "어리고 연약한 마음을" 가진 자로 회자된다(대하 13:7).

2. 그는 자신이 심판했어야 할 백성들 사이에 벌어진 극도의 가증한 죄악들을 모르는 척 했다(왕상 14:24).

3. 그는 그의 아버지의 죄를 반복했다.

4. 그는 하나님보다 세상 일에 훨씬 더 분주했다. 우리는 그에 관해 그가 하나님을 경배했다는 사실보다는 자신을 위해 성읍들을 지었다는 사실을 듣고, 그의 믿음보다는 그의 변덕스러운 행동에 관해 더 많이 듣는다(대하 11:5-12).

III. 그는 그가 구하는 여호와 안에 견고하게 서 있지 못했다.

1. 3년 동안 그가 하나님께 충성하자 그분은 그를 크게 강하게 하셨다. 그때 그는 여로보암의 송아지 우상숭배로부터 도망친 이스라엘 사람들을 유다로 편입시켜 여호와께 참된 제사를 드리도록 조치를 취했다(대하 11:13-17). 그러나 그는 곧 자신을 형통케 한 여호와를 버렸다.

2. 그는 교만해졌고, 하나님은 그를 애굽 왕 시삭의 손에 넘겨 버렸다(5절).

3. 그는 겸비해져서 용서를 구했지만, 애굽 왕에게 여호와의 집을 빼앗기

고 말았다.

4. 그는 종교개혁을 일으키거나 유월절과 같은 절기를 회복시키는 개혁은
보여 주지 못했지만, "여호와는 의로우시다"는 사실은 인정했다.

IV. 그는 여호와를 구하는 일에는 별로 관심이 없었다.

하지만 어떤 사람도 우연히 선해지는 법은 없다. 그렇게 해야겠다는 의식
의 변화가 없는 사람이 의를 행하는 경우는 없다. 마음이 없으면 신앙도 죽
는 법이다.

1. 인간의 본성은 의의 길과는 거리가 멀다. 특히 죄를 묵인하는 왕들은
다른 사람들보다 더 그렇다.

2. 지도자들은 대체로 악한 길로 나아간다. 특히 젊고, 교만하고, 경솔한
사람들은 더 그렇다. 르호보암은 젊은이들과 교만한 신하들을 선호했
고, 그들의 권고에 자신을 맡겼다.

3. 지도자를 따라가는 사람들은, 유다 백성들이 르호보암을 따라갔던 것
처럼, 지도자가 악한 길을 가면 그 길을 쉽게 따라가고, 그것을 좋아한
다. 따라서 지도자는 스스로를 잘 인도해야 한다.

   • 나의 하나님 여호와를 열심히 그리고 합당하게 구하기 위해서는 다
음과 같은 몇 가지 방식에 따르는 준비가 필요하다:
   -한평생 하나님께 구할 나의 필요를 느끼고, 고백할 것.
   - 도우심과 지혜를 위해 그분께 부르짖을 것.
   - 그분의 인도에 복종하고, 허탄한 사람들의 권고를 따르거나 주변 사
람들에게 허세 부리지 말 것.
   - 무엇을 하든 성경을 참조하고, 기도로 그 길을 구함으로써 내가 마
땅히 해야 할 일을 알고, 그 일이 의롭게 되기를 힘쓸 것.

   • 우연, 감정, 유행 또는 변덕에 기대지 말고, 오직 여호와만 조심스럽
게 열심히 섬길 것.

- 우리들 가운데 르호보암과 같은 부류의 사람들이 있는가?
- 앞서 산 사람들 가운데 우유부단, 지체 또는 이중적인 마음을 이미 보여 준 사람들이 있는가?
- 그럼에도 불구하고 지금도 견고하지 못하고 준비되지 못해 이런 고민으로부터 벗어나지 못한 사람이 있는가?

오, 이런 상태에 있는 악인들과 어리석은 사람들에게
분명한 깨달음이 있기를!
오, 성령의 확실케 하는 능력이 임하기를!
오, 주 예수님과의 생명력 있는 연합이 이루어지기를!

❖ 본보기 ❖

대학 대항 요트 경주 대회가 열리기 전, 선수들은 오랜 기간 동안 엄격한 훈련을 쌓는다. 그들은 준비 없이는 우승을 꿈도 꾸지 않는다. 그런데 우리가 인생의 경주에서 몸을 쳐서 복종시키고, 마음을 계발하는 일 없이, 요행으로 승리할 수 있다고 상상할 수 있겠는가? 설교자는 단지 한 시간 하는 설교지만, 그것을 아주 정성스럽게 준비한다. 그런데 우리의 평생의 설교는 그만한 관심과 고려가 없어도 될 만큼 가치가 없는가? 성도의 일생은 가장 값비싼 그림이나 보석에 새긴 조각보다 훨씬 더 고귀한 걸작품이다. 하지만 그 작품은 아무 생각 없이 만들어질 수 없다. 시인은 불후의 명시를 남기기 위해 최선을 다하는 법이다. 단지 몇 줄에 불과할지라도 그 모든 줄에 온갖 정성이 들어가 있다. 우리는 그보다 훨씬 더 위대한 거룩한 인생의 시를 즉흥적으로 쓸 수 있다고 꿈꾸어서는 안 된다.

나는 르호보암과 같이, 우유부단하고 귀가 얇지만, 친절하고 좋은 성품을 지닌 신사로 크게 알려져 있는 한 사람을 알고 있었다. 그는 매너가 좋은 속물로서, 자기 주변 사람들에게 존경받는 것을 즐기고 있었다. 그는 기독교인들, 특히 목사들에게 큰 존경을 받았지만, 자신이 경건한 사람이 되지는 못했다. 왜냐하면 그렇게 되면 불신자들이 주류를 이루고 있는 사교계 사람들에게 인기를 끌지 못하기 때문이었다. 그는 내가 참여하던 모임에 한동안 참석하지 않았다. 그 이유를 묻자 그는 "저는 유행에 아주 민감한 사람입니다. 그 모임에서 빠지지 않았다면 아마 곧 개종하고 말았을 것입니다"라고 말했다. 그는 계속해서 이렇게 말했다: "스펄전 목사님, 저는 목사님이 설교하고 계실 때, 지우개 인형을 좋아합니다. 목사님은 목사님이 좋아하는 형상을 저에게 그려 넣겠지요. 하지만 그때 저는 얼른 그것을 지워 버림으로써 옛날의 제 모습으로 돌아갑니다."

그는 정확히 변덕스러운 솔로몬의 아들의 재생품이었다. 아주 유들유들해서 순례 길에 쉽게 따라나서고, 적응도 잘하지만, 세상의 요청이 있으면 쉽게 돌아서 버리는 단점이 있는 사람이었다.

두 아들 비유가 여기에 적용될 수 있다. 르호보암은 "아버지, 제가 가겠습니다"라고 말하고는 가지 않았다. 현대판 르호보암은 완벽한 신사다. 만일 그가 자신의 마음을 알았더라면, 그는 진정 그런 사람이 되었을 것이다. 그는 하나님께 순종하고 싶어한다. 그러나 다른 사람들이 유행을 따르도록 그를 유혹한다. 그는 프랑스인들이 잘 먹는 배와 같다. 그 배는 아주 맛있지만, 쉽게 물렁해지고 속에서 먼저 썩는다. 이런 부류의 사람들은 좋은 쪽으로나 나쁜 쪽으로나 별로 쓸모가 없는 사람들이다.

32
간구와 찬양

유다 사람이 여호와께 도우심을 구하려 하여
유다 모든 성읍에서 모여와서 여호와께 간구하더라
_ 역대하 20:4

갑작스러운 대침략의 소식이 여호사밧 왕에게 전해졌다. 참된 하나님의
사람으로서 그는 자신을 여호와 앞에 세우고, 금식을 선포했다. 백성들은 아
주 신속하게 함께 나아왔고, 온 민족이 여호와께 도우심을 열렬히 간구했다.

I. 그들은 어떻게 도움을 요청했는가.

- 그들은 그들의 신뢰를 표현했다. 여호사밧은 "주는 하늘에서 하나님
  이 아니시니이까 이방 사람들의 모든 나라를 다스리지 아니하시나이
  까 주의 손에 권세와 능력이 있사오니 능히 주와 맞설 사람이 없나이
  다"(6절)라고 외쳤다.
- 그들은 하나님의 과거 행적들을 이유로 내세웠다. "우리 하나님이시
  여 전에 이 땅 주민을 주의 백성 이스라엘 앞에서 쫓아내시고 그 땅을
  주께서 사랑하시는 아브라함의 자손에게 영원히 주지 아니하셨나이
  까"(7절).
- 그들은 성전을 봉헌할 때 주어졌던 약속을 주장했다. 9절을 읽어보
  라. "주께 부르짖은즉 들으시고 구원하시리라."
- 그들은 그들의 상태를 고백했다. 그들은 겸손하게 자기들이 처한 위
  험과 자신들의 무력함을 인정했다. 그들은 다음과 같았다:
  - 능력이 없었다. "우리를 치러 오는 이 큰 무리를 우리가 대적할 능력
    이 없고"(12절).

- 대책이 없었다. "어떻게 할 줄도 알지 못하옵고"(12절).
- 동지가 없었다. 그래서 그들의 아내와 어린 자녀들까지 그 염려에 동참했다(13절).
- 그리하여 그들은 그들의 영혼을 하나님께 올려드렸다. "오직 주만 바라보나이다"(12절). 그들이 더 확실하게 바라볼 곳이 어디 있겠는가?

II. 그들은 어떻게 도움을 받았는가.

- 갱신된 보증을 확신함으로써. "여호와가 너희와 함께 하리라"(17절).
- 두려움을 가라앉힘으로써. "너희는 두려워하지 말며 놀라지 말고"(17절). 용기가 활동을 시작하면, 두려움은 도망친다.
- 더 큰 믿음을 촉구함으로써. "너희는 너희 하나님 여호와를 신뢰하라 그리하면 견고히 서리라"(20절).
- 분명하게 지시함으로써. "내일 너희는 그들에게로 내려가라 그들이 시스 고개로 올라올 때에 너희가 골짜기 어귀 여루엘 들 앞에서 그들을 만나려니와"(16절).
- 실제적인 구원을 맛봄으로써. 모압 족속과 암몬 족속들이 에돔 족속들을 죽였고, 이스라엘은 힘 하나 안들이고 승리했다.
- 그러므로 우리에게 승리를 주시는 여호와의 오른 손을 바라보는 것이 우리에게 커다란 즐거움이 될 것이다.

III. 그들은 이 도우심에 어떻게 반응했는가.

- 그들은 예배를 드렸다. 최대한 경외심을 품고 왕과 그의 백성들은 여호와 앞에서 얼굴을 땅에 대었다(18절). 예배는 우리에게 전쟁의 갑주를 입혀준다.
- 그들은 찬양했다. 은총을 받기 전 그들은 "노래하는 자들을 택하여 여호와를 찬송했다." 21절을 읽어보라.

- 그들은 "들 망대"(24절)에 이를 때까지 노래하는 자들을 앞세우고 계속 나아갔다.
- 그들은 약속이 성취된 것을 보았다. "그 무리를 본즉 땅에 엎드러진 시체들뿐이요 한 사람도 피한 자가 없는지라"(24절).
- 그들은 전리품을 거두어들였다. "그 물건이 너무 많아 능히 가져갈 수 없을 만큼 많으므로 사흘 동안에 거두어 들이고"(25절).
- 그들은 여호와를 송축했다(26절). 브라가 골짜기는 그들의 즐거워하는 목소리를 들었고, 그들은 여호와의 집으로 돌아와 비파와 수금과 나팔로 합주했다.
- 그들은 안식을 얻었다. "여호사밧의 나라가 태평하였으니 이는 그의 하나님이 사방에서 그들에게 평강을 주셨음이더라"(30절). 전쟁은 하나님의 승리로 끝난다. 하나님에 대한 두려움이 열방들에게 임했고, 그들은 감히 유다를 침략하지 못했다.
- 우리는 어려움에 처할 때 즉각 여호와를 의지해야 한다.
- 우리는 이것을 신뢰와 찬양의 정신으로 해야 한다.
- 지금도 우리 모임 중에 미신, 세속화, 불신앙의 모압 족속, 암몬 족속 그리고 에돔 족속들에 대항해야 할 원인은 없는가?

✦ 주의 ✦

위험, 두려움, 사면초가의 난관과 함께 시작하는 이 장은 기쁨, 평화, 평안, 안식으로 끝맺는다. 찬양과 기도 ― 이 두 단어가 이 장을 대표하는 것처럼 보인다. 이 두 단어는 항상 함께 다니는 쌍둥이 자매다. 그리고 여기서 이 두 단어는 믿음이라는 한 단어와 연결되어 있다.

"여호사밧이 두려워하여 여호와께로 낯을 향하여 간구하고." 그의 선한 본보기는 곧 다른 사람들에게 전달되었다. "유다 사람이 여호와께 도우심을 구하려 하여 유다 모든 성읍에서 모여와서 여호와께 간구하더라." 얼마나 놀라운 기도회 ― 분명한 목적으로, 왕이 주재하는 참된 연합기도회 ― 인가! 그 기도회의 모습을 보라(5절). 그것은 본받을 만한 모범기도회다. 여호사밧은 자신의 약점과 필요를 인식하고 있었다. 그러나 그는 하나님이 전부요, 전능하신 힘과 능력을 갖고 계신다는 사실을 잘 알고 있었다. 그는 하나님께 모든 간청과 주장을 내놓는다. 하나님의 권능과 약속, 그분의 공의와 사랑에 호소하고, 오직 하나님만 의지하는 단순하지만 압도적인 믿음을 갖고 그분만 바라본다: "우리가 대적할 능력이 없고 어떻게 할 줄도 알지 못하옵고 오직 주만 바라보나이다"(12절). 하나님 위에 모든 책임을 두고 그들은 단지 그분만 바라보고 그분만 기다렸다. 이에 하나님은 즉시 응답하셨다.

―도슨 대장(Captain Dawson)의 "골짜기에서의 사색"에서

33
파멸

그 신이 아하스와 온 이스라엘을 망하게 하였더라
_ 역대하 28:23

실제 상황을 서술해 보자. 아하스는 수리아의 번영을 보고 여호와를 떠나 다메섹의 신들을 섬겼다. "자기를 친 다메섹 신들에게 제사하여 이르되 아람 왕들의 신들이 그들을 도왔으니 나도 그 신에게 제사하여 나를 돕게 하리라 하였으나 그 신이 아하스와 온 이스라엘을 망하게 하였더라."

거짓 신들을 도입하고, 하나님에 대한 경배를 더럽힌 결과는 아하스와 그의 나라의 멸망이었다. 우리는 이것이 영국이 멸망하는 원인이 되지 않도록 조심해야 한다. 왜냐하면 교황주의자들의 우상과 로마교회의 교리들이 이 땅에서 다시 판을 치고 있기 때문이다. 이것들이 만연하는 나라에 번영이 없음에도 불구하고, 얼빠진 사람들은 바티칸의 신들을 회복시키려고 광분하고 있다. 이 주제는 설교를 통해 크게 강조될 가치가 있다.

여기서 우리는 본문을 좀 더 일반적인 시각에 따라 살펴보아야 한다.

I. 자신을 망하게 하는 사람.

아하스는 무수한 자기 파멸자들의 모형이다. "이스라엘아 네가 패망하였나니"(호 13:9).

- 그는 자신이 자기 주인이 되었다. 이것이 탕자를 망하게 했고, 무수한 사람들을 망하게 할 것이다.
- 그는 죄를 범하고도 고자세였다. "이스라엘의 여러 왕의 길로 행하며"(왕하 16:3- 4). 이것은 파멸의 지름길이다.
- 그는 보물을 낭비했다. 그는 낭비는 심하고, 절약은 적었다. 방탕과

188

다른 많은 죄악들은 값이 비싸고, 파멸을 초래한다.

- 그는 징계를 무시했다. "이 아하스 왕이 곤고할 때에 더욱 여호와께 범죄하여"(대하 28:22). 징계에 대한 이 같은 도전은 확실한 파멸을 가져온다.
- 그는 아주 영리했지만, 하나님 보시기에 옳은 일을 하지 못했다. 그는 고대 제단의 모조물을 만들어 그것을 집으로 보냈다. 단순하기보다 지나치게 영리하기 때문에 망하는 사람들이 훨씬 더 많다.
- 그는 멋을 아는 사람이었다. 그는 고대 유물을 중시했고, 종교의 미적 양식을 소중히 여겼다.
- 그는 자기를 망하게 하는 신복들이 있었다. "아하스 왕이 다메섹에서 보낸 대로 모두 행하여 제사장 우리야가 제단을 만든지라"(왕하 16:11). 악한 사역자들은 끔찍한 파괴자들이다.
- 그는 번성하는 죄인들을 본받았다. 앗수르의 왕이 그의 본보기가 되었다. 이것은 파멸을 자초하는 행위이다.
- 그는 하나님에 대한 모든 예배를 포기했다. "아하스가 하나님의 전의 기구들을 모아 하나님의 전의 기구들을 부수고 또 여호와의 전 문들을 닫고"(24절). 이것은 반역의 극치로서, 파멸의 징조다.

그러나 그는 번성하지 못했다. 거짓 신들은 그에게 파멸을 초래하는 원인이 되었다.

II. 파멸 속에 있는 사람.

우리는 아하스를 볼 때 우리 주변의 어떤 사람들을 생각하게 된다.

- 그 사람은 은밀한 악에 사로잡혀 있다. 부패한 파멸은 박쥐와 올빼미들 곧 어둠을 좋아하는 악한 피조물들에 의해 나타난다.
- 술 취하는 습관을 가진 사람은 사회부적합자로서, 짐승이요 마귀다.
- 악한 행동과 거친 말을 하는 사람은 곧 감옥에 가거나 사회에서 추방

되기 쉽다.

- 불신 사상이 있고, 불경한 대화를 나누는 사람은 하나님과 선과 도덕 의식을 상실한 사람이다.
- 우리 주변에 있는 사람들 속에서 우리는 이 같은 영적 파멸을 본다.
- 거룩한 쓰임으로부터 등을 돌리는 것은 버림받음을 초래한다.

그 사람은 다음과 같이 파멸 속에 있다:

- 평안, 인격, 쓰임 받음, 가능성 등에서 파멸 속에 있다. 설상가상으로 그는 자신이 파멸의 원인이 되고, 그래서 영원히 멸망할 것이다.
- 파멸은 많은 반성을 요한다.
- 왜 그랬던가! 왜 그래왔던가!
- 왜 그럴까! 앞으로는 어떻게 될 것인가!
- 파멸 속에서 행하는 묵상은 아하스의 실수를 반복하는 경향이 있는 사람들에게 유익할 것이다.

III. 그와 함께 파멸당한 다른 사람들.

"그 신이 아하스와 **온 이스라엘을** 망하게 하였더라."

- 의도적으로. 어떤 사람들은 모방을 통해 술주정뱅이가 되고, 배움을 통해 불신자가 되고, 유혹을 통해 덕을 파괴하고, 눈앞의 현실 때문에 그들과 관련된 선한 모든 것을 파멸시킨다.
- 우연적으로. 심지어는 아무런 의도가 없음에도 그들은 죄의 오염을 확대시킨다. 그들의 잘못된 신앙은 젊은이들을 파멸시키고, 그들의 행동은 아직 견고하지 못한 사람들에게 영향을 미치며, 그들의 말은 악인들을 더욱 부채질한다.
- 만일 당신이 죄에 계속 거한다면, 그것은 당신을 파멸시킬 것이다.
- 당신의 몰락은 다른 사람들을 함께 몰락시킬 것이다.
- 당신은 파멸을 피하려고 힘쓰지 않겠는가?

• 예수님은 방탕한 자들의 회복자이시다.

✛ 유물 ✛

부메랑이라고 하는 호주산 물건이 있다. 그것을 던지면 일정한 곡선을 그리며 날아가는데, 결국에는 던진 자의 손에 다시 돌아오도록 되어 있다. 죄는 일종의 부메랑과 같다. 그것은 아무 생각 없이 허공에 던져질지라도, 그 행위자에게 다시 돌아와 10배의 위력을 갖고 최초에 죄를 범한 영혼을 강타한다.

우리는 다음과 같은 비유를 통해 죄의 해악성을 예증할 수 있을 것이다: "내가 거리를 따라 걷고 있는데, 내 손이 큰 창문 유리에 부딪혔다고 상정해 보자. 그때 내가 받을 해악은 얼마나 클까?" "당신은 창문 유리를 깬 행위에 대해 응당한 처벌을 받아야 할 것이다." "그러면 그것이 내가 받는 해악의 전부일까?" "당신의 손은 깨진 유리로 말미암아 상처를 입을 것이다." "당연하다. 그것이 바로 죄에 대해 일어나는 일이다. 만일 당신이 하나님의 법을 어긴다면, 당신은 그것을 어긴 죄에 대해 처벌을 받게 될 것이다. 그런데 그때 당신의 영혼은 그것을 어긴 바로 그 행위로 말미암아 상처를 받게 될 것이다." _J. 잉글리스(J. Inglis)

언젠가 한 목자가 절벽에서 높이 날아오르는 독수리를 지켜보고 있었다. 독수리는 공중으로 날아올라갔는데, 이내 날아가는 모습이 불안정해 보이더니 비틀거리기 시작했다. 먼저 한쪽 날개가 밑으로 처졌고, 그 다음에는 나머지 한쪽 날개도 그렇게 되고 말았다. 그러더니 초고속으로 날아오르던 불쌍한 새는 갑자기 땅으로 곤두박질쳤다. 목자는 그 추락의 비밀을 알고 싶은 충동을 느꼈다. 그는 그 새를 찾으려고 떨어진 장소로 갔다. 그 순간 그는 한 작은 뱀이 신속하게 자기보다 훨씬 빠르게 독수리를 덮치는 것을 보았다. 뱀이 엄청나게 빠르게 독수리를 물자 그 새는 고통 속에서 공중으로 날아보려고 필사적으로 몸부림을 쳤다. 뱀이 새의 심장을 물었을 때, 독수리는 몸부림을 멈추었다. 당신은 교회나 사회에서 추락을 모르고 승승장구하는 사람들을 본 적이 없는가? 그들은 점점 더 강한 영향력을 발휘하고, 외관적으로 보면 분명 강하고, 크게 유명하며, 안팎으로 그 힘을 보여 준다. 그러나 차츰 그들은 불안정하고 불확실하고 흔들거리다가 급기야는 땅으로 추락해 아무 희망 없이 낙심한 모습으로 드러눕게 되고, 그 모습을 보고 천사들은 애통하며, 조롱자들과 마귀들은 조소하는 장면이 벌어지지 않는가? 당신은 그 추락의 비밀을 모르겠지만, 전능하신 하나님의 눈은 그것을 알고 계신다. 기도를 게을리 하는 것, 사업에서 은밀히 부정직의 죄를 저지르는 것, 아무도 모르게 정신을 잃게 하는 술잔에 몸을 맡기는 것, 사람들 눈에 보이지 않는 방종과 방탕에 빠지는 것, 남의 눈에 띄지 않게 불신앙과 죄악에 물드는 것 등은 독수리가 땅에 떨어지도록 그 심장을 문 뱀이었다. _ T. 카일러(T. Cuyler)

옛 현인들은 그 결과가 죄인의 머리 위에만 주어지는 죄란 결코 없다고 주장했다. 다른 사람들에게 고통을 주지 않는 악을 범하는 사람은 아무도 없다. 그들은 그것을 이렇게 예증했다: "욥바로부터 승객들을 싣고 배 한 척이 운항하고 있었다. 배 밑 자기 숙소에 있던 한 승객이 그 숙소 밑바닥에 구멍을 뚫어놓았다. 그것을 본 사람들이 그에게 '이 나쁜 사람아, 당신 지금 무슨 짓을 하느냐? 고 항의하자 그는 조용히 대답하기를 '그것이 당신들과 무슨 상관이냐? 나는 내 자리 밑에 구멍을 뚫었을 뿐인데' 라고 했다." 이 고대의 비유는 심각하게 상고해 볼 가치가 있다. 죄로 오직 자기만 망하는 사람은 없다. 자신의 범죄의 결과가 어떤 파장을 일으킬지 충분히 예측할 수 있는 사람은 아무도 없다.

34
소망을 가진 사람들

주여 구하오니 귀를 기울이사 종의 기도와 주의 이름을 경외하기를
기뻐하는 종들의 기도를 들으시고 오늘 종이 형통하여
이 사람들 앞에서 은혜를 입게 하옵소서
_ 느헤미야 1:11

느헤미야는 자기 외에 다른 사람들의 기도가 있었음을 익히 알고 있었다. 그는 자기만 홀로 여호와의 집을 사랑하고 그것을 위해 기도했다고 생각할 만큼 그렇게 비관적이고, 그렇게 아집적이고, 그렇게 무정한 사람이 아니었다. 그는 여호와께서 자기 외에도 많은 기도의 종들을 두고 계셨음을 확신했다. 이 점에서 그는 엘리야보다 더 낙관적인 사람이었다(왕상 19:10, 18). 느헤미야는 그의 동료 종들의 기도를 소중히 여겼고, 자기는 단지 많은 기도자 가운데 한 사람이라는 사실을 통해서 기도에 큰 힘을 얻게 되었다.

심지어는 하나님을 경외하고 싶은 소망 외에 달리 무엇을 할 수 없는 아주 연약한 부류의 사람들도, 그들이 기도를 하나님께 올려드렸을 때, 이 거룩한 사람에게 높이 평가를 받았다. 아무리 사소한 간구들이라도, 많은 사람들에 의해 모아지면 커다란 힘을 발휘한다.

이 부류에 들어있는 사람들이 누구인가?: "주의 이름을 경외하기를 기뻐하는 종들"이 아닌가? 우리는 그들의 참모습을 알아보아야 할 것이다.

I. 이것은 참믿음을 갖고 있는 모든 사람들을 포함한다.

1. 참경건은 항상 소망의 문제이다.
   - 그것은 관습, 유행, 습관, 흥분, 감정 또는 우연의 문제가 아니다.
   - 그것은 비자발적인 두려움이나 강요 또는 뇌물 같은 문제도 아니다.

- 그것은 자신의 업적을 자랑하거나 자기만족에 빠지는 것도 아니다.
2. 참경건의 모든 부분은 소망으로 채워져 있다.
   - 회개, 믿음, 사랑 등. 이것들은 모두 그것을 갖겠다고 소망할 때, 사람 속에서 발견될 것이다.
   - 기도, 찬양, 섬김, 자선과 다른 모든 선행들도 마음의 소망의 문제들이다. 오, 그 소망들로 충만하게 되기를!
   - 은혜의 성장과 성숙은 우리를 만족시킨다고 사라지는 것이 아니다. 그것들은 여전히 소망의 문제로 남아 있다.
   - 마찬가지로 동료들 사이에서 유익한 존재가 됨, 진리로 충만함, 교회의 번영, 그리스도의 나라의 확장 등도 항상 소망의 문제로 남아 있다.
   - 천국, 부활, 땅을 다스리시는 그리스도의 통치가 가져오는 장래의 영광 등에 관해서도 똑같이 말할 수 있다.
   - 선인들은 다니엘처럼 소망으로 충만한 사람들이다(단 9:23 난외주). 소망은 경건의 생명인 피요, 거룩의 알이요, 은혜의 서광이요, 완전에 대한 약속이다.
3. 소망은 그것이 있을 수 없는 곳에서도 인정된다. 베풀 때, 일할 때, 자기를 드릴 때, 여호와께서는 실천능력이 없는 행동 속에 들어있는 소망도 받으신다. 자기희생적인 행동의 본질은 행동 자체 속에서가 아니라 그것에 수반된 하나님의 영광을 바라는 소망 속에서 발견된다.
4. 그러나 그 소망이 없는 사람은 영적 죽음의 상태에 있고, 그가 행하는 모든 것은 그가 죽은 것만큼 죽은 것이다.

II. 이것은 은혜 받은 다양한 사람들을 포함한다.

단순히 일시적으로 소원하거나 결심하는 자들은 포함되지 않는다. 왜냐하면 이런 사람들은 단지 꽃에 불과하기 때문이다. 꽃만으로는 절대로 열매 맺지 못한다. 이에 관해 우리는 솔로몬이 말하는 것처럼 "게으른 자는 마음으로 원하여도 얻지 못한다"(잠 13:4)고 말할 수 있다. 그러나 다음과 같은 사람들은 포함된다:

1. 자기가 구원받았는지 불안해 하면서도, 열심히 그리고 진심으로 하나님 앞에서 의롭게 되기를 바라는 사람들. 이런 사람들은 항상 소망하는 사람들이다.

2. 자기를 하나님의 백성으로 부르는 것이 주제넘은 짓이 아닐까 두려워하면서도 그에 대해 확신을 갖고 있는 사람들. 그들의 믿음은 그들이 소원하는 목적을 이루었을 때 갖게 되는 느낌 속에서가 아니라 소망 그 자체 속에서 더 분명하게 드러난다.

3. 자기가 하나님을 경외하고 있음을 알고 있으면서도 그분을 더 깊이 경외하기를 바라는 사람들. 믿음이 아주 좋은 사람들이 바로 이 부류에 속해 있다.

4. 더 큰 자유, 성실, 기쁨 그리고 능력으로 여호와 섬기기를 바라는 사람들. 그들이 마음의 소망을 이루기 위한 일이라면 무엇인들 못하겠는가?

5. 하나님의 길을 즐거워하면서 매순간 그 길을 따라 살기를 바라는 사람들. 그렇게 살기를 바라지 않는 한 거룩해질 사람은 아무도 없다. 예민한 소원이 조심스러운 발걸음을 낳고, 하나님의 영을 통해 그 발걸음은 항상 변함없이 유지된다.

- 따라서 이 모든 사람들은 합당하게 기도할 수 있다. 진실로 그들은 항상 기도하는 사람들이다. 왜냐하면 소망이야말로 참된 기도이기 때문이다.

- 우리는 믿음의 선배들을 포함해서 이 모든 사람들의 기도가 필요하다. 계급과 질서는 군대의 핵심요소다. 만일 믿음이 좋은 성도만 기도한다면, 우리의 간구의 창고는 충분히 채워지지 못할 것이다.

- 우리가 하나님의 뜻이 이루어지도록 부르짖을 때 초신자들과 함께 기도하게 됨을 감사해야 한다. 그들의 간절한 간구는 우리로 하여금 더 열심히 기도하도록 자극을 주고, 그 실천은 그들의 기도에 힘을 더 해줄 것이다.
- 결론적으로 크든 작든 우리 모두가 기도에 동참해야 한다. 우리는 성령 안에서 기도하고, 그리하여 그 기도가 목회자들, 선교사들 그리고 느헤미야처럼 하나님 나라의 사업을 앞에서 이끄는 다른 사역자들을 돕도록 해야 한다.

❖ 양념 ❖

하나님의 종들에 관한 본문의 묘사 — 주의 이름을 경외하기를 기뻐하는 종들(who desire to fear thy name) — 는 이 세상에서 그들의 믿음이 얼마나 크게 "소망"으로 구성되어 있는지를 우리에게 상기시킨다. 그들은 참된 경건을 소유하고 있지만, 자기들이 이룬 것으로 만족하지 않고, 더 큰 것을 열망한다. 그러나 그들의 소망은 가끔 갖게 되는 선한 소망을 참경건으로 오해하는 많은 사람들의 소망과는 조심스럽게 구별되어야 한다. 참된 그리스도인의 소망은 고상한 삶을 살기 위해 필요한 모든 수단을 부지런히 사용하도록 이끈다. 그는 "경건을 연습하고," 거기서 얻은 것을 그는 영적 도덕적 삶에 사용한다. 그러나 소망이라는 말은 "기쁨"이라는 의미로 사용되는 것이 더 낫다(한글성경은 이 의미로 번역됨). 왜냐하면 그 말은 하나님의 종들이 그들의 신앙생활에서 느끼는 즐거움을 표현하기 때문이다. _ 「풀핏 주석」(*Pulpit Commentary*)

우리가 갖기를 소원하는 것을 갖고 있지 못할 때, 그것을 얻게 되면 즐겁다. 적어도 이것은 실제로 소원할 가치 있는 문제들에서는 진실이다. 은혜를 갈망하지 않는 사람들은 결코 은혜를 누리지 못할 것이다.

나폴레옹이 엘바 섬에서 돌아왔을 때, 정원에서 일하던 한 노동자가 그를 알아보고, 즉시 그를 따라갔다. 나폴레옹은 기꺼이 그를 환대하고 "여기 최초의 우리 군사가 있다"고 말했다. 단지 한 사람이라도 우리를 위해 기도하기 시작할 때, 그의 기도가 아무리 약하다 해도 우리는 그를 환영해야 한다. 나를 위해 기도하는 자가 나를 부요하게 한다.

복음전파 사역은 기도의 능력에 크게 의존하기 때문에 목회자는 그의 성도들의 기도 능력을 계발하는 것을 핵심목표로 삼아야 한다. 다양한 기도회를 개최하고, 다양한 계층의 사람들 곧 여성, 젊은이, 어린아이 그리고 무지한 사람들을 경건회에서 하나로 연합시켜야 한다. 모래알과 빗방울들을 최선의 목적을 위해 결합시킬 때, 그 목적은 달성된다. 모든 일이 간절한 소망이 아니라 능력에 따라 이루어지는 큰 모임보다 절실한 소망을 가진 사람들로 이루어진 작은 모임에서 나오는 기도가 더 참될 수 있다.

목사는 자신의 기도서를 절대로 잃어버려서는 안 된다. 그것은 그의 성도들의 마음속에 기록되어 있어야 한다. 비록 당신이 설교자가 되지 못하거나 크게 베푸는 자가 되지 못하거나 교회 지도자가 되지 못한다 할지라도, 최소한 쉬지 말고 기도는 할 수 있어야 한다.

35
여호와로 인한 기쁨

느헤미야가 또 그들에게 이르기를 너희는 가서 살진 것을 먹고
단 것을 마시되 준비하지 못한 자에게는 나누어 주라
이날은 우리 주의 성일이니 근심하지 말라
여호와로 인하여 기뻐하는 것이 너희의 힘이니라 하고
_ 느헤미야 8:10
이 날에 무리가 큰 제사를 드리고 심히 즐거워하였으니
이는 하나님이 크게 즐거워하게 하셨음이라
부녀와 어린 아이도 즐거워하였으므로
예루살렘이 즐거워하는 소리가 멀리 들렸느니라
_ 느헤미야 12:43

죄책감 때문에 이전에 울었던 백성들이 이제는 즐거워하도록 부르심을
받았다. 거룩한 슬픔은 영적 환희의 길을 예비한다. 비가 온 뒤에는 밝은 햇
빛이 이어지는 법이다.

그들이 명령받은 대로 슬퍼하거나 즐거워할 수 있는 제어력이 있는 것은
좋은 일이었다.

그들의 즐거움은 영적으로나 보편적으로 주목할 만한 것으로서, 그것은
여러 가지 면에서 우리에게 본보기가 되었다.

I. 신적 기원을 가진 즐거움이 있다. "여호와로 인하여 기뻐하는 것이."

1. 그것은 하나님 자신 곧 그분의 인격, 그분의 행하심, 그분의 계명 그리
   고 그분의 영광을 이루는 모든 것으로 말미암아 즐거워하는 것이다. 그
   것은 특히 그분 자신이 우리의 소유임을 즐거워하는 것이다. "끝으로
   나의 형제들아 주 안에서 기뻐하라"(빌 3:1).
2. 그것은 화해, 용납, 자녀됨 그리고 그리스도 예수와의 연합에 대한 깊은

의식을 소유하는 것이다. 즐거움은 필수적으로 이러한 복의 모든 원천들로부터 흘러나온다(사 12:3).

3. 그것은 예수 그리스도께서 이루신 사역으로 말미암아 장래의 견인, 승리, 완전케 됨 그리고 신적 은혜의 불변성과 전능성에 대한 확신을 즐거워하는 것이다(히 6:17-18).

4. 그것은 그 원천 되시는 하나님과의 인격적 교제로 인해 기분이 좋아지는 것이다. "하나님 안에서 또한 즐거워하느니라"(롬 5:11).

5. 그것은 섬김을 영예로 알고 행복해 하는 것이다(딤전 1:12).

6. 그것은 하나님의 뜻, 섭리, 환난, 낙심 속에서 묵묵히 따르는 것이다(롬 5:3).

7. 그것은 장래의 소망 ─ 즐거움의 샘 ─ 으로 충만케 되는 것이다.

II. 그 즐거움은 힘의 원천이다. "여호와로 인하여 기뻐하는 것이 너희의 힘이니라."

1. 그것은 강하게 하는 생각으로부터 나온다. 우리를 즐겁게 하는 진리가 또한 우리를 강하게 한다.

2. 그것은 강하게 하는 생명 곧 성령에 의해 지탱되는, 우리 안에 있는 그리스도의 생명으로 말미암아 유지된다.

3. 그것은 유혹이나 핍박 또는 환난을 이겨내도록 강하게 하고, 그리하여 그것은 필요할 때 현재의 힘을 강화시킨다.

4. 그것은 섬김을 강화시키는데 적합하다. 심령의 낙을 누리는 사람은 다른 사람들의 유익을 구하게 될 것이다.

5. 그것은 원수들에게 직면할 때 이길 수 있다는 자신감을 줌으로써 모든 두려움을 사라지게 한다. 그것은 조용하고, 지속적이고, 겸손하고, 실제적이고, 심오한 힘이다.

III. 거룩한 즐거움에서 오는 힘은 실천적 결과를 낳는다.

1. 찬양. "에스라가 위대하신 하나님 여호와를 송축하매 모든 백성이 손을 들고 아멘 아멘 하고 응답하고"(6절).
2. 즐거움의 희생제사. "이날에 무리가 큰 제사를 드리고 심히 즐거워하였으니."
3. 즐거움을 표현함. "이는 하나님이 크게 즐거워하게 하셨음이라."
4. 가정의 행복. "부녀와 어린 아이도 즐거워하였으므로."
5. 이 즐거움은 이웃에 알려졌다. "예루살렘이 즐거워하는 소리가 멀리 들렸느니라."

IV. 그 즐거움은 내면에까지 미친다.

그것은 하나님의 선물이지만, 다음과 같이 했을 때 주어졌다:

- 주의 깊게 들을 때. "뭇 백성이 그 율법책에 귀를 기울였는데"(3절).
- 헌신적으로 예배할 때. "몸을 굽혀 얼굴을 땅에 대고 여호와께 경배하니라"(6절).
- 회개하며 슬퍼할 때. "백성이 율법의 말씀을 듣고 다 우는지라"(9절).
- 분명하게 이해할 때. "크게 즐거워하니 이는 그들이 그 읽어 들려 준 말을 밝히 앎이라"(12절).
- 진정으로 순종할 때. "사로잡혔다가 돌아온 회중이 다 초막을 짓고 그 안에서 거하니"(17절).
- 우리는 우리 주 예수 그리스도를 통해 얻게 된 대속의 은혜로 말미암아 하나님을 즐거워하며 찾아야 한다. 왜냐하면 이것이 참되고, 안전하고, 신성한 즐거움이기 때문이다. 그것은 또한 땅 위에 있는 동안 철저하게 헌신하는 신자에게 어울리는 훈장으로서, 그를 천국의 할렐루야 찬양대의 일원이 되도록 예비시킨다.
- 즐거움이 전혀 없는 마음이 있다. 하나님께서 개인적으로 그런 경험

을 하지 않도록 우리를 도우시기를!

• 또한 죽은 즐거움이 있다. 우리는 이것들을 피해 살아 있는 은혜의 즐거움으로 도망쳐야 한다.

❖ 불꽃 ❖

그 모든 열이 굴뚝으로 빠져나가 버리는 난로는 좋지 않다. 참신앙은 도처에 즐거움을 퍼뜨린다. 그러나 불은 먼저 그것이 타오르고 있는 난로를 따스하게 하고, 은혜는 그것이 거하고 있는 마음을 위로한다. 아무도 차가운 난로로부터 따스함을 얻지는 못할 것이다.

믿음은 행복의 열쇠다. 여호와의 집 문에서 그것을 사용하라. 그러면 축복의 방이 당신에게 활짝 열릴 것이다. 만일 믿음이 당신을 그저 지하 토굴로 인도한다면, 그것은 온전한 믿음이 아닐 것이다. 그리스도는 상아궁에서 오셔서 그의 택한 자들을 그 연회장으로 인도하신다.

기독교는 인간의 행복에 도움을 주는 종교라는 것은 공개적으로 기독교인임을 드러내지 않는 많은 사람들에게서도 나타나는 은밀한 확신이라고 나는 믿는다. 따라서 공개적으로 불신자를 자처하는 사람들이 "참기독교인은 세상에서 가장 행복한 사람이라고 나는 생각한다"는 말을 듣는 것은 전혀 이상한 일이 아니다. 기독교를 불신하는 한 회의론자가 고통 속에 있을 때, 내게 "오, 선생님, 기독교인들은 우리에게 이로운 사람들입니다"라고 언급한 것이 생각난다. _ 다니엘 베이커(Daniel Baker) 목사의 "젊은이들에게 보내는 편지"에서

무디 선생은 이렇게 말한다: "나는 하나님께서는 자신의 위대한 어떤 일을 성취하는데 낙심한 사람들을 사용하는 경우를 본 적이 없다. 마음이 낙심 상태에 있던 한 목사가 강단에 섰다면, 그것은 전염이 된다. 그것은 곧 회

중석에 도달하고, 온 교회는 낙심에 빠지게 될 것이다. 주일학교 교사도 마찬가지다. 크게 낙담하고 있는 사역자가 하나님의 사역에서 큰 성공을 거둔 예를 나는 보지 못했다. 그것은 하나님께서 이런 사람들을 사용하실 수 없기 때문일 것이다."

슬픔으로 연약해졌을 때 우리는 능력 있는 말을 하지 못한다. 우리의 말은 확신과 힘이 없다. 그럴 때 우리는 사소한 일로 다투기 쉽고, 낙심으로 말미암아 침체에 빠지기 쉬우며, 어떤 사역을 하든 잘못하기 십상이다. 병사들은 음악이 있어야 최고의 행군을 하고, 선원들은 기분 좋은 일에 참여할 때 가장 행복하게 일하는 법이다. 우리가 하는 사역도 이와 똑같다고 나는 확신한다.

즐거워하는 그리스도인들은 죄인의 입 속에 참신앙의 진미들을 넣어준다. 탕자가 돌아왔을 때, 그에게 신이 신겨지고, 제일 좋은 옷이 입혀지고, 손에 가락지가 끼워졌지만, 우리는 종들이 그의 입에 고기를 넣어준 것을 이해하지 못한다. 하지만 그들은 그를 먹여야 했고, 친히 잔치를 배설했다: "우리가 먹고 즐기자"(눅 15:23). 음식을 만드는 것이 배고픈 불쌍한 아들을 설득하는 가장 확실한 길일 것이다. 만일 성도들이 정말 행복하다면, 죄인들로 하여금 훨씬 쉽게 믿을 수 있는 길을 예비하는 것이다.

36
성도들을 훼방하는 사탄

하루는 하나님의 아들들이 와서 여호와 앞에 섰고
사탄도 그들 가운데에 온지라
_ 욥기 1:6

이날이 어떤 날인지 묻는 것은 그리 중요하지 않다. 아마 하늘과 땅에서 모두 지켜졌던 특별한 안식일로서, 회의가 있었던 날이 아닌가 싶다. 세상 역사의 초기에는 경건한 사람들이 여호와를 그 중심에 모시고 함께 모여 예배를 드렸다. 하늘과 땅에서 그들은 그렇게 집결한다. 이때 성도들의 집회는 하나다.

그러나 슬프게도, 악인이 의로운 자들 사이에 얼마나 빠르게 들어왔을까! 마귀가 어떤 한 장소에 있어야 할 필요는 없지만, 여호와께서는 사탄이 자신의 자리로부터 내려와 여호와를 경배하는 사람들 속에 끼어 있음을 보았다. 그때 사탄은 여호와께 한마디 했다. 온전한 질서 속에 있는 모임에서도 악인들은 자기들의 몫이 있다.

사탄이 하나님의 아들들 사이에 출현했다는 사실에서 우리는 배울 것이 있다:

I. 우리가 하나님의 백성들과 단순히 함께 모이는 것은 아무 가치가 없다.

1. 그것이 하나님이 받으실 만한 경배가 아닌 것은 지극히 분명하다. 왜냐하면 사탄이 행하는 것은 그것이 무엇이든 하나님이 받으실 만한 것이 될 수 없기 때문이다. 사탄이 하나님의 아들들 중에 나타난 것은 경배가 아니라 불경을 저지르기 위해서이다.

2. 그것은 그 사람 자신의 자아에 유익이 없다. 왜냐하면 타락한 영혼은

마귀에게 잡혀 있고, 그래서 하나님 앞에서도 마귀처럼 행동하기 때문이다. 우리는 믿음으로 여호와께 나아가야 하며, 그렇지 않으면 우리의 경배는 죽은 것이요, 허탄한 것이다.

3. 그것은 더 큰 죄를 범하는 기회가 될 수 있다. 왜냐하면 모임 중에 사탄은 욥을 중상하고, 그의 파멸을 획책했기 때문이다.

II. 아무리 선한 모임이라도 악한 자로부터 자유롭지 못하다.

1. 이것은 비록 우리가 모임 속에 자신의 고백과 일치하지 않는 삶을 사는 사람들이 끼어 있음을 알고 있다고 해도, 성도들과 계속 만남을 갖도록 이끈다. 하나님의 아들들이 사탄이 그들 중에 있다고 해서 만남을 멈추어야 하겠는가?

2. 이것은 우리로 하여금 자세히 마음을 살피고, "여호와여, 그게 접니까?"라는 질문을 하도록 만든다. 12 사도들 가운데 마귀가 한 사람 있었다. 그는 유월절 최후의 만찬 자리에서도 주님과 함께 있었다.

3. 이것은 심지어 기도하는 동안에도 우리로 하여금 조심하도록 만든다.

4. 이것은 목회자들을 더 신실하게 함으로써, 마귀가 모임 중에 편안히 있지 못하고, 그가 미워하는 진리로 인해 고통을 받도록 한다.

5. 이것은 우리로 하여금 불순한 자가 없고, 무죄한 회중들만 모이는 완전한 모임을 간절히 소망하도록 만든다.

III. 사탄은 하나님의 아들들과 함께 할 수 있다.

1. 성도들을 실족시키기 위해.
   - 심지어 거룩한 일에 대해서까지 여호와 앞에서 그들을 고소함으로써.
   - 그들의 생각이 천국에 대한 관심으로부터 멀어지게 하고, 염려로 그들의 마음을 무겁게 하고 혼란시킴으로써.

- 그들을 유익한 것에 귀 기울이지 않고, 비판하는 일에 몰두하도록 함으로써.
- 그들의 거룩한 섬김에 분란의 씨를 뿌림으로써.
- 설교자들, 찬양대원들, 대표기도자들 그리고 베푸는 위치에 있는 자들에게 교만을 심어줌으로써. 이것은 그 스타일, 그 어조, 그 입는 옷 등에 차이가 있는 사람들 사이에서도 보인다.
- 그들의 열정에 찬물을 끼얹고, 그들의 사랑을 약화시키고, 그들의 찬양을 냉각시키고, 그들의 기도를 얼어붙게 하고, 또 일반적으로 그들의 보증과 기쁨을 제거함으로써.

2. 회심하지 못한 사람들을 훼방하기 위해.
- 구원에 관한 진리에 관심을 두지 못하도록 미혹함으로써.
- 의심을 일으킴으로써. 즉 회의적인 생각을 갖고, 어두운 의혹들을 갖고, 주님보다 사람을 앞에 두도록 유혹함으로써.
- 은혜 받은 사람들에게 지체하도록 역사함으로써.
- 기도를 소멸시키고, 기쁨을 방해하고, 유익을 가로막고, 감동을 사장시키며, 하나님께 영광을 돌리지 못하도록 역사함으로써.
- 새들이 길가에 뿌려진 씨를 쪼아 먹어 버리는 것처럼, 뿌려진 말씀을 제거함으로써.

IV. 하나님의 아들들이 함께 모이는 곳에서 사탄은 더욱 극성을 부릴 수 있다.

사탄은 거룩한 모임에서 그 어느 때보다 날카롭게 갈라진 발톱을 보여 주었다.

1. 사탄은 그의 조물주에게 철면피처럼 뻔뻔스러웠다.
2. 사탄은 하나님의 백성, 심지어는 하나님께서 "순전하다"고 부르신 최고의 성도 가운데 한 사람에 대해서도 악담을 했다.

3. 사탄은 할 수 있는 대로 그를 유혹하고, 그를 괴롭히고, 그가 하나님을 반역하도록 이끌기로 결심했다.

• 마귀는 지금 이 순간 여기에도 있다.

• 우리는 마귀의 시험에 굴복해서는 안 된다.

• 우리는 즉시 여호와께 부르짖고, 악한 자가 아무리 악랄하더라도, 우리를 그로부터 보호하실 수 있는 주 예수님을 신뢰해야 한다.

❖ 부록 ❖

농부가 씨를 뿌리기 위해 집을 나서는 순간 공중의 새들도 역시 집을 나선다. 어떤 곳에서 선이 행해지면 그것을 훼방하는 사탄의 역사 역시 더 거세질 것이다. 열심이 각별한 성도들은 미지근한 믿음을 가진 신자들에게 특별한 질투를 불러일으키고, 그래서 그들 사이에 다툼이 일어날 것이다. 영적 부흥 기간에도 완고한 형제들을 통해 교묘한 사탄의 공격이 일어날 것이다.

왜냐하면 어디서든 약간은 일반 질서를 벗어나는 일이 벌어지게 마련이기 때문이다. 여기에 쓰라린 상처를 야기하는 또 다른 뿌리가 있다. 대부분의 위선자들은, 달팽이가 비오는 날에 엉금엉금 기어 나오는 것처럼, 그렇게 행동할 것이다. 세상 사람들에 의해 주어지는 특별한 상처도 있을 것이다. 그 결과 신랄한 비방자들은 원수의 나라의 악랄한 공격자들보다 더 큰 해를 끼칠 것이다. 당신은 장수말벌의 둥지를 무너뜨리려면 그것들의 반격을 각오하지 않으면 안 된다. 그러나 이것은 침체보다 낫다. 잠에 빠져 있는 교회에서 원수의 주요 업무는 침대를 밀어주고, 소리를 잠잠하게 하며, 심지어는 잠자는 자의 얼굴에 살며시 날아드는 파리까지 쫓아주는 일이다. 사탄의 큰 염려 가운데 하나는 교회가 그 잠자리에서 일어나는 것이다.

사탄은 우리의 모임 중에 들어와 있기 때문에, 우리는 다음과 같은 사실을 깊이 명심하고 있어야 한다. (1)우리 가운데 누구도 그를 모임 중에 끌어들인 것이 아니라는 것, (2)그가 모임에 들어올 때, 누구도 그에게 자리를 비켜 주지 않는다는 것, (3)아브람이 까마귀 새들에게 한 것처럼, 우리도 그를 쫓아내야 한다는 것, (4)우리는 더욱 열심히 "악한 자로부터 구하옵소서" 하고 기도해야 한다는 것.

메리 여왕 치하에서 순교했던 조지 마쉬는 맨체스터에 사는 그의 친구들에게 다음과 같은 편지를 썼다: "하나님의 종은 아무 때나 하나님 앞에 나아와 설 수 있는 것이 아니다. 아무리 건전한 삶을 살고, 하나님 앞에서 순결하게 걷는다 할지라도, 사탄 역시 그 가운데 함께 있기 때문이다. 말하자면, 그는 경건한 자들을 날마다 고소하고, 흠을 잡고, 격동시키고, 핍박하고, 혼란에 빠뜨린다. 하나님께서 금하시지 않는 한, 항상 헐뜯고, 죄악을 저지르는 것이 마귀의 본성이자 속성이기 때문이다. 하지만 하나님께서 그에게 허락하시지 않는다면, 그는 더러운 돼지 속에 들어가는 것 외에는 아무것도 할 수 없는 존재가 되고 말 것이다." _ 폭스의 「순교자들의 책」에서

사탄은 그날 곧 안식일 마지막 시간에 자신을 돌아보지 않았을까? 그는 그의 조물주에게 도전하고, 성도들을 훼방하고, 그들의 아버지의 궁정에서 악을 행하도록 한 것에 대해 가책을 느끼지 않았을까? 우리는 그가 그럴 것이라고 생각하지 않는다. 하지만 사탄의 말을 듣지 않는 사람들은 하나님이 그렇게 보시기 때문에 주일의 중요성을 마음속에 새겨놓았을 것이다. 안식일을 범하는 죄는 너무 무겁기 때문에 특별히 더 많이 회개해야 할 것이다. 아마 이 주제가 양심에 잘 적용된다면, 그것은 마음속에 참회를 일으키고, 그것을 믿음으로 이끌 것이다.

루터는 한 유대인에 의해 암살당할 위기에 있었다. 그러나 한 친구가 암살자의 초상화를 그에게 보냈고, 그 결과 그는 목숨을 구할 수 있었다. 우리

는 미리 경고를 받고 무장해야 한다. 우리가 헌신의 수고를 다하고 있을 때 대원수는 눈치 채지 못하도록 은밀하게 우리를 공격할 수 없다. 왜냐하면 우리는 그의 궤계에 대해 무지하지 않기 때문이다. 우리는 깨어 기도하도록, 곧 기도하기 전에 깨어 있고, 기도할 때 깨어 있도록 명령받고 있다.

37
슬픔 속에 있는 사람의 질문

하나님에게 둘러싸여 길이 아득한 사람에게 어찌하여 빛을 주셨는고
_ 욥기 3:23

　욥의 경우는 사는 것 자체가 괴로운 상태로서, 그는 자기가 왜 고난을 당하며 살아야 하는지 의아하게 생각했다. 그가 즉시 죽도록 하나님께서는 자비를 베푸실 수 없었는가? 빛은 극히 보배롭다. 그러나 우리는 그것이 왜 주어졌는지 묻게 될 수 있다. 세상 것들의 작은 가치를 살펴보라. 왜냐하면 우리는 그것들을 소유하는 것을 싫어할 수도 있기 때문이다. 우리는 생명의 빛을 소유하고 있지만, 우리를 에워싸고 있는 슬픔 속에서는 죽음의 어둠을 더 선호할 수 있다. 그래서 욥은 "어찌하여 고난당하는 자에게 빛을 주셨으며 마음이 아픈 자에게 생명을 주셨는고?"(20-21절)라고 묻는다.

　우리는 성도들이 욥과 같은 상태에 있지 않기를 바란다. 그러나 만약 그들이 그렇게 된다면, 우리는 그들을 위로해야 할 것이다.

I. 질문을 일으키는 상태: "하나님에게 둘러 싸여 길이 아득한 사람에게."

　그는 생명의 빛은 있으나 위로의 빛은 없다.

　1. 그는 극도의 환난 속에 있다. 어느 정도냐 하면 그 끝을 볼 수 없을 정도다. 현세적인 일이나 영적인 일에서 좋은 일이 아무것도 없다. 그의 영혼은 크게 침체에 빠져 있다. 그는 자신의 무거운 짐에 대한 어떤 도움이나 불행에 대한 어떤 위안도 가질 수 없다. 그는 하나님이나 사람에게서나 위로의 근거를 볼 수 없다. "그의 길은 아득하다."

　2. 그는 그런 고난을 당할 만한 이유를 알 수 없다. 특별히 죄를 범한 것도 아니다. 거기에 어떤 선이 있을 것 같지도 않다. 그러나 우리는 이유를

알 수 없을 때, 그 이유가 없다고 추론해서는 안 된다. 눈에 보이는 것으로 판단하는 것은 위험하다.

3. 그는 그 상태에서 무엇을 해야 하는지 알 수 없다. 인내는 어렵고, 지혜는 난해하며, 신뢰는 부족하고, 기쁨은 그림의 떡이다. 반면에 마음은 깊은 슬픔 속에 있다. 불확실성은 비참을 낳는다.

4. 그는 그 상태로부터 갈 길을 발견할 수 없다. 원수가 "그들이 그 땅에서 멀리 떠나 광야에 갇힌 바 되었다"(출 14:3)고 말하는 소리가 들리는 것처럼 보인다. 그는 가시장벽을 통과하여 도망할 수 없고, 그 끝을 볼 수도 없다. 그의 길은 깜깜할 뿐만 아니라 좁기까지 하다. 사람들은 이런 경우 극도의 슬픔을 느끼고, 뼈에 사무친 말을 한다.

만일 우리가 이런 불행 속에 있다면, 우리 역시 똑같은 질문을 던질 것이고, 따라서 우리는 다음과 같은 점을 고찰해 보아야 한다.

II. 질문 자체: "어찌하여 빛을 주셨는고."

이 질문은 극히 겸손한 마음으로 그리고 어린아이 같은 신뢰감으로 주어지지 않는다면, 정죄 받아야 한다:

1. 그것은 위험한 질문이다. 그것은 인간의 판단을 부당하게 높이는 것이다. 무지는 오만을 피해야 한다. 우리가 무엇을 알 수 있겠는가?

2. 그것은 하나님을 비난하는 질문이다. 그것은 하나님께 그분의 길에 대해 설명을 촉구하면서, 그분이 부조리하거나 불합리하거나 어리석거나 무정하다는 것을 은밀히 암시하고 있다.

3. 질문에는 합당한 대답이 있어야 한다. 하지만 그것은 우리가 지성으로 알 수 있는 질문이 아니다. 하나님은 모든 "원인"에 대해 "그 결과"를 갖고 계신다. 하지만 그분은 종종 그것을 드러내지 않으신다. 그분은 "사람의 말에 일일이 대답하지 않는 분"이시기 때문이다(욥 33:13).

4. 그것은 그리 유익한 질문이 아니다. '왜 우리는 슬픔 속에서 살도록 되

어 있는가' 라는 질문은 우리에게 답변이 필요한 질문이 아니다. '우리에게 주어진 삶을 어떻게 가치 있게 살 것인가' 라는 질문이 훨씬 더 유익하다.

III. 그 질문에 주어질 수 있는 답변.

1. 그 대답이 "하나님께서 그것을 원하셨기 때문" 이라고 상정해 보라. 그것으로 충분하지 않은가? "내가 잠잠하고 입을 열지 아니함은 주께서 이를 행하신 까닭이니이다" (시 39:9).

2. 불신자에게 해 줄 충분한 대답이 가까이 있다.
   - 그것은 생명의 빛을 더 연장시킴으로써, 당신이 더 악한 고난에 빠지지 않도록 이끄는 은혜다. 당신이 죽기를 바라는 것은 지옥에 가겠다는 소원에 불과하다. 그렇게 어리석은 자가 되지 않도록 하라.
   - 그것은 당신의 길을 제약하고, 당신의 영을 어둡게 함으로써, 죄로부터 당신을 지켜 주는 지혜다. 당신은 방탕한 것보다는 슬픔에 빠지는 것이 더 낫다.
   - 그것은 회개하도록 당신을 부르는 사랑이다. 모든 슬픔은 당신을 하나님께 향하도록 이끄는 채찍질로 마련된 것이다.

3. 신자에게는 더 분명한 이유가 있다. 당신에게 시험이 주어지는 이유는 다음과 같다:
   - 당신 안에 있는 모든 것을 바로 보도록 하기 위해. 깊은 영혼의 고뇌 속에서 우리는 우리 자신이 어떤 존재인지를 발견한다.
   - 당신을 하나님께 더 가까이 이끌기 위해. 장애물은 당신을 하나님께로 내몬다. 어둠은 당신을 그분께 더 가까이 다가가게 한다. 생명은 은혜가 증가될 수 있도록 유지된다.
   - 당신을 다른 사람들의 본보기로 삼기 위해. 어떤 사람들은 여호와의 특별한 다루심의 표본으로 선택받는다. 그것은 다른 선원들에게 일

종의 등대와 같다.

- 하나님의 은혜를 찬미하도록 하기 위해. 만일 우리의 길이 항상 밝은 길에 있다면, 우리는 그분의 보존하고, 위로하고, 구원하시는 능력을 그토록 분명하게 볼 수 없을 것이다.
- 당신이 더 큰 번영을 예비하도록 하기 위해. 당신의 생명이 보존되지 않으면, 당신을 위해 준비된 황금시대에 도달할 수 없을 것이다. 만일 미리 시험을 통해 연단 받지 않는다면, 당신은 그 목표를 이루기에 합당한 존재가 되지 못할 것이다.
- 당신이 고난당하신 주 예수님을 닮도록 하기 위해. 그분에게 죽음은 짊어져야 할 짐으로부터 제외되지 않았다. 그분은 영혼이 떠나기 직전에 "다 이루었다"고 말씀하셨다.

불신앙적인 질문을 하지 않도록 조심하라.

삶이 결코 길지 않다는 것을 유념하라.

길이 아득할 때 그 길을 보존해 주시기를 성령께 부탁하고, 인생의 장애물이 장미꽃의 가시가 아니라 가시나무 울타리일 때, 그 사이로 걸어가라.

❖ 제 안 ❖

사람이 땅 위에서 왜 불행을 당하는지에 대해 질문 받을 때, 기꺼이 죽음으로써 그 불행에서 해방되기를 바랄 때, 아마 사람들에게 주어지는 이유는 다음과 같은 것이 될 것이다: (1) 이런 고난은 그의 영혼의 참된 상태를 드러나게 하는데 유익한 수단이 될 수 있다. 이 경우가 바로 욥이다. (2) 이것은 그 일을 당하는 개인은 충분히 깨닫지 못하고, 하나님에 의해서 분명히 보일 수 있는 것으로, 죄에 대한 응분의 처벌로서 주어진 것일 수 있다. 그 죄는 교만일 수도 있고, 안일에 대한 사랑, 자기 신뢰, 야망, 명예욕과 같은 것일 수도 있다. 이 경우는 그의 친구들이 욥을 다그칠 때 펼쳤던 주장 속에서 보인다. (3) 이것은 참된 복종을 가르치고, 사람이 기꺼이 하나님께 자신을 맡기도록 이끌 수 있다. (4) 이것은 개인에게 죽음에 대한 대책을 세우도록 하는데 필수적일 수 있다. 사람들이 종종 죽기를 바라고, 또 그것을 구원이라고 느끼지만, 아울러 죽음은 그들에게 일어날 수 있는 최악의 재앙일 것이다. 그들은 죽음에 대해서는 전혀 준비되지 못한 상태에 있다. 죄인에게 무덤은 안식이 없는 곳이다. 그들에게 영원한 세계는 평안이 없는 곳이다. 이런 슬픔 속에서 하나님의 한 가지 목적은 악인들에게 장래의 고통이 얼마나 참을 수 없는 것이고, 그들에게 죽음을 대비하는 것이 얼마나 중요한지를 보여 주는 것이다. 만일 그들이 짧은 이 세상 인생에서 단지 몇 시간의 고통이나 슬픔도 잘 견딜 수 없다면, 그들이 영원한 고통을 얼마나 견딜 수 있겠는가? 만일 이 세상에서 육체의 슬픔으로부터 구원 받기를 그토록 원한다면, 만일 무덤의 그 쓸쓸함에도 불구하고 그곳이 안식처라고 느껴진다면, 영원한 고통으로부터 구원받는 길을 발견하는 것은 얼마나 더 중요할까! 죄인에게는 고난으로부터 구원받는 참된 장소가 결코 무덤이 아니다. 그곳은 용서하시는 하나님의 자비 속에 있고, 십자가의 보혈을 통해 나오도록 초청받는 영원한 천국에 있다. 그 거룩한 천국에서만 고난과 죄로부터의 유일한 참안식이 있다. 땅 위에서 견뎌야 하는 극도의 고통에 비교해 볼 때, 천국은 얼마나 행복한 곳일까! _ 반스(Barnes)

38
감찰하시는 하나님에 대한 죄인의 복종

사람을 감찰하시는 이여 내가 범죄하였던들
주께 무슨 해가 되오리이까
_ 욥기 7:20

욥은 사람들 앞에서 자신을 변론할 수 있었지만, 여호와 앞에 무릎을 꿇었을 때에는 다른 목소리로 말했다. 거기서 그는 "내가 범죄하였다"고 외쳤다. 이 말은 누구든 고통 속에 있는 성도들에게 해당되는 말일 것이다. 왜냐하면 진실로 그들은 이런 말을 할 때, 회개하는 죄인으로서 말하는 것이고, 이런 경우 우리도 그런 말을 할 수밖에 없기 때문이다.

I. 고백. "내가 범죄하였던들."

말로만 보면 이것은 단지 위선에 불과하다. 유다도 그랬다. 얼마나 많은 사람들이 자신을 "미천한 죄인"이라고 부르면서, 실제로는 속이는 자가 되고 말까? 그러나 욥은 마음이 순전했기에, 그의 고백이 받아들여졌다.

1. 그것은 간단하지만, 아주 사연이 많이 담긴 말이었다. 그것은 특수한 개인에게보다 사람 일반에게 주어진 말이라는 점에서 그렇다. "내가 범죄하였다." 우리는 이 말을 우리 인생의 결론으로 말할 수 있다. 내 인생의 이력서에서 이것만큼 확실한 말이 있을까? 이것은 가장 확실하고, 절대로 부인할 수 없는 말이다.

2. 그것은 개인적인 말이었다. 다른 사람들이 어떠하든 상관없이, 바로 **내**가 범죄하였다.

3. 그것은 여호와께 한 말이다. 그는 자신의 동료에게가 아니라 사람들의 감찰자이신 여호와께 고백한다.

4. 그것은 성령을 통해 행해진 고백이었다. 18절을 보라. 거기서 그는 하나님의 초청에 대한 자신의 슬픔을 묘사하고 있다.

5. 그것은 진지한 말이었다. 그것은 아첨하는 말이나 의례적인 말이나 지나가는 말이 아니었다. 그는 "내가 범죄하였다"고 부르짖었다.

6. 그것은 감정에 사무친 말이었다. 그는 그것 때문에 골수에 사무쳤다. 7장 전체를 읽어보라. "내가 범죄하였다"는 이 한마디 말은 가인의 표를 가진 영혼의 낙인으로 충분하고, 그것은 지옥의 불꽃으로 활활 타오르고 있다.

7. 그것은 믿음의 자백이었다. 큰 불신앙으로 혼란에 빠진 욥은 여전히 용서하시는 하나님의 능력을 믿는 믿음이 있었다. 불신앙적인 자백은 죄를 더할 뿐이다.

II. 질문. "주께 무슨 해가 되오리이까."

이 질문 속에서 우리는 다음과 같은 사실을 본다:

1. 여호와께서 요구하시는 것은 무엇이든 기꺼이 감수하겠다는 의지는 그의 진실함을 증명한다.

2. 그의 당혹감: 그는 무엇을 해야 하는지 또는 어디로 가야 하는지 알 수 없었다. 그러나 무엇이든 해야 했다.

3. 무조건적인 그의 복종. 그는 조건을 붙이지 않는다. 단지 여호와의 요구를 알기를 바란다.

4. 질문은 다음과 같이 부정적인 의미로 답변될 수 있다.

• 내가 당신을 어떻게 피할 수 있겠는가? 당신은 사방에서 나를 둘러싸고 계신다.

• 과거의 순종이 현재의 죄를 속량할 수 있는가? 슬프다! 회고해 볼 때 나는 내 삶 속에서 오직 죄 외에는 발견할 것이 없다.

• 내가 희생제물을 제공할 수 있는가? 슬픔, 금식, 오랜 기도, 의식 준수

또는 자기부인 등이 효력이 있는가? 그것들은 아무 효력이 없다고 나는 알고 있다.

5. 그것은 다음과 같이 복음적으로 답변될 수 있다:

- 죄를 고백하라. "만일 우리가 우리 죄를 자백하면"(요일 1:9) 등
- 죄를 포기하라. 그분의 은혜로 말미암아 우리는 "행악을 그치고 선행을 배울 수 있다"(사 1:16-17).
- 평강의 메시지에 순종하라: 주 예수님을 믿으라. 그러면 살리라.

III. 호칭. "사람을 감찰하시는 이여."

사람들의 **감찰자**, 따라서 내 사정 곧 나의 불행, 나의 고백, 죄사함에 대한 나의 소원, 나의 전적 무능력 등에 정통하신 분.

사람들의 **보호자**.

- 그분의 무한히 오래 참으심으로 말미암아 형벌이 유보되기 때문에.
- 날마다 복을 베푸심으로써 감사를 모르는 죄인들의 삶을 유지시키기 때문에.
- 구원계획에 따라 지옥에 떨어지는 자들을 구출하여 구원자의 반열에 두시기 때문에.
- 날마다 은혜를 베푸심으로써 신자들이 타락과 반역에 떨어지지 않도록 하시기 때문에.

만약 우리가 위로를 얻고자 한다면, 그리스도 안에서 하나님의 뜻과 속성을 주목해야 한다. 사람들을 보호하시는 그분의 은혜로운 인격으로부터 우리는 비록 우리가 죄책이 있는 존재라고 할지라도, 그분은 우리를 보호하시는 분이라는 사실을 추론해낼 수 있다.

다음과 같은 사실을 전달하라:

- 회개하지 않는 완고한 자들에게, 죄의 자백을 요청하라.
- 무사태평한 무관심한 자들에게, "구원받기 위해 우리는 무엇을 해야

할까?"라는 질문을 제기하라.

• 감사를 모르는 무례한 자들에게, 보호하시는 하나님의 선하심이 그분이 그를 사랑하는 동기임을 보여 주라.

십자가의 빛

욥은 자신의 죄를 고백하자마자 그 치료책을 알고 싶어 했다. 하나님께 버림받은 자들은 "페카비" 곧 "내가 죄를 범했다"고 외칠 수 있다. 그러나 그때 그들은 여기서처럼 "내가 어떻게 해야 할까요?"라고 말하는 데까지 나아가지 못한다. 그들은 자기들의 상처를 내보이지만, 그곳에 약을 바르지 않고, 그리하여 죄로 말미암은 그 상처는 더 곪고, 더 위험한 상태에 빠지게 된다. 욥은 치료를 위해 무엇을 해야 할지를 물었다. 그는 어떤 의미로든 용서의 은혜와 유효한 은혜를 얻게 되었다. _ 존 트랩

욥은 성경이 "의인"이라고 묘사하고 있는 사람들 가운데 하나였다. 그러나 그는 "내가 범죄하였다"고 외쳤다. 노아는 당세의 의인이었다. 그러나 우리는 그가 술에 취해 큰 실수를 저지른 것을 잊지 않고 있다. 아브라함은 "너는 내 앞에서 행하여 완전하라"(창 17:1)는 명령을 받았다. 그러나 그는 완전히 무죄한 자가 되지 못했다. 사가랴와 엘리사벳은 흠이 없었다. 그러나 사가랴는 불신앙으로 인해 아홉 달 동안 벙어리로 지내야 했다. 사람에게 죄가 없이 완전하다고 말하는 것은 하나님의 무죄성과는 다르다. 자신의 완전함을 자랑하는 자는 기껏해야 자신과 하나님의 율법에 관한 무지를 드러내는 것에 불과하다. 악한 마음에서 발견되는 것은 스스로의 선함에 영광을 돌리는 교만 외에는 없다. 자신에게 찬양을 돌리는 자는 스스로의 수치를 선포하는 것이다.

인간은 본래 지극히 약한 피조물인데, 오랜 세월 동안 자연의 풍파 속에

서 파멸되고, 짐승들에 의해 멸절되거나 질병에 의해 근절되지 않은 것은 대단히 놀라운 일이다. 전능하신 하나님이 인간의 보존을 위해 힘썼고, 눈에 보이는 모든 사물들로 하여금 인간의 보디가드로서 역할하도록 역사하셨기 때문이다. 우리는 이처럼 인류를 보호하신 사람들의 감찰자께서 똑같은 열심으로 인간 개개인을 보호하신다고 확신한다. 우리 자신의 인생은 구원에 관한 실례들로 가득 차 있기 때문에 하나님의 특별 섭리의 교리가 진리라는 증거를 더 이상 찾을 필요가 없음을 보여 준다. 그토록 죽음이 가까이 있는데도 삶이 유지되는 것을 볼 때, 우리는 "이것이 하나님의 손길"이라고 부르짖지 않을 수 없다. 그런데 이 보호하시는 은혜야말로 우리에게 용서하시는 사랑에 관한 소망을 갖게 하는 충분한 근거가 된다. 이처럼 존재 가운데 있도록 우리를 보호하시는 분은 틀림없이 우리의 행복을 위한 계획도 갖고 계실 것이기 때문이다. 놀랍게도 우리가 죄인임에도 불구하고 그분은 우리를 보호하셨다. 그러므로 우리는 그분이 기꺼이 모든 죄악으로부터 우리를 구원하실 것에 대해 의심할 필요가 없다.

"주께 무슨 해가 되오리이까"라는 질문에 함축되어 있는 무조건적 복종은 구원받기를 바라는 사람 모두에게 절대 필수적이다. 하나님은 우리가 그 성의 열쇠를 쥐고, 모든 문을 열며, 그 안의 모든 길을 따라 정복자의 말을 타고 행군하며, 요새를 다 차지할 때까지 포위를 풀지 않으실 것이다. 반역자는 두 손을 들고 항복하고, 왕의 자비를 구해야 할 것이다. 이것이 이루어질 때까지 전투는 계속될 것이다. 왜냐하면 하나님과의 평화를 위한 첫 번째 필수조건은 완전한 복종에 있기 때문이다.

무(無)에서 나오는 것은 아무것도 없다

누가 깨끗한 것을 더러운 것 가운데에서
낼 수 있으리이까 하나도 없나이다
_ 욥기 14:4

욥은 하나님 앞에서 깨끗하게 될 필요가 있다고 깊이 의식하고 있었다. 진실로 그는 그의 동료들보다 손과 마음이 깨끗했다. 그러나 그는 자신의 본성이 스스로는 거룩을 낳을 수 없다는 것을 알았고, 그래서 그는 이 질문을 했으며, 한 순간도 지체 없이 그 질문에 대해 부정적으로 답변했다. 아무리 선한 사람이라도 가장 악한 사람이 인간의 본성으로부터 선한 것을 전혀 내놓을 수 없는 것과 똑같이 무능력하다.

I. 본성 속에서 불가능한 것.

1. 타락한 부모로부터 순전한 자녀들이 나오는 것.
2. 어느 한 개인의 타락한 본성으로부터 거룩한 본성이 나오는 것.
3. 불순한 마음으로부터 순수한 행동이 나오는 것.
4. 불완전한 사람들로부터 완전한 행동이 나오는 것.
5. 본성의 도덕적 죽음으로부터 천상적 생명이 나오는 것.

II. 누구나 실천적으로 고려해야 할 것.

1. 우리는 받아들여지기 위해 깨끗해져야 한다는 것.
2. 우리의 타락한 본성은 본질적으로 깨끗하지 못하다는 것.
3. 이것이 우리의 책임을 면제시키지 못한다는 것. 본성은 우리를 깨끗하지 못한 길로 이끌기 때문에 우리는 절대로 스스로 깨끗해질 수 없다.

마음 가장 깊은 곳에 죄가 있는 사람은 그것으로 인해 정직해져야 할 책임을 감당하지 못한다.

4. 우리는 우리 자신의 힘으로 깨끗하게 되는데 필수적인 일을 할 수 없다는 것.

- 부패는 하나님과 올바른 관계에 들어가는 것을 바랄 수 없도록 한다.
- 타락은 하나님과 대화하는데 합당한 존재가 될 수 없게 한다.
- 불경건은 하나님과 동행하는데 적합한 존재가 될 수 없게 한다.

5. 우리는 힘을 얻기 위해 강하신 성부를, 의를 얻기 위해 의로우신 성자를, 새로운 피조물이 되기 위해 창조하시는 성령을 바라보는 것이 옳다는 것. 여호와는 무로부터 만물을, 어둠으로부터 빛을, 혼돈으로부터 질서를 일으키셨고, 따라서 우리가 우리의 타락한 상태로부터 구원받기 위해 바라보아야 할 대상은 바로 이 창조주이시다.

III. 문제 해결을 위한 대비.

1. 죄인들에게 복음을 적용시킴. "우리가 아직 연약할 때에 기약대로 그리스도께서 경건하지 않은 자를 위하여 죽으셨도다"(롬 5:6). 복음은 우리를 위해 우리가 스스로 할 수 없는 것을 행하려고 심사숙고한다.

2. 보혈의 깨끗하게 하는 능력. 만약 다른 수단에 의해 죄가 제거될 수 있었다면, 예수님은 죽지 아니하셨을 것이다.

3. 성령의 거듭나게 하시는 사역. 만일 우리가 스스로 거듭날 수 있었다면, 성령은 우리를 거듭나게 하실 필요가 없었을 것이다.

4. 영적 창조, 부활, 소생, 보존 그리고 완전케 하심 속에 역사하는 하나님의 전능성. 이것은 우리의 무능력과 죽음을 충족시킨다.

- 피조물의 말라버린 샘에서 어떤 선이 나올 것이라고 기대하지 말라.
- 하나님이 그 사역자가 되시기 때문에, 가장 깨끗하게 될 수 있다는 소망을 가지라.

❖ 주목 ❖

우리가 여기서 말하는 "깨끗한"이라는 말은 '빛나는', '아름다운'을 의미한다. 우리가 그것을 눈으로 볼 수 있을 만큼 순수하고 투명한 물질, 점과 얼룩, 검음과 어둠이 전혀 없는 순전한 상태를 가리킨다. 누가 더러운 것으로부터 이처럼 깨끗한 것을 만들 수 있을까?

히브리어 '타마'는 '콘타미나툼'이라는 말과 가까운데, 이 말은 라틴어로 "불결한"이라는 뜻을 갖는다. 이 말은 가장 더러운 오염, 습관의 추악함과 부정함, 응고된 피, 흙탕물, 혐오스럽거나 무정함, 악취가 나거나 추악한 모습 등의 뜻으로 쓰인다. "누가 이 불결한 것으로부터 깨끗한 것을 이끌어 낼 수 있는가?"라는 말에서, "불결한 것"의 의미에 이 모든 뜻이 다 들어 있다. _ 카릴(Caryl)

인간의 부패는 보편적으로 유전된다. 아담은 "자신의 형상을 한 아들" 곧 자기처럼 죽을 수밖에 없고 비천한 존재인 죄인을 낳은 것으로 언급된다. 그뿐만이 아니다.

땅 위에 사는 아무리 거룩한 성도라도 그의 자녀에게 부패하고 죄악된 본성을 유전시킨다. 이것은 할례 받은 유대인이 할례 받지 못한 자녀를 낳는 것과 같고, 깨끗하게 닦이고 잘 까불러진 밀이 찌꺼기가 있는 씨를 생산하는 것과 같다(요 3:6). _ 윌리엄 거널(W. Gurnall)

오염된 샘의 물줄기를 깨끗하게 하려고 노력하는 것은 소용없는 일이다. 아니, 샘 자체가 변화되어야 한다. 그렇지 않으면 거기서 흘러나오는 물은 절대로 바뀌지 않을 것이다. 아무리 원하는 대로 능금나무 가지를 쳐보라. 그런다고 사과 열매가 맺어지지는 않을 것이다. 또 가시나무를 아무리 정성스럽게 키운다고 해도, 거기서 무화과 열매가 맺히지는 않을 것이다. 거듭남은 본성의 변화를 말하는 것이지, 자연적 변화를 의미하는 것이 절대로 아니다. 그것은 그 기원, 진행 그리고 결과가 초자연적이다. 그것은 위로부터 오는 능력을 통해 일어나야 한다. 아래로부터 오는 능력으로는 전혀 그것이 일어나게 할 수 없기 때문이다.

40
욥의 확실한 지식

내가 알기에는 나의 대속자가 살아 계시니
_ 욥기 19:25

해석의 어려움은 아주 크다. 우리는 경건한 거짓을 통해 얻어지는 결과보다는 솔직하게 읽는 것이 좋다. 절망 속에 떨어진 욥은 하나님의 진실과 공의를 의심하지 않았다. 그는 어떻게든 자신의 정당성을 인정받고, 비록 죽는다고 해도, 죽음 후에 그 정당성이 확실히 입증될 것이라고 선언했다. 그는 자신이 비방적인 고소 아래 있게 된 것을 믿을 수 없었다. 그는 미래에 언젠가 굽은 것들을 곧게 펴 주실 변호자이신 하나님의 공의와 신실하심을 단호하게 믿고 있었다. 우리는 아주 철저하게 복음주의적 의미로 그 말들을 사용해야 하며, 그것을 다른 의미로 왜곡하는 죄를 범해서는 안 된다. 진실로 다른 의미로는 욥이 말한 의미를 정확하게 드러내지 못할 것이다. 미래의 생명과 영광으로부터 나오는 위로가 아니라면 그가 어떤 소망을 가질 수 있었겠는가?

I. 욥은 냉정한 친구들 속에서 참된 친구를 갖고 있었다.

그는 그를 나의 대속자라고 부르고, 고난 속에서 그분을 바라보았다.
그 히브리어 단어는 다음과 같이 세 가지 의미를 함축하고 있다:

1. 그의 친족.
  • 누구보다 가까운 혈족. 예수님만큼 가까운 친족은 없다. 그 누구도 그렇게 가깝고 그렇게 친절하지 않다.
  • 자발적으로 그렇게 하셨다. 형제가 되도록 강요받지 않고, 그분 스스로, 진실한 마음으로 우리 본성을 취하셨다. 그러므로 그분은 형제 이

상이다.
- 그것을 인정하는 것을 부끄러워하지 않으셨다. "형제라 부르시기를 부끄러워하지 아니하시고"(히 2:11) 심지어는 그들이 자기를 버렸을 때에도 그분은 그들을 "내 형제"라고 부르셨다(마 28:10).
- 영원히 그렇다. 누가 우리를 그분에게서 갈라놓겠는가?(롬 8:35)
2. 그의 변호자.
- 거짓된 모든 고소로부터: 우리 영혼의 입장을 변론해 주시기 때문에.
- 모든 조소와 조롱으로부터: 그분을 믿는 자는 수치를 당하거나 좌절을 당하지 않을 것이기 때문에.
- 나아가 참된 고소로부터: 자신이 우리 죄를 담당하시고, 우리의 의가 되심으로써 우리를 의롭게 하셨기 때문에.
- 사탄의 참소로부터. "사탄아 여호와께서 너를 책망하노라"(슥 3:2). "우리 형제들을 참소하던 자 곧 우리 하나님 앞에서 밤낮 참소하던 자가 쫓겨났고"(계 12:10).
3. 그의 대속자.
- 그의 인격을 속박으로부터.
- 그의 잃어버린 재산, 은혜 그리고 기쁨을 그의 원수의 손으로부터.
- 값을 치르고, 능력으로 대속하셨다.

II. 욥은 절대 빈곤 속에서 참된 재산을 갖고 있었다.

그는 "나의 대속자"에 관해 말할 때, "모든 것이 사라지지만, 나의 대속자는 여전히 나의 것이요, 나를 위해 살아 계신다"고 역설한다.

그는 여기서 다음과 같은 사실을 지적하고 있다:
1. 나는 그분 자체를 받아들이고, 나 자신을 그분의 손에 맡긴다.
2. 나는 이미 그분의 능력을 어느 정도 맛보았고, 그분은 나의 보호자이기 때문에 지금도 모든 좋은 것을 나에게 베푸심을 확신한다.

3. 나는 그분을 영원히 붙잡을 것이다. 그분은 살든 죽든 나의 유일한 소망이 되실 것이다. 나는 다른 모든 것을 잃어버릴지라도, 나의 대속의 하나님과 나의 친족인 구주는 절대로 잃어버리지 않을 것이다.

III. 욥은 죽어가는 가족 속에서 살아계신 친족을 갖고 있었다.

"나의 대속자가 살아 계시니."

그는 크신 주님을 항상 살아 계신 분으로 인정했다.

- 그를 보존하시고 위로하시는 "영원하신 아버지"로서.
- 그를 대표하시는 그의 집의 머리로서.
- 천국에서 그를 위해 변론하시는 중보자로서.
- 땅 위에서 그의 권리를 보장하시는 변호자로서.
- 끝까지 그를 깨끗하게 하시는 그의 의로서.

우리가 로마교회의 죽은 그리스도와 무슨 관계가 있는가? 우리 대속주는 살아 계신 분이다.

유일신론자들의 죽은 그리스도는 어떤가? 우리의 신적 옹호자는 무한한 생명의 능력 안에 거하시는 분이다.

IV. 욥은 불확실한 사건들 속에서 절대적인 확신이 있었다.

"내가 알기에는." 그는 그 문제에 관해서 추호도 의심의 여지가 없었다. 다른 모든 것은 의심스러울지 모르나 이것만큼은 확실했다.

- 그의 믿음이 그를 확신으로 이끌었다. 믿음은 확실한 증거를 낳는다. 그것은 그것이 받아들이는 것을 실증하고, 우리로 하여금 알게 한다.
- 그의 시험이 그로 하여금 의심하도록 만들 수 없었다. 왜 그런가? 그것은 그의 하나님과의 관계나 그의 대속주의 마음이나 그의 옹호자의 생명을 건드리지 못했기 때문이다.
- 그의 어려움이 그로 하여금 이 지점에서 실패를 두려워하도록 만들

지 못했다. 왜냐하면 그의 대속자의 **생명**이 그의 구원의 원천이었고, 그는 그것을 결코 의심하지 않았기 때문이다.

• 그를 흠잡은 친구들도 여호와께서 그의 의로운 모습을 옹호하신다는 그의 확실한 신념을 바꿀 수 없었다.

예수님이 살아 계시는 한 우리의 지위는 안전하다. "내가 알기에는 나의 대속자가 살아 계시니"라고 말할 수 있는 자는 행복하다.

• 당신은 이 위대한 지식을 갖고 있는가?

• 당신은 이러한 확신에 따라 행동하는가?

• 당신은 이 시간 당신의 사랑하는 친족을 진심으로 경외하지 않겠는가?

❖ 기 초 적 생 각 ❖

"나의 대속자." 이 말은 일반적으로 "속죄자", "구원자"라는 의미가 있고, 특별하게는 어떤 사람의 주장을 지지하고 그의 권리를 옹호해 주는 사람을 의미한다. 이때 그는 어떤 사람을 위해 그 원수에게 복수하거나 그가 빼앗긴 소유물을 그와 그의 상속자에게 회복시켜 주는 역할을 한다. 욥은 이미 그와 하나님 사이에 **중재자**가 있다는 소망을 표현했다. 이어서 그는 더 나아가 **옹호자**를 바란다. 그런 다음 그는 증인 곧 천국에 그의 권리를 정확하게 알고 있는 자를 갖고 있음을 선언한다. 그리고 하나님 자신을 그의 옹호자로 요청한다. 이제 그는 더 강력한 입장을 취한다. 그는 이 모든 상황들에 견고함을 더해 주고, 자신의 최후의 승리를 보장해 주는 분이 계시다는 사실에 대한 확신을 선언한다. 그분은 욥의 의를 입증하고, 그의 주장을 완전히 해명해 주실 분으로 살아 계신다는 것이다. _「스피커 주석」(*Speaker's Commentary*)

혹독한 시험이 올 때 신자들은 다음과 같이 하도록 인도 받는다: (1) 그들 자신이 아니라 그들의 하나님 곧 대속자를 바라보도록, (2) 그들 안에서 확실하고, 의심할 여지가 없는 지식을 주목하도록 — "내가 알기에는" (3) 은혜언약에 선포되어 있는 것에 대해 인격적인 믿음을 견지하도록 — "나의 대속자", (4) 보이지 않는 것 — 살아 계신 대속자와 훗날 그분의 재림 — 에 따라 인생을 살도록.

시험받은 성도들은 큰 어둠 속에 있을 때, 오히려 위로의 진리를 발견하는 전화위복의 길로 나아갔다. "필요는 발명의 어머니다." 여기서 욥은 하나님의 공의로부터 자신을 위로할 수 있는 결론을 찾아냈다. 하나님은 비난 속에 있는 그의 신실한 종을 버려두실 수 없었다. 그러므로 비록 그가 비난 속에서 죽고, 벌레들이 그 살을 파먹을 정도로 세월이 흐른다고 해도, 그의 옹호자가 일어나 비방당하고 상처입은 욥을 옹호하실 것이다. 그리하여 성령은 그 고통당한 족장에게 미래의 상태, 가장 가까운 친족이 살아 계시다는 것, 장래의 심판, 성도들의 부활과 영원한 의에 관해 계시하셨다. 큰 빛이 좁은 창문 틈으로 들어왔고, 욥은 세상에서 잃어버린 것 대신 무한한 소득을 얻게 되었다.

약한 믿음을 가진 자는 온갖 고난으로부터 눈을 떼게 되는 것에 대해 감사한다. 왜냐하면 그것은 그들을 겁나게 하기 때문이다. 그것은 마치 마르다의 경우와 같다. 마르다는 나사로가 4일 동안 죽어 썩어가고 있는 상태가 되자 낙담하기 시작했다. 무덤의 돌을 치우기에는 너무 늦었다는 것이다. 그러나 강한 믿음의 소유자는 온갖 고난을 겪을 때, 불가능성을 스스로 선택하고 그것들을 극복한다. 그것은 마치 엘리야의 경우와 같다. 바알 제사장들과 다투고 있는 상황 속에서 온갖 불리함을 스스로 선택했다. 그는 "물을 부으라"고 외쳤고, 계속해서 "물을 더 부으라"고 외쳤다. 믿음은 하늘로부터 불을 내리도록 해서 희생제물을 불사르게 할 것이다. 욥은 "나는 죽어 장

사되고, 무덤에서 썩고 싶다. 내 몸을 불사르게 하라. 바다가 그것을 삼키도
록 하라. 짐승들이 그것을 먹어치우도록 하라. 그렇다고 할지라도 나는 다
시 살 것이다. 죽음은 선지자를 죽인 사자처럼, 그의 몸을 지키고 있을 뿐,
그것을 결코 소멸시키지 못할 것이다”라고 외친다. 욥의 믿음은 불가능을
조롱하고, 어려움에 관해 말하는 것을 부끄러워한다. 아브라함처럼 자신의
죽어 없어질 몸을 전혀 고려하지 않고 더 높은 소망을 따라 믿는다. 그는 하
나님께서 죽은 육체를 살리실 것을 알고 있었다. _ R. 브라운리그(R.
Brownrig)

본문은 “내가 알기에는” 이라는 엄숙한 선언과 함께 시작되는데, 그 안에
참으로 주목할 만한 진리가 몇 가지 담겨 있다: “오, 내 말은 지금 기록되었
도다! 그 말은 책에 기록된 것이로다! 그 말은 영원히 강철 같은 펜으로 조각
되었고, 반석에 새겨졌도다! 내가 알기에는” 확실히 이런 정열적인 선언은
기독교 신앙의 위대한 신비 신앙에 대한 표현으로 손색이 없을 것이다.

믿음은 믿고 있는 바를 강하게 확신하고 있거나 또는 그렇게 확신해야 한
다. 그것은 추측이나 추론이 아니라 증거로서, 견고한 확신이다. 우리는 우
리가 믿고 있는 바를 확실히 알고 있어야 한다. “우리가 당신은 하나님께로
부터 오신 선생인 줄 아나이다”(요 3:2). “우리가 주는 하나님의 거룩하신 자
이신 줄 믿고 알았사옵나이다”(요 6:69). “하늘에 있는 영원한 집이 우리에
게 있는 줄 아느니라”(고후 5:1). “우리가 그와 같을 줄을 아는 것은”(요일
3:2). “내 사랑하는 형제들아 견실하며 흔들리지 말고 항상 주의 일에 더욱
힘쓰는 자들이 되라 이는 너희 수고가 주 안에서 헛되지 않은 줄 앎이라”(고
전 15:58). 하나님에 의해 계시된 보이지 않는 것들은 확실히 알려져야 한다.
왜냐하면 그에 대한 분명하고, 확실한 이해가 우리에게 있을 것이라고 하나
님께서 말씀하셨기 때문이다. 믿음은 진부한 추측이 아니라 확실한 지식이

다. "우리는 생각한다." "우리는 정말 바란다"가 아니라 "우리는 안다"가 믿음의 표현이다. 그것은 우리가 가져야 할 단순한 가능성이나 개연적인 의견이 아니라 내가 이 위에 당신을 올려두는 확실하고 무오한 진리다. 그것은 부분적으로 본문에서 우리는 확실한 증거를 갖고 있기 때문이다. 만일 욥이 그 일이 일어나기 전에 그것을 볼 수 있었다면, 지금 우리가 그것을 보지 못할 이유가 어디 있겠는가? 복음이 계시되기 오래 전에 살았던 욥과 같은 옛날 성도들은 복음의 밝은 빛 속에서 살고 있는 우리를 부끄럽게 만든다. 영혼의 구속은 그 당시에는 참으로 큰 신비에 속한 일로서, 극히 일부의 사람들에게만 희미하게 계시된 사실이었다. 일천 천사 가운데 하나에게만 하나님께서 대속을 준비하셨다는 것을 죄인에게 전하도록 허락되었다(욥 33:23). _토머스 맨턴(T. Manton)

만일 우리가 어떤 일에 관해 확신한다면, 그것은 대속자에 관한 일도 포함될 것이다. 만일 우리가 어떤 사실에 관해 취소할 수 없는 주장을 갖는다면, 그것은 바로 우리 대속자의 부활과 생애에 관한 주장이 될 것이다. 모든 것이 이 진리에 달려 있다. 이것이 복음의 근본원리요, 우리 믿음의 근간이요, 우리의 소망의 절정이다. "이는 내가 살아 있고 너희도 살아 있겠음이라"(요 14:19). 비록 그 대가가 그의 고난이었다고 해도, 욥의 확신은 얼마나 감격스러운 것일까!

41
광명을 배반하는 사람들

광명을 배반하는 사람들은 이러하니
_ 욥기 24:13

이들은 분명히 광명 곧 빛이 있었고, 이것은 절대로 하찮은 특권이 아니었던 것으로 판단된다. 왜냐하면 어두운 산 속에서 방황하는 것은 끔찍한 저주이기 때문이다. 그러나 이 특권은 악을 저지르는 사태로 변질될 수 있다.

우리들 대부분은 가르침, 양심, 이성, 계시, 체험, 성령 등과 같은 다양한 양식으로 빛을 받았다. 그 정도는 다르지만, 우리 각자는 어느 정도 빛을 받았다는 점에서는 일치한다.

빛은 자체적으로 주권을 갖고 있고, 따라서 빛을 거부하는 것은 그것을 배반하는 것이다. 하나님은 자신을 계시하기 위해 빛을 주셨다. 왜냐하면 하나님은 곧 빛이시기 때문이다. 그분은 자신의 엄위와 심판 권능의 척도로서 빛을 입고 계신다.

빛을 거역하는 배반은 큰 죄를 범하는 것이다. 어둠을 물리치는 것이 미덕이라면, 빛을 물리치고, 진리와 거룩과 지식에 저항하는 사람들에 관해서는 뭐라고 말할 수 있겠는가?

I. 배반자를 찾아보자.

- 교육수준이 높은 사람들로서, 다른 사람을 가르치는 데는 능숙하지만, 스스로는 악의 길에 빠진 자들: 이들은 극악한 배반자들이다.
- 어릴 적 교육에 반하여 죄를 범하는 그리스도인 자녀들: 그들의 기도와 간구, 가르침과 본보기는 아무 가치가 없다.

- 고의적으로, 자주 그리고 악랄하게 확신을 억누르며 말씀을 듣는 자들.
- 정통적인 신자들처럼 말하면서 다른 사람들을 정죄하고, 그리하여 그들 자신의 운명을 스스로 판단하는 악의적인 고백자들.

II. 이 배반의 형태를 살펴보자.

- 어떤 사람들은 아는 것보다 편리한 것이 더 좋아서 빛을 거역한다. 따라서 그들은 생각할 시간을 거부하고, 설교로부터 자신을 분리시키고, 경건을 위한 독서를 멀리하고, 경건한 만남을 기피하며, 훈계를 싫어한다.
- 또 어떤 사람들은 빛을 어둠이라 부르고, 어둠을 빛이라 부르면서 그것을 조롱하고, 그것에 대항하여 싸운다. 불신앙, 상스러움, 핍박과 같은 것들이 그들의 수단이요 방책이다.
- 다른 사람들은 생활 속에서 빛에 역행하는 삶을 산다. 완고한 삶의 목적, 철저하게 옹고집적인 무관심 등이 그것이다. 빛을 떠나 사는 삶은 그것을 배반하는 것이다. 여러분 자신의 소원을 도덕법과 거룩법에 반하는 위치에 두는 것은 공개적으로 빛을 배반하는 반역이다. 많은 사람들이 자기가 소유한 빛을 바로 사용하지 못하고, 지식과 전통적 신앙이 자기들을 구원할 것이라고 상상한다.
- 많은 사람들이 다른 사람들의 빛을 어둡게 한다. 그들은 사람들 사이의 빛의 작용을 방해하고, 그들 자신의 빛을 말 밑에 두고(마 5:15), 다른 사람들에게 그 빛의 결과가 나타나는 것을 비웃는다.
- 모든 어둠은 빛을 거역하는 배반이다. 우리는 "어둠의 열매 없는 일들과 사귐을 가져서는" 안 된다.

III. 이 배반의 형벌을 고소해 보자.

- 빛을 제거한다는 것.
- 빛이 존재함에도 불구하고 그것을 보는 눈을 상실한다는 것.
- 죄인들이 죽음에 대해 눈이 가려져 있는 것처럼, 성령의 빛을 거부하는 사람들은 용서받지 못한다는 것.
- 마음이 크게 완악해져서 10배의 죄책을 자초하는 죄를 범하는 것.
- 영원토록 흑암만이 가득 한 어둠 속으로 한정 없이 떨어진다는 것.

IV. 이 배반의 어리석음을 살펴보자.

- 빛은 가장 좋은 우리의 친구로서, 그것에 순종하는 것은 지혜요, 그것에 저항하는 것은 우리의 유익을 발로 차는 것이다.
- 빛은 항상 승리한다. 올빼미는 울어도 달은 그 빛을 비춘다. 진리와 의에 반하는 것은 무익하다. 그것은 빛을 방해하는 일을 돕는 것이다.
- 빛은 더 큰 빛을 낳을 것이다. 빛의 편에 서라. 왜냐하면 그것이 당신 자신의 영혼에 득이 될 것이기 때문이다.
- 빛은 빛의 중심지인 천국으로 인도할 것이다.
- 빛은 이 세상에서도 평화, 위로, 안식, 거룩 그리고 하나님과의 교제를 제공할 것이다.
- 우리는 빛을 배반해서는 안 되고, 그 인도에 순종해야 한다. 그렇다. 그 복된 길을 따라 사는 것을 간절히 소망해야 한다.
- 우리는 빛의 협력자들이 되고, 그것을 전파해야 한다. "빛의 주님이자 수여자이신 분"의 빛을 간직하고 사는 것은 고귀한 일이다.
- 우리는 하나님이 빛 가운데 계신 것처럼, 빛 속에서 걸어야 한다. 그 때 우리의 인간적 행위도 생명의 사역을 도울 것이다. 빛은 우리의 생명이 빛이 될 때에, 우리의 생명이 될 것이다.

❖ 빛 ❖

뉴질랜드 연안에서 한 선장이 경고등에도 불구하고 키를 잘못 조종하여 등대 바로 밑에 있는 큰 암초에 부딪히고 말았다. 그는 그때 자기가 졸고 있었다고 말했다. 하지만 이것은 이미 엎질러진 물로서 파손된 배는 원상 복구될 수 없었고, 그것 때문에 그의 책임이 면제되는 것도 아니었다. 복음의 빛의 광선이 사람을 그의 죽을 운명으로 인도하는 것은 두려운 일이다.

경건한 사람들의 죄는 그들이 분명한 빛의 조명에 거역하는 죄를 범했다는 점에서 악인들의 죄보다 더 큰 죄를 범한 것이다. "광명을 배반하는 사람들은 이러하니"(욥 24:13). 빛은 지식에 대한 비유로 취해진 말이다. 악인들이 알면서 죄를 범한다는 사실은 부정될 수 없다. 그러나 경건한 자들은 악인들에게는 없는 빛이 있다. 그것은 어떤 위선도 가려낼 수 있는 신적 혜안의 빛이다. 그들은 다른 사람들보다 죄를 보는데 훨씬 탁월한 눈을 갖게 된다. 그들이 죄에 가담하고 이 쓰레기 속에 들어가는 것은 하나님을 성나게 하고, 그의 얼굴에 격렬한 분노를 발하게 만드는 것이다. 오, 그러므로 하나님의 백성인 당신은 죄로부터 도망하라. 당신의 죄는 불신자들의 죄보다 더 크고, 악하다. _토머스 왓슨(Thomas Watson)

무지의 죄도 진정 죄다. 왜냐하면 모든 법 수여자가 자기 백성들에게 그의 법에 대한 지식을 당연한 것으로 여기기 때문이다. 그러나 이미 알고 있는 죄를 고의로 범하고, 이미 알고 있는 의무를 의도적으로 어기는 것은 그 안에 커다란 불충성 요소들을 간직하고 있다. 따라서 주님의 뜻을 알면서 그대로 행하지 않은 사람은 더 큰 죄를 범하는 것이다. 어떤 사람이 그것이 타고 있는 줄을 알면서 손으로 불을 붙잡는다면, 아무도 그를 동정하지 않을 것이다. 그가 전염병자들을 격리 수용한 병원에 아무 이유 없이 들어간다면, 질병에 감염되지 않을 것이라고 생각할 사람은 없을 것이다. 얼음 위에 "위험"이라는 글씨가 새겨져 있다면, 그 경고는 사리분별력이 있는 사람에게 충분한 효력을 발휘할 것이다. 그 고지가 모든 얼음판에 큰 글씨로 적혀 있을 때, 그 부서지기 쉬운 얼음 위로 걸어가는 사람은 바보가 아니라면 자살 행위일 것이다. 그는 경솔한 그의 행동으로 인해 죽게 될 것이다.

42
결국 드러나는 위선자

그가 항상 하나님께 부르짖겠느냐
_ 욥기 27:10

위선자는 아주 근사하게 그리스도인의 모습을 흉내낼 수 있다. 그는 하나님을 안다고, 그분과 대화한다고, 그분을 헌신적으로 섬긴다고 그리고 그분의 보호를 바란다고 고백한다. 심지어 그는 기도를 실천하거나 최소한 기도를 하는 척 하기도 한다. 그러나 아무리 영리하더라도 그런 흉내는 언젠가는 들통나게 마련이고, 어떤 시험을 통해 발각되고 말 것이다. 그 시험은 바로 이것이다: "그가 항상 하나님께 부르짖겠느냐."

I. 그가 항상 기도하는가?

- 그가 은밀하게 기도하는가? 아니면 인간의 눈을 의식하거나 사람들의 칭찬에 의존하는가?
- 그는 기도가 금지된 상태에서도 기도하는가? 다니엘은 그렇게 했다. 그도 그런가?
- 그는 일할 때에도 기도하는가? 그가 절규하는 기도를 드리는가? 그가 순간마다 하나님의 인도를 구하는가?
- 그는 즐거울 때에도 기도하는가? 그가 자신의 혀로 악한 말을 하는 것에 대해 거룩한 두려움을 갖고 있는가? 아니면 사람들 때문에 하나님을 잊고 있는가?
- 영혼이 어둠 속에 있을 때 그가 기도하는가? 아니면 침묵으로 일관하는가?

II. 그가 지속적으로 기도하는가?

만일 그가 어쩌다 한번씩 기도 **행위**를 실천한다면, 그가 과연 하나님께 쉬지 말고 기도하게 하는 기도의 영에 사로잡힌 것일까? 우리는 끊임없이 기도해야 한다. 여기에는 다음과 같은 이유들이 있다:

- 우리는 현세적, 영적 삶 모두에서 하나님을 항상 의존해야 하기 때문이다.

      그리스도인들은 살아 있는 한 기도해야 한다.
      잠깐이라도 기도하라, 그러면 살리라.

- 우리는 어떤 일, 아니 일천 가지 일에 대해 항상 필요를 갖고 있기 때문이다.
- 축복을 가치 있게 사용하게 만드는 새로운 은혜를 항상 받고, 따라서 항상 필요로 하고 있기 때문이다.
- 항상 위험 속에 있기 때문이다. 보이거나 보이지 않는 위험이 항상 가까이 있고, 오직 하나님 외에 우리의 머리를 보호해 주실 수 있는 존재가 없다.
- 항상 약하고, 악을 범하는 성향이 있으며, 영혼의 각종 질병에 감염되기 쉬운 존재라서 "멸망을 준비하기"(사 27:13) 때문이다.
- 고난, 배움, 찬송 또는 섬김 등에서 항상 힘이 필요하기 때문이다.
- 항상 죄를 범하기 때문이다. 심지어는 거룩한 일을 할 때에도 죄가 우리에게 역사하고, 그리하여 우리는 끊임없이 죄를 씻는 일이 필요하다.
- 다른 사람들의 필요에 대해 항상 책임을 져야 하기 때문이다. 특히 지도자들, 목사들, 교사들, 부모들에 대해 그렇다.
- 만일 우리가 옳다면 항상 하나님의 주장이 우리 마음 가까이에 있고,

그 관계 속에서 무수한 기도의 이유들을 발견하기 때문이다.

III. 그가 끈질기게 기도하는가?

- 비록 응답이 없다고 해도 그가 계속 기도하는가? 그가 주인의 지시에 따라 표주(標柱)를 향해 돌진하는 용감한 말처럼 하는가?
- 원하지 않는 응답이 주어질 때에도 그가 계속 간구하는가? 그가 천사와 씨름하는 법을 알고 있고, 그래서 그렇게 분투하는가?
- 다른 사람이 함께 기도하지 않으면, 그는 혼자 기도해야 할 터인데, 그럼에도 불구하고 계속 간구하는가?
- 하나님께서 응답하시는 것이 그에게 실망과 패배를 안겨 준다면, 그가 그 지연을 거부가 아니라고 느끼고 계속 기도하는가?

IV. 한평생 동안 그가 계속 기도하는가?

- 위선자는 어떤 환경 속에서는 기도를 곧 포기한다.
- 그가 환난 가운데 있다면, 그는 기도하지 않고, 사람에게 도움을 청할 것이다.
- 환난으로부터 벗어난다면, 그는 기도하지 않고, 자신의 결심을 망각할 것이다.
- 사람들이 그를 비웃는다면, 그는 담대하게 기도하지 못할 것이다.
- 사람들이 그에게 호의를 베푼다면, 그는 기도를 게을리할 것이다.
1. 그는 형식에 치우친다. 절반은 졸면서 기도하고, 응답을 위해 깨어있지 못한다. 그의 기도는 무미건조한 형식들과 말 잔치로 끝나고 만다.
2. 그는 싫증을 낸다. 박차를 가해 기도할 수 없고, 그것을 계속 유지할 수 없다. 짧은 기도가 그에게는 안성맞춤이다.
3. 그는 안일을 추구한다. 상황이 순조로우면, 기도의 필요성을 깨닫지 못한다. 그는 기도하지 않아도 될 만큼 너무나 거룩하다.

4. 그는 불신앙적이고, 무익한 공상에 빠진다. 기도란 철학적인 것이 아니
   라고 상상한다.

✤ 예화 ✤

우리는 한 어린아이가 다음과 같이 기도했다는 말을 들었다: "안녕하세
요, 하나님. 우리 가족 모두 여행을 갈 거예요. 아빠와 엄마는 기도회에 가지
못할 거예요. 우리가 다시 돌아올 때까지는 기도를 못할 거예요." 우리는 바
다로 휴가를 떠나거나 공휴일을 즐기는 많은 사람들이 이와 마찬가지로 하
나님을 못 본 체하는 것이 두렵다.

무신론자인, 아니 최소한 무신론자를 자처하는 유명한 시인이 있었다. 그
에 따르면 하나님은 없고, 하나님을 믿는 믿음은 환상이고, 기도는 유치한
미신이며, 종교는 단지 탐욕스러운 성직자들의 철 족쇄에 불과하다는 것이
다. 에게 해의 바다 물결이 아주 잔잔할 때 그곳을 항해하면서 그는 이렇게
말했다. 그러나 상황이 급변했다. 그 상황과 함께 그의 신조도 바뀌었다. 하
늘이 그 위에서 잔뜩 흐려지기 시작했다. 깊은 바다는 성난 목소리로 포효
했다. 마치 하나님을 부인하는 이 사람을 놀라게 하려는 것처럼, **"그의 손을
높이 들도록"** 했다. 배가 제대로 항해할 수 없을 정도로 폭풍이 심해졌다.
배는 폭풍 앞에서 표류했다. "암초다!" 하는 다급한 목소리가 울려퍼졌다. 먹
이를 기다리고 있는, 무서운 암초 위의 죽음을 보고 그들이 얼마나 놀랐겠는
가! 몇 분 후 요란한 충돌이 일어났다. 그들은 거친 입을 벌리고 있는 바다에
잡아먹혔을까? 아니다. 그들은 유일한 하나님의 섭리로 구원을 받았다. 그
리스도인의 경험 속에서는 악한 일이 오히려 축복으로 증명되는 경우가 있
는 것처럼, 그들을 무서운 암초 위로 던져 버린 파도가 사실은 깊고 충분한
바다의 방으로 표류하던 그들을 안전하게 이끄는 역할을 했던 것이다. 그러
나 그 일이 일어나기 전 그 무신론자의 한 동반자 — 뱃머리에 앉아 하늘과

땅, 바다와 창공을 회한에 잠겨 마지막으로 바라보고 있던 ― 가 눈을 갑판으로 돌렸다. 염주를 굴리면서 성모 마리아를 향해 부르짖던 가톨릭교도들 가운데서 그는 엎드려 두려움에 떨고 있던 그 무신론자를 보았다. 폭풍이 무수한 거미줄처럼 아주 섬세하게 펼쳐졌던 그의 상념들을 휩쓸고 지나갔다. 그는 무릎을 꿇고 하나님께 자비를 베풀어 달라고 애원했다. _ 거스리 (Guthrie)

위선자는 항상 기도하지 않는다. 그는 자기가 원하는 시간에만 기도할 것이다. 그는 시간적으로나 공간적으로 하나님을 제한시킬 것이다. 그는 자신의 시간뿐만 아니라 하나님의 시간에 대해서도 자신이 주인이 될 것이다. "안식일이 언제 지나서"(암 8:5). 그가 전능자 안에서 즐거워 할 때도 있기는 있다. 그러나 그가 항상 하나님을 부르는가? 그를 알고 있는 사람은 누구나 그에 대해 "아니, 그는 그렇지 못해"라고 대답할 것이다. 특히 하나님의 눈 외에는 아무도 지켜보는 이가 없는 은밀한 중에는 더욱 그렇다. 어떤 특수한 상황, 어떤 특별한 경우에 그는 독실한 믿음을 보여 주기도 한다. 그러나 그는 너무 겸손하다. 그는 너무 멀리 있어서, 드물게 하나님을 찾기 때문에 그분을 별로 귀찮게 하지 않을 것이다. 아하스는 하나님이 그에게 여호와를 시험하도록(사 7:10-12) 명하셨음에도 불구하고, 징조를 구하지 아니했다. 겉으로는 크게 겸손한 척하지만, 그것은 확실히 불신앙의 징조다. 그는 그 사실을 믿을 수 없었기 때문에 징조를 구하지 않았던 것이다. 그것은 하나님을 귀찮게 하는 것을 피하는 것이 아니라 사실은 자신을 귀찮게 하는 것을 피하는 것이다. 그는 아주 정중한 것처럼 보이지만, 그것은 아주 뻔뻔스러운 모습을 보여 주는 것이다.

따라서 이런 위선자는 어쩌다 한 번씩 자신이 필요할 때만 하나님을 섬긴다. 그는 하나님이 자기를 귀찮게 하실 때가 아니면 그분을 귀찮게 하지 않는다. 건강할 때, 부유할 때, 평화로울 때 그는 스스로 위로를 만들 수 있다. 그는 고난의 때가 아니면 기도하지 않는다. 고통 속에 있을 때 그는 부지런히 하나님을 찾는다(호 5:15). 하나님께서 부득불 그의 자리로 왔다 갔다 하셔야 하고, 그때에만 이 사람은 하나님은 바라볼 것이다. 하나님이 그에게 다가오실 때, 그는 자신의 불행 속에 하나님을 참여시키지만, 만사가 순조로우면 그는 그 환희로부터 하나님을 제외시킨다. _ 새뮤얼 크룩(Samuel Crook)

43
책망 받은 자만

그대의 뜻대로 속전을 치르시겠느냐
_ 욥기 34:33

이 본문은 거의 이해 되지 않는 옛 말로 기록되어 있다. 더구나 그 말씀은 극히 간결하고, 함축적이어서, 의미가 모호하다. 그러나 우리 영어 성경 번역본에 기록된 의미는 다르게 번역되어 있고, 우리는 그것을 더 좋아한다.

I. 사람들은 사건이 자기 뜻대로 진행되리라고 실제로 생각하는가?

1. 하나님에 관해. 하나님에 관한 그들의 개념은 그들이 그분이 그런 분일 것이라고 생각하는 대로 형성되지만, 하나님이 과연 사람의 생각에 따라 형성된 하나님과 똑같은 분이실까?

2. 섭리 일반에 관해. 사람들이 역사를 다시 쓸 수 있는가? 그들은 역사에 대한 그들의 재배열이 무한한 지혜에 따라 진행될 것으로 상상하는가? 각기 나름대로 그들은 자기가 보는 대로 모든 사건들을 배열할 것이다. 그러나 그것이 과연 그렇게 되겠는가?

3. 복음과 그 교리, 그 교훈, 그 결과에 관해. 사람들마다 각각 자기의 구원의 길이 있는가? 속죄가 무시되거나 그것에 대한 진술이 사람들마다 각각 다르게 수정될 수 있는가?

4. 교회에 관해. 사람들이 머리요, 주님인가?

• 그들의 자유스런 생각이 영감을 무익하게 하는가?

• 세례와 주의 만찬이 그들의 기쁨을 왜곡시키는가? 겉만 번지르르한 의식들이 주의 순수한 규례들을 성전 밖으로 내쫓는가? 성직자의 재능이 영적 생명을 약화시키는가? 취미가 영적 계명들을 짓밟는가?

• 목회가 사람들의 위로와 그들의 뜻을 받드는 데에만 그 존재이유를 두고 있는가?

II. 무엇이 사람들로 하여금 그렇게 생각하도록 만드는가?

1. 자기중심성과 이기성.
2. 허영심과 교만.
3. 만사에 불평불만이 가득 찬 정신.
4. 그리스도를 믿는 믿음의 결여, 이것은 복음의 능력을 의심하게 만든다.
5. 하나님에 대한 사랑의 결여. 이것은 정신을 피폐하게 하고, 단순히 여호와께서 그것을 규정하셨다는 이유로 그것을 거부하도록 이끄는 역할을 한다.

III. 사건들이 사람들의 뜻대로 진행되지 않는 것은 얼마나 큰 은혜일까!

1. 만약 그렇게 된다면 하나님의 영광이 가려질 것이다.
2. 많은 사람이 한 사람에게 절대권력자의 자리를 만들어 줄 것이다.
3. 만일 우리 자신의 마음이 사건 전개를 마음대로 조절할 수 있다면, 우리는 우리에게 돌아올 두려운 책임을 느껴야 할 것이다.
4. 우리가 겪어야 할 시험들이 증가할 것이다. 우리는 성공했다고 해서 교만해지거나 실패했다고 해서 절망해서는 안 된다.
5. 우리의 욕망이 극히 탐욕적이 될 것이다.
6. 우리의 죄가 교정 받지 못할 것이다. 왜냐하면 우리는 우리에게 주어지는 채찍이나 비판을 받아들이지 않을 것이기 때문이다.
7. 보편적 다툼이 벌어질 것이다. 왜냐하면 각 사람마다 지배하고 다스리려는 욕구가 있기 때문이다(약 4:5). 만일 당신의 뜻대로 진행되어야 한다면, 왜 내 뜻대로 진행되어서는 안 되는가?

242

IV. 우리는 이런 자만을 일으키는 정신을 거부해야 한다.

1. 그것은 실행불가능하다. 왜냐하면 사건들이 그렇게 다양하게 다른 뜻에 따라 진행될 수는 없기 때문이다.
2. 그것은 비이성적이다. 왜냐하면 사건들이 그렇지 못하기 때문이다.
3. 그것은 비기독교적이다. 왜냐하면 그리스도 예수께서도 스스로 그렇게 주장하신 적이 없고, "나의 원대로 마옵시고"(마 26:39)라고 외치셨기 때문이다.
4. 그것은 무신론적이다. 왜냐하면 그것은 하나님을 보잘것없는 한 사람으로 전락시키기 때문이다.
   - 당신의 뜻을 하나님의 뜻에 맞추도록 그분께 기도하라.
   - 하나님의 뜻을 찬미하도록 힘쓰라.
   - 무엇보다 복음을 액면 그대로 받아들이되, 지금 그렇게 하라.

✦ 도움말 ✦

사건들이 당신의 뜻에 따라 진행되어야 하는가? 많은 사람들이 그렇게 생각하는 것 같다. 만일 우리가 사람들의 행위를 따라 판단한다면, 그들은 지존자가 그들의 안일, 그들의 환상 그리고 그들의 힘을 돕는 보조자가 되리라고 생각한다. 그러나 복음은 그들이 좋아하는 바를 지지하지 않는다. 섭리는 그들의 욕망에 맞추어 일어나지 않는다. 극히 일부 사건들만이 그들의 소원에 따라 일어날 뿐이다.

불평하는 인생아! 사건이 그대의 뜻대로 진행되어야 하는가? 그대의 뜻은 정욕이 아닌가? 그것은 이기심이 아닌가? 그것은 편견이 아닌가? 그것이 그대의 뜻대로 진행된다면, 하나님의 영광은 가려지지 않겠는가? 다른 사람들은 곤경에 처하지 않겠는가? 그대의 정욕이 더 증가하지 않겠는가? 그대의 시험이 더 강해지지 않겠는가? 그대의 위험이 더 확대되지 않겠는가?

그대의 하나님이 그대보다 훨씬 더 지혜롭고, 더 은혜롭고, 더 거룩하지 않은가? 그분은 공의를 사랑하시는 분이 아닌가? 그분의 자비가 그분의 행하시는 모든 일들 속에 나타나지 않는가? 진실로 그대는 고통 속에 있을 때, 가난 속에 있을 때, 병 들었을 때, 그때는 어떻게 하겠는가? 그대는 건강하기를 바라고, 유능하기를 바라고, 시험으로부터 자유롭기를 바랄 것이다. 그러나 "그것이 그대의 뜻대로 진행되겠는가?"

사랑하는 자들아, 우리는 이런 정신을 거부해야 한다. 세상에서는 일반적이지만, 그것은 이성적이지 못한 일이요, 죄를 범하는 일이요, 위험스러운 일이다. 그것은 실행 불가능하다. 여러분의 하나님이 지배하셔야 하고, 그분은 목적에서 놀랍고, 행함에서 탁월하신 분이다. 그분의 길은 의롭고, 그분의 계획은 지혜롭고, 그분의 의도는 은혜롭다. 그분의 활동이 끝날 때, 모든 부분은 그분의 영광을 드러낼 것이다. _ 제임스 스미스(James Smith)

우리 모두는 자신이 하고 싶은 일을 하면서 섭리를 믿는다고 생각하는 경향이 있다. 그러나 사건들이 잘못 진행될 때 우리는 만일 하나님이 계시다면, 그분은 땅이 아니라 하늘에 계시는 분이라고 생각한다. 봄이 되면 귀뚜라미는 초원에 집을 짓고, 모든 일이 순조롭기 때문에 즐거운 소리로 지저귄다. 그러나 밭고랑에 쟁기가 놓이고, 황소가 밭을 짓밟고 다니는 우레 같은 소리를 들을 때, 그는 하늘이 노랗게 보이고, 유쾌했던 마음은 일시에 시든다. 이윽고 쟁기가 삐걱거리며 움직이기 시작하고, 그의 거처가 밑에서 위로 뒤집어질 때, 그리하여 집도 없고, 가정도 없이 유리하는 상태가 될 때, 그는 "오, 세상의 기초는 무너져 내리고, 모든 것이 신속히 파멸되는구나"라고 말할 것이다. 하지만 쟁기 뒤에서 일하고 있는 농부는 세상의 기초가 무너져 내리고 있다고 생각하는가? 아니다. 그는 쟁기질의 결과로서 오게 되는 추수만을 생각할 것이다. 귀뚜라미도 묵묵히 기다린다면, 농부의 목적이 이루어지는 것을 보게 될 것이다. 우리가 모두 귀뚜라미와 같다. 우리 맘대로 만사가 진행될 때, 우리는 행복하고 만족한다. 그러나 실망스런 상황에 처할 때, 우리는 절망의 희생자가 되고 만다. _ 잭 박사(Dr. A. B. Jack), "설교자와 월간설교"에서

　사람은 하나님께서 그를 징계하시거나 고통 속에 있게 하실 때, 자신의 뜻대로 행하기를 원할 것이다. 그는 자신이 택한 방법과 수단에 따라 하나님께서 자신을 교정하기를 바랄 것이다. 그는 마음속으로 만일 하나님께서 이런저런 일들을 통해 나를 교정하고자 하신다면, 나는 기꺼이 그것을 감수하겠지만, 나는 그런 방법으로 교정받기를 바라지 않는다고 말한다. 어떤 사람은 하나님께서 내 재산을 다 가져간다면, 기꺼이 그것을 감수하겠지만, 내 몸에 대해서는 안 된다고 말한다. 또 다른 사람은 하나님께서 이 정도까지는 나를 고통스럽게 하실 때 복종할 수 있지만, 그 이상은 받아들일 수 없다고 말한다. 이처럼 우리는 우리의 뜻에 따라 우리의 고통의 정도나 기간을 정하곤 한다. 우리는 많은 날들을 교정 받아야 하지만, 그 기간들을 우리 뜻대로 하지는 못한다.

　사람은 하나님께서 전체 세상(자신뿐만 아니라)을 자신의 뜻대로 다스리기를 바란다. 루터는 세상에 대한 하나님의 섭리에 대해 극도의 혼란을 겪고 있을 때, 멜란히톤에게 "우리는 형제 필립에게 그가 세상을 다스리는 것이 아님을 가르쳐 주어야 하네"라고 썼다. 우리는 오직 하나님만이 자신이 만드신 세상을 다스리도록 거의 허용할 수 없는 존재다. _ 카릴(Caryl)

44
심문 받는 교만

하나님께서 그대가 거절한다고 하여 그대의 뜻대로 속전을
치르시겠느냐 그러면 그대가 스스로 택할 것이요
내가 할 것이 아니니 그대는 아는 대로 말하라
_ 욥기 34:33

하나님과 다투는 것은 결코 지혜롭지 않다. 특별히 구원 문제에 대해서는 더욱 그렇다. 용서를 구하는 죄인이 그의 주권적 구주와 다투는 것만큼 어리석은 일은 없을 것이다.

I. 질문.

"그대의 뜻대로 속전을 치르시겠느냐?"

구원이 당신에게 맞도록 계획되어야 하는가? 거지가 선택자가 될 수 있는가? 회개를 고백해야 하는 사람들이 지시자가 될 수 있는가?

1. 당신이 반대하는 것이 무엇인가?

- 구원 계획에서 반대할 만한 것이 있는가? 그것이 지나치게 은혜로운가? 그것이 너무 단순한가? 그것이 너무 시시한가? 당신은 대속의 방법이 싫은가? 당신은 구주의 신성에 반대하는가?
- 구원 역사에 걸림돌의 원인이 있는가? 십자가가 당신을 부끄럽게 하는가? 당신은 성령의 사역을 싫어하는가? 성령의 역사가 너무 급진적인가? 거듭남의 역사가 지나치게 영적인가? 거룩이 넌더리나는가?
- 그 요청들이 너무 엄격한가? 지나치게 청교도적인가?
- 그 진술들이 너무 모욕적인가? 지나치게 비난적인가?
- 그 섬김의 기간이 너무 긴가? 당신은 일시적인 믿음을 선호하는가?

한시적인 순종이 좋은가?

2. 하나님이 자신의 방법을 가져서는 안 되는가? 그분은 구원의 시여자이시다. 그렇다면 왜 자신이 원하는 대로 못하시겠는가?

3. 하나님의 방법이 최선이 아닌가? 그분은 무한히 선하신 최고의 관리자요, 은혜로운 최고의 지배자이시다.

4. 그것이 불완전한 뜻에 의해 주어진 것인가? 변덕스러운가? 연약한가? 이기적인가? 근시안적인가? 그런 것들은 당신의 경우가 아닌가?

5. 왜 당신의 뜻이 최고인가? 다른 사람의 뜻은 왜 최고가 아닌가? 당신은 그런 경우 불합리하다고 보지 않겠는가? 왜 당신 자신의 뜻이 아니면 안 되는가?

II. 경고.

"속전을 치르시겠느냐 그러면 그대가 스스로 택할 것이요 내가 할 것이 아니니."

죄인들은 구원을 받아들이든지 거부하든지 해야 한다.

1. 하나님은 자신의 기쁨대로 행하실 것이다.
2. 하나님은 죄를 벌하실 것이다.
3. 하나님은 회심을 통해 그리스도를 영화롭게 하실 것이다.
4. 하나님은 온 우주 앞에서 자신의 이름을 찬송하게 하실 것이다.
5. 하나님은 자신이 정하신 방법으로 자비의 사역을 수행하고, 허탄한 인간을 만족시키기 위해서 일점일획도 그것을 바꾸시지 않을 것이다.

III. 항의.

"내가 할 것이 아니니."

1. 나는 너와 다투는 자가 아니다. 당신을 다루시는 자는 사람이 아니라 하나님이시다. "그가 속전을 치르시는 것이요 … 내가 할 것이 아니니"

그러므로 속이거나 반항하는 것은 아무 소용이 없다. 따라서 당신은 사람을 이길 수는 있으나 영원자는 이길 수 없다.

2. 나는 당신에 대해 책임이 없다. 당신 자신이 죄를 범한 자이고, 그것에 대해 대답해야 한다. 하나님이 당신의 죄에 대한 속전을 요구하실 때 친구든 목사든 어느 누구도 당신을 대신해 줄 수 없다.

3. 나는 당신의 도전에 가담하지 않을 것이다. "내가 아니니." 우리는 하나님께 도리어 명령을 내리는 완악한 사람과의 관계를 깨끗이 청산해야 한다. "내가 아니니"라고 분명히 말할 수 있는 것은 중요한 일이다.

IV. 초청.

"그대는 아는 대로 말하라."

1. 당신의 자유를 행사하라. 선택하든지 아니면 거절하든지. 그것은 당신 자신의 모험이다.

2. 당신의 이성을 사용하라. 당신이 인간적 관찰과 경험을 통해 아는 것을 확신하라. 당신의 결단은 의심할 수 없는 지식 위에 세워져야 한다.

3. 당신의 능력을 사용하고, 당신이 생각하는 대로 말하라. 그러나 행동은 조심하라. 왜냐하면 당신의 말에 책임이 주어지기 때문이다.

4. 여호와의 방법에 대해 비판하기보다는 당신의 진실함을 더 잘 유지하고, 사실들에 대한 증거를 지키도록 하라.

• 하나님의 은혜의 방법에 대해 트집잡지 말라. 왜냐하면 그런다고 당신이 그것을 조금이라도 변경시킬 수 없고, 그것을 변경시킬 수 있다고 해도 당신이 그것을 더 낫게 할 수는 없기 때문이다.

• 다른 사람들의 트집에 가담하지 말라. 비판하고 의심하는 것이 멋져 보일 수 있지만, 그것은 무익한 일이요, 주제넘은 짓이요, 반역이다. 의심하는 자들은 그들 무리에서는 좋은 평판을 얻을지 모르나 결국은 불쌍한 피조물일 뿐이다. 하나님보다 더 현명한 사람은 바보 중에 바

보다.

- 스스로 결정하라. 그러나 그것이 지식과 생각을 갖추고 있어야 한다. 당신은 결정할 때, 다른 모든 사람이 당신의 판단에 고개 숙여야 한다고 생각해서는 안 된다. 여호와 앞에 고개 숙이라. 그리고 당신의 판단이 다른 사람들을 지배하는 것보다는 진리 그 자체에 순종하도록 더 신경을 쓰라.

45
비와 은혜를 비교함

> 누가 홍수를 위하여 물길을 터 주었으며
> 우레와 번개 길을 내어 주었느냐 누가 사람 없는 땅에, 사람 없는 광야에
> 비를 내리며 황무하고 황폐한 토지를 흡족하게 하여
> 연한 풀이 돋아나게 하였느냐
> _ 욥기 38:25-27

하나님은 비가 내리는 문제를 들어서 사람이 그의 조물주와 비교해 보도록 촉구하신다. 사람이 그것을 창조할 수 있는가? 그가 광야에 소나기를 내리게 할 수 있으며, 뜨거운 열 때문에 말라 비틀어져가는 한 포기 풀에 물을 뿌려 줄 수 있는가? 아니다. 그는 그런 일을 행하는 것을 생각조차 못할 것이다. 그 풍성한 역사는 오직 여호와만이 하시는 일이다. 우리는 은혜와 비 사이의 평행관계를 살펴볼 것이다.

I. 하나님만이 비를 주시고, 이것은 은혜에 대해서도 마찬가지다.

- 우리는 비와 은혜에 관해 말하는데, 그것은 하나님이 그것의 유일한 저자라는 것이다.
- 그분은 그것이 땅에 오게 하는 통로를 고안하고, 준비하셨다. 그분은 "홍수를 위하여 물길을 터 주신" 분이다. 마찬가지로 여호와께서는 은혜가 그의 백성들에게 임하는 길을 만드시는 분이다.
- 그분은 각 물방울을 지시하고, 각 풀잎에 이슬방울을 공급하시는데, 이것은 각 신자에게 그의 은혜의 분깃을 제공하시는 것과 같다.
- 그분은 힘을 알맞게 조정하시고, 그리하여 그것이 연한 풀잎을 상하게 하거나 시들게 하지 않도록 하신다. 마찬가지로 은혜도 그 고유의 부드러운 방법으로 임한다. 확신, 교화 등도 그 적절한 방법에 따라

보내어진다.

- 그분은 스스로의 힘으로 모든 것을 유지하신다. 절대적으로 자신의 뜻에 따라 하나님은 땅에 비를 내리시거나 영혼에 은혜를 베푸시거나 하신다.

II. 비는 사람들과는 상관없이 내리고, 은혜 역시 마찬가지다.

- 은혜는 사람의 주목을 기다리지 않는다. 비가 사람이 없는 곳에도 내리는 것처럼, 은혜도 사람들의 평판을 구하지 않는다.
- 사람의 협력이 필요하지 않다. 은혜는 "사람을 기다리지 아니하며 인생을 기다리지 않는 것이다"(미 5:7).
- 사람의 기도가 필요하지 않다. 풀은 비를 부르지 않지만, 온다. "나를 찾지 아니하던 자에게 찾아냄이 되었으며"(사 65:1).
- 사람의 공로가 필요하지 않다. 비는 메마른 광야에도 온다.

아, 은혜여, 전혀 어울리지 않는 심령에
임하는 것이 그대의 습관이라네.
가장 어두운 곳에서 고향을 찾게 하는 것이
그대의 빛의 영광이라네.

III. 비는 우리가 그것을 전혀 기대하지 않은 곳에도 내린다.

- 비는 전에 소나기가 전혀 내린 적이 없는 곳, 심지어는 황량한 광야에도 내린다. 마찬가지로 은혜도 지금까지 축복을 받지 못하고, 천국에 올라가는 것이 유일한 소망인 심령 속에도 들어온다(사 35:7).
- 비는 그 혜택을 되돌려 줄 것이 아무것도 없는 곳에도 내린다. 많은 심령들이 자연적으로는 아무 열매를 맺지 못하는 광야 같은 불모지이다(사 35:6).

- 비는 "황무지를 만족시키기 위해" 그 필요가 무한한 곳에도 내린다. 어떤 경우를 보면, 바다 같은 은혜가 필요한 것처럼 보인다. 거기서도 주님은 그 필요를 만족시켜 주신다. 그분의 은혜는 감사하는 영혼을 통해 기쁨과 영광이 하나님께 드려지는 곳에 내린다. 우리는 본문에서 비는 "사람이 없는 곳"에 내린다는 말씀을 두 번에 걸쳐 보게 된다. 회심이 여호와께 드려질 때, 그곳에 아무도 없다. 그런데 거기서 오직 여호와만 영광을 받는다.

IV. 이 비는 생명으로 말미암아 가장 가치 있게 된다.

- 비는 생명이 있는 씨앗과 식물들에게 기쁨을 준다. 싹이 트기 시작하는 단계에 있는 생명은 그것을 잘 알고 있다. 가장 연한 풀잎도 그것을 즐거워한다. 마찬가지로 은혜도 회개의 출발점에 있고, 약한 믿음이 있으며, 따라서 단지 살아 있을 뿐인 사람들에게 기쁨을 준다.
- 비는 성장을 가져오는 원인이다. 은혜 역시 은혜를 완전케 한다. 소망의 싹은 강한 믿음으로 자란다. 감정의 싹은 사랑으로 확대된다. 의지의 싹은 결단을 일으킨다. 고백의 싹은 공적 천명으로 나아간다. 쓰임받음의 싹은 열매로 귀착된다.
- 비는 건강과 생명의 원기를 낳는다. 은혜 역시 그렇지 아니한가?
- 비는 꽃에 색깔과 향기를 주고, 그것은 하나님을 기쁘시게 한다. 거듭난 본성이 충분히 자라는 것은 은혜에 원인이 있고, 여호와께서는 그것과 함께 크게 기뻐하신다.
- 우리는 은혜에 관해 하나님의 주권을 인정해야 한다.
- 우리는 그분께 은혜를 요청해야 한다.
- 우리는 비록 은혜를 받기에 너무나 무익한 존재이고, 일반은총의 길에서조차 벗어난 존재들일지라도, 그분이 그것을 보내주실 것을 기대해야 한다.

❖ 청자의 관심을 끌기 위해 ❖

팔레스타인 지역을 여행하는 한 숙녀가 다음과 같이 썼다: "비가 억수같이 쏟아지기 시작했다. 우리의 안내인인 모하메드가 커다란 아랍외투를 내게 던져 주면서, '오 숙녀여! 알라신이 땅에 복을 내리는 동안, 당신을 보호해 주시기를!' 하고 말했다."

오, 시들어가는 식물에 푸르름과 아름다움을 주고, 생명력과 활력을 주며, 향기와 상쾌함을 주는 비의 효과는 얼마나 좋은 것일까! 마찬가지로 그리스도의 역사의 결과들도 침체된 영혼에 얼마나 바람직할까! 그것들은 그들을 교화시켜 활기를 주며, 그들을 위로하여 성장시키며, 그들을 탐스럽게 하여 만족시키며, 그들을 변화시켜 아름답게 한다. _ 존 윌슨(John Willison)

내가 당신에게 열매 없는 나무가 되지 않도록, 비 없는 구름이 되지 않게 하소서. _ 스퍼스토우(Spurstowe)

나의 줄기는 죽어 있고,
나의 둔한 경작은 전혀 진척이 없습니다.
오 당신의 은혜를 쉬지 말고
하늘에서 떨어뜨려 주소서!

매일 아침 이슬방울이 떨어지는데,
이슬이 당신의 성령을 능가할까요?
풀에 더 이상 필요하지 않은 이슬을
하늘에서 떨어뜨려 주소서!

_ 조지 허버트

마치 그것들이 극히 세심하게 경작된 것처럼, 풀은 싹을 내고, 봉오리는 벌어지고, 잎은 자라고, 꽃은 그 향기를 풍긴다. 이 모든 것은 하나님의 솜씨 임에 틀림없다. 왜냐하면 사람은 이런 결과들을 흉내조차 낼 수 없기 때문 이다. 아마 어떤 사람은 아주 화려한 공원이나 사람이 잘 가꾸어놓은 극히 아름다운 정원보다 전인미답의 황야나 사람이 없는 끝없는 대초원에서 하 나님의 임재에 대한 의식을 더 깊이 느낀 적이 있을 것이다. 어떤 경우에는 하나님의 손만 보이고, 또 다른 경우에는 인간의 솜씨만 끊임없이 찬미하게 된다. _반스

하나님의 세심한 섭리는 모든 영역에 미치는데, 심지어는 사람이 전혀 없 는 곳에도 미친다. 이런 현상은 우리를 조금이라도 동정하거나 빵 한 조각 이라도 나누어 주는 사람이 전혀 없는 사고무친의 상태에 들어가 있을지라 도, 하나님을 더욱 의존하도록 힘을 줄 수 있다. 확실히 사람이 전혀 없는 곳 에서 야수들을 기르시는 여호와께서 모든 사람들의 마음이 그것들에 대해 차단되어 있을 때, 그의 백성들에게 그것들을 공급해 주실 수 있고, 또 공급 해 주실 것이다. 그분은 까마귀들이 엘리야에게 한 것처럼, 공중의 새와 땅 의 짐승들을 통해 그들에게 먹을 것을 공급하실 수 있다. _카릴

이것은 인간의 교만을 꺾어 버리는 경향이 있다. 인간은 하나님이 관심 을 두고 있는 유일한 피조물이다. 인간은 세상의 중심이자 주축이다. 하나 님은 가축, 새, 벌레, 그리고 살아 있는 모든 것에 관심을 갖고 계신다. 그분 은 인간의 발 아래 짓밟히는 풀에 물을 공급하기 위해 신비한 천체구조를 사 용하신다. 꽃은 그 붉은 홍조를 보이지 않도록 그리고 그 달콤한 향기를 허 비하도록 지음 받지 않았다. 왜냐하면 하나님께서 그것을 보고 계시고, 그것 으로 충분하기 때문이다. 땅은 여호와의 것이고, 그것으로 충분하다. 인간 은 오직 하나님의 기쁨을 위해 지음 받은 많은 피조물 가운데 하나의 종복이

다. 그러므로 인간은 많은 종들 가운데 하나로서 그 자리를 지켜야 한다. 만물은 하나님을 위해 지음 받았고, 만약 하나님께서 만물로부터 어떤 유익을 끌어내지 않는다면, 그것들은 무익하게 된다는 것을 잊지 말라.

46

궁핍한 자를 위한 격려

> 궁핍한 자가 항상 잊어버림을 당하지 아니함이여
> 가난한 자들이 영원히 실망하지 아니하리로다
> _ 시편 9:18

어떤 성경 본문의 실제적 가치는 그것을 받아들이는 사람이 어떤 상태에 처해 있는지에 따라 다르다. 시편기자의 노래는 그 대응 구절을 알고 있던 탓에 리처드 1세에게 감동을 주었다. 오솔길은 인디언에게는 의미로 충만하다. 왜냐하면 그의 재빠른 눈은 그 길을 따라가는 법을 알고 있기 때문이다. 그것은 백인에게는 십분의 일 정도의 의미도 없었을 것이다. 등대가 바라보이는 것은 선원에게는 환호할 일이다. 왜냐하면 그것으로 그의 위치가 어디쯤에 있는지를 알 수 있기 때문이다. 마찬가지로 영적으로 가난하고 곤고한 사람들은 이 약속에 크게 의존하고, 그것을 소중히 여기며, 그것에 따라 만족하며 살게 될 것이다.

가난한 자들이 하나님의 기억에 있다는 것은 액면 그대로 사실이다. 그들은 인간의 법에 의해서는 무시되지만, 여호와께서는 결국 그 실수를 고치실 것이다. 더 나아가 그분은 정부 당국자들로 하여금 가난한 자들에게 특별한 관심을 갖도록 지시하실 것이다. 본문을 영적인 관점에서 볼 때, 우리는 다음과 같은 사실을 발견한다:

I. 두 가지 쓰라린 경험이 끝났다.

1. "궁핍한 자가 항상 잊어버림을 당하지 아니함이여." 당신은 다음과 같이 망각된 존재였다.

   • 과거의 친구와 찬미자들에 의해.

- 주어진 약속과 예정된 계획 속에서.
- 형성된 심판과 분배된 찬양 속에서.
- 평가된 도움과 표현된 신뢰 속에서.

실제로 당신은 계산에 들어있던 요소가 아니었다. 당신은 마음으로부터 죽은 자처럼 잊혀졌다. 이것은 당신에게 깊은 상처를 주었다. 왜냐하면 처음에 당신은 망각된 존재가 아니었기 때문이다.

그러나 이것이 항상 그렇지는 않을 것이다.

2. "가난한 자들이 영원히 실망하지 아니하리로다" 당신은 실망했던 적이 있었다.
- 공의, 감사, 관계, 나이, 동정, 자비 등에 대한 당신의 자연적인 기대에서.
- 인간에 대한 당신의 신뢰에서.
- 당신 자신에 대한 판단에서.
- 섭리에 대한 기대에서.

이 실망은 단지 일시적인 것이다. 당신의 기대는 영원히 소멸되는 것은 아니다. 당신은 당신이 기대한 것 이상으로 받게 될 것이다.

II. 두 가지 커다란 두려움 곧 당신이 이미 경험한 것을 통해 주어졌던 두려움이 제거되었다.

1. 당신은 영원히 망각되지 않을 것이다.
- 당신은 결국 망각되지 않을 것이다.
- 심각한 환난 날에.
- 죄의 슬픔과 공포의 밤에.
- 죽음의 시간에.

2. 당신의 기대는 소멸되지 않을 것이다.
- 당신의 연약함은 하나님의 능력을 무산시키지 않을 것이다.

- 당신의 죄는 하나님의 은혜를 고갈시키지 않을 것이다.
- 당신의 구조적 결함은 당신을 멸망시키지 못할 것이다.
- 당신의 장래의 시험은 당신을 너무 힘들게 하지 아니할 것이다.

III. 두 가지 달콤한 약속이 주어졌다.

1. "항상 잊어버림을 당하지 아니함이여." 당신은 간과되지 않을 것이다.
   - 섭리의 작정 속에서.
   - 당신이 간구하는 곳인 속죄소에서.
   - 당신의 영혼이 갈급해할 때, 강단으로부터 그리고 말씀 속에서.
   - 빵이 떨어져 여호와와의 교제를 갈망할 때.
   - 여호와께 기억되는 것이 당신의 유일한 위로가 되는 고난과 섬김 속에서.
   - 천사들이나 다른 영적 존재들로부터.
   - 성부, 성자, 성령으로부터.

2. "영원히 실망하지 아니하리로다"
   - 평화가 당신의 마음에 찾아올 것이다.
   - 죄가 안팎에서 사라질 것이다.
   - 자비가 시험이 있을 때나 없을 때나 임할 것이다.
   - 놀라운 기쁨이 주어지고, 영광 속에 대로가 열릴 것이다.
   - 가난한 자는 하나님 안에 소망을 두어야 한다.
   - 가난한 자는 현재는 비록 부족하지만 미래에는 풍족할 것이다.
   - 무엇보다 가난한 자는 신실하신 하나님의 약속을 의지해야 한다.

❖ 조명자들 ❖

잊혀짐에서 오는 고통은 쿠퍼가 자신의 고독에 관해 알렉산더 셀커크 (Selkirk)에게 한 말 속에 실감나게 표현되어 있다:

내 친구들, 그들은 어쩌다 한 번씩
나를 바라거나 나에 대한 생각을 하겠지?
오 한 번도 보지 못한 친구라도
나는 친구가 있다고 내게 말해 주게.

자기 주변 환경에 대해 아무런 의식이 없을 정도로 극도로 쇠약해진 몸을 가진 임종 직전의 한 늙은 그리스도인이 완전한 평강을 유지하는 원인에 대해 질문을 받았다. 그는 이렇게 대답했다: "나는 생각할 수 있을 때 예수님을 생각하네. 그리고 그분에 대해 생각할 수 없을 때는 그분이 나에 관해 생각하신다는 사실을 알고 있거든."

주께서 내 아버지의 집과 고향으로부터 떠나도록 이끌기 30년 전, 나는 다음과 같은 이사야서 본문에 깊은 인상을 받았다: "네가 나를 여호와인 줄을 알리라"(사 49:23). 수많은 책들 중에서 나는 지금 그 당시 내가 감동받았던 유일한 진리인 이 구절이 기록되어 있는 성경책을 갖고 있다. 그것은 지금 내 앞에 있고, 나는 그 당시 밤처럼 검었던 머리가 그동안 세월이 흘러 파뿌리처럼 되었지만, 이 말씀을 기록한 잉크는 지금도 그 검정색 강도를 유지하고 있는데, 그 뒤에 대응적으로 이어지는 말씀인 "나를 바라는 자는 수치를 당하지 아니하리라"는 말씀과 함께 확신의 정도는 더 강해졌다. 나는 그 때 그것을 확신했지만, 지금도 그렇게 알고 있고, 그 구절은 나의 과거의 믿음의 상징이 되어 내 온 마음에 "약효를 보증함"(Probatum est)이라고 적을 수 있도록 했다. … 허다한 위기 속에서, 아주 고된 장면 속에서, 내면의 의기소침과 외부의 두려움 속에서, 마음을 심란하게 하는 고뇌와 그것을 무겁게 내리누르는 환난 속에서 나는 여호와를 기다렸고, 그 결과 지금 나를 보라, 수치를 당하지 않은 자로서 이렇게 서 있다. _ 존 키토 박사(Dr. John Kitto)

사역자를 선택하는 데에, 그리고 기타 모든 교회 활동을 하는데, 우리는 가난한 양들을 감안해야 한다. 그들은 실제로 갑절로 보살핌을 받아야 한다. 왜냐하면 여호와께서는 그들을 간과하시지 않기 때문이다. 그들이 스스로를 망각된 존재로 생각하도록 해서는 안 된다.

우리는 궁핍한 사람을 실망시키지 않도록 조심해야 한다. 그는 크게 도움 받아야 할 때 약속을 따라 소중히 여김을 받아야 한다. 만일 적절한 때 그를 돕지 못한다면, 그는 큰 고통에 처하게 된다. 우리는 여호와의 가난한 자들 가운데 하나라도 실망시켜서는 안 된다. 여호와께서 결코 그렇게 하신 적이 없기 때문이다.

영원한 상태에 있을 때 얼마나 큰 보상이 있고, 지위에 얼마나 놀라운 변화가 일어날까! 명성은 육체와 함께 부활할 것이다. 불명예와 게으름은 영광과 영예로 대체될 것이다. 부당하게 마음을 억누르던 실망은 무한한 행복에 대한 놀람으로 갑절로 되돌아올 것이다. 수레바퀴는 돌아가고, 땅에 닿았던 그 각 부분은 꼭대기까지 올라갈 것이다. "항상 … 아니함이여"라는 말씀은 현재의 배은망덕에 대한 느낌을 크게 누그러뜨리고, "영원히 … 아니하리로다"라는 말씀은 이 세상에서 당하는 시련들에 대해 똑같은 **누그러뜨림**을 제공한다.

47
계시와 회심

> 여호와의 율법은 완전하여 영혼을 소성시키며
> 여호와의 증거는 확실하여 우둔한 자를 지혜롭게 하며
> _ 시편 19:7

나무들은 그 열매로 알고, 책은 정신에 미치는 그 효과로 안다. 책이 높이 평가받는 것은 그 말의 우아함이 아니라 그 영향력의 탁월함에 있다.

여기서 다윗은 "여호와의 율법"이라는 말을 그 당시까지 주어진 하나님의 모든 계시를 포함하는 의미로 사용한다. 그러나 그의 말은 하나님이 그의 영을 통해 말씀하시기 때문에 그 이후 그분이 주신 모든 계시에도 똑같이 해당된다.

이 거룩한 계명은 우리 자신의 자아에 미치는 효과로서 판단될 수 있다. 그것은 사람 자신의 영혼에 상상할 수 있는 한 가장 큰 영향을 미친다. 따라서 시편기자는 완전하고 확실하다는 표현으로 최고의 찬사를 담아 그 점을 지적한다. 그 결과가 그것이 완전하고 확실하다는 것을 증명한다.

I. 회심 속에 담긴 하나님 말씀의 사역.

성령과는 별개라고 할지라도, 그것은 성령에 의해 구원에 필요한 모든 다양한 목적들을 따라 성령으로 말미암아 수행된다.

1. 사람들로 하여금 죄를 회개하도록. 그들은 온전함이 무엇인지 깨닫고, 하나님이 그것을 요청하신다는 것, 그들이 그것과는 거리가 멀다는 것을 알게 된다.
2. 사람들을 자기절망으로 이끌고, 하나님의 참된 구원의 방법으로부터 그들을 차단시키는 헛된 구원의 방법으로부터 돌이키도록.

3. 은혜로 말미암아, 그리스도를 통해, 믿음으로 얻게 되는 구원의 방법을 계시하기 위해.

4. 영혼이 모든 면에서 그리스도를 붙들도록 하기 위해. 약속과 초청을 선 포함으로써 오성을 일깨우고, 그리스도를 마음에 각인시킨다.

5. 심령을 하나님께 더 가까이 이끌기 위해. 사랑의 감정, 거룩에 대한 열 망, 헌신, 자기 점검, 이웃에 대한 사랑, 겸손 등 ─ 이것들은 모두 하나 님의 말씀으로 말미암아 마음속에 자극되고, 유지되고, 완전케 된다.

6. 영혼이 방황할 때, 그것을 회복시키기 위해. 인자, 소망, 사랑, 기쁨 등 을 새롭게 함으로써.

7. 본성을 온전케 하기 위해. 거룩한 즐거움을 위한 최고의 비행은 말씀의 위도 아니고 아래도 아니다. 성경보다 더 순전하거나 더 높은 곳에 있 는 것은 아무것도 없다. 말씀은 또한 온갖 죄를 죽이고, 아름다운 덕을 촉진시키며, 실천해야 할 모든 의무를 준비한다.

II. 말씀에 의해 이루어진 이 사역의 탁월함.

말씀에 의한 은혜의 역사는 완전히 선하고, 절대로 악하지 않다. 그 역사 는 무한한 분별력이 있어서 시의적절하고 균형적이다. 여호와의 말씀은 이 적적으로, 완전하게, 그리고 확실히 활동한다.

1. 그것은 회개를 소멸시키지 않고 절망을 제거한다.

2. 그것은 용서를 제공하지만, 몰염치를 낳지는 않는다.

3. 그것은 쉼을 주지만, 영혼으로 하여금 전진하도록 자극을 준다.

4. 그것은 안정을 가져오지만, 방심을 허락하지 않는다.

5. 그것은 힘과 거룩을 주지만, 교만을 낳지 않는다.

6. 그것은 의무, 감정, 소망, 그리고 즐거움들과 조화를 이룬다.

7. 그것은 사람으로 하여금 하나님을 위해, 하나님 앞에서 그리고 하나님 과 더불어 살도록 이끈다. 그러면서도 일상적인 삶의 의무를 가장 잘

감당하도록 한다.

III. 말씀의 후속적인 탁월함.

1. 만일 우리가 어떤 특수한 경우나 대부분의 경우에 회심했음을 확신하고 있다면, 그것에 덧붙일 것은 없다.

2. 우리는 참된 부흥의 불꽃이 소멸될 것을 두려워하여 어떤 교리에 집착할 필요는 없다.

3. 우리는 말씀을 선포하는데 부가적인 은사가 필요하지 않다. 말씀은 스스로 역사할 것이다.

4. 회심하기 위해서는 오직 말씀만 의지해야 한다. 좀 더 강한 영향력을 갖기 위해 새로운 교리를 추구하는 것은 무익하다. 오래된 것이 더 낫고, 오래된 복음보다 더 나은 것으로 생각될 수 있는 것은 아무것도 없다. 열쇠가 자물쇠에 딱 맞는 것처럼, 복음도 인간의 필요에 딱 맞는다.

5. 우리가 진정 지혜로운 자가 되기 위해서는 오직 말씀만 지키면 된다. 그는 노인들만큼 지혜롭되, 필요가 요구하는 대로 충분히 지혜롭고, 오래된 것만큼 지혜롭되, 영원이 요구하는 대로 충분히 지혜로우며, 그리스도의 지혜와 함께 지혜롭다.

   • 성경을 고수하라.
   • 하나님의 전체 계시를 연구하라.
   • 거룩한 섬김을 실천하는데에 말씀을 당신의 핵심 도구로 사용하라.

✤ 최 근 예 화 ✤

스페인 오포르토 출신의 한 학자가 펼친, 성경은 스스로 증거한다는 데 대한 주장은 주목할 만한 가치가 있다. 그는 수렁에 빠진 한 사람에게 그가 읽고 있던 책이 어떤 책인지 질문을 받자, 다음과 같이 대답해 주었다고 기록한다: "글쎄요. 당신이 내 말을 의심하지 않는다면, 나는 이것이 신약성경이라고 알고 있습니다. 나는 이 책을 사서 그 내용에 대해 좀 알아보기로 결심했습니다. 하지만 나에게 그것을 가르쳐 준 자를 누구에게도 말하지 못합니다. 내 아내에게도 못합니다. 그것을 가르쳐 준 자가 없기 때문입니다. 그러나 그것을 알기란 어렵지 않습니다. 왜냐하면 내가 읽자 **그것이 스스로 명백히 가르쳐 주기 때문입니다.**"

어떤 관찰자는 말하기를 "로마교회의 많은 신도들에게 주어진 성령의 조명 과정은 지난 주에 내가 만난 한 사람의 경험으로 어느 정도 짐작된다. 그는 매일 저녁 그의 아내와 함께 앉아 성경을 읽었다. 며칠 밤 만에 그는 성경 읽기를 그만두고, **'여보, 이 책이 진리라면, 우리가 잘못하는 것이오'**라고 말했다. 그는 다시 성경을 읽기 시작했고, 며칠이 지나자 **'여보, 이 책이 진리라면, 우리는 잃어버린 자들이오'**라고 말했다. 책에 시선을 집중시키고, 깊이 고뇌하던 그는 계속 성경을 읽었는데, 한 주일이 지나자 아주 즐거운 어조로 **'여보, 이 책이 진리라면, 우리는 구원받을 것이오'**라고 외쳤다. 성경 읽기를 계속한 몇 주 후 하나님의 영이 전도자들의 권면과 가르침을 통해 가르치자 그들은 비로소 그리스도를 믿는 믿음을 갖게 되었고, 지금은 소망 중에 즐거워하는 자들이 되었다." _ 기독교 명문선집

나는 앉아서 읽어볼 수 없는 많은 책들을 갖고 있다. 참으로 그 책들은 유익하고 건전하다. 그러나 잔돈처럼, 부피는 크지만 내용은 작은 책들이 있다. 은 같은 책들이 있고, 금 같은 책들도 있다. 그러나 나는 그 모든 것들보다 더 가치 있는 한 권의 책이 있는데, 그것은 바로 성경이라고 부르는 책이다. _ 존 뉴턴

그것은 하나님의 책이다. 그런데 내가 그것을
책들의 하나님이라고 부른들 무슨 상관일까?

그분이 이러한 다른 책을 찾으실 때까지
그분의 생각은 침묵 속에 질식하고,
그분은 그 표현에 대해 너무 불손하다고 진노하시리라.

_크리스토퍼 하비(Christopher Harvey)

    인생을 오래 살수록 하나님의 말씀 전체를 비롯한 설교사역에 대한 나의 평가는 그만큼 더 높아진다. 만일 어떤 진리들이 회심을 일으킨다면, 나는 그 진리들을 의도적으로 더 주목하고 설교했고, 어쨌든 그것은 실패하지 않았다. 별로 중요하지 않은 교리들은 일반적인 가르침의 방법으로는 가르치기 어려운 무관심한 심령들을 만족시키는 경향이 있다. 생각과 마음이 중심에서 벗어난 상태에 있는 사람들을 완전히 만족시킬 수 있는 특이한 진리들은 얼마나 될까! 나는 충분히 기도하고 부활에 관해 설교했고, 그 결과 많은 사람들이 영적 생명을 얻고 거듭났다. 부흥이 크게 침체되어 있을 때, 나는 신적 주권에 관해 설교했다. 어떤 진리가 어떤 사역으로부터 배제될 때, 열매 없는 결과를 낳을 수 있다. 오, 그러한 목사들은 하나님의 말씀이 "영혼을 회심시키기 위해" 계속 발전해야 할 필요가 없고, 이미 완전하며, 따라서 그것은 지금도 어리석은 자들을 지혜롭게 만들기 때문에 시대에 맞출 필요가 없다고 믿을 것이다.

    만일 어떤 지식을 우리가 충분히 소유하고 있다면, 그것은 확실히 경험을 통해 우리에게 주어진 것일 것이다. 어떤 물질이 물 위에 떠다니고 있는지의 여부는 그 비중에 관한 지식으로 증명될 수 있다. 그러나 우리가 그것을 눈으로 분명하게 보았다면, 그 사실을 훨씬 더 확실하게 느낄 것이고, "나는 그것이 물속에서 자주 떠다니는 것을 보았다"고 반대자에게 대답해 준다면, 그것은 모든 반론을 충분히 잠재울 수 있는 대답이 될 것이다. 그렇다. 우리는 그때 "그 비중이 물보다 가볍기 때문에 확실히 물 위에 뜰 것이다"라는 대답보다 훨씬 더 결정적인 진술을 해 줄 수 있다. 이와 똑같은 원리에 따라 성경이 하나님의 말씀이라는 사실을 얼마나 충분히 증명할 수 있는지, 그것은 당연한 상식의 원리로다! 그렇다. 모든 그리스도인은 자신의 경험을 통해 그 증거를 갖고 있다. 과일장수인 한 가난한 이탈리아 여인이 하나님의 말씀을 마음에 받아들이고, 그 진리를 확신하게 되었다. 다리 맨 위 자신의 과일가게 초라한 의자에 앉아있던 그녀는 과일을 사러오는 손님이 없을 때를 이용해서 성경을 읽고 공부하기 시작했다. 어느 날 과일을 사러 그 가게를 찾은 한 신사가 "부인, 무엇을 그렇게 열심히 읽고 있소?"라고 물었다. "하나님의 말씀이랍니다." "하나님의 말씀! 누가 당신에게 그렇게 말해 주었소?" "하나님께서 친히 그렇게 말씀하셨습니다." "그러면 당신은 하나님과 대화를 나눈단 말이오?" 신사가 그녀에게 그렇게 믿고 있는 증거를 한 번 대보라고 강력히 요청하자 그 가난한 여인은 약간 당혹감을 느꼈다. 토론의 경험이 없는 그녀는 증거를 대는 일에 크게 난처함을 느꼈다. 결국 그녀는 고개를 위로 들고 "선생님, 하늘에 떠 있는 해를 내게 증명할 수 있지요?"라고 말했다. 이에 그 신사는 "그럼요"라고 즉시 대답했다. 그러면서 그는 이렇게 말했다: "예, 그 최고의 증거는 그것이 나를 따스하게 한다는 것이고, 내가 그 빛을 볼 수 있다는 것입니다." 신사의 말이 끝나자마자 그녀는 기쁜 듯이 이렇게 맞받았다: "바로 그것입니다. 이 책이 하나님의 말씀이라는 최고의 증거는 그것이 내 영혼을 따스하게 하고, 내 영혼에 빛을 비추고 있다는 것입니다." _ 버트램(Bertram)의 「설교백과사전」

맥체인(McCheyne)은 어디서든 "그것을 의지하라. 그것은 바로 하나님의 말씀이다. 영혼을 회심시키는 것은 하나님의 말씀이지 인간의 판단이 아니다"라고 말한다. 나는 이것이 사실임을 자주 보았다. 설교는 확신이나 결단의 수단은 되었지만, 회심의 참된 도구는 설교자가 인용하는 성경 본문이었음을 역력히 보았던 것이다. 커다란 열매는 작은 씨앗을 포함하고 있고 자라게 할 수 있다. 열매가 땅에 떨어져 싹이 나올 때, 참생명은 그 중심부의 씨 속에 있지, 그 씨를 포함하고 있는 달콤한 과일 속에 있지 않다. 마찬가지로 신적 진리는 살아 있고 썩지 않는 씨이고, 설교는 그 씨를 담고 있는 과일과 같다. 하지만 그 생명력, 그 에너지, 그 구원하는 능력은 말씀의 씨 속에 존재하고, 그것을 둘러싸고 있는 과일 곧 인간의 설교와 권면 속에는 최소한의 범위에서만 존재한다.

48
구원의 하나님

의인들의 구원은 여호와로부터 오나니
_ 시편 37:39

구원이란 아주 중요한 말로, 참신자들의 삶 전체 ─ 곧 타락의 파멸에 대한 최초의 의식으로부터 영광에 들어가는 최후의 축복에 이르기까지 그들의 전체 경험 ─ 를 포괄한다. 그들은 자아, 죄, 사탄, 세상으로부터 영원히 구원받아야 할 필요를 느낀다. 그들은 보존을 위해 하나님을 믿고, 그들의 미래는 평안이다(37절).

번영 속에 있는 죄인은 다른 노선 위에 있고, 다른 결론을 갖는다. 그는 구원의 모든 필요를 인정하지 않고, 자신의 성공을 자신의 능력의 결과로 돌린다. 그러나 슬프도다! 그에게는 오래 전부터 주객이 전도되어 있다. 바로 앞 구절에 따르면, "범죄자들은 함께 멸망하리니 악인의 미래는 끊어질 것이다"(38절). 하나님은 불의한 자들과는 함께 하시지 않는다. 환난의 때에 그들에게는 안전도, 힘도, 구원도 주어지지 않는다.

본문은 우리가 살펴보아야 할 광범한 내용을 포함하고 있다:

I. 이것은 건전한 교리의 본질이다.

의인의 구원은 여호와 곧 성부, 성자, 성령의 삼위일체 하나님으로부터 온다:

1. 계획
2. 준비
3. 시작
4. 수행

　　5. 완결

II. 이것은 필수적인 사실이다.

성도들은 다음과 같은 이유로 그것을 인정한다:

　　1. 그들은 내적 갈등을 통해 하나님만이 구원을 역사하시는 분임을 알게
　　　 된다. 그들은 스스로 구원하기에 너무 변덕스럽고, 연약하다.

　　2. 그들은 외적 시험들을 통해 똑같은 결론에 도달한다. 오직 하나님이 지
　　　 켜 주시는 자들만이 안전하게 보존 받는다.

　　3. 그들은 세상의 미움을 통해 세상에 대한 모든 소망을 포기하도록 인도
　　　 받는다. 하나님은 무장한 세상보다 훨씬 더 크시다.

　　4. 전능자가 그들을 지켜 주시지 아니하면, 그들은 일상적인 시험과 고난
　　　 속에서 파멸하고 말 것이다. 오직 하나님의 은혜만이 모든 상황을 만족
　　　 시킬 수 있다.

　　5. 위선자들의 멸망은 사람이 얼마나 무력한 존재인지를 보여 주는 슬픈
　　　 증거가 된다. 세속적인 신자들은 열매를 맺지 못해 결국 나무로부터 떨
　　　 어져 버리는 꽃과 같다.

III. 이것은 감미로운 위로다.

　　그의 성도들의 구원은 주 하나님께 속해 있다는 이 진리는 은혜롭게 베풀
어진다:

　　1. 그들을 견고한 신뢰로 인도한다.

　　2. 그들을 기도하도록 자극한다.

　　3. 그들이 자아를 벗어나 하나님을 바라보도록 주장한다.

　　4. 그들에게 하나님을 크게 생각하는 마음을 불어넣는다.

　　5. 그들로 하여금 그들의 구속자에 대해 찬양을 돌리도록 이끈다.

IV. 이것은 겸손의 이유다.

1. 그것은 구원받았다는 사실에 대해 그들이 조금이라도 교만한 마음을 갖지 못하도록 한다.

2. 그것은 그들이 스스로 성실함을 계속 유지한다는 이유로 조금이라도 자아를 높이지 못하도록 한다.

3. 그것은 타락한 자들의 부당한 비난을 피하도록 한다. 왜냐하면 여호와께서 그들을 붙들어 주시지 않았다면, 그들 스스로 타락했을 것이기 때문이다.

4. 그것은 장래에 관해 자기신뢰를 갖지 못하도록 만든다. 왜냐하면 그들의 연약함은 본래적이고, 영속적인 것이기 때문이다.

5. 그것은 심지어 천국에서까지 그들이 자기 영광을 찾지 못하도록 한다. 왜냐하면 모든 일들 속에서 그들은 주권적 은혜에 대해 빚진 자들이기 때문이다.

V. 이것은 소망의 효과적인 근거다.

1. 우리 자신의 어려움에 관해: 이때 하나님께서 우리에게 구원을 베푸실 수 있다.

2. 시험 속에 있는 우리 형제들에 관해: 이때 여호와께서는 그들을 보존하고, 성화시키고, 구원하실 수 있다.

3. 영혼을 찾는 자들에 관해: 우리는 구주의 손에 그들의 사정을 맡길 수 있다. 그분은 끝까지 구원하실 것이다.

4. 죄인들에 관해: 그들은 더 이상 타락하고, 완강하고, 무지하고, 거짓될 수 없다. 하나님은 최악의 상태에서도 구원을 일으키실 수 있다.

❖ 황금종 ❖

"구원은 여호와께 속하였나이다"(욘 2:9). 이것은 요나의 기도의 결론이다. 이것은 가장 중요한 한마디로서, 그의 이야기의 참된 교훈이다. 뱃사람들은 그들의 배 위에 배의 수호신인 카스토르와 폴룩스(희랍신화의 쌍둥이 형제)가 아니라 **"구원은 여호와께 속하였다"**고 기록했다. 그 다음 장에서 니느웨 사람들도 그들의 문 위에 **"구원은 여호와께 속하였다"**고 기록했다. 그리고 요나의 강퍅한 마음과는 반대로 하나님에 의해 긍휼을 받고 옹호를 받은 모든 사람들은 자기들의 손바닥에 **"구원은 여호와께 속하였다"**고 새겨넣었다. 이것이 신구약성경 전체의 주장으로, 하늘과 땅의 무수한 증인들의 언급이다. 만약 구원이 여호와께 없었다면, 그들은 모두 땅으로 떨어지고, 그들의 모든 관절은 산산이 끊어졌을 것이다. 공중의 새는 절대로 멈추지 않고, 들판의 짐승도 큰 소리로 "구원은 여호와께 속하였다"(Salus Jehovæ)고 노래하고 외칠 것이다. 히브리서 저자는 충분히 말했으면서도 또 더 말할 것이 있었기 때문에 시간이 부족하다고 말하면서, "내가 무슨 말을 더하리요?"(11:32)라고 말한다. 아니 내가 무슨 말을 더하지 않으리요? 왜냐하면 세상은 지금 나의 무대요, 구원은 **여호와께 속하였다는** 이 황홀한 찬미에 의존하지 않는 나 자신을 도저히 상상할 수도 없기 때문이다. _ 킹의 「요나서 강해」

성도들은 천국을 차지한다. 정복이 아니라 상속에 의해서이다. 그들 자신의 힘이 아니라 다른 존재의 힘을 빌려서이다. 그것은 영국 왕이 휘하 신하들에게 차지한 땅을 어떤 명칭으로 불러야 할지 알아보라고 명령하던 당시 영국 왕실에서 벌어진 광경과 상상할 수 있는 한 최대한 대조를 이루는 사실이다. 어떤 명칭이 좋을까! 성급한 질문 한마디에 일백 개의 칼이 그 칼집에서 뽑혀져 나왔다. 놀란 군주 앞에서 그들은 "이것을 가지고 우리는 이겼습니다. 이것을 가지고 얻은 땅을 지킬 것입니다"라고 말했다. 천국에서 벌어지는 장면과 얼마나 다른가! 모든 눈이 사랑의 시선으로 예수님을 바라보고 있다. 가슴마다 감사가 불타고, 누구나 가슴 벅찬 찬송을 부르고 있다.

또한 금으로 만든 수금으로 그분을 찬양하는 자들도 있고, 자기들의 보좌에서 내려와 그분께 경배를 올리는 자들도 있다. 그들은 갈보리에서 못 박힌 그분의 발 앞에 그들의 면류관을 벗어 던져 번쩍거리는 산더미를 만들어 놓았다. 이 장면으로부터 그분의 이름으로 구원을 찾고, 그분의 공로를 통해 그것에 대한 소망을 갖는 법을 배우자. 그리고 믿음으로 하늘의 경배와 조화를 이루어 "우리가 아니라, 오 주여, 우리가 아니라, 오직 당신의 이름이 영광을 받으소서!"라고 고백하자. _ 거스리 박사

누군가 "이 시내는 곧 마를거야"라고 했다. 이 말에 옆 동료가 "아니지, 그 시내는 그치지 않는 샘으로부터 물이 흐르고 있어. 여름이든 겨울이든 절대로 마르는 법이 없을 거야" 했다. 어떤 사람이 그의 값비싼 집과 말 그리고 짐을 본 사람들에게 부자라는 말을 들었다. 그러나 다른 사람들은 그의 이름이 파산자 명단에 오를 것이라고 예상했다. 왜냐하면 자산이 전혀 없었기 때문이다. 어떤 사람이 "그 배후에는 아무것도 없다"고 말했는데, 그 말은 큰 의미가 있다. 그런데 신자는 그 깊이가 무한히 깊어 공급이 충분한 샘이 있고, 하나님의 전충족성이 그의 부의 자산이다. 그렇다면 그가 무엇을 두려워할 것인가?

만일 구원이 부분적으로는 하나님, 또 부분적으로는 인간의 것이라면, 한 부분은 철, 또 한 부분은 진흙으로 이루어진 느부갓네살의 꿈의 신상처럼, 그것은 슬픈 사건으로 끝나고 말 것이다. 그것은 결국 붕괴되고 말 것이다. 만일 우리가 어느 정도는 예수님을 의지하고, 또 어느 정도는 우리 자신의 공로를 의지한다면, 우리의 기초는 부분적으로는 반석 위에, 또 부분적으로는 모래 위에 놓인 것과 같아서, 그 전체 구조는 곧 허물어지고 말 것이다. 오 **"구원은 여호와께 속하였느니라"**는 말씀의 의미를 충분히 깨닫게 되기를!

오직 경험만이 이 진리를 사람들의 마음에 새겨 넣을 수 있다. 어떤 사람이 절벽 아래로 떨어졌는데, 그 충격으로 온 몸의 뼈마디가 부러졌다. 하지만 그는 스스로 살아나기를 희망할 것이다. 죄의 더미들이 그 위에 떨어져, 그를 죄로 파묻어 버렸다. 하지만 그의 자기신뢰는 여전히 남아있을 것이다. 산더미 같은 실제 죄악들이 그를 압도하지만, 그는 에트나 산의 용암에 둘러싸인 거인 키클롭스들처럼, 스스로의 노력을 통해 자신을 구해 보려고 할 것이다. 우리 본성의 모든 분자들이 티끌처럼 산산조각날 때, 자만이라는 악취를 풍긴다. 우리의 본질인 먼지가 가루처럼 흩어질 때, 교만이라는 역겨운 냄새를 풍길 것이다. 오직 성령만이 "구원은 여호와께 속하였느니라" 는 말씀을 겸손하게 받아들이도록 만드실 수 있다.

49
참새와 제비

나의 왕, 나의 하나님, 만군의 여호와여
주의 제단에서 참새도 제 집을 얻고
제비도 새끼 둘 보금자리를 얻었나이다
_ 시편 84:3

도망자 신세였을 때 다윗은 여호와의 집 주위에 사는 새들을 부러워했다. 마찬가지로 그리스도인은 영적 침체에 빠져 성도들의 모임으로부터 제외되어 있을 때, 하나님과 함께 하는 가정을 더욱 간절히 사모하게 될 것이다. 이 새들은 우리가 하나님 안에서 찾았던 것을 성소에서 찾았다.

I. 자기 자신을 위한 집.

새들이 여호와의 집과 주위에서 보금자리를 찾는다는 것은 주목할 만한 일이다. 다윗은 즐겁게 그 위에 보금자리를 정했다.

1. 새들이 어떤 존재인지를 생각해 보자. 참새들.
 • 값어치 없는 피조물이다. 2파딩에 5마리를 살 수 있다.
 • 궁핍한 피조물이다. 둥지, 음식, 그 외 다른 것이 필요한 존재다.
 • 초대받지 못한 손님이다. 성전은 그것들이 필요하지 않다. 성전은 그것들이 없으면 더 좋을 것이다.
 • 아주 흔한 피조물이다. 하지만 그 어느 것도 쫓겨나지 않았다.
2. 새들이 어떤 일을 했는지 생각해 보자. "제 집을 얻고" 아늑하고, 안전하고, 영원한 거처를 얻었다.
 • 그것들은 집을 고대했다. 그렇지 않다면 그것들이 제 집을 얻었다고 기록되지 못했을 것이다.

- 집은 이미 거기에 있었다. 그렇지 않다면 그것을 얻지(found) 못했을 것이다.
- 그것들은 집을 차지했다. 그것들의 권리는 그것을 발견했다는 사실에서 왔다. 그것들은 집을 얻었고, 아무 조건 없이 그것을 차지했다. 오 차지하는 믿음이 되기를!

3. 그것들이 무엇을 즐거워했는지 생각해 보자.

- 안전, 안식, 거주, 즐거움, 교제, 가까이함.
- 이 모든 것은 하나님의 집에 있고, 그분의 제단에 의해 더 견고하게 보장된다.
- 마찬가지로 신자들도 그리스도 예수 안에서 이 모든 것을 얻는다.

따라서 간접적으로 그것들은 하나님의 영광이 거하는 곳인, 성도들의 모임에서 똑같은 것들을 얻는다.

- 우리는 기쁘게 여호와의 집에 나아온다.
- 우리는 즐겁게 그 안에 거한다.
- 우리는 유쾌하게 그 안에 앉아 노래 부른다.
- 우리는 아주 만족스럽게 동료 성도들과 교제를 나눈다.

이것을 모든 새들이 누리는 것은 아니다. 독수리는 지나치게 야심이 크다. 콘도르는 너무 비열하다. 가마우지는 지나치게 탐욕스럽다. 매는 지극히 호전적이다. 타조는 너무 거칠다. 닭은 사람에게 지나치게 의존한다. 올빼미는 어두운 곳을 좋아한다. 하지만 참새는 작고 사랑스럽다.

II. 그들의 어린 새끼를 위한 보금자리.

어떤 사람은 자신을 위해서는 별로 집이 필요하지 않다. 왜냐하면 참새처럼 그들은 날면서 생활하고, 활동적이고, 정력적이기 때문이다. 그러나 그들은 큰 걱정거리인 자기 자녀들을 위해서는 보금자리가 필요하다. 그들은 자기 자녀들이 하나님 안에 자리를 잡고, 행복하고 안전하기를 바란다.

자녀들은 하나님의 집에 거처를 두어야 한다. 하나님의 성소는 자녀들의 보금자리가 되어야 한다.

1. 그들은 거기서 안전하고, 자유로울 것이다. "자유의 새"인 제비는 하나님의 제단 근처에 자신의 보금자리를 얻은 것에 만족한다. 제비는 거기서는 자신에 대해서나 자기 새끼들에 대해서나 속박을 두려워하지 않는다.

2. 그들은 거기서 즐거워할 것이다. 우리는 우리 자녀들이 하나님 안에서 그리고 그분을 거룩히 예배하는 일에 행복을 느끼도록 힘써야 한다. 안식일을 잘 지키지 못하고, 예배를 소홀히 여긴다고 지적당하는 일이 없어야 할 것이다.

3. 그들은 우리가 그들을 하나님의 집으로 가까이 이끌 때, 그만큼 행복에 가까워질 것이다.

4. 그들은 최고의 교제에 들어갈 것이다. 그들의 동료는 예수의 동료들이 되기 때문이다.

5. 그들은 참새처럼 둥지로 돌아오기 쉬울 것이다. 이것은 연어 새끼가 알을 낳기 위해 시내로 돌아오는 것과 같다. 자녀들은 그들이 받았던 처음 은혜를 기억하고 있는 법이다.

6. 자녀들은 진실로 그 사실에 따라 복을 받기 위해 그리스도께 나아갔다.

   • 그들은 부요하다. 그들은 하나님의 궁정에 거하기 때문이다.

   • 그들은 참된 지식을 소유하고 있다. 그들은 여호와의 성소에 거하기 때문이다.

   • 그들은 현세와 내세에서 영원토록 안전하다.

   우리 자녀들의 둥지가 주는 두 번째 복은 종종 첫 번째 복에 뒤이어 오는 것으로 우리 자신을 위한 집을 얻도록 한다는 것이다.

   • 그러나 그것은 기도, 모범 그리고 교훈이 필요하다. 자녀들은 오리가 물을 찾는 것처럼 종교를 찾지 않는다. 그들은 열렬한 관심을 통해 인

276

도받고, 훈련 받아야 한다.

- 당신은 당신 자신과 자녀들을 위해 그리스도를 간절히 추구하는가?
- 당신은 그리스도가 없어도 만족하는가? 그렇다면 당신은 자녀들을 제대로 보살피지 못할 것이다.
- 당신은 이미 예수 안에 거처가 있는가? 당신이 갖고 있는 모든 것이 똑같은 곳에 자리잡고 있지 않다면 안심하지 말라.

⁜ 단편 ⁜

토머스 모어 경은 셀시아에 있는 교구교회에 자주 출석했는데, 거기서 흰 가운을 입고 조찬기도회와 대예배의 성가대원으로 활동했다. 어느 날 노어 포크 지방의 군주가 그와 식사를 하려고 셀시아에 왔다가 교회에서 활동하고 있던 그를 보았다. 예배를 마친 후 팔짱을 끼고 함께 집을 향해 걸어가면서, 군주가 "나의 대법관이 교회 평신도라니! 교회 평신도라니! 그대는 왕과 그분의 지위를 더럽혔도다!"라고 외쳤다. 이에 그는 미소 지으면서 "아닙니다! 우리의 주군인 왕도 내가 그분의 주님을 제대로 섬기지 못한 것을 안다면, 그것이 자신의 지위를 더럽혔다고 생각할 것입니다"라고 대답했다.

나는 단지 미천한 새인
작은 참새에 지나지 않고,
내 인생은 아무 가치가 없다.
그러나 사랑하는 주께서 나를 보살피신다.

테니슨은 홍방울새의 노래라는 시를 통해 이것을 분명히 언급하고 있다:

나는 그저 홍방울새가 노래하는 것처럼,
노래하고, 노래해야 하기 때문에 노래할 뿐이네.

지금도 그 작은 새가 노래하듯
나는 즐겁고 ─ 그 새가 즐겁게 울어대듯
그 새가 보금자리를 잃고 슬퍼하듯
나도 슬프게 노래하네 ─ 그 새가 슬프게 울어대듯.

홍방울새의 감정은 하나의 비유로 사용될 수 있다. 그리스도인 부모는 그의 자녀들이 하나님이 정하신 길을 따라 살면서 즐거운 노래를 부를 때, 똑같이 즐거운 노래를 부를 것이다. 그러나 진리와 의의 길에서 벗어나 보금자리를 잃어버렸을 때 자녀들의 노래가 슬프게 울려퍼지면 그들 역시 슬픔의 노래를 부를 것이다. _ W. 노리스(W. Norris)

어떤 사람이 훌륭하게 말한 것처럼 "하나님은 아무 **가치 없는 자들**의 집과 전혀 **안식이 없는** 새들의 둥지를 찾는데 절대로 실패하시지 않는다." 이것은 우리에게 얼마나 위로가 되는 확신인가! 우리가 얼마나 안심하게 될까! 영혼이 그의 모든 피조물의 필요를 제공하시는 분의 감찰과 보호를 받고 있다는 것을 발견하는 것은 얼마나 큰 평안을 줄까! 우리는 "둥지"라는 표현이 "집"이라는 표현과 똑같은 의미라는 것을 알고 있다. 그것은 안전의 장소요, 폭풍을 피하는 피난처요, 자기를 모든 악으로부터 숨겨주는 전향소요, "안식처와 보금자리와 기쁨의 처소"를 파괴하는 모든 것을 막아 주는 보호처가 아닌가? ─ 「새 것과 옛 것」(Things New and old)

고대 국가들 사이에 존재했던 한 가지 풍습이 본문을 예증할 수 있는 증거로 취해질 수 있다. 그 둥지를 성전 위나 그 주변에 지은 새들은 내치거나 죽이는 일이 금지되었고, 그곳에서 방해받지 않고 안전하게 살도록 허용되었다. _ W. K. 클레이

대체로 경건한 부모의 자녀들은 경건하다. 이것이 진실이 아닌 경우는 한 가지 이유다. 조심스럽게 살펴본 결과 그 이유는 바로 가정기도의 부재, 가정불화, 폭력, 방관 또는 훈계 부족 등인 것을 발견했다. 만일 하나님의 길을 가도록 훈련을 받았다면, 그들은 그 길에서 절대로 벗어나지 않았을 것이다.

50
약속된 길에서 주어지는 천사의 보호

그가 너를 위하여 그의 천사들을 명령하사 네
모든 길에서 너를 지키게 하심이라
_ 시편 91:11

여호와께서는 그의 백성들이 고난당할 때 그들에게 피난처를 제공하셨
다. 왜냐하면 그분은 "화가 네게 미치지 못하며 재앙이 네 장막에 가까이 오
지 못하리니"(10절)라고 약속하셨기 때문이다. 이 구절은 하나님 안에 거하
는 자들에게 유월절의 복을 전하고 있다.

유월절을 경험하고 가나안 땅까지 광야 여정을 거치면서 이스라엘 백성
들에게는 언약의 사자의 약속이 있었고, 그들의 여정 속에서 그 약속은 지켜
졌으며, 그들은 모든 재앙으로부터 안전하게 구원을 받았다.

우리 역시 가나안 땅을 향해 가는 천국 순례자들이다. 유월절의 구원 역
사를 통해 우리에게 해방을 허락하신 분께서 또한 우리의 여행이 젖과 꿀이
흐르는 땅을 향해 가도록 예비하신다. 약속의 땅을 향해 가는 모든 길은 이
처럼 안전하게 하시는 하나님의 행위에 의해 보호받게 된다.

I. 약속이 없는 길이 있다.

"네 모든 길"이라고 언급되어 있다. 그러나 어떤 길은 하나님의 자녀의 길
이 아니라 그들 자신의 길로 되어 있다.

1. 오만의 길. 이런 사람은 위험을 자초한다. 말하자면 하나님을 무시한
   다. "뛰어내리라"고 사탄은 우리 주님께 말하면서 그는 본문의 약속을
   인용했다(마 4:6).

2. 죄, 부정직, 거짓말, 악덕, 세속적 타협의 길. 우리는 림몬의 신당에 들

어가 경배하는 것을 허용해서는 안 된다(엡 5:12).

3. 세속화, 이기주의, 탐욕, 야망의 길. 사람들이 자기확대를 추구하는 모든 길은 대체로 어둡고, 뒤틀린 것으로서, 하나님께 속한 길이 아니다 (잠 28:22; 딤전 6:9).

4. 교만, 허영, 자화자찬, 완전주의의 길. "교만은 패망의 선봉이다"(잠 16:18).

5. 자의적 숭배, 자기중심, 완고, 공상, 백일몽, 부조리한 충동의 길(렘 2:18).

6. 그릇된 교리, 새로운 것을 좋아함, 유행에 치우친 의식, 과대망상의 길 (딤후 3:5).

II. 안전이 보장된 길이 있다.

1. 주 예수님을 겸손하게 믿는 신앙의 길.

2. 하나님의 말씀에 순종하는 길.

3. 어린아이처럼 섭리의 인도하심을 믿는 믿음의 길.

4. 원리를 엄격히 따르고, 성실을 엄숙하게 따르는 길.

5. 거룩한 섬김을 실천하고 하나님의 영광을 구하는 길.

6. 세상과 구별된 삶을 살고, 하나님을 따라 가는 길.

III. 이 길들은 우리를 다양한 상태로 이끈다.

1. 그 길들은 변화무쌍하고 다양하다: "네 모든 길에서."

2. 그 길들은 때때로 가기 어려운 돌길이다: "발이 돌에 부딪히지 아니하게"(12절).

3. 그 길들은 시험이 있는 두려운 길이다.

4. 그 길들은 이해할 수 없는 시련이 있을 수 있다. 오직 거룩한 천사들을 만나야 할 길에 마귀들이 가득 진치고 있을 수 있다.

5. 그 길들은 결국에는 안전하다. 오히려 순탄하고 쉬운 길이 위험스럽다.

IV. 그러나 그 길을 따라 걸을 때 모든 신자는 안전하다.

1. 주님 자신이 그들에 관해 관심을 갖고 계신다. "**그**가 너를 위하여 그의 천사들을 명령하사." 그분은 거룩한 천사들에게 그의 자녀들을 지키도록 개인적으로 명령하실 것이다. 다윗은 압살롬을 살려주도록 그의 군사들에게 명령했지만, 그의 명령은 무시되었다. 그러나 하나님의 경우는 그렇지 않다.

2. 천사들이 그들을 보호해 준다. 유모가 그의 어린 아이를 안는 것처럼, 천사들은 자기들의 손에 그들을 안는다. 얼마나 놀라운 사랑이요 능력인가! 천사들이 사람들에게 종으로서 활동하다니!

3. 눈에 보이는 것이나 보이지 않는 모든 것도 그들 편이다. 모든 것들에게 성도들을 보호하도록 명령이 주어졌다. "주께서 나를 구원하라 명령하셨으니"(시 71:3).

4. 그들 각자가 개인적으로 보호 받는다. "그가 **너를** 위하여 … **너를** 지키게 하심이라"(사 13:6; 창 28:15).

5. 그 지키심은 영원하다. "네 모든 길에서"(시 121:3-4).

6. 이 지키심은 또한 그들에게 영예를 준다. 천군천사들을 **수호군사**로 두고 있다는 것은 얼마나 고귀한 일일까!

7. 이 모든 것은 천사들의 주인이고, 그래서 그들이 섬기는 분이신 예수님을 통해 그들에게 임할 것이다(사 43:4).

   • 가장 미천하게 쓰임 받는 존재가 가장 귀하게 쓰임 받는 존재와 어떻게 양립하는지 보라. 여호와의 비틀거리는 자녀들을 보호하는 것이 천사들에게는 불명예가 아니다.

   • 우리가 다른 사람들을 보호하는 자가 된다는 것은 얼마나 즐거운 일인가! 우리가 힘이 있을 때 그들을 붙들어주는 것은 얼마나 활력적인

일인가! 비틀거리는 형제를 내버려두는 것은 천사 같은 마음이 아니라 그 반대다.

• 우리가 느끼는 것은 얼마나 안전하고, 우리가 그런 존재가 된다는 것은 얼마나 신뢰할 만한 일인가! 알렉산더는 "파르메니오가 깨워 주기 때문에" 깊이 잠들 수 있었다고 말했다.

• 우리가 거룩한 천사들을 수호자로 두고 있다는 것은 얼마나 거룩한 일일까! 위대한 특권은 막중한 책임을 수반한다.

❖ 수식 ❖

윌리엄 왕은 플란더스 전투에서 싸우라고 군사들에게 쉰 목소리로 명령을 내리는 동안, 놀랍게도 그의 참모 가운데 런던의 상인으로 잉글랜드 은행의 부지배인인 마이클 갓프레이를 보았다. 왕은 자신의 호기심을 충족시키기 위해 그 앞에 나타났다. 왕은 말 위에서 그에게 "경은 이런 위험 속에 들어와서는 안 되는 사람이오. 그대는 군사가 아니지 않소. 여기서는 그대가 별로 소용이 없단 말이오." 그러자 갓프레이는 이렇게 대답했다: "폐하, 저에게는 폐하의 위엄보다 더 큰 위엄이 없사옵니다." 이에 왕은 "그건 그렇지 않소. 여기 있는 것이 나에게는 의무요. 그리고 솔직히 말해 내 생명은 하나님이 지켜 주시고, 경은 … " 이어져야 할 말은 끝나지 못했다. 왜냐하면 바로 그 순간 대포알이 왕의 발 앞에 떨어져 갓프레이의 목숨을 앗아가고 말았기 때문이다. 그는 자신의 소명과 의무의 길에 있었더라면 더 현명했을 것이다.

만년에 험프리는 의무의 길에서 방황하지 않고 바른 길을 찾아가도록 비결을 가르쳐 주는 좋은 글을 썼다: "조심하라. 이 땅에서 인생의 길을 걸을 때 당신은 반드시 인도자를 따라 걸어야 하리라." 번연도 옆길로 길을 잘못 들어 방황하는 순례자에게 똑같은 말로 엄중하게 경고했다. _ 보우스

천사들은 우리의 종으로
우리의 길을 지키고 있다.
그들의 조심스러운 손길에는
은혜의 거룩한 아들들이 안겨 있다.
천국의 복을 얻을 때까지
그들은 우리의 모든 발걸음을 인도하리라.
하나님은 우리 아버지시고,
예수님은 우리의 친구라.

_ 웨슬리(Weslrey)

임종 직전의 한 성도가 자신의 묘비에 자신의 이름과 함께 자신이 태어나서 죽은 인생의 기간을 기록하고, 그 밑에 "보호 받은 자"라는 한마디를 새겨달라고 부탁했다.

우리의 보호는 우리 자신의 손이 아니라 다른 손에 달려있다. 의무의 길 안에 있으면 우리는 천국만큼 안전하다. 커다란 위험뿐만 아니라 작은 위험 속에서도, 우리가 올바른 길에 있기만 하다면, 절대로 안전하다. 왜냐하면 걸림돌뿐만 아니라 불타는 창으로부터도 보호를 받기 때문이다. 우리의 보호자는 원수가 무력화시킬 수 없다. 왜냐하면 그것은 어떤 악도 물리칠 수 있을 만큼 강력하고, 어떤 지루함도 이겨낼 할 수 있을 만큼 기민하고, 그래서 절대로 지치지 않기 때문이다. 우리는 불후의 보디가드를 갖고 있고, 그들 각자는 절대로 패할 수 없고, 쇠하지 않고, 충성스러우며, 사랑이 넘치고, 불 같은 열정으로 가득 차 있는 자들이다. 각 천사는 진실로 "너를 위하여 명령을 받는다"고 말한다.

그들의 보호는 여호와 자신이 우리의 영을 받으실 때까지 계속될 것이다. 어떤 천사도 슬픈 모습으로 "제가 그를 지켜 줄 수 없었습니다. 돌이 너무 많았고, 그의 발은 너무 약하고, 길은 너무나 멀었기 때문입니다"라고 변명하는 일은 벌어지지 않을 것이다. 아니다. 우리는 끝까지 보호 받을 것이다. 천사들뿐만 아니라 주님 자신의 보호까지 함께 받기 때문이다: "그가 그의 거룩한 자들의 발을 지키실 것이요"(삼상 2:9).

51
산 자의 찬양

죽은 자들은 여호와를 찬양하지 못하나니
적막한 데로 내려가는 자들은 아무도 찬양하지 못하리로다
우리는 이제부터 영원까지 여호와를 송축하리로다
_ *시편 115:17-18*

살아 계신 하나님은 살아 있는 백성들에 의해 경배 받을 것이다. 복을 베푸시는 하나님은 복을 받은 백성들에 의해 송축 받을 것이다. 다른 사람들이 무엇을 하든, 우리는 여호와를 송축해야 한다. 그분을 송축할 때, 우리는 다른 사람들도 똑같이 그렇게 할 때까지 쉬어서는 안 된다. 우리는 그들에게 "여호와를 찬양하라"고 외쳐야 한다. 우리의 본보기와 우리의 설득이 그들로 하여금 찬양하도록 만들어야 한다.

I. 슬픈 기억.

"죽은 자들은 여호와를 찬양하지 못하나니 적막한 데로 내려가는 자들은 아무도 찬양하지 못하리로다."

이것은 우리에게 다음과 같은 사실들을 상기시킨다:

1. 시온의 찬양대에서 침묵하는 목소리들. 우리들 가운데 더 이상 노래하거나 말하지 못하는 선한 사람들과 진실한 사람들.

2. 우리 자신의 신속한 침묵. 이 세상에 관한 한, 우리는 곧 죽은 자와 침묵하는 자들 사이에 있게 될 것이다.

3. 우리 주변의 불경건한 사람들. 그들은 이미 영적으로 죽은 자들로서, 벙어리 이상으로 여호와를 찬양할 수 없다.

4. 지옥에 있는 상실된 영혼들. 이들은 여호와를 송축하지 못할 것이다.

II. 행복한 결심.

"우리는 여호와를 송축하리로다."

마음, 찬송, 증거, 행동을 통해 우리는 여호와께 우리의 지극한 찬양을 드리기로 결심하게 된다. 그 이유는 다음과 같다:

1. 우리는 살아 있다. 그렇다면 우리를 살아 있게 하시는 분을 송축하지 않겠는가?

2. 우리는 영적으로 살아 있다. 이것은 영원한 감사를 요청한다.

3. 우리는 여호와의 복을 받는다. 그런데 우리가 그분을 송축하지 않겠는가?

4. 그분은 우리에게 복을 베푸실 것이다. 그분은 우리에게 자신의 사랑을 더욱 크게 보여 주실 것이다. 그렇다면 우리는 그분을 더욱 크게 찬양해야 한다. 무슨 일이 일어나더라도 우리는 여호와를 송축하리라는 것이 우리의 변함없는 맹세가 되어야 한다.

III. 적절한 출발.

"우리는 이제부터 영원까지 여호와를 송축하리로다."

1. 이교도가 "그들의 하나님이 이제 어디 있느냐?" (2절)고 물을 때, 우리는 무신론적인 모든 질문들에 대해 하나님은 계신다고 담대하게 대답하고, 즐거운 마음으로 불신앙과 맞서야 한다.

2. 하나님의 은혜를 느낄 때, 우리는 "여호와께서 우리를 생각하신다"(12절)고 노래함으로써, 그분을 찬양해야 한다.

3. 영적으로 새롭게 되고, 위로를 얻었을 때, 우리는 그분을 찬양해야 한다. 4번에 걸쳐 "여호와께서 복을 주신다"는 말씀이 반복되는데, 이것은 우리의 경험에서 사실로 판명된다. 또 여호와께서 우리 각자와 각 가정을 축복하시기 때문에(12-14절) 할 수 있는 모든 것을 통해 우리는 여호와의 거룩하신 이름을 송축해야 한다.

4. 그리스도를 고백하도록 이끌릴 때, 우리는 그분을 찬양해야 한다. 그때 우리는 한평생 지속되는 삶의 시편을 시작한다. 섬김과 노래는 함께 간다.

5. 새해나 생일 등과 같이 어떤 특별한 시간이 끝나거나 시작될 때, 우리는 그분을 찬양해야 한다. 이때 우리는 다음과 같은 제목으로 여호와를 찬양하는 것이 마땅하다:
- 한 해 동안 죄를 용서해 주신 것에 대해.
- 한 해 동안 필요를 채워 주신 것에 대해.
- 한 해 동안 은혜를 베풀어 주신 것에 대해.
- 한 해 동안 두려움을 제거해 주신 것에 대해.
- 한 해 동안 소원을 이루어 주신 것에 대해.

우리는 이 특별한 시간에 여호와의 이름을 찬송해야 한다. 마음 깊은 곳에서 그분을 찬송하기 때문에 매순간 우리의 심장은 그 감격으로 고동쳐야 한다. 우리는 오랫동안 그분의 영광을 잊고 살았다.

IV. 영원한 지속.

"이제부터 영원까지."

1. 그것을 그치게 하는 피곤은 없을 것이다. 여호와를 송축하기 때문에 우리의 힘은 더 새롭게 될 것이다.

2. 그것을 그치게 하는 실패는 절대로 없을 것이다. 여호와께서 우리 영혼을 자신의 길로 인도하셔서 우리의 모든 날을 통해 자신을 찬송하도록 하실 것이다.

3. 죽음도 우리의 찬송을 막지 못할 것이다. 긴장이 깊고 심해질수록 찬송은 더 박차를 가하게 될 것이다.

4. 어떤 재난도 여호와를 향한 우리의 감사를 빼앗지 못할 것이다. "주신 이도 여호와시요 거두신 이도 여호와시오니 여호와의 이름이 찬송을

받으실지니이다"(욥 1:21).

- 성가대에서 대원들이 한 사람씩 우리에게서 사라지고 그들의 찬송소리를 듣지 못하게 되며, 우리는 그들의 찬송을 그리워한다. 그때 우리는 죽은 자들에게 세례가 베풀어지는 것을 느껴야 한다.
- 이 지상에서 성가대에 참여하는 사람이라면, 누가 천국에서 부를 찬송가를 연습하지 않겠는가?

✥ 기쁨의 글 ✥

찬양은 피조물이 행해야 할 기능 중 최고의 것에 속한다. 랍비들은 천사들에 관한 그들의 다양한 견해 속에 정말 아름다운 한마디의 가르침을 가지고 있다. 그들은 두 종류의 천사 곧 섬기는 천사와 찬양하는 천사들이 있다고 말하는데, 이 두 종류 중 후자에 속하는 천사들이 더 높은 등급에 속한다고 한다. 그 등급에 속하는 천사들은 하나님을 두 번 찬양하는 천사들이 하나도 없다. 그러나 그들은 최대한 목소리를 높여 하늘의 시편을 노래한 다음 사라진다. 그럼으로써 그들은 자신의 존재를 완전하게 하고, 가장 위대한 위치에 도달하며, 지음 받은 목적을 이룬다. 그 지위는 높지 못하지만, 그것이 보여 주는 사상은 항상 진실하고 엄숙한 것으로, 만약 그 사상이 없다면 그 생명은 무가치하다. 사람의 첫 번째 목적도 하나님을 영화롭게 하는 것이다." _ 맥클라렌 박사(Dr. Maclaren)

하나님을 찬양하는 사람이 없다면, 이 세상에서나 다가올 세상에서나 천국은 없다. 만일 당신이 천국의 정신과 경배에 참여하지 않는다면, 천국의 정신과 즐거움이 어떻게 당신에게 주어지겠는가? 이기주의는 기도를 길게 만들지만, 사랑은 기도를 짧게 만들고 찬양을 길게 만들 것이다. _ 펄스퍼드 (Pulsford)

영광의 왕, 평화의 왕이여,
내가 당신을 사랑합니다.
당신을 감동시킬 때까지
사랑을 멈추지 않겠습니다.

주중 하루가 아니라 한 주일 내내
내가 당신을 찬양합니다.
비록 천국은 아닐지라도, 내 마음속에서
당신을 높일 것입니다.
아무리 작을지라도, 이 가난한 마음은
당신을 기억합니다.
당신을 높이기에는
영원도 너무나 짧습니다.

_ 조지 허버트

1883년 3월 29일 목요일 저녁 시카고에서 전화를 사용한 사람들은 누구
나 전화기로부터 한 시간 이상 감동적인 음악 소리를 들었다. 개인 전화든
공중전화든, 심지어는 경찰서나 소방서의 경보장치에까지 똑같은 감동이
주어졌다. 그 음악이 어디서 왔는지에 대해서는 그 다음 날까지도 미스테리
였다. 가장 가까운 곳에 있던 전화의 전선을 확인해본 결과, 전선들이 교묘
하게 연결되어 있어서 전기 자극에 의해 그처럼 조화로운 소리가 난 것으로
판명되었다. 만일 한 전선이 가까이 있던 다른 전선에 영향을 미침으로써
한 곳에서 다른 곳으로 감미로운 소리를 전달할 수 있었다면, 그리스도인들
이 천국에 계신 그들의 아버지와 교통할 때 각기 연결되어 있는 통로를 통해
영향을 미칠 수 있는 일이 어찌 불가능하겠는가! 그들의 인생에서 사랑과 자
비로 충만한 하늘의 음악은 사회를 감동시킬 수 있을 것이다. _「강단문집」

(*The Pulpit Treasury*, New York)

　우리가 은혜로 말미암아 하나님을 찬송하면 그 은혜가 배가 되고, 고난 때문에 그분을 찬송하면 고난이 빨리 끝난다. 찬양할 때, 우리는 은혜를 베푸시는 하나님의 계획을 깨닫고, 그 열매를 거두게 된다. 찬양은 꽃 속의 영혼으로서, 하나님의 은밀하고 신실한 복은 그 영혼으로 하여금 열매를 맺게 한다. 찬양은 경건한 심령이 섭리와 은혜의 모든 꽃으로부터 취하는 생명의 꿀이다. 찬양이 없는 인생은 죽은 것이다. 찬양은 생명의 면류관이다.

52
당신의 위로는 무엇인가?

이 말씀은 나의 고난 중의 위로라
주의 말씀이 나를 살리셨기 때문이니이다
_ 시편 119:50

어떤 면에서 이와 똑같은 사건들은 우리 모두에게 일어난다. 악한 사람들, 무명의 사람들, 무지한 사람들뿐만 아니라 선한 사람들, 위대한 사람들, 공부를 많이 한 사람들을 가리지 않는다. 이들은 각각 "나의 고난"이라고 말한다. "마음의 고통은 자기가 알고"(잠 14:10).

"나의 고난"이 각각의 경우에 "나의 위로"로 상쇄된다는 것은 멋진 일이다. 다윗의 경우가 그랬는데, 그는 모든 신자들의 전형적인 모델이다. 우리 각자는 어떠한가?

I. 신자들은 그들만의 특별한 위로를 갖고 있다.

시험 속에 있는 하나님의 모든 자녀는 "이 말씀은 나의 위로라"고 말할 수 있다.

1. 다른 말들과는 다르기 때문에, **이 말씀**이다. 세상 사람들은 그들이 좋아하는 원천으로부터 위로의 요소들을 찾는다. 그러나 경건한 사람은 말씀에 대한 체험을 주목하고, "이 말씀은 나의 위로라"고 말한다.

2. 그것이 무슨 의미인지 이해하고 있기 때문에, **이 말씀**이다. 그는 자신의 고난뿐만 아니라 자신의 위로에 대해서도 알고 있었다. 그는 자기 주위에 있던 우물을 찾지 못한 하갈과 같지 않았다(창 21:19).

3. 그것이 가까이 있기 때문에, **이 말씀**이다. 그는 먼 거리에서 그것을 가리키는 것처럼 말하지 않고, 그것을 파악하고 있기 때문에 이 말씀이라

고 말한다.

4. 그는 즐겁게 기도로 간구하기 때문에, **이 말씀**이다. 그는 여호와께 이미 은혜를 받은 것처럼 구한다.

II. 그 위로는 특별한 원천으로부터 온다.

"주의 말씀이 나를 살리셨기 때문이니이다."

1. 부분적으로 그것은 외부로부터 온다.
   - 약속으로 가득 찬 하나님의 말씀이 우리의 위로다(롬 15:4).
   - 그의 인자하심에 관한 기록으로 가득 찬 하나님의 말씀이 우리의 신뢰의 확증이다(시 77:5-10).
   - 권능으로 가득 찬 하나님의 말씀이 우리의 힘이다(전 8:4).
2. 부분적으로 그것은 내부로부터 온다. "주의 말씀이 나를 살리셨기 때문이니이다."
   - 과거의 경험 속에서, 그는 자기를 살리신 말씀의 능력을 느꼈다.
   - 사망에서 생명으로 건짐을 받았다(시 116:8).
   - 무기력에서 벗어나 힘을 얻었다(아 6:12).
   - 저급한 삶에서 고결한 삶으로 변화되었다(시 119:67).
   - 모든 일 속에서, 그것은 그를 살리는 원천이었다.
   - 현재의 경험 속에서, 그는 그 능력이 크게 역사하고 있음을 느꼈다.
   - 그의 정신이 세속화를 벗어나 훨씬 더 경건해진다.
   - 그의 심령이 더 많이 기도한다.
   - 그의 영이 훨씬 더 순종적이 된다.
   - 그의 믿음이 더욱 단순하게 된다.
   - 만일 말씀이 이 모든 것을 일으켰고, 또 일으키고 있다면, 우리는 그것을 더 크게 기대할 수 있고, 우리를 온전히 구원할 수 있는 그 능력을 찬미해야 한다.

III. 그 위로는 특별한 고난 속에서 가치가 있다.

1. 소망이 지체될 때. 문맥을 연구해 보라. "주의 종에게 하신 말씀을 기억하소서 주께서 내게 소망을 가지게 하셨나이다"(49절). 살려주셨기 때문에 우리는 소망을 가질 수 있다.

2. 고난이 지속될 때(50절). 위로는 환난의 때에 가장 필요하다. 그리고 살려주신 것과 비교할 만한 위로는 없다.

3. 조롱당할 때. "교만한 자들이 나를 심히 조롱하였어도"(51절). 우리는 영적인 일에 열심을 다할 때 조롱하는 자들에 대해 조금도 걱정하지 않는다.

4. 다른 사람들이 죄를 범할 때. "주의 율법을 버린 악인들로 말미암아 내가 맹렬한 분노에 사로잡혔나이다"(53절). 우리는 은혜를 풍성하게 받으면, 죄가 관영하는 곳에서도 견딜 수 있다.

5. 변화가 무쌍할 때. 54절을 자세히 읽어보라. 성경은 모든 시간에 합당한 노래와 모든 장소에 적합한 시편을 갖고 있다.

6. 어둠 속에 있을 때. "밤에"(55절). 말씀과 같은 빛이 심령을 밝히고 그 안에 거한다면, 그곳에 결단코 밤은 없다.

IV. 우리의 위로의 형식은 인격에 대한 시금석이다.

1. 어떤 사람은 부(富)에 집착한다. 곡식과 포도주가 증가하면 그들은 "이것이 나의 위로"라고 말한다. 그들은 행운을 바라고, 그만큼 세속적이다(눅 12:19).

2. 어떤 사람은 몽상과 환상, 예감과 추측, 인상과 표상을 추구한다. 그들은 미신적이다.

3. 어떤 사람은 범죄, 술취함, 도박, 세속적 쾌락, 방탕, 아편과 같은 일에 빠진다. 그들은 악하다.

4. 어떤 사람은 주위 사람들의 충고와 도움에 의지한다. 그들은 지혜롭지

못하고, 결국엔 실망하고 말 것이다(렘 17:5).

- 당신의 위로는 무엇인가?
- 이 복된 말씀이 당신을 살린 적이 있는가?
- 만일 그렇다면, 어떤 고난이 올지라도 그것을 바라보라. 그러면 당신은 절대로 실패하지 않을 것이다.

팩스턴 후드(Paxton Hood) 목사는 이런 말을 했다. "어느 날 임종 직전에 있던 사랑하는 친구 벤저민 파슨스를 방문해서 '오늘은 좀 어때?' 라고 묻자 그는 '내 머리가 세 개의 베개 — 무한한 능력, 무한한 사랑, 무한한 지혜 — 위에서 아주 편안하게 쉬고 있네' 라고 말했다." 그 후 몇 달이 지나지 않아 브링턴의 캔터베리 홀에서 설교할 때 나는 이 일화를 소개했다. 그때 나는 죽어 가고 있던, 가난하지만 경건한 한 여인에게 초대받았다. 그녀를 찾자 그녀는 이렇게 말했다: "죽기 전에 목사님을 꼭 뵙게 되리라 믿었어요. 저는 목사님으로부터 벤저민 파슨스와 그의 세 개의 베개 이야기를 들었거든요. 수술 받을 때 정말 끔찍했어요. 제 머리는 베개 위에 눕혀졌는데, 베개가 치워졌을 때, 저는 '그것을 치우지 않으면 안 되나요?' 라고 말했습니다. 그러자 의사는 '안 됩니다. 치워야만 수술을 할 수 있습니다' 라고 말했고, 나는 '그러나 당신은 벤저민 파슨스의 세 개의 베개를 치울 수는 없을 거예요. 나는 내 머리를 무한한 능력, 무한한 사랑, 무한한 지혜라는 베개 위에 두고 있거든요' 라고 말했답니다."

"나의 말씀" — 그것은 "슬픔 속에 있는 자들에게 큰 구원을 제공하고,
우리의 슬픔을 최고의 복으로 만든다.
무덤을 넘어서는 우리의 가장 큰 소망이요,
우리의 영원한 안식이다.

어떤 그리스도인이 죽어가면서 이렇게 말했다: "오직 성경에 기록된 말

씀을 그대로 지금 내게 말해 주오. 나는 하나님의 말씀은 믿지만, 그것이 사람의 말이 되어 버리면, 그 말들이 과연 믿을 만한지 생각하는 수고를 치러야 하기 때문이오."

> 나의 생생한 즐거움이 달려 있는
> 절실한 위로들이 현재 눈앞에서 사라질 때,
> 주여, 여기서 날마다 죄를 범치 않도록
> 저를 도우소서.
>
> _ 랠프 어스킨(Ralph Erskine)

그토록 오랜 세월에 걸쳐 다른 사람들에게 설교를 했음에도 불구하고, 나는 나의 영적 생명에 관해 의심이 있었다. 나는 누추한 시골 사람들의 모임에 참석했다. 무식한 한 사람이 복음에 관해 설교했다. 그는 그것을 아주 열정적으로 전했다. 내 눈에 눈물이 흐르기 시작했다. 내 영혼은 주의 말씀의 그 진정한 음성을 듣고 크게 고동쳤다. 그것이 내게 얼마나 위로가 되던지! 그 이후 얼마나 자주 그 기억을 더듬어 보았던지! 그 말씀이 나를 살렸다. 내 심령은 그 영향으로 죽지 않게 되었다. 나는 그 즐거운 음성을 알고 있는 행복한 사람들 가운데 한 사람이었다. 내 영혼이 확신으로 밝게 빛났다 ─ "주의 말씀이 나를 살리셨기 때문이니이다."

본문의 말씀은 사람 속에 얼마나 큰 힘을 불어넣을까! 사람이 쓴 위대한 글의 천 마디보다 한 마디 하나님의 말씀의 힘이 더 크다. 한 방울이 그 가치를 희석시키는 무수한 방울들보다 더 큰 힘을 갖고 있다. 성경은 진리의 본질이다. 그것은 하나님의 정신이요, 영원자의 지혜다. 하나님의 모든 말씀에 의해 사람들은 살도록 지음 받고, 생명을 유지하게 된다.

53
열린 찬양과 공개적 고백

내가 전심으로 주께 감사하며 신들 앞에서 주께 찬송하리이다
내가 주의 성전을 향하여 예배하며
주의 인자하심과 성실하심으로 말미암아 주의 이름에 감사하오리니
이는 주께서 주의 말씀을 주의 모든 이름보다 높게 하셨음이라
내가 간구하는 날에 주께서 응답하시고
내 영혼에 힘을 주어 나를 강하게 하셨나이다
_ 시편 138:1-3

    다윗은 오늘날 우리가 복음을 훼방하는 거짓 복음들 때문에 혼란스러워 하는 것처럼, 여호와를 훼방하는 신들 때문에 곤혹스러운 상황에 있었다. 악 랄한 위조품에 둘러싸여 그들의 부르짖는 소리를 듣고, 진리가 조롱 받는 것 만큼 진실한 사람의 영혼에 시험이 되는 것은 없다.

    다윗은 시험 속에서 어떻게 행동할 것인가? 우리도 그와 같이 해야 한다. 본문은 우리에게 그것을 가르쳐 주고 있다. 그는 다음과 같이 할 것이다:

I. 전심으로 찬송할 것.

    "내가 전심으로 주께 감사하며 신들 앞에서 주께 찬송하리이다."

    1. 그의 찬송은 그가 거짓 신들을 경멸한다는 것을 공개적으로 보여 주었 다. 그는 그 신들이 있든 없든 상관 않고 여호와를 찬송했다. 그 신들은 아무것도 아니어서 그것들에 대한 그의 생각을 바꾸어놓지 못했다.

    2. 그의 찬송은 참하나님을 믿는 그의 강한 믿음을 증명해 주었다. 대적자 들의 이빨 앞에서도 그는 여호와께 영광을 돌렸다. 전심으로 노래하는 그의 열렬한 찬송은 고발이나 논란을 초월했다.

    3. 그의 찬송은 하나님을 향한 그의 즐거운 열정을 표현했다. 그는 자신의

영혼의 강력한 열심을 보여 주기 위해 찬송했다. 다른 사람들은 바알 신 앞에서 즐거워했지만, 그는 여호와 앞에서 크게 즐거워했다.

4. 그의 찬송은 자기 주변 사람들의 악으로부터 그를 지켜 주었다. 왜냐하면 거룩한 찬송은 원수를 박멸하기 때문이다. 찬양은 강력한 소독제다. 만일 악 앞에 서도록 요구받는다면, 우리는 찬양의 향기로 공중을 정화해야 할 것이다.

II. 무시당했던 규례를 통해 예배할 것.

"내가 주의 성전을 향하여 예배하며."

1. 모든 자의적 예배를 묵묵히 무시하고, 그는 여호와의 법과 성도들의 규칙을 따랐다.

2. 그는 성전으로 모형화된 그리스도의 인격을 바라보았다.

3. 유일하게 완전한 희생제사를 믿고, 유일하게 위대한 하나의 속죄를 바라볼 때, 우리는 온전한 찬양을 드리게 될 것이다.

4. 하나님 자신을 깨달아야 한다. 왜냐하면 그는 하나님을 향하는 것을 "주의 성전을 향해"라고 말하고 있기 때문이다. 하나님의 귀에 들려지는 음악이 참된 음악이다.

III. 의심받았던 속성들을 찬양할 것.

"주의 인자하심과 성실하심으로 말미암아 주의 이름에 감사하오리니."

1. 보편적으로 인자하심을 사랑함.

- 구체적으로 인자하심을 사랑함.
- 모든 일들 속에서 은혜를 찾음. 내게 주어진 은혜를 찾음. 바리새인들과 사두개인들이 그토록 무시했던 은혜가 참된 회개자에게는 그토록 보배로운 것이 된다.
- 하나님의 은혜에 관해, 우리는 세상의 풍속이 복음의 교리와 그 정신

에 반대할수록 더욱 강력하게 복음을 고수해야 한다.

2. 진리.

- 성경의 역사적 정확성.
- 복음의 절대적 확실성.
- 약속의 보증된 신뢰성.
- 예언의 완전한 성취성.

오늘날처럼 악한 시대에 말씀의 무오한 영감성을 지지하고, 축자적 무오성을 견지하는 것은 우리의 임무다. 사람들이 성경의 완전영감을 의심할 때, 천주교의 교회무오성을 의지하거나 그들의 이성의 무오성에 집착하게 되는 것은 이상한 일이 아니다.

IV. 영광의 말씀을 존중할 것.

"이는 주께서 주의 말씀을 주의 모든 이름보다 높게 하셨음이라."

하나님은 비록 그것들이 하나님의 이름을 선포하지만, 창조와 섭리를 통해 받을 때 주어졌던 계시들보다 자신의 확실한 증거의 말씀을 더 높이셨다. 복음의 말씀은 다음과 같은 특징이 있다:

1. 아주 분명하다. 말씀은 자연의 상형문자들보다 훨씬 더 쉽게 이해된다.
2. 아주 확실하다. 성령 자신이 그것을 보증하신다.
3. 아주 주권적이다. 유효하게 신자들에게 복을 베푼다.
4. 아주 완전하다. 하나님의 모든 것이 그리스도 안에 나타나 있다.
5. 아주 지속적이다. 창조는 지나가야 한다. 그러나 말씀은 영원토록 지속된다.
6. 크게 하나님을 영화롭게 한다. 특히 속죄사역에서는 더욱 그렇다.

V. 개인적 경험을 통해 그것을 증명할 것.

"내가 간구하는 날에 주께서 응답하시고."

그는 자신이 말씀으로부터 이끌어낸 하나님에 관한 지식을 사용했다:

1. 기도 드림으로써. "내가 간구하는 날에." 사람들이 기도하지 않는다면, 하나님의 은혜와 그분의 말씀의 능력에 관해 무엇을 알 수 있겠는가?

2. 응답받은 것을 말함으로써. "주께서 응답하시고." 우리는 하나님의 증거자들로서, 자발적으로, 조심스럽게, 자주 그리고 담대하게 우리가 본 것과 알고 있는 것을 증거해야 한다.

3. 기도를 통해 얻은 영혼의 힘을 보여 줌으로써. 이것은 아주 효과적인 증거다. 인내, 용기, 기쁨 그리고 경건을 통해 여호와께서 당신의 영혼에 대해 행하신 것을 보여 주라.

• 우리 주님은 다른 모든 것을 능가하신다.

• 그분 안에서 누리는 우리의 기쁨은 다른 모든 기쁨을 능가한다.

• 그러므로 우리는 최대한 그분을 즐거워하고, 그분을 높여야 한다.

✢ 간단한 메모 ✢

신들 앞에서 여호와를 위해 찬송하는 것은 다윗 자신의 영혼에 큰 힘이 되었다. 하나님을 향한 충성을 숨기는 것은 위험한 일이다. 그것은 겁쟁이로 전락하기 십상이다. 한 회심한 십자가 군사가 처음에는 침대나 어떤 은밀한 장소에서 기도하기 시작했다. 그러나 그는 곧 그렇게 해서는 안 된다는 것을 깨달았다. 그는 다른 군사들이 보는 막사 안에서 무릎 꿇어야 하고, 사람들의 비판과 조롱을 감수해야 한다. 왜냐하면 그렇게 할 때에만 자신의 입장을 분명히 취할 수 있고, 마음의 평화를 누릴 수 있기 때문이다. 우리가 여호와 편에 서 있음을 분명히 드러내는 것은 우리의 영적 건강을 위해 필수적이다.

전심(全心)의 효과는 아주 명백하다. 아무리 편견에 사로잡힌 사람일지라도, 어떤 섬김의 사역에 열정적으로 참여하는 사람들의 모습을 볼 때에는

3

크게 관대하게 된다. 부흥회에 참석했던 어떤 사람이 이렇게 말했다: "그것은 아주 단순했고, 솔직히 가소로웠다. 그런데 거기서 나는 온 힘을 다해 찬송을 부르는 한 늙은 뱃사람의 얼굴에서 흘러내리는 눈물을 보았다."

하나님의 명령에 담겨 있는 사소한 요점들을 세밀하게 관찰해 보자: "주의 성전을 향하여" 예배하며. 하나님의 뜻에 관련되어 있는 한, 그 어떤 말씀도 사소하지 않다. 나는 한 젊은이를 알고 있는데, 그는 세례받기를 원했지만 친구들 때문에 소원을 이루지 못했다.

그는 악한 일을 저질렀을 때 성경에 따라 하나님께 죄를 자백하지 못했기 때문에 괴로워했다. 이 모습을 본 그의 어머니가 이렇게 말했다: "하지만 아이삭아, 너는 세례가 너를 구원해 주는 것이 아니라는 것을 알고 있지 않니?" "물론 그것이 그렇지 않다는 것을 알지요, 엄마. 나는 이미 구원을 받았습니다. 그러나 천국에서 예수님을 만났을 때, 나는 그분이 '아이삭아, 내가 너에게 요구한 일은 아주 작은 일이었다. 그런데도 너는 그것도 못해 줄 정도로 나를 사랑하지 못했던 것이 아니니? 라고 말씀하시는 것이 싫거든요." 그것은 본문에서 본질적인 요소는 아니지만, 순종에 대한 시금석이 되는 중요한 말이다.

우리는 성경을 과학보다 더 낮은 자리에 두려고 해서는 안 된다. 아니 오히려 가장 중요한 자리에 두어야 한다. 과학으로 말미암아 여호와의 이름과 인격이 희미하게 퇴색될 수 있다. 그러나 그분의 말씀은 그 어떤 다른 계시보다 우월하다. 왜냐하면 그 안에서 계시는 더 충분하고, 더 분명하게 되기 때문이다.

햇빛 아래서 이루어지는 관찰은 달빛 아래서 이루어지는 관찰로 인해 변경되어서는 안 된다. 오히려 그 반대가 정확한 과정이다. 당신은 내 아버지의 사역들에서 무엇을 얻는지 말해 보라. 그러나 나는 그분이 친히 자신의 연필로 기록한 말씀 속에서 그분의 생각을 본다. 따라서 나는 당신들의 지식보다 내가 갖고 있는 지식을 더 선호한다.

54
하나님께 피함

내가 주께 피하여 숨었나이다
_ 시편 143:9

다윗이 시험 가운데 있는 사람이라고 하는 사실이 우리에게 얼마나 큰 자비일까! 우리는 모두 그의 고통스러운 경험을 통해 지평을 넓히게 되었다.

> 그는 무수한 사람들 가운데 단순한 한 사람이 아니라
> 모든 인간의 축소판이었다.

우리 역시 시험 가운데 있는 다른 사람들에게 복을 주는 자가 될 수는 없을까? 만약 그럴 수 있다면, 우리의 몫을 구속받은 가족을 위해 내놓는 것은 진정 감사할 일이 아니겠는가?

다윗은 우리의 본보기가 되어야 한다. 우리는 다윗처럼 하나님께 피해야 한다. 이 총명한 십자가 군사를 본받아 그가 습관적으로 그의 원수들로부터 피한 방법을 우리도 취한다면, 우리의 원수들에게 이롭겠는가?

그러나 가장 중요한 요점은 다윗이 무엇을 했느냐 하는 것만이 아니라 그것을 신속하게 그리고 지속적으로 모방하는 것이다. 그렇다면 우리가 이 하나님의 사람을 모방하기 위해 필수적인 것은 무엇일까?

I. 위험에 대한 인식.

누구든 두려움을 느끼지 못한다면, 피하지 않을 것이다. 위험에 대한 지식과 인식이 있어야 한다. 그렇지 않으면 도망칠 일도 없다.

1. 사람들은 위험을 느끼지 못하기 때문에 무수한 경우에 멸망한다. 유해한 공기는 눈에 띄지 않고, 바다 속의 암초는 보이지 않으며, 충돌을 위해 돌진하는 기차는 경고음을 울리지 않는다. 위험에 대한 무지는 그 위험을 불가피한 것으로 만든다.

   • 사람들은 지옥에 대한 두려움이 없기 때문에 죽음을 무서워하지 않을 것이다.

   • 사람들은 죄를 범하고, 그 비참한 결과를 두려워하지 않을 것이다.

   • 사람들은 악한 습관에 빠져 살고, 그것이 그들을 속박하는 능력을 믿지 않을 것이다.

   • 사람들은 시험에 빠지고, 그것이 그들을 얼마나 확실하게 실제 죄악의 길로 이끄는지 보지 못할 것이다.

2. 사람은 누구나 실제로 위험한 상황에 처해 있다. 죄인은 돛대 끝에서 잠자고 있다. 젊은이든 늙은이든 막론하고 위험 속에 있다. 심지어는 성도들도 다양하게 시험의 위기 속에 있다.

3. 어떤 위험들은 느리게 인식된다. 달콤한 죄와 관련된 위험들, 교만한 마음에서 자라난 위험들, 다른 사람들의 선례를 따르기 때문에 주어진 위험들이 그것이다. 더 무서운 뱀일수록 덜 무섭게 보이는 법이다.

4. 신령한 사람은 내면의 경고를 통해, 경건의 결과인 영적 민감성을 통해, 경험을 통해, 눈으로 본 탈선들을 통해, 또는 다른 사람들에게 일어나는 어떤 일들의 결과를 주목함으로써 위험을 지각하게 된다.

II. 약함에 대한 의식.

만일 자신의 힘으로 문제를 벗어날 수 있다고 느낀다면, 누구든 피하기 위해 숨지 않을 것이다.

1. 우리는 모두 약하고, 죄를 이길 수 없다.

2. 어떤 사람들은 스스로를 무척 용기 있는 사람으로 생각하지만, 실상은

약한 사람들 중에서도 가장 약한 사람들이다.

3. 과거의 실패는 우리가 우리 자신의 힘을 믿어서는 안 된다는 것을 가르 친다.

4. 자신의 약함을 깊이 인식할 때, 우리는 강하게 될 것이다. 상상하지 못 한 힘이 가장 약할 때 주어질 것이다.

III. 총명한 선견지명.

"내가 주께 피하여 숨었나이다."

1. 다윗은 위험 속에 뛰어들지도 않았고, 그것이 지나갈 때까지 기다리지 도 않았다. 그는 기회를 타서 피하였다. 종종 이것이 가장 용기 있는 모 습일 때가 있다.

2. **두려움** 때문에 피하는 것은 감탄할 만한 혜안이다. 그것은 고육지책이 아니다. 왜냐하면 노아는 "경외함으로(moved by fear) 방주를 준비했 기" 때문이다.

3. 우리는 피**할 수만** 있다면 그렇게 해야 한다. 왜냐하면 피할 수 없는 시 간이 우리에게 올 수 있기 때문이다. 다윗은 "내가 주께 피하여"라고 말하는데, 이 말씀의 의미는 "나는 지금 피하고 있다. 나는 항상 내 하 나님이신 당신께 피할 것이다"이다.

사람은 자기가 먹고 사는 초원 외에 다른 것을 보지 못하는 짐승처럼 살 아서는 안 된다. 사람은 악을 미리 보고, 숨을 줄 알아야 한다. 이것이 당연 한 지혜이기 때문이다(잠 22:3).

IV. 견고한 확신.

"주께 피하여 숨었나이다." 다윗은 확신했다.

1. 하나님 안에 안전지대가 있다는 것.

2. 자기는 하나님께 피할 수 있다는 것.

3. 자기는 즉시 피할 수 있다는 것.

V. 능동적인 믿음.

다윗은 수동적으로 행하지 않고, 스스로 일어섰다.

이는 다음과 같은 사실을 분명히 보여 준다:

1. 하나님께 피하는 것 속에서. 즉각성, 신속성, 진지성.
2. 이어지는 그의 기도 속에서. "나를 가르쳐 주의 뜻을 행하게 하소서 … 나를 공평한 땅에 인도하소서 … 나를 살리시고 주의 공의로 내 영혼을 환난에서 끌어내소서" 바로 이어지는 구절들을 보라.

- 원수들에 대한 당신의 몫을 기대하고, 그들에 대해 대비하라.
- 당신의 가장 좋은 친구이신 하나님을 견고하게 붙들라. 그리스도 예수 안에서 그분과 화목하라.
- 그분을 계속해서 활용하라. 항상 그분께 피하라.

❖ 날개의 깃털 ❖

어떤 죄는 피해 도망칠 안전지대가 없다. 우리가 사용하고 있는 프랑스어 교재를 보면, 멘토르가 칼립소의 궁정에서 그의 제자에게 "텔레마크여, 피하라, 피하는 것 외에 승리할 다른 길은 없다"고 말한 내용이 나온다. "청년의 정욕을 피하라." 청년들은 정욕과 씨름하지 말고, 피해야 한다. 이처럼 피하는 것이 필수적이라면, 우리가 우리 하나님 말고 어디로 피하겠는가? 누가 우리를 그토록 확실하게 환영하고, 그토록 안전하게 보호해 주고, 그토록 영원히 위로해 주겠는가? 새가 그 둥지로, 토끼가 바위틈으로 피하는 것처럼, 우리는 모든 원수로부터 우리를 안전하게 보호해 주실 하나님께 피해야 한다.

하나님의 백성들은 종종 경험을 통해 그들의 보호처가 오히려 멸망의 처소가 되는 경우를 발견한다. 그러나 다른 모든 처소들은 우리를 안전하게 보호하는데 실패할지라도, 그리스도께서는 절대로 실패하지 않으신다. 시편 142:4-5에서 다윗이 어떻게 했는지를 살펴보라. 그가 시글락에 숨어있을 당시의 거처는 사라졌지만, 그의 구주는 사라지지 않았다. "다윗이 크게 다급하였으나 그의 하나님 여호와를 힘입고 용기를 얻었더라"(삼상 30:6). 그리스도께서 피난처가 되신다는 것은 다음과 같은 이유에서 신자들에게 커다란 용기를 준다: (1) 그분은 안전하고 강한 피난처가 되시기 때문이다(사 33:16). 그리스도는 바위로서, 그리스도 안에 거하는 자는 바위 안에 있는 것과 같다. (2) 그분은 큰 피난처이시다. 그분 안에는 택한 자가 거하기에 충분한 큰 방이 있다. 그분의 옷자락은 크다. (3) 그분은 육체뿐만 아니라 영혼까지도 숨기에 족한 피난처이시다. (4) 그분은 우리를 숨겨 주실 책임이 있다. 하나님은 자신의 택한 모든 자를 숨겨 주도록 그리스도께 맡기셨다. _ 랠프 로빈슨(Ralph Robinson)

때때로 아주 겁 많은 피조물들은 큰 두려움이 닥치면, 안전을 위해 사람들에게 피하곤 한다. 우리는 자기를 덮치는 매를 피해 비둘기가 한 숙녀의 품으로 날아들었다는 이야기를 알고 있다. 심지어는 산토끼까지도 사람을 피난처로 삼아 달려들 때도 있다. 약자들의 믿음은 강자들의 보호를 받는 것이다. 이처럼 단순한 믿음을 배신하고 보호를 거부하는 사람은 정말 짐승만도 못한 자다. 우리가 궁지에 있을 때 하나님의 품으로 피한다면, 사랑과 위엄이 하나가 되어 우리에게 미소지을 것이 분명하다. 사랑의 하나님의 보호를 믿음으로 요구하는 사람의 안전은 추호도 의심의 여지가 없다. "그가 나를 믿어준다면, 나도 그를 절대로 실망시키지 않겠다"는 것이 많은 위대한 사람들의 결심이었다. 그렇다면 주님의 결심은 얼마나 더 확실하겠는가! 니츠데일에 있는 한 목자의 집에서 열린 작은 모임에서 페든 목사를 통해 하나님의 말씀에 대한 강설을 들었다. 강설이 진행되는 동안 양들의 우는 소리가 들렸다. 그 소리는 그 자리에 모인 사람들을 방해했기 때문에, 목자는 밖으로 나가 양들을 제지해야 했다. 그때 그는 눈을 들어 먼 곳을 바라보았는데, 말을 탄 군인들이 그의 집을 향해 달려오는 모습을 보았다. 그는 경보를 울리기 위해 바삐 나갔다. 즉시 모든 양이 뿔뿔이 흩어져 몸을 숨겼다. 그는 바위 틈에 숨어 있었고, 곧 말발굽 소리와 갑주의 고리들이 그의 적이 가까이 왔음을 알려 주었다. 그러나 그는 안전한 그 틈에서 미동도 않고 앉아있었다. 자기들이 찾던 목숨이 바로 가까이 있음을 눈치 채지 못하고 아무 의심도 없이 적들이 지나쳐 사라지는 것을 그는 보았다. _ *Sunday Readings*에 실린 제임스 라저(James Large)의 글

55
가시 울타리

게으른 자의 길은 가시 울타리 같으나 정직한 자의 길은 대로니라
_ 잠언 15:19

스코틀랜드 민족의 부지런함은 그 나라에서 잠언이 일반 국민에게 폭넓게 읽혀지고 있다는 사실에 기인하는 것으로 전해진다. 이 점에 관해 나는 참된 판단자는 못된다. 그러나 확실히 조심스럽게 살펴본다면, 솔로몬의 잠언은 사람들로 하여금 이 세상에서 가장 고결한 삶을 살도록 이끄는 지혜를 담고 있다. 하나님은 그의 백성들을 지혜롭게 만드신다. 비록 당신이 마음 속에 하나님의 은혜를 갖고 있다고 할지라도, 바보가 되는 것이 자랑거리는 아니다. 나로 말한다면, 나는 하나님의 종이기 때문에 최대한 지혜자가 되는 것이 의무라고 생각한다. 나는 사람들이 주님의 모든 자녀들은 지혜 없는 사람들이라고 생각하지 않기를 원한다. 본문의 두 마디 잠언을 묵상할 때 우리는 다음과 같은 사실을 발견하게 된다:

I. 본문을 그 실제 문맥에 따라 해석해 보자.

1. 그것은 게으른 자를 정직한 자와 대조시키는 동격관계로부터 분명하다. 확실히 그는 그렇다. 그의 게으름의 죄는 많다. 그는 자신의 말을 어긴다. 그는 다른 사람들을 화나게 한다. 사탄은 그가 악을 저지르는 것을 찾아낸다. 사실상 그는 모든 악한 말과 행실을 위해 준비된 자다.

2. 우리는 정직하지 않으면 진정 부지런한 사람이 될 수 없다. 그 이유는 저주는 게으른 자에게 임하지만, 복은 활동적인 사람이 아니라 정직한 사람에게 임하기 때문이다. 하나님의 상급을 얻게 하는 것은 성령의 인도 아래 부지런히 하나님을 섬기는데 있다.

3. 게으른 자의 길은 순탄하지 않다. "가시 울타리 같으나."

- 그 길을 그가 걷기에는 힘들다. 그는 거칠고 가시가 많은 길을 거의 갈 수 없다. 그는 거기서 한 시간 달려가는 것보다 한 달 동안 바라보는 것이 더 낫다.

- 그 길은 머지않아 실제로 가시가 된다. 그의 게으름은 그를 가로막아, 그를 어려움에 빠뜨리고, 손해를 일으키며, 장애물을 자초한다.

- 그 길은 고통이 된다. 그는 가난하고, 신용을 잃으며, 화난 채권자들에게 혹독한 대접을 받고, 급기야는 생계를 꾸릴 수 없는 처지가 된다.

- 그 길은 장벽이 된다. 그는 어디로 가야 할지 모른다. 그는 땅을 팔 수 없어 구걸을 시도한다. 게으름은 동정의 여지가 없고, 자비도 그것을 물리친다.

4. 정직한 자의 길은 행복 아래 있다.

- 그 길은 그가 부지런히 길을 가기 때문에 평탄하다.

- 하나님이 그 길을 그렇게 만드신다.

- 그는 스스로 그 길을 그렇게 만든다.

- 다른 사람들이 기꺼이 그를 돕는다. 아니 최소한 그를 신뢰하고, 그를 고용하며, 그를 추천해 준다.

II. 본문을 그 영적 문맥에 따라 해석해 보자.

1. 영적 게으름.

- 무관심, 무감각, 무소신 그리고 불신앙의 길을 가 보라. 이것이 쉽게 보일 수 있으나 쿡쿡 쑤시는 가시들로 가득 찬 가시울타리처럼 고통이 충만한 길이다.

- 그는 자기의 길을 갈 것이다. 자행자지와 완고함은 찔레나무 울타리들이다. 더욱이 그의 완고함은 다른 사람들이 그를 반대하는 원인이

되고, 가시들을 빽빽하게 만든다.

- 그는 죄의 길을 택한다. 그리고 그 길이 슬픔, 어려움, 곤란, 분란 그리고 덫으로 가득 찬 길임을 곧 알게 된다.
- 그의 악한 길과 죄의 불가피한 결과로 말미암아 그는 하나님과 천국으로부터 차단당한다.

2. 정직한 사람.

그의 길은 신앙과 순종의 길이다.

- 그 길은 그 나름의 장애물을 갖고 있다. 그러나 그것들은 제거된다.
- 그 길은 자주 불투명하다. 그러나 그것은 곧 걷힌다.
- 그 길은 때로 험준하다. 그러나 그것은 왕의 대로다.

그 길에서 우리는 정직하다.

그 길에서 우리는 보호 받는다.

그 길에서 우리는 복된 결말을 보장받는다.

- 당신은 타성에 젖어 되는 대로 대충 신앙생활을 함으로써, 종교를 너무 쉬운 것으로 만드는가? 그렇다면 당신의 길은 곧 가시 울타리가 될 것이다. 나태는 가시와 찔레를 즉각 생산하는데 충분히 기름진 거름이다.
- 당신은 정직한 자의 길을 추구하는가? 당신은 거룩을 사랑하는가? 당신은 그리스도를 당신의 길로 알고 있는가? 그렇다면 두려워하지 말고 그 길을 곧장 가라. 당신의 길은 평탄하게 되고, 당신의 결말은 평강이 될 것이다(시 37:37).

✛ 확증 ✛

게으름뱅이가 자신의 인생을 사는 데에 삶의 길로 받아들이는 과정인 "가시 울타리 같은 게으른 자의 길"은 지루하고 힘들다. 왜냐하면 그는 자신의 인생을 천천히 기어가며 살지만, 그의 두려움과 고통은 가시와 찔레처럼

그를 찌르고 그를 둘러싸고 있기 때문이다. "그러나 정직한 자의 길은 대로
니라." 경건한 사람이 취하는 삶의 상태는 아주 평탄하고 쉽다. 그는 마치
대로를 걷는 것처럼 자신의 소명에 합당한 삶을 따라 기꺼이 그리고 활력적
으로 달려간다. _ P. 모펫

　누가 게으른 사람들이 자초하는 고통에 대해 말할 수 있을까? 그들이 자
초하는 혼란에 대해 누가 말할 수 있을까? 그들은 자신들의 게으름을 변명
하기 위해 거짓말을 한다. 그리고 그 거짓말은 또 다른 거짓말을 낳는다. 그
들은 계획을 세우고 결심을 하지만, 그것을 어기고 거짓말쟁이가 되고 만다.
아주 고된 일에 종사하는 사람을 하나 알고 있는데, 그는 곧 술에 빠져 실직
하고 말았다. 그때부터 생계가 더욱 곤란해진 그는 실직하기 전에 했던 것
보다 열 배나 더 힘든 일을 해야 했다. 그는 신발조차 제대로 사 신을 수 없
는 처지가 되고 말았다. 반면에 순박하고 단순한 한 사람은, 그가 고백하는
것처럼, 섭리를 따라 즐겁게 앞으로 전진하며 위를 바라보고 살았다. 무엇보
다도 그의 성실함과 부지런함이 돋보였다. 그 결과 그에게는 성공과 행복이
주어졌다. 그는 열심히 일했지만, 게으름뱅이의 삶과 비교해 볼 때, 그의 삶
은 편안했다.

　아무도 털 침대에 누워 천국에 올라가지는 못한다. 은혜는 죄인들을 위
해 천국의 길을 준비했지만, 게으름뱅이를 위해서는 아니다. 천성에 도달하
는 사람들은 순례자들이지 침대에 누워있는 자들이 아니다. 게으름은 가장
확실하게 지옥으로 가는 길이다. 우리는 좁은 문으로 들어가기 위해 부지런
히 수고해야 하고, 거기서 무엇이든 얻으려면 열심히 경주해야 한다. 만일
당신이 자신의 농장을 그대로 방치한다면, 그곳은 곧 잡초가 우거지게 될 것
이다. 만일 당신의 마음이 그렇게 방치된다면, 그것은 곧 죄로 잡아먹히고
말 것이다. 게으름으로부터 나오는 것은 현세에서는 누더기와 가난, 내세에

서는 정죄 외에 아무것도 없다. 시온에 사는 게으름뱅이들은 이것을 명심해야 하리라.

어떻게 정직한 자의 길에서 어려움이 사라지는지를 보면 참으로 놀랍도다! 라인 강을 따라 여행하면, 육지로 꽉 막혀있다는 생각이 들 것이다. 그러나 배를 타고 가면 분명한 항로가 나타나고, 갑작스러운 굴곡이 산들 사이로 통로를 보이게 만들 것이다. 이스라엘의 길은 홍해에서, 또 요단 강에서 막힌 것처럼 보인다. 그러나 하나님의 인도를 따르면 그 물들 사이로 통과하는 길이 만들어진다. 고대 로마제국의 길은 언덕들을 따라 그리고 계곡들을 가로질러 서로 연결되어 있음을 지금도 확인할 수 있다. 이 길들은 그 길을 처음 가는 여행객들도 충분히 찾아갈 만큼 분명했다. 마찬가지로 여호와께서 그의 백성들의 길을 분명히 만들어놓으셨기 때문에 그들은 그 길을 절대로 놓치지 아니할 것이다. "도보로 여행하는 사람은, 아무리 바보라고 해도, 길을 잃어버리지 않을 것이다."

영적으로 게으른 사람들은 큰 고통을 자초한다. 기도를 비롯한 다른 은혜의 수단들을 게을리 하는 대신 그들은 영적 안일을 추구한다. 그러나 만일 그들이 하나님의 자녀라면, 그들은 그것을 깨닫지 못할 때, 슬픔과 침체의 가시를 스스로에게 가득 뿌려놓게 될 것이다. 부지런한 그리스도인이 유일하게 행복한 그리스도인이라는 사실을 확실히 보증한다. 참종교는 다른 무엇보다 그 의무를 실천할 때, 그것도 부지런히 실천할 때 이루어진다. 영혼의 밭에서 부지런히 수고하는 것이 유일하게 보상받는 수고다.

56

"사람의 눈에 보이는 것이 전부가 아니다"

사람의 행위가 자기 보기에는 모두 깨끗하여도
여호와는 심령을 감찰하시느니라
_ 잠언 16:2

흔하지는 않지만 몰락과 재난의 와중에 우리는 사업상 건전하게 보이지만, 실제로는 타락한 자들로 판명되는 사람들에 관해 중요한 발견을 하게 된다. 그때 전체 재무구조는 바닥상태로 떨어지고, 중역과 경영자들이 옳다고 생각되었던 일들이 완전한 도둑질로 판명된다. 결정적인 파멸이 임할 때까지 모든 상황은 건전하고 견실한 것처럼 보였다. 의심할 여지 없이 이 음모자들은 자기들의 계획을 "깨끗하다"고 생각하지만, 사태는 그들의 더러운 손을 만천하에 드러낸다.

비슷한 종류의 영적 실패가 교회 안에서도 일어난다. 커다란 명성이 하루아침에 무너지고, 거룩한 신앙고백이 졸지에 무너져 내린다. 사람들은 자기들이 옳다고 믿은 믿음이나 옳다고 믿고 행했던 행동에 스스로 쉽게 속는다. 그들은 성경을 잘못 적용하고, 섭리를 잘못 해석하며, 만사를 거꾸로 행한다. 그러나 그들에게는 냉혹한 심판이 기다리고 있다. 두려운 시간이 다가오고, 그들의 거짓 고백은 폭로된다. 나이아가라 폭포는 자기기만에 대한 치명적 급류의 끝에 놓여 있다. 자기만족에 사로잡힌 자는 확실한 파멸의 나락으로 떨어져 내린다.

우리는 여호와께서 영들을 심판하실 때, "깨끗하게" 보이는 "길"이 어느 정도는 실제로 그렇지 못한 것으로 판명된다는 사실을 고려해야 한다.

I. 공인된 악인의 길.

이 길을 가는 많은 사람들이 자신의 길이 "깨끗하다"고 생각한다. 이 자기기만의 결과는 다음과 같다:

- 그들은 죄에 대해 굉장히 관대하다.
- 그들은 다른 사람들의 악에 대해, 실제보다 더 악하게 판단하고, 거기서 자신들의 죄에 대한 핑계거리를 찾는다.
- 그들은 자기들이 놀랄 만한 장점과 미덕을 갖고 있다고 주장한다.
- 그들은 불완전할 때 그럴 수밖에 없다고 주장한다.
- 그들은 고치겠다고 단단히 결심하지만 실제로는 그렇게 하지 못한다. 사람들은 고리대금업자들이 고객들에게 하는 것처럼 한다.
- 그들은 불확실한 자산을 확실한 것처럼 위장한다.
- 그들은 예상되는 것을 영수증으로 간주한다.
- 그들은 회계장부의 면들을 찢어낸다.
- 그들은 손해되는 사실은 감추고, 파멸을 초래하는 분란 등은 숨긴다.
- 그들은 수단과 방법을 가리지 않고 고객들을 요리하고, 터무니없는 약속을 남발한다.

여호와의 시험은 철저하고 결정적이다. 그분은 저울에 정확히 재신다. 그분은 외관뿐만 아니라 내면의 영까지 주시하신다.

II. 불신자의 길.

- 이 사람들은 종종 자기들이 믿음을 가진 사람들보다 낫다고 자랑한다.
- 그들은 자기들의 우월한 지성으로 말미암아 믿음이 필요 없다고 주장한다. 그들은 자기들이 현명하기 때문에 의심해야 한다고 생각한다.
- 그들은 율법의 두 번째 돌판 곧 이웃에 관한 계명을 하나님 자신에 관한 첫 번째 돌판의 계명보다 더 중요하게 여긴다.

- 그들은 자기들의 신조에 대해 책임을 지지 않거나 일부 난해한 교리들을 거부하는데 대해서도 책임을 지려고 하지 않는다.

이런 자들은 모두 저울에 달아지고, 그때 그들은 부족한 것이 드러날 것이다.

III. 자칭 신자의 길.

이 사람들은 "깨끗한 척" 한다.

- 그는 의식들을 준수한다.
- 그는 예배에 규칙적으로 참석한다.
- 그는 공개적으로 신앙을 고백한다.
- 그는 교리에 대해서는 관대하고, 선행에 관심이 많다.

많은 목사들, 집사들, 평신도들이 이런 것들을 자랑하지만, 여호와께서 그들의 영을 판단하실 때가 되면, 그들은 버림 받을 것이다.

IV. 탐욕적인 신자의 길.

그의 길은 특히 "깨끗하다."

- 그는 탐욕 때문에 큰 죄에 빠지고, 그래서 자신의 자기부인 능력을 크게 의지한다.
- 그는 하나님과 가난한 자를 위한 교훈에 대해서는 인색하다.
- 그는 자기가 부리는 사람들에게 임금을 많이 주지 않는다.
- 그는 자기에게 유리한 계약을 만들고, 채무자를 극단으로 몰고, 부당한 이득을 취하며, 자기 주변의 모든 사람들에게 인색하다.

하나님은 그에게 "탐심은 우상 숭배니라"(골 3:5)고 말씀하신다.

V. 세속적인 신자의 길.

그는 자신이 "깨끗하다"고 생각한다.

그가 과연 "깨끗한지" 정직하게 확인해 보자.

- 그는 은밀한 사생활에 깨끗한가? 은밀하고 아무도 모르는 상태에서 방종에 빠지지 않는가?
- 그는 오락과 여흥에 빠져 있을 때에도 깨끗한가?
- 그는 사람들과 함께 있고, 대화를 나눌 때에도 깨끗한가?
- 그는 홀로 골방에 있을 때, 성경을 멀리 할 때, 미지근한 믿음을 가진 사람들 속에 있을 때에도 깨끗한가?

그의 영을 판단할 때가 오면, 그 드러난 결과가 어떠할까!

VI. 안일한 타락자의 길.

그는 으레 더러운 곳에 있으면서도 자신의 길이 "깨끗하기"를 꿈꾼다.

- 그는 은밀한 기도를 그만둔다(욥 15:4).
- 그는 점점 더 깊은 죄에 빠진다(렘 14:10).
- 그는 영적인 말을 별로 하지 않는다(엡 5:4).
- 그는 성경을 거의 읽지 않는다(호 8:12).
- 그는 마음이 갈수록 강팍해진다(히 3:13).
- 그의 신앙생활은 거의 생명력이 없다(계 3:1).
- 그는 다양한 방법으로 교만을 쌓는다(신 8:14).

하나님은 무거운 시련과 시험을 주실 것이다. 거기서 가식과 위선이 분명히 드러날 것이다.

VII. 시험에 넘어진 사람의 길.

그는 자신을 위해 즐거운 일을 추구한다. 그러나 그동안 그는 영적 파산자다.

- 그에게는 예수님을 믿는 참된 신앙이 없다.
- 그에게는 참된 거듭남의 역사가 없다.

- 그에게는 하나님을 위한 마음의 변화와 영혼의 수고가 없다.
- 그의 실패는 영원하다. **우리 회중들이 이렇게 되어야 하겠는가?**

❖ 비교 ❖

겨울이 만물을 하얗게 만들 때 그 장면은 얼마나 아름다울까! 하늘 저편에 보이는 왕의 침상은 얼마나 더 황홀할까! 그 침상의 이불은 땅이 만물을 희게 하는 것보다 훨씬 더 희도다! 이 침상에서 천사가 그것에 기대는 것만큼 진실로 안식을 취하고, 힘을 얻는다. 흥! 하지만 그것은 누추한 곳에 불과하고, 그 이상 아무것도 아니다.

항구로 들어오는 모든 배는 그 도시의 한 사람에 의해 좌지우지되었다. 그는 왕 같은 위엄을 부리고 부두를 걸어 다니며 큰 소리로 배들의 움직임을 지휘했다. 그렇게 하면서 그는 크게 뽐내고 다녔다. 그는 얼마나 부유한 사람이었을까? 그러나 들어보라. 그는 미친 사람이다. 그는 이같이 어리석은 짓에 스스로 빠졌다. 그러나 실제로 그는 자기 것이라고는 물통 하나 없었다. 얼마나 부조리한가! 많은 사람들이 이보다 더 악한 자기기만의 희생양이 되고 있지 않은가? 그들은 그들 스스로의 생각에 따라 자기가 부요하고 재산이 많다고 본다. 그러나 실상 그들은 헐벗고, 가난하고, 비참하다.

"이 길은 가기 쉬운 길이 틀림없다. 얼마나 평탄한지 보라! 얼마나 많은 발이 그 길을 걸어갔던가!" 그러나 슬프게도, 그것은 엄밀히 말해 멸망으로 이끄는 넓은 길의 표준이다. "그러나 그 길이 얼마나 굴곡이 많은지 보라! 그 길은 얼마나 많은 방향을 갖고 있을까! 그것은 고집불통의 굽히지 않는 선이 아니다." 과연 그렇다. 잘못된 길로 판명이 난다. 왜냐하면 진리는 하나요, 불변하는 것이기 때문이다.

"하지만 나는 그래서 그것을 그토록 좋아한다." 이것 역시 의심스럽다. 왜냐하면 거듭나지 못한 사람은 얼마든지 악한 일을 좋아할 가능성이 있기 때문이다. 마음은 자기가 좋아하는 것을 따라가게 마련이다. 은혜를 받지 못한 사람들은 은혜 없는 길을 사랑한다.

"당신은 내게 좁고 거친 길을 가야 한다고 하겠는가?" 그렇다. 우리는 가야 한다. 왜냐하면 그 길이 생명으로 인도하는 길이기 때문이다. 그 길을 찾는 이는 적지만, 그 길이 즐겁게 갈 수 있는 길이라고 선언하는 사람들은 없다. 지옥으로 이끄는 평탄한 길보다 천국으로 인도하는 거친 길을 따르는 것이 더 좋다.

57
마음을 감찰하심

여호와는 마음을 감찰하시느니라
_ 잠언 21:2

히브리인들 사이에서 마음은 지성, 오성, 용기, 슬픔, 쾌락 그리고 사랑의 원천으로 간주된다. 우리는 일반적으로는 그것을 정서로, 특수하게는 감정들로 한정시키는데, 사실 이것들은 사람의 생명의 원천으로 부를 수 있을 만큼 아주 중요하고, 핵심적이다.

그런데 **우리가** 아무리 마음을 숙고하거나 성찰한다고 해도, 그것을 이해할 수 없다. 우리는 그것의 활동을 통해 다른 사람들을 판단할 수 있을 뿐이다. 그러나 동기나 하나님 앞에서의 실제 상태에 대해서 우리는 참된 평가를 할 수 없고, 또 그렇게 하는 것이 필요한 것도 아니다. 그러나 하나님은 은장이가 은을 판단하고, 세공인이 은과 금을 그 무게로 판단하는 것처럼, 쉽게 이것을 하실 수 있다. 그분은 모든 것을 다 아시지만, 비교의 저울을 사용하여 자신의 판단의 엄밀함을 우리에게 철저히 보여 주신다. 그분은 무엇이든 당연하게 여기시지 않는다. 그분은 여론에 좌우되거나 큰 목소리에 흔들리지 아니하신다. 사람들이 보석을 다루는 것처럼 또는 심문자들이 사기 사건을 조목조목 따져보는 것처럼 그분은 모든 것을 저울에 달아보신다. 여호와의 시험은 철저하고 정확하다. 성전에서 사용되는 돈은 보통 동전의 무게보다 두 배 더 무겁게 만들었다. 최소한 잠언서 저자도 우리에게 그렇게 말한다. 성도를 자처하는 사람들은 다른 사람들보다 더 무거운 저울에 달게 된다는 것을 알아야 한다. 성전의 돈은 다른 일반 동전을 만드는 표준이 되었다. 여호와의 율법이 모든 도덕의 표준이다. 하나님의 저울은 항상 일정하고, 언제나 정직하고 정확하다.

I. 마음의 무게

1. 하나님은 이미 그것을 달아보셨다. 모든 사람의 의도, 생각, 말 그리고 행동은 그것이 존재하는 맨 처음 순간에 저울 위에 올려진다. 하나님은 어떤 순간이든 속임을 당하지 않으신다.
2. 우리가 일상생활에서 공적 · 사적으로 부담을 지고 있는 율법은 불순종을 통해 우리 본성의 약점을 깨닫게 하고, 우리 마음의 결함을 발견하게 한다.
3. 시련들은 시험의 중요한 순서를 구성한다. 성급함, 반역, 절망, 타락, 배교 등이 심각한 고통이나 박해의 결과로서 온다.
4. 번성, 영예, 평정, 성공 등은 많은 사람들에게 부족함을 일으키는 시험들이다. 칭찬은 교만을 일으키고, 부는 세속화를 낳고, 여기서 인간의 부족함이 드러난다(잠 27:21).
5. 우리 자신의 삶, 가정, 종교적 생각, 공적 업무 등에서 일어나는 커다란 위기들은 저울이다. 인간의 마음은 모든 것이 견고하게 진행될 때에는 제대로 판단될 수 없다.
6. 진리는 항상 자기 반성적이다. 어떤 사람들은 예수님께서 어떤 교훈을 선포하자 떠났다. 마음은 진리를 어떻게 대하는가에 따라 판정을 받는다. 마음이 하나님의 말씀을 거절할 때, 그 말씀은 그것을 정죄한다.
7. 죽음 이후의 순간, 특히 일반적 심판의 순간은 마음이 심판을 받는 순간이 될 것이다.

II. 심판 받게 되는 마음

마음은 아주 다양하지만, 대략 청자들이 그것을 판단하기를 바라면서 우리가 세워놓은 세 부류로 나눌 수 있다.

1. 즉시 부족함이 발견되는 마음.
   • 자연적인 마음. 변화 받지 못한 모든 사람들이 바로 이 상태에 있다.

심지어는 "실제로 선한 마음을 가진 사람"이라도 마찬가지다.

- 이중적인 마음. 우유부단하고 이중적인 성격을 가진 마음은 거짓되다. "그들이 두 마음을 품었으니 이제 벌을 받을 것이라"(호 10:2).
- 미지근한 마음. 이 마음은 결단력, 힘, 또는 진지함이 없다. 그는 "어리석은 비둘기 같이 지혜가 없다"(호 7:11).
- 완고한 마음. 이 마음은 반역적이고, 자의적이고, 죄악적이다.
- 변덕스러운 마음. 이 마음은 감동을 망각하고, 약속을 깬다.
- 교만한 마음. 자기의, 자기신뢰, 자기오만, 자기반항.
- 강퍅한 마음. 이 마음은 사랑이나 공포에 대해 무감각하다. 고집불통. 성령의 능력에 저항한다.

2. 더 무거운 저울에 달아야 부족함이 판명되는 마음.
- 사울이 가진 것과 같은 "또 하나의 마음." 새로운 감정의 양상이 있지만, 새 본성은 아니다.
- 엘리야가 그의 파멸을 예언했을 때 아합이 보여 주었던 것과 같은 "황송한 마음." 황송하지만 겸손하지는 않다. 돌이켰지만 죄로부터 돌이킨 것은 아니다.
- 속이는 마음. 선한 것을 생각하지만 선하지는 않다.

3. 좋은 저울에 달린 마음.
- 떠는 마음. 죄를 뉘우치고, 두려워하는 마음이다.
- 부드러운 마음. 민감하고, 다정다감하고, 간절한 마음이다.
- 깨어진 마음. 통회하고, 찔림을 받고, 겸손하고, 낮아진 마음이다.
- 순전한 마음. 오직 선하고 깨끗한 것을 사랑하고, 죄 자체와 다른 것들은 슬퍼하며, 거룩을 위해서는 탄식하는 마음이다.
- 솔직한 마음. 진실하고 의롭고 신실한 마음이다.
- 온전한 마음. 진지하고, 정직하고, 단호하고, 성결하고, 일편단심으로 연합을 도모하는 마음이다.

- 고정된 마음. 견고하게 의지하고, 변함없이 지속되는 마음이다.
- 당신의 마음은 저울에 달릴 준비가 되어 있는가? 당신은 마지막 시험에 대한 두려움이 없는가? 이 확신이 바로 세워져 있는가?
- 믿음을 통해 예수님이 그 안에서 보좌에 앉아 계시는가? 만일 그렇다면, 당신은 어떤 저울이든 두려워할 필요가 없다.
- 그렇지 못하다면, 당신은 왕이 마지막 저울 위에 세울 때 어떻게 되겠는가?

❖ 다양한 도움말 ❖

천국의 주권은 모든 존재들을 구원하지만,
벌거벗은 자신의 마음을 바라보는 자는 참으로 끔찍하리라.

_ 영(Young)

찰스 1세가 다스리던 시대에 런던의 금세공인들은 비밀 심의회에서 보석을 평가하는 관습이 있었다. 이 당시 그들은 아주 세밀하게 표시된 저울을 사용했는데, 약간의 무게에도 저울대가 움직였다. 그 심의회의 의장은 100분의 2 그레인까지 재보고 무게를 인정했다. 유명한 법무장관인 노이는 "내 모든 행동이 이 저울에 달아지는 것이 정말 싫다"고 말했다. 경건한 성도인 허베이는 "나 자신에 관해서도 진정 그런 저울이 있음을 인정한다. 성전의 저울, 하나님의 손에 있는 저울은 무한히 정확하기 때문에, 그분의 눈에 인정받고, 그분의 평가에 통과되기 위해서는 오, 우리가 그리스도의 공로와 의에 속할 필요가 얼마나 많을까!"라고 말한다.

내 저울은 의롭고,
내 법은 똑같이 무겁다.

저울대는 강하고, 나의 견고한 손은
그것을 수평으로 붙들고 있음을 믿을 수 있으리라.
그대의 마음을 보이는 세상과 비교해 달아보라.
그것이 너무 가벼운 것으로 나타난다면, 그것은 아무 가치가 없도다.
그대의 마음이 그토록 가볍게 나타나는 것을 그대가 부끄러워한다면,
그로 인해 비난받는 것을 두려워한다면,
내가 그대에게 그 무게를 높이는 법을 가르쳐 주겠노라.
내 법에 내 복음을 더하라. 그러면 네게 내 공로가 나타나고,
그때 저울은 동등해질 것이다.
　_ 크리스토퍼 하비(Christopher Harvey)의 "스콜라 코르디스"에서

희랍신화에 나오는 흠 잡기 좋아하는 신 모모스는 흙으로 만들어진 사람의 형상을 하고 있었지만, 무슨 행동을 하든 또는 무슨 생각을 하든 쉽게 빛이 들어와 그것을 들여다볼 수 있는 창문을 허리에 갖고 있지 않았기 때문에 로마신화의 불카누스와 비견된다. 하지만 우리는 모모스와 같지 않다. 우리는 모든 사람이 자신의 마음을 들여다볼 수 있도록 허리에 창문을 갖기를 바랐던 모모스와 같은 정신을 갖고 있지 않다. 만일 그런 창문이 있다면 우리는 그 문을 닫는 셔터를 달라고 기도해야 할 것이다.

58
천국 상인에 대해

진리를 사되 팔지는 말며
_ 잠언 23:23

「천로역정」에서 순례자들이 허영의 시장을 통과하는 상황을 존 번연은 이렇게 묘사한다: "상인들을 전혀 즐겁게 하지 않았던 것은 이 순례자들이 모든 상품을 아주 가볍게 취급한다는 사실이었다. 그들은 그것을 아예 쳐다보지 않을 정도로 관심이 없었다. 만약 그들이 그것을 사도록 상인들에게 요청을 받았다면, 그들은 손가락으로 귀를 막고 '허영으로 가득 찬 물건을 내 눈 앞에서 치우시오' 라고 외친다. 그리고 위를 바라보면서 그들의 거래는 하늘에 있음을 가리킨다."

"우연히 사람들 사이를 지나가다가 이 장면을 목격한 한 사람이 조롱하듯이 '도대체 당신들은 무엇을 삽니까? 라고 물었다. 그들은 진지하게 그를 바라보면서 '우리는 진리를 삽니다' 라고 말했다."

참그리스도인은 값비싼 진주를 산 상인과 같다. 그는 그것들을 사기 위해 찾아다녔다. 그는 자기 전 재산을 바쳐 그것들을 샀다.

여기서 우리는 다음과 같은 사실을 주의 깊게 살펴보아야 한다:

I. 상품: "진리."

1. 교리적 진리. 복음. 3R — 파멸(Ruin), 구속(Redemption) 그리고 거듭남(Regeneration). 이것은 은혜의 교리들이다.

• 이것들은 진짜 상품이지만, 시장에는 위조품이 등장한다. 복음을 사는 사람은 다음과 같은 위조품을 분별해내는 방법을 배워야 한다.

• 하나님이신 그리스도가 없는 구원.

- 대속제물이 없는 죄 사함.
- 새로운 탄생이 없는 생명.
- 믿음이 없는 거듭남.
- 행함이 없는 믿음.
- 거룩에 대한 견인이 없는 구원.

2. 경험적 진리. 새 탄생과 천국의 생명은 극상품 보석이다. 그러나 이것
   들에 대해서는 조잡한 모조품이 존재한다.
- 참종교와 다음과 같은 모조품들을 구분하도록 하라.
- 회개 없는 믿음.
- 감정이 결여된 담화.
- 갈등 없는 삶.
- 검증 없는 자기확신.
- 겸손 없는 완전.

3. 실천적 진리. 진리는 행동과 행위의 문제다. 당신은 다음과 같은 상태
   를 보여 주지 못하는 것을 조심해야 한다.
- 당신을 부끄럽게 하는 것을 행하지 말라.
- 당신이 알아야 할 것에 대해 의도적으로 무지하지 말라.

II. 구입: "진리를 사되."

여기서 우리는 즉시 다음과 같이 해야 한다.

1. 오류를 바로잡아 보자. 엄밀히 말하면, 진리와 은혜는 사고 팔 수 있는
   것들이 아니다. 그러나 성경은 "너희는 와서 사 먹되 돈 없이, 값없이
   와서 포도주와 젖을 사라"(사 55:1)고 말씀한다.
2. 말씀을 해설해 보자. 그것은 적절히 선택된 말이다. 왜냐하면 구원받기
   위해 우리는 다음과 같이 진리를 살 준비를 해야 하기 때문이다.
- 모든 죄를 포기하고, 모든 의를 성취하며, 만일 이것이 그만한 가치를

갖고 있다면, 우리가 갖고 있는 모든 것을 다 주어 버릴 것.

- 모든 것이 우리 자신에게 매어놓았던 것처럼, 진지한 각성을 통해 하나님과 올바른 관계에 들어갈 것.
- 모든 시험에 견디고, 모든 검사에 통과할 준비를 할 것.
- 예수님께 진실하기 위해 모든 위험을 감수하고, 모든 십자가를 짊어지며, 모든 세속적 쾌락을 포기할 것.

3. 문장을 다르게 표현해 보자.

- **진실로** 진리인 것을 사라.
- 진리를 **모두** 사라
- **오직** 진리를 사라.
- **어떤 대가를 치르더라도** 진리를 사라.
- **지금** 진리를 사라.

4. 구입하는 이유들을 제시해 보자.

- 그것은 본질상 지극히 보배롭다.
- 당신은 이 순간 일천 가지 유효한 목적들을 위해 그것이 필요하다.
- 당신은 시간과 영원 모두에서 그것이 필요할 것이다.

5. 시장을 향해 가자. 그리스도께서는 "내게서 사라"고 말씀하신다. 장날은 지금이다. "와서 사라."

6. 본문을 반복해 보자: "진리를 사되."

- 단순히 그것에 관해 듣기만 해서는 안 된다.
- 그것을 다른 사람들에게 추천하는 것으로 만족해서도 안 된다.
- 그것에 관해 아는 것으로 만족해서도 안 된다.
- 그것을 간절히 바라는 것으로 만족해서도 안 된다.
- 그것을 살 마음을 품는 것으로 끝나서도 안 된다.
- 오직 "진리를 사라." 돈을 갖고 내려와 거래를 완결 짓고, 재산을 확보하라.

III. 금지: "팔지는 말며."

그것을 되팔기 위해서가 아니라 영원한 투자로 알고 구입하라.

- 어떤 이들은 생계를 위해, 체면을 위해, 과학적·사상적 평판을 위해, 친구를 기쁘게 하기 위해, 죄의 쾌락을 위해, 단순히 방탕에 지나지 않는 무익한 것을 위해 그것을 팔아먹는다. 그러나 당신은 생명 자체를 위해 그것을 꼭 간수하고 있어야 한다.
- 어떤 이들은 어떤 대가를 치르고라도 그것을 사서, 아무 대가 없이 그것을 팔아버린다.
- 당신은 계속 그것이 필요할 것이다.
- 그것은 지금까지 당신에게 큰 보답을 제공했다.
- 당신은 세상에 그것을 팔아먹는다고 해서 더 좋은 것이 하나도 없다.
- 당신은 그것이 없으면 상실된 존재다. 절대로 그것을 팔지 말라!

✣ 사 는 자 들 을 위 한 조 언 ✣

솔로몬은 우리에게 "진리를 사라"고 권고하지만, 그것이 얼마나 대가가 필요한지 말하지 않는다. 왜냐하면 우리는 아무리 비싸더라도 그것을 구입해야 하기 때문이다. 우리는 걸을 때나 달릴 때나 그것을 사랑해야 한다. 진리의 모든 부분들은 정금 줄밥처럼 보배롭다. 우리는 그것에 따라 살든지 죽든지 해야 한다. 룻이 나오미에게 "어머니께서 가시는 곳에 나도 가고 어머니께서 머무시는 곳에서 나도 머물겠나이다. 내가 죽는 일 외에는 어머니를 떠나지 않겠나이다"(룻 1:16-17)라고 말한 것처럼, 은혜 속에 있는 영혼은 "진리가 가는 곳에 나도 가고 진리가 머무는 곳에 나도 머물겠나이다. 내가 죽는 일 외에는 진리를 떠나지 않겠나이다"라고 말해야 한다. 어떤 사람이 자신의 집, 땅, 보석들을 합법적으로 팔 수는 있다. 그러나 진리는 모든 가치를 능가하는 보석으로서, 절대로 팔아서는 안 된다. 그것은 우리의 세습재산이다. "주의 증거들로 내가 영원히 나의 기업을 삼았사오니"(시 119:111). 그것은 우리 조상들이 피 흘리고 사서 우리에게 기꺼이 물려준 유산으로서, 반드시 사야 할 보배다. 이것은 복음 안에서 지혜로운 상인이 하늘과 땅에서 가장 값지고, 사람을 가장 행복하게 만들며, 평안히 죽게 하고, 영원히 빛나게 하는 값진 진주를 구하는 것과 같다(마 13:45). _ 토머스 브룩스

"그런데 내가 말한 것처럼, 천성에 이르는 길은 이 허영의 시장이 세워져 있는 도시를 따라 곧장 펼쳐져 있다. 천성에 가려 하면서 이 도시를 통과하지 않은 자는 세상을 떠나야 한다. 만왕의 왕 자신은 자신의 나라인 천국으로 가실 때 이 도시를 통과했고, 따라서 이 시장의 장날도 거치셨다. 그러나 내가 생각할 때, 그분을 그 허영의 상품들을 사도록 초청한 이는 바로 이 시장의 대군주인 마귀였다. 뿐만 아니라 그분을 이 시장의 주님으로 삼은 자도 그였는데, 그는 그분이 이 도시를 통과할 때 자신에게 존경을 바치도록 획책했다. 또한 그분은 명예를 소중히 여기는 분이었기 때문에, 마귀는 거리를 지날 때, 짧은 순간 세상 왕국의 모든 것을 보여 줌으로써, 가능한 한, 은혜의 주님이 그의 허망한 상품을 몇 가지만이라도 싸게 사 가도록 유혹했다. 그러나 그분은 상품에 대한 마음이 전혀 없었고, 그래서 이 허망한 것들에 대해 추호도 마음을 빼앗기지 않고, 그 도시를 떠나셨다. 그러므로 이 시장은 오래 전부터 존재하던 전통시장으로서, 아주 큰 시장이다." _ 존 번연

하나님의 자녀에 대한 지혜의 요청

내 아들아 네 마음을 내게 주며
_ 잠언 23:26

여기서 말씀하는 것은 지혜다. 지혜는 하나님을 가리키는 또 다른 이름이다. 아니 더 정확하게 말한다면, 주 예수님을 가리키는 말로서, 그분은 육화된 지혜이시다. 요청은 우리 존재의 센터인 마음 곧 심령에 대해 주어진다. "네 마음을 내게 주며"라는 말씀은 선하신 영의 첫 번째, 일상적, 주된 그리고 궁극적 요청이다.

I. 사랑이 이 지혜에 대한 요청을 촉진시킨다.

1. 오직 사랑만이 이같이 지혜를 추구할 것이다. 다른 사람들을 사랑하는 데 무관심한 자가 무엇을 염려하겠는가? 만일 지혜가 그들의 손에 의해 충분히 섬김 받을 수 있다면, 그들의 마음은 그들이 선택하는 곳에 가 있을 것이다.

2. 오직 사랑만이 우리와 같은 빈약한 존재들의 마음이 지혜를 추구하도록 할 것이다. 천사들이 경배를 드린 분에게 우리는 어떤 섬김을 드릴 수 있을까? 우리가 그분에 대해 사랑하거나 미워하는 것은 어떤 경우일까?

3. 그러나 지혜는, 마음이 그것에 주어질 때, 아들을 얻는다. 왜냐하면 어느 누구도 사랑하지 않는 참아들은 없기 때문이다. "사랑하는 자마다 하나님으로부터 나서"(요일 4:7).

4. 만일 아들이 이미 있다면, 하나님의 사랑은 우리에게 하나님께, 그리스도께, 지혜에 마음을 바치는 더욱 완전한 순종을 통해 더 지혜롭게 되

라고 강권한다. 우리는 이 교훈을 절대로 무시할 수 없다.

II. 지혜는 우리로 하여금 이 은혜로운 요청에 순종하도록 설득한다.

우리의 불멸의 선은 주님과 그분의 지혜를 사랑하는 것이다.

1. 악한 사랑을 가진 자도 우리를 찾아오고, 우리의 마음은 이런저런 사람들에게 주어질 것이다. 그때 선택은 우리를 파멸시키거나 더 고상하게 만들거나 할 것이다. 마음을 갖고 있는 자가 그 사람을 갖고 있다.

2. 우리가 악한 자를 이길 수 있는 비결은 최고의 사랑을 구사하는 것이다. 하나님의 종은 사탄의 종이 될 수 없다.

3. 우리가 하나님을 사랑하면, 그분을 기쁘시게 할 것이다. 아버지는 그의 어린 자녀의 사랑에 깜빡 죽는 법이다. 여호와를 사랑하도록 허락되었다는 것은 얼마나 큰 영예요, 유산이요, 천국일까!

4. 다른 것으로는 그분을 기쁘시게 할 수 없다. 우리가 마음 없이 하는 것은 무엇이나 그분을 슬프게 할 것이다. 그것은 공허한 형식에 불과하다. 생선은 산 채로 제단에 드려질 수 없었기 때문에 하나님께 바쳐지지 못했다. 이교도들은 희생제물의 심장이 썩으면, 아주 불길한 징조로 생각했다.

5. 하나님은 우리의 마음을 헤아리신다. 그것은 그분이 마음을 만드셨기 때문이다. 그분은 그 고동소리를 유지하도록 하고, 그것을 즐거워하신다. 그분은 그것을 사서 천국을 위해 예비하신다. 그분은 마음을 위해 마음을 주신다. 이것은 우리에 대한 그분 자신의 사랑이다.

6. 지혜가 마음에 주어지지 않는 한 지혜를 얻는 방법은 없다. 하나님은 무정한 마음에 지혜를 주지 않으신다. 마음이 지혜로 채워지지 않는 한, 아무것도 되는 일이 없다.

III. 사랑은 우리로 하여금 그 요청에 지혜롭게 순종하도록 한다.

- 즉시 ― 당신의 마음을 하나님께 드리라. 지체는 악하고, 유해하다.
- 기꺼이 ― 당신의 마음을 하나님께 드리라. 그것은 다른 방법으로는 이루어질 수 없다. 힘으로 사랑을 강제할 수는 없다. 드림은 자발적이어야 한다.
- 전적으로 ― 당신의 마음을 하나님께 드리라. 절반만 드려진 마음은 마음이 아니다. 이중적인 마음은 죽은 것이다. "하나님은 죽은 자의 하나님이 아니시다."
- 한 번에 ― 당신의 마음을 하나님께 드리라. 그리하여 그것이 영원토록 그분의 인도하심 속에 있게 하라.
- 지금 당신의 마음은 어디에 있는가?
- 그 안의 상태는 어떠한가? 차갑거나 세속적이거나 불안하지는 않은가?
- 와서 주 예수를 믿으라. 그리하면 당신은 하나님의 아들이 되는 권세를 얻고, 사랑으로 충만한 마음으로 그분을 섬기게 될 것이다.

✤ 정선된 인용 ✤

당신을 찾아온 모든 권세자들 가운데 하나님 외에 당신의 마음을 주장할 권리를 가진 존재는 아무도 없다고 생각된다. 오직 하나님만이 당신에게 마음을 주시고, 아들의 이름으로 당신을 부르신다(말 1:6). 이것은 마치 그분이 "너는 그것을 너에게 주신 아버지께 드려라. 네가 내 아들이냐? 내 아들들은 내게 그들의 마음을 주고, 그리하여 만일 내가 그들의 마음속에 거한다면, 그들은 내가 자기들의 아버지인줄 아느니라. 왜냐하면 마음은 하나님의 성전이기(고전 3:16) 때문이라"고 말씀하는 것과 같다. 그러므로 당신이 그분의 아들이라면, 당신은 그분에게 마음을 바치라.

당신은 그분에 대해 무엇이든 부정할 수 있는가? 그분의 선이 우리를 창조하고, 그분의 사랑이 우리를 선택하고, 그분의 자비가 우리를 구속하고, 그분의 지혜가 우리를 변화시키며, 그분의 은혜가 우리를 보호하고, 그분의 영광이 우리를 영광스럽게 한다는 것을 부정할 수 있는가? 오, 당신이 "그분이 누구신줄 알았더라면" 그리스도께서 사마리아 여인에게 "네가 만일 하나님의 선물과 또 네게 물 좀 달라 하는 이가 누구인 줄 알았더라면"(요 4:10)이라고 말씀하셨을 때 그녀가 했던 것처럼, 당신도 그분에게 마음을 주고, 그리스도께서 발을 씻겨 주셨을 때 베드로가 "내 발뿐 아니라 손과 머리도 씻어 주옵소서"(요 13:9)라고 했던 것처럼, 당신도 그분에게 말했을 것이다. 단지 마음만이 아니라 "내 모든 몸과 생각과 말과 행위와 소유와 생명까지 다 취하소서"라고 말했을 것이다. 만일 당신이 왜 당신의 마음을 하나님께 드려야 하는지 그 이유를 묻는다면, 나는 나귀 새끼를 구하러 간 제자들처럼 "주가 쓰시겠다"(마 21:3)고 말하지 않고, 당신에게 필요하기 때문이라고 말해 줄 것이다. "주는 것이 받는 것보다 복이 있다"(행 20:35)는 말씀이 진정 맞는 말이라면, 세상의 소유를 취하는 사람들보다 하나님께 자기들의 마음을 드리는 사람이 훨씬 더 복이 있다. _ 헨리 스미스

"내 아들아 네 마음을 내게 주며." 이 말씀은 두 가지 이유를 갖는다. (1) 마음이 주어지지 않으면 아무것도 준 것이 아니기 때문이다(호 7:14; 마 15:8-9). (2) 마음이 주어진다면, 모든 것을 준 것과 같기 때문이다(대하 30:13-20). _ 휴 스토웰

양보는 절대로 있을 수 없다. 그런데 대부분의 사람들은 자기들의 마음의 모든 방을 깨끗하게 청소하고, 그리스도를 위해 꾸민다고 해도, 자기들의 마음의 작은 벽장 속에 또는 자기 집무실의 다리가 하나 부러진 의자 위에 또는 그릇을 닦는 마음의 부엌의 한구석에 가끔 한 번씩 들르는 벨리알을 위해 자리를 마련할 수도 있다고 생각한다. 절대로 그럴 수는 없다! 당신은 전

염병에 대해 그러는 것처럼, 한 점의 얼룩도 없도록 그의 집을 깨끗이 청소해야 한다. 당신은 당신이 갖고 있는 모든 것이 하나님의 소유인 것처럼, 당신 자신도 전적으로 하나님의 것이라는 것을 확신해야 한다. _ 존 러스킨 (John Ruskin)

한 겸손한 성도가 이렇게 외쳤다: "나는 마음을 억누르고 있는 죄책을 견딜 수 없다. 왜냐하면 그분의 사랑과 그분이 나의 행복을 위해 행하신 일을 내가 알고 있고, 또 확신하기 때문이다. _ C. 브리지스(C. Bridges)

당신께 제 마음을 드리리이까? 주여, 그렇게 하겠나이다.
만일 그 드림이 가치가 있다면,
그렇게 해야 할 충분한 이유가 제게는 있나이다.
하오나 당신이 피로 값 주고 산 그 선만이 유효하고,
그것만이 당신의 갈망을 가치 있게 만든다고 생각되나이다.
주여, 제가 일백만 개 아니 무한한 마음을 갖고 있고,
모든 사람 속에 가장 소중히 여기고 경외하는
셀 수 없는 무수한 마음을 갖고 있다 해도,
나의 모든 것을 소유하고 계신 당신께
드리기에는 너무나 보잘것없고,
그래서 감히 드리지 못하겠나이다.
하오나 내 마음이야말로 내가 가진 것 중 최고이기에
당신이 그것을 갈망하신다면, 그것을 결코 놓치지 마옵소서.
비록 제가 드려져야 할 만큼 충분히 그것을 드릴 수는 없지만,
그래도 드리겠사오니,
주여, 그것을 취하소서. 여기 있나이다.
_ 크리스토퍼 하비(Christopher Harvey)의 "스콜라 코르디스"(Schola

Cordis)에서

　엘리자베스 여왕에 의해 교황주의자들이 핍박받던 시대에 일부 부유한
가톨릭교도들에 대해 이런 얘기가 전해지고 있다. 가톨릭교도들 마음속에
도저히 참을 수 없는 편협한 계명으로 치부되는 율법에 노골적으로 굴종함
으로써 그들은 자신들의 생명이 구원받기를 원했다. 이에 대한 교회 당국의
보고를 받은 당시의 교황은 "진정 구원을 받으려면 그들이 내게 그들의 마
음을 바쳐야 하리라. 그것이 지금 그들이 해야 할 의무다"라고 대답했다. 이
이야기가 참이든 거짓이든, 우리가 확신할 수 있는 것은 악한 자도 마음을
차지할 수만 있다면 외적 종교의식이 준수되는 것에 대해서는 별로 관심이
없다는 것이다.

죄를 숨기실 때의 하나님의 영화

일을 숨기는 것은 하나님의 영화요 일을 살피는 것은 왕의 영화니라
_ 잠언 25:2

먼저 본문을 통상적으로 해석해 보자. 많은 일들을 숨기는 것은 하나님의 영화요, 그것들을 살피는 것은 왕의 영화다. 그러나 이것은 한정된 의미로 간주되어야 한다. 무조건 숨기는 것이 하나님의 영화가 되는 것은 아니다. 만약 그렇다면 계시는 어떻게 된 것인가? 숨기는 것 중에도 그분을 영화롭게 하지 못하는 일들이 많다. 대부분의 신비는 하나님의 어떤 행위에 의해 숨겨지는 것이 아니라 그 자체의 본질에 의해 그리고 우리가 그것들을 이해하는 능력이 없기 때문에 숨겨지는 것이다. 하나님의 아들의 신적 본질과 성부와의 관계, 예수님의 복합적 인격, 성령의 발출, 영원한 작정 등과 같은 교리들은 이해의 대상이 아니라 믿음의 대상들이다.

그러나 숨겨지는 것은 숨겨짐으로써 하나님의 영화가 되는 것이 사실이다. 아직 죄 가운데 있는 각 개인들에 대한 그분의 영원한 목적이 바로 그것이다. 미래, 특히 예수님의 재림 시기에 관한 것도 그렇다.

예정과 자유의지 문제 그리고 무수한 다른 문제들과의 연결 관계도 마찬가지다. 이런 문제들은 숨겨져 있고, 숨김 속에 지혜가 있다. 그러므로 우리는 알려고 할 필요가 없다. 그러나 나에게 이것은 의미 있는 것으로 보이지 않는다.

그 반대의 경우도 완전하지는 않다. 차라리 왕보다 지혜자들이 자연과 은혜의 비밀들을 살피는 것이 더 낫다. 나아가 그 다음 구절은 그 반대의 경우를 허용하지 않는다.

그러므로 우리는 또 다른 방향으로 나아가야 하고, 여기서 무엇보다 먼저

질문할 것은 "왕은 어떤 일들을 살펴야 하느냐?"이다. 이것이 문제의 핵심이다.

뇌물로 남의 눈을 속이거나 편견에 의해 악한 길로 나아가거나 허위로 말미암아 곤경에 빠짐으로써 공의가 무너질 때, 그것은 왕의 책임이요, 불명예다. 그때 그는 문제를 시초부터 살펴야 한다. 재판장의 영예는 범죄를 찾아내는데 있지만, 하나님의 영화는 보이는 죄책을 보이지 않도록 은혜롭게 그리고 정당하게 숨겨주는데 있다.

하나님은 굳이 살피실 필요가 없다. 왜냐하면 그분은 모든 것을 다 보고 계시기 때문이다. 그분의 영화는 자신의 눈에 명명백백 드러나 있는 것을 숨겨 주시는 것, 그것을 정당하게 그리고 효과적으로 숨겨 주시는데 있다.

I. 죄를 숨겨 주는 것은 하나님의 영화다.

1. 죄책, 격동, 저의 그리고 속이는 삶을 하나님은 속죄의 피를 통해 영원히 제거하실 수 있다.
2. 이미 알려지고 고백된 죄를 하나님은 영원히 더 이상 언급되지 않도록 숨겨 주실 수 있다.
3. 그분은 예수님의 사역을 통해 정당하게 그렇게 하실 수 있다.
4. 그분은 범죄자 자신의 배상이 없이도 그렇게 하실 수 있다. 그것은 대속자가 이미 그 배상을 치렀기 때문이다.
5. 그분은 다른 사람들에게 악한 영향을 주지 않고 그렇게 하실 수 있다. 어떤 사람도 하나님께서 죄를 눈감아 주셨다고 생각하지 못할 것이다. 왜냐하면 그 형벌을 예수님에게 담당시키셨기 때문이다.
6. 그분은 그 사람 자신에게 어떤 손해를 끼치지 않고 그렇게 하실 수 있다. 그분은 죄를 미워하시는데, 그것은 그분이 형벌을 싫어하기 때문이기도 하지만 더욱 큰 이유는 속죄양의 사랑 때문이다.
7. 그분은 효과적으로 그리고 영원히 그렇게 하실 수 있다. 한 번 하나님

에 의해 눈에서 사라진 죄는 절대로 다시 나타나지 못할 것이다. 영광스러운 복음이 죄책이 있는 자들을 가려 버리기 때문이다.

II. 이것은 숨김을 바라는 영혼들에게 커다란 위로를 준다.

1. 죄를 스스로 숨기려고 시도하지 말라. 왜냐하면 죄악을 숨겨 주시는 것은 하나님의 사역이기 때문이다. 우리는 그분과 함께 할 때에만 그것을 버릴 수 있다.

2. 붉은 죄를 범하기 전, 그분이 죄를 숨길 능력이 있음을 믿음으로써, 하나님의 영화를 나타내라.

3. 이 순간 하나님이 우리를 위해 기꺼이 그렇게 하실 것이라고 확신하라.

4. 단번에 죄를 숨기기 위해 즉시 믿으라.

III. 이것은 성도들에게 강력한 자극이 된다.

1. 성도들은 자기 죄를 숨겨 주실 때 하나님을 영화롭게 해야 한다. 그들은 용서에 대해 찬양하고, 하나님이 어떻게 죄를 제거하기 위해 그의 등 뒤로 죄를 던져 버리셨는지, 그것을 어떻게 바다 깊숙이 던져 버리셨는지 그리고 그것을 찾아도 발견될 수 없도록 어디로 던져 버리셨는지에 대해 선전해야 한다. 예수님은 "죄를 끝장내셨다."

2. 성도들은 다른 사람들의 영혼이 죽음에서 구원받도록 그들을 예수님께 인도함으로써, 그들의 죄가 숨겨지도록 노력해야 한다.

3. 성도들은 회개하는 사람들의 죄를 잊어버림으로써 하나님을 본받아야 한다. 우리는 우리 자신에게 저질러진 어떤 잘못을 영원히 처분하고, 개종자들을 대할 때, 마치 그들이 애당초 죄를 범하지 않은 것처럼 대해야 한다. 우리는 탕자를 볼 때, "제일 좋은 옷을 내어다가 입혀줌으로써"(눅 15:22), 그의 벌거벗은 모습을 숨겨 주고, 그의 누더기 옷을 잊어버려야 한다.

하나님께서 당신의 죄를 즉시 숨길 수 있도록 어서 와서 그것을 토설하라.

❖ 은단추 ❖

　토머스 브룩스는 심판 날 성도들의 죄가 공개적으로 선언될지에 대해 논하면서, 선언되지 않을 것이라고 주장한다. 그의 다섯 번째 논증은 다음과 같다: 허물을 용서하는 것은 인간의 영화다. "노하기를 더디 하는 것이 사람의 슬기요 허물을 용서하는 것이 자기의 영광이니라"(잠 19:11). 또는 우리가 모르는 사람들이나 일에 대해 그러는 것처럼 그것에 대해 무관심하거나 무시하거나 해야 한다. 따라서 허물을 용서하는 것이 인간의 영화일진대, 그 위대한 날에 조용히 그의 백성들의 허물과 죄를 용서하는 것은 훨씬 더 큰 그리스도의 영화가 되지 않겠는가? 범죄와 반역이 클수록 왕의 용서와 간과도 커지고, 그로 인해 그분의 영예와 영화도 커진다. 그렇다면 의심할 여지 없이 그 위대한 날에 그의 백성들의 모든 범죄와 반역을 용서하실 뿐만 아니라 그것들을 간과하고, 그것들을 무시하고, 그것들을 잊어버리는 것은 참으로 큰 그리스도의 영화가 될 것이다.

　이교도들은 오래 전부터 사람은 하나님의 선과 자비만큼 그분의 영광과 완전성에 더 가까운 것은 없다는 사실을 관찰했다. 확실히 만일 "허물을 용서하는 것"이 인간에게 영화가 된다면, 그의 백성들의 허물을 용서하는 것은 그리스도에게 불명예가 될 수 없다. 그분은 이미 그것들을 자신의 피의 바다 속에 매장시켜 버리셨다. 다시 말하지만, 솔로몬은 "일을 숨기는 것은 하나님의 영화요"(잠 25:2)라고 말했다. 그렇다면 그 위대한 날에 성도들의 죄를 숨기는 것이 왜 하나님의 사랑의 영화가 되지 못하는지 나는 모르겠다.

　이 진리에 관해 우리는 영(Young)이 구속에 관해 다음과 같이 말하는 것

을 참작할 수 있다:

> 진리는 얼마나 이상한지! 그것을 믿지 않는 것은 그리 큰 대담함이 아니지만, 그것을 참이라고 생각하는 것은 정말 대담한 것이다.

뉴게이트 교도소에서 여성 죄수들에게 엘리자베스 프라이 여사가 끼친 감화는 그녀가 죄수들을 다룰 때 아주 부드럽게 대한 것이 그 요인이었다. 그녀는 죄수를 모욕하는 데 관심이 많은 어떤 사람에게 "나는 그들의 범죄에 대해 결코 묻지 않는다. 왜냐하면 우리는 모두 흠 있는 존재들이기 때문이다"라고 말해 주면서 그를 은근히 비난했다.

독일의 합리주의 신학자들은 족장들의 죄를 거론할 때 던컨(Duncan) 박사의 의해 비판받았다. 그는 종종 "이 함 같은 작자들아! 우리는 구약성경 성도들의 허물에 대해 관대하게 말해야 한다"고 말했다.

하나님의 용서만큼 완전한 용서는 없다. 그분은 용서하실 뿐만 아니라 잊어버리신다. 그분은 호의를 회복시키고, 자신의 분노를 거두실 때 그것으로 충분하다고 생각하지 않으신다. 왜냐하면 그분은 자신의 사랑을 나타내야 하기 때문이다. 사면 행위는 신자의 범죄에 관해 베풀어졌다. 그것들 가운데 어느 것도 더 이상 그에게 정당하게 연루될 수 없다. 속죄는 하나님이 이미 그것을 처벌하신 것과 마찬가지로 죄를 넘어가시는 것을 정당한 것으로 만든다. 상처는 아무 흔적도 없이 사라지고 치유된다. 오, 여호와여, 당신과 같은 하나님이 과연 누가 있을까요? 이 영광스러운 용서는 그 누구도 당신과 비교할 수 없게 합니다.

61
좋은 기별

먼 땅에서 오는 좋은 기별은 목마른 사람에게 냉수와 같으니라
_ 잠언 25:25

우리가 여기서 사용된 예증을 실감할 수 있는 순간은 날씨가 극히 무더운 여름날이다. 왜냐하면 우리는 목마름이 쉽게 해소될 수 있는 물이 풍족한 땅에서 살고 있기 때문이다. 그러나 우리는 물이 없어 목마름에 죽어가는 하갈, 이스마엘, 삼손의 상황 또는 사막의 대상(隊商)들의 상황 또는 막막한 바다 위에서 한 척의 배에 타고 있는 지친 선원들의 상황에 우리 자신을 적용시켜 상상해 볼 수 있다.

친구들이 여행을 떠나거나 우리 자신이 여행을 떠나 그들과 헤어져 있을 때 또는 우리가 외국의 항구에 사업상 관계가 있을 때 또는 선교에 대한 거룩한 관심이 있을 때, 그 먼 나라에서 오는 기쁜 소식은 얼마나 마음을 시원하게 하는지 모른다.

우리는 본문을 세 가지 방식으로 사용할 것이다.

I. 죄인들을 위해 하나님이 주신 기쁜 소식.

죄는 사람들을 먼 나라에 있게 하지만, 여기에 기쁜 소식이 있다:

1. 하나님은 연민의 정을 갖고 당신을 기억하신다.
2. 그분은 당신의 회복을 위한 길을 마련해 두셨다.
3. 그분은 당신을 본향으로 초대하기 위해 사자를 보내셨다.
4. 많은 사람들이 이미 회복되었고, 지금 즐거워하고 있다.
5. 그분은 당신을 본향으로 이끌기 위해 필요한 모든 수단을 제공하셨다.
6. 당신은 즉시 회복될 수 있다. "만반의 준비가 되어 있다."

만일 이 기쁜 소식이 받아들여진다면, 그것은 갈급한 영혼들에게 놀라운 생명력을 줄 것이다. 다른 사람들에게 그것은 보잘것없는 것이 될 것이다.

II. 성도들을 위해 천국에서 온 기쁜 소식.

1. 소식은 천국으로부터 온다. 그것은 말씀에 대한 성령의 조명과 예수님의 사랑의 달콤한 속삭임을 통해 주어진다.

2. 이 소통을 계속 유지하는 것은 가장 유쾌한 일로서, 그 가능성이 크다. 왜냐하면 예수님은 우리와 대화하는 것을 기뻐하시고, 성부 자신도 우리를 사랑하시며, 성령은 영원히 우리와 함께 하시기 때문이다.

3. 만일 한동안 그 소통이 지체된다면, 마치 냉수가 특별히 목마른 영혼에 갑절의 해갈을 주는 것처럼, 거듭남은 그 이전보다 훨씬 더 큰 감동이 될 것이다.

4. 그 소식 자체는 다음과 같이 요약될 수 있다:

   • 섭리의 보좌 위에서 성부는 당신의 유익을 위해 만물을 다스리신다.

   • 주 예수님은 중보자로서, 당신을 위해 처소를 예비하고, 하나님 앞에서 당신을 대표하신다.

   • 그분은 조만간 영광 속에서 다시 오실 것이다.

   • 당신과 마찬가지로 많은 사람들이 위에 있는 아버지의 집에서 그분과 함께 있다.

   • 당신은 그곳에 가도록 요청받는다. 그들은 당신이 본향으로 인도될 때까지는 완전한 가족이 될 수 없다.

   • 이것을 받아들이라. 그리고 세상의 혼란을 벗어나도록 당신을 이끄는 천국의 매력을 느껴보라.

III. 천국을 위해 땅에서 온 기쁜 소식.

다음과 같은 소식을 들으며 본향에 가는 것은 즐거운 일이다:

1. 죄인들이 회개하고 있다.
2. 성도들은 거룩한 열심을 품고 푯대를 향해 경주하고 있다.
3. 교회는 지어져 가는 중에 있고, 복음은 전파되고 있다.
4. 성도들은 더 성숙해지고, 본향에 더 가까이 나아가고 있다.
  우리는 사랑의 메시지를 받아들이고, 하나님 안에서 행복해야 한다.
  우리는 온 세상에 복된 소식을 말해 주어야 한다.

✣ 단신 ✣

미래 상태에 대한 하와이 원주민들의 관념은 특별히 애매하고 우울했다. 엘리스는 그곳의 대다수 사람들은 예수로 말미암은 무한한 삶(ora loa ia Jesu)에 관한 소식을 그들이 지금까지 들었던 소식 중 가장 기쁜 소식 곧 그들 자신의 표현을 사용한다면, "아침의 빛처럼 그들 위에 밀려온" 소식으로 간주하는 것처럼 보였다고 말한다. 한 늙은 추장이 "내 영은 결코 죽지 않는다고? 그리고 이 곤고하고 연약한 육체가 다시 살 수 있다고?" 라고 외쳤다. 이 유쾌한 충격은 원주민들의 지배적 감정이 되었다. _ 버드 양(Miss Bird)의 "샌드위치 섬에서의 6개월"(*Six Months in the Sandwich*)에서

만일 냉수가 옆에 있다면, 목마름은 오히려 축복이다. 냉수는 목마른 사람들에게는 복된 일이다. 갈급한 죄인들은 얻을 것이다. 은혜의 구주가 주실 것이기 때문이다. 목마른 자가 냉수를 마실 때, 냉수가 목마름을 해소시킬 때, 주는 자와 받는 자는 함께 즐거워하게 마련이다. 구속받은 자가 행동에 큰 힘을 얻을 때 구속주는 더 큰 힘을 얻는다. 왜냐하면 그분은 친히 "받는 것보다 주는 것이 더 복이 있다"고 말씀하셨기 때문이다. _ W. 아노(W. Arnot)

유랑자들과 그들이 떠나온 고향 사이에는 오고가는 소식이 거의 없게 된

다는 사실을 우리는 기억한다. 이런 경우 소식에 대한 희망은 처절한 갈증이 되고, 그것을 해소시키는 소식은 생명을 주는 샘과 같다. _「스피커 주석」

필드 박사는 「광야여행」이라는 자신의 책에서, 시내 산에 관해 말할 때 이렇게 쓰고 있다: "지금 거대한 화강암 아래 있는 바위 사이를 통과하고 있다. 그곳에는 아랍인들이 결코 마르지 않는다고 말하는 샘이 있다. 그 무더운 날씨 속에서 그것은 너무나 큰 감사의 조건이었다. 특별히 그것은 바위 틈에서 눈을 발견한 것과 같았다. 시내 산은 우리에게 샘에서 풍기는 자연적인 시원스러움과 더불어 얼음물을 제공해 주었다."

62
최고의 친구

네 친구와 네 아비의 친구를 버리지 말며
_ 잠언 27:10

사람은 많은 사람들을 알고 지낼 수 있지만, 정작 친구는 적을 수 있다. 그는 환난의 때에 자기가 믿을 수 있는 한 명의 친구를 갖고 있다면 행복하다고 생각할 것이다. 만일 그 친구가 자기 아버지에게까지 사랑을 베푼다면, 그를 절대로 가볍게 여기지 않고, 멀리하지 않을 것이다. 진정한 친구는 커다란 관심을 가진 사람이어야 한다. 필요하다면, 커다란 희생정신도 있어야 한다. 세상 지혜도 이것을 가르쳐 주고, 성령의 영감도 그것을 확증한다.

만일 우리가 더 높은 영적 단계에 들어가 보면, 그것은 더욱 그렇다. 거기서 우리는 유일한 한 친구를 만난다. 그분은 죄인들의 친구로서, 무한히 겸손한 모습으로 우리를 친구로 부르시고, 친구들을 위해 자신의 생명을 내놓으심으로써 가장 위대한 전폭적 사랑을 보여 주셨다. 우리는 살든지 죽든지 그분을 붙들어야 한다. 그분을 포기하는 것은 두려운 배신이 될 것이다.

I. 묘사적인 호칭. "네 친구와 네 아비의 친구."

1. "친구": 이 말은 친절, 애착, 도움을 함축한다.

2. "아비의 친구": 신실하고, 변함 없고, 근면하고, 지혜롭고, 믿음직한 사람을 말한다. 이것은 우리 육신의 아버지에 대한 경험에서 익히 증명된다. 다양한 경우에 당신이 의지할 수 있는 최고의 의사는 가족 주치의다. 그는 당신뿐만 아니라 당신의 양친의 상태에 대해서도 정통하다. 가족의 친구는 항상 환영받는 손님이 되어야 한다.

3. "네 친구": 이는 당신이 친하게 사귀고, 안심하고 믿을 수 있고, 같은 마

음을 품고, 은밀한 얘기를 털어놓을 수 있는 사람이다.

4. 친구의 다른 면을 잊지 말라: 당신은 당신이 내 친구라고 부르는 자에게 친구가 되어 주어야 한다. "친구를 가진 자는 몸소 친구다운 모습을 보여 주어야 한다." 이 모든 면에서 우리 주 예수님은 친구의 최고 실례이고, 우리가 "형제보다 더 가깝게 대하는 친구"로서 그분을 앞세우는 것은 유익한 일이다. "이는 내 사랑하는 자요 나의 친구로다"(아 5:16).

II. 암시적인 충고. "버리지 말며."

1. 그것이 암시하고 있지 않은 것. 그분이 언젠가는 우리를 포기할 것이라는 것은 암시되어 있지 않다. 그분은 "내가 결코 너희를 버리지 아니하고 너희를 떠나지 아니하리라"(히 13:5) 말씀하시지 않았는가?

2. 어떤 면에서 우리가 그분을 포기할 수 있을까? 슬프도다. 예수님의 친구를 자처하는 어떤 고백자들은 배반자가 된다. 또 다른 사람들은 그분을 멀리서 따라가고, 열심도 없고, 세상을 바라보고, 교제도 잃어버리고, 자신의 신앙을 증거하지도 않는다.

3. 언제 우리는 그렇게 하도록 유혹을 받는가? 순경 속에 있을 때와 역경 속에 있을 때 모두 유혹을 받는다. 이단, 세속화, 불신앙 등이 전파되는 시기도 마찬가지다.

4. 포기의 과정은 어떠한가? 점진적인 냉각 상태에서 급진적인 변절 단계로 나아간다. 점차 우리는 그분의 연약한 백성들이 그분을 멸시하고, 그분의 교리를 의심하고, 그분의 길을 잊고, 그분의 진리를 더 이상 의지하지 않고, 결국에는 신앙고백마저 포기하는 것을 본다.

5. 이 포기의 징조들은 무엇인가? 그것들은 마음속에서 볼 수 있고, 대화 속에서 들을 수 있고, 열심이 부족하고 관대함이 사라질 때 나타나며, 마지막으로는 실제 죄를 범했을 때 발견된다.

6. 포기를 일으키는 원인은 무엇인가? 교만, 마음의 무감각, 기도 부족, 세

상에 대한 사랑, 사람에 대한 의지 등.
7. 그것을 막기 위해 고려해야 할 사항은 무엇인가? 우리의 의무, 그분의 신실하심, 우리의 맹세, 그분을 멀리할 때 오는 위험 등.
8. 결국 이런 포기에서 생기는 것은 무엇인가? 모든 종류의 악이 일어나 우리 자신, 그분의 진리, 다른 친구들 그리고 우리 주변의 세상 사람들에게까지 영향을 미친다.

III. 후속적인 결심. 내가 그를 굳게 붙들리라.

우리는 예수님을 붙들어야 한다.

- 믿음 안에서, 오직 그분만 의지할 것.
- 신조 안에서, 그분의 모든 가르침을 받아들일 것.
- 고백 안에서, 그분에 대한 우리의 충성을 선언할 것.
- 실천 안에서, 그분의 발자취를 따를 것.
- 사랑 안에서, 그분과 교제하며 살 것.

그리스도께서 핍박을 받고, 모독당할 때, 그분을 포기하지 말라.

배반의 대가(代價)로서 세상이 이득, 영예, 편안을 제공해 줄 때, 그것 때문에 그분을 포기하지 말라.

모든 사람이 그분을 버리는 것 같고, 교회가 부패하고 죽어갈 때에도 그분을 포기하지 말라.

❖ 유익한 말 ❖

그분은 모든 복의 자산을 소유하고 있고,
그것은 신실한 친구에게 주어지리라.
그토록 감미롭고 화목한 우정은 영원히 이어지고,
그대는 그것을 천국으로 만들리라.

— 존 노리스(John Norris)

휴이트손(Hewitson)은 "나는 세상 어떤 친구보다 예수 그리스도에 관해 더 많이 알고 있다고 생각한다"고 말한다. 그래서 그를 잘 알고 있던 한 사람은 "나는 휴이트손에게 한 가지 큰 감동을 받았다. 그는 하나님과 교제하는 데에 한 치의 간격도, 거리도 없는 것 같았다"고 극찬했다. _ G. S. 보우스

마다가스카르 교회의 주임목사가 1878년 7월 11일에 한 선교회에서 사회를 보면서, 이렇게 말했다: "나는 여기 모인 여러분 모두 앞에서 내 아버지에 관해 말하고 싶지 않습니다. 그러나 나의 아버지가 성경을 읽도록 가르치고, 그리스도인이 되도록 훈련시킨 한 젊은 여인을 나는 기억합니다. 박해가 다시 시작되자 그녀는 그리스도인이라는 이유로 고소당하고, 형벌을 받게 되었는데, 사형 언도를 받았습니다. 그녀는 이곳에 끌려와 이 바위 위에 던져지게 되었습니다. 마지막 순간 그녀는 신앙을 포기하기만 하면 목숨을 건질 수 있었습니다. 그러나 그녀는 거부했고, '아니, 나를 던지십시오. 나는 그리스도의 것이니까요'라고 부르짖었습니다." _ 런던 선교협회 연대기

우리는 우리의 친구를 버려서는 안 된다. 그것은 제2의 자신을 버리는 것과 같기 때문이다. 우리는 아버지의 친구를 버려서도 안 된다. 그것은 우리가 사람들을 향해 실천할 수 있는 가장 기초적인 은혜를 이중으로 배신하는 죄책을 범하는 것이기 때문이다. 우리 아버지의 친구들은, 만일 그들이 정직하다면, 우리에게 물려줄 수 있는 최고의 재산이다. 만일 나봇이 그의 아버지가 물려준 유산을 절대로 팔아먹지 않고, 아합과 이세벨의 위협에도 불구하고 돌에 맞아 죽을지언정 유산을 보유하고 있었다면, 우리가 우리에게 물려준 가장 보배로운 자산들을 아무 대가 없이 포기해 버린 것에 대해 우리 조상들은 기분 나쁘게 생각하지 않겠는가? 솔로몬은 자기 아버지의 친구였

던 히람과의 교제를 충실히 이행하고, 자신의 왕권과 위엄에 도전한 배반자를 용서해 주었다. 그것은 그가 자신의 모든 고통을 자신의 아버지와 함께 했기 때문이었다. 르호보암도 그의 아버지의 실례를 따랐더라면 더 지혜롭고 더 행복한 왕이 되었을 것이다. _ G. 로손 박사(Dr. G. Lawson)

가족의 옛 친구들에 대해. I. 우리 조상들의 다음과 같은 옛 친구들을 존중하자: (1)안식일, (2)성소, (3)구주, (4)성경. II. 우리는 그 친구들에게 충실해야 할 이유가 있음을 기억하자: (1)그 친구들은 우리가 소중히 여기는 사람들을 위해 선을 행했기 때문이다. (2)그들은 우리를 위해 선을 행하겠다고 약속하기 때문이다. (3)그들은 우리들 가운데 어떤 이들에게 이미 선을 베푼 적이 있기 때문이다. _ 성경박물관

어느 날 카우이(Cowie) 목사가 시무하는 헌틀리 교회 강단에서 한 목사가 마치 성령이 성도들이나 죄인들에게 전혀 필요 없는 것처럼 설교를 해 버렸다. 설교가 끝나자 카우이 목사는 강단에 올라가 이렇게 말했다: "성도 여러분, 성령은 여러분의 옛 친구와 같습니다. 만일 그분을 멀리함으로써 근심시킨다면, 여러분은 그분에게 쉽게 다시 돌아오지 못할 것입니다."

63
영화를 얻은 종

> 무화과나무를 지키는 자는 그 과실을 먹고
> 자기 주인에게 시중드는 자는 영화를 얻느니라
> _ 잠언 27:18

봉사에는 보상이 따르는 것이 일반법칙이다. 사람은 무화과나무를 보살 피고, 그것은 그에게 열매를 제공한다. 신실한 섬김은 일반적으로 그 보답을 받게 마련이다. 주인은, 자기 위치에 합당하게 행동한다면, 그에게 의무를 다하는 하인들에게 존경을 받을 것이다.

I. 그리스도는 우리의 주인이시다.

1. 우리의 유일한 주인. 우리가 다른 존재들을 섬긴다면 그분을 섬길 수 없다. 우리의 섬김은 분리되어서는 안 된다. "오직 그리스도만이 당신 의 주인이시다."

2. 우리의 최고의 주인. 우주 안에 이와 비견할 다른 주인은 없다.

3. 우리의 선택받은 주인. 우리는 기쁘게 그분의 멍에를 짊어진다. 그분을 섬기는 것이 우리에게는 천국이다. "내가 내 상전을 사랑하니"(출 21:5).

4. 우리의 은혜로우신 주인. 그분은 우리의 허물을 친히 담당하고, 우리가 연약할 때 힘을 주고, 피곤할 때 도와주고, 병들었을 때 돌봐주고, 끈기 를 갖고 우리를 인도하며, 크신 상급을 약속하신다.

5. 우리의 생명의 주인. 우리의 귀는 그분의 문설주에서 구멍이 뚫렸다. 우리는 영원토록 그분의 것이다.

II. 우리의 임무는 그분을 섬기는 것이다.

1. "**무화과나무를 지킨다**"는 말씀의 의미에 합당하게 섬긴다. 우리는 우리 주님에 대해 그의 몸종이 주인을 항상 관찰하듯이 주목해야 한다.

   • 그분과 함께 남아 있는다. 절대로 그분의 곁을 떠나거나 그분과의 교제를 멈추어서는 안 된다.

   • 그분을 옹호한다. 우리에게 혀가 있는 한, 그 누구도 그분에 대해 악한 말을 하거나 그분의 영예에 상처를 주지 않도록 그분을 변호해야 한다.

   • 그분의 이익을 도모한다. 그분의 주장을 우리의 주장으로 삼고, 그분의 사업을 우리의 사업으로 삼아야 한다.

   • 그분의 가족을 소중히 여긴다. 누구든 간에 그들을 사랑하고, 공동체 전체의 유익을 위해 수고해야 한다.

   • 그분의 목적들을 이루기 위해 분투한다. 우리 주님의 위대한 목적을 수행하는데 자신을 바치고, 이를 방해하는 모든 것을 피해야 한다.

2. "**자기 주인에게 시중 든다**"는 말씀의 의미에 합당하게 섬긴다.

   • 그분의 말씀을 기다린다. "여호와여 말씀하옵소서 주의 종이 듣겠나이다"(삼상 3:9; 시 85:8).

   • 그분의 미소를 구한다. "주의 얼굴을 주의 종에게 비추소서"(시 31:16).

   • 그분의 힘을 의지한다. "주의 종에게 힘을 주소서"(시 86:16).

   • 그분의 약속의 성취를 기대한다. "주의 종에게 하신 말씀을 기억하소서 주께서 내게 소망을 가지게 하셨나이다"(시 119:49).

   • 그분의 섬김에 대해 성별된 모습을 취한다. "영과 혼과 몸"이 흠 없이 보존되도록 해야 한다(살전 5:23).

   • 그분의 뜻에 순종한다. 그분이 정하신 대로 고난을 받든지 수고하든지 할 수 있도록 준비해야 한다(눅 7:7-10).

이와 반대되는 모습은 다음과 같다:

- 이기주의. 영예, 부, 안일, 쾌락을 따라 욕심을 낸다.
- 자기지향주의. 당신 자신의 뜻을 따라 해 보라. 그러면 하나님을 섬기는 것은 속임수가 되고 말 것이다.
- 자화자찬. 하나님의 영광을 도둑질해서 자기에게 속한 것으로 만든다.

III. 우리의 섬김은 칭찬을 낳을 것이다.

1. 이 땅에 살고 있는 당신의 동료 종들로부터.
2. 심지어는 원수들 사이에서까지. 그들은 당신의 신실함과 충성스러움을 칭찬할 것이다.
3. 우리 주님으로부터. 그분은 이 땅에서도 우리가 사랑스럽게 용납된 존재임을 느끼도록 하실 것이다.
4. 영원토록, 천사들과 영화된 영들을 통해.

- 그분을 더 잘 섬기지 못하는 것에 대해 우리는 슬퍼해야 한다.
- 그분을 전혀 섬기지 못한다면, 우리는 회개해야 한다.
- 오늘도 그분의 섬김 속에 들어가게 해 달라고 우리는 기도해야 한다.

✤ 주님에 관해 ✤

나의 주님이라는 말은 얼마나 달콤한 소리인가! **나의 주님!**
향료가 진한 향기를 그 맛보는 자에게 남겨놓는 것처럼
이 말은 달콤한 내용들을 남겨놓네.
값비싼 향료이신 **나의 주님**.

_조지 허버트

어느 토요일에 각자 자기 교회로 설교하러 가던 중에 나이가 많은 두 목사님이 웨일스의 한 역전에서 함께 만났다. 머티어 교회의 해리스 목사는 카디프 교회의 포웰 목사에게 "나는 위대하신 주님께서 자신의 얼굴을 내일 당신에게 보여 주길 바라네"라고 말했다. 이에 포웰 목사는 "글쎄요, 하지만 그분이 그렇게 하시지 않는다면, 나는 그분의 등 뒤에 대고 그분을 찬송하는 말을 할 것입니다"라고 말했다.

러더퍼드는 자신이 주님을 섬길 때, 주님께서 달콤한 교제를 갖도록 어떻게 힘을 주셨는지에 대해 그 특유의 어조로 이렇게 말했다: "주님이 나를 자신의 심부름꾼으로 보낼 때, 그분은 종종 수고의 대가로 반 페니를 주시곤 하신다" 우리가 우리를 위해 심부름하는 아이에게 그러는 것처럼, 하나님도 그를 사용하실 때, 확실히 그 대가로서 보상을 해 주셨다는 것을 그는 말한 것이다.

스코틀랜드 고지대에 사는 노인인 휴 치섬은 찰스 왕이 방황할 때 그를 개인적으로 수행했던 사람들 가운데 하나였다. 로드 몬보도는 이 흥미로운 노인에게 가까이 다가가, 몇몇 고관들과 함께 저녁 식사에 초대하겠다고 제안했다. 그러나 파티 주최자 가운데 하나인 콜쿠온 그랜트에게 그 계획을 말하자, 그는 강력한 반대에 부닥쳤다. 미천한 치섬이 한 번도 경험하지 못한 분위기 속에서 당황하고 불안해할 것이라는 것이 그 이유였다. 한편 다른 사람들은 하층 계급에 속하는 사람과 어울리도록 강요한다고 불만을 토로했다. 그랜트의 반론을 다 들은 몬보도는 언성을 높여 이렇게 말했다: "그랜트 씨, 안심하시오. 휴 치섬은 당신이나 나보다 훨씬 고위층에 속한 사람이라오!" 양심에 찔림을 받은 그랜트는 더 이상 다른 말을 하지 못했다. _ 로버트 챔버스(Robert Chambers)의 회고 육체의 부활과 함께 영광의 부활도 일어날 것이다. 우리는 조만간 충만한 영광에 들어갈 것이다. _ 리처드 십스(Richard Sibbes)

아무나 잘 따르는 개는 주인이 없으며, 누구도 돌봐주지 않는다. 개가 주인에게 충성하면 할수록 개에 대한 주인의 애착심도 강해진다. 이처럼 가정에서도 우리는 다른 주인을 섬기느라 자기 시간의 절반을 허비해 버리는 하인을 돌볼 필요가 없다.

나이가 많고 충성된 하인은 주인의 소유를 전부 자기 것처럼 여긴다. 이런 종은 "우리 마차가 이리 온다. 저기 사랑하는 우리 자녀들이 학교에서 돌아오고 있다"라고 말한다. 주 예수님은 우리를 자신의 공동체에 속한 자로여기고, 친밀감을 갖고 우리를 바라보신다. 주님은 이런 섬김에 그 자체로 보상을 베풀고, 거기에 천국을 더하신다. 그분은 결코 옛 종들을 내쫓지 않고, 그들이 자신의 낮아지심에 참여하도록 하셨던 것처럼, 자신의 영광에도 참여하도록 허락하실 것이다.

64
하나님을 의지할 때
사라지는 인간의 두려움

사람을 두려워하면 올무에 걸리게 되거니와
여호와를 의지하는 자는 안전하리라
_ 잠언 29:25

우리는 여기서 두 가지 교훈을 갖게 된다: 이것들 각자는 각기 그 자체로 진리이고, 또 결합시키면 그 전체가 힘 있고 충분한 하나의 가르침이 된다. 사람을 두려워하는 자는 바로 그것 때문에 큰 위험에 빠지게 된다. 반면에 여호와를 의지하는 자는 어떤 경우든 위험이 없다. 그러므로 여호와를 의지하는 것은 사람에 대한 두려움을 제거하는 유력한 수단이 된다.

I. 극히 일반적인 죄악이 여기 있다.

"사람을 두려워하면 올무에 걸리게 되거니와."

1. 그것이 어떤 이들에게는 유익한 것으로 생각된다. 하지만 그것은 아무리 좋게 보아도 확실하지 않다. 심지어는 다른 사람을 두려워함으로써 오는 미덕도 그 장점이 최소한 절반은 사라진다.

2. 그것은 때때로 사람들을 큰 죄를 짓는 길로 이끈다. 즉 새들이 사냥꾼에게 잡히는 것처럼, 그들을 덫에 빠뜨리고, 포획한다. 아론은 백성의 불평 소리에 굴복해서 금송아지를 만들었다. 사울은 백성 사이에서 명예를 얻기를 여호와를 기쁘시게 하는 것보다 더 마음에 두었다. 빌라도는 가이사에게 올라가는 고소장이 두려워 자신의 양심을 배반했다. 베드로는 한 어리석은 여종을 두려워해서 자신의 주님을 부인했다.

3. 그것은 많은 사람들이 회심하지 못하도록 방해한다. 그들의 동료들이

비웃고, 친구들이 훼방을 놓을 것이다. 그들은 핍박을 받고, 그래서 "두려워하고 불신하는" 무리들 중에 끼고 만다.

4. 그것은 어떤 사람들에게는 믿음을 공개적으로 고백하지 못하도록 방해한다. 그들은 뒷문을 통해 천국에 들어가려고 한다. "사람이 마음으로 믿어 의에 이르고 입으로 시인하여 구원에 이르느니라"(롬 10:10)는 말씀을 기억하라.

5. 그것은 선한 사람들의 존엄성을 저하시킨다. 다윗은 아기스 앞에서 가련한 자가 되었고, 그의 조상 아브라함도 자신의 아내를 누이라고 속일 때 비참한 상태가 되었다.

6. 그것은 어떤 신자들에게는 이중적 입장을 취하도록 만든다. 그 실례는 너무나 많다. 사람들은 사람을 두려워해야 할 때가 언제인지 제대로 분별하지 못한다.

7. 그것은 많은 사람들을 쓸모없는 존재로 만든다. 그들은 스스로 해야 되는 일임에도 불구하고, 담대하게 말하지 못하거나 솔선해서 행하지 못한다.

8. 그것은 많은 사람에게 용기가 필요한 의무를 감당하지 못하도록 방해한다. 요나는 니느웨 성에 가지 않으려고 했는데, 그것은 하나님께서 니느웨 백성을 용서하시면 거짓 선지자로 오해 받을 수 있기 때문이다. 갈라디아 교회 교사들은 지혜롭게 되려면 거짓 교리를 피해야 했다.

9. 그것은 교회의 연약함의 원인이 된다. 그것은 비겁하고, 부끄럽고, 예수님에 대해 불명예스럽고, 우상숭배적이며, 이기적이고, 어리석은 것이다. 그것은 예수님 말고 어느 누구에 의해서도 허용되어서는 안 된다.

II. 최고의 보호자가 여기 있다.

"여호와를 의지하는 자는 안전하리라."

비열하게 사람을 두려워하지 않고, 어린아이처럼 하나님을 의지하는 것이 신자가 보존 받는 길이다.

1. 여호와를 의지하는 자는 사람을 두려워하는 일로부터 안전하다.

- 하나님은 우리와 함께 하시고, 따라서 우리는 강하고 두려워할 이유가 없다.
- 우리가 굳게 결심하면 두렵지 않을 것이다.
- 우리가 기도하면 두려움이 사라질 것이다.
- 우리가 최악의 경우를 위해 대비하면, 두려움은 사라진다.

2. 여호와를 의지하는 자는 사람들의 분노의 결과로부터 안전하다.

- 그것은 자주 오지 않는다. 하나님이 핍박자를 막아 주신다.
- 그것이 온다고 해도 그것이 주는 손실은 겁을 먹음으로써 오는 손실보다는 덜하다.
- 우리가 하나님을 의지할 때 오는 손실은 어떤 것이든 즐거운 것이다.
- 결국 두려워할 것이 무엇인가? 사람이 우리에게 어떻게 할 수 있는가? 하나님이 우리와 함께 하시는 한, 비록 인간 전체가 우리를 에워싼다 할지라도, 우리의 안전은 완벽하고, 지속적이고, 영원하다.

III. 참으로 영광스러운 교훈이 여기 있다.

우리는 "여호와를 의지하는 자는 안전하리라"는 두 번째 문장의 교훈을 가장 넓은 의미에서 해석할 수 있다.

- 정죄하고 정복하는 죄의 권능으로부터. 정복하는 유혹의 권세로부터.
- 죽음에 이르게 하는 슬픔의 결과로부터.
- 파괴하는 사탄의 권세로부터.
- 죽음과 지옥과 모든 악으로부터.
- 사람들이 끼칠 수 있는 온갖 해악으로부터.

당신은 벌레를 두려워하겠는가, 당신의 하나님을 의지하겠는가?
당신을 에워싸고 있는 두려움의 덫을 깨뜨리라.
신뢰의 문을 통해 안전의 궁정으로 들어가라.

⊹ 경고 ⊹

자의든 타의든, 완전하게 하나님을 의지할 수 없는 영혼은 그분에 대해
절대로 진실해질 수 없다. 왜냐하면 사람을 바라보고 하나님을 보지 못하는
동안 그 심령의 중심에서 믿음이 훼손되기 때문이다. _ 토머스 맨턴(T.
Manton)

"사람을 두려워하는 것." 이 소름끼치는 우상은 피 묻은 입으로 얼마나
많은 영혼들을 집어삼키며, 짓밟아 지옥으로 보낼까! 그의 눈은 그리스도의
제자들을 미워하는 증오로 가득 차 있다. 그의 얼굴에는 조소와 조롱이 담
겨 있다. 그의 목구멍에서는 냉소자의 비웃음 소리가 진동한다. 이 우상을
내던지라. 이것은 당신의 은밀한 기도를 방해하고, 가정에서 드리는 예배를
가로막으며, 목사 앞에서 사정을 자백하는 것과 그리스도를 공개적으로 고
백하는 것을 저지시킨다. 하나님의 사랑과 성령을 느끼는 사람은 이 우상을
박살낼 것이다. 너는 어떠한 자이기에 죽을 사람을 두려워하느냐?(사 51:12)
"버러지 같은 너 야곱아, 두려워하지 말라"(사 41:14). "내가 다시 우상과 무
슨 상관이 있으리요?"(호 14:8). _ 맥체인(M' Cheyne)

그리스도를 공개적으로 고백할 때 겪게 되는 어려움은 영혼이 실족하게
된 사람들의 경우다. 희망적인 사람들에 대해서도 "사람을 두려워하면 올무
에 걸리게 된다"(잠 29:25)는 말씀이 타당하다. 카토와 로마의 철학자들은
비록 미신을 믿는 이교도들이었지만, 그들 국가의 신들을 존중했다. 플라톤
은 신의 단일성을 확신했으나 자신의 신념을 감히 펼치지는 못하고, "그것

은 진리지만, 편하게 찾거나 안심하고 의지하지는 못했다"고 말했다. 심지
어는 저명한 도덕가인 세네카도 자신의 신념을 속이는 유혹을 받았고, 이에
대해 아우구스투스 황제는 "그는 자신이 꾸짖는 것을 숭배했고, 자신이 비
난하는 것을 행했다"고 말했다. 교황주의자들의 권력의 압력 때문에 다시
구교로 돌아감으로써 종교개혁의 진행이 방해 받았을 때, 어떤 이들은 미사
에 참여하면서 "우리가 공통적 실수를 하러 가자"고 외쳤다. 이처럼 그리스
도에 관한 고백이 없는 신념은 회심이 아니다. _ 샐터(Salter)

　　한 불이 다른 불을 끈다. 마찬가지로 하나님을 두려워하는 풍성함만큼
효과적으로 사람에 대한 두려움을 사멸시키는 것은 없다. 믿음은 영혼의 갑
옷이고, 그것을 걸쳐 입은 사람들은 부상을 두려워하지 않고 치열한 전쟁터
에 뛰어든다. 사람을 두려워하는 것은 양심을 죽이고, 묵상을 저해하고, 거
룩한 활동을 방해하며, 입술의 증거를 차단하고, 그리스도인의 능력을 마비
시킨다. 그것은 교활한 덫으로, 어떤 사람들은 이미 이 덫에 걸려 있으면서
도 깨닫지 못하고 있다.

65
왕의 말씀

왕의 말은 권능이 있나니
_ 전도서 8:4

솔로몬 당시 왕들은 독재자였다. 우리는 절대 군주의 속박 아래 있지 아니하고, 입헌정부의 복을 누리고 있음을 감사해야 한다. 우리는 우리 시대의 통치자들 가운데 어느 누구에게나 "도대체 뭘 하십니까?"라고 묻기를 절대로 지체하지 않는다. 그리고 이 질문은 지혜로운 것으로, 그와 우리 모두에게 유익하다.

오직 하나님만이 제한 없이 의로운 주권자가 되신다. 그분은 절대적인 의미에서 왕이시다. 그리고 그렇게 되어야 한다. 왜냐하면 그분은 지극히 선하고, 지혜롭고, 의롭고, 거룩하신 분이기 때문이다.

그분은 만유의 창조자이시기 때문에 피조물을 다스리시는 권세는 그분의 당연한 권리다. 그분은 무한한 권능을 가지고 계시기 때문에 그것으로 자신의 기쁘신 뜻을 수행하실 수 있다. 심지어는 그분의 가장 작은 말씀 속에도 전능하신 능력이 있다.

이것을 고찰해 보자:

I. 우리의 경외심을 자극하기 위해.

우리는 다음과 같은 사실을 조심스럽게 생각해 보아야 한다:

1. 그분의 창조하는 말씀. 하나님은 그것으로 만물을 무에서 창조하셨다.
2. 그분의 보존하는 말씀. 하나님은 그것으로 만물을 유지하신다.
3. 그분의 파멸하는 말씀. 하나님은 그것으로 하늘과 땅을 흔드실 것이다.
4. 그분의 대권적인 말씀. 하나님은 그것으로 살리기도, 죽이기도 하신다.

5. 그분의 영원한 약속의 말씀. 그것은 우리의 위로다.

6. 그분의 두려운 위협의 말씀. 그것은 우리에게 경고가 된다.

7. 그분의 예언과 예정의 말씀. 그것은 깊은 신비로서, 마음이 겸손한 자에게 주는 엄숙한 가르침으로 충만하다.

누가 두려워 떠는 경외감 없이 이 말씀 앞에 설 수 있겠는가? 그것은 최고의 권능을 수반한다. 각각의 말씀이 왕의 말씀이기 때문이다.

II. 우리의 순종을 보장하기 위해.

1. 신적 명령은 비본질적인 것으로 취급되어서는 안 된다. 왜냐하면 그것은 왕이신 여호와의 말씀이기 때문이다. 2절과 3절을 보라.

2. 각 교훈은 즉시, 충심으로, 철저하게 그리고 모든 자들에 의해 순종되어야 한다. 그것은 왕의 명령이기 때문이다.

3. 그분에 대한 섬김을 피해서는 안 된다. 그것은 우리 주권자에 대한 반역이기 때문이다. 요나는 이 순종에 성공하지 못했다. 여호와는 만홀히 여김을 받지 않으실 것이며, 달아난다면 그분의 팔이 얼마나 긴지 깨닫게 될 것이다.

4. 불순종은 회개해야 할 죄다. 우리가 죄에 빠졌다고 해도, 왕의 말씀은 그 죄에 대해 충심으로 슬퍼하도록 우리를 이끄는 은혜의 능력이 있다.

III. 우리의 확신을 높이기 위해.

1. 그분은 회개하는 자에게 죄 사함을 주실 수 있다. 자신의 말로 그렇게 하겠다고 약속하셨기 때문이다.

2. 그분은 믿는 자에게 그들의 삶을 새롭게 할 수 있는 능력을 주실 수 있다. "그분이 말씀을 보내 그들을 치료하셨다"는 말씀이 영적으로 사실이기 때문이다.

3. 그분은 시험당하는 자에게 그것을 극복할 수 있는 능력을 주실 것이다.

하나님께서는 신자가 말씀을 통해 사탄의 온갖 공격을 이겨낼 수 있도록 승리를 보장하셨다. 이 무기를 광야에서 예수님이 사용하셨다.

4. 그분은 고난 받는 자에게 인내하며 견디고, 그 시련으로부터 유익을 얻는 힘을 주실 것이다.

5. 그분은 죽어가는 자에게 소망, 평안, 아름다운 환상 등을 주실 것이다. 주님으로부터 나오는 한마디 말씀이 죽음의 고통을 제거한다.

IV. 그리스도인으로서 우리의 수고를 지도하기 위해.

1. 우리가 행하는 모든 일 속에서 우리는 왕의 말씀을 존중해야 한다. 교회는 그리스도의 머리되심을 인정하고, 그분의 법에 순종하며, 다른 법 수여자를 가져서는 안 된다. 이것은 능력의 원천이 되어야 하고, 그 반대편은 약함의 원인이 될 것이다.

2. 우리는 어디서든 다른 능력을 찾아서는 안 된다. 교육, 웅변, 음악, 부, 의식주의 등에 의존한다면, 우리의 약함의 원인이 된다.

3. 우리는 우리 왕의 말씀을, 그분의 이름으로 행할 때마다, 능력의 도구로 삼고 의지해야 한다.

- 그것을 선포하라. 왜냐하면 다른 어떤 것도 강퍅한 마음을 깨뜨리고, 절망하는 자에게 위로를 주고, 믿음을 낳으며, 거룩을 일으키지 못하기 때문이다.

- 그것을 기도로 간구하라. 왜냐하면 하나님은 자신의 약속을 확실히 지키고, 그것들이 선을 낳도록 권능으로 역사하실 것이기 때문이다.

- 마음과 심령으로 그것을 받아들이라. 왜냐하면 하나님의 진리가 존중되는 곳에 풍성한 영적 능력이 존재하기 때문이다.

- 그것을 실천하라. 왜냐하면 여호와의 교훈에 따라 산다면, 그 삶을 욕할 자는 아무도 없기 때문이다. 순종하는 삶은 사람들과 마귀들이 공경할 정도로 능력으로 충만하다.

4. 우리는 다양하게 그 능력을 맛볼 것이다.

- 신자들을 모음. 결국 많은 사람들이 단순한 인간적 가르침을 듣기 위해 오는 것이 아니다. 십자가가 모든 곳에서 홍미를 끈다.
- 참 회심자를 얻음. 어떤 회심도 진리의 말씀에 의해 인도받지 못한다면 가치가 없다.
- 이 회심자를 끝까지 지켜줌. 결코 썩지 않는 씨만이 썩지 않는 생명을 일으킨다.
- 하나님의 말씀에 의해 교회 안에서 창조되고, 보존되는 질서.
- 말씀에 의해 교훈 받고, 변화 되고, 성화 되고, 양육 받는 성도들.
- 말씀에 의해 심겨지고, 길러지는 사랑, 기쁨, 평화 그리고 모든 은혜.
- 왕의 말씀을 자주 읽음.
- 언제 어디서든 평화의 복음인 왕의 말씀을 전파함.
- 왕이신 예수의 말씀을 믿고, 그것을 담대히 변증함.
- 그 앞에 무릎 꿇고, 근면하고 행복하게 됨.

❖ 경험담 ❖

어떤 말도 하나님의 말씀만큼 본성의 심연을 자극하지 못한다. 그리고 어느 누구도 내 영혼 속에 이처럼 깊은 평온을 제공하지 못한다. 다른 목소리는 그렇게 할 수 없지만, 그것은 나를 녹여 눈물 흘리게 하고, 어떤 모욕도 견디도록 겸손하게 하고, 열정으로 불타오르게 하고, 행복감으로 나를 채우며, 거룩의 차원으로 높여 준다. 내 존재의 모든 기능은 거룩한 말씀의 능력에 의존한다. 그것은 기억을 부드럽게 하고, 소망을 밝게 하고, 상상을 자극하고, 판단을 지시하고, 의지를 주도하며, 심령을 즐겁게 해 준다. 인간의 말은 잠시 동안 나를 매혹시키지만, 나는 그 능력을 벗어나 살고, 그 영향권 밖에 있다. 그것은 철저하게 만왕의 왕의 말씀과는 반대가 된다. 반면에 그분의 말씀은 날마다 나를 더욱 주권적으로, 더욱 실제적으로, 더욱 습관적으로, 더욱 온전히 지배한다. 그 능력은 모든 시간 속에서 유효하다. 병들 때나 건강할 때나, 홀로 있을 때나 무리 속에 있을 때나, 개인적 위기 속에서나 공적 모임 중에 있을 때나 항상 유효하다. 나는 하나님의 말씀을 등 뒤에 두고 있는 것이 육군과 해군의 막강한 군사력을 뒤에 두고 있는 것보다 훨씬 낫다. 아니, 그것은 자연의 모든 힘을 합친 것보다 더 낫다. 왜냐하면 주의 말씀은 우주의 모든 힘의 원천으로서, 그 안에 무한한 힘이 비축되어 있기 때문이다.

신자들은 생명을 일으키는 말씀의 능력을 알고 있다. 그들은 "주의 말씀이 나를 살리셨기 때문이니이다"(시 119:50)라고 고백할 수 있기 때문이다. 또 그들은 그 생명을 유지시키는 능력도 알고 있다. 그들은 "하나님의 입으로부터 나오는 모든 말씀으로"(마 4:4) 살기 때문이다. 그리고 그들은 죄를 이기는 그 능력도 알고 있다. 그들은 "내가 주께 범죄하지 아니하려 하여 주의 말씀을 내 마음에 두었나이다"(시 119:11)라고 말할 수 있기 때문이다.

옛날 가버나움 동네 사람들이 "그 말씀이 권위가 있다"(눅 4:32)고 놀라던 그분의 말씀은 오늘날에도 어디서든 동일한 권위를 갖게 될 것이다. 그분의 말씀은 "헛되이 되돌아오지 않고 반드시 이루어질 것이기 때문에"(사 55:11) 절대로 실패할 수 없다. 그러므로 우리의 "말이 실패로 끝난다면" 그것은 단지 그 말이 그분의 말씀이 아니었다는 사실을 입증할 것이다. _ 하버갈(Havergal)

수선화와 백합화

나는 사론의 수선화요 골짜기의 백합화로다
_ 아가 2:1

여기에 자화자찬하는 신랑이 있다. 그런데 이것은 세심한 주의를 갖고 살펴볼 일이다. 이 자화자찬은 교만으로 물든 것이 아니다. 이런 실수는 겸손하신 예수님 속에서 찾아볼 수 없다. 그분의 자기중심주의는 이기주의가 아니다. 그분은 자신을 위해서가 아니라 우리를 위해 자화자찬을 하신 것이다. 우리를 위해 그분은 강렬한 어조로 자신을 선전하시는데, 그 이유는 다음과 같다:

- 그분은 겸손하게 우리의 사랑을 원하시기 때문이다. 그분이 사랑을 구함은 얼마나 비참한 일일까! 그러나 그분은 그것을 갈망하신다.
- 그분은 지혜롭게 우리의 사랑을 얻기 위한 최선의 방법을 사용하시기 때문이다.
- 그분은 부드럽게 자화자찬하실 때 우리가 자신의 친숙함을 통해 힘을 얻도록 자신을 묘사하는 계획을 갖고 계시기 때문이다. 이것은 그분의 겸손에 대한 가장 효과적인 증거들 가운데 하나다.
- 그분은 필요에 의해 자신을 설명하신다. 다른 어떤 방법으로 그분을 묘사할 수 있겠는가? "아버지 외에는 아들을 아는 자가 없고" (마 11:27).
- 나아가 그분은 여기서 다른 방법으로는 믿을 수 없는 사실을 진술하고, 누구나 자신을 소유할 수 있도록 땅의 꽃처럼 흔하게, 사람들의 기쁨이 되도록 은혜로운 모습으로 서 있는 자신을 보여 주신다.

우리는 동양의 식물에 이와 같은 꽃이 과연 있는지 찾는 것으로 당신의 시간을 빼앗지는 않을 것이다. 그 대신 우리는 서양에서 그와 가장 유사한 꽃을 찾아보고, 우리 주님이 절대로 잘못한 것이 아님을 증명할 것이다.

I. 우리 주님의 탁월한 아름다움.

그분은 자신을, 다른 곳에서처럼, 필요한 떡과 생명을 주는 물에 비유하는 것으로 그치지 않고, 아름다운 꽃에 비유한다. 예수 안에는 모든 필요한 것들은 물론 모든 아름다운 것들도 존재한다.

1. 그분은 어제나 오늘이나 동일하시다. 왜냐하면 그분의 "존재"는 쇠하지 않는 능력 안에서 영원토록 펼쳐지기 때문이다.

2. 그분은 자신 속에 사람들의 아름다움을 담고 계신다. 그분은 직분, 은사, 사역, 소유 등에 관해 말씀하시지 않고 자신(I am)에 관해 말씀하신다.

3. 그분은 믿음의 눈으로 볼 때 참으로 아름다우시다. 이것은 육안으로 꽃이 아름답게 보이는 것과 같다. 수선화와 백합화보다 얼마나 더 아름다우실까!

4. 그분은 그 향기 때문에 아름다우시다. 그분 안에는 감미롭고, 다양하고, 지속적인 향기가 있다.

5. 이 모든 것보다 그분은 최고 중의 최고다. 수선화, 그것도 사론의 수선화다. 백합화, 그것도 골짜기에서 가장 감미로운 백합화다. 그분과 비견할 존재는 아무도 없다. 그분은 참으로 "꽃 중의 꽃"이다.

그러나 눈먼 사람은 색깔을 구별하지 못하고, 후각이 없는 사람은 아무리 향기로운 꽃이라도 그 냄새를 맡지 못한다. 마찬가지로 육에 속한 사람은 예수님의 아름다움을 보지 못한다. 수선화와 백합화도 그 아름다움을 감상하려면 눈과 빛이 필요하다. 마찬가지로 예수님을 알기 위해 우리는 은혜와 은혜로 주어지는 능력을 가져야 한다. 그분은 '나는 사론의 수선화'라고 말씀하시고, 그것이 그분의 본질이다. 그러나 중요한 질문은 "그분이 당신에게도 그러한가?' 이다. 그런가, 그렇지 아니한가?

II. 그분의 다양한 아름다움.

1. 수선화의 위엄과 백합화의 사랑.

2. 수선화의 수난과 백합화의 순결.

3. 두 꽃의 무수한 다양성: 모든 수선화와 모든 백합화, 즉 천지의 온갖 아름다움을 예수 안에서 만난다.

4. 두 꽃의 진정한 본질. 모든 피조물 속에서 발견될 수 있는 온갖 탁월성, 미덕 그리고 복들이 예수님으로부터 나오고, 예수 안에 무한하게 존재한다. 많은 눈이 그리스도의 전부를 낱낱이 살펴보기를 원할 것이다. 그러나 어떤 눈도, 아니 모든 눈이 그분의 다양한 완전하심 속에 존재하는 모든 것을 볼 수 없을 것이다.

5. 이 모든 완전한 탁월성 가운데 어느 하나라도 다른 것을 훼방하지 않는다. 그분은 가장 아름다운 수선화지만, 그렇다고 해서 완전한 백합화의 특징을 덜 갖고 있는 것이 아니다.

그러므로 그분은 모든 성도들에게 합당하고, 모든 성도들의 기쁨이요, 각자에 대해 완전한 아름다움이 되신다.

III. 값없이 주어지는 그분의 아름다움.

1. 수선화와 백합화처럼 마음대로 즐기고 꺾어갈 수 있다.

2. 사론의 수선화와 골짜기의 백합화처럼 일상적인 곳에 자리잡고 있음으로써, 지나가는 사람들 누구나 자신의 취향에 따라 자유롭게 수집할 수 있다. 도저히 접근할 수 없는 절벽이나 감시하기 위해 울타리가 쳐져 있는 곳에서 발견되는 것이 아니다. 예수님은 많은 사람들 앞에 나와 계신다. 평범한 사람들의 꽃이다. 이것이 본문의 핵심 개념이다. 그리스도를 원하는 사람들은 얼마든지 그분을 소유할 수 있다.

4. 향기를 흩날린다. 한 방 또는 한 집이 아니라 저 멀고, 저 넓은 곳까지 바람 부는 대로 그 향내를 풍긴다.

5. 그러나 수선화와 백합화로서 우리의 사랑하는 주님을 상징하기에는 역부족이다. 왜냐하면 그분의 미덕은 결코 소멸되지 않기 때문이다. 그 꽃들은 곧 시들지만, "그분은 영원히 죽지 않는다."

만물 안에서 예수님을 바라보라. 앵초와 데이지 속에서 그분을 보라.

예수 안에서 아름다움과 감미로움의 모든 것들을 바라보라. 백합화와 수선화가 그분 안에 있다.

예수님께 귀를 크게 기울이라. 그러면 그분은 여러분에게 자신에 관해 가장 잘 말해 줄 것이다. 가장 먼저 나아오고, 힘과 열정을 다해 나아오는 것이 좋을 것이다. 그분이 "나는 사론의 수선화요"라고 말씀하는 것을 경청하고 들으라.

✤ 주목 ✤

"나는 사론의 수선화요 골짜기의 백합화로다." 이 말씀은 주 예수 그리스도의 입술에서 나올 수 있는 가장 적절한 표현으로, 다른 사람들에게서 빼앗아온 것이 아니라 사람의 아들들에게 자신을 추천하기 위해 하시는 겸손과 은혜의 말씀이다. "나는 마음이 온유하고 겸손하니"(마 11:27), 이 말이 가브리엘에게는 자랑의 말이 될지 모르지만, 온유하고 겸손해지기 위해 몸을 구부리신 예수님에게는 겸손의 말씀이다. "나는 참 포도나무요"(요 15:1), "나는 선한 목자라"(요 10:11) 등의 말씀은 진리와 은혜와 동일한 표현이고, 이것은 본문도 마찬가지다. _ 무디 스튜어트(A. Moody Stuart)

주님은 부자나 명사들만이 소유할 수 있는 꽃이 아니라 누구나 쉽게 얻을 수 있는 꽃에 자신을 비유하셨다. 그분은 항상 가장 낮은 자리까지 몸을 낮

368

추셨기 때문에 평범한 사람들이 기꺼이 그분에게 귀를 기울였던 것이다. 지상에서 사시는 동안 그분은 수선화와 백합화 주변에 피어오르는 향기처럼, 곤궁한 자들에게 위로를 주고, 풀이 죽은 사람들에게 원기를 주지 못한 적이 없으셨다. _ 우드(H. K. Wood)의 "천국 신랑과 그의 신부" 중에서

　　우리는 수선화에 대한 히브리말이 실제로 의미하는 것을 거의 의심할 수 없다고 믿는다. 비록 일반적 의미로는 그것이 **꽃**을 의미하지만, 특수한 의미에서 볼 때 우리는 그것이 수선화를 의미한다고 추론해야 한다. 왜냐하면 이것은 동방언어의 용법에 따라야 하기 때문이다. 마찬가지로 **결**(gul)이라는 페르시아 말도 일반적으로 꽃을 의미하지만 특수하게는 수선화를 가리킨다. 이것은 수선화가 동양에서 존재했던 꽃이라는 판단을 충분히 가능하게 한다. 페르시아 말에는 특히 그에 대한 은유나 그것으로부터 나온 직유를 담은 시(詩)가 거의 등장하지 않고, 그 예가 거의 나타나지 않는다. … 서아시아의 어느 지역에서는 수선화의 최상의 향기와 아름다움이 많은 여행자들에게 회자되고 있다. 그것은 또한 즐거움을 위해 정원수로 재배되거나 고상하고 감미로운 향기 때문에 향수를 생산하기 위해 큰 밭에 심겨지기도 했다. 수선화 나무의 크기와 그 꽃의 수는 각각 다르다. 페르시아의 수선화 지역에서 나는 어떤 것들은 목격자들에 따르면, 키가 엄청 크다고 전해진다. _「그림 성경」

67
사랑하는 자를 붙잡음

> 그들을 지나치자마자 마음에 사랑하는 자를 만나서
> 그를 붙잡고 내 어머니 집으로, 나를 잉태한 이의 방으로
> 가기까지 놓지 아니하였노라
> _ 아가 3:4

첫 번째 입장은 "**그들을 지나쳤다**"는 것이다. 우리는 가장 가까운 사람들과의 교제를 뛰어넘어야 하고, 우리 영혼이 사랑하는 주님과 친교를 가져야 한다. 우리의 사랑은 행동으로 나아가야 한다: "**그를 찾았다.**" 예수님을 사랑하는 자들은 고뇌하는 마음으로 그분의 임재를 찾는다. 이 찾음 후에 "**그를 만나지 못했다**"는 말씀이 이어진다. 슬프지만 결과는 큰 실망이었다. 그러나 이것은 영원히 계속되지 않는다. 우리는 곧 본문의 상황으로 들어가게 된다. 그 상황은 모든 부분에서 밝은 햇빛으로 빛나고 있다. 세 가지 즐거움의 광선이 각각 이어진다: "그를 만나서", "그를 붙잡고", "가기까지" 이것들이 참으로 유쾌한 우리의 경험이 될 수 있기를! 그 목적을 위해 우리는 그것들을 깊이 살펴보고, 성령께서 우리를 도우시기를 기도해야 한다.

I. **"사랑하는 자를 만나서."** 즉 사귀는 사랑.

1. 나는 그분을 찾아 헤맸다.

2. 나는 모든 사람들과 모든 수단들을 초월하고, 그분 외에 다른 어떤 것으로도 만족할 수 없었다.

3. 나는 그분의 인격을 주목했다. 그분은 자신의 말씀과 규례를 통해 가까이 계셨다. 나는 성령을 통해 그분을 인식했다. 믿음이 그분을 더 분명히 보도록 했다.

4. 나는 그분의 임재를 확신했다. 내 마음은 그분의 임재에 대해 특별한 감동을 느꼈다. 그순간 사랑에 빠졌다.

5. 나는 그분을 나의 것으로 알았다. 의심과 두려움은 전혀 없었다. 그분은 "나의 사랑하는 자"였고, 나는 그분의 전부였다.

6. 나는 만족이 가득 했다. 그 외에 다른 것을 원하지 않았다. 왜냐하면 그분을 만났을 때 나는 땅과 하늘의 모든 것을 다 얻었기 때문이다.
   • 우리는 이 복된 만남이 무엇을 의미하는지 알고 있는가?
   • 만일 알고 있지 못하다면, 그것을 알 때까지 절대로 안식하지 못할 것이다.

II. **"그를 붙잡고."** 즉 소유하는 사랑.

1. 마음의 결심을 통해, 그분을 절대로 놓지 않겠다고 다짐함.

2. 눈물어린 애원을 통해, 내가 간구한 것을 물리침으로써 나를 가련하게 만들지 말라고 간청함.
   • 그분과의 교제를 기뻐함.
   • 그분의 은혜로운 보호가 필요함.
   • 그분에 대해 배고프게 만들 정도로 그분을 사랑함.
   • 나를 떠나지 않을 것을 확신할 정도로 그분이 나를 사랑하심.

3. 그분을 나의 전부로 만듦으로써. 그분은 소중히 여김을 받는 곳에 거하고, 나는 그분을 내 영혼의 가장 높은 자리에 모심.

4. 다른 사랑, 죄 우상들을 모두 거부함으로써. 그분은 질투하시는 분이고, 나는 그분을 위해 나 자신을 온전히 드림.

5. 단순히 믿음으로써. 왜냐하면 그분은 신뢰를 기뻐하고, 자신이 편안히 거할 수 있는 곳을 좋아하시기 때문이다.

6. 그분의 능력을 통해. "놓지 아니하였노라." 왜냐하면 그분의 약속으로 말미암아 그리고 그것이 내게 준 능력으로 말미암아 그분을 붙잡았기

때문이다.

만일 당신이 예수님을 소유하고 있다면, 그분을 붙잡으라.

그분은 기꺼이 붙잡히실 것이다. 이 땅에 살면서 그분이 얼마나 자주 "사람들이 그분을 강권하셨는지"(눅 24:29)를 보라. 그때 그분은 기꺼이 그들의 뜻에 따르셨다.

III. "그를 … 가기까지." 즉 교통하는 사랑.

예수님의 사랑은 구속주를 위해 우리 마음속에 동료 그리스도인들에 대한 사랑을 불러일으킨다. 하나님의 교회는 우리에게 어머니와 같다. 거룩한 예배당은 그의 방으로서, 우리가 하나님을 위해 태어나고 그분을 경외하도록 양육 받은 방이다. 우리는 우리의 형제들인 동료들과 더불어 그리스도와의 교제를 촉진시킴으로써, 신실한 자들이 모이는 곳마다 예수님이 우리를 데리고 나타나도록 힘써야 한다.

우리는 이것을 다음과 같이 해야 한다:

1. 우리 자신의 영을 통해: 공중예배에 참석하기 전에 예수님과 친교하고, 함께 모이는 집회에 그분과 함께 나아가야 한다.

   만일 마음속에 거하는 그분을 모시고 거룩한 모임에 참석한다면, 우리는 언제든 교회 안에서 그분을 만날 것이다.

2. 우리의 말을 통해: 우리는 예수님을 선전하고, 그분과의 교제를 촉진시키기 위해 말해야 한다. 하지만 슬프도다. 얼마나 많은 사람들이 사랑하는 그분을 위한 방이 없는 세속적 예배당에서 그와는 반대로 또는 아무 의미 없이 말을 할까! 오, 십자가에 못 박아야 될 언어습관이여!

3. 우리의 기도를 통해: 우리는 기도를 통해 그분과 함께 모임 속으로 나아가야 한다. 그렇다. 지금까지 알려지지 않은 교제 속으로 그분을 데리고 가야 한다. 세상 역시 이전에는 우리의 어머니였다. 오, 우리가 주 예수님을 세상의 방에 소개함으로써, 그분이 그곳을 지배하고 다스릴

수 있기를! "왕이 오셨도다!" 폭력을 사랑한다면, 우리는 그분의 임재와 능력으로 그분이 우리와 동행하는 것을 제한하게 될 것이다.

- 교회에 무엇이 필요한지 보라! – 그 중심에 그리스도께서 거해야 한다.
- 그분이 어떻게 오셔야 하는지를 보라! – 그분은 인도 받아야 한다.
- 먼저 무엇이 이루어져야 하는지를 보라! – 그분이 붙잡혀야 한다.
- 이것을 오직 누가 행하는지를 보라! – 그분을 만난 사람들이다.
- 그러나 동시에 누가 그분을 만날 수 있는지를 보라! – 그분을 사랑하고 그분을 찾는 모든 자들이다.
- 그 무리들 중에 우리가 있는가?

❖ 기타 제안 ❖

떠나가지 않도록 그분을 붙잡는 법. 첫째, 나태하지 말라. 영혼이 잠을 자거나 부주의할 때, 그리스도는 떠나가신다. 둘째, 우상숭배하지 말라. 당신은 두 주인을 동시에 취할 수 없다. 셋째, 성화의 과정을 싫어하지 말라. 넷째, 불경건한 장소를 만들지 말라. "내 어머니 집으로, 가기까지 놓지 아니하였노라." 그리스도를 가정에 모시고 그분이 당신의 가정을 다스리도록 할 것을 명심하라. 만일 당신이 밖에서는 그리스도와 함께 다니면서 집에서는 그렇게 하지 못한다면, 곧 그분과 영원히 결별하게 될 것이다. _ 맥체인

"사랑하는 자를 만나서." 사람으로서 나는 영광의 주님을 만났고, 또 죄의 종으로서 나는 위대한 구원자를 만났고, 흑암의 자식으로서 나는 생명의 빛을 만났고, 철저하게 상실된 자로서 나는 구주와 주님을 만났고, 과부되고 홀로된 자로서 나는 내 친구, 내 사랑하는 자, 내 남편을 만났다. 시온의 아들과 딸아, 너희도 똑같이 가서 행하라. 그러면 그분을 만날 것이다. "너희가 온 마음으로 나를 구하면 나를 찾을 것이요"(렘 29:13).

그러나 우리에게는 또 다른 어머니와 형제들이 있다. 그들은 우리를 잉태한 인간 가족들이다. 교회는 우리의 사랑을 받아야 할 첫 번째 대상이기는 하지만, 그렇다고 그 사랑의 유일한 대상은 아니다. 멸망하는 세상은 우리의 연민과 기도를 받아야 할 당연한 권리를 갖고 있다. 이것과 비교해 볼 때, 우리가 예수님을 교회로 이끌고 가는 것은 그리 어려운 일이 아니다. 교회는 그분의 어머니의 집일 뿐만 아니라 우리의 집이기도 하기 때문이다. 그러나 세상은 그리스도를 미워하고, 그분과 공유할 수 있는 것이 아무것도 없고, 당연히 그분이 그 지배권을 갖고 있음을 알고 있으며, 그 주장에 대해 예민하게 질투하며, 밤낮으로 그분이 들어오지 못하도록 그 문에 빗장을 걸어둔 집에 살고 있다. 어떤 죄수도 거듭나지 않는 심령이 예수님이 들어오지 못하도록 감시하고, 그분이 영혼 속에 거하기를 요청할 때 비웃으며, 그분을 내쫓는 것만큼 형 집행자를 악랄하게 가로막지는 않는다. 한밤중에 도둑이 들어오지 못하도록 문을 걸어잠그는 과부도 그만큼 단단히 잠그지는 않는다. 아무리 악한 구두쇠라도 그만큼 문 앞에 서 있는 거지를 그토록 거칠게 몰아내지는 않는다. 그러므로 우리 어머니의 집 안으로 그분을 들어오도록 하기 위해서는 힘든 수고를 요하고, 철저한 인내가 필요하다. 그분을 내쫓도록 자극하는 일은 많다. 우리는 그분께 간청하고, 그분을 붙잡으며, 그분을 놓지 않도록 해야 한다. 그리고 우리 어머니의 자녀들과 함께 "뼈를 꺾는 부드러운 혀"(잠 25:15)를 가지고 간구해야 한다. 왜냐하면 그들은 그분만이 아니라 우리에 대해서도 상처를 입기 때문이다. 어린양의 신부가 그녀의 어머니의 자녀들 속으로 사랑하는 자를 이끌 수 있을 때까지 애쓰고 분투해야 한다. 그때 그녀는 그분께 더욱 간절하게 간청하고 선으로 악을 이겨야 한다. 당신은 이렇게 해 보았는가? 당신은 지금 그 수고를 감당하고 있는가? 만일 그렇지 못하다면, 이 믿음의 작업을 시작하고, 구원받지 못한 자들을 위해 사랑의 수고를 감수하도록 하라. _ 무디 스튜어트(A. Moody Stuart)

놀라게 하는 거룩한 눈

네 눈이 나를 놀라게 하니 돌이켜 나를 보지 말라
_ 아가 6:5

우리 인생의 많은 일들이 놀라게 하는 악에 연루되어 있다. 그러나 여기서 우리는 완전히 선하신 분을 놀라게 하는 것에 대해 다루어야 한다.

천국의 신랑을 반대하는 어떤 일이 있다거나 그가 신부 때문에 놀라서 기분이 좋지 않다거나 하는 내용은 나타나 있지 않다. 아니, 택한 자에 대한 예수님의 사랑을 통해 놀라는 것은 그분의 사랑하는 마음이다. 우리는 이 놀라운 찬미를 통해 다음과 같은 사실을 배워야 한다:

I. 그의 교회를 바라보는 예수님 자신의 시선이 그분의 마음을 놀라게 한다는 것.

1. 그분은 천국을 떠나 교회와 하나가 되셨다. 그분은 교회의 멸망을 보고 견딜 수 없었기에 교회와 그 운명을 함께 하시기 위해 아버지를 떠나오셨다.

2. 그분은 교회를 구원하기 위해 죽으셨다: "넘치는 사랑으로 죄책을 당하셨다."

3. 그분의 즐거움은 지금 교회에 있다. 교회는 그분의 눈에 사랑하는 신부다.

4. 그분의 영원한 기쁨은 교회로부터 나온다. 그분은 자신의 죽음의 고통의 결과를 교회 안에 보여 주실 것이다.

예수님은 자신의 존재와 소유의 모든 것, 아니 자기 자신을 그의 사랑하는 자들을 위해 바칠 정도로 놀라신다.

II. 그의 택한 자들의 눈이 주 예수님을 놀라게 한다는 것.

그분의 눈은 사랑으로 가득 차 있기 때문에 우리가 다음과 같은 눈으로 그분을 바라볼 때 그분은 놀라신다:

1. 진실한 회개의 눈으로 바라볼 때.
   - 처음에 용서를 구할 때.
   - 때때로 타락에서 회복을 바랄 때.
   - 교제를 유지하기 위해 씨름하고, 그것이 깨져서 슬퍼할 때.
   - 원죄 아래 신음하고, 거기서 해방되기를 바랄 때.

2. 구원을 위해 믿음으로 그분을 바라볼 때.
   - 처음에, 약하지만 소망을 가지고, 필사적으로 바라볼 때.
   - 이후에, 단순하게, 날마다 그분의 상처를 응시할 때.
   - 깊은 고통 속에서도 여전히 소망을 갖고 우리가 눈을 떼지 않을 때.

3. 모든 것을 그분의 사랑에만 의지하고 바라볼 때.
   - 쓰라린 환난 속에서, 인내하며 복종할 때.
   - 겸손한 소망 속에서, 조용히 기다릴 때.
   - 심각한 시험 속에서, 견고하게 믿을 때.
   - 충분한 확신 속에서, 기쁨으로 고대할 때.

4. 기도하며 바라볼 때.
   - 야곱처럼, 개인적 환난 속에서 약속을 내세우면서, "가게 하지 아니하겠나이다"(창 32:26)라고 말할 때. 여호와께서는 "나로 가게 하라"고 말씀하신다.
   - 모세처럼, 거룩한 동정심을 가지고 다른 사람들을 위해 변론할 때. 그때 여호와께서는 "나를 막지 말라"(신 9:14)고 말씀하신다.

5. 황홀하고, 아늑한 사랑으로 바라볼 때.
   - 그분은 온전히 사랑하고, 나의 전부가 되신다. 나의 눈은 그분을 바라볼 때 즐거움의 눈물을 흘리고, 그렇게 하여 그 눈은 그분을 놀라게

한다.
- 나의 마음은 그분을 향한 사랑으로 불타고, 나는 그분을 경배하며, 이 것이 그분으로부터 모든 것을 얻게 한다.
6. 그분의 오심을 성결하게 열망하면서 바라볼 때.
- 그분의 영을 통해 나에게 그분 자신에 관해 개인적으로 계시해 주실 것을 갈망할 때.
- 무엇보다 그분이 어서 빨리 영광 속에서 재림하실 것을 갈망할 때. 그 분은 "보라 내가 속히 오리라"고 말씀하신다.

오, 예수님과 함께 하는 영적 인간의 능력이여! 오, 천국과 함께 하는 교 회의 능력이여! 하나님은 자신의 택한 자들의 기도를 절대로 거절하지 아니 하실 것이다.

III. 만일 교회가 오로지 예수님만을 바라본다면, 세상을 더 놀라게 하리라 는 것.

주님을 놀라게 하는 것이 더 큰 일이다. 이것이 이루어지면 교회는 주님 외의 다른 모든 것을 정복하는 정복자가 될 것이다. 교회의 눈은 예수님께 고정되어야 하고, 그리하여 교회는 세상을 놀라게 할 것이다. 우리가 다음과 같이 된다면 …

1. 그분에게 불명예를 끼친 것을 슬퍼할 때, 그분은 이것을 보고 우리의 실 패를 회복시켜 주신다.
2. 우리의 힘, 우리의 믿음을 위해 그분을 의지하면, 예수님의 사랑을 통해 우리에게 승리가 주어질 것이다.
3. 그분의 계명에 순종하면, 그분은 자신의 진리를 영예롭게 하는 줄로 알 고, 자신의 뜻에 따라 순종에 대해 상급을 베푸신다.
4. 확신을 갖고 승리를 기대하면, 예수님이 우리를 위해 자신의 팔을 벌리 신다.

믿음의 눈으로 묵묵히 응시하거나 당당한 기대감을 갖고 시선을 돌릴 때, 그것은 원수에게 불꽃처럼 작열할 것이다.

  5. 그분의 간섭을 열렬히 간구할 때, 우리의 눈물 흘리는 애절한 눈은 곧 은혜로우신 하나님을 보게 될 것이다.

능력의 비결을 보라. 예수님을 바라보라. 그러면 놀랄 것이다.

우리는 이 필승의 무기를 자주 사용하지 못하는 실수를 통탄해야 한다.

오 우리 눈이 그 시야를 의지하는 성령이여, 우리를 도우소서!

❖ 힌트 ❖

  누가 눈의 능력을 알지 못하겠는가? 그 거지는 자기에게 우리가 자선을 베풀기를 그토록 간절한 마음으로 바라보았다. 그 아들의 눈은 너무 어두워서 우리가 자기의 요구를 들어 준 것을 보지 못하고 실망에 빠졌다. 그 병자는 다시 돌아와 자기와 함께 있어 준 우리가 떠나는 모습을 슬픈 눈으로 응시했다. 그러나 우리가 사랑하는 이 사람들의 눈은 우리를 감동시킨다. 눈물이 고이기 시작하는가? 우리는 즉시 복종한다. 우리는 사랑하는 자들의 눈이 슬퍼하는 것을 참을 수 없다. 우리 주님은 이 비유를 최대한 용기를 주기 위한 목적으로 사용하신다. 슬퍼하는 기도의 눈은 예수님의 사랑의 마음을 움직인다. 매튜 헨리는 "그리스도는 사랑이 풍성한 구속주의 인자함을 표현하고, 자신의 구속 받은 백성들 안에 그리고 그들 속에 있는 그분 자신의 은혜의 역사 속에서 그분이 취하는 기쁨을 표현하기 위해 정열적인 연인에 대해 쓰는 말을 차용해서 말씀하신다"고 말한다.

  우리는 마태복음 15장에서 주 예수님이 가나안 여인에게 "여자여 네 믿음이 크도다 네 소원대로 되리라"(15:28) 하신 말씀을 읽는다. 그분은 자신이 그녀의 마음속에 심어 주신 믿음을 통해 주어진 판단에 복종하시는 것처럼 보인다. 그런데 믿음은 영혼의 눈이고, 이것은 주님을 놀라게 하는 눈의

한 실례다. 우리는 우리 손의 활동이나 우리 입술의 웅변으로 그분을 이길 수 없다. 우리는 우리 눈의 간절함으로만 승리를 얻을 수 있다. 그 눈은 저 먼 곳을 응시하는 비둘기의 눈처럼, 참된 신앙의 눈이다.

어떤 헌신자들은 무릎을 꿇고 위를 바라보는 것이 큰 유익이 된다고 생각한다. 단지 몇 마디 말만 해도, 그들은 길게, 위를 향해, 간구하는 눈을 통해 대화를 나눈다. 단순히 "나의 하나님" 하고 한 마디만 부르짖고, 또 다른 시간에는 "하나님, 이 죄인에게 긍휼을 베푸소서"라고 외칠 뿐이다. 그런데 그는 마치 천국에서 목욕한 사람처럼 그의 골방에서 나온다.

한 스코틀랜드인 노성도가 "죽음이 다가오고 있는데, 그리스도를 한 번 바라보겠습니까?"라는 질문을 받자 벌떡 일어나더니 단호한 음성으로 이렇게 대답했다: "죽어가고 있는 이 순간 내게 당신의 모습은 극히 희미합니다. 그러나 지난 40년 동안 나는 충분히 그리스도를 바라보았습니다." _ 초기 퀘이커회 연보

변론으로의 초대

여호와께서 말씀하시되 오라(Come now) 우리가 서로 변론하자
너희의 죄가 주홍 같을지라도 눈과 같이 희어질 것이요
진홍 같이 붉을지라도 양털 같이 희게 되리라
_ 이사야 1:18

인간의 죄악된 상태는 극히 두려운 일이다. 이것은 본문의 앞 구절들에서 생생히 드러난다. 그들은 철저하게 하나님으로부터 멀어져 있다.

하나님 자신이 변화를 위해 간섭하신다. 평화에 대한 제안이 언제나 하나님으로부터 먼저 온다.

그분은 "오라 우리가 서로 변론하자"고 즉각 변론을 요구한다. 그 변론은 즉각 이루어져야 한다: "(지금) 오라" 왜냐하면 그 위험이 너무 커서 한 순간도 지체할 여지가 없기 때문이다. 우리는 꾸물거려서는 안 된다.
본문에서 우리는 다음과 같은 사실을 살펴보게 된다:

I. 변론으로 초대함.

죄인들은 당면한 문제들을 직시하고, 그것들에 대해 깊이 생각하기를 싫어한다. 그러나 이 싫어하는 의무는 그들에게 부과된 것이다. 비록 그들이 변론한다 할지라도, 그것은 하나님과 함께 하는 것이 아니라 하나님을 거역하는 것이 되고 만다. 하지만 본문이 제시하는 주장은 잘잘못을 따져보자는 것이 아니라 화해의 관점에서 대화해 보자는 것이다. 경건치 못한 자들은 이것조차 무시한다.

1. 그들은 의식을 준수하는데 참여하기를 좋아한다. 외적 의무 수행이 더 쉽고, 그것은 생각이 필요하지 않기 때문이다.

2. 그러나 그 문제는 아주 심각한 토론이 필요한 것으로, 그렇게 할 만한 가치가 있다. 왜냐하면 하나님, 영혼, 천국과 지옥이 그 문제에 포함되어 있기 때문이다. 이 이상 지혜로운 충고를 요하지 않는다.

3. 그것에 대해 생각해 보는 것을 무시함으로써 얻는 유익은 하나도 없다. 그것은 절대로 방관할 수 없는 중대한 문제들 가운데 하나다.

4. 변론에 대한 제안은 하나님 편의 극히 너그러운 은혜다. 왕이 죄수들을 초청해서 그들과 변론하는 것은 쉽게 일어나는 일이 아니다.

5. 그 초대는 하나님이 평화를 원하고, 용서하기를 기뻐하며, 우리를 의롭게 하시는데 마음을 쓰고 계신다는 보증이다.

6. 지금 당장 함께 변론하자는 약속은 그분의 관대한 지혜의 증거다. 그리스도 안에서 하나님께 있는 모습 그대로 "즉시 나아오라." 모든 죄와 비참 속에 있음에도 불구하고 사랑은 당신을 초청한다.

II. 하나님 편의 변론의 실례.

1. 불화의 첫 번째 주요 원인이 솔직하게 언급된다: "너희의 죄가 주홍 같을지라도." 하나님은 극히 악질적인 죄인들의 상태를 잘 아시면서도 자기에게 나아오라고 그들을 부르신다.

2. 이 불화의 원인을 하나님 자신이 제거하실 것이다. "눈과 같이 희어질 것이요." 그분은 용서하고, 그럼으로써 그 불화를 종결지을 것이다.

3. 그분은 그 죄악을 완전히 제거하실 것이다. "눈과 같이 — 양털 같이."
   • 그분은 죄책을 영원히 제거하실 것이다.
   • 그분은 죄의 형벌을 면제하실 것이다.
   • 그분은 죄의 권세를 박살내실 것이다.
   • 그분은 죄의 재발을 막으실 것이다.

4. 그분은 이것이 어떻게 이루어지는지를 자신의 말씀으로 설명하신다.
   • 죄책을 지우는 값없는 용서.

- 형벌을 면하게 하는 충분한 속죄.
- 죄의 권세를 깨뜨리는 성령에 의한 거듭남.
- 죄의 재발을 금지시키는 지속적 성화.
- 당신이 죄로부터 돌이키도록 하나님이 만드신 그 쉬운 길을 보라.
- 그것을 유심히 살펴보고, 즉시 그에 관해 하나님과 변론하도록 하라.

III. 이 표본적 변론은 전체 변론의 축소판이다.

각각에 대해 특별한 반론이 예견된다.

1. 당신의 죄는 "진홍 같이 붉은 죄"로서 엄청나게 크다. 이것은 모든 죄를 깨끗하게 하는 위대한 속죄를 통해 충족된다.
2. 당신의 죄는 오랫동안 지속되었다. 주홍으로 물든 옷은 오랫동안 염색 통 안에 있었다. 그러나 그것을 예수님의 피가 다 씻어낸다.
3. 당신이 저지른 죄에 대해 빛이 비추고 있다. 이것은 그 죄의 색깔을 더욱 드러나게 한다. 그러나 "사람의 모든 죄와 모든 모독하는 일은 사하심을 얻을 것이다"(막 3:28).
4. 성령을 근심하게 했다. 심지어는 이것도 예수님에 의해 제거된다.
5. 당신이 스스로 영혼을 희게 해 보려고 했던 시도는 실패했다. 주홍과 진홍의 죄악은 사람의 능력으로 제거될 수 없다. 그러나 주님은 "나는 네 죄를 도말하는 자"라고 말씀하신다.
6. 당신의 죄로 말미암은 절망이 있다. 너무나 엄청난 죄가 당신 앞에 놓여 있지만, 세상 죄를 짊어지신 하나님의 어린양의 피가 그것을 깨끗하게 씻겨냈다.

- 지금 오라. 당신의 목사는 하나님을 위해 당신과 변론한다.
- 하나님의 초대를 가볍게 여길 권리가 있는가?
- 그분과 변론한다고 손해 볼 것이 있는가?
- 당신의 창조주와 화해할 권리가 있지 않은가?

• 오늘 당신이 "눈과 같이 희게" 된다면 어떻게 되겠는가?

❖ 강행 ❖

한 남편과 아내가 별거에 들어가 오래 헤어져 살았다. 남편은 여러 번에 걸쳐 아내를 만나 화해를 위해 불화에 대한 이야기 나누기를 간청했다. 그녀는 완강하게 대화를 거부하고, 별거에 대한 얘기를 꺼내지 않았다. 우리가 처음부터 잘못이 그녀에게 있다고 말한다면 당신은 놀라겠는가? 당신은 계속된 별거에 대한 그들의 죄가 오직 그녀에게 있다는 것을 의심할 수 없다. 이 비유는 쉽게 해석된다.

어떤 주홍색 옷은 먼저 실에 물을 들이고, 그 다음에 천 조각에 물을 들인다. 이처럼 그것은 이중으로 물을 들인다. 우리의 죄책도 이와 마찬가지다. 우리는 이중으로 물들여진다. 왜냐하면 태어날 때부터 죄인이고, 살면서 또 죄를 범하기 때문이다. 우리의 죄는 주홍같이 붉으나 믿음으로 말미암아 그리스도 안에서 눈과 같이 희어지게 될 것이다. 우리의 허물이 진홍 같이 붉을지라도 그리스도의 속죄로 말미암아 양털 같이 될 것이다. 그것은 물들이지 않은 털처럼 희게 될 것이다. _ "상냥한 인사"(*Friendly Greetings*)

염료가 천의 재료에 들어가면, 그것이 어떻게 제거될 수 있겠는가? 우리의 세탁물은 계속해서 얼룩을 닦아내면 결국에는 그 천이 망가져 버리게 된다. 색깔과 옷을 하나로 통일시키는 장소와 기술과 시간이 과연 있는가? 사람으로서는 이것이 불가능하고, 하나님에게만 가능하다. 사람이 자기 속에 죄를 받아들였을 때 그것은 검은 피부가 에티오피아인의 일부분이 되고 그 본질이 된 것같이 바로 그 자신이 된다. 그러나 하나님은 흑인이 마치 백인이 된 것처럼 철저하게 죄를 제거하실 수 있다. 그분은 인간 표범으로부터 얼룩을 제거하되, 그것들 가운데 하나도 남겨놓지 않으신다.

주홍 천이 어떻게 염색되는지 살펴보라. 피상적으로 살짝 담그는 것이 아니라 염색할 용액 속에 푹 적신다. 그것은 마치 당신의 영혼이 습관적으로 죄에 빠져 있는 것과 같다. 그 후 잠시 그것을 꺼내 말린 다음 다시 집어넣어 두 번째로 그 통 속에 푹 적신다. 그러므로 그것을 이중염색이라고 부른다. 이것은 마치 당신이 동일한 죄에 다시 빠졌다고 불평하는 것과 같다. 나아가 그 색깔은 올에 속속히 박혀 혼합되어 있기 때문에 절대로 빠지지 않고, 그 천의 본질 속으로 스며들 것이다. 그리고 그 조각을 흰 천에 문지르면 그 천까지도 주홍빛을 띠게 된다. 마찬가지로 당신의 죄악된 습관과 행실 또한 그렇게 감염되어 과거의 선한 것까지 그 죄로 말미암아 붉게 물들게 된다. 그러나 이 주홍 빛 죄가 아무리 깊이 그리고 실질적으로 물들었다고 할지라도 그것은 우리 구주의 피로 씻으면 쉽게 씻겨질 것이다. _토머스 풀러

70
빛 안에서 행함

야곱 족속아 오라 우리가 여호와의 빛에 행하자
_ 이사야 2:5

오 문자 그대로의 "야곱 족속"은 하늘로부터 온 여명이신 예수님을 인정함으로써, 여호와의 빛 가운데 걸어갔도다! 그러나 슬프게도, 그들은 빛을 거절했다. 수건이 그들의 심령을 가렸기 때문이다. 우리는 이스라엘 족속의 회집을 위해 기도해야 한다. 확실히 "말일에"(2절) 그렇게 될 것이다. 우리는 여기서 이 시대의 영적 이스라엘 곧 하나님의 자녀들에 관해 다룰 것이다.

I. 여기에 한 초청이 있다. "오라 우리가 여호와의 빛에 행하자."

여호와의 백성들에게 이 초청이 필요한 것은 이상하다. 왜냐하면 그들이 그분 안에서 살고, 그분 안에서 즐거워하고, 그분에 관해 배우고, 그분을 자기들의 하나님으로 삼는 것이 너무 당연한 것으로 보이기 때문이다.

그것도 열방들로부터 야곱 족속에게 온다는 점에서 더 희한한 초청이다. 하나님의 말씀은 예루살렘으로부터 나와서 열방들을 개종시키고, 그것이 처음에 나왔던 족속으로 다시 돌아간다. 그 초청이 신자인 우리에게 주어질 때 다음과 같은 평행성이 발견된다:

1. 우리가 가르쳤던 사람들로부터. 한때 복음의 초청을 거절했던 사람들로부터 이런 요청을 받는 것이 우리로서는 얼마나 놀라운 보상이고, 감개무량한 사건일까! 마른 뼈들이 움직일 때, 우리는 최고의 결과를 기대한다.

2. 새로운 개종자들로부터. 그들은 불타오르는 열정으로 오래 신앙생활을

한 성도들을 자극하고, 따라서 기쁨을 주고 겸손한 책망을 제공한다.

3. 상호 교화에 열심인 성도들로부터. "오라 우리가 행하자." 여기에 똑같
은 소원을 가진 다른 사람들에게 함께 하자고 챙기는 형제들이 있다.
우리가 소유하고 있는 하나님은 이 이상의 존재가 아닌가!

이상의 초청들은 건전한 표지들이다. 우리는 거룩한 일을 서로 격려함으
로써 생명력 있는 삶을 살도록 힘써야 한다.

II. 이 초청을 받아들이자. "우리가 여호와의 빛에 행하자."

- 그 어떤 빛도 그 빛과 비교할 수 없다. 특별히 하나님의 백성들을 위
한 초청이다. 여호와께서 야곱의 빛이 되어야 한다.

- 다른 발걸음은 그 발걸음처럼 안전하고 즐겁지 않다.

- 다른 사람들은 하나님의 빛을 따라 걸어갈 수 없다. 그들의 눈은 열리
고, 그들의 발은 강해지고, 그들의 마음은 정화되고, 그들의 행동은
합당하게 된다.

1. 이 빛 속에서 우리는 정신에 대한 확실성을 발견한다.

- 이성은 자기가 아무것도 모르는 존재라는 것을 인정하고 고백하도록
한다.

- 열광주의는 망상과 미신에 빠지게 한다.

- 인간의 권위는 잘못된 것이다.

- 계시만이 확실하고, 무오하고, 불변하는 것이다. 다른 모든 빛은 그
빛과 비교할 때 희미해진다.

2. 이 빛 속에서 우리는 양심의 안식을 발견한다.

- 우리는 예수님, 그분의 피 그리고 그것이 가져오는 완전한 죄 사함을
발견한다.

- 우리는 그분의 완전한 의가 우리를 감싸고 있고, 따라서 하나님 앞에
서 우리를 합당한 존재로 만드는 것을 본다.

3. 이 빛 속에서 우리는 심판의 방향을 발견한다.
- 우리는 그 참된 색상 속에서 죄, 사랑, 섭리, 미래 등을 보고, 그것들과 관련해 어떻게 행동하는지를 안다.
- 우리는 올바른 길과 지혜의 과정을 아는 법을 배운다.
- 우리는 숨겨져 있는 덫을 찾아내고, 그것을 피하도록 인도 받는다.
4. 이 빛 속에서 우리는 영혼의 즐거움을 발견한다.
- 하나님의 계획 속에서. "그 아들의 형상을 본받게 하기 위하여 미리 정하셨으니"(롬 8:29).
- 우리가 개인적으로 그리스도 안에 있는 상태 속에서. "그 안에서 충만하라"(골 2:10).
- 우리 아버지의 손의 다루심 속에서. "하나님을 사랑하는 자 곧 그의 뜻대로 부르심을 입은 자들에게는 모든 것이 합력하여 선을 이루느니라"(롬 8:28).
- 내면에서 일어나는 영적 싸움 속에서. 그것은 은혜의 징후로서 우리에게 평안한 소망을 제공한다.
- 우리를 괴롭히는 미래의 죽음과 영원 속에서.
5. 이 빛 속에서 우리는 심령의 평안을 발견한다.
- 우리는 하나님을 보고, 완전한 평화를 느낀다.
- 우리는 내면의 은혜를 발견하고, 충분한 확신을 소유한다.
- 우리는 하나님의 영을 느끼고, 그분의 동역자가 된다.
- 우리는 성도들을 보고, 그들의 은혜를 함께 즐거워한다.

사랑하는 성도들이여, 성령께서 여러분을 다음과 같이 인도하기를 바란다:
- 하나님의 빛 속으로 들어가도록.
- 그 안에 거하고, 묵묵히 날마다 그 안에서 걸어가도록.
- 그 안에서 성장하고, 완전을 향해 나아가도록.

오라, 우리가 이제부터 이 빛 속에서 함께 행하자.

그것은 계속해서 비추고, 우리는 빛의 자녀들이다.

그 안에서 사는 우리에게 "어린양이 빛이신" 그 영광스러운 광채 속에서 모든 것을 누리며 사는 복이 기다리고 있을 것이다.

❖ 등유 ❖

하루 종일 바람과 파도에 맞서 싸우고 난 후 지치고 힘이 빠진 한 여인이 집에 돌아왔다. 집에 들어서자마자 의자에 몸을 던지며, 그녀는 "만사가 어두워, 다 어두워"라고 말했다. 그때 옆에 서 있던 작은 조카딸이 "고모, 고모는 얼굴을 왜 햇빛을 향해 돌리지 않아요?"라고 말했다.

그 말은 하늘에서 온 메시지로서, 피곤한 자들은 눈을 사람들의 빛이자 생명이신 분에게 돌리기만 하면 되고, 우리는 오로지 그 빛 속에서만 빛을 본다.

빛을 향해 서 있는 사람은 그늘을 보지 못한다. 빛을 향해 걸어가는 사람은 어둠이 그의 뒤에 위치해 있다. 사람들은 빛 주위의 연기에 휩싸임으로써 어둠 속으로 들어간다. 그들은 어두운 주변에 의해 가려져 버린다. 그들은 의의 태양의 빛이 그들에게 접근할 수 없는 외진 곳으로 숨어 버린다. 그들은 덧문과 셔터를 닫아 버리고, 자기들에게 빛이 없음을 이상하게 생각한다.

집은 어두울 수 있지만, 그것이 태양의 잘못은 아니다. 영혼은 어두울 수 있지만, 세상의 빛이 골고루 비추어지지 않아서가 아니다. 그리스도를 따르는 자는 "어둠을 따라 걷지 않고 생명의 빛을 얻을 것이다." 그러나 만일 우리 행실이 악하다면, 하나님으로부터 등을 돌려 빛보다 어둠을 사랑하는 것이다. 반면에 우리가 올바른 길로 책망과 훈계와 인도를 받는다면 "의인을 위하여 빛을 뿌리고 마음이 정직한 자를 위하여 기쁨을 뿌리시는 것을"(시 97:11) 발견하게 될 것이다. 그리스도께서 빛 안에 계시기 때문에, 빛 안에서 걷는 것은 우리가 아버지와 교제하게 되고, 그 아들 예수 그리스도의 피가 우리를 모든 죄로부터 깨끗하게 하실 것이다. _ *The Boston "Christian"*

식물과 나무가 어떻게 빛을 향하는지, 또 식물이 어둠에 갇혀 있을 때 어떻게 변해가는지를 관찰하는 것은 가치가 있다. 사람들은 칠흑 같은 어둠을 크게 두려워한다. 그들이 그것을 느낄 때, 그것은 정신에 큰 영향을 미친다. 많은 영혼들이 안개가 자욱한 날의 어두움 때문에 더 큰 고통이나 통증을 느낀다. "아침이 되었으면" 하고 부르짖는 환자의 신음소리는 그대로 주변이 어둠에 싸여 있을 때 건강한 모든 사람들이 토하는 탄식이기도 하다. 그렇다면 빛이 있는데, 우리가 그것을 거절하는 것이라면 뭐라고 말할 수 있겠는가? 그것은 어둠을 사랑하는 자로서, 악한 일을 하는 것이라고 말할 수 있을 것이다. 단지 박쥐와 올빼미 그리고 더럽고 탐욕스러운 것들만이 밤을 좋아하는 법이다. 빛의 자녀들은 빛 속에서 걷고 빛을 반사한다.

"태양이 들어가지 못하는 곳에 의사는 들어가야 한다"고 이탈리아 사람들은 말한다. 그들의 말은 진실이다. 햇빛은 원기를 줄 뿐만 아니라 건강을 주는 능력이 있다. 리비에라 해안은 태양을 쬐려는 환자들로 북적거린다. 태양이 서산으로 지면, 그들은 다들 숙소로 돌아간다. 따습지 못한 방은 값이 싸다. 빛이 치료와 즐거움에 본질적이기 때문이다.

71
비를 내리지 못하는 구름

내가 또 구름에게 명하여 그 위에 비를 내리지 못하게 하리라
_ 이사야 5:6

비는 씨와 열매가 자라는데 본질적인 것으로서, 오랫동안 비가 오지 않는 것은, 특히 열대지방에서는, 무섭고 두려운 심판이다. 성령의 비는 그 시작, 성장, 성숙, 완전에서, 영적 생명에 본질적인 영향을 미친다. 그것이 임하지 않는 것은 최후의 그리고 아주 끔찍한 심판이다(본장 전체 구절을 보라).

특별히 구름이 머리 위에 있으나 비가 내리지 않는 것은 진노의 표시다. 은혜의 수단을 갖고 있으나 그 수단에 은혜가 없으니 말이다.

I. 그것이 의미하는 것.

1. 목사가 설교는 하지만 능력이 없다.
2. 의식은 준수되지만 하나님의 복이 없다.
3. 모임은 이루어지지만 그 가운데 하나님은 없다.
4. 말씀은 읽지만 심령에 적용되지는 않는다.
5. 기도의 형식은 유지되지만, 하나님에 대한 간청은 없다.
6. 성령을 제한하고 근심시킨다.

이는 자주 일어나는 경우로서, 만일 경고 후에도 죄를 묵인한다면, 어느 교회든 또는 어떤 사람에게든 다시 일어날 수 있다. 그것은 현재 교회 안에서 또는 그 안에 있는 성도에게 일어나는 일이 아닌가?

비를 내리도록 되어 있는 구름에게 그렇게 하지 말도록 지시가 내려진다. 비에 대한 열쇠를 쥐고 계시는 하나님 자신에 의해 그들을 소생케 하는 소낙비를 철저하게 내리지 말도록 명령된다. 외적 의식과 은혜 사이에 필요

한 관계가 없다. 우리는 처음에 구름을 소유할 수 있으나 이어지는 빗방울은 소유하지 못할 수 있다.

II. 그것은 무엇을 암시하는가.

1. 회심이 없다. 이것은 성령의 사역으로 일어나기 때문이다.
2. 타락자들의 회복이 없다. 비가 내리지 않으면 시든 식물은 되살아나지 못한다.
3. 지친 자들의 소생이 없다. 하늘에서 내려오는 이슬 외에 위로와 힘을 주는 것은 없다.
4. 영적 활동이 없다. 미지근함은 판에 박힌 일을 지배해서 죽음에 이르게 한다. 일하는 자들이 마치 잠자며 걸어가는 사람들처럼 흐느적거리며 움직인다.
5. 거룩한 기쁨, 즐거움, 승리가 없다.

비가 없으면 모든 것이 파리해지는 것처럼, 영적 가뭄이 계속되는 동안은 선한 일들도 행하지 못하는 법이다. 그것을 대신할 수 있는 것은 아무것도 없다. 그것이 없으면 아무것도 자랄 수 없다.

III. 그것은 어떻게 표명되는가.

영적으로 바짝 말라비틀어져 있는 시기에는 개인마다 그 나름대로의 징조가 있다.

1. 영혼은 말씀 아래 유익을 얻는 경험이 없다.
2. 그는 복음으로 배가 부르지만, 그것에 싫증이 나 있다.
3. 그는 말씀을 비판하고, 흠을 잡고, 트집 잡고, 경시하기 시작한다.
4. 곧 그는 말씀 듣기를 게을리 하게 된다.
5. 그는 말씀을 듣고 그것을 왜곡함으로써, 교만하거나 조롱하거나 논쟁하거나 병든 삶을 살게 된다.

- 삶의 향기가 죽음의 냄새로 바뀔 때, 곧 구름이 비를 내리지 않을 때, 그것은 정말 두려운 일이다.
- 우리 가운데 누가 그렇게 될까?

IV. 그것을 어떻게 막을 수 있는가.

다른 것들을 신뢰하지 말고 겸손하게 다음의 수단을 적용시키자:

1. 사막처럼 황폐한 마음을 고백하라. 하나님께서 그의 은혜를 우리로부터 거두어 가셨기 때문이다.
2. 하늘의 소낙비에 영적 능력이 달려 있음을 인정하라.
3. 쉬지 말고 기도하라. 엘리야처럼 비가 내릴 때까지 기도해야 한다.
4. 오직 예수님만 바라보라. "그는 벤 풀 위에 내리는 비같이 내리리니"(시 72:6).
5. 아무리 작더라도 은혜의 표지를 평가절하하지 말고, 선지자가 갈멜 산 꼭대기에서 바다로부터 작은 구름이 떠오를 때까지 지켜보았던 것처럼, 그것을 주목하라.
6. 복이 다시 찾아왔을 때 그것을 더 잘 사용하여 하나님을 위한 열매를 맺도록 하라.

이것이 복의 소낙비에 젖어있는 사람들에게 **감사의 동기**가 되도록 써먹자.

그리고 주일성수를 무시하는 사람들에게는 하나의 **경고**로 써먹자.

❖ 일화와 금언 ❖

하나님의 은혜는 설교 없이도 영혼을 구원할 수 있다. 그러나 이 세상의 모든 설교는 하나님의 은혜 없이는 영혼을 구원할 수 없다. _ 벤저민 베돔 (Benjamin Beddone)

회중들은 때때로 자기 영혼을 채워 줄 양식이 없다고 불평하나 사실은 양

식을 먹을 영혼이 없다. _ 조셉 파커(Joseph Parker)

모든 설교자는 어떤 곳에서는 자신의 수고가 아무 소용이 없다고 느낄 수밖에 없다. 왜 그런지 나로서는 알 수 없지만, 그의 호소에 대한 응답이 없고, 그의 가르침에 대해 열매가 없다. 나는 휫필드(whitefield) 목사를 쫓아낸 교회를 알고 있는데, 그곳은 그때부터 침체의 어두운 그림자가 드리워지기 시작했다고 전해진다. 아니 실제로 그렇게 보였다. 나는 잘못 행하는 교회들이 그때부터 시들어가는 것을 보아왔다. 반면에 우리는 주변에 이슬이 내리는 것을 느끼면, 곧 빗소리가 진동하게 되는 것을 알고 있다. 나는 때때로 절대적인 확신으로 설교했다. 그 이유는 은혜의 소낙비가 성도와 죄인, 설교자와 평신도 위에 골고루 쏟아졌기 때문이다.

어느 날 신문에서 다음과 같은 기사를 보게 되었다:
"한적한 시골에 한 늙은 통행료 징수원이 있었는데, 그의 습관은 밤에 문을 닫고 잠을 자는 것이었다. 어둡고, 비가 많이 내리던 어느 날 한밤중에 나는 그의 문을 두드리면서 '문! 문 좀 열어 주세요!'라고 외쳤다. 그때 그 노인이 '들어오시오!'라고 말했다. 다시 문을 두드리자 또 다시 '들어오시오'라는 소리가 들렸다. 이 일이 한참 동안 계속되었다. 드디어 화가 잔뜩 난 나는 말에서 뛰어내려 문을 확 열면서 어찌하여 20분 간이나 나와 보지도 않고 들어오라고만 외쳤는지 따졌다. 노인은 눈을 비벼대면서 조용하고 졸린 목소리로 '누가 있소?'라고 말하면서 '선생, 무엇을 원하오?'라고 덧붙였다. 그제야 그는 잠에서 깨어나 '선생, 용서하시오. 내가 졸았군요. 누가 문 두드리는 소리를 듣고 잠결에 들어오라고 대답만 하고, 아무런 주의를 기울이지 못했습니다.'"
이렇게 회중이 습관적으로 잠에 빠져 있을 때 목사들은 아무것도 해 줄 수 없다. 오직 성령만이 잠으로부터 그들을 깨울 수 있다. 하늘에서 내려오는 은밀한 역사가 마음속에 이루어지지 않는 한, 아무리 듣기 좋은 설교라도 거의 소용이 없다.

72
묻는 자에게 대답함

그 나라 사신들에게 어떻게 대답하겠느냐 여호와께서 시온을 세우셨으니
그의 백성의 곤고한 자들이 그 안에서 피난하리라 할 것이니라
_ 이사야 14:32

시온은 분명히 주목의 대상이 되고 있다. 그 나라 사신들이 시온에 관해 묻기 때문이다. 교회는 다음과 같은 이유로 이목을 끈다:

• 그 백성들의 특별성.
• 그 가르침의 특수성.
• 그 교리의 단일성.
• 그 특권의 위대성.

이것이 주의를 끄는 것은 아주 좋은 일로서, 우리는 항상 이 질문에 대답할 말을 준비하고 있어야 한다. 왜냐하면 이것은 진리가 땅 위에 전파되는 길이 되기 때문이다.

오, 모든 나라가 우리 왕과 그분의 다스림에 관해 질문하기 위해 사절단을 파견하는 일이 벌어지기를! 아마 그들은 우리가 마땅히 해야 할 일을 하고, 그들의 질문에 대답할 준비를 하고 있을 때, 그렇게 할 것이다.

I. 사신들은 무엇을 질문하는가.

그들은 바벨론에서 온 사신으로서 모든 것을 눈으로 보기 위해 온다. 그들은 시바의 여왕처럼 시온 곧 교회에 관해 질문한다. 그들은 다음과 같이 질문한다:

1. 그 기원은 무엇인가?(시 78:68-69)
2. 그 역사는 무엇인가?(시 87:3)

3. 그 왕은 누구인가?(시 99:2)

4. 그 강령은 무엇인가?(갈 4:26)

5. 그 법은 무엇인가?(겔 43:12)

6. 그 보화는 무엇인가?(시 147:12-14; 계 21:21)

7. 그의 현재 안전책은 무엇인가?(시 48:13)

8. 그의 미래 운명은 무엇인가?(시 102:16)

- 그들의 시온에 관한 질문에 무가치한 것은 하나도 없다.
- 그들의 시온에 관한 질문에 반대할 것은 하나도 없다.

II. 그들은 왜 질문하는가.

1. 어떤 이들은 단순히 경멸하기 위해 묻는다. "이 미약한 유다 사람들이 하는 일이 무엇인가"(느 4:2). 그들은 그 땅의 초토화된 모습을 보았다. 그러나 그들이 그 이상의 진실을 알게 된다면, 그 경멸은 자취를 감출 것이다.

2. 어떤 이들은 무익한 호기심 때문에 묻는다. 그러나 그 빈약한 동기로 우리에게 나아온 많은 사람들이 그리스도께 인도 받는다. 삭개오는 올라가지 않은 것처럼 나무에서 내려와 나아왔다.

3. 어떤 이들은 진심으로 감탄하기 때문에 묻는다. 그들은 "너의 사랑하는 자가 남의 사랑하는 자보다 나은 것이 무엇인가"(아 5:9). 그들은 그의 별을 보고 경배하러 나아와 "어디 계시냐"고 묻는다.

4. 어떤 이들은 그 백성이 되기 위한 소망에서 묻는다. 그들이 어떻게 백성이 될 수 있는가? 그 시민권을 얻기 위해 치를 대가는 무엇인가? 그 백성에게 요구되는 것이 무엇인가? 더 많은 백성을 소유할 공간이 있는가?

- 그들은 이렇게 지혜롭게 묻고, 그 값어치를 계산한다.
- 사람들은 하나님의 참된 교회가 자기들 가까이 있을 때 절대로 무관

심할 수 없다. 왜냐하면 이런저런 이유로 질문할 것이기 때문이다.

III. 그들은 왜 대답을 들어야 하는가.

1. 그들의 트집을 침묵시키기 때문이다.
2. 그들을 하나님께 이끌 수 있는 기회가 되기 때문이다.
3. 우리 안에 있는 소망의 이유를 말함으로써 우리가 유익을 얻기 때문이다.
4. 하나님의 은혜가 교회를 위해 행하신 것과 그렇게 하기 위해 준비하고 있는 것에 대해 말할 때 하나님이 영광을 받으시기 때문이다.
   - 그 대답은 질문에 딱 맞도록 신중히 주어져야 한다.
   - 그것은 명쾌하고, 솔직하고, 진실하고, 즐겁게 해야 한다.
   - 우리는 대답하기 전에 생각해 보아야 한다. "어떻게 대답하겠느냐."
   - 우리는 대답할 때 은혜롭게 해야 한다(벧전 3:15).
   - 그 대답은 우리 자신보다는 하나님을 더 강조해야 한다. 우리가 살펴보고 있는 본문 역시 그렇다.

IV. 어떤 대답을 주어야 하는가.

1. 하나님은 교회의 모든 것이 되신다는 것 ― "여호와께서 세우셨으니."
2. 그 기원이 하나님으로부터 왔다는 것 ― "여호와께서 시온을 세우셨으니."
3. 그의 백성은 본래 곤고하고 다른 것을 의지했다는 것. 시온은, 빚진 자들과 불만을 품은 많은 사람들이 아둘람 굴속으로 도망친 것처럼, 곤고한 자들이 피난을 위해 도망친 성읍이다.
4. 그들의 피난은 하나님이 세우신 기초 위에 있다는 것.
5. 우리는 그 피난 속에 거하기로 결심한 자들이라는 것 ― "그의 백성의 곤고한 자들이 그 안에서 피난하리라."

만일 당신이 불경건한 자로서 의인들의 소망에 관해 질문한다면, 그것은 잘하는 일이다. 만일 당신이 경건한 자로서 당신이 겪었던 경험을 사람들에게 말해 준다면, 그것은 더욱 좋은 일이다. "우리가 너와 함께 찾으리라"(아 6:1).

✣ 자극 ✣

로마에 있는 네로의 궁정을 방문했을 때, 천장 지붕에 프레스코 벽화가 그려져 있는 것을 볼 수 있었다. 이 그림을 관람할 수 있도록 촛불이 망원경 막대기 위에 달려있는데, 그것은 그림을 따라서 이리저리 움직인다. 그 촛불이 신자를 상징한다고 볼 때, 다른 사람들은 알지 못하는 거룩한 신앙의 고결한 신비들을 비추기 때문에 그의 생활은 훨씬 더 고상하게 된다. 과거의 저명한 성도들은 이 목적을 위해 전적으로 헌신했다. 그들의 삶은 무한한 진리에 한 줄기 빛을 던져줌으로써, 결코 잊혀지지 않게 되었다.

병에서 고침 받고 나자 어떤 사람이 그 비결이 무엇인지 묻는다면, 나는 그에게 즐거운 마음으로 그것을 말해 주지 않겠는가? 이런 정보를 혼자만 알고 있는 것은 어처구니없는 일이다. 그리스도의 교회는 폐쇄적인 집단이나 배타적인 단체가 아니다. 그 담은 수용을 위한 것이지 배제를 위한 것이 아니다. 그 문은 들어온 곤고한 자들을 몰아내기 위한 것이 아니다. 우리는 알고 있는 것에 대해 기꺼이 말해 주어야 한다. 말해 주는 모든 것은 그대로 다른 사람들에게 복된 소식이 되기 때문이다.

카피르 족 출신의 한 젊은이가 선교사 훈련을 받기 위해 조국을 떠나 영국으로 건너왔다. 그를 성 바울 성당으로 데리고 갔을 때, 그는 한참 동안 놀람으로 넋을 잃은 채 그 둥근 천장을 바라보고 있었다. 드디어 그가 침묵을 깨고 "이것을 사람이 만들었나요?" 하고 물었다. 영적 성전의 그 웅장함과 영광을 본 사람들은 이와 똑같은 질문을 하게 될 것이다. 그때 우리는 그들에게 "설계자와 건축자는 바로 하나님이시다"라고 말해 줄 수 있을 것이다.

질문자들은 대답을 들어야 한다. 대답을 기다리는 사람들에게 벙어리가 되는 것은 좋지 않다. 어떤 사람이 지혜롭게 말한 것같이, "우리는 무익한 말뿐만 아니라 무익한 침묵에 대해서도 책임을 져야 한다."

우리의 증거는 밝고 활력이 있어야 한다. 어떤 사람이 시련과 시험에 관해 말하는 우울한 이야기는 먼 나라에서 온 탕자를 집으로 끌어들이지 못할 때가 많다. 그런 이야기는 이처럼 연약하고 불만을 가진 사람들로 하여금 "내 아버지에게는 양식이 풍족한 품꾼이 얼마나 많은가"(눅 15:17)라고 말하지 못하게 만들 것이다. _ 마크 가이 피어스(Mark Guy Pearse)

하나님의 임재를 통해 주어지는 교회의 안전에 대하여 우리는 한 이교도와 한 유대인 사이에 있었던 다음과 같은 대화를 적용시켜 볼 수 있다. "유대인들은 포로로부터 귀환한 후 주변의 열방들이 모두 그들의 원수가 되었다. 한 이교도가 한 유대인에게 그런 판국에 어떻게 유대인과 그 나라의 안전을 바랄 수 있는지를 질문했다. 그러면서 그는 '한 마리의 어린양이 50마리의 포악한 이리 가운데 있는 것과 같기 때문'이라고 말했다. 이에 그 유대인은 말하기를 '예, 하지만 우리는 원하기만 하면 언제든지 이 50마리의 이리들을 단숨에 몰살시킬 수 있는 위대한 목자가 지켜 주고 있고, 그 수단을 통해 양은 보존 받게 되지요'라고 했다." _ 토머스 브룩스

73
우리의 피난처

그 사람은 광풍을 피하는 곳, 폭우를 가리는 곳 같을 것이며
_ 이사야 32:2

사람들에 대한 하나님의 최고의 복은 보통 사람들을 통해서 온다. 우리 주님은 승천하실 때, 사람들의 선물을 받았고, 이 선물은 곧 사람들이었다 (시 68:18; 엡 4:8, 11).

다윗 같은 왕과 사무엘 같은 선지자, 기드온 같은 구원자, 모세와 같은 율법가는 국민들에게 커다란 복이었다. 그러나 이 모든 우수한 사람들을 다 모아놓는다 하더라도 그 사람, 그리스도 예수와 어떻게 비교가 되겠는가?

우리는 이제 우리의 만 가지 죄악에 대한 우리의 방패, 곧 그의 백성들의 피하는 곳과 가리는 곳으로서 그분을 조명해 볼 것이다. 그것을 고찰해 보자.

I. 인생은 폭풍우에 휩싸이기 쉽다.

1. 극히 두려운 정신의 혼란을 일으키는 내면의 신비한 태풍. 그것은 방향을 종잡을 수 없고, 모든 것을 흔들고, 불안과 불화를 야기하는 광풍이다. 자주 그것들에 대해서는 명확한 원인을 지적할 수 없다. 그 원인은 구조적이거나 물리적이거나 우연일 수 있다.
2. 죄, 정욕, 고의적 탈선, 불신앙 등으로 말미암은 영적 고통의 압도적인 폭풍우.
3. 사탄으로부터 오는 시험, 환심, 제안, 고소 등의 맹렬한 돌풍.
4. 힐난하고 중상하고 위협하는 인간 원수들의 사나운 공격. 다윗은 이 피난처를 이용하지 않을 수 없었다. "내가 주께 피하여 숨었나이다"(시

143:9).

5. 우연한 손실, 사별 그리고 다른 고통 등으로 인한 시련의 강풍.

6. 무엇보다 우리가 성령을 근심시키고 하나님과의 교제를 상실할 때 임하는 하나님의 진노의 폭풍.

이 광풍들 가운데 어느 것도 우리는 스스로 감당할 수 없다. 우리의 유일한 안전은 하나님이 제공하신 피난처를 찾음으로써 그것들로부터 벗어나는 길뿐이다(사 25:4; 26:20; 시 32:7).

II. 그 사람 그리스도 예수가 이 광풍들을 막아주는 우리의 피난처이시다.

1. 참 인간으로서.
   - 우리를 동정하시고,
   - 하나님을 우리에게 가까이 이끄신다.

2. 인간 이상의 존재로서, 모든 광풍을 다스리고, 바위 틈에 숨겨 주심으로써, 모든 연약한 순례자를 보호하신다.

3. 대속적 인간으로서, 우리를 위해 폭풍에 간섭하고, 그것을 불게 하며, 스스로 비바람에 시달린 존재가 되심으로써, 우리를 숨겨 준다.

4. 인간의 대표로서, 정복자 이상의 존재가 되고, 영광을 받으셨다.
   - 그분 안에서 우리는 하나님의 진노로부터 구원을 받는다.
   - 그분 안에서 우리는 사탄의 강풍으로부터 보존을 받는다.
   - 그분 안에서 우리는 그분과 복된 교제를 갖게 되고, 그리하여 시험을 극복한다.
   - 그분 안에서 우리는 죽음을 이기는 승리자가 된다.

5. 항상 살아 있는 인간으로서. 그분이 살기 때문에 우리가 산다. 따라서 우리는 죽음의 폭풍에 대항한다(요 14:19).

6. 중보자인 인간으로서. 그분은 사탄이 우리를 파멸시키려고 획책할 때 "내가 너를 위하여 기도했다"(눅 22:32)고 말씀하신다.

7. 오실 인간으로서. 우리는 정치적 재난이나 사회적 혼란을 두려워하지 않는다. 왜냐하면 "그분이 다스리시기" 때문이다. 결국은 안전하다. "볼지어다 그가 구름을 타고 오시리라"(계 1:7).

III. 우리는 그 사람 안에 피난처가 있음을 기억해야 한다.

1. 그분이 우리 앞에 서서 우리와 죄의 형벌 사이를 간섭하도록 하자. 믿음으로 그분 뒤에 숨으라.
2. 우리의 은신처이자 방패이신(시 119:114) 그분이 우리를 온갖 악으로부터 보호하도록 하자.
3. 우리는 더 충분히 그분 속으로 들어가 더 깊이 숨고, 그분을 더 잘 알고, 더 깊은 안전감을 갖도록 해야 한다.

오 그리스도 밖에 있는 자여, 강풍이 험악해지고 있다! 어서 이 은신처로 오라! 속히 이 피난처에 숨으라!

그분은 시험 받고 검증된 힘 있는 은신처다.

그분은 지금 당신에게 힘을 줄 수 있는 열려 있는 피난처다.

그분은 넓은 피난처다. "아직도 자리가 있나이다"(눅 14:22).

다윗의 군대 전체가 아둘람 굴에 숨을 수 있었던 것처럼, 예수님도 무수한 죄인들을 다 받아들일 수 있다.

그분은 영원한 은신처다. 우리의 처소는 전세대 사람들을 수용한다.

그분은 초청하는 피난처다. 왜냐하면 그분은 사람으로서, 사람들에게 연민을 갖고 계시고, 기쁘게 그들을 구원하시기 때문이다.

❖ 실례와 교훈 ❖

프랑스 하이레스 지방에서 부는 북서풍이 특히 맹렬하게 불어닥칠 때를 만나 고생했던 기억이 생생하다. 그것은 엄청난 힘으로 먼지 구름을 일으킬 뿐만 아니라 나뭇가지와 온갖 종류의 가벼운 물건들을 그 센 바람으로 날려

버렸다. 그런데 한 나무가 수직으로 꼿꼿이 서 있는 것을 보고 놀랐다. 알고 봤더니 바람을 막아주는 담이 옆에 있었다. 그것이 견고한 담 뒤에 숨어 있는 것과 우리가 문 안으로 들어가 안전할 때까지 그 담을 따라 달려가는 것은 얼마나 즐거운 일일까! 우리는 어느 정도 바람을 막아주는 피난처의 가치를 알고 있었다. 그러나 집을 쓰러뜨리고, 마른 땅 위에 배를 올려놓는 사이클론의 위력은 얼마나 큰가? 해외에서 살고 있던 친구들이 바람이 일으키는 힘에 대해 설명하는 것을 듣고 우리는 놀라 자빠졌다. 그러나 동쪽 거주자들에 의해 피난처가 크게 세워졌다는 얘기를 듣고는 놀란 가슴을 쓸어내렸다.

> 무시무시한 광풍의 소리가 들려왔네.
> 오 그리스도께서 그것을 깨뜨렸도다!
> 당신의 열린 가슴은 내 방패가 되었네.
> 그것은 나를 위해 폭풍도 막아냈네.
> 당신의 풍채는 상처를 입고, 당신의 모양은 일그러졌네.
> 그러나 내게는 구름 하나 없는 평화가 임했네.
>
> _ 성가와 성창

큰 소낙비가 쏟아질 때 주님의 날개 아래로 기어 들어가면, 물은 절대로 나를 엄습하지 못한다. 어리석은 자들이 바보의 웃음을 웃고, 그리스도를 조롱하도록 두자. 그 대신 바벨론의 애통하는 포로들에게는 시온의 노래 가운데 하나를 부르도록 하자. 우리는 겨울의 삭풍이 불어올 때에도 해가 바뀌어 여름의 태양이 비출 때를 기대하면서 노래할 수 있다. 지옥이나 지옥으로부터 나오는 어떤 힘도 우리 주님의 사역을 손상시킬 수 없다. 왜냐하면 믿음은 눈물이 가득한 눈이나 슬픈 눈썹을 갖게 하는 원인 또는 의기소침하거나 죽음에 이르도록 하는 원인을 가만히 놔두지 않기 때문이다. _ 새뮤얼

러더퍼드

은신처는 우리가 그 앞에 서 있는 한 아무 소용이 없다. 자칭 그리스도인
이라고 생각하는 사람들의 중심 생각은 자기 자신의 일, 자신의 감정 그리고
자기 성취 등에 집중되어 있다. 이것은 예수님 앞에 자아를 세워두는 것으
로 바람이 불어오는 담 쪽에 서 있는 것이다. 우리의 안전은 그리스도 뒤에
있을 때 주어지고, 바람의 눈에 그분이 보이도록 해야 한다. 우리는 그분 안
에 철저하게 숨어 있어야 하고, 그렇지 않으면 그리스도는 우리의 피할 곳이
될 수 없다.

어리석은 신자들은 피할 곳에 관해 듣기는 하지만, 절대로 그 안으로 들
어가지 않는다. 이런 행동은 얼마나 바보 같은 짓일까! 그것은 예수님으로
하여금 아무런 가치와 효력을 갖지 못하도록 하는 것이다. 공개된 장소에
있는 자에게 지붕이 무슨 소용이고, 바다 속에 잠겨버린 자에게 배가 무슨
가치가 있는가? 사람이신 그리스도 예수는 광풍으로부터 은신처가 되도록
하나님께 지명 받은 자이지만, 그분 안에 들어간 자들 외에는 누구도 그 보
호를 받을 수 없다. 그러므로 불쌍한 죄인아, 들어오라. 어느 곳에 있든지 들
어오라. 분명히 당신을 숨겨 줄 뜻이 있는 그분 안에 숨으라. 그분은 피할 곳
으로 정해진 분이고, 그렇게 사용되어야 한다. 만약 그렇지 않다면 그분의
생명과 죽음의 진정한 목적은 헛된 것이 되고 말 것이다.

74
마른 땅의 냇물

또 그 사람은 … 마른 땅에 냇물 같을 것이며
_ 이사야 32:2

우리 주 예수님은 인간으로서 가장 가까운 곳에 계시며 우리를 가장 사랑하신다. 그분의 인성은 우리에게 다음과 같은 사실을 상기시킨다:

- 그분이 우리의 본성을 취하셨다는, 그분의 성육신.
- 그분이 우리의 본성을 영예롭게 한, 지상에서의 그분의 삶.
- 우리의 본성을 구속하신, 그분의 죽음.
- 우리의 본성을 높이 올리신, 그분의 부활.

말씀이 육신이 되신 사건을 주목해 보라. 당신 앞에 "냇물"이 있다. "아버지께서는 모든 충만으로 예수 안에 거하게 하신다"(골 1:19).

인성은 마른 땅 곧 소금으로 절은 불모의 땅처럼 보이지만, 이 인간 예수의 경우에 그것은 냇물 곧 무수한 물줄기와 새로운 물로 흘러넘치는 냇물을 만든다.

우리는 이 비유를 통해 다음과 같은 사실을 배워야 한다:

I. 본성의 가뭄이 그리스도께서 사람들에게 오시는 것을 방해하지 못한다는 것.

1. 그분은 타락하고 부패하고 반역하는 세상의 마른 땅에 오셨다.
2. 그분은 사람들에게 힘도, 의도, 욕구도, 생명도 없음에도 불구하고, 그들을 개인적으로 찾아오신다.
3. 그분은 우리의 옛 본성이 마음속에 계속 마르고, 바싹 말리는 땅을 만들고 있음에도 불구하고, 은혜의 강이 흐르도록 하신다.

4. 그분은 우리가 완전한 상태에 들어갈 때까지 자신의 은혜가 흘러넘치도록 역사하신다. 그분은 본성의 부패, 실수, 변덕 등으로 말미암아 우리가 마른 땅이 됨에도 불구하고 이것을 역사하신다.

"죄가 더한 곳에 은혜가 더욱 넘쳤나니"(롬 5:20).

II. 본성의 가뭄이 그리스도의 보배로움을 더 크게 한다는 것.

1. 그분은 더 빨리 발견될 것이다. 광야에서 강이 그러는 것처럼.

2. 그분은 더 높이 평가받을 것이다. 열대 지방에서 물이 그러는 것처럼.

3. 그분은 하나님의 은혜의 선물이라는 사실이 더 확실하게 알려질 것이다. 그분이 마른 땅 외에 다른 어떤 곳으로 오신 적이 있는가? 허물이 많은 사람일수록 하나님의 은혜가 더 분명하게 드러난다.

4. 그분은 더 크게 높임을 받게 될 것이다. 사람들은 마른 땅으로 흐르는 강물을 찬송할 것이다.

III. 본성의 가뭄은 그리스도를 통해 아주 효과적으로 제거될 것이라는 것.

강은 마른 땅의 모양과 성격을 변화시킨다. 임마누엘의 하나님으로서 우리의 본성 속에 임하신 주 예수님을 통해 하나님은 우리와 함께 하신다. 그 결과:

1. 우리의 절망이 기분 좋게 사라진다.

2. 우리의 죄악이 정화된다.

3. 우리의 본성이 새롭게 된다.

4. 우리의 불모성이 제거된다.

5. 우리의 시험이 극복된다.

6. 우리의 타락한 상태가 영광으로 변화된다.

인간성의 사막은 인간 그리스도 예수께서 그 안에 임하셨기 때문에 즐겁고, 장미처럼 아름다운 꽃을 피운다.

IV. 우리가 가뭄을 의식할 때 소망을 품고 그리스도께 나아갈 수 있게 된다는 것.

그분은 마른 땅의 냇물이다. 마른 땅이 그분의 활동무대다. 본성의 결핍 상태는 은혜를 보여 주는 플랫폼이다.

1. 이것은 우리 주님의 직분을 암시한다. 그분은 죄인을 위한 구주요, 무지한 자들에게 연민을 베푸는 제사장이다.

2. 이것은 그분의 위대한 자격을 상기시킨다. 그곳이 시내가 되는 것은 오랫동안 너무 말라 있기 때문이다. 은혜와 진리로 충만한 것은 우리가 너무나 죄악되고 거짓된 존재이기 때문이다. 구원의 능력이 큰 것도 그만큼 우리가 상실된 존재이기 때문이다.

3. 이는 그분이 찾는 사람들에 의해 명백히 입증된다. 위대하거나 힘이 있다고 선택받는 것이 아니다. "내가 의인을 부르러 온 것이 아니요 죄인을 불러 회개시키러 왔노라"(눅 5:32). 그분은 "죄인들의 괴수"를 부르신다. 모든 경우에 사랑의 냇물이 마른 땅에 흘러들어간다.

4. 이것은 그분이 목표한 목적 곧 하나님의 영광으로부터 분명하다. 그것은 그분의 은혜의 부요함을 가리킨다. 이것은 그 가능성이 전혀 없어 보이는 곳에서 구원을 역사하심으로써 가장 잘 성취될 수 있다. 말하자면 그것은 냇물이 마른 땅에 물을 댈 때와 같다.

비록 당신의 본성이 메마르고 소망이 없더라도, 예수님께 나아오라.

나아오라. 그분 안에 은혜의 냇물이 있으니.

나아오라. 그 물들이 "마른 땅"인 당신의 발을 적셔줄 테니.

비록 이전에 나아왔지만, 지금 다시 타락한 상태에 있더라도, 나아오라. 주 예수님은 여전히 동일하시다. 그분 안에 있는 자비의 냇물은 결코 마르는 법이 없다. 그리스도는 스스로 충만하다고 생각하는 사람들 외에 그 누구에게든 절대로 비어있는 상태로 나타나신 적이 없다. 그분은 인간적 충만으로 흘러넘치는 사람들에게는 말라 있으나 자기신뢰에 대해 말라있는 자는 누구든 그분의 은혜로 흘러넘친다.

✤ 시내 ✤

주여, 당신의 인성에 관한
은혜의 진리를 묵상하는 것이
나의 가장 달콤한 위로로서,
영원히 그럴 것입니다.

_ 에드워드 캐스월(Edward Caswall)

마른 땅을 가진 사람들은 그곳에 물이 흘러 축축히 젖을 때까지 대가를 아끼지 않고, 고통을 거절하지 않는다. 그들은 그것이 잠시 후면 그들의 모든 대가를 지불하고, 그들의 모든 수고를 보상할 것이라고 알고 있다. 오, 자기의 마른 심령을 유심히 살피는 사람들에게 물이 공급되리로다!_ 랠프 로빈슨(Ralph Robinson)

우리의 감사와 헌신에 대한 예수 그리스도의 말씀은 감사하게도 그분을 찬양하도록 우리에게 도움을 주는 말을 빌려서 말씀하는 것이다. 따라서 매쉬 박사는 로마교회에서 취한 한 글에서 그 끝 부분을 고쳐서 이렇게 말한다:

목마른 젊은이에게 주어지는 거품이 이는 물도,
고통에 지친 수고자에게 주어지는 휴식도,
종다리에게 주어지는 소낙비도, 꿀벌에게 주어지는 햇빛도,
내게 베푸신 당신의 사랑과 비교하면
절반의 보배에 지나지 않습니다 ― 내 구주여.

베이유다(Bayuda) 사막을 통과할 때, 나일 강이 눈에 들어올 때 여행자들은 얼마나 감격할까! 불같이 뜨거운 모래 위를 걸어가는 동안 그들은 강을 상상하지만, 신기루가 그들의 백일몽에 대한 모양을 갖고 그들을 조롱한다. 사실이 너무나 즐겁기 때문에 허상이 그들을 미혹한다. 끔찍한 갈증의 시간이 지난 후에 시냇물을 마시는 것은 얼마나 실제적인가? 힌두교도들은 자기들의 강을 신으로 숭배한다. 그들은 강을 자기들의 존재의 근원으로 알고 보배롭게 생각한다. 당신은 무지한 자들의 감사가 이런 형식을 취하고 있다는 것이 이상한가? 그 뜨거운 나라에 강이 없다면 어떻게 되겠는가? 우리의 마음, 삶, 현재, 미래에 그리스도가 없다면 어떻게 되겠는가? 주 예수님이 없다면 시대의 앞날은 어떻게 되고, 국가의 전망은 어떻게 되겠으며, 세상의 운명은 어떻게 되겠는가?

우리는 그리스도 안에서 원하는 것을 항상 그분 안에서만 발견한다. 우리가 아무것도 원하지 않으면, 아무것도 찾지 못할 것이다. 조금 원하면 조금 찾을 것이다. 많이 원하면 많이 찾을 것이다. 그러나 우리가 모든 것을 원하는데 완전히 벌거벗은 거지가 되었다면, 우리는 그리스도 안에서 우리를 금과 보석으로 부요하게 만들고, 주님의 부와 의로 우리를 덧입히는 의상으로 가득 찬 하나님의 완전한 보물창고를 발견할 것이다. _ 시어스(Sears)

75
고통당하는 자와 위로받는 자

보옵소서 내게 큰 고통을 더하신 것은 내게 평안을 주려 하심이라
주께서 내 영혼을 사랑하사 멸망의 구덩이에서 건지셨고
내 모든 죄를 주의 등 뒤에 던지셨나이다
_ 이사야 38:17

현세적 구원에 관해 말하면, 이미 죽은 사람이지만, 기도를 통해 되살아나고, 수명을 연장 받은 사람이 있다. 그는 하나님의 영광을 위해, 스스로를 격려하기 위해 그리고 우리에게 용기를 주기 위해 자신의 경험을 기록하고 있다. 깊은 침체에 빠져있을 때 동일하신 하나님께서 우리를 도우신다.

히스기야는 이 본문을 우리에게 제공하고 있다:

I. 건강의 고통.

"내게 큰 고통을 더하신 것은 내게 평안을 주려 하심이라."

1. 그는 평안 가운데 있었다. 아마 이 평안 때문에 그는 위험한 상태에 빠지게 되었을 것이다. 즉 정신이 육욕에 빠져 안일함, 자기만족, 침체, 무기력, 부주의, 세속화에 떨어졌을 것이다.

2. 그는 변화를 경험했다. 그것은 갑작스럽고 놀랄 만한 사건이었다 ─ "보옵소서." 그것은 그의 모든 평안을 깨뜨렸고, 그 자리를 차지했다.

3. 그의 새로운 상태는 압도적인 슬픔의 상태였다 ─ "고통." 그것도 "큰 고통"이었다. 육체의 상태와 정신적 감정에서 그는 쓴 쑥과 쓸개즙을 맛보았다. 앞 구절들을 읽어보고 그가 얼마나 큰 슬픔을 느꼈는지를 보라.

4. 그것은 그의 건강을 회복시켰다. "원하건대 나를 치료하시며"(16절).

   • 그것 때문에 그는 과거에 대해 회개하게 되었다. 그는 "내 죄"라고 말

한다.

- 그것 때문에 그는 무릎 꿇고 기도했다.
- 그것 때문에 그는 내적 침체와 은혜의 결핍을 깨닫게 되었다.
- 그것 때문에 그는 자신의 더러움을 씻어냈다.
- 그것 때문에 그는 하나님을 믿는 믿음이 더 깊어졌다. "여호와께서 나를 구원하시리니"(20절).

5. 평안이 다시 찾아왔고, 그것 때문에 기쁨의 노래를 불렀다.

만일 누군가 지금 고통의 쓴 잔을 마시고 있다면, 그는 곧 기쁨의 상태에 들어가게 될 것이다. 왜냐하면 하나님의 손에는 구원의 잔이 들려 있기 때문이다.

II. 구원하는 사랑.

"주께서 내 영혼을 사랑하사 멸망의 구덩이에서 건지셨고."

그 첫 번째 의미는 병에서 회복된 것이다. 그러나 그것은 그 이상의 의미가 있다. 무엇보다 그의 영혼에 주어진 유익이 있다. 우리는 그것을 다음과 같이 확인하게 된다:

1. 사랑의 행위. "주께서 내 영혼을 사랑하사 멸망의 구덩이에서 건지셨고." 하나님은 지옥, 죄, 절망, 시험, 죽음의 구덩이에서 영혼을 구원하신다. 오직 그분만이 이렇게 하실 수 있다.

2. 행위를 일으킨 사랑.
- 사랑이 그것을 제시하고 명령했다.
- 사랑이 스스로의 손으로 그것을 실제로 수행했다. "주께서 내 영혼을 사랑하사 멸망의 구덩이에서 건지셨고."
- 사랑은 심령을 깨뜨리고, 다시 동여맨다.
- 사랑은 우리에게 자유를 주고, 그 다음에 우리를 포로로 삼는다.
- 우리는 사랑을 통해 슬픔, 반역, 낙심, 무감각과 연약함을 극복한다.

이것을 충심으로 인정하라.

- 이 사랑을 당신의 결함, 당신의 위험, 당신의 현재의 안전함에 비추어 그리고 구원자의 위대함 및 구원을 위해 그분이 희생한 것에 따라서 평가해 보라.
- 이 사랑을 소중히 여기고, 평생 동안 그것을 찬양하라.

III. 무조건적 용서.

"내 모든 죄를 주의 등 뒤에 던지셨나이다."

1. 이것이 그가 평안을 회복한 원인이었다. 그는 죄 가운데 무거운 짐을 지고 있었지만, 그것이 제거되자 평안을 회복했다.

2. 이것이 그의 모든 짐을 제거했다. "죄"; "내 죄"; "나의 모든 죄."

3. 이 속에는 하나님의 수고가 포함되어 있다. "던지셨나이다." 우리는 우리의 짐을 끝없는 심연으로 던져 버리신 예수님의 엄청난 수고를 기억해야 한다.

4. 이것이 놀라운 말로 표현되고 있다. "주의 등 뒤에." 이곳은 다음과 같은 장소다:

- 유기의 장소. 하나님은 우리의 죄를 다시는 돌아올 수 없는 곳으로 던져버리셨다. 그분은 영원히 죄를 버렸고, 그것은 그의 길을 다시는 가로막지 못할 것이다. 왜냐하면 그는 다시는 그 길로 되돌아가지 않을 것이기 때문이다.
- 망각의 장소. 그는 더 이상 그것을 기억하지 못할 것이다.
- 비존재의 장소. 하나님의 등 뒤에는 아무것도 없다.

그러므로 히스기야가 자신의 이야기를 우리에게 해 주는 것처럼, 우리도 다른 사람들에게 우리의 이야기를 **말해 주어야** 한다. 우리 이야기를 관심 있게 들어줄 사람을 찾아가자.

"우리가 종신토록 여호와의 전에서 수금으로 나의 노래를 **노래하리로다**"

(20절). 이 순간 우리가 감사의 목소리를 높이자.

✥ 추가설명 ✥

순교자 토머스 빌니는 교황권에 굴복하고 그것을 다시 회개하게 되었는데, 래티머의 보고에 따르면, 한동안 큰 슬픔 속에 있었다고 한다. "그의 친구들은 밤낮을 가리지 않고 그가 외롭지 않도록 곁에 있어 주었다. 그들은 최대한 그를 위로했으나 아무런 위로가 되지 못했다. 그런데 위로가 될 만한 성경구절을 찾아 그에게 보여 주자 그것은 마치 사람이 칼로 심장을 관통시키는 것과 같은 효과가 있었다."

그런데 친구여, 다음 질문에 대답해 보게: "자네가 구주를 볼 수 있다면, **지금** 죄와 죄책을 보는 것이 최선의 길이지만, 그렇지 않고 나중에 죄와 심판자를 보겠다고 한다면 그때는 구주도 없지 않는가? 우리가 말하는 것처럼, 자네는 아무리 그것을 거부해도, 죄를 보게 될 것이고, 그것은 자네를 무익한 존재로 만들 것일세. 오, 그렇다면 **지금** 죄와 죄책을 보게. 오, **지금** 내가 과거에 만났던 자비로우신 구주께 함께 가 이 비참한 현실을 보여 주세. _ 자일스 퍼민(Giles Firmin)

"주께서 던지셨나이다." 본문의 이 마지막 부분의 말씀은 사람들이 어떤 물건을 바라보거나 관심을 두거나 기억할 마음이 없을 때 등 뒤로 던져 버리는 태도에서 빌려온 차용어다. 은혜 속에 있는 영혼은 항상 자기 얼굴 앞에 죄를 두고 있다. "무릇 나는 내 죄과를 아오니 내 죄가 항상 내 앞에 있나이다"(시 51:3). 그러므로 하나님께서 그것을 그의 등 뒤로 던져 버리신다는 것은 이상한 일이 아니다. 아버지는 자녀가 기억하고 있고, 항상 자기 눈앞에 두고 있는 그의 죄악을 곧 잊어버리고, 자신의 등 뒤로 던져 버리신다. 영혼의 아버지도 그렇게 역사하신다. _ 토머스 브룩스

나는 어디선가 중병에서 회복된 사람이 얻은 위대한 하나님의 능력에 관해 읽은 적이 있다. 그 환자는 이렇게 고백했다: "나는 이 병을 통해 **죄**와 **하나님**에 관해 배웠노라!" 그전에는 그것을 그가 알지 못했는가? 의심할 것도 없이 그전에도 하나님과 죄에 관한 좋은 설교를 듣고 있었다. 그러나 그 질병 속에 있을 때 성령께서 이전에는 그가 알지 못했던 것을 가르쳐 주셨던 것이다. _ 자일스 퍼민

성경을 보면 종종 구덩이를 감옥을 가리키는 표현으로 사용하였다. 아테네와 로마에서 본 일부 구덩이들이 그랬다. 이것들은 꼭대기에 있는 구멍 말고는 문이나 창이 없었다. 이 구덩이들의 밑바닥은 너무 더러워 구역질이 날 정도이고, 때로는 진흙탕이 될 때도 있었다. 이사야 선지자는 그것을 "멸망의 구덩이"(사 38:17) 곧 부패와 오염의 구덩이라고 말한다. _ 존 개츠비 (John Gadsby)

와츠 박사는 어린 시절부터 죽을 때까지 건강의 개념에 대해 거의 깨닫지 못했다. 그러나 참으로 놀랍게도 그는 자신의 인생에서 고통이 가장 큰 복이라는 것을 깨닫게 되었다. 그가 그것을 깨닫게 된 이유는 고통이라는 하나님의 섭리를 통해 야망을 버리고 온화한 기질을 갖게 되니 자연적으로 세상에 대한 사랑은 줄어들고, 그리스도에 대한 복종의 열정은 더 풍성해지더라는 것이었다. 그는 이것을 자주 절친한 친구로서 오랫동안 그가 살았던 집의 주인인 토머스 에브니 경에게 말해 주었다. _ 존 화이트크로스(John Whitecross)

76
하나님께 돌이키는 삶

땅의 모든 끝이여 내게로 돌이켜 구원을 받으라
나는 하나님이라 다른 이가 없느니라
_ 이사야 45:22

모든 세기에 걸쳐 민족들은 그들의 우상을 섬겼으나 헛될 뿐이었다. 지금도 많은 나라가 자기들의 철학을 자랑스럽게 견지하고 있으나 그것 역시 헛되다.

거짓 종교, 정치, 동맹, 학설, 기구, 인간 등 모든 것이 인류를 구원하는데 아무 소용이 없다. 그들은 하나님께 돌이켜야 한다. 그분이 땅의 모든 족속들의 하나님이시다.

열방들에 대한 하나님의 명령이 널리 선포될 때 인생을 사는 우리가 복이 있다. 구원 진리를 전파하고 사람들이 그것으로 돌이켜 생명을 얻도록 이끄는 것이 우리의 임무가 되어야 한다.

동일한 원리가 각 개인에게 적용된다. 만일 구원받고자 한다면, 그들은 하나님께 돌이켜야 한다.

만일 이 말씀을 듣고 있는 여러분이 구원받고자 한다면, 여기 유일한 방법이 있다 — "돌이키라"(바라보라: look)

I. 하나님께 "돌이킨다"는 말의 의미는 무엇인가?

그것은 다양한 의미를 갖고 있다. 예를 들면 다음과 같다:

1. 그분께 돌이킴으로써 그분의 실제성을 인정하는 것. 하나님이 존재한다는 사실과 당신의 마음속에 그분이 실제적 인격, 참하나님 그리고 당신의 주님으로 자리 잡고 있음을 생각하라. 눈에 보이지 아니하는 하나

님이 당신에게 눈으로 보는 것처럼 실제적인 존재가 되어야 한다.

2. 기도, 감사, 생각, 순종, 경배 등을 통해 그분께 자신을 표현하는 것. 그러므로 그분께 돌이킨다는 것은 그분을 알고 그분의 임재하심을 인정한다는 것이다.

3. 구원은 오직 그분으로부터만 올 수 있음을 인정하는 것. 그분을 유일한 구주로 간주하라. "다른 이로서는 얻을 수 없다."

4. 그분이 축복해 주실 것을 기대하는 것. 그분의 간섭을 고대하라.

5. 구원을 위해 오직 그분 안에만 거하는 것. 새벽에 계명성을 바라보듯이 당신의 눈을 그분께 고정시키라.

II. 구원의 어떤 부분에 대해 우리가 이처럼 돌이켜야 하는가?

처음부터 끝까지 구원의 모든 부분에 대해서이다.

1. 죄 사함. 이것은 틀림없이 하나님의 행위로서, 그분이 그리스도 예수 안에서 제공하신 속죄를 통해서만 올 수 있다.

2. 죄 사함을 위한 준비 곧 생명, 회개, 믿음. 은혜는 더 큰 은혜를 우리에게 준비시킨다.

3. 심령의 거듭남. 이것은 성령의 사역이다. 그것을 위해 그분께 돌이키라. 거듭남의 역사는 오직 하나님만 하실 수 있다.

4. 영적 생명의 보존. 이것도 오직 하나님의 역사에만 속한 일이다. 모든 성장, 힘, 열매 등은 그분으로부터 오는 것으로 기대해야 한다.

5. 일상생활 속에서의 도우심. 크신 구원만큼이나 이것 역시 하나님의 선물이다. 우리의 돌이킴은 지속적이어야 하고, 그것은 시간과 영원 속에서 계속되어야 한다.

단 한 가지 문제라도 자아에 의지하면 완전히 망하게 될 것이다.

III. 돌이키도록 우리가 받는 자극은 무엇인가?

1. 그분의 명령. 그분은 우리에게 돌이키라고 명하시고, 그러기에 우리는 돌이킬 수 있다.

2. 그분의 약속. 그분은 "내게로 돌이켜 구원을 받으라"고 말씀하시고, 그 말씀을 절대로 취소하지 않으신다.

3. 그분의 신성. "나는 하나님이라." 그분에게는 모든 일이 가능하다. 그분의 자비는 우리를 구원하기에 충분하고, 그로 인해 그분의 영광이 나타나는 것이다.

4. 그분의 속성. "나는 공의를 행하며 구원을 베푸는 하나님이라"(21절). 이 공의와 구원의 결합은 십자가를 알고 있는 사람들에 의해 나타나고, 죄인들을 소망으로 가득 채운다.

5. 그분의 광범한 초대. "땅의 모든 끝이여." 구하는 영혼은 누구나 자기가 그 안에 포함되어 있음을 확신하게 될 것이다.

돌이키기만(바라보기만) 하면 되는 이 단순한 행위를 누가 거절할까?

IV. 돌이키기에 가장 좋은 시간은 언제일까?

지금, 바로 이 순간에 돌이키라.

1. 그 명령은 현재시제다. "내게로 돌이켜."

2. 그 약속도 역시 현재시제다. "구원을 받으라." 그것은 "빛이 있으라"는 말씀 같이 절대 명령이다. 그것은 즉시 효력을 발휘한다.

3. 당신의 구원에 대한 필요. 그 필요는 절박하다. 당신이 이미 상실된 존재이기 때문이다.

4. 현재만이 당신의 시간이지, 다른 시간은 당신의 것이 될 수 없다. 왜냐하면 과거는 이미 지나갔고, 미래는 와야만 현재가 되기 때문이다.

5. 당신의 시간은 곧 끝날 것이다. 죽음은 불시에 닥친다. 세월은 유수와 같다. 가장 오랜 인생도 짧은 인생일 뿐이다.

6. 시간은 하나님이 정하신다. 시간을 받아들이는 것이 우리의 할 일이다.

이 본문은 영혼 구원에 관한 중요한 말씀이다. 그것을 유심히 살펴보라. 그것에 순종하는 자는 누구나 구원 받을 것이다. 그렇다면 왜 당신은 즉시 구원받으려 하지 않는가? "돌이키라! 돌이키라!" 이것이 유일한 명령이다.

✣ 이야기와 일화 ✣

"구원 능력이 없는 신들"에게 하는 기도에 관한 유명한 일화를 이사벨라 버드 양이 말한 적이 있다. 그녀는 일본의 한 불교사원에서 있었던 집회에 관해 묘사했다. 유명한 승려가 수많은 신도들 앞에서 장래의 형벌 곧 불교에서 말하는 지옥의 고통에 대해 설법을 하고 있었다. 그가 설법을 다 마쳤을 때 신도들은 염주가 들려있던 손을 가볍게 들어 올리면서, "영원한 부처여, 구원하소서!"라고 우렁찬 목소리로 응대하였다.

이 본문에 따라, 하나님 안에서, 나는 절망으로부터 구원을 받았다. 초라하고 배우지 못한 평신도 설교자로부터 들은 예수님의 사역에 관한 설명은 내게 직접적인 효력을 발휘했다. "젊은이, 자네는 비참해 보이는군. 이 메시지를 받아들이지 않으면 자네는 결코 행복해지지 못할 걸세. 돌이키게! 돌이키게!" 나는 돌이켰고, 그 순간 나를 짓누르고 있던 죄책의 짐을 벗어 버렸다. 내게서 모든 짐이 제거되었다. 예수님은 모든 신자들의 죄를 대신 짊어지셨다. 나는 그분이 나의 죄를 대신 짊어지셨고, 그리하여 내가 깨끗하게 된 것을 믿고 알았다. 하나님이신 주님이 나를 위해 대속자가 되셨다는 놀라운 진리는 내 영혼에 빛과 해방을 주었다. 돌이킨 것이 나를 구원했고, 지금 누리고 있는 구원을 위해 나는 돌이키는 것 외에 다른 수단을 갖고 있지 않다. "예수께 돌이키는 것"이 회개자이자 설교자로서, 죄인이자 성도로서의 공통 표어다. _스펄전

저명한 문학가인 하인리히 하이네에 관한 감동적인 일화가 있다. 그는 어렸을 적부터 질병으로 무기력한 상태가 되었고, 마음의 병 또한 깊어 삶을

피곤해 했다. 파리의 한 박물관에는 밀로의 비너스라고 불리는 유명한 조각
품이 있다. 매혹적인 이 기쁨의 여신상은 잘못 다루는 바람에 양팔이 떨어
져 나갔지만, 그 찬란한 아름다움을 고스란히 보존하고 있었다. 하이네는 그
여신상의 발 앞에 후회와 절망에 빠져 쓰러져 있었다. 그때 그는 이렇게 말
했다: "내가 거기서 오래 쓰러져 격렬하게 울고 있을 때, 그 돌이 나를 정말
불쌍하게 여겼을 것이다. 그 여신상은 동정하는 눈으로 나를 내려다보았으
나 내게는 아무 위로가 되지 못했다. 그녀는 마치 '나는 팔이 없다. 그래서
너에게 도움을 줄 수 없다는 것을 너는 아느냐? 고 말하는 것처럼 보였다."
마찬가지로 "여호와의 손이 짧아 구원하지 못하심이 아니요"(사 59:1)라고
선언하신 분 말고 다른 존재에게서 영적 도움과 위로를 구하는 것은 헛되고
소용없는 일이다.

어떤 신들은 구원받기 위해 당신이 무엇을 해야 하는지에 대해 말해 주려
면 한 주간이 필요할 것이다. 그러나 성령은 그것에 대해 단지 네 글자만 쓰
신다. 그 네 글자는 "돌이키라!'다.

설교자의 집에서, 그 눈을 땅에 고정시키고 지푸라기와 먼지만 긁어모으
면서, 자기에게 하늘의 면류관을 주시려는 분을 바라보지 않는 어리석은 사
람처럼 되지 않도록 하라. 위를 바라보라! 위를 바라보라!

77
노년을 위한 설교

너희가 노년에 이르기까지 내가 그리하겠고
백발이 되기까지 내가 너희를 품을 것이라
내가 지었은즉 내가 업을 것이요 내가 품고 구하여 내리라
_ 이사야 46:4

본문이 주는 교훈은 섭리와 은혜 속에서 그의 백성들을 향하신 하나님의 불변성과 그분의 인자하심의 일관성이다. 짧은 인생을 사는 동안 우리는 그의 백성을 다루시는데에 하나님의 불변하시는 속성을 굳이 증명할 필요가 없다. 왜냐하면:

- 자연 속에서 우리는 70년이나 80년을 사는 동안 변함없는 것들 곧 태양, 바다, 바위 등을 보기 때문이다.
- 우리는 그분의 말씀과 복음이 지금도 동일함을 알고 있기 때문이다.
- 기도, 찬양, 성례 그리고 예배가 지금도 동일하기 때문이다.
- 오늘날 우리의 경험은 과거 성도들의 경험과 비슷하기 때문이다.
- 특히 우리는 하나님의 참된 본성이 가변적임을 증명할 수 없다는 것을 기억하고 있기 때문이다.

섭리와 은혜 속에서 역사하시는 하나님의 역사의 불변성에 관해, 당신에게 다음과 같은 사실을 상기시킬 때, 굳이 증명할 필요가 없다:

- 한 시대에 대한 자비는 주로 다른 시대의 그것과 동일하고, 약속은 절대로 변경되지 않는다는 것.
- 거룩한 사람들은 하나님의 신실하심을 증명할 준비가 되어 있고, 현재와 과거 모두에서 그분의 신적 진리와 불변성에 대한 증거가 무수히 많다는 것.

- 신적 능력은 인간의 연약함에 달려있지 않다는 것. 하나님의 사랑은 인간의 결함 때문에 변질되지 않고, 신적 진리는 세월의 흐름에 영향을 받는 것이 아니다.
- 그리스도의 몸의 장성한 분량은 모든 성도들의 보존을 요청하고, 따라서 주님은 그들 모두 안에 동일한 상태로 거하신다는 것.

그러나 의심 없이 "옛 시대"는 그 고유의 특징이 있고, 그것은 그대로 하나님의 은혜의 견고하심을 증거하는 데 도움이 된다.

I. 노년은 그 고유의 기억이 있다.

1. 그것은 많은 기쁨을 기억하고 있고, 그것들 속에서 사랑의 증거들을 발견한다.
2. 그것은 병든 자의 집을 찾아간 기억을 무수히 갖고 있고, 그리하여 주님이 그 고적한 방을 얼마나 좋아하셨는지 상기한다.
3. 그것은 친구들을 잃어버릴 때 엄습했던 무수한 시험과 그 상태의 변화들을 기억하고 있으나 그분은 항상 변함없이 동일하신 분임을 기억한다.
4. 그것은 시험, 의심, 사탄, 육체 그리고 세상과 함께 찾아온 수많은 갈등들을 기억하고 있으나 그럼에도 그분은 전투의 날에 어떻게 그 머리를 보호해 주셨는지 기억한다.
5. 그것은 자신의 무수한 죄를 기억하고 있지만, 또한 분명히 죄 속에서 그것을 보호해 주시는데 신실한 언약을 발견한다.

우리의 모든 기억들은 불변의 하나님을 증거하는데에 조금도 이의가 없다.

II. 노년은 그 고유의 소망이 있다.

그것은 지금 기대할 만한 일들이 별로 없다. 그러나 그것들은 옛날이나 동일하다. 왜냐하면 언약이 변함없이 존재하고 있기 때문이다:

1. 그 소망의 근거는 여전히 예수님이지, 많은 섬김에 있지 않다.
2. 그 소망의 이유는 여전히 무오한 말씀을 믿는 믿음이다.
3. 그 소망의 보존은 동일한 손에 놓여있다.
4. 그 소망의 목적은 여전히 동일한 천국, 동일한 생명의 면류관과 축복이다.
5. 그 소망의 기쁨은 여전히 이전처럼 밝고 유쾌하다.

III. 노년은 그 고유의 갈망이 있다.

염려는 더 적다. 왜냐하면 할 일은 단축되고, 하나님은 동일하시다는 것을 보여 주기 위한 섬김의 필요만 남아있기 때문이다.

1. 몸은 허약하지만, 은혜는 사라진 젊음, 건강 그리고 활동에 대한 기쁨들을 되살려준다.
2. 정신은 약화되고, 기억력은 쇠퇴하고, 상상력은 활발하지 못하지만, 은혜의 교훈들은 이전보다 훨씬 더 감미롭고, 영원한 진리가 마음을 지탱시킨다.
3. 죽음은 더 가까워졌지만, 천국 역시 더 가까워졌다. 땅에 대한 애착은 감소되고, 본향에 대한 애착은 더 절실해지는데 그 이유는 사랑하는 자들이 그곳에 이미 가 있고, 땅에 대한 유대감은 더 적어지기 때문이다.
4. 시험에 대한 대비는 지금도 강력한 명령이지만, 그것은 동시에 그만큼 쉬워지는데, 그 이유는 반복될수록 시험의 어려움은 제거되고, 믿음은 더 강해지며, 시험을 거친 약속들은 더 풍성한 위로를 주기 때문이다.

IV. 노년은 그 고유의 축복이 있다.

어떤 쾌락을 포기하게 되면, 그 대신 다른 것들이 그만큼 더 풍성해진다.

1. 그것은 성경을 계속 읽는 경험을 갖고 있고, 약속이 진리임을 입증해 준다.

2. 그것은 그 교리에 대해 덜 요동하고, 그래서 이전에는 추측만 했던 것을 지금은 알고 있다.

3. 그것은 인생의 미래에 대한 두려움을 덜 갖고 있고, 그래서 그 길이 짧다는 것을 깨닫고 있다.

4. 그것은 천국에 대한 분명한 신적 지식을 갖고 있다. 왜냐하면 지금 뿔라 땅에 거하고 있기 때문이다.

5. 그것은 땅 위의 일에 대해서는 덜 관심을 두고, 하늘의 일에 대해서 더 큰 관심을 두고 있다. 그래서 그것은 천국지향적 삶을 살도록 자극 받고 있다.

여기에 지금도 동일하게 나타나는 하나님의 사랑이 담겨 있다.

V. 노년은 그 고유의 의무가 있다.

이 의무는 하나님의 신실하심에 대한 증거다. 왜냐하면 그것은 과거에 성도들로 하여금 열매를 맺도록 했던 원인이었기 때문이다. 그것은 다음과 같다:

1. 하나님의 인자하심, 그분의 사랑의 불변하심, 그리고 그분의 계시의 확실함에 대한 증거.

2. 전투 속에 있는 다른 사람들을 위로함. 그것은 그들로 하여금 안전하게 승리할 수 있다는 확신을 갖게 만든다.

3. 흔들리는 자들에 대한 경고. 이 경고는 노년의 성도를 통해 10배의 힘으로 주어진다.

4. 그리고 종종 우리는 다음과 같이 덧붙일 수 있다:

오래된 신자의 경험은 이전에는 알려져 있지 않은 무수한 신비를 열어서 보여 주기 때문에 유익하다.

전체를 통해 우리는 다음과 같이 종합할 수 있다:

• 청년들에게 주는 **교훈**. 하나님은 그의 백성들을 절대로 포기하지 않

기 때문에, 이 하나님이 그들의 하나님이라는 것을 청년들에게 가르쳐 준다.

• 중년들에게 주는 **위로**. 지금 그들은 은혜의 팔에 붙들려 있기 때문에 보호에 대해 위안을 얻게 된다.

• 노년들에게 주는 노래. 그들은 결코 사라지지 않고, 절대로 변하지 않는 자비에 관해 노래하게 된다. 감미로운 목소리로 노래하라.

✤ 요점 ✤

홈스 박사는 "복숭아와 배처럼, 사람도 시들기 전의 상태에 있을 때 더 달콤하다"고 말한다. 이것은 사실이다. 그러나 그리스도인들은 그들이 심령으로 새롭게 되는 순간부터 달콤해지는 것이다. 그러나 그때에도 가장 성숙할 때 특별히 단 맛을 제공한다.

그리스도인에 관해 이렇게 말한 적이 있다: "노년기의 쇠약하고, 황폐하고, 병약한 상태는, 거스리 박사에 따르면, '다가오는 죽음에 대한 징후들로서, 수의를 비추면서, 피곤한 순례자에게 염원했던 천국에 가까이 왔다고 말해 주는 땅의 새들' 이다."

60대를 지나 70대가 되면 우리는 인생의 쇠퇴기에 들어설 것이다. 그런데 이 시기는, 가능하다면, 이 땅에서의 순례를 마치고 안식에 들어가게 되고, 마치 영원한 세계의 연안에 또는 교외의 궁정에 있는 것처럼, 말하자면 위에 있는 성전 곧 천국에 있는 장막에서 사는 것처럼 안식하게 되리라는 것으로서, 내가 가장 좋아하는 생각이다. _ 찰머스 박사(Dr. Chalmers)

78
부흥하는 교회

자식을 잃었을 때에 낳은 자녀가 후일에 네 귀에 말하기를
이곳이 내게 좁으니 넓혀서 내가 거주하게 하라 하리니
그때에 네가 네 마음에 이르기를 누가 나를 위하여 이들을 낳았는고
나는 자녀를 잃고 외로워졌으며 사로잡혀 유리하였거늘
이들을 누가 양육하였는고
나는 홀로 남았거늘 이들은 어디서 생겼는고 하리라
_ 이사야 49:20-21

희망의 기운이 하나님의 교회에 충만하다. 왜냐하면 과거의 기억, 현재의
복, 미래의 약속이 좋은 기분을 자극하기 때문이다. "모든 약속들이 영광스
러운 은혜의 날과 함께 산고를 겪고 있다." 교회는 믿음으로 말미암아 살고,
진보하고, 승리한다. 교회가 절망에 빠지는 것은 연약함, 죄 그리고 최대의
훼방꾼 때문이다.

선지자는 모든 두려움을 제거하도록 우리에게 다음과 같은 사실을 상기
시킨다:

I. 교회에 쇠퇴기가 있다.

"나는 자녀를 잃고." 이것은 자주 교회에 쓰라린 부르짖음을 가져온다.

1. 죽음은 하나님의 집을 엄습하고, 그 기둥과 가구 역할을 했던 사람들을
   데려간다. 그러나 그렇게 떠나가는 사람들은 천국의 합창단에 승격된
   다.

2. 섭리는 유익한 사람들을 이사나 과도한 직업 등을 통해 거룩한 예배를
   드리지 못하도록 떠나보낸다. 그러나 이사 간 사람들은 다른 곳에서 교
   회를 세우는 역할을 한다. 사업 때문에 다른 곳에 머물러 있어야 되는

사람들은 거기서도 얼마든지 하나님의 뜻을 행하게 된다.

3. 죄는 어떤 사람들로 하여금 타락이나 방탕 또는 게으름의 길을 가도록 이끈다. 그러나 그들은 우리에게 속해 있는 자들이 아니기 때문에 떠나가는 것이다.

이 쇠퇴는 고통스럽고, 교회를 "삭막하고", "외로운" 곳으로 느끼게 할 수 있다. 그러나 하나님은 그의 교회를 잊지 않으신다. 그분이 교회의 남편 되시기 때문이다.

II. 우리는 교회의 부흥을 기대해야 한다.

"자식을 잃었을 때에 낳은 자녀가."

우리는 상실을 슬퍼하는데 빠져서는 안 된다. 믿음으로 확실히 임할 대부흥의 때를 즐거워해야 한다.

1. 부흥은 필수적이다. 그렇지 않으면 교회가 어떻게 되겠는가?
2. 부흥은 기도제목이다. 하나님은 기도를 들으시는 분이기 때문이다.
3. 부흥은 오직 하나님을 통해서만 올 수 있다. 그러나 그분은 부흥을 주시고, 그것을 통해 영광을 받으실 것이다.
4. 부흥은 본문과 성경의 다른 많은 곳에서 약속되고 있다.
5. 부흥은 심령의 고뇌와 더불어 수고할 때 주어진다. "시온은 진통하는 즉시 그 아들을 순산하였도다"(사 66:8).

III. 교회에는 깜짝 놀랄 만한 부흥이 자주 일어난다.

우리의 심장은 너무 좁고, 믿음은 너무 약해서 회심자의 수가 많을 때 놀라자빠진다.

1. 그 시기 때문이다. "나는 홀로 남았거늘."
2. 그 숫자 때문이다. "누가 나를 위하여 이들을 낳았는고."
3. 그 과거의 위치 때문이다. "이들은 어디서 생겼는고." 그들은 결국 그리

426

먼 곳에 있었던 것이 아니다.

- 그들 가운데 어떤 이들은 가정, 학교, 직장, 모임 또는 연구실 등을 통해 우리와 아주 가깝고, 또 천국에서 그리 멀지 않은 곳에 있었다.
- 다른 이들은 불신앙과 죄 가운데 거함으로써 아주 먼 곳에 있었다.
- 다른 이들은 합리주의, 미신 또는 자기의 등을 통해 반대편에 있었다.

4. 그 선한 양육 때문이다. "이들을 누가 양육하였는고."
5. 그 열심과 용기 때문이다. "후일에 네 귀에 말하기를 이곳이 내게 좁으니."
6. 그 지조 때문이다. "넓혀서 내가 거주하게 하라." 그들은 거하기 위해 온다.

그들이 어디서 생겼는가? 아니다. 오히려 "**우리가** 어디서 생겼는가?"라고 말하라. 우리는 오래지 않아 그들을 보살피고 그들을 환영할 것이다.

IV. 교회의 부흥은 준비되어야 한다.

우리는 자녀들이 올 것을 준비해야 한다. 교회는 돌연변이 어머니인가? 교회는 새로 태어난 영혼들을 환영하지 않을 것인가?

우리는 부흥을 다음과 같이 준비해야 한다:

1. 부흥을 위해 간절히 합심기도하는 것으로.
2. 부흥의 수단이 되는 복음을 선포하는 것으로.
3. 부흥을 일으킬 수 있는 모든 형식의 기독교적 활동을 시행하는 것으로.
4. 우리의 경계를 더 넓히는 것으로. "이곳이 내게 좁으니" 더 넓은 예배당을 마련하는 것이 참된 믿음의 행위가 될 수 있다.
5. 하나님의 참된 자녀들을 환영하는 것으로. 그들은 각자 "내가 거주할 자리를 달라"고 말할 것이다.

오, 작은 한 사람이 일천 명으로 되는 믿음의 역사가 일어나기를!

오, 이런 믿음을 갖고 즉시 행동하도록 은혜가 임하기를!

"위대한 일을 믿으라. 위대한 일을 시도하라. 위대한 일을 기대하라."

✤ 주(註) ✤

관찰해 보니 교인들의 등록을 철저하게 관리하는 교회에 바람직한 개종자들이 훨씬 더 많다는 것을 알게 되었다. 내가 받은 인상은 교인들이 수시로 많이 등록할 때보다 적게 등록할 때, 사람은 누구나 정확한 판단에 덜 민감하다는 것이다. 나쁜 물고기는 많은 물고기가 몰려올 때보다 적게 몰려올 때 더 잡히는 경향이 있다. 왜냐하면 그때 어부는 엄격한 선택의 기준을 적용하는데 느슨해지기 때문이다. 교인들을 등록시키는데 교회가 엄격한지 느슨한지에 대해서는 말하지 않겠다. 다만 부흥할 때 우리는 개종자에 대해 더 조심스러운 마음을 갖고 바라보지만, 쇠퇴할 때는 염려보다 열심을 더 바라는 마음으로 개종자를 바라보는 것이 인간본성이라는 것이다. 따라서 지금 나는 내가 사실이라고 믿는 것 곧 드물게 오는 개종자들은 종종 별 볼 일 없는 신자들이고, 최고의 양은 많은 무리들이 몰려들 때 나아오게 된다고 말하는 것이다.

저명한 미얀마 선교사 저드슨(Dr. Judson) 박사는 보스턴을 방문하는 동안 "이교도의 신속한 개종에 대한 전망이 당신은 밝다고 생각합니까?"라는 질문을 받았을 때, "하나님의 약속만큼 밝다"고 대답했다.

1800년 12월 22일 월요일 — 크레스터로, 고골과 그의 아내 그리고 펠릭스 케리는 오늘 밤 우리에게 그들의 경험을 들려주었다. 크레스터로 형제는 우리가 찬송한 후 기도할 때 "오 구원은 기쁨의 소리로다!"라고 결론지었다. 토머스 형제는 기쁨으로 거의 미칠 지경이었다. _ 세람포르 교회의 워드 목사의 일기

"야수와 같은 마음 또는 마음들에 대한 자상한 관심과 염려 없이는 절대로 한 영혼이 거듭날 수 없다고 나는 생각한다. … 아마 사울이 다메섹 도상에서 회심하게 된 것도 제자들의 기도에 대한 응답이었을 것이다." - 존 펄스퍼드(John Pulsford)

아이작 버로우(Isaac Barrow) 박사는 청년 시절에 싹수가 노란 사람이었다. 그것은 그의 악행 때문이었는데, 너무 심해서 도저히 돌이킬 수 없을 것처럼 보였다. 그의 아버지는 절망 속에서 "하나님께서 자기 자녀들 가운데 누군가를 데려가시기 원한다면, 자기 아들 아이작이 되기를 원했다"고 말할 정도였다. 그런 그가 어떻게 완전히 다른 사람이 되고, 그 훌륭한 의류상 가문에서 가장 전도유망한 자녀가 되었는지에 대해서 우리는 말할 수 없다. 그러나 이 쓸모없는 아들이 그의 아버지의 노년의 행복과 자랑거리가 되고, 그가 다녔던 대학의 가장 빛나는 저명인사 가운데 하나가 되었으며, 당대의 목사들 가운데 교회의 가장 빛나는 광채가 되었다.

79
스스로 자신을 묘사하시는 대속주

내가 왔어도 사람이 없었으며 내가 불러도 대답하는 자가 없었음은
어찌 됨이냐 내 손이 어찌 짧아 구속하지 못하겠느냐
내게 어찌 건질 능력이 없겠느냐 보라 내가 꾸짖어 바다를 마르게 하며
강들을 사막이 되게 하며 물이 없어졌으므로
그 물고기들이 악취를 내며 갈하여 죽으리라
내가 흑암으로 하늘을 입히며 굵은 베로 덮느니라
주 여호와께서 학자들의 혀를 내게 주사
나로 곤고한 자를 말로 어떻게 도와 줄 줄을 알게 하시고
아침마다 깨우치시되 나의 귀를 깨우치사
학자들 같이 알아듣게 하시도다
주 여호와께서 나의 귀를 여셨으므로
내가 거역하지도 아니하며 뒤로 물러가지도 아니하며
나를 때리는 자들에게 내 등을 맡기며
나의 수염을 뽑는 자들에게 나의 뺨을 맡기며
모욕과 침 뱉음을 당하여도 내 얼굴을 가리지 아니하였느니라

_ 이사야 50:2- 6

하나님의 질문에 대답할 자는 아무도 없고, 죄인을 변호해 줄 자도 아무도 없다. 구원할 자가 누구냐에 대한 하나님의 질문에 대해 아무 대답이 없고, 다만 그분의 소리의 메아리뿐이었다.

사람을 구하기 위해 누가 오시는가를 주목해 보라! 여호와께서 구원하기 위해 개입하신다. 그러나 그분은 특별한 방법으로 오신다. 하나님 자신이 자화상을 그리신다. 엄밀한 관심을 갖고 그것을 살펴보자.

I. 하나님이신 메시아를 바라보라.

1. 그분은 충만한 능력을 갖고 오신다. "내 손이 어찌 짧아 구속하지 못하겠느냐."

2. 그분의 구원 능력은 파괴하시는 그분의 능력과 동등하다. 애굽이 그 실례다. "내가 꾸짖어 바다를 마르게 하며."

3. 그분의 능력은 자연현상을 일으키는 능력이다. "내가 흑암으로 하늘을 입히며."

4. 이것은 바다를 꾸짖으신 분이 자기 자신을 꾸짖으신 것에 대해 깊은 감사를 일으킨다. 하늘을 흑암으로 덮으신 분이 우리를 위해 스스로 흑암에 처하셨다.

5. 이것은 확신을 불러일으킨다. 왜냐하면 그분은 분명히 바다와 하늘, 흑암과 어둠의 주인이시기 때문이다.

II. 선생으로 지명되신 그분을 바라보라.

1. 교육을 잘 받고, 능력이 풍부하시다. "주 여호와께서 학자들의 혀를 내게 주사." 그분은 지식이 있고, 지식을 나누어 주시는 분이다.

2. 곤고한 자에게 겸손하시다. "곤고한 자를."

3. 모든 일을 감찰하신다. "말로 어떻게 도와 줄 줄을 알게 하시고." 이것은 특별한 은사다. 많은 말을 하고, 적절한 때에 말하지만, 도움을 줄 말을 잘 배우지는 못하기 때문이다.

4. 하나님과 지속적으로 교제하신다. "아침마다 깨우치시되." "나를 보내신 이가 나와 함께 하시도다"(요 8:29).

우리가 그분의 가르침을 충심으로 주목해야 하지 않겠는가? "나는 주 하나님이 말씀하시는 것을 들으리라."

III. 주의 종이신 그분을 바라보라.

1. 은혜로 준비되셨다. "나의 귀를 깨우치사 학자들같이 알아듣게 하시도다." 그분은 자신의 말을 말하지 않고 아버지께서 자기에게 들려주신 말을 하셨다.

2. 적절한 모습으로 변화되셨다. "나의 귀를 여셨으므로." 그것은 문설주를 밀고 나아가는 것과 같다. 이것은 그분이 세례 받으실 때 즉 외적 상징으로 모든 의를 이루셨을 때 공적으로 이루어졌다.

3. 모든 일에 순종하셨다. "내가 거역하지도 아니하며." 어떤 경우에도, 심지어는 겟세마네 동산에서조차 예수님은 아버지의 뜻을 거절하지 아니하셨다.

4. 모든 시험을 견디셨다. "뒤로 물러가지도 아니하며." 그분은 그 어려운 임무를 포기하지 않고, 그것을 성취하기 위해 자신의 얼굴을 부싯돌같이 하셨다.

5. 모든 일에 담대하셨다. 이는 본문에 이어지는 구절에서 보는 것과 같다.

얼마나 모범적인 섬김인가! 그분을 깊이 생각하고 그분을 본받자.

IV. 비교할 수 없는 수난자로서 그분을 바라보라.

1. 전적 굴복. 그분의 등과 뺨과 머리와 얼굴을 보라.

2. 자발적 굴복. "나를 때리는 자들에게 내 등을 맡기며." "내 얼굴을 가리지 아니하였느니라."

3. 겸손한 굴복. 악한 자의 형벌을 짊어지고, 가장 큰 멸시를 당하셨다. "모욕과 침 뱉음."

4. 인내하는 굴복. 한마디의 불평이나 원망이 없으셨다.

하나님의 은혜로 말미암아 그분은 효과적으로 가르침을 받고, 완전히 고난을 감당하셨다. 만일 우리가 살펴본 4가지 주제를 서로 조화시킨다면, 중요한 진리가 얼마나 생생하게 우리에게 다가올까!

- 첫 번째 주제인 하나님과 마지막 주제인 수난자를 함께 묶어보라. 얼마나 겸손한가! 얼마나 충분한 구원의 능력일까!
- 중간의 두 주제 곧 선생과 종을 함께 묶어보라. 그분이 얼마나 부드럽

게 가르침을 통해 섬기고, 섬김을 통해 가르치셨는가를 주목해 보라.

- 이 4가지 주제를 함께 묶어보라. 그 복합된 성격은 열렬한 사랑, 순종을 통한 공경, 헌신의 기쁨을 확실하게 보여 준다.

⟐ 명강사의 말 ⟐

하나님이 그리스도께 "학자들의 혀"를 주심으로써, 그분이 자기 아들을 보내셨다는 사실을 선포하도록 기대하고 사명을 주셨을 당시, 내가 이 세상에 있었다고 상상해 본다. 모든 철학의 학파들이 얼마나 흥분할 일인가! 땅의 현자들이 얼마나 모여들까! 과학을 부요하게 만드는 새로운 사실들에 대한 기대는 얼마나 더 높아질까! 그들은 이렇게 말할 것이다: "정말 오랫동안 감추어졌던 비밀이 드러났도다. 이제 우리가 자연에 관한 실험들을 완전히 통찰하고, 현재 그 결과만 알 수 있는 모든 사실 과정들을 완전히 통찰할 수 있게 되었도다. 만일 그분이 세상의 신비들에 대해 설명해 주지 않는다면, 현자들이 밝힐 수 없는 사실들과 학자들이 밝혀보려고 헛되이 수고했던 내용들을 신인(神人)이신 그분이 우리에게 말해 주시지 않는다면, 무슨 이유로 학자들의 혀가 그분에게 주어질 수 있겠는가?'

그러나 이 신인은 철학자와 현자의 무리에게 자신에 관해 이렇게 말씀하실 것이다: "그렇다. 주 하나님께서 내게 학자들의 혀를 주셨다. 나는 땅의 모든 족속들에게 그 혀로 말하기 위해 내려왔다. 하지만 하나님은 별과 행성의 운행에 관해 말하거나 현자들의 논쟁을 해결하도록 그 혀를 주신 것이 아니다. 또 이 세상의 논쟁가들인 너희에게 말을 어떻게 해야 하는지를 알려 주기 위해 그 혀를 주신 것도 아니다. 다만 그분은 나로 곤고한 자를 말로 어떻게 도와 줄 줄을 알게 하시기 위해 그 혀를 주셨다." 오, 철학자와 현자들의 기대하는 표정이 어떻게 변할까? 그들은 "고작 이것이 전부야? 기껏 이것을 위해 학자의 혀를 주셨단 말이야? 이것 때문에 학자의 혀가 필요하고, 그것을 사용한단 말이야?'라고 외칠 것이다.

하지만 아니다. 과학자들은 그렇게 화를 내며 돌아가서는 안 된다. 모든 지혜를 동원한다해도 여러분은 그 일을 할 수 없다. 곤고한 자들이 여러분에게 구하는 것은 헛된 일이다. 그들은 "적절한 말," 곧 위로와 의지가 되는 말을 찾지 못한다. 그렇다면 여러분은 어찌하여 "학자들의 혀"가 그 일을 행하는데 대해 그토록 분개하는가?

"학자들의 혀" 외에 어떤 혀가 이 보편적인 곤고함 속에서 신음하고 있는 세상에 대해 "적절한 말"을 해 줄 수 있겠는가? 그 혀는 신성의 신비를 드러내고, 영혼의 불멸성을 입증하며, 죄 사함에 대해 그리고 인간과 그의 창조주 사이의 화해의 길에 대해 지식적으로 증명할 수 있는 혀다. 천사들이 보여 주기 위해 헛되이 수고했던 일들을 그 혀는 말해 줄 수 있다. _ 헨리 멜빌 (Henry Melvill) 요약

80

부싯돌 같이 굳은 대속주의 얼굴

주 여호와께서 나를 도우시므로 내가 부끄러워하지 아니하고
내 얼굴을 부싯돌 같이 굳게 하였으므로
내가 수치를 당하지 아니할 줄 아노라
_ 이사야 50:7

예수님의 마음속에는 부싯돌이 없었지만, 그분의 얼굴에는 있었다. 그분은 복종하신 것만큼 단호하기도 하셨다. 본문은 6절과 쌍을 이룬다. "모욕과 침 뱉음을 당하여도 내 얼굴을 가리지 아니하였느니라(6절) … 내 얼굴을 부싯돌 같이 굳게 하였으므로"(7절). 온유함과 단호함이 결합되어 있다.

누가복음 9:51에서 우리는 "예루살렘을 향하여 올라가기로 굳게 결심하시고"라는 말씀을 읽는다. 아무도 그분을 돕지 않고 누구나 그분을 훼방했지만, 우리 주님 안에는 피하는 일이 전혀 없었다. 그분은 자신의 영혼 속에 있는 생각 때문에 혼란스러워 하지도 않았고, 다른 사람들의 멸시를 당하면서도 부끄러워하지 않았다.

I. 주님의 굳은 결심은 시험을 받았다.

주님은 본문의 말로 자신의 결심을 선언하셨다. 호된 시련을 통해 이 선언은 입증되었다. 그분은 다음과 같이 시험 받았다:

1. 세상의 제안자들에 의해. 그들은 그분을 왕으로 삼고자 했다. 그분이 예루살렘에 입성할 때 그 모습은 그분이 얼마나 쉽게 인기 있는 지도자가 될 수 있었는지를 보여 주었다. 약간의 타협만 했다면 그분은 종교 지도자로서 열렬한 지지자들을 몰고 다녔을 것이다.
2. 친구들의 설득에 의해. 베드로는 그분을 비난했다. 모든 제자들이 그분

의 결정을 이상하게 여겼다. 그분의 친척들은 그분에게서 완전히 다른 성공을 기대했다. 많은 사람들이 선의의 친구들의 말을 따른다. 그러나 예수님은 부싯돌같이 자신의 얼굴을 굳게 했다.

3. 제자들의 무가치함으로 인해.
- 그분과 함께 떡을 떼던 자가 그분을 배반했다.
- 그분의 제자들은 그분을 버려두고 도망쳤다.
- 온 족속이 그분을 죽음으로 내모는데 가담했다.

4. 대속의 희생제물로서 자신의 위대한 사역의 문을 통과할 때 맛본 쓰라림으로 인해. 겟세마네 동산, 배반자들, 거짓 죄명, 조롱 등이 그것이다. 이것들은 처음에 칼같이 날카롭게 시작되었다. 그러나 많은 사람들이 그것들이 불붙기 시작하자 그만두었다. 그러나 예수님은 굳게 섰다.

5. 그분이 사역을 포기할 수도 있었던 안일함으로 인해.
- 빌라도는 예수님이 탄원하기만 하면 놓아주려고 했다.
- 천사 군단이 그분을 구하기 위해 내려올 수도 있었다.
- 그분은 십자가에서 스스로 내려올 수도 있었다.
- 그분은 얼마든지 자신의 사역을 포기할 수도 있었지만, 죽음만큼 강한 그 사랑으로 말미암아 그것을 극복하셨다. 그분은 "할 만하시거든 이 잔을 내게서 지나가게 하옵소서"(마 26:39)라고 간구하셨다. 그의 백성들을 구원하겠다는 그분의 결심은 절대로 꺾일 수 없었다.

6. 모욕하는 자들의 조롱으로 말미암아.
- 백성. "가만 두라 엘리야가 와서 그를 내려 주나 보자"(막 15:36).
- 제사장. "이스라엘의 왕 그리스도가 지금 십자가에서 내려와 우리가 보고 믿게 할지어다"(막 15:32).
- 강도. "네가 그리스도가 아니냐 너와 우리를 구원하라"(눅 23:39).
  힘 있는 사람도 조롱을 받으면 기가 죽는다. 그러나 예수님은 그렇지 아니했다.

7. 죽음의 고뇌에 대한 강박감으로 인해.

고통, 목마름, 뜨거운 열, 의기소침, 버림당함, 죽음 등, 이것들 가운데 어느 것도 그분이 굳은 결심을 포기하도록 영향을 미치지 못했다.

II. 주님의 굳은 결심은 확증되었다.

사람으로서, 우리 주님은 그 영광스러운 결심을 다양한 일에 적용시켰고, 본문에서 두 번에 걸쳐 "그러므로"(도우시므로, 굳게 하였으므로)라고 언급하신다. 그것은 다음과 같은 이유 때문이었다:

1. 그분의 신적 배움으로 말미암아(4절).

2. 그분의 의식적인 순전함으로 말미암아. "내가 부끄러워하지 아니하고" (5절을 보라).

3. 그분 앞에 주어진 기쁨으로 말미암아. 그분은 그의 백성들을 위해 승리하셨다. "나의 대적이 누구냐"(8절을 보라).

4. 특별히 주 하나님의 도우심을 흔들림 없이 믿는 믿음으로 말미암아. 우리는 본문과 9절에서 이것을 확인한다.

"다 이루었다"고 외치실 때에도 그분은 조금도 기가 죽지 않고, 자신의 위대한 목적을 완수하셨다.

III. 주님의 굳은 결심은 본이 되었다.

1. 우리의 목적도 주님처럼 하나님의 영광이 되어야 한다.

2. 우리의 교육도 주님처럼 하나님의 가르침이 되어야 한다.

3. 우리의 인생도 주님처럼 적극적 순종과 소극적 순종이 결합되어야 한다(5절과 6절을 보라).

4. 우리의 힘도 주님처럼 하나님 안에 두어져야 한다.

5. 우리의 길도 주님처럼 믿음의 길이 되어야 한다. 10절을 보라. 이 구절

은 전체 주제와 특별하게 연계되어 있다.

6. 우리의 결심도 주님처럼 "다 이루었다"고 말할 수 있을 때까지, 우리의
   방식과 수준에 따라 조심스럽고 확고하게 실천되어야 한다.

불신자들은 영원히 후회하는 길로 나아갈 것이다. 그들은 밤에 침상에 눕겠지만, 그곳은 슬픔이 되고, 결코 다시 일어나지 못할 것이다.

✥ 부가사항 ✥

하나님의 도우심이 은밀하게 우리 대속주의 인성에 전달되었다. 그분이 감당하신 위대한 사역은 특별한 힘이 필요했기 때문이다. 어떤 사람이 "하늘에 있는 모든 영광스런 천사들과 땅 위에 있는 모든 힘 있는 사람들이 그 일에 종사했다면, 아마 그들의 심령과 등과 목은 다 부러졌을 것이다"라고 말했는데, 이 말은 옳다. 본문에 따르면, 주 예수님은 아버지의 도우심에 의지했고, 이것이 그분으로 하여금 다가올 두려운 수난의 고통에 대비하여 가장 단호한 결심을 하도록 만들었다. 하나님을 믿는 믿음이 단호한 결심의 최상의 기초요, 단호한 결심은 위대한 사역을 위한 최고의 준비다. 어려운 일은 그보다 더 어려운 일로 막아내는 것이 가장 좋다. 자신의 힘든 수고에 대해 주님은 더 굳은 결심으로 대처했다. 그분의 얼굴은 부싯돌 같았다. 아무도 그분이 그 사역을 멈추도록 하거나 스스로 부끄러움을 느끼도록 할 수 없었다. 그분은 그 일을 기꺼이 시작했다. 자기 백성들을 구원해야 하기 때문에 죽어야 했고, 그들을 자신보다 더 사랑했기 때문에 그들을 구원코자 하셨다.

성도들은 스스로를 포기하신 주님의 단호한 결심을 본받으려고 애쓴다. 예를 들면, 한 스코틀랜드인 농부는 교수대 위에서 순교하면서 말했다. "나는 그리스도를 위해 죽으려고 여기 있다. 만일 내 머리카락 숫자만큼 내 손에 많은 생명을 갖고 있다면, 나는 그것들을 모두 그리스도를 위해 내놓겠다."

오, 주 예수님이 당신의 내적이고 영원한 선을 위해 통과하신 길은 얼마나 놀라운 피의 바다이며, 진노와 죄의 바다이며, 슬픔과 비참의 바다인가! 그리스도는 "이 십자가는 내가 짊어지기에는 너무 무겁고, 이 진노는 내가 감당하기에는 너무 크며, 하늘의 모든 불만이 담겨 있는 이 잔은 내가 다 마시기에는 너무 벅차다!'고 애원하지 않으셨다. 아니다. 그리스도는 그렇게 주장하지 않으신다. 그분은 그 사역의 어려움을 토로하지 않고, 선지자가 기록하고 있는 것처럼, 단호하고 담대하게 그 모든 길을 헤쳐 나가신다. 그리스도는 아버지의 진노, 여러분의 죄, 사탄의 적의, 세상의 분노를 다 견디고, 모든 것을 기꺼이 그리고 당당하게 감당하신다. 아 영혼들아, 만일 이 사실이 여러분이 접하는 모든 좌절로부터 일어서도록 여러분에게 역사하지 못한다면, 그리스도와 그분의 섬김을 소유하고, 그리스도와 그분의 사역을 붙들고 의지하는 것이 아무 소용이 없으리라! 영혼이 이 사실을 통해, 하나님을 섬길 때 어떤 위험과 어려움이 있더라도 단호하고 용감해지도록 자극을 받고 힘을 얻지 못한다면, 그것은 하나님에 대해 크게 눈이 멀고 강퍅한 영혼일 것이다. _토머스 브룩스

81
그리스도 치료법

그가 채찍에 맞으므로 우리는 나음을 받았도다
_ 이사야 53:5

얼마나 놀라운 말씀인가! 성경의 축소판이다. 복음의 정수다. 우리 주님의 수난에 대한 주제로 가까이 나아갈 때, 우리의 느낌은 굉장히 엄숙해지고, 우리의 주의는 훨씬 더 진지해진다.

귀를 기울이라, 천벌이 내린다! "**그가 채찍에 맞은 것**" 외에 모든 것을 잊으라. 우리 각자가 그 채찍질의 한 부분을 감당했다. 우리가 확실히 그에게 상처를 입혔다. "그가 채찍에 맞으므로 **우리가 나음을 받았다**"는 것이 확실한가?

깊은 관심을 갖고 살펴보자:

I. 여기서 하나님은 죄를 질병으로 다루신다.

죄는 질병 이상의 것으로, 자의적인 범죄다. 그러나 우리 하나님의 자비는 죄를 자비 아래 둠으로써 그것을 은혜 안에서 처리할 수 있도록 하신다.

1. 죄는 인간이 원래 지음 받을 때 갖고 있던 본질적 부분이 아니다. 그것은 비정상적인 것이요, 훼손된 것이며, 파괴된 것이다.

2. 죄는 삶의 기능을 마비시키며, 그 균형을 파괴한다. 그것은 마치 질병이 육체의 기능들을 훼손시키는 것과 같다.

3. 죄는 질병이 몸을 약하게 하는 것처럼, 도덕적 힘을 약화시킨다.

4. 죄는 고통을 일으키거나 지각을 둔화시킨다.

5. 죄는 자주 눈에 보이는 오염을 일으킨다. 어떤 죄는 오래된 나병처럼 전체를 더럽힌다.

6. 죄는 사람 속에서 점차 성장하는 성향이 있고, 오래지 않아 치명적인 것으로 나타날 것이다.

죄는 유전적이고, 보편적이며, 전염성이 있고, 부패시키며, 치료가 불가능하고, 죽음에 이르게 하는 질병이다. 아무리 훌륭한 의사라도 사람은 그것을 고칠 수 없다. 육체의 모든 고통을 종식시키는 죽음도 이 질병만은 치유할 수 없다. 그것은 영원히 그 힘을 드러내며, 결국 "더러운 자는 더러움 속에 내버려두라"는 명령에 의해서, 그것은 영원히 봉인될 것이다.

II. 여기서 하나님은 자신이 준비하신 치료책을 선언하신다.

예수님은 그분의 아들로서, 우리 모두를 값없이 구원하실 분이다.

1. 하늘의 약을 바라보라: 예수님의 육체와 영혼에 가해진 채찍질.

오직 하나뿐인 유일한 치료법으로 치유자 자신이 상처를 입었고, 이것이 우리의 치유의 유일한 수단이로다!

2. 이 채찍을 맞음이 대속적인 것임을 기억하라. 그분이 우리 대신 고통을 당하셨다.

3. 이 속죄를 받아들이라. 그러면 그것을 통해 당신은 구원받을 것이다.

- 기도는 하늘의 치료법을 구한다.
- 믿음은 상처에 붙인 약을 동여매는 세마포다.
- 신뢰는 상처 입은 자를 고쳐주는 손이다.
- 회개는 첫 번째 치료의 징후다.

4. 그 유일한 치료에 당신 자신의 것은 조금도 끼어들지 않도록 하라. 당신은 기도, 믿음 그리고 회개가 자리해야 할 적절한 위치를 알고 있다. 그것들을 오용하지 말라. 그것들이 "예수님에 대한 채찍질"에 반하지 않도록 하라. 예수님이 채찍에 맞으므로 우리가 나음을 입고, 오직 이것 외에 다른 길은 없다.

유일한 치료책, 오직 단 하나의 치료책이 하나님에 의해 선포된다. 그런데 왜 우리가 다른 것을 구하겠는가?

III. 이 하늘의 치료책은 즉시 효력이 있다.

육체의 정신에 대해 그것은 치료 효과를 보이지 않는 것처럼 보인다. 그러나 예수님이 채찍에 맞으신 사건을 믿는 우리는 그 치료법의 즉각적이고도 완전한 효력에 대한 증거자다. 왜냐하면 우리는 경험을 통해 "우리가 나음을 받은 것"을 말할 수 있기 때문이다.

1. 우리의 양심이 그 고뇌로부터 고침 받는다. 편안해지는 것이지 둔감해지는 것이 아니다.

2. 우리의 마음이 죄를 사랑하는 것으로부터 고침 받는다. 우리는 우리가 가장 사랑하는 주님을 크게 괴롭힌 악을 미워한다.

3. 우리의 삶이 그 반역으로부터 고침 받는다. 우리는 선한 일에 열심을 낸다.

4. 우리의 의식은 우리가 나음받았음을 확신시킨다. 우리는 그것을 알고, 그 안에서 즐거워한다. 그것에 대해 우리에게 왈가왈부할 수 있는 자는 아무도 없다.

✤ 적용 ✤

1. 친구여, **그대는 본성상 나음을 입어야 할 처지에 있다.**
   • 당신은 그렇게 생각하지 않는다. 이 질병은 정신에 영향을 미치고, 미혹을 일으킨다.
   • 당신은 이 가르침을 조롱한다. 당신의 질병은 광기를 일으킨다.
   • 당신은 그것을 반대한다. 따라서 환자는 치료를 거부하고, 온전치 못한 자는 자신의 친구를 미워한다.

2. 친구여, **그대는 치료를 받거나 아니면 병에 걸려 있어야 한다.**
   • 당신은 자신의 상태가 어떤지 알지 못하는가?

• 당신은 알아야 하고, 또 알 수 있다.

3. 그대는 왜 고침 받지 않는가?

당신을 위한, 지금 당신을 위한 치료능력이 있다.

4. 만일 치유 받으려면 다음과 같이 행동하라.

• 병든 친구들을 떠나라.
• 건강한 사람의 일을 하라.
• 위대한 의사를 찬양하고, 그분의 유일한 처방을 받으라.
• 그분에 대한 찬양을 널리 선전하라.

❖ 제 안 ❖

발삼나무는 향유를 내어 그것을 잘라간 사람들의 상처를 고쳐준다. 우리의 복되신 구주도 이와 똑같지 않은가? 사람들은 그분을 조롱했으나 그분은 그들을 위해 기도하셨다. 그들은 그분의 피를 흘리게 했으나 그분은 그 피를 그들의 치료약으로 삼으신다. 그들은 그분의 심장을 찔렀으나 그분은 그 안에 샘을 만들어 그들의 죄와 허물을 씻어주신다. 동서고금을 막론하고 의사가 피를 흘려 환자를 고쳤다던가 또는 임금이 자기를 대적하는 신하의 반역죄를 대속하기 위해 죽었다는 말을 들어본 적이 있는가?

천국에서 오신 발삼나무는 만병의 치료제다. 만일 당신이 자신의 죄와 같은 죄도 없다고 불평한다면, 그리스도의 구원과 같은 구원도 없다는 것을 기억하라. 만일 당신이 완전히 죄의 굴레 속에서 살아왔다면, 예수 그리스도의 피가 **모든** 죄로부터 깨끗케 하신다는 것도 기억하라. 만일 누구든 믿지 않는 죄인이 아니라면, 죄가 크다고 해서 멸망당한 사람은 아무도 없었다. 그 위대하신 의사로부터 구속의 보혈이라는 향유를 받아들인 환자 중에 고침 받지 못한 환자는 결코 없었다.

몸소 쓰라린 죽음의 고통을 당하신 그리스도께서 어떻게 우리의 즐거움

이 되시는지를 보라. 거절은 그분의 것이지만, 용납은 우리의 것이다. 상처
는 그분의 것이지만, 나음은 우리의 것이다. 피는 그분의 것이지만, 향유는
우리의 것이다. 가시관은 그분의 것이지만, 면류관은 우리의 것이다. 죽음
은 그분의 것이지만, 생명은 우리의 것이다. 희생은 그분의 것이지만, 수익
은 우리의 것이다. 구원하시는 그리스도의 보혈이 파괴하는 당신의 죄보다
더 큰 힘이 있다. 다만 주 예수를 믿기만 하라. 그러면 그분의 치유는 끝난
것이다. _ 스퍼스토우스(Spurstows)가 현대화한 "영적 약사" 에서

여기의 히브리어 단어와 베드로 사도가 이 구절을 인용할 때 쓰고 있는
헬라어 단어 "채찍"(벧전 2:24)은 채찍이나 상처가 육체에 남겨놓은 흔적을
가리킨다. 아니면 우리가 말하는 것처럼, **자국**을 말한다. 그분의 손과 발과
옆구리에 난 자국, 아니 그분의 무수한 상처의 다른 흔적들은 그분이 부활하
신 다음에도 남아있었다. 그리고 요한이 환상 중에 본 것처럼, 보좌 앞에 "죽
임을 당하신 어린양" 으로 나타나셨다. 이 모든 표현과 표시들은 메시아의
죽음이 이미 오래된 과거의 사건이라 할지라도 그 효력과 유익은 지금도 새
롭고, 믿음의 눈으로 보면, 항상 현재적이라는 것을 우리에게 암시하기 위해
주어진 것이라고 나는 생각한다. 이 방법 곧 한 사람 아니 수백만 명의 상처
가 다른 상처를 바라봄으로써 고침 받게 되는 것은 얼마나 놀라운 것일까!
그러나 이것이 복음의 언어다: "바라보라, 그러면 살리라." "나를 바라보라,
그러면 구원 받으리라." 세 개의 큰 상처가 우리의 것이다. 곧 죄책, 죄, 슬픔
이 그것이다. 그러나 열린 눈으로 그분의 채찍흔적이나 상처자국을 바라볼
때, 이렇게 상처 입으신 분을 제대로 이해할 때, 이 모든 상처들은 나음을 입
는다.

이 약에 의해 살아난 자는 그것에 관해 좋게 말할 것이다. 기회가 주어지
는 대로 다른 사람들에게 당신이 발견한 구주가 어떤 분이신지에 대해 말해
주라. 똑같은 질병으로 고생하고 있는 다른 사람들에게 그분을 추천하는 것

은 그 유능한 의사를 통해 위험하고 고질적인 질병에서 고침 받은 사람들로 서는 당연한 일이다. 우리는 종종 이 목적이 공개적으로 인정받는 것을 본 다. 만일 믿음으로 말미암아 죽어가는 구주의 상처의 효력을 느낀 모든 사 람들이 그들의 경우를 책으로 출판한다면, 그분의 권능과 은혜가 얼마나 크 게 드러나겠는가! _ 존 뉴턴

주님은 눈이 먼 정신, 강퍅한 마음, 뒤틀린 본성, 역행하는 의지, 믿을 수 없는 기억, 마비된 양심, 무질서한 감정을 자신의 은혜로운 약속에 따라(겔 36:26-27) 고치신다. _ 존 윌리슨(John Willison)

트라야누스 황제(로마)는 자신의 옷을 찢어 그의 병사들의 상처를 싸매 주었다고 전해진다. 그리스도는 그의 성도들의 상처를 고쳐주기 위해 자신 의 피를 흘리시고, 그것을 싸매 주기 위해 자신의 살을 찢으신다. _ 윌리엄 거널(W. Gurnall)

셰인 박사는 저명하면서도 경건한 의사였다. 그러나 그는 식이요법에 대 해서는 엄격한 규정을 적용시켰다. 그가 그 요법에 대한 처방을 내렸을 때, 환자는 이의를 제기했다. 그때 그는 "제가 보기에 당신은 의사가 필요할 만 큼 상태가 그리 심각하지 않은 것 같습니다"라고 말해 주었다. 어떤 사람은 아직 그리스도가 필요할 만큼 심각한 상태에 있지 않다. 물론 이것은 그들 스스로의 생각에 그렇다는 것이다. 하지만 그들이 완전히 상실된 존재로서, 다른 도움이나 희망은 없다는 것을 발견하고 느낀다면, 아무리 난해하고, 아 무리 시시하고, 아무리 까다로운 것이라고 해도, 진심으로 그분의 충고를 받 아들이게 된다. _ 제이(Jay)

4명의 여행자가 있었다. 그들은 자기들이 여행하고 있는 지역의 교차로

에 대해 잘 알지 못했다. 그들은 안내판을 찾기 시작했다. 잠시 후 그들 가운데 한 사람이 "나는 저쪽 먼 곳에서 그것을 볼 수 있다고 생각해"라고 외쳤다. 다른 한 사람이 "나 역시 그것을 볼 수 있다고 믿어. 반 마일쯤 지나면 있을 거야"라고 맞장구쳤다. 세 번째 사람도 "나도 그것을 찾을 수 있다고 거의 확신해. 그것은 아마 장애물보다 더 높은 곳에 있을 거야"라고 응수했다. 드디어 네 번째 사람이 이렇게 말했다: "좋아, 좋아, 우리가 그것을 찾을 수도 있고 못찾을 수도 있지. 하지만 그것이 우리에게는 최선의 선택이야. 왜냐하면 우리가 그렇게 하다 보면, 그것이 안내판이든 아니든, 약간의 도움은 될 수 있으니까 말이야."

나는 여러분 모두를 죄인들의 구주께 이끌기를 원하는데, 그분이 여러분의 구속자라고 "생각하거나" "믿어보거나" "거의 확신하는" 것으로 만족하지 않기를 바란다. 나는 여러분이 그분을 하늘에 떠 있는 태양을 바라보듯이 분명히 여러분의 구주로 바라보기를 바란다. 그리하여 도마처럼 완전한 확신과 열정으로 "나의 구주, 나의 하나님"이라고 부르짖기를 바란다. _ 조지 머그리지(George Mogridge)

82
작은 진노와 큰 진노

내가 잠시 너를 버렸으나 큰 긍휼로 너를 모을 것이요
내가 넘치는 진노로 내 얼굴을 네게서 잠시 가렸으나
영원한 자비로 너를 긍휼히 여기리라
네 구속자 여호와께서 말씀하셨느니라
이는 내게 노아의 홍수와 같도다
내가 다시는 노아의 홍수로 땅 위에 범람하지 못하게 하리라 맹세한 것 같이
내가 네게 노하지 아니하며 너를 책망하지 아니하기로 맹세하였노니
_ 이사야 54:7-9

본문은 모든 신자들의 특권이다. 그 특권에 대한 그들의 권리는 그 장의 마지막 구절에 나온다(17절). 그들은 그것을 누리는데 실패해서는 안 된다. 그것은 그들의 주님의 큰 고난에 대한 예언에 이어서 나온다(53장). 우리는 십자가에 대해 그랬을 때처럼 큰 약속을 믿을 수 없다.

하나님의 백성은 자주 시험에 들고, 그때 그들의 고난은 때때로 영적인 것으로서, 악인들의 고난보다 훨씬 더 심각하다. 그들의 커다란 위로는 바로 이 안에 있다. 즉 그들의 모든 고난에는 하나님으로부터의 진노의 형벌, 커다란 분노, 최후의 심판이 없다는 것이다.

우리는 다음과 같이 말할 수 있다:

I. 작은 진노와 그 교정.

하나님은 그것을 "잠시의 진노"라고 부르시고, 그것이 계속되는 시간을 "순간" 또는 "짧은 순간"이라고 말씀하신다.

1. 그것에 관한 우리의 견해는 주님의 견해와 다르다. 우리에게 그것은 완전한 포기처럼 생각되고, 그분의 얼굴을 영원히 우리에게서 숨기시는

것처럼 보인다.

- 우리는 올바르게 판단하기에는 너무 어리석고, 너무 충동적이고, 너무 불신앙적이다.
- 하나님의 견해는 진리 자체이므로 우리는 그것을 믿어야 한다.

2. 그것의 시간은 짧다. 그것이 "짧은 순간"이 되는 이유는 무엇인가?

- 영원하신 사랑과 비교해 볼 때.
- 훗날 거룩한 평화의 시기가 임할 때를 묵상해 볼 때.
- 실제로 그것은 잠깐만 견디면 된다.
- 우리가 회개하고 기도하면 그것은 곧 사라질 것이다.

3. 그 보상이 크다. 여호와는 "긍휼"을 많이, 영원토록, 신령하게, 크게, 유효하게 베푸시겠다고 맹세하신다: "큰 긍휼로 너를 모을 것이요."

4. 진노 자체는 작다. 남편의 진노, 구속자의 진노, 긍휼을 베푸시는 자의 진노, 거룩한 사랑으로 말미암아 임하게 된 진노이기 때문이다.

5. 그 표출은 맹렬하지 않다.

- 내 얼굴을 네게서 가리지 아니하고, 내 마음도 바꾸지 아니할 것이다.
- 그러나 내 얼굴을 가린다고 해도 그것은 잠시다.
- 따라서 하나님은 우리를 징계하는 문제를 주목하되, 처음부터 끝까지 주목하신다.

6. 그것은 분명히 영원한 사랑과 일치되어 있다. 이 사랑은 영원히 지속되는 것으로 잠시 진노가 있을 때에도 존재한다. 또 그것은 진노의 이유로서, 영원토록 변함없이 우리에게 주어질 것이다.

징계 속에 있는 자녀는 그만큼 사랑받는 자녀인 것이다.

7. 그것은 하나님과 우리 사이의 관계를 조금도 변화시키지 못한다. 그분은 지금도 여전히 우리의 구속주(8절)이고, 우리는 여전히 하나님의 구속받은 자들이다.

우리의 의무는 하나님의 진노 때문에 슬퍼하되, 그것을 통해 낮아지고 성화되는 것이지, 그것 때문에 약해지거나 절망하는 것이 아니다.

II. 큰 진노와 그것에 대한 우리의 안전.

1. 그의 백성들에 대한 하나님의 진노는 노아 홍수가 다시는 땅에 임하지 않는 것만큼 그들에게 다시 임하지 아니한다. 그 홍수는 무수히 많은 세기가 흘렀지만 다시 일어나지 아니했고, 앞으로도 절대로 일어나지 않을 것이다. 심음과 거둠의 시간은 계속되고, 구름 속에는 무지개가 있을 것이다. 우리는 대홍수와 같은 우주적 파멸을 두려워할 필요가 없다. 마찬가지로 신자들은 하나님의 진노가 다시 임하리라는 두려움을 가질 필요가 없다(9절).

2. 진노의 대홍수는 단번에 박멸되었다. 우리 주님이 그렇게 하셨다. 따라서 그것은 영원히 끝났다. "그리스도께서 우리를 위하여 저주를 받은 바 되사 율법의 저주에서 우리를 속량하셨으니"(갈 3:13). "동이 서에서 먼 것 같이 우리의 죄과를 우리에게서 멀리 옮기셨으며"(시 103:12). "이스라엘의 죄악을 찾을지라도 없겠고 유다의 죄를 찾을지라도 찾아내지 못하리니"(렘 50:20). 이것이 실제적이고, 참되고, 유효적이며, 영원한 속죄다.

3. 우리에게는 그 일을 다시는 일으키지 않겠다는 하나님의 맹세를 갖고 있다. "내가 네게 노하지 아니하며 너를 책망하지 아니하기로 맹세하였노니." 형벌의 길에서 이제는 언급된 두려운 말씀이 다시는 없을 것이다 — "너를 책망하지 아니하리라."

4. 우리에게는 노아에게 하신 것만큼이나 확실한 화평의 언약이 있다. 아니 그보다 더 확실하다. 왜냐하면 우리 주 예수 그리스도께서 체결하신 언약이기 때문이다.

5. 우리에게는 변경할 수 없고, 움직일 수 없는 긍휼에 대한 보증이 있다: "산들이 떠나며 언덕들은 옮겨질지라도"(10절). 이것들은 사라지고 없

어질 수 있지만, 여호와의 긍휼하심은 절대로 바뀔 수 없다.

6. 이 모든 것은 자비의 하나님이신 여호와에 의해 우리에게 주어진 말씀이다: "영원한 자비로 너를 긍휼히 여기리라 네 구속자 여호와께서 말씀하셨느니라."

그것을 의심하고 불신하는 것은 얼마나 악할까!

언약된 말씀들의 조건은 얼마나 안전할까!

영원히 자비로우신 우리 하나님은 얼마나 영화로우실까!

우리는 그분을 슬프게 하지 않기 위해서 얼마나 조심할까!

✦ 격 려 의 말 ✦

아, 시온의 딸들아! 두려워 말라.
십자가, 채찍, 못, 창,
몰약, 쓸개즙, 신 포도주.

그대의 사랑하는 구주, 그리스도께서
하나님의 맹렬한 진노의 포도주를 마셨으니,
남은 것은 작은 거품뿐이라,

그가 그대를 위해 그것을 다 마시지 아니했더라면,
그대가 마셔야 할 그 쓴 잔은
마시기에는 너무 쓰고, 보기에는 너무 많다.

_ 헤릭(Herrick)

슬픔의 어둠은 종종 "축복을 베푸시기 위해 가까이 다가오실 때의 하나님의 날개 그늘"로 판명되었다. 우리는 구름 낀 하늘 없이는 기름지게 하는 소낙비를 맞을 수 없다. 우리가 시험당할 때도 이와 마찬가지다.

오 주여! 당신의 찌푸린 얼굴이 아니라 웃는 얼굴과 함께 살게 하소서!

_ 세실(R. Cecil)

한평생 겸손한 삶을 산 노성도가 생애 말기에 병에 걸려 신음할 때 한 유식한 목사가 "내가 결코 너희를 버리지 아니하고 너희를 떠나지 아니하리라"는 히브리서 13:5의 말씀은 번역본보다는 원본의 내용이 훨씬 더 근거가 있다고 말해 주었다. 그 이유는 원문에는 하나님의 약속의 타당성에 관해 영역본에 나타난 두 가지 부정적 진술 외에도 다섯 가지 이상의 부정적 증거들이 포함되고 있기 때문이라는 것이다. 목사는 그 부정적 진술의 숫자 때문에 그 약속이 영역본보다 원본에서 훨씬 더 강력한 힘으로 표현되었음을 전달해 준다고 주장하였다. 이에 대한 노성도의 대답은 아주 단순하고 인상적이었다: "나는 목사님의 말이 확실히 옳다는 것을 의심하지 않습니다. 하지만 하나님이 **딱 한 번만** 말씀하셨다고 해도, 지금도 똑같이 그분을 믿어야 한다고 말씀드리고 싶습니다."

83
회개

악인은 그의 길을, 불의한 자는 그의 생각을 버리고 여호와께로 돌아오라
그리하면 그가 긍휼히 여기시리라 우리 하나님께로 돌아오라
그가 너그럽게 용서하시리라
_ 이사야 55:7

이 장은 복음의 초청에 관한 위대한 장이다. 얼마나 자유로운가! 얼마나 충분한가! 은혜를 받으라는 초청이 얼마나 명백하고 간절한가!

그러나 실제적인 면에서 볼 때, 회개의 필요성이 그 배경에서 사라지지 않는다. 전환 또는 회심이 강조되고 있다.

- 복음의 양식들이 값없이 제공된다(1절과 2절).
- 구주가 제시되고 선포된다(3절과 4절).
- 구원 받은 나라들이 절대적으로 그에게 약속된다(5절).
- 사람들은 여호와를 구하고 찾도록 권면 받는다(6절).

그러나 회심의 요청이 계속 이어지는데 이것은 그 앞의 모든 구절로 볼 때 당연한 귀결이다. 사람들은 하나님께 돌아와야 한다. 그분의 참된 자비가 그것을 명령하고 있다.

그러므로 아주 진지하게 우리의 생각을 다음과 같은 사실에 집중시켜 보아야 한다:

I. 회심의 필연성.

본문은 이것을 분명히 하지만, 그것은 또한 다음과 같은 사실로부터 추론될 수 있다:

1. 하나님의 본질. 거룩하신 하나님께서 어떻게 죄를 눈감아주고, 계속 죄

악의 길에 있는 죄인들을 무조건 용서하실 수 있겠는가?

2. 복음의 본질. 그것은 죄의 용납이 아니라 죄로부터의 구원을 선언한다. 그것은 죄악의 길을 계속 가고 있는 사람을 용서하신다는 약속을 하나도 포함하고 있지 않다.

3. 과거 사실들. 완고하게 죄의 길을 고집하는 사람에게 용서가 주어진 실례는 하나도 없다. 회심은 항상 구원과 함께 간다.

4. 사회의 필요. 완강한 죄인에게 자비를 베푸는 것은 우주의 공공복리에 위배되는 것이다. 죄는 처벌되어야 하며, 그렇지 않으면 덕이 소멸되고 말 것이다.

5. 죄인 자신의 행복이 죄를 금지하거나 그에 대한 형벌을 느낄 것을 요구한다. 완고하게 죄 가운데 살면서, 하나님의 용서에 대한 의식을 누리려고 하는 것은 그가 죄인임을 확증하고, 죄 자체는 그 형벌보다 더 극악한 악이 될 것이다.

6. 성령의 사역이 죄를 피하게 할 것이다. 왜냐하면 그분은 성결케 하시는 분이기 때문이다.

7. 우리 주 예수님의 목적이 죄를 압도할 것이다. 왜냐하면 그분은 죄**로부터** 구원하기 위해 오시기 때문이다.

8. 천국의 성격이 하나님과 거룩한 천사들과 완전한 성도들이 거하는 거룩한 곳에 들어가기 전에, 죄인의 본성이 새롭게 되고, 그의 삶이 순화될 것을 요구한다.

"너희가 돌이켜 어린 아이들과 같이 되지 아니하면 결단코 천국에 들어가지 못하리라"(마 18:3).

II. 회심의 본질.

1. 그것은 삶과 행위를 다루는 것이다. 사람의 "길"은 다음과 같다:
   • 그의 자연적인 길. 내버려두면 자동적으로 뛰어 들어가는 길이다.

- 그의 습관적인 길. 그가 자주 가는 길이다.
- 그가 좋아하는 길. 그 안에 그의 쾌락이 있다.
- 일반적인 길. 많은 사람들이 달려가는 넓은 길이다.

본문은 이 길을 그가 "버려야" 한다고 말씀한다. 그는 죄를 범하는 일을 그만두어야한다. 그렇지 않으면 파멸에 빠질 것이다. 그가 다음과 같이 하는 것으로는 충분치 않다:

- 그것이 악하다는 것을 인정하는 것.
- 그것을 따르는 것을 잘못했다고 고백하는 것.
- 그것을 떠나기로 결심하고, 행동하지 않고 결심으로 끝나는 것.
- 그 안에서 아주 조심스럽게 움직이는 것.

아니다. 그는 그것을 철저하게, 즉시 그리고 영원히 포기해야 한다.

2. 그것은 "생각"을 다루는 것이다. 사람은 다음과 같은 것들을 버려야 한다:

그의 비성경적 견해들과 자기형성적 관념들:

- 하나님, 그의 율법, 그의 복음, 그의 백성들에 관한.
- 죄, 형벌, 그리스도, 자아 등에 관한.

그를 인도하는 그의 명상들:

- 죄악 가운데서 쾌락을 찾기 위한.
- 자만과 자기만족에 탐닉하기 위한.
- 하나님에 관한 잘못된 생각들을 숨기기 위한.

그의 악한 결심들:

- 계속 죄 안에 거하고, 회개를 미루고, 생각의 자유를 누리고, 자기가 자신의 주인이 되고, 하나님에 대해 반항하기 위한.

이런 생각들은 포기되어야 한다. 그는 그들로부터 도망쳐야 한다.

3. 그것은 하나님과 관련하여 사람을 다루는 것이다. "우리 **하나님께로** 돌아오라."

그것은 그로 하여금 교만, 게으름, 반항, 불순종, 주님을 멀리함과 같은 다른 형식들을 그만두도록 명령한다. 그는 방향을 바꿔 돌아와야 한다. 더 이상 방황하지 말고 집으로 돌아와야 한다.

II. 회심의 복음.

1. 확실한 약속이 그것에 대해 주어진다. "그가 긍휼히 여기시리라."
2. 하나님의 능력이 그것을 일으키도록 행사된다. "여호와여 우리를 주께로 돌이키소서 그리하시면 우리가 주께로 돌아가겠사오니"(애 5:21). 사람은 은혜가 그를 변화시킬 때 회심한다.
3. 그것 자체는 예수님을 믿는 믿음의 길로 약속되어 있다(행 5:31; 13:38-39).
4. 그것과 함께 오는 용서는 충분한 속죄의 결과로서, 그것은 용서를 충분하고, 의롭고, 안전한 것으로 만들고, 양심이 일깨워진 사람들이 믿음을 쉽게 갖도록 만든다.

오, 죄인이 내면의 **생각**과 외면의 **길**에 전적인 변화가 필요함을 깨닫게 되기를! 그것은 철저하고 근본적이어야 한다. 그렇지 않으면 아무 소용이 없게 될 것이다.

만일 당신이 계속 죄악 가운데 거한다면 철저하고 두려운 파멸이 그 결과로서 오게 될 것이다.

이 시간 당신의 삶의 과정에 전환점이 도래하기를! 하나님은 "돌아오라"고 말씀하신다. 무엇이 당신을 방해하고 있는가?

❖ 이야기 ❖

윌리엄 번스(William Burns)가 어느 날 저녁 옥외집회에서 많은 무리에게 말씀을 전하고 있었다. 그가 설교를 마치자 한 남자가 조급하게 그에게 다가와 "목사님! 우리 집에 가셔서 죽어가는 제 아내를 좀 만나 보시겠습니까?' 하고 말했다. 번스는 동의했다. 그러나 그 남자는 즉시 "오! 하지만 아내가 있는 곳을 안다면 목사님이 오시지 않을까 걱정이 됩니다"라고 덧붙였다. "그녀가 어디에 있든 가겠습니다"라고 그는 대답했다. 그런데도 그 남자는 두려운 듯이 자기는 그 도시에서 가장 비참한 한 골목에서 천한 술집을 운영하는 주인이라고 말했다. 이에 목사는 "그것은 문제가 안 됩니다. 어서 갑시다"라고 재촉했다. 함께 갈 때, 하나님의 종의 얼굴을 바라보면서 그 남자는 진지하게 말하기를 "오 목사님! **조건**이 되면 그것을 포기하겠습니다"라고 했다. 번스는 "하나님에게는 **조건**이 없습니다"라고 대답했다. 두려워 떠는 이 불쌍한 술집 주인이 자신의 영혼의 상태와 구원의 길에 대해 번스와 대화를 나누려고 갖은 애를 다 썼지만, 그는 "하나님에게는 **조건**이 없다."는 말 외에 다른 말을 해 줄 수가 없었다. 드디어 술집에 도착했다. 그들은 그곳을 통과해서 죽음의 방으로 들어갔다. 죽어 가는 부인과 잠깐 대화를 나눈 후, 주의 종은 기도를 시작했다. 기도하는 동안 술집 주인은 방을 나갔고, 곧 시끄러운 소리가 들렸는데, 큰 망치로 무엇인가를 힘차게 계속 내리치는 것 같았다. 이 엄숙한 순간에 얼마나 어울리지 않는 소리였을까? 그 남자는 미쳤는가? 아니었다. 번스가 밖으로 나왔을 때, 술집 간판이 갈갈이 찢겨 길 위에 나뒹굴고 있는 것을 보았다. 술집 영업은 영원히 포기되었다. 그 남자는 진지하게 자신의 천박한 술집에서 등을 돌리고 자기에게 긍휼을 베푸신 하나님, 그의 모든 죄를 완전히 사하신 우리 하나님께 돌아왔다. 그의 이후의 삶은 그의 회심이 참임을 의심하게 만드는 것은 조금도 없었다. _ 윌리엄 브라운의 "기쁜 소리"에서

84
풍성한 용서

악인은 그의 길을, 불의한 자는 그의 생각을 버리고 여호와께로 돌아오라
그리하면 그가 긍휼히 여기시리라
우리 하나님께로 돌아오라 그가 너그럽게 용서하시리라
_ 이사야 55:7

여기서 선지자는 예수님의 사명에 대해 선포하고 있다(4절과 5절). 곧장
그는 죄인들에게 호소하고 있다. 왜냐하면 예수님이 죄인들에게 오시기 때
문이다. 또는 그는 그들에게 용서를 선포한다. 이 때문에 예수님이 오신다.
그분의 오심은 아침과 같아서 땅이 기쁨으로 촉촉이 적셔진다.

그 부르심은 실제로 믿음과 회개로의 부르심이다. 그것은 즉각적이고, 진
실하고, 영적이고, 완전하다. 제안된 권면은 값없이 주어지는 충분한 용서
다. "그가 너그럽게 용서하시리라."

아마 영혼을 설득하는 논증으로 이 이상 가는 것은 없을 것이다.

I. 하나님의 용서의 풍성함을 생각해 보자.

숙고하면 다음과 같이 그 풍성함을 더 깊이 깨닫게 될 것이다:

1. 그것이 가져오는 속성의 풍성함. 하나님의 모든 속성은 무한하고 조화
   를 이루고 있다. 그러나 우리는 "하나님은 사랑이시다"라는 말씀을 듣
   는다. 이것은 공의나 권능에 관해 하는 말이 아니다. "주의 인자하심이
   하늘보다 높으시며"(시 108:4). "여호와여 주의 인자하심이 땅에 충만
   하였사오니"(시 119:64). "그 인자하심이 영원함이로다"(시 136편).
2. 용서의 대상들의 풍성함. 아담의 때로부터 지금까지 하나님은 모든 민
   족, 계급, 시대를 막론하고 무수한 사람들에게 용서를 베푸셨다.

- 우리는 많은 사람들이 우리의 기분을 상하게 할 때 성급하게 인내심을 잃어버리지만, 하나님은 그렇지 않으시다. "애굽에서부터 지금까지 이 백성을 사하신 것 같이 사하시옵소서"(민 14:19).

3. 사함 받은 죄의 풍성함. 누가 능히 용서 받은 생각들, 말들 행동들을 다 셀 수 있겠는가?
   - 이 죄는 지겹도록 반복되었다(사 43:24; 계 3:16).
   - 젊었을 때나 늙었을 때, 율법과 복음, 빛과 사랑에 대항한 죄.
   - 그러나 하나님은 무수한 메뚜기들이 바람에 깡그리 날려가 버리거나 이슬방울들이 태양에 의해 완전히 말라 버리는 것처럼, 이 모든 죄들을 제거하신다.

4. 용서 받은 죄에 관한 죄의 풍성함.
   - 어떤 죄는 미리 계획되고 의도적인데, 그 음모와 계획도 죄에 해당된다.
   - 어떤 죄는 거미집과 같아서 다양한 죄로 엉켜 있다.
   - 어떤 죄는 교만, 방탕, 잔인, 불경, 방자하다.
   - 어떤 죄는 반복되고, 확대되고, 지속적이다.
   - 그러나 더 깊은 곳에 자리 잡고 있는 죄의 독액을 하나님은 제거하신다.

5. 용서의 수단들의 풍성함.
   - 하나님의 아들의 속죄와 그 의.
   - 항상 살아 계신 중보자의 무한한 공로.
   - 복음의 능력을 적용하도록 항상 이끄시는 성령의 역사.

6. 용서에 이르는 용이한 조건들의 풍성함.
   - 고행이나 연옥과 같은 까다로운 조건이 없다.
   - 단지 구하고 받으면 되고, 회개하고 믿으면 된다.
   - 심지어는 회개와 믿음도 똑같이 하나님이 주시는 것이다.

7. 풍성한 용서의 충만함.

- 그것은 과거, 현재, 미래의 모든 죄를 망라한다.
- 그것은 극히 유효하고, 확실하다.
- 그것은 영원하고, 취소될 수 없다.
- 그것은 전가된 의를 수반한다. 용서는 씻는 것이고, 의는 옷 입고 아름답게 치장하는 것이다.

8. 용서에 수반되는 축복의 풍성함.

- 영적 속박과 율법의 구속으로부터의 해방.
- 원죄의 지배능력으로부터의 자유.
- 천국 가족으로 편입되는 양자권.
- 고소자에게 당당하게 맞설 수 있을 정도로 충분한 용납.
- 믿음의 섬김 사역에 쓰임 받음.
- 거룩하신 삼위일체 하나님과의 친교.
- 우리가 완전히 순전한 자인 것처럼 참되고 확실하게 우리 기도에 응답하심.
- 완전한 자들과 함께 궁극적 영광 속에 들어감.

II. 그것에 대해 적절한 추론을 해 보자.

이는 우리의 논의에 실제적 결론을 제공할 것이다.

1. 따라서 절망할 필요가 없다. 만일 하나님께서 과거에 종종 용서하셨다면, 그것을 얻을 기회가 있을 때마다 그분의 호의를 구하는 것이 합당하다. 그러나 지금 우리는 확실하고 분명한 용서에 대한 소망을 갖고 그분에게 돌아갈 수 있다.

2. 따라서 회개하라는 큰 부르심이 있다. 그토록 선하고, 그토록 자비로우신 하나님을 누가 성나게 할 수 있겠는가? 하나님은 우리에게 미리 용서를 약속하시기 때문에 우리의 불쌍함을 더욱 크게 보여 주자.

3. 따라서 가장 악한 죄인들에게 특별한 초청이 주어진다. 그들에게는 더 풍성한 자비가 적당하기 때문이다. 그러나 그보다 덜한 죄인에게도 자리가 준비되어 있다.

4. 이처럼 너그럽게 용서하시는 하나님은 충분히 사랑 받으실 만하고, 용서 받은 자들의 삶은 그토록 풍성하게 용서해 주신 분을 똑같이 사랑하는 모습으로 채워져야 한다.

5. 만일 이 자비를 가볍게 여긴다면, 우리는 커다란 진노를 면할 수 없음을 확실히 알아야 할 것이다.

❖ 초청의 음성 ❖

너무 커서 포기될 수 없는 죄라도 용서받을 수 없을 만큼 큰 죄는 아니다. 우리 안에 있는 자비, 그것은 한 방울의 물에 지나지 않는다. 그러나 하나님 안에 있는 자비는 바다와 같다. 우리 안에 있는 자비는 작은 물줄기에 불과하다. 그러나 하나님 안에 있는 자비는 근원을 이루고, 흘러넘치는 샘이다. 샘은 끊임없이 물이 흐르고, 바다는 결코 물이 마르지 않는다. 작은 불꽃이 바다에 떨어진다면 어떻게 되겠는가? 회개하는 사람의 죄도 하나님의 자비에 의해 다루어질 때는 이와 마찬가지다. _ 토머스 호튼(Thomas Horton)

몬머스 공작의 부하 가운데 하나가 포로가 되어 제임스 2세 왕 앞에 끌려 나왔다. 왕은 "너는 내게 너를 용서해 줄 수 있는 힘이 있다는 것을 아느냐?" 왕의 잔인한 성격을 잘 알고 있는 그가 "예, 하지만 용서하는 것이 당신의 성격은 아닙니다"라고 대답했다. 이 대답은 얼마나 지혜롭지 못한 대답인가! 그 결과는 금방 나타났다. 행복하게도 우리는 하나님께서 자비를 베푸시는 힘뿐만 아니라 성품까지 가지고 계심을 알고 있다. "오, 주여, 긍휼은 당신에게 속한 것입니다."

플레밍은 자신의 저서 "성경의 성취"에서, 에어 마을에서 사형당한 극히 악독한 한 죄인의 사건에 대해 말한다. 주님은 감옥에 있을 때 그가 회개하기를 원하셨다. 그래서 그는 사형장에 이르렀을 때, 용서에 대한 확신으로 충만해서 사람들에게 "오, 그분은 위대한 용서자로다! 그분은 위대한 용서자로다!"라고 부르짖지 않을 수 없었고, 계속해서 이렇게 덧붙였다: "지금 완전한 사랑이 두려움을 내쫓았도다. 하나님께서 나를 전혀 정죄하지 않음을 알고 있다. 예수 그리스도께서 모든 죄 값을 지불하셨고, 아들이 자유케 하는 자들은 누구나 자유하기 때문이다." - G. S. 보우스(G. S. Bowes)

주님, 죄를 범하기 전에는 어떤 죄로도 발을 적시지 않고 건널 수 있을 것처럼 얕아보였으나 막상 죄를 범하고 나니 그곳은 너무 깊어서 빠지지 않고는 도저히 피할 수 없는 것처럼 보입니다. 이렇게 저는 언제나 극단 속에 빠지고 맙니다. 내 죄가 너무 적어서 회개의 필요성을 느끼지 못하거나 너무 커서 도저히 용서 받을 수 없는 것처럼 되고 맙니다. 오 주여, 당신의 성소로부터 갈대를 제게 주셔서 내 죄악의 깊이를 재도록 하소서. 그러나 오! 당신이 저의 비참을 드러내는 것만큼 자비를 베푸소서. 제 생각으로는 저의 상처가 당신의 거즈(붕대)보다 조금이라도 더 크다면, 그것으로 인해 제 영혼은 탈진하고 말 것입니다. 만일 저의 죄악이 당신의 선보다 단 한 순간이라도 머리카락 한 올 넓이보다 더 크게 보인다면, 그것은 저를 영원한 절망으로 이끌기에 충분한 시간이 될 것입니다. _토머스 풀러(Thomas Fuller)

85
구름 같은 비둘기

저 구름 같이, 비둘기들이 그 보금자리로 날아가는 것 같이
날아오는 자들이 누구냐
_ 이사야 60:8

하나님이 그의 교회를 찾아오시는 날, 무리들이 그분을 보기 위해 나아올 것이다. 그들이 그렇게 하는 것은 커다란 행복이다. 경배의 찬양에 동참하는 사건이기 때문이다. 그들은 비둘기가 그 보금자리로 돌아올 때처럼, 멀리서 곧장 날아와 예수님을 배우기 위해 찾아올 것이다.

예수님은 큰 매력의 대상으로, 그분이 신실하게 끌어당기면 사람들은 폭풍에 밀려오는 구름같이 날아와 무리 지어 그분께 나아갈 것이다.

그러나 그것을 보고 놀라는 사람이 있을 것이다. 그들은 다음과 같은 질문을 하게 될 것이다.

I. 그토록 많은 회심자들은 누구인가?

"저 구름 같이."

그 대답은 다양하고 쉽다.

1. 그만큼 죄인들이 많지 않은가?
2. 그리스도의 구속이 위대하지 않은가?
3. 그분의 축복이 정말 매력적이지 않은가?
4. 사탄은 마지막 때 많은 사람들을 지배할 것인가? 우리는 그렇다고 생각할 수 없다.
5. 하나님의 영이 많은 사람들을 인도할 수 없겠는가?
6. 천국은 그토록 큰데, 영혼들을 채울 방이 없겠는가?

자연학자들은 아메리카의 비둘기들이 얼마나 방대한 구름 떼를 이루고 있는지에 대해 말한다. 오, 회심자들의 구름 떼가 이와 같음을 볼 수 있기를!

II. 그들은 누구에게 날아가는가?

그들은 왜 비둘기가 그 보금자리로 날아올 때처럼 그토록 신속하게 날아가는가? 이것 역시 그 대답이 분명하다.

1. 그들은 커다란 위험 가운데 있기 때문이다.
2. 그들의 시간이 촉박하기 때문이다.
3. 그들은 큰 바람에 밀려가기 때문이다. 천국의 바람으로서, 성령은 영혼들이 구원을 찾도록 재촉하신다.
4. 그들은 강렬한 욕구에 의해 움직이기 때문이다. 그들은 큰 갈망을 갖고 자기들이 양육받고 거했던 보금자리를 찾을 것이다.

비둘기는 곧장, 신속하게, 확실하게 날아간다. 그것들은 오래 머물거나 빈둥거리지 않고, 급하게 보금자리를 향해 날아간다.

III. 함께 날아가는 자들은 누구인가?

그들은 구름처럼 보일 정도로 무리를 지어 날아간다. 이것은 왜 그런가?

1. 그들은 모두 하나의 공통적 위험 속에 있기 때문이다.
2. 그들은 안전을 찾는 동안 다툴 시간이 없기 때문이다.
3. 그들은 한 가지 공통의 목적을 갖고 있기 때문이다. 그들은 한 구주를 찾고 있다.
4. 그들은 동일한 천국 바람에 의해 밀려가고 있기 때문이다. 성령은 자신의 뜻에 따라 각자에게 역사하신다.
5. 그들은 상호 교제 속에서 위로를 찾기 때문이다.
6. 그들은 영원토록 하늘에서 함께 살 소망을 갖고 있기 때문이다.

IV. 이 길을 날아가는 자들은 누구인가?

그들은 비둘기로서, 바위틈에 있거나 열려 있는 비둘기 집에 있는 평소 그들의 거처를 향해 나아간다.

1. 그들을 뒤쫓는 매를 피해 예수 안에서 안전을 찾으려고.

2. 그분의 사랑 안에서 안식을 얻으려고. 왜냐하면 그들은 지쳐 있고, 그들의 발바닥을 위해서 다른 안식을 찾지 못하기 때문이다.

3. 그분의 마음 안에서 거처를 찾으려고. 제비는 겨울에 다른 거처를 찾아 가지만 성도들은 영원히 그리스도 안에 거한다.

4. 그들의 동료가 있기 때문에. 비둘기가 함께 모이는 것처럼 구원받은 성도들도 서로 교제하며 사랑한다.

5. 그들의 새끼가 있기 때문에. "제비도 새끼 둘 보금자리를 얻었나이다"(시 84:3). 신자는 자녀들이 그리스도 안에 보금자리 갖기를 원한다.

6. 그들의 양식이 있기 때문에. 우리가 어디서 양식을 구할 수 있겠는가?

7. 그들의 모든 것이 있기 때문에. 그리스도는 전부가 되시는 분이다.

V. 그러나 그들은 개인적으로 누구인가?

1. 어떤 이들은 우리 자신의 자녀들이다.

2. 어떤 이들은 주일학교 출신이다.

3. 어떤 이들은 오래 믿었지만, 복음에 대해 마음이 둔했던 사람들이다.

4. 어떤 이들은 국외자들로서, 전혀 생소한 이방인들이다.

5. 어떤 이들은 타락했다가 돌아온 이들이다.

6. 어떤 이들은 우리가 개인적으로 알고 있어서 기도해 주었던 사람들이다.

사랑하는 신자여, 당신이 그 중의 하나가 아닌가? 당신은 다가올 진노를 피해 날아갈 이유가 없는가? 먼저 예수님께 날아가라. 그 다음에는 지체 없이 그의 교회로 급히 날아가라.

✣ 날개 ✣

이 본문은 모리에(Morier)에 의해 잘 예증되었다: "자인더로드 근방 사방에 위치한 도시 근교(이스파한)에는 지역 주민들과 거리가 멀리 떨어진 곳에 많은 비둘기집들이 있다. 그것들은 크고, 둥근 탑 모양으로서 꼭대기보다 아래쪽이 더 통이 넓다. 그리고 꼭대기에는 원탑형의 구멍이 뚫려 있어서 비둘기들이 그곳을 타고 안으로 내려온다. 안쪽은 벌집처럼 생겼는데, 무수한 구멍이 뚫려 있고, 그 구멍은 둥지로서 아늑한 형태를 취하고 있다. 이 집들 가운데 하나를 자세히 살펴본 결과, 특별한 비행 능력을 가진 비둘기들이 본문에 대한 적절한 예증을 보여 준다고 생각된다. 빽빽이 들어차 무리를 이룬 수많은 비둘기들은 문자 그대로 멀리서 보면 구름처럼 보여서 태양 아래를 통과할 때는 그 빛을 어둡게 할 정도다." 이 예증에 덧붙일 만한 가치 있는 내용은 이 비둘기 집과 비슷한 집들을 히브리인들이 사용한 가능성이 있다는 사실이다. 왜냐하면 그들은 확실히 애굽 주변 민족들 가운데 살 때 그런 적이 있었기 때문이다. _ 키토의 「그림성경」

하나님의 자녀들은 상호간 친교와 교제를 좋아하기 때문에 믿음으로 서로 위로받고 감싸줄 수 있다. 그들은 "저 구름 같이, 비둘기들이 그 보금자리로 날아가는 것 같이 날아오는 자들"이다. 곧 하나님의 집 또는 교회로 날아오는 자들이다. _ 벤저민 키치(Benjamin Keach)

힘이 없는 사람은 다른 사람들로부터 힘을 공급받고 지원받는다. 자연은 이 교훈을 가르쳐 준다. 연약한 피조물은 물고기나 가축이나 짐승들이다. 그래서 그것들은 보통 무리를 지어 동료들과 함께 다닌다. _ 스윈녹(G. Swinnock)

새들은 함께 무리를 짓는다(유유상종).

누구나 큰 무리의 비둘기들은 베니스의 성. 마가 성당의 광장에 있는 대형시계가 시간을 알리기 위해 추를 때리는 소리와 같다는 것을 알고 있다. 그것은 절대로 사람들 귀에 아름답게 들리는 음악 소리가 아니지만, 시간마다 들을 수 있다. 사람들은 영혼의 양식을 위해 설교자의 설교를 들으러 온다. 그러나 그 소리는 결코 그들을 불러 모을 만큼 매력적이지 않다. 이것은 교회의 집회에 사람들이 모이는 데 대한 암시를 제공한다. 그것은 당신의 종소리 같은 설교가 훌륭하기 때문에 아니라 당신이 입술을 열 때 나오는 소리가 영적 양식이라고 확신하기 때문이라는 것이다. 비둘기의 먹이로는 보리가 그만이다. 사람들에게는 복음이 최고의 양식이다. 그것을 진지하게 찾으라. 그러면 당신은 절대로 실패하지 않을 것이다. 당신은 곧 "저 구름 같이, 비둘기들이 그 보금자리로 날아가는 것 같이 날아오는 자들이 누구냐"고 말하게 될 것이다. _ 스펄전(C. H. Spurgeon), "화살깃"으로부터

「자연」이라는 책에서 한 저자는 350마일을 날아가 지중해를 건널 수 없는 작은 새들은 두루미 등에 올라타고 그 바다를 건넌다고 진술한다. 처음에 추운 겨울이 되면, 두루미들은 특수한 울음소리를 내며 창공을 낮게 날아간다. 그러면 온갖 작은 새들이 두루미 위에 올라타고, 이미 자리를 잡은 새들이 함께 울음소리를 내면, 다른 새들이 그 분명한 소리를 듣고 날아온다. 이 도움으로 말미암아 온갖 종류의 작은 새들은 그 상태에서 벗어나게 되었다. 마찬가지로 어리고 연약하고 많은 회심자들이 그리스도를 찾는데 큰 도움이 필요하다. 강하고 성숙한 자들은 더 연약한 자들을 도움으로써 그들이 영적으로 더 잘 날 수 있도록 해 주어야 한다.

86
돌아오라! 돌아오라!

여호와께서 이르시되 배역한 이스라엘아 돌아오라 …
여호와의 말씀이니라 배역한 자식들아 돌아오라 …
배역한 자식들아 돌아오라 내가 너희의 배역함을 고치리라
_ 예레미야 3:12, 14, 22

신자가 배역하는 것은 두려운 일이다.

• 이 긍휼이 그에게 주어졌다.

• 이 사랑을 그가 누려왔다.

• 이 전망이 그 앞에 놓여 있다.

• 이 위로는 그의 배역으로 말미암아 희생된다.

그것은 인간 스스로에게는 비참한 일이다. 왜냐하면 그것으로 말미암아 얻는 것은 아무것도 없고, 모든 것이 위태롭게 되기 때문이다. 배역자가 그 안에 있다는 것은 교회 전체에 치명적이다. 그것은 세상에 대해서도 해가 된다.

배역자가 즉시 이행해야 할 의무는 무엇일까? 그의 배역의 직접적 치료책은 무엇인가? 그것은 한마디로 요약되는데, "돌아오라"는 하나님의 말씀이 그것이다.

우리는 그것을 진지하게 살펴보아야 한다:

I. 놀라움을 불러일으키는 요청.

하나님께서 배역자에게 돌아오라고 촉구하실 이유가 별로 없으실 것처럼 보인다. 본문의 장을 따라가 보면, 그에 대한 풍부한 해답을 발견할 수 있다.

1. 사랑의 질투. 1절에 나타나 있는 두려운 비유를 주목해 보라. 방탕한 행음녀가 남편에게 돌아가는 것이 허락된다.

2. 죄의 만연. "이 땅을 더럽혔도다"(2절). 그 땅도 우상숭배의 질병에 감염되었다.

3. 징계에도 불구하고 완고하게 죄악에 빠져 있음(3절). "수치를 알지 못하느니라"(3절).

4. 부드러운 설복을 거절함. "(너희가) 하지 아니하겠느냐?"(4절).

5. 자비를 악용함. 하나님은 자신의 진노를 영원히 미루시지 않는데도, 그들은 그분의 오래 참으심을 악용해서 더 심하게 죄를 범했다(5절).

6. 경고를 멸시함. 유다는 이스라엘의 패망을 눈으로 목격했으나 여전히 죄악의 길을 따라갔다(6-11절). 죄악이 다른 사람들에게 주는 고통을 알면서도 우리 스스로 그것에 집착할 때 그 죄는 훨씬 더 커진다.

하나님께서 자비로 충만해서 이 배역자들에게 돌아오라고 반복해서 명령하시는 것이 놀랍지 않은가?

II. 기억을 되살리는 요청.

당신은 그것 때문에 다른 날들을 상기하지 않는가?

1. 처음 예수님께 나아왔을 때.

2. 다른 성도들과 함께 행복했을 때.

3. 다른 사람들을 가르치고 권면할 수 있었을 때.

4. 조금씩 다른 길로 어긋나기 시작했을 때.

5. 이 배역을 통해 슬프게도 죄를 범했을 때.

당신의 마음이 감동될 때까지 이 기억들을 되살려보라.

III. 요청에 순종하도록 촉구하는 이유들.

1. 그것을 촉구하는 분은 하나님 자신이다. 우리는 두 번에 걸쳐 "여호와

의 말씀이니라"는 말씀을 읽는다.

2. 진노가 제거될 것이다. "나의 노한 얼굴을 너희에게로 향하지 아니하리라"(12절).

3. 사랑은 계속된다. "나는 너희 남편임이라"(14절).

4. 치유가 주어질 것이다. "내가 너희의 배역함을 고치리라"(22절).

각 구절은 그 고유의 강력한 논증을 제공한다.

IV. 요청에 대한 순종을 쉽게 하도록 주신 명령들.

1. "너는 오직 네 죄를 자복하라"(13절). 얼마나 간단한 일인가!

2. 악을 슬퍼하라. "애곡하며 간구하는 것이라"(21절). 당신은 지금 자신의 죄를 슬퍼하고 있는가?

3. 슬픈 결과를 감수하라. "우리는 수치 중에 눕겠고"(25절).

4. 회복을 위해 하나님을 의지하라. "이스라엘의 구원은 진실로 우리 하나님 여호와께 있나이다"(23절).

5. 진심으로 충성을 새롭게 하라. "보소서 우리가 주께 왔사오니 주는 우리 하나님 여호와이심이니이다"(22절).

이 일들을 세심하게 그리고 즉각 실천하라. 그리하면 타락한 자들은 처음 지위를 회복할 것이다. "돌아오라! 돌아오라!"고 여호와께서 말씀하신다. 오, 성령께서 그들을 그 길로 이끄시기를!

V. 요청에 순종하는 사람들에게 주어진 약속.

이 사람들은 다음과 같은 것을 얻게 될 것이다:

1. 특별한 인도. "너희를 시온으로 데려오겠고"(14절).

2. 적절한 양식. "지식과 명철로 너희를 양육하리라"(15절).

3. 영적 통찰력(16절과 17절을 보라).

4. 어린아이 같은 영혼. "너희가 나를 나의 아버지라 하고"(19절).

이 전체 항목은 모든 신자들에게 필수적이다. 왜냐하면 우리는 이미 우리가 알고 있는 것보다 훨씬 더 심각한 배역을 행했기 때문이다.

자신의 죄를 의식하고 있는 배역자에게 "돌아오라!" "돌아오라!" "돌아오라!" 고 세 번에 걸쳐 강력한 요청이 주어지고 있다.

❖ 표현의 묘 ❖

원문의 "배역한 자식들아 돌아오라" 는 말씀은 말의 재치, 아니 의미의 재치가 담겨 있다. 글자 그대로의 의미로 보면, 호세아 14:4에서처럼 "돌이키라, 너희 떠난 자식들아 내가 너희의 떠남을 고치리라" 는 의미다.

하나님은 초대해 놓고, 문을 잠그시는 분이 아니다. 여기서 그분은 위협을 약속으로 바꾸신다. 하나님은 단순히 자녀들을 받아들이는 것으로 그치지 않고, "고치실" 것이다. 하나님만이 오직 그 배역자들을 고치실 수 있다. 인간은 죄에 대해 회개하고, 하나님은 그것을 고치신다. 악으로부터 돌이키는 것은 우리의 몫이고, 그 악을 제거하는 것은 하나님의 몫이다. 죄는 회개의 눈물이 아니라 그리스도의 피로 말미암아 씻겨 나간다. 치유는 배반자들의 고통스러운 수고를 통해서 주어지는 것이 아니라 그리스도께서 죄로부터 구원하시는 것이다. _「풀핏 주석」

나는 그리스도와 그분의 희생 그리고 성령의 사역에 대한 냉정한 마음 ─ 설교할 때, 은밀히 기도할 때, 성경을 연구할 때 ─ 에 진력이 나 있었다. 15년 전 나의 마음은 예수님과 함께 엠마오로 가는 것처럼, 안에서 뜨겁게 불타올랐었다. 나로서는 정말 잊지 못할 그날, 더겔리에서 메킨레트로 가는 도중에 카데어 이드리스로 올라가는데, 마음은 비록 무겁게 느껴지고, 내 영혼의 상태는 크게 세속적이어도, 기도하는 것이 의무라고 생각했다. 예수님의 이름으로 기도를 시작하자 나는 곧 나를 결박하고 있던 것이 풀리고, 오랫동안 굳어있던 마음이 부드러워지는 것을 느꼈다. 또 내 안에서 서리와 눈으로 뒤덮인 산이 해체되고, 녹아내리는 것을 깨달았다. 이것은 내 영혼에 성령의 약속에 대한 확신을 불러일으켰다. 나는 마음이 큰 속박에서 해방되는 것을 느꼈다. 눈물이 한없이 흘러내렸고, 구원의 즐거움을 내 영혼에 회복시키시는 하나님의 은혜로우신 임재에 대한 감격으로 나는 울음을 터뜨리지 않을 수 없었다. _크리스마스 에반스

나는 간혹 하나님의 은혜의 지극히 풍성함에 크게 놀라곤 한다. 그리스도는 어떻게 날마다 또 시간마다 용서하실 수 있을까? 때때로 나는 자신이 너무 부끄러워 용서를 구하는 것이 두렵게 느껴진다. _ A. I. 뉴턴

죄에 빠지는 것은 인간적이고,
죄 가운데 거하는 것은 마귀적이다.
죄를 슬퍼하는 것은 그리스도와 같고,
모든 죄를 떠나는 것은 하나님과 같다.

_롱펠로우

그러나 주권적 자비는 "돌아오라!"고 외친다.
사랑하는 주여, 내가 돌아올 수 있나이까?
비열한 배은망덕을 나는 슬퍼한다 ─
오 길 잃은 자를 집으로 이끄소서!

_스틸

87
질문과 감탄

내가 말하기를 내가 어떻게 하든지 너를 자녀들 중에 두며
허다한 나라들 중에 아름다운 기업인 이 귀한 땅을 네게 주리라
하였고 내가 다시 말하기를 너희가 나를 나의 아버지라 하고
나를 떠나지 말 것이니라 하였노라
_ 예레미야 3:19

인간은 죄를 가볍게 여기지만, 하나님은 그렇지 않으시다.

인간은 은혜를 가볍게 여기지만, 하나님은 그렇지 않으시다.

인간은 하나님이 생각하시는 지점을 망각한다.

본문은 심문(?) 과정의 하나로서 또는 탄식(!)의 한 소리로서 기록된 것으로 보인다. 우리는 이 두 가지가 혼합되어 있는 것으로 보고 본문을 다룰 것이다.

I. 난해한 질문이 여기 있다.

본문 속에는 난해한 질문들이 많이 포함되어 있다.

1. 거룩하신 하나님에 관한 질문. "**내가** 어떻게 하든지 너를 자녀들 중에 두며." 어떻게 거룩하신 분께서, 그의 정의와 순결하신 속성에 반하여, 그의 가족들 중에 이런 사람들을 두실까? 그들은 그들의 하나님을 망각하고, 멸시하고, 저버리고, 거부하고, 모욕했다. 그런데 어떻게 마치 그들이 그분을 사랑하고 순종한 것처럼 그들을 다루실 수 있는가?

2. 불경건한 사람에 관한 질문. "내가 어떻게 하든지 **너를** 자녀들 중에 두며." 당신은 다음과 같은 자로 행동한 후에도 선택받게 될 것인가?

   • 의도적으로 불순종함으로써 크게 손해를 끼친 반역자.

   • 그토록 공개적이고, 뻔뻔스럽고, 완고한 죄인.

- 그토록 방탕하고, 불경스럽고, 고통을 주었던 무법자.
- 불신앙으로 말미암아 "이미 정죄를 받은" 범죄자.

이런 사람들이 긍휼을 얻는다. 어떻게 그럴 수 있을까?

3. 가족에 관한 질문. "**내**가 어떻게 하든지 **너**를 **자녀들 중에** 두며."
  - 자녀들이 뭐라고 말할까? "확실히 멋진 형제로구나!"
  - 세상은 뭐라고 말할까? 보는 자들마다 "어떤 인물들이 하나님의 가족으로 받아들여지는지를 보라"고 외치지 않겠는가? 심지어 죄악을 아주 하찮은 것으로 여기는 것처럼 보이지 않는가? 악인들이 그 죄악에 대해 무죄선고를 받을 소망이 있지 않은가?
  - 나 자신은 이런 과정을 어떻게 정당하다고 말할 수 있을까? 어떻게 이것이 만물의 심판자의 행위로 받아들여지겠는가?

4. 기업에 관한 질문. "**아름다운 기업인 이 귀한 땅**을 네게 주리라." 이것이 이런 사람들에게는 너무 과분하지 않은가?
  - 당신은 이 아래에서 평강과 행복을 누리고 있는가?
  - 당신은 크게 사랑받는 자녀들이 누리고 있는 모든 것을 소유하고 있는가?
  - 당신은 천국에 들어가겠는가?

이것은 지금까지 오직 여호와 외에는 아무도 생각하지 못했던 질문이다. 마치 그분이 제시하신 것이 작은 문제가 아님을 우리가 알고 있었던 것처럼, 그분 자신이 오래 전에 그렇게 물으셨다. 그분 자신이 그 질문에 대답하셨다. 그렇지 않으면 그 질문은 결코 대답될 수 없었을 것이다.

II. 놀라운 대답이 여기 있다.

1. 그것은 하나님 자신으로부터 오고, 그러므로 완전한 대답이다.
2. 그것은 신적 문체로 되어있다. "너희가 할 것이니라"(Thou shalt), "너희가 하지 못할 것이니라"(Thou shalt not). 전능하신 하나님은 말씀하

시고, 은혜는 그 무조적적 성격을 드러낸다.

3. 그것은 신적 활동에 관한 것이다. 하나님 자신이 죄인을 자기 자녀들 중에 두시고, 그분 외에 누구도 그렇게 할 수 없다.

- 하나님께서 새 영 — 양자의 영 — 을 부어 주신다.
- 이 영은 새 호칭 — 나의 아버지 — 을 통해 자신을 계시하신다.
- 이것은 새 연합을 형성한다: "나를 떠나지 말 것이니라."

4. 그것은 그 목적을 위해 효과적이다.

- 충심으로 "나의 아버지"라고 외치는 사람들은 안전하게 그 자녀들 중에 두어질 것이다.
- 그 아버지를 떠나지 않는 사람들은 자녀가 될 것이다.

종들은 가고, 아들이 온다. 이같이 은혜로우신 우리 하나님의 지혜는 거듭남과 자녀됨을 통해서 난해한 질문에 대답한다.

III. 질문 외에 비교할 수 없는 특권이 여기 있다.

우리는 자녀들 중에 두어진다.

1. 우리는 진실로 하나님의 자녀가 되고, 그리스도와 함께하는 상속자가 된다.

2. 우리는 자녀로서 크게 사랑받는다.

3. 우리는 자녀로서 대접을 받는다.

- 우리는 아버지가 그의 자녀를 용서하시는 것처럼 용서받는다.
- 우리는 자녀로서 옷 입혀지고, 양육받고, 집안에 산다.
- 우리는 자녀로서 가르침 받고, 지도 받고, 연단 받는다.
- 우리는 자녀로서 영예를 얻고, 유복하게 된다.

4. 우리는 자녀가 이행해야 할 의무 아래 두어진다.

우리 아버지를 사랑하고, 영화롭게 하고, 순종하고, 섬기는 것.

이것은 짐이 아니라 최고의 영예로 간주되어야 한다.

우리는 우리를 가족으로 받아주시는 은혜를 찬미해야 한다.

우리는 이것이 우리에게 제공하는 특권들을 누려야 한다.

우리는 사랑하는 자녀들이 행하는 것처럼 행해야 한다.

✣ 발췌 ✣

하나님은 말하자면, 서 있는 자세로 계시는 것처럼 보인다. "이 죄인들을 구원하기 위해 어떻게 해야 실수하지 않을꼬?" 이것은 우리로 하여금 우리의 죄에 대해 크게 겸비하게 만든다. 마치 어린 아이가 큰 죄를 범하고 괴로운 상태에 있는 것과 같다. 그때 자상한 아버지께서 그를 돕는다면, 그는 기꺼이 힘든 일들을 자초하고, 자신의 머리를 쥐어박으며, 회개해야 한다. 완전한 파멸에서 자신의 불쌍하고 어리석은 자녀를 구원하기 위해 그분이 얼마나 애쓰시는지 면밀히 살펴보아야 한다. 그런데 만일 그 아이가 조금이라도 솔직한 마음을 갖고 있다면, 그는 "내가 구원받기만 한다면, 내 아버지의 걱정은 큰 문제가 아니다"라고 생각하지 않고, 이렇게 외칠 것이다: "슬프도다. 이것이 내 마음을 찢어놓는구나! 내가 아버지를 얼마나 큰 고통에 빠뜨렸던가! 그 생각을 하면 도저히 견딜 수 없다." 본문에서 사람들의 방식에 따라 말씀하시는 하나님에 관해 우리는 이와 같이 해야 한다. _ 제레미아 버로우스(Jeremiah Burroughs)

주후 2세기 경, 기독교의 대박해자인 켈수스는 주님의 말씀을 왜곡하여 이렇게 불평했다: "예수 그리스도는 가장 무섭고 두려운 단체를 만들기 위해 세상에 왔다. 왜냐하면 그는 의인이 아니라 죄인을 부르기 때문이다. 따라서 그가 만든 단체는 함께 어울려 살았던 선한 사람들과는 아무 상관이 없는 악인들의 단체이다. 그는 선한 것은 모두 거부하고, 악한 것만 모아놓았다." 이에 오리게네스는 이렇게 답변했다: "우리 예수님이 죄인들을 부르러 오신 것은 사실이다. 그러나 그것은 회개로 이끌기 위해서였다. 그분은 악

인들을 불러 모았다. 그러나 그것은 그들을 새 사람으로 변화시키거나 천사
들로 바꿔놓기 위해서였다. 우리는 탐욕자로 그분께 나아갔으나 그분은 우
리를 관대한 자로 만드신다. 우리는 음욕을 품고 그분께 나아갔으나 그분은
우리를 순결한 자로 만드신다. 우리는 그분께 포악한 자로 나아갔으나 그분
은 우리를 온유한 자로 만드신다. 우리는 그분께 불경건한 자로 나아갔으나
그분은 우리를 신실한 자로 만드신다."

거듭남은 옛 본성의 변화가 아니라 새 본성이 들어오는 것이다. "변화된
이스마엘"이 아니라 "태어난 이삭"이 약속의 자녀다.

하나님은 자신이 택한 자들에게 기름을 부으신다. 그리하여 그들을 자녀
와 성도로 만드신다. _ 왓슨

이스트 햄턴(East Hampton) 지역의 내 교구민 가운데 50세가 되어서야
회심하게 된 신자가 있다. 그는 서너 번에 걸쳐 부흥의 역사를 체험했지만
그때까지 아무 희망 없이 살아왔던 것이다. 이윽고 변화를 받은 그는 몇 주
후에 이렇게 고백했다: "그게 납니까? 회심하는 것이 그렇게 힘들다고 생각
하고, 아무 소망이 없다고 말했던 그 사람이 바로 납니까? 정말입니까? 정말
입니까? 오 놀랍도다!" _ 라이먼 비처 박사(Dr. Lyman Beecher)

고의적인 불신앙

(그들이) 돌아오기를 싫어하므로
_ 예레미야 5:3

모든 사람이 저지르는 핵심 죄악이 여기 있다. 이 죄는 자기들이 지켜야할 충성의 자리로 돌아오기를 거절하기 때문에 더 커진다. 이것은 절실한 초대를 거부하기 때문에 더 심화된다.

I. 누가 돌아오기를 싫어했는가?

1. 돌아오지 않겠다고 노골적으로 말한 사람들. 평소에는 없던 정직함을 가지고 또는 뻔뻔스럽게 그들은 죄의 길에서 돌아오지 않겠다고 공개적으로 선언했다.

2. 회개하겠다고 약속하고 그것을 실천하지 못한 사람들.

3. 정직하게 하나님께 돌아오지 않고 다른 것들을 드린 사람들. 그들은 의식, 의, 도덕 등과 같은 것을 준수했다.

4. 단지 외관적으로만 돌아온 사람. 형식주의자, 단순한 신앙고백자 그리고 외식자들은 참된 것을 모방한다. 그래서 그 이면으로는 사실상 회개하기를 거절하는 자들이다.

5. 부분적으로만 돌아온 사람들. 그들이 어떤 죄는 포기하지 않으면서 다른 죄를 포기하는 것은 복종하는 척 하면서 계속 반역하는 악한 방법이다.

II. 이 거절은 무엇을 드러내는가?

1. 죄에 대한 강렬한 집착. 탕자가 기근이 심한 땅을 떠나기를 거절한 것

을 상정해 보라. 그것은 그가 자신의 재산을 낭비하게 만든 사람들에 대해 병적으로 집착하고 있었음을 보여 주었다.

2. 돌아오기를 촉구하는 크신 아버지에 대한 사랑의 결여.

3. 하나님에 대한 불신앙. 그들은 그분이 죄의 악한 결과에 대해 계시한 것이나 죄로부터 돌아올 때 약속하신 축복을 결코 믿지 않는다.

4. 하나님을 멸시함. 그들은 하나님의 권고, 명령 그리고 급기야는 그분 자신까지 거부한다.

5. 계속 죄에 거하려는 굳은 마음. 이것은 그들의 최후의 교만으로, "돌아 오기를 싫어하는 것"이다.

6. 진지한 문제를 사소하게 여김. 그들은 너무 바쁘고, 지나치게 환락을 좋아한다. 아직 시간은 충분하다. 벌써부터 진지할 필요가 없다. 계속 좋은 일이 있을 것이다. 그래서 그들은 하나님의 명령을 가벼운 문제로 여긴다.

III. 무엇이 이 거부의 죄를 심화시키는가?

1. 교정이 회개에 이르지 못할 때.

2. 양심을 위반하고, 하나님의 영을 거부할 때. 회개는 옳다고 생각하지 만, 거부된다. 의무는 알고 있지만, 준수되지 않는다.

3. 회개를 가장 복된 길로 알고 있으나 분명한 핑계들로 인해 완고하게 거 부될 때.

4. 이 완고함이 오래 지속되어 확신과 내적 자극을 방해할 때.

5. 비열한 핑계들이 저변에 자리 잡고 있을 때. 이 같은 은밀한 죄를 죄인 은 감히 고백하거나 끊지 못한다. 또는 사람을 두려워하는 자는 마음이 겁쟁이가 된다.

IV. 이 거부의 실제 이유는 무엇인가?

1. 그것은 무지에서 올 수 있다. 그러나 그것은 단지 부분적으로만 그렇다. 왜냐하면 하나님께 돌아오는 것은 너무나 명백한 인간의 의무이기 때문이다. "돌아오라"는 이 단순한 교훈에 깨닫지 못할 신비는 없다.
2. 그것은 자만심에서 올 수 있다. 아마 그들은 자기들이 이미 올바른 길을 가고 있다고 생각할 것이다.
3. 때때로 그것은 무분별 때문에 올 수 있다. 사람은 자신의 최고의 복에 대해 잘 생각하지 못한다. 그는 사소한 것들에 대해 목숨을 건다. 죽음과 지옥과 천국이 그에게는 소일거리 장난감과 같다.
4. 그것은 거룩을 싫어하기 때문이다. 그것이 그 거부의 근저에 놓여있다. 그 사람들은 겸손, 자기부인, 하나님에 대한 순종을 견딜 수 없다.
5. 그것은 영원한 미래보다 현실을 더 좋아하기 때문이다.
오. 하나님께서 인자하게 당신을 자신에게 돌아오라고 초대하실 때, 돌아오라는 합리적인 요청을 거절하지 말라! 그것이 옳지 않은가? 그것이 지혜롭지 않은가?

생명이냐 죽음이냐가 당신의 선택에 달려 있다. 당신은 왜 죽으려고 하는가?

기꺼이 받아들이도록 하라. 그리고 "내가 일어나 아버지께 돌아가리라"고 말하라. 당신은 이 초청에 순종함으로써 결코 후회하지 않을 것이다.

먼 나라에서 방탕하게 사는 것이 당신 아버지의 집에서 즐겁게 사는 것과 비교가 되겠는가?

십자가상의 주 예수님께서 당신에게 돌아오라고 부르신다. 어서 돌아오라!

✣ 가벼운 식사 ✣

천국의 문은 위로부터가 아니라 아래로부터 닫힌다. "너희 죄악이 너희와 너희 하나님 사이를 갈라놓았다"(사 59:2)고 하나님은 말씀하신다. _ 베

른의 윌리엄스(Williams of Wern)

바이런 경은 죽기 직전에 "자비를 구해야 할까?"라고 말했다고 전해진다. 또 한숨 돌린 후에 덧붙이기를 "안돼, 절대로 약해지면 안돼. 최후까지 남자다워야 해"라고 했다.

악인이 하나님께 돌아오지 않는 이유는 그가 돌아올 수 없기 때문이 아니라(실제로 돌아올 수도 없지만) 그가 돌아오려고 하지 않기 때문이다. 그는 심판 날에 "주여, 주께서 아시는 대로 나는 최선을 다해 거룩해지려고 했지만 그럴 수 없었습니다"라고 말할 수 없다. 예복을 입지 않고 혼인잔치에 온 사람은 "주여, 나는 예복을 입을 수 없었습니다"라고 말할 수 없었다. 그는 다만 "침묵"을 지켰다. _ W. 페너(W. Fenner)

시험으로서의 평강

옛적 길 곧 선한 길이 어디인지 알아보고 그리로 가라 너희 심령이 평강을
얻으리라
_ 예레미야 6:16

선한 옛적 길의 두드러진 특징은 그 안에서 우리가 영혼의 평강을 발견한
다는 것이다. 이것은 거짓 길과 참된 길을 구별하는 징표 가운데 하나다.

- 평강은 구주의 약속이었다. "나의 평안을 너희에게 주노라"(요
  14:27).
- 평강은 율법이 주지 못하는 것이다. 모세는 백성들을 가나안 땅으로
  이끌 수 없었다. 율법의 행위로는 우리가 하나님의 평강에 들어갈 수
  없다.
- 평강은 신자들이 누리는 것으로, 지금도 그들이 누리고 있다.
- 평강은 복음과 예수님을 믿는 믿음을 떠나서는 발견되지 않는다.
- 평강은 재산, 건강, 영예 또는 다른 현세적 복으로부터 오는 것이 아
  니다.

I. 우리가 "선한 길"을 걷는다면, 그 길 안에서 평강을 발견한다.

우리는 믿음으로 복음의 길을 걷고 있고, 그래서 평안하다.

1. 속죄를 통한 죄 사함의 길은 우리의 양심을 평안하게 한다.
2. 어린아이처럼 말씀을 믿는 믿음의 길은 우리의 지성을 평안하게 한다.
3. 우리의 문제들을 하나님께 맡기는 신뢰의 길은 우리의 마음을 평안하
   게 한다.
4. 하나님의 계명에 순종하는 길은 우리의 영혼을 평안하게 한다.

5. 그리스도와 친교하는 길은 우리의 심령을 평안하게 한다.

우리의 인간적 욕망, 두려움, 후회, 의문 등을 진정시키고 평안하게 할 수 있는 것은 결코 작은 문제가 아니다. 하지만 복음의 교훈, 약속, 교리 그리고 복음의 정신 등이 평강을 제공한다.

II. "선한 길"을 걸어감으로써 발견되는 평강은 영혼에 유익하다.

어떤 종류의 평강은 영혼을 둔하게 하고, 손해를 끼친다. 그러나 이 평강은 그렇지 않다:

1. 그것은 만족을 제공하지만, 자기만족은 아니다.
2. 그것은 안전감을 제공하지만, 주제넘은 죄를 일으키지 않는다.
3. 그것은 만족감을 낳으면서, 동시에 전진에 대한 욕구를 일으킨다.
4. 그것은 율법적 두려움을 제거하지만, 거룩을 향한 고상한 동기를 제공한다.

선한 길을 걸어가는 것이 사람에게 실제로 이득이다. 그것은 구원받은 신자로서 그는 다음과 같은 구원을 소유하기 때문이다:

- 사탄의 뇌물에 대한 대응책을 그에게 제공한다. 사탄이 보증된 구원보다 더 좋은 것을 어떻게 제공할 수 있겠는가?
- 그를 인간적 염려로부터 해방시키고, 그래서 혼란 없이 주님을 섬길 수 있도록 한다.
- 구주께서 이루신 사역에 대해 그분에 대한 긴밀한 사랑을 일으킨다.
- 피곤한 자에게 안식을 주실 정도로 은혜로우신 하늘에 계신 아버지의 거룩을 본받도록 자극한다.

III. 이 평강은 지금 누려야 한다.

그것은 지금 우리들 가운데 많은 이들이 누리고 있고, 그것이 모든 참그리스도인에게 해당되지 않는다면, 슬픈 사실이다.

1. 당신은 그 길 안에 있어야 한다. 그리고 그 길에 있음을 알았다면, 그 길 한가운데를 걷도록 노력해야 한다. 진실하게 예수님을 믿으라. 그러면 온전한 평강이 찾아올 것이다. "그러므로 우리가 믿음으로 의롭다 하심을 받았으니 우리 주 예수 그리스도로 말미암아 하나님과 화평을 누리자"(롬 5:1).
2. 당신은 그 길이 선하고, 주님의 길이라는 것을 의심하지 말아야 한다. 이것은 지성의 확신이다.
3. 당신은 "하나님께서 당신을 위하기" 때문에 모든 염려를 버려야 한다.
4. 당신은 예수 안에서 깊은 만족을 느껴야 한다. 당신은 그분과 거리를 두고 살지 않으면, 그래서 그분의 얼굴과 미소를 놓치지 않는다면, 그렇게 될 것이다. 현재 함께 하시는 그리스도는 기쁨의 샘이다.
5. 당신은 시간과 영원 속에서 주어지는 장래의 복을 최대한 기대하는 마음을 가져야 한다.

우리는 로마교회, 성찬 형식론자, 자기의 주창자 등과 같은 사람들에게 반대하고, 그들에게는 참된 평강이 없다고 말할 것이다. 로마교회는 그 신봉자들에게 현세에서나 내세에서나 그것을 보장하지 못한다. 다만 분명히 평강을 얻지 못하고 죽은 추기경들의 영혼의 평강을 위해 미사를 드릴 뿐이다. 아주 유명한 성직자들이 연옥으로 간다면, 일반 신봉자들은 어디로 가겠는가?

우리는 수고하고 무거운 짐 진 모든 자들이 주 예수님께 나아와 과연 주께서 즉시 그리고 영원토록 평강을 주시는지 확인해 보도록 촉구한다.

우리는 믿음으로 얻는 평강의 달콤함, 안전함, 영원함 그리고 신실함을 기꺼이 증명할 수 있다.

❖ 길잡이 ❖

그 길은 "선한 길"로 불린다. 그것은 쉬운 길이 아니다. 게으르고 어리석은 사람들은 쉬운 길을 구하나 그것은 가난과 파멸로 이끌기 때문에 일고의 가치도 없다. 그것은 또 인기 있는 길도 아니다. 그것을 찾는 무리가 거의 없기 때문이다. 그러나 그것은 선하신 하나님이 그의 피조물에 대한 무한한 선하심을 가지고 만들고, 우리의 선하신 주 예수님께서 말할 수 없는 고통과 수고로 포장하고, 선하신 성령께서 영원한 선을 구하는 사람들에게 계시하신 선한 길이다. 그것은 거룩의 길이요, 평화의 길이요, 안전의 길로서, 천국으로 이끄는 길이다. 그러니 선하지 않겠는가? 그것은 태초 이래 엄선된 순결한 사람들만이 통과했고, 불결한 사람들은 통과하지 못한다. 그것은 처음부터 선하다. 그 입구에서 사람들이 거듭나기 때문이다. 그것은 그 과정도 선하다. 의인으로서 그 길을 가기 때문이다. 그리고 그것은 마지막에도 선하다. 결국 사람들을 완전과 지복과 하나님 자신에게 이끌기 때문이다.

이 선한 옛적 길에서 당신은 과거에는 맛보지 못했던 평강을 얻게 될 것이다. 어떤 새들이 날개로 평강을 나른다고 말하는 것처럼 당신도 평강을 나르게 될 것이다. 기쁨이 당신의 머리에 있고, 평화가 당신의 발에 준비되어 있을 것이다. 그것은 지혜의 지배를 받고, 그것에 관해 우리는 "그 길은 즐거운 길이요 그의 지름길은 다 평강이니라"(잠 3:17)고 읽는다. 양심의 평강이 하나님의 구원의 길에 들어가는 자에게 임한다. 심령의 평강이 그 길(the Way)이신 주님을 사랑하는 자들의 사랑으로부터 나온다. 지식의 평강이 그분의 가르침을 받아들이는 자들에게 주어진다. 욕구의 평강이 그분의 인격에 만족하는 자들에게 임한다. 한마디로 말해 그 모든 능력과 기능을 따라 영혼은 평강을 누린다. 그것은 현재에만 평강을 주는 것이 아니다. 미래에도 모든 두려움을 넘어서서 보장된다. _ 스펄전

우리의 발 아래 잘 다져진 길이 있다. 그 길을 잘 지키자. 그것이 가장 빨리 가는 지름길이 아닐 수도 있다. 그것은 용감한 여행자들이나 볼 수 있는 장관과 절경으로 우리를 이끌지 않을 수도 있다. 우리는 그림 같은 폭포와

찬란한 빙하와 아름다운 경치를 놓칠지도 모른다. 그러나 그 길은 밤에도 우리를 목적지로 안전하게 인도할 것이다. _ 데일 박사(Dr. Dale)

저드슨 박사는 어느 날 한 가난한 개종자를 방문하게 되었다. 그 개종자는 자신이 영적 선을 행하기에 무익한 존재라는 강박감에 시달리고 있었다. 박사는 책상 위에서 자를 하나 손에 들더니 바닥 위에 꾸불꾸불한 선을 그으면서 그에게 이렇게 말해 주었다: "여기를 보게, 자네가 지금까지 비틀거리며 걸어온 길이 여기 있네. 확실히 반평생을 거쳐 온 길이네. 하지만 그 길에 가까이 있을 때 새로운 길이란 없네. 그러면서 자네는 어느 정도 은혜 안에서 자라왔다네. 그 결과로서 지금 여기 서 있는 것이지. 자네는 이 길이 어디로 가는지 알고 있네. 자신이 과거에 어떤 존재였는지도 알고 있네. 수시로 찾아오는 갈등과 슬픔이 있으나 결국에는 영생과 영광의 면류관일세. 하지만 나머지 다른 쾌락의 길로 가 보게. 그 길은 허공 속의 길이라 마음을 들뜨게 하지만 허망한 거품에 불과하지. 그러므로 자네는 지난 15년간 걸어왔던 길을 떠날 이유가 없네. 자네는 그 길을 피하고 거품을 붙잡고 싶겠지만, 다시 돌아오게 될 일을 생각해 보게. 하지만 절대로 그렇게 못할 걸세." 그 엄숙한 권고는 결코 헛되지 않았다.

구스인

구스인이 그의 피부를 변하게 할 수 있느냐
_ 예레미야 13:23

예레미야는 이 백성들에게 외쳤지만, 그들은 듣지 않았다. 그는 그들 때문에 통곡했지만, 그들은 주의하지 않았다. 심지어는 하나님의 심판으로도 그들을 어떻게 할 수 없었다. 결국 그는 그들이 어쩔 수 없는 백성으로, 흑인이 피부를 희게 할 수 없는 것 이상으로 개선될 수 없다는 결론을 내렸다.

예레미야의 비유는 이스라엘 동족들보다 그에게 더 친절했던 사람들 가운데 하나인 궁정 소속 구스인들로 말미암아(렘 38:7-13) 더욱 그럴듯하게 제시되었다. 그 당시 유색인들은 말할 것도 없이 오늘날 우리들 사이의 유대인들처럼 굉장히 특이한 사람들로 유명했다.

I. 질문과 그 대답.

"구스인이 그의 피부를 변하게 할 수 있느냐."

예상되는 대답은 "변하게 할 수 없다"는 것이다. 외관적으로 구스인의 피부를 변하게 하는 것은 불가능하다. 어떤 과학적 실험도 성공하지 못했다. 마찬가지로 내면적으로 "악을 행하는데 습관이 된" 사람은 그 마음과 성격을 변하게 하는 것이 불가능하다. 그가 스스로 변할 수 있고, 또 변하게 될 것인가? 절대로 못한다.

죄인의 경우 야기되는 어려움은 다음은 같다:

1. 철저한 효과. 구스인은 물로 씻거나 물감을 칠할 수 있지만, 자신의 피부의 한 부분을 조금도 변하게 할 수 없다. 죄인도 자신의 본성을 절대로 변화시킬 수 없다.

2. 의지가 죄에 물들어 있다는 사실. 사람은 선을 행할 수 없다. 왜냐하면 그는 그럴 마음을 갖고 있지 않고, 그 길에 대한 소원이 없기 때문이다. 또 사람의 의지로는 본질상 선을 행하는 것이 불가능하다. 원하는 대로 할 수 있는 능력이 없기 때문이다. 그는 도덕적으로 무력하다.

3. 습관의 힘. 습관은 제2의 천성이다. 죄악된 습관은 사슬이 되어서 그 사람을 악으로 결박시켜 버린다.

4. 죄의 쾌락. 이것은 마음을 미혹시키고 포로로 삼는다.

5. 죄에 대한 갈망. 이것은 죄에 빠지는 속도를 가속화시킨다. 술취함, 호색, 탐욕 등은 갈수록 커지는 욕망이다.

6. 이성의 무지. 사람들은 이것 때문에 자기들의 길의 죄악을 보지 못하고, 그 위험을 깨닫지 못한다. 양심은 깊은 잠에 빠져 있고, 사람은 스스로 그것을 깨울 수 없다.

7. 갈수록 강해지는 마음의 강퍅함. 그것이 제거되기 전까지 이것은 날마다 마음을 더 둔하게 하고, 그것이 불신앙으로 가득 차게 한다.

8. 외적 수단들은 아무 효과가 없다는 명백한 사실. 흑인에게 "잿물"과 "비누"를 사용하는 것처럼, 그들은 삶의 죄악들을 씻어내지 못할 것이다.

이 모든 이유들에 대해 우리는 부정적으로 대답하게 된다. 죄인들은 구스인이 그의 피부를 변하게 할 수 없는 것처럼, 절대로 스스로 거듭날 수 없다.

그렇다면 그들에게 왜 설교하는가?

그것은 그리스도의 명령이고, 우리는 그 명령에 순종해야 하기 때문이다. 그들의 불능성이 우리의 사역을 막지 못한다. 능력은 말씀과 함께 가기 때문이다.

왜 회개하는 것이 그들의 의무라고 전하는가?

그것은 다음과 같은 이유 때문이다. 즉 도덕적 불능성은 핑계거리가 아니다. 율법은 사람이 너무 악해서 그것을 지키지 못했기 때문에 낮춰진 것이 아니다.

그들에게 이 도덕적 불능성에 관해 왜 전하는가?

그들을 자기절망으로 이끌어서 그리스도를 바라보도록 하기 위해서다.

II. 다른 질문과 대답.

구스인이 그의 피부를 변하게 할 수 있는가? 아니면 죄인이 새롭게 될 수 있는가?

- 이것은 아주 다른 문제로서, 사람들은 여기서 소망의 문에 서게 된다.
- 확실히 주님은 흑인을 희게 만들 수 있다.
- 아무리 악한 죄인이라도 성도로 변화될 수 있다.
- 그렇게 믿을 만한 이유들은 다양하다.

그 중 몇 가지가 여기 있다:

1. 하나님께는 모든 것이 가능하다(마 19:26).
2. 성령은 인간의 마음을 지배하는 특별한 능력을 갖고 계신다.
3. 주 예수님은 이 이적을 행하기로 결심하셨고, 이 목적을 위해 그분은 이 세상에 오셔서 죽으신 뒤에 다시 살아나셨다. "그가 자기 백성을 그들의 죄에서 구원할 자이심이라"(마 1:21).
4. 이처럼 시키면 무수한 죄인들이 완전히 변화되었다. 우리들 중에도 이런 사람들이 있고, 도처에서 이런 사람들을 찾을 수 있다.
5. 복음이 그 목적을 위해 예비되어 있다. 그것은 피부를 변하게 하는 것 이상이다. 왜냐하면 그것은 머리, 가슴, 오성, 양심, 동기, 욕구, 소망, 두려움 등을 철저히 변화시키기 때문이다. 이 모든 것들을 통해 전체 행동이 변화되고, 그리하여 악을 행하는 습관을 가진 사람들은 선을 행하는 전문가로 변하게 된다.
6. 하나님은 그의 교회에 이런 변화가 일어나기를 고대하셨다. 그리고 기

도는 현재 그 변화가 일어날 수 있는 능력을 제공했다. 하나님께서 우리의 기도를 들어주시지 않겠는가?

가장 악질적인 죄인을 위한 소망은 이 안에 있다.

- 세례의 물 속에 있는 것이 아니다.
- 통렬한 후회의 눈물 속에 있는 것도 아니다.
- 맹세와 서약과 같은 주문 속에 있는 것도 아니다.
- 오직 은혜로써 놀라운 이적을 행하시는 분의 능력의 말씀 속에 있다.

❖ 토 막 글 ❖

뭉친 진흙은 물에 씻겨나갈 수 있지만, 우리는 머리 한 터럭도 희고 검게 할 수 없다(마 5:36). 하물며 그 피부는 말할 것도 없으리라. 따라서 이런 사람들을 개심시키고 변화시키는 것은 사실상 불가능하다.

오랫동안 지옥에 있던 사람들을 땅으로 되돌아오게 하는 것이 가능하다고 해도(중생하지 않는 한), 그들은 여전히 죄를 범하고, 그것을 사랑하며, 옛날의 죄악된 습관을 반복할 것이라고 나는 확실히 믿는다. _ 존 라일랜드 (John Ryland)

시리아의 기독교 분파들은 이슬람교를 신봉하는 드루즈 족이 기독교로 개종하는 것이 실제로는 불가능하다고 간주한다. 그들은 "이리 새끼들은 길들여지지 않는다"고 말한다. 많은 죄인들의 회심도 똑같이 불가능한 것으로 보인다. 그러나 존 뉴턴이 자신에 관해 다음과 같이 고백한 것처럼, 은혜의 역사로 말미암아 참으로 많은 사람들이 불가능을 가능으로 바꾸었다: "나는 한때 아프리카 해안의 야수였다. 하지만 주 예수님이 나를 사로잡아 길들이셨고, 그 결과 지금은 사람들이 우리 안에 있는 사자를 구경하기 위해 오는 것처럼 나를 보기 위해 오고 있다."

오 끝없는 비참이여!
나는 계속 수고하나 여전히 헛되도다.
내 죄의 얼룩들을 보니,
철저히 물들어 있고, 낱낱이 염색되어 있다.
내가 무엇을 하든
한 얼룩도 제거할 수 없다.
아무리 좋은 잿물을 써도 희망이 없다.
아무리 좋은 비누를 사용해도 마찬가지다.

나는 수많은 방법을 시도해 보았다.
냉혹한 두려움 속에서 얼마나 자주 물에 적셨던가!
조사해 볼 때마다
뜨거운 눈물을 그 위에 쏟았다.
닦고, 헹구고, 문지르고, 지우고,
위 아래로 그렇게 박박 긁어댔지만,
나는 단 한 얼룩도 씻어낼 수 없었다.
그것은 오히려 더 더러워졌다.

거기에 어떤 도움이 있을 수 있는가?
주여, 당신은 거룩하고, 당신은 순결합니다.
내 마음은 불결하고, 더럽지만,
당신은 그것을 깨끗하게 하실 수 있습니다.
찬송 받으실 주여,
나를 깨끗하게 하시겠다고 분명히 말씀하셨지요?
그렇게 하실 줄 믿습니다.
당신의 피가 뿌려졌으니,

그것이 과연 헛되겠나이까?
_ 크리스토퍼 하비(Christopher Harvey), "스콜라 코르디스"에서

91
개별적인 회개

너희는 각기 악한 길에서 돌이키며 너희의 길과 행위를 아름답게 하라
_ 예레미야 18:11

본문은 각 개인을 염려하는, 자비의 음성이다.

공의는 죄인을 죄 속에서 죽일 수 있다. 그러나 자비는 죄를 죽이고 죄인을 살릴 것이다. 그러나 그것은 인간 각자의 특별한 죄악의 길을 거부하고 생명을 받아들이도록 촉구하는, 거룩의 음성이다. 주 예수님은 죄의 사자가 아니라 죄의 파괴자로 오신 것이다. 우리는 여기서 우리 자신만의 특별한 악의 길을 가고 있지 않은지 각자 자문해 보아야 한다.

그것은 여호와의 음성이고, 그 메시지에 관해 우리는 다음과 같은 질문을 해 보아야 한다:

I. 어떻게? "돌이키며."

이것은 다음 세 가지 사실을 함축한다:

1. 멈추라! 계속 서 있으라! 네 악한 길에 발걸음을 더 이상 떼놓지 말라.
2. 돌아오라! 하나님, 거룩, 천국 등을 향해 얼굴을 돌리라.
3. 신속히 돌아오라! 의의 길로 실제로 나아가라. 그리고 현재 상태와 반대되는 선한 길을 계속 견지하라.

II. 언제? "너희는 (지금) 돌이키며" (Return ye now)

1. 모든 발걸음은 돌이키는 것이 훨씬 더 커야 한다.
2. 모든 발걸음은 돌아가는 것이 더 어려워야 한다.
3. 방황이 깊어지면 방탕과 옹고집을 낳을 것이다. 지금 이토록 진지하게

주어지고 있는 경고를 무시하는 것은 주제넘은 거절이다.

4. 당신은 돌아올 기회를 다시 갖지 못할 것이다.

- 그것이 불확실하다는 것 말고 생명에 관해 확실한 사실은 없다.
- 이 지체로 말미암아 기쁨을 잃어버리게 될 것이다. 당신은 현재 마음의 평강을 누리지 못하고 있다.
- 하나님은 당신의 섬김을 받지 않으실 것이다. 당신은 그 손실을 보상받을 수 없다.
- 당신의 실례를 통해 상처받게 되는 사람이 생길 것이다.

모든 핑계는 현재 사용하도록 주어진 것이다. 그러나 지체하면 변명의 여지가 없다.

III. 누가? "너희는 **각기** 악한 길에서 돌이키며."

그것을 듣는 자는 누구나 그 부르심에 각자 개인적으로 해당된다. 왜냐하면:

1. 각기 자신만의 특수한 죄의 길을 가기 때문이다.
2. 각기 자신의 죄보다 이웃의 죄를 더 크게 생각하는 경향이 있기 때문이다.
3. 각기 돌아오기 전에 특별히 유효적 소명이 필요하기 때문이다.
4. 각기 돌이키도록 지금 사랑의 초대를 받고 있기 때문이다.

IV. 무엇으로부터? "악한 길에서."

"우리는 각기 제 길로 갔거늘"(사 53:6). 당신은 다음과 같은 당신의 제 길로부터 돌이켜야 한다:

- 당신 자신의 개인적 죄로부터.
- 당신의 타고난 죄로부터.
- 당신이 자주 범하는 죄로부터.

　많은 사람들에게는 그들이 쉽게 범하는 이러한 죄를 발견해내는 것이 중요할 것이다.

　1. 그것은 당신이 가장 쉽게 유혹 받는 죄다.

　2. 그것은 이미 당신이 깊이 물들어 있었던 죄다.

　3. 그것은 만일 당신이 그것을 거부하면, 크게 욕을 먹게 되는 죄다. 탐닉하는 죄는 접근조차 해서는 안 된다. 만약 그렇게 하지 않으면 그 죄를 사랑하는 친구들의 화를 불러일으킬 것이다.

　4. 그것은 그것 때문에 당신이 다른 죄들을 포기하게 되는 죄다. 탐욕이 많은 사람은 낭비벽에 빠지지 않을 것이다. 또 위선자는 자기를 부정하지 않을 것이다.

　5. 그것은 당신이 끊기를 가장 싫어하는 죄다.

　6. 그것은 당신의 돈, 힘 등을 크게 낭비시키는 죄다.

　이처럼 탐닉하는 죄로부터 사람은 누구나 돌이켜야 한다.

V. 무엇으로?

　"너희의 길과 행위를 아름답게 하라."

　악을 행하지 않는 신앙으로는 충분하지 않다. 적극적으로 선을 행하는 것이 필요하다.

　1. 당신의 일반적 습관이나 태도가 전체적으로 선한 것이 되어야 한다.

　2. 당신의 **길**은 당신 자신과 관련이 있다.

　3. 당신의 **행동**은 하나님과 다른 사람들과 관련이 있다.

　인격적 성찰이 아주 중요하다.

　실천적 회개가 절대로 필수적이다. 그러나 그 길에서 돌이키는 것은 참으로 어렵다. 죄를 줄이기는 쉽다. 하지만 죄로부터 발걸음을 돌리는 것은 어렵다. 이것은 노동이고, 수고다.

　오직 주 예수님을 믿는 믿음으로만 그 일이 이루어질 수 있다. 그분의 십자가를 바라보는 것이 세상의 그 어떤 방법들보다 훨씬 더 쉽게 회개를 일으킨다. 예수님을 믿는 사람들의 길을 영원토록 인도하시기 위해 그분은 성령을 보내주실 것이다.

✛ 해설 ✛

돌아가는 사람에게 적절한 두 가지 사실이 있다: 첫째, 그가 과거에 갔던 길에 반대되는 깨끗한 길로 나아가는 것. 둘째, 과거의 발자취를 짓밟아 그 흔적을 없애는 것. … 첫째 그는 과거의 길에 반대되는 깨끗한 길로 나아가야 한다. 많은 사람들이 지옥으로 가는 길이 천국으로 가는 길에서 단지 약간만 벗어나 있다고 생각한다. 그래서 짧은 시간 안에 약간만 힘쓰면 지옥에서 천국으로 옮겨갈 수 있다고 믿는다. 그러나 그들은 크게 오해하고 있다. 왜냐하면 죄는 한 걸음 옆으로 벗어나는 것 이상이기 때문에 즉 하나님으로부터 철저하고, 직접적으로 벗어나는 것이기 때문이다. 이것은 회개나 죄를 포기하는 것도 마찬가지다. 그것은 한 길에서 다른 길로 약간 다가가면 되는 것이 아니다. 교차로는 도움이 되지 못할 것이다. 죄의 길에서 우리가 찾아갈 곳은 없고, 우리가 왔던 길에서 확실하게 다시 돌아가는 길만 있다. 죄 안에서 가는 **쾌락**의 길은 틀림없이 그 안에서 **슬픔**의 길로 바뀔 것이다. 미신적으로 거짓 신을 섬겨온 자는 지금 당장 참하나님을 헌신적으로 섬겨야 할 것이다. 욕과 신성모독을 일삼던 혀는 기도와 감사를 통해 하나님의 이름을 분명하게 선포하는 것으로 바뀌어야 한다. 탐욕적인 사람은 너그러운 사람으로 변해야 하고, 가난한 자를 압제하던 자는 그들을 도움으로써 자비로운 사람이 되어야 하고, 그의 형제를 비방하던 자는 그의 영예를 옹호해 주는 자상한 사람이 되어야 한다. 결국 과거에 그의 형제를 미워했던 자는 이제 그를 자신처럼 부드럽게 사랑하는 자가 되어야 한다. _ 조셉 미드(Joseph Mede)

당신은 "자, 나는 앞으로는 과거에 했던 것보다 더 잘하겠다"고 결심한다. 그러나 슬프게도, 앞으로라고 말할 때의 의지는 의지가 아니다! 첫째로, 그것은 현재 가져야 할 의지로부터 벗어나는 방편에 불과하기 때문이다. 마음은 순종하기를 꺼려하고, 그래서 앞으로 그것을 하겠다는 어떤 욕구 때문이 아니라 현재 그것을 하기가 싫기 때문에, 미래의 일로 미루어 버리는 것이다. 그것은 마치 물건을 빌려 주기 싫어하는 사람과 같다. 그는 "나중에 빌려 주겠다"고 말하는데, 그것은 단지 빌려 주기 싫어서 하는 말이다. 둘째로, 앞으로라고 말할 때의 의지가 전혀 의지가 아닌 이유는 그것이 하나님의 뜻에서 벗어나 있기 때문이다. 하나님의 뜻은 **지금**인데, 당신의 뜻은 **앞으로**다. "할 수 있을 때 하지 않는 자는 아무리 원하더라도 '안돼'라는 대답을 듣게 될 것이다." 그러므로 용서받기 위해 '주여, 내게 문을 열어 주소서'라고 부르짖을 때, 너무 늦었다고 느끼지 않도록 조심하라. _ 윌리엄 페너 (William Fenner)

한 인도 선교사는 원주민들에게 죄의 문제를 가르쳐 주기 위해 "여러분의 악덕 변호사가 뭐라고 말하느냐?"고 물었다. 그리고 이렇게 말해 주었다:

'나도 죄인, 당신도 죄인, 모두가 죄인이다.
무죄 — 이것은 해 아래 거하는 자들 중 아무에게서도 찾을 수 없다.'"

(1) 죄를 전혀 떠나지 않는 자, (2) 외적으로만 죄를 떠나는 자, (3) 죄를 범할 수 없다는 이유로 죄를 방치하는 자, (4) 불길한 예감 때문에 죄를 떠나는 자, (5) 어떤 죄는 떠나지만 다른 죄는 그렇지 못한 자, (6) 죄를 떠나지만, 그것을 정복하는데 힘쓰지 않는 자, (7) 죄를 떠나지만 잠시 동안 그렇게 하는 자, (8) 죄로부터 떠나지만 하나님께 돌아서지 않는 자 — 이들은 모두 완전한 회개에 이르지 못한 자들이다. _ 클락슨(Clarkson)

많은 사람들이 독사를 죽이고, 살무사를 살린다.
새뮤얼 버틀러의 시에서처럼, 그들은:

자기들이 할 마음이 전혀 없는 것들을 죄악시하는 것으로
자기들이 집착하는 죄들을 무마시킨다.

_ 스펄전

92
기도에 대한 자극

너는 내게 부르짖으라 내가 네게 응답하겠고
네가 알지 못하는 크고 은밀한 일을 네게 보이리라
_ 예레미야 33:3

본문은 옥에 갇힌 자에게 주시는 말씀이다. 영적으로 옥에 갇혀 있는 자들은 이 말씀에 유념해야 한다. 본문은 하나님께서 토굴 속에 있는 선지자에게 두 번째 주시는 말씀이었다. 하나님은 자기 백성들이 세상에서 나쁜 평판을 받거나 죄를 범해 옥에 갇혀 있을지라도 그들을 떠나시지 않는다. 아니 오히려 그분은 그들이 갑절의 고난에 있을 때, 갑절로 찾아가신다.

첫 번째 말씀은 **순종**을 통해 예레미야를 시험하는 것이었다. 그는 아나돗에 있는 밭을 사야 했고, 또 그대로 했다. 이 두 번째 말씀은 **기도**를 통해 그의 믿음을 시험하는 것이었다. 우리는 그가 이 시험을 잘 감당했다는 것을 의심치 않는다. 왜냐하면 훗날 그는 여호와께서 약속하신 그대로 크고 놀라운 일을 목격했기 때문이다.

본문은 고통 속에 있는 모든 하나님의 종들에게 해당되는 말씀이다. 그것은 삼중적으로 그들에게 용기를 준다:

I. 계속 기도할 것.

"내게 부르짖으라."

1. 기도했지만, 또 기도하라. 앞장 16절부터의 말씀을 읽어보라.

2. 당신의 현재 곤경에 대해 기도하라. 예레미야 32:24을 보면, 선지자는 예루살렘을 빼앗으려고 만든 "참호"에 관해 언급하고, 이 장의 4절에서 하나님은 바로 그 점에 대해 응답하시는 것이다.

3. 기도 후에도 여전히 옥에 갇혀 있을지라도, 계속 기도하라. 비록 구원
   이 지체된다고 해도, 당신의 기도는 더욱 끈질기게 드려져야 한다.

4. 여호와의 말씀이 이 명령을 따라 당신에게 임하도록 기도하라.

5. 성령께서 당신을 촉진시키고, 당신을 돕도록 기도하라.

후퇴, 망각, 영성부족, 불신성향 등으로 말미암아 우리는 이 교훈이 필요
하다.

이 교훈은 하나님의 지혜, 사랑, 우리의 행복을 위한 겸손하신 그분의 사
려 등으로 인해 우리에게 주어진다.

II. 기도에 대한 응답을 기대할 것.

"내가 네게 응답하겠고 … 네게 보이리라."

일반적으로 약속은 우리의 소리를 "듣는" 것이다. 하지만 우리가 환난 속
에 있을 때, 약속은 특별하다: "내가 네게 응답하겠고."

하나님은 다음과 같은 이유로 우리에게 응답하실 것이다:

1. 그분은 기도를 약속하셨고, 그래서 그 응답과 수납을 위해 준비해 놓으
   셨다. 그분은 기도를 단순한 농담이 되게 하실 수 없었다. 그것은 우리
   를 바보로 취급하는 것이다.

2. 그분은 기도를 촉진시키고, 자극시키고, 생명력 있게 하신다. 확실히
   그분은 자신이 만족시키지 못하는 욕구를 일으키심으로써 우리를 조
   롱하신 적이 없다. 이런 생각은 마음속에 기도를 일으키시는 성령을 크
   게 모독하는 것이다.

3. 그분의 본질은 자기 자녀들의 소리를 들으셔야 한다는데 있다.

4. 그분은 본문에서 자신의 약속을 주셨다. 그리고 그것은 다른 곳에서도
   자주 반복된다. 그분은 거짓말하실 수 없다. 그렇지 않으면 스스로를
   부정하는 것이다.

5. 그분은 이미 그의 백성들에게 무수히 응답하셨다. 이것은 우리 자신에

게도 마찬가지다.

우리는 기도응답을 막는 유일한 제한은 하늘 아버지의 지혜와 사랑으로 가득 찬 의지라는 것을 알고 있다. 그러나 그것은 실제로는 그의 사랑하는 자녀들에게는 아무런 제한이 없는 것으로 나타난다. 우리는 믿음으로 구하고, 소망으로 바라보아야 한다.

III. 기도응답으로서 큰일을 기대할 것.

"네가 알지 못하는 크고 은밀한 일을 네게 보이리라."

앞장 18절부터 읽어보고, 거기서 우리가 기대해야 할 일들을 배우도록 하자:

1. 큰 지혜: 지혜와 의미로 충만하다.
2. 큰 힘: 힘이 나타나고, 극히 효력적이다.
3. 전혀 경험하지 못한, 그래서 놀라운 새 일: 우리는 기대하지 못했던 일을 기대할 수 있다.
4. 신령한 일: "내가 네게 보이리라." 이 일은 본문 다음의 구절부터 이 장 끝부분까지 열거되어 있는데, 그것들은 다음과 같다:
   • 건강과 치유(6절).
   • 포로로부터의 해방(7절).
   • 죄악의 용서(8절).
   • 기도가 지식이 풍성한 사람들의 지식을 얼마나 증가시키는지를 보라.
   • 성도들이 하나님께 간구함으로써 경험상 어떻게 앞서가는지를 보라.
   • 고난당하는 자들이 기대하지 않은 구원을 어떻게 얻게 되는지를 보라.
   • 사역자들이 희한한 이적을 어떻게 일으키게 되는지를 보라.
   • 찾는 자들이 어떻게 기대한 것보다 더 많이 찾게 되는지를 보라.

❖ 부가적 격려 ❖

여러 해 전 고 고든 공작의 부인이 경건한 해링턴 에번스를 방문했을 때 말하기를 "5분밖에 없지만, '작별인사'를 하지 않고는 떠날 수 없었습니다." 라고 했다. 에번스는 특유의 진지하고도 명령적인 어조로 "5분, 5분이라고! 그러면 기도하시오. 기도, 기도, 기도하시오! 좋은 아침입니다"라고 말했다. 공작부인은 한 친구에게 이렇게 말했다: "나는 그 말에 충격을 받았답니다. 절대로 잊을 수 없습니다. 그 말을 생각하고 기도에 관해 연구해 보았는데, 기도란 은혜의 수단일 뿐만 아니라 예배 행위이기도 하지요. 그 후로 주님을 섬길 때마다 기도회를 먼저 개최하게 되었답니다."

한 젊은 기술자가 시험을 치르게 되었는데, 다음과 같은 질문을 받았다: "당신의 감독 하에 있는 배에 양수기가 하나 있는데, 그것이 완전한 상태에 있다고 가정해 봅시다. 그 양수기 호스를 배 밖으로 던졌는데, 물이 들어오지 않습니다. 당신은 그것을 어떻게 생각합니까?" "예, 그러면 어딘가 그것에 결함이 있다고 생각합니다." "그러나 그 결론은 틀렸습니다. 왜냐하면 모든 것이 완전한 상태에 있지만, 호스에 물이 들어오지 않는다고 가정했기 때문입니다." "그러면 선생님, 강이 말랐는지 배 위로 올라가 확인해 보겠습니다." 마찬가지로 참된 기도가 응답받지 못한다면, 하나님의 본성이 바뀐 것이 틀림없다고 보아야 할 것이다.

기도하는 하나님의 백성은 다른 사람들보다 그분의 마음을 더 잘 알게 된다. 요한이 통곡할 때 책의 인봉이 떼어졌고, 다니엘이 기도할 때 왕의 비밀이 밤의 환상을 통해 그에게 알려지게 되었다. 루터는 "기도를 잘하는 것은 곧 공부를 잘하는 것이다"(Bene orasse, est bene studuisse)라고 말했다. 기도를 통해 하나님과 많은 친교의 시간을 가짐으로써 거룩한 진리가 그에게 더 잘 알려지게 되었는데, 그가 말한 것처럼, 그것이 어떻게 그리고 어떤 방

법으로 그렇게 되는지에 대해서는 그도 알지 못했다. _ 존 트랩(J. Trapp)

월터 롤리 경은 어느 날 엘리자베스 여왕으로부터 부탁을 받았다. 여왕은 그에게 "롤리 경, 그대는 언제 기도를 그만둘 작정이오?"라고 물었다. 이에 그는 이렇게 대답했다: "하나님께서 은혜 베푸시는 것을 멈출 때, 그만두겠습니다." 하나님께 위대한 일들을 구하라. 하나님으로부터 위대한 것들을 기대하라. 그분의 과거의 인자하심은 우리를 "즉시 기도하도록" 이끌 것이다. _ 새 예화백과사전

토머스 브룩스는 고대 희랍신화에 나오는 다이달로스 이야기에 크게 매료되었다. 다이달로스는 크레테 섬의 미로에 갇혀 있을 때 스스로 날개를 만들어 붙이고 이탈리아로 도망쳤던 사람이다. 그는 이것을 보고 "그리스도인들은 땅 위의 길을 따라서는 천국에 이를 수 없을 때, 다이달로스처럼 해야 한다"고 말한다. 거룩한 기도는 영혼을 구원하는 날개와 같다.

믿을 만한 전승에 따르면, 바울이 한동안 갇혀 있었던 것으로 보이는 마메르티네 감옥은 위에 있는 다른 감옥의 바닥에 있는 둥근 구멍을 통과해야 들어가도록 되어 있다. 가장 높은 곳에 있는 방도 어둡지만, 가장 낮은 곳에 있는 방은 정말 어둡다. 따라서 사도가 갇혀 있던 감옥의 방은 가장 열악한 상태에 있었다. 그러나 우리는 거기서 이상한 사실을 발견하게 된다. 즉 단단한 바닥 아래에 맑고 수정 같은 물이 흐르는 아름다운 샘이 있다는 것이다. 그 샘은 의심할 여지 없이 지금 못지않게 바울 당시에도 아주 신선했다. 물론 가톨릭 신자들은 그 샘을 이적을 일으키는 샘으로 믿었다. 그러나 우리는 전통을 크게 중시하지 않기 때문에 그것을 하나의 상징으로 사용해서 교훈을 충분히 받는 정도로 만족한다. 즉 그것은 하나님의 종들에게는 위로의 샘이 없는 감옥은 절대로 없다는 것이다. _ 스펄전

93
거룩한 기억

> 예루살렘을 너희 마음에 두라
> _ 예레미야 51:50

바벨론 포로들은 다음과 같은 이유로 예루살렘을 기억하도록 독촉 받는다:

- 하나님의 성전이 그곳에 있기 때문에.
- 그들이 바벨론에 정착하지 못하도록.
- 그들이 거룩한 성읍을 대망하도록.
- 그들이 그곳으로 돌아올 때를 대비하도록.

오늘날 우리도 똑같이 새 예루살렘을 기억해야 할 충분한 이유가 있다.

우리는 우리의 영적 시민권을 잊기 쉽고, 그래서 우리는 본문을 두 가지 양상에 따라 묵상해야 한다.

I. 우리가 마음속에 새겨야 하는 이 땅 아래의 예루살렘이 있다.

살아 계신 하나님의 교회는 우리의 거룩한 도성 곧 크신 왕의 성이 되신다. 그래서 우리는 그것에 대해 다음과 같은 사실을 기억해야 한다:

1. 그곳의 시민들과 연합할 것. 우리는 그리스도를 믿는 믿음을 공개적으로 고백하는 사람들과 기독교적 사랑과 상호간 돕는 일에, 거룩한 섬김에 그리고 예배와 친교 등에 함께 해야 한다.

2. 그곳의 번영을 위해 기도할 것. 우리는 기도로 함께 할 때마다 하나님의 뜻을 우리 마음속에 새겨두어야 한다. 다니엘의 경우처럼, 우리의 마음의 창은 항상 예루살렘을 향해 열려 있어야 한다.

3. 그곳의 진보를 위해 수고할 것. 우리는 돈을 사용할 때, 시간을 사용할

때, 재능을 사용할 때, 영향력을 행사할 때 그곳의 진보를 염두에 두고
그렇게 해야 한다.

4. 땅의 이득보다 하늘의 이득을 더 소중히 여길 것. 우리는 거주지, 직업
등을 선택할 때 이 점을 고려해야 한다. 많은 신앙고백자들이 이것을
아주 사소한 문제로 여긴다.

5. 그곳의 거룩한 속성에 따라 지속적으로 행동할 것. 우리는 우리의 시민
권이 있는 곳을 불명예스럽게 해서는 안 된다. 하나님의 백성들은 죄
가운데 살아감으로써 그분의 이름을 더럽히거나 오염시켜서는 안 된
다.

6. 그곳의 타락과 죄악됨을 슬퍼할 것. 우리 주님이 예루살렘을 향해 얼마
나 슬퍼하셨는지를 기억하라. 또 바울도 교회의 원수들을 향해 눈물을
흘렸다(눅 19:41; 빌 3:18).

오, 모든 그리스도인이 하나님의 교회에 더 깊은 관심을 갖게 되기를! 만
일 우리의 모든 기쁨과 슬픔이 비단옷처럼 하나님의 뜻으로 채색되어 있다
면, 얼마나 좋을까! 자신의 나라를 잊어버리는 자는 불쌍한 애국자다. 교회
를 자신의 마음에 품고 있지 못한 자는 그리스도인이 아니다.

II. 우리가 마음에 새겨두어야 하는 하늘 위의 예루살렘이 있다.

1. 신자의 생각은 자주 하늘 저편으로 올라가야 한다. 왜냐하면 예수님이
거기 계시고, 이별한 우리 형제들이 거기 있으며, 우리의 본향이 바로
그곳이기 때문이다. 또 우리의 소망과 욕구가 항상 그곳에 두어져야 하
기 때문이다.

그것은 다음과 같은 일들에서 우리 마음에 두어져야 한다:

• 우리가 세속적이 되지 않도록, 우리가 즐기는 육체적 쾌락들에서.
• 낙심에 빠지지 않도록, 날마다 경험하는 시험들에서.
• 현재의 친교를 우상화하지 않도록, 우리가 나누는 교제들에서.

- 무분별한 슬픔에 빠지지 않도록, 우리의 사랑하는 이들과의 이별에서.
- 본향을 향해 나아갈 수 있도록, 옛 일들에 대해.
- 영광에 대한 환상이 우리의 마지막 시간들을 밝혀줄 수 있도록, 죽을 때.
- 우리의 대화가 천국에 상달될 수 있도록, 모든 시간들 속에서.

2. 회심하지 않은 자들은 이런 생각이 자기 마음에 들어오는 것을 허용하지 못할 것이다. 왜냐하면 그들은 다음과 같이 스스로 질문하기 때문이다:

- 내가 천국에 들어가지 못한다면 어떻게 되겠는가?
- 경건한 지인들을 다시 만나지 못하지 않겠는가?
- 그렇다면 내가 어디로 가겠는가?
- 내 현재의 삶이 나를 천국으로 이끌어줄 수 있다는 희망이 나에게 있는가?
- 왜 나는 올바른 길을 가지 못할까?
- 불신자들은 멸망할 것이다. 나는 그들 가운데 하나가 아닐까? 나는 멸망당하기를 바라는가?
- 만일 내가 그곳에 관해 또는 그곳을 다스리는 하나님에 관해 대수롭지 않게 생각한다면, 어떻게 천국에 들어갈 소망을 가질 수 있겠는가?

만일 우리가 이런 생각들을 내버려둔다면, 그것들은 우리 마음에 들어올 것이다. 우리는 즉시 마음의 문을 열고, 천국의 방문자들이 들어와 거하도록 해야 하지 않겠는가?

❖ 메모 ❖

유대인들의 그치지 않는 조국애와 그들의 근절할 수 없는 조국으로의 귀환에 대한 욕구는 구속의 날에 대한 간절한 염원으로 표상되고 있고, 그 열망은 지금도 아주 엄숙하게 나타나고 있다. 그날에 관한 일들은 "내년이 되면 우리 모두 예루살렘에 있으리라"는 애절한 외침과 밀접하다. 우리는 이 기도를 "위에 있는 예루살렘"에 관해 생각할 때, 우리 자신의 것으로 적용시켜야 한다.

나는 우리들 사이에 "아론과 훌 모임"으로 부르는 것 곧 주일 아침 예배 전 한 시간 동안 목사와 예배를 위해 축복 기도하기 위해 모이는, 4, 5명 또는 그 이상의 사람들의 작은 단체를 만들기 위해 노력하고 있었다. 그 모임은 신년 첫날에 시작되었고, 특별히 진지했기 때문에 즉각 응답받을 것처럼 보였다. 우리는 말씀이 헛되이 선포되지 않겠다는 소망을 품게 되었다. _ 페이슨 박사(Dr. Payson)

생명 또는 호흡이 계속되는 한,
내 영혼은 시온을 위해 기도하리라.
그곳에 내 사랑하는 친구들, 친척들이 살고 있고,
그곳을 내 구주 하나님께서 다스리고 계시기 때문이다.

_ 와츠

하나님의 교회는 우리가 아내나 어머니에 대해 회상하는 것처럼 자동적으로 우리 마음에 들어와야 한다. 우리가 어떤 나라의 지도를 볼 때에는, 하나님의 뜻이 그 지역에서 어떻게 펼쳐지고 있는지를 생각해야 한다. 만일 우리가 사업을 통해 어떤 이득을 취한다면, 우리가 하는 첫 번째 생각 가운데 하나는 "이제 나는 하나님의 일을 더 잘 감당할 수 있다"는 생각이 되어야 한다. 신문을 읽을 때에는 하나님 나라의 확장과 관련시켜 읽어야 한다. 이 한 가지 사실이 그 색깔로 다른 모든 사실들 위에 채색되고, 다른 모든 생각들은 그 그물 안에 있어야 한다. 그리스도의 주장은 모든 것을 흡수하는 바다와 같아서, 우리의 모든 생각과 추구들이 그곳으로 빨려 들어가야 한다. 하나의 이상을 가진 사람이 그 빛에 따라 우주를 보고, 온 마음으로 하나님의 교회를 사랑하는 사람 역시 그와 똑같이 할 것이다. 우리가 땅 위에 있는 그분의 교회를 기억하지 않으면서, 어떻게 천국에 계신 그리스도께 "주여, 나를 기억하소서"라고 말할 수 있겠는가?

죽음을 간절히 바라는 것은 죄가 될 수 있지만, 천국을 간절히 염원하는 것은 절대로 죄가 될 수 없다고 나는 확신한다. _ 매튜 헨리(Matthew Henry)

향수병에 걸린 자들은 복이 있다. 왜냐하면 그들은 결국 아버지의 집에 당도할 것이니까. _ 하인리히 스틸링스(Heinrich Stillings)

존 엘리엇은 언젠가 한 상인을 방문했다. 상점에서 그를 만났을 때, 식탁 위에는 비즈니스 책자들이 놓여 있었고, 선반 위에는 신앙서적이 놓여 있었다. 엘리엇은 그에게 이렇게 말해 주었다: "선생, 이곳은 식탁 위는 땅이고, 선반 위는 천국이군요. 선반은 절대로 잊지 않도록 그리고 식탁은 크게 생각하지 않도록 기도하시오."

"여기서 내가 하루 종일 앉아서 내 앞에 보이는 교회를 바라보고 있으면, '주께서 모든 사람을 어찌 그리 허무하게 창조하셨는지요'(시 89:47)라는 구절이 생각납니다. 가증한 로마의 적그리스도 왕국에 대해 얼마나 하나님의 진노가 두렵게 느껴지는지요! 나는 내 백성들의 죽임당한 자녀들에 대해 눈물샘이 터지지 못하고, 그 슬픔이 눈물로 해소되지 못하는 내 마음의 강퍅함이 싫습니다. 그러나 하나님의 진노가 임할 이 마지막 날에 일어나 그분께 나아와 마음을 찢으며, 이스라엘의 집을 위해 담이 되어 줄 자가 아무도 없습니까? 하나님께서 우리에게 자비를 베푸시기를! 그러므로 그대는 말씀의 사역자로서 그들이 그대를 공격할 때까지 예루살렘을 지키는 담과 성의 역할을 단단히 하십시오."

_ 바르트부르크 성에서, 루터가 멜란히톤에게 쓴 편지 중에서.

94
처음보다 나은 대우

너희 전 지위대로 사람이 거주하게 하여
너희를 처음보다 낫게 대우하리니 내가 여호와인 줄을 너희가 알리라
_ 에스겔 36:11

다른 민족들은 몰락하면 다시 일어서지 못한다. 그러나 언약 백성들의
미래는 언제나 존속된다. 언약에 의해 주어진 땅도 그 위에 포함된 복을 소
유하고 있다. 왜냐하면 이 말씀은 "이스라엘의 산들"에 주어진 것이 때문이
다.

위선자들과 형식주의자들에게는 종말이 있다. 그러나 하나님의 참백성
들은 쇠퇴와 타락 이후에 다시 일어선다. 선지자가 "나의 대적이여 나로 말
미암아 기뻐하지 말지어다 나는 엎드러질지라도 일어날 것이요 어두운 데
에 앉을지라도 여호와께서 나의 빛이 되실 것임이로다"(미 7:8)라고 말씀하
는 것과 같다. 그들이 잃어버렸던 것보다 더 큰 축복이 회복된 순례자들에
게 허락될 것이다.

본문은 중대한 약속을 포함하고 있다. 오, 우리가 그것을 즐거워할 수 있
기를!

I. 우리는 처음에 어떤 좋은 것을 가지고 있었는가?

처음에 이스라엘 땅에 젖과 꿀이 흘렀던 것처럼, 우리의 처음 상태도 그
만한 부요가 주어졌었다. 종종 과거를 돌아보면서 우리는 이렇게 노래하기
도 한다:

내가 여호와를 처음 만났을 때

알고 있던 축복이 어디 있는가?
예수님과 그분의 말씀에 관해
영혼을 새롭게 하는 전망이 어디 있는가?

1. 우리는 무조건적이고 충분한 용서에 대한 의식을 생생하게 경험했다.
2. 우리는 참신앙이 주는 기쁨에 대한 신나는 증거가 있었다.
3. 우리는 죄의 성향과 외부의 시험을 거듭 물리치고 승리했다. 이것은 우리로 하여금 그리스도 안에서 기뻐하도록 만든다.
4. 우리는 기도, 말씀, 친교 등을 통해 큰 즐거움을 맛보았다.
5. 열심과 섬김으로 충만하고, 여호와를 즐거워하는 것이 우리의 힘이었다.
6. 우리는 우리의 처음 사랑이 있었고, 모든 것이 우리의 겸손하고, 행복한 마음에 활력적이고, 열정적이고, 희망적이고, 아름다웠다. 비록 우리 형제들의 불완전한 모습을 보았을지라도 그들을 돌아보기에 충분히 낮아졌기 때문에 우리는 순결하고, 신실했다. 그러나 우리가 그 방에서 의심을 받는다면, 그 잃어버린 신뢰 때문에 얻은 것이 별로 없을 것이다.

우리는 "다윗의 처음 길"(대하 17:3)에 대해 읽는다. 우리는 "처음 행위"를 갖도록(계 2:5) 명령받는다.

II. 우리는 처음보다 더 좋은 것을 누릴 수 있는가?

만일 하나님께서 이 약속을 지키신다면, 우리는 분명히 그렇게 될 것이다. 또 우리가 그분과 가까이 동행한다면, 확실히 그렇게 될 것이다.

1. 우리의 믿음은 더 강해지고, 더 견고해지며, 더 지식적이 될 것이다.
2. 우리의 지식은 더 충만하고, 더 심화될 것이다.
3. 우리의 사랑은 더 일관되고, 실천적이며 지속적이 될 것이다.

4. 우리의 기도는 더 능력 있게 될 것이다.

5. 우리의 유용성은 더 확대되고, 더 오래 지속될 것이다.

6. 우리의 전존재는 더 성숙해질 것이다.

우리는 완전한 날을 더욱더 비추어야 할 것이다(잠 4:18). 은혜 안에서 자라가면 그것과 더불어 많은 선한 것들을 열매로 맺을 것이다.

III. 우리는 이 더 좋은 것을 어떻게 얻을 수 있는가?

우리 자신의 영혼 속에 있는 과거의 자산들에 따라 다시 시작해야 한다. 그러면 하나님의 행위에 의해 새롭게 된 역사가 있을 것이다.

1. 우리는 예수를 믿는 처음의 단순한 신앙으로 돌아와야 한다.

2. 우리는 우리를 하나님과 단절시키는 죄를 근절해야 한다.

3. 우리는 더 철저하고, 더 진지해야 한다.

4. 우리는 그리스도와의 더 긴밀한 교제를 추구해야 한다.

5. 우리는 신령한 것들을 진보시키기 위해 더 굳은 각오로 힘써야 한다.

우리 하나님의 너그러움을 찬미하라! 그분은 우리에게 처음보다 더 좋은 것들을 주겠다고 약속하신다. 그 이상 무엇을 더 하실 수 있겠는가?

그분의 사랑의 일관성 ― 그분이 옛날의 지위를 어떻게 보존하고, 과거의 기업들을 어떻게 회복시키시는지 ― 을 보라. 언약의 유산들은 하나님의 변함없으신 은혜로 말미암아 그 차지하는 자들에게 제공된다.

어떤 자비하심으로 그분이 자신과의 친교를 회복하도록 우리에게 요청하시는지를 주목해 보라. 그분은 크신 사랑으로 우리를 이끌고, 어르며, 설득하신다.

우리가 성령의 힘 안에서 그분께 돌아가야 하리라!

❖ 소 망 의 문 ❖

하나님은 그의 백성들을 다루실 때 나중을 더 좋게 하신다. 그들은 아침에 큰 인자와 자비를 맛보며 시작할지라도, 저녁에는 더 큰 자비와 인자를 얻게 될 것이다. "너희 전 지위대로 사람이 거주하게 하여 너희를 처음보다 낫게 대우하리니." 유대인들은 나중에 더 좋은 포도주를 마셨다. 그들은 전에는 젖과 꿀을 갖고 있었지만, 영양으로 충만한 살찐 고기와 바람에 잘 정제된 극상품 포도주로 풍성한 연회가 그들의 마지막 날에 주어졌다. 그들은 마지막에 그리스도와 복음을 소유했다. 아브라함은 처음에 소유가 많았다. 그런데 그 후 이삭은 더 많이 소유했다. "여호와께서 욥의 말년에 욥에게 처음보다 더 복을 주시니"(욥 42:12). 시므온은 인생의 말년에 그리스도를 만났고, 자기 팔로 그분을 안아보았다. _ 윌리엄 그린힐(Wm. Greenhill)

베드로 사도의 배반만큼 회복에 대한 전조를 보여 주는 사례는 없다. 성경의 기록을 보면, 자신의 주님이자 주인이신 분을 배반한 그에게 "다시 돌아갈 소망의 문은 닫혔다"고 말할 근거는 없다. 성경은 하나님의 백성들의 슬프고도 치욕적인 범죄 후에 이어지는 그들의 회복과 구원에 관한 사례들을 무수히 담고 있다. 자주 이 인물들은 주님으로부터 교정을 받고 징계를 당한 후에 그분의 교회에서 현저한 지위를 차지하는 사람들로 높임을 받았다. 구약성경의 다윗, 신약성경의 베드로는 수치와 슬픔으로 얼룩진 죄인의 대명사지만, 회개하는 실족자를 용서하는 주권적 은혜를 덧입고, 이전보다 그의 마음속에 "모든 지각에 뛰어난 하나님의 평강"(빌 4:7)을 소유한 대표자들로서 나타나고 있다. _ 라이프차일드(Leifchild)

부러진 뼈는 고침을 받으면 더 강해진다. _ 허버트

회심의 기쁨은 크다:

땅에는 하늘에 없는 기쁨이 하나 있다.

그것은 사함 받은 죄로부터 나오는 새로운 평강이다!
너희 천사들이여! 이 순전하고 심오한 즐거움의 눈물이
너희의 눈을 결코 흐리지 않으리라.

그러나 그것을 맛보지 못한 영혼은 알 수 없는 놀라운 기쁨이 있다.
그것은 믿음이 아주 좋은 신자가 다음과 같이 노래하는 기쁨이다:

아직 눈에 보이지는 않지만,
내게는 기쁨의 유산이 있다.
그것을 내 것으로 만들기 위해 피 흘리신 손이
끝까지 그것을 지켜 주시리라.

자신이 이행하지 못했던 의무로 다시 돌아오지 않는 사람은 상실한 위로를 되찾을 것을 기대할 수 없을 것이다. _ G. S. 보우스(G. S. Bowes)

유능한 의사는 심한 고통 가운데 있는 환자를 발견하면, 그를 건강하게 회복시킬 뿐만 아니라 그 전보다 더 건강하게 만들고, 또 약으로 치면, 그것으로 그를 괴롭혔던 질병을 고쳐줄 뿐만 아니라 환자가 미처 알지 못한 더 깊은 질병까지 치료해 주는 사람이다. 이런 약이 바로 자비의 약이다. 하나님은 회개하는 죄인들을 관대하게 다루신다. 그러나 죄를 범하는데 이 교리를 악용하는 사람은 짐승보다 더 악한 사람이다. 하나님의 참된 자녀는 그분의 한량없으신 사랑을 생각할 때 자신의 눈에서 흐르는 눈물을 느낄 것이다.

95
회개에 관한 잘못된 관념

또 나무의 열매와 밭의 소산을 풍성하게 하여 너희가 다시는
기근의 욕을 여러 나라에게 당하지 아니하게 하리니
그때에 너희가 너희 악한 길과 너희 좋지 못한 행위를 기억하고
너희 모든 죄악과 가증한 일로 말미암아 스스로 밉게 보리라
_ 에스겔 36:30-31

명시된 긍휼의 날은 충심으로 회개하는 날이 되어야 한다. "**그때에**" 하나
님께서 은혜를 베푸실 때, 여러분은 여러분 자신을 미워해야 한다.

하나님은 자유롭게 역사하고 사람의 마음에 맞추어 자신의 뜻을 펼치시
는 최고의 존재로서 말씀하신다. "그때에 **너희가** … **하리라**"(Then Shall ye)

그분이 은혜를 펼치시는 과정도 똑같다. 사물의 본질에 따라 행하시되,
자신이 의도하는 목적을 한 치의 오차도 없이 이루신다.

그분은 사랑 ─ 그것을 받는 대상들이 그 능력에 당연히 복종하고, 그들
의 마음과 행위를 바꿀 정도로 놀라운 사랑 ─ 으로 정복하실 것을 선언하신
다.

회개는 하나님의 사랑에 대한 반응으로서 마음속에서 얼어나는 것이다.

하나님의 사랑은 회개를 그 사랑의 참된 빛 속에 두고, 우리로 하여금 이
사랑에 대해 어두웠던 엄청난 실수에서 벗어나도록 도와준다. 많은 사람이
이 문제를 오해함으로써 그리스도와 소망에 이르지 못하고 있다. 그들은 다
음과 같은 실수를 범하고 있다:

I. 회개에 대한 잘못된 개념들.

그들은 회개를 다음과 같은 것들과 혼동한다:

1. 소화불량이나 우울증이나 정신병의 열매인 병적인 자기학대. 이것은

정신병이지 성령의 은총이 아니다. 이런 질병은 성직자보다 의사가 더 잘 고칠 것이다.

2. 불신앙, 좌절, 절망: 이것들은 회개에 전혀 도움이 되지 않고, 오히려 마음을 강퍅하게 만드는 경향이 있다.

3. 지옥에 대한 공포와 진노에 대한 의식: 이것들은 마귀들에게서도 일어나는 것으로 결코 회개를 일으키지 못할 것이다. 이것들이 어느 정도는 회개에 수반될 수 있지만, 필수적으로 회개의 한 부분을 이루는 것은 아니다.

4. 사탄의 유혹. 이것은 성령의 열매인 회개에 절대로 도움이 되지 않는다.

5. 죄책에 대한 완전한 지식. 아무리 성숙한 성도들이라도 이 수준에는 이르지 못했다.

6. 모든 죄를 철저하게 근절함. 완전한 성화는 간절히 바라는 바지만, 절대로 회개에 포함된 요소는 아니다.

회개는 하나님의 사랑을 의식할 때 일어나는 것으로, 악을 미워하고, 수치감을 느끼며, 죄를 피하기를 간절히 원하는 것이다.

II. 회개가 행하는 역할에 대한 잘못된 개념들.

1. 회개는 어떤 사람들에게 은혜를 이끌어내는 원인으로 간주된다. 그들은 마치 회개가 사죄의 공로인 것처럼 생각하는데, 이것은 엄청난 오류다.

2. 회개는 다른 사람들에게 은혜 받기 위한 준비단계로 잘못 이해된다. 인간의 선이 자비의 기초를 이루고, 하나님을 절반쯤 만족시키는 줄로 안다. 그러나 이것도 치명적인 오류다.

3. 회개를 일종의 믿음의 자격, 아니 심지어는 믿음의 근거로 취급한다. 그러나 이것이 아무리 적법하다고 해도 순수 복음 진리에는 반하는 것

이다.

4. 또 어떤 사람들은 회개를 마음의 평화를 위한 증거로 삼는다. 그들은
많이 회개했다면, 모든 것이 좋아야 한다고 생각한다. 이것은 우리의
신뢰를 헛된 기초 위에 세우는 것이다.

회개는 믿음을 수반하고, 하나님의 영의 보배로운 선물이다.

III. 회개가 마음속에서 일어나는 방법에 관한 잘못된 개념들.

회개는 분명하고 직접적인 한 번의 시도로 일어나는 것은 아니다.

부흥회에서 갖는 강한 흥분으로 일어나는 것도 아니다.

죄, 죽음, 지옥 등에 대한 묵상으로 주어지는 것도 아니다.

그것은 하나님의 전폭적인 은혜로 말미암아 일어난다:

1. 그분의 값없는 은혜로 말미암아. 그 은혜의 활동으로 말미암아 마음이
새롭게 되는 것이다(26절).

2. 그분이 우리 마음에 크신 긍휼을 베풀어 주심으로써.

3. 그분이 우리에게 새로운 긍휼을 받아들이도록 하심으로써(28-30절).

4. 그분이 그분 자신과 자신의 은혜의 방법들을 계시하심으로써(32절).

　복음의 모든 진리는 거듭난 자들에게 회개를 권장한다. 선택, 구속, 칭
의, 양자됨, 영원한 사랑 등은 모두 온갖 악의 길을 혐오하도록 강력히
천명한다.

복음의 모든 특권은 우리로 하여금 죄를 싫어하도록 이끈다. 이런 특권
들로는 기도, 찬양, 성경읽기, 성도와의 교제, 주의 만찬 등이 있다.

　오, 우리가 사랑의 접촉을 느끼고, 주님을 슬프게 한 것을 애통할 수 있기
를! 이것은 우리 안에서 모든 죄를 혐오하도록 역사하고, 우리를 거룩한 주
님의 온전한 성결에 나아가도록 할 것이다.

516

❖ 교정 ❖

그리스도께서 당신을 위해 행하신 그 크고 영광스러운 일들을 살펴볼 때 이끌려 나오는 결론과 비견할 만한 주장은 어디에도 없다. 만일 이 결론이 당신을 사로잡고, 당신을 정복하지 않는다면, 당신 앞에 지옥불이 던져지는 장면이 결코 사라지지 아니할 것이라고 나는 생각한다. _ 토머스 브룩스

회개에 대한 로마 가톨릭 교회의 정의는 비록 그들이 그 정의로부터 잘못된 결론을 이끌어내고 있음에도 불구하고 잘못된 것은 아니다. 그 정의에 의하면 참된 회개는 입술로 고백하고, 마음으로 슬퍼하며, 우리의 잘못을 수정하는 삶을 만족시켜야 한다는 것(Confessio oris, contritio cordis, satisfactio vitoe)이다. _ 리처드 글로버(Richard Glover)

회개 — 믿음의 눈에서 떨어지는 눈물.

하나님의 사랑과 자비는 그분의 심판보다 죄인들에게 더 크게 역사한다. 유대인들은 바벨론 포로로 잡혀가 있을 때, 하나님께서 애굽으로부터 탈출시켜 가나안 땅에 정착시키고 그들에게 크신 사랑을 베푸셨을 때보다 훨씬 더 자기들의 죄에 대해 무감각했다. 그때 그들은 자기들이 악의 길을 잊기 전에 먼저 기억해야 했다. 그런 다음 자신들을 혐오해야 했다. 시온에서의 자비는 바벨론에서의 심판보다 죄인들에게 더 효과적이다. 하나님의 긍휼은 그분의 진노의 불보다 죄인들의 마음을 훨씬 더 잘 녹인다. 그분의 친절은 지극히 관통력이 강해서 그분의 위협과 성난 얼굴보다 죄인들의 마음을 더 쉽게 뚫고 들어간다. 그것은 마치 가늘게 온 비가 땅에 스며들어 그 뿌리에 미치는 것과 같다. 반면에 소낙비는 그냥 흘러가 버리고 별로 유익이 없다. 사울의 마음을 깨뜨리는 것은 다윗의 친절이고(삼상 24장), 죄인들의 마음을 깨뜨리는 것은 하나님의 친절이다. 복음의 젖과 꿀은 율법의 쓸개즙과

쓴 쑥보다 죄인들의 마음에 더 큰 영향을 미친다. 시온 산의 그리스도께서 시내 산의 모세보다 회개를 더 잘 이끌어낸다. _ 윌리엄 그린힐(William Greenhill)

시인 쿠퍼는 자신의 어린 시절에 관한 회상록에서 회개의 필요성을 강하게 느꼈던 때에 대해 이렇게 묘사한다: "나는 많은 사람들이 죄에 대해 눈물을 흘렸다고 말하는 얘기를 들어서 알고 있었다. 그러나 나 자신은 죄에 대해 울었던 적이 언제인가 자문해 볼 때, 결코 그런 적이 없기 때문에 차라리 돌멩이가 그렇게 하기가 더 쉬웠을 것이라는 생각이 들었다. 그리스도께서 회개하도록 마음을 자극하신다는 것을 몰랐을 때, 나는 언제나 그것을 이루지 못하는 것에 대해 절망했다." 한 친구가 그의 침상에 와서 복음을 전했다. 그 친구는 예수님의 피의 완전한 속죄 능력을 강조했고, 그분의 의만이 우리를 의롭게 한다고 역설했다. 쿠퍼는 이렇게 덧붙였다: "그 친구의 말과 그가 전하는 성경의 내용을 듣는 당시에 내 마음은 갑자기 불타오르기 시작했고, 내 영혼은 자비로우신 구주에 대해 그토록 신랄하게 배은망덕했던 비감으로 관통되었다. 그리고 즉시 불가능하다고 생각했던 눈물이 하염없이 쏟아졌다."

필립 헨리는 다음과 같이 말한다: "어떤 사람은 회개에 대해 듣기를 좋아하지 않는다. 하지만 나는 그것이 필수적이라고 생각하기 때문에, 만일 내가 강단에서 죽어야 한다면, 회개에 대해 설교하다 죽을 것이고, 강단을 떠난 곳에서 죽는다면, 회개를 실천하다 죽을 것이다."

96
개펄

그 진펄과 개펄은 되살아나지 못하고 소금 땅이 될 것이며
_ 에스겔 47:11

선지자는 환상 속에서 생명을 주는 강의 물줄기를 보았다. 그것은 경이
롭고 탁월한 효과를 보여 주었다. 그 장을 읽어보라. 그것에 관한 간단한 요
약이 주어져 있다.

선지자는 또 여기저기서 그 강이 축복을 전달하지 못하는 것도 발견했
다. 아무 쓸모 없는 습지가 있었기 때문이다.

I. 복음이 결코 축복이 아닌 어떤 사람들이 있다.

1. 그것은 그들 속에서 썩고 있다. 그들은 헛되이 듣는다. 배우나 실천하
   지 않는다. 느끼나 결정하지 않는다. 결심하나 행동하지 않는다.
2. 그것은 맑은 물이 습지의 진흙과 함께 있는 것처럼, 그 부패한 행위들과
   함께 섞여 있다. 그들은 맹목적인 눈으로 보고, 세속적 방법으로 이해
   하며, 진리를 받으나 그 능력은 받아들이지 않는다.
3. 그것은 그들의 죄의 양식이 된다. 심지어는 무성한 잡초가 "진창" 속 썩
   은 물들을 통해 자라는 것과 같다.
   • 그들의 불신앙은 신비를 불신앙의 핑계거리로 만든다.
   • 그들의 적대감은 은혜의 주권 때문에 촉발된다.
   • 그들의 완고함은 은혜로부터 자유를 취하고, 하나님의 긍휼로부터
     변명거리를 만든다.
   • 그들의 세속적 안일함은 복음을 들음으로써 더욱 증진된다.
4. 그것은 그들을 더욱 악화시킨다. 비가 많이 올수록 습지도 더 느는 법

이다.

- 은혜가 악용될수록 마음도 그만큼 더 사악해진다.
- 지식이 성결하게 쓰이지 않을수록 악의 능력도 그만큼 더 강화된다.
- 거짓 고백이 심화될수록 반역행위도 그만큼 더 늘어난다.

II. 이들 가운데 어떤 사람들을 우리는 알고 있다.

이러한 습지들은 그리 먼 곳에 있지 않다. 그들은 가까이 할수록 눈을 아프게 하고, 마음을 시들게 한다.

1. 죄 가운데 살면서 말이 많은 사람: 지식은 넘치지만 사랑은 부족한 사람, 표현은 유창하지만 체험은 없는 사람.
2. 그리스도인들의 흠을 꼬집기만 하고, 그들을 비판하는데 발이 빠르지만, 정작 자기들은 허위 속에서 사는 비판가들.
3. 정통 진리를 받아들이기는 하나 세상을 사랑하는 사람들.
4. 감동도 느끼고 자극도 받지만 결코 말씀에 순종하지 않는 사람들. 그들은 복음, 오직 복음을 즐겨 듣지만, 영적인 삶은 전혀 없다.
5. 무늬만 직분자로서 습관적으로 종교생활을 하는 사람들. 유다는 재정 담당자이자 배반자요, 사도이자 배교자였다. 그의 후손들이 우리 가운데 있다.

III. 이런 사람들은 끔찍한 곤경 속에 있다.

그들은 정말 두려운 상태에 있다.

1. 그들은 그것을 모르고 있기 때문이다. 그들은 그것이 그들에게 좋다고 생각한다.
2. 복 받는 사람들의 일반적 수단이 그들에게는 없기 때문이다.
3. 어떤 경우에는 최고의 수단이 빠져 있다. 은혜의 특별한 강이 그들에게까지 흘러내리고 있지만, 그 물줄기를 그들은 헛되이 찾아간다.

4. 지금은 알려져 있는 수단이 남아있지 않다. "내가 너희를 위해 무엇을 할까?" 궁휼의 경륜으로부터 무엇을 더 바랄 수 있을까?

5. 그들의 파멸은 확실해 보인다. 그들은 버림받을 것이다. 그들 스스로 메마른 늪지에 버려질 것이다.

6. 그들의 파멸은 그것이 확실한 만큼 두려운 것이 될 것이다. 해수로 침식되는 평지 도시들의 파멸과 똑같을 것이다. 그들의 운명은 단지 소돔과 고모라의 운명보다 더 참을 수 없는 것이 될 것이다.

IV. 이들로부터 우리가 배울 것이 있다.

1. 경고의 교훈. 우리 자신은 은혜의 물줄기로부터 벗어나지 말고 거기서 큰 유익을 얻도록.

2. 깨달음의 교훈. 구원의 축복을 필수적으로 갖지 못한 의식들 속에 우리가 빠지지 않도록.

3. 감사의 교훈. 만일 우리가 생명의 강을 통해 고침을 받는다면, 하나님 여호와의 은혜의 능력을 찬송해야 한다.

4. 목사들과 다른 사역자들을 소생시키는 교훈. 그들이 자신의 수고의 결과를 사모하고, 열매로 풍성한 땅을 만들기 바라는 곳을 습지로 만들지 않도록.

❖ 적절한 말 ❖

종교적인 불신자들만큼 구원받기 어려워 보이는 사람은 없다. 그들은 증거의 갑주를 입고 있다. 여러분은 그들에게 뭔가 새롭고 충격적인 것을 말해 줄 수 없다. 그들의 머리는 종교적 지식으로 투구를 쓰고 있기 때문이다. 여러분은 그들의 마음에 접근할 수 없다. 그들은 복음을 경화시키는 흉배를 붙이고 있기 때문이다. 그들은 모든 진리에 동조하지만, 아무것도 믿지는 않는다. 그들은 모든 종교적 의식을 준수하는데 동참하지만, 종교는 갖지 않는다. 종교의 무기고에서 단련되는 갑주만큼 진리의 공격을 막아내는 데 효과를 발휘하는 다른 갑주는 없을 것이다. 나는 복음에서 증거를 찾는 청자보다 불신앙을 공언하는 자에게 더 큰 희망을 갖고 있다. _ 스펄전

물이 이 습지에 공급되지 않거나 또는 공급된다고 해도, 습지가 물을 거절하고, 그래서 소금에 던져진다면, 소돔처럼 황폐하고 저주받은 곳이 되고 말 것이다. 어떤 곳들은 성소의 물, 복음의 교리의 물이 없고, 그래서 그곳은 두로와 시돈처럼 곧 황폐화되고, 물 부족으로 파멸하게 될 것이다. 다른 곳들은 물을 가지고 있으나 완고하기 때문에 진리에 대한 사랑으로 그것을 받아들이지 못할 것이다. 또 그들은 이 물을 마시지 않기 때문에 소금에 던져짐으로써, 황폐화되고, 멸망할 수밖에 없다. 가버나움과 예루살렘도 이와 똑같았다(마 11:23; 23:37-38). 또한 우리 민족(영국)의 많은 곳들도 이와 마찬가지인 것이 나는 두렵다. _ 윌리엄 그린힐

어떤 사람들은 부흥회에서 먼저 탐구실에 들어가야 될 사람들이다. 충분한 탐구가 그들의 역사에 관해 이루어지면 고리타분한 전통주의자들로서, 그들의 회심이 오래 전에 이미 사라져 버린 것을 발견하게 될 것이다. 이들은 신앙적 자각의 독소요 불명예다. 쉽게 변질되는 그들의 경건 자체는 겉치레에 불과하다. 그들은 정확히 말해 위선자는 아니지만, 경건한 모습을 보여 줄 때에도 그들 속에 그 뿌리는 거의 없다. 우리는 본인 스스로 절름발이로부터 고침 받았다는 사람의 얘기를 들은 적이 있는데, 며칠이 지나지 않아 그는 다시 목발을 짚고 다녔다. 그것 때문에 그 자칭 치유자는 심각한 의심을 받지 않을 수 없다. 요즘에도 이같이 뒤틀린 개종자들이 감동적인 변화에 대한 간증을 하고 다닌다. 하지만 그들은 복음까지도 저주로 만드는, 곧 생명의 강이 전혀 생명을 일으키지 못하게 하는 습지로 만들어 버리는 부류에 속하는 사람들이다.

지상에서 가장 비참한 사람은 누구이며, 우리가 그를 따라가면 어디로 가게 될까? 술집도 아니다. 극장도 아니다. 윤락가도 아니다. 그곳은 바로 교회다! 주일마다 일깨우고 감동시키는 복음의 요청 아래 앉아있지만, 그 요청에 대해 그의 마음이 오히려 강퍅해지는 그 사람이야말로 다른 누구보다 불행한 상태에 있는 사람이다. "화 있을진저 고라신아, 화 있을진저 벳새다야 … 가버나움아 네가 하늘에까지 높아지겠느냐 음부에까지 낮아지리라"(눅 10:13, 15). _ 리처드 세실(Richard Cecil)

로마인들은 "최고의 것이 타락하면 최악의 상태가 된다"고 말하곤 했다.

인간의 연약함과 타락의 모든 요소들 가운데 가장 불쾌한 요소는 감정은 충만하지만 원리는 없고, 말은 많지만 인격은 없고, 기도는 많이 하지만 삶은 없으며, 주일성수는 잘하지만 일상적 경건은 없는 신앙적 위선의 모닥불이다. "너희 회칠한 무덤들이여!" "너희 독사의 자식들아!" 가장 경건한 사람들은 이런 매스꺼운 위선에 대하여 분개하는 세상의 외침에 가담한다. 그것은 지혜롭고 항상 시의적절한 영국교회의 청원이다. "거룩하신 주여, 세상의 허위로부터, 마귀의 궤계로부터, 우리를 구원하소서!" _ 오스틴 펠프스(Austin Phelps)

97
생각으로 번민하는 사람

그 생각이 번민하여
_ 다니엘 5:6

많은 사람들에게 **생각하는 일**은 평범한 일이 아니다. 그러나 생각할 수 있다는 것은 인간의 특징이다. 생각이 어떤 사람들에게 번민을 가져다주는 것은 이상한 일이 아니다. 생각으로부터 나오는 이 번민은 유익한 것이다. 그것을 통해 확신과 회심이 올 수 있기 때문이다. 어쨌든 번민을 가져다주는 생각은 정신을 일깨우고, 영혼을 경계시키는 일종의 경종의 소리다.

우리는 벨사살과 우리 자신에 관해 생각해 보아야 한다. 우리 자신에 관해서도 "그 생각이 번민하여"라고 말할 수 있다. 우리는 우리 자신에 관한 우리의 생각에 과감히 직면하지 않는다면 악한 길로 빠지고 말 것이다. 우리에 관한 하나님의 생각은 어떠할까?

I. 그 생각이 그를 번민케 한 것처럼 보이지 않았다.

1. 그는 무책임하고 무분별한 군주였다. 그는 흉포한 민족 출신이었고, 거친 성격 때문에 엄벌을 받아야 했던 아버지의 아들이었다.

2. 그는 마음이 강퍅하여 교만으로 충만한 사람이었다(22절과 23절). 다니엘은 "자신을 하늘의 주재보다 높였다"고 말했다.

3. 그는 술을 심하게 마셨고, 그것은 그에게 악한 영향을 미쳤다(2절).

4. 그는 방탕한 사람들과 어울렸다: "귀족들과 왕후들과 후궁들." 이런 사람들은 무엇이든 생각하는 것을 귀찮게 여기고, 그들 지도자의 무분별을 부추긴다.

5. 그는 신성모독죄를 범했다(3절). 감히 연회에서 이스라엘의 하나님을

경멸하는 표시로 성물을 악한 용도로 사용했다. 그 대신 그는 "금, 은, 구리, 쇠, 돌로 만든 그의 신들"을 찬양했다. 아마 그는 그 신들이 승리했다는 의미에서 그 이름을 자세히 언급했던 것으로 보인다. 어쨌든 선지자는 4절에서 그것들을 혐오할 대상으로 거론하고 있다.

아무도 술잔에 의지해서 지혜롭게 되거나 사려 깊게 되는 경우는 없다.

아무도 하나님의 화살의 사정권에서 벗어나지 못한다.

아무도 하나님께서 일깨우실 수 없을 정도로 죽은 양심을 가진 자는 없다.

많은 다른 사람들이 아주 낮은 자리에 있으면서도 지위와 성공에 대한 교만을 똑같이 보여 준다. 이것은 대부분 똑같이 자극을 받고, 똑같이 하나님의 일들을 경멸하는 결과를 보여 준다.

벨사살과 다른 교만한 사람들 사이에 유사점이 쉽게 발견된다.

II. 그러나 그 생각이 그를 번민케 했다.

1. 그는 자기가 본 것 때문에 간담이 서늘했다. "왕궁 촛대 맞은편 석회벽에 글자를 쓰는데 왕이 그 글자 쓰는 손가락을 본지라"(5절).

하나님은 때때로 사람들에게 그들이 알아야 할 경고를 주신다.

2. 그는 자기가 볼 수 없었던 것 때문에 의혹에 사로잡혔다. 어디서 온 손이었을까?

   • 그 글을 쓴 자는 어디서 왔을까? 그는 무슨 글을 썼을까? 그 의미는 무엇이었을까? 두려운 신비가 그의 환상 속에 내포되어 있었다.

   • 하나님은 사람들에게 이미 드러나야 하지만, 아직 뒤에 숨겨져 있는 어떤 것에 대한 암시를 주신다.

3. 그는 자신이 했던 일 때문에 두려움을 느꼈다.

   • 자신의 과거가 자기 앞에 번쩍 스치고 지나갔다. 그가 주도한 잔인한 전쟁, 억압, 신성모독과 악행 등.

- 자신의 아버지의 경력을 잘 알고 있었기에 그의 두려움은 배가되었다.
- 자신이 실패했던 일이 자기 앞에 어른거렸다. "도리어 왕의 호흡을 주장하시고 왕의 모든 길을 작정하시는 하나님께는 영광을 돌리지 아니한지라"(23절).
- 자신이 저질렀던 일들이 그를 놀라게 만들었다. 그는 이스라엘의 하나님 여호와께 무엄하고 방자하게 도전했다.

누구나 두려워하는 분 앞에서 떨고 있는 **그**를 보라. 그는 그 거룩한 잔들로부터 이상한 물을 한 모금 마셨다.

III. 당신의 생각이 당신을 번민하게 만들고 있지 않은가?

1. 당신은 부주의하고, 반역적이고, 쾌락을 좋아하고, 술을 많이 마신다. 방탕함이 항상 좋은 결과를 가져오겠는가?
2. 당신은 번영하고 있다. 도살자를 위해 짐승을 살찌우지 않았는가?
3. 당신은 거룩한 일을 소홀히 한다. 당신은 하나님의 일에 대해 나태하거나 비웃고, 진지한 마음이 없다. 이것이 오래 가겠는가? 하나님께서 이 멸시에 대해 진노하시지 않겠는가?
4. 당신은 불순한 사람들과 어울린다. 그들과 함께 멸망당하지 않겠는가?
5. 당신의 아버지의 인생이 당신에게 교훈을 줄 것이다. 그렇지 않으면 최소한 당신을 번민케 할 것이다.
6. "왕궁 촛대 맞은편 석회벽에" 쓰인 거룩한 글은 당신에게 주어진 것이다. 성경을 읽어보고, 자신을 살피라.
7. 특별히 당신은 저울에 재 보았으나 부족함이 발견되었다.

양심은 무오한 재판관의 손에 들려 있는 저울을 본다.

당신은 벨사살의 상태에 떨어지지 않도록 조심해야 한다. 다니엘은 그에게 해결책을 제시하지 않고 단순히 그의 운명에 관해 기록된 글을 해석해 주었을 뿐이다.

그럼에도 불구하고 우리는 당신에게 복음을 선포하고, 또 선포한다. 하나님의 생각은 당신의 생각보다 위에 있다. 그분은 당신에게 죄를 회개하고, 그분의 아들 예수님을 믿도록 명하신다. 그러면 당신의 생각은 당신을 번민하게 하기를 멈출 것이다.

❖ 생각과 사실 ❖

내면의 불법을 이해하지 못해
우리는 자신의 생각을 혐오하지만
하나님은 치료를 위해 복의 지팡이를 만드셨다.
쓴 물이 흘러나오는 샘에
던지기만 하면 고칠 수 있음을 주님은 보여 주셨다.
하나님의 치료,
그 능력을 우리는 느낀다.
그 은혜를 다 헤아리지는 못하지만, 알고 있다.

_ 하버갈 양(Miss Havergal)

무감각한 양심은 많은 사람들의 영혼 속에서 말라비틀어진 팔과 같다. 그러나 양심의 창조자인 하나님은 언젠가 "너는 기지개를 켜고 일어나서 네가 할 일을 하라"고 말씀하실 것이다.

개미 둑을 파헤치면 살아있는 개미들이 사방으로 움직이는 것처럼, 죄인의 양심도 성령이나 하나님의 판단에 의해 휘저어지면, 그 시야에 영혼을 고뇌와 비통으로 채우는 무수한 행위들을 일으킬 것이다. _ 맥코쉬(McCosh)

웰링턴 공작은 언젠가 말하기를 목사나 종교 사역자들이 있었다면, 일 년에 일천 명 정도의 사람들의 생명을 보존 받을 것이라고 했다. 그들의 정신의 불안함은 그대로 그들의 육체에 영향을 미치고, 그렇게 그것이 그들의 육체를 사로잡으면, 계속 열병을 일으켰다. "병든 정신을 도울 수 있는" 분에 관해 설교하는 것은 복된 직업이다. 그분의 은혜는 그것을 "악한 양심"으로부터 구원할 수 있고, 그분을 통해 모든 내적 두려움과 고통이 제거된다.

프랑스의 왕 찰스 9세는 젊었을 때 아주 인간적이고 부드러운 감수성의 소유자였다. 그를 유혹한 마귀는 그를 기른 유모였다. 그녀가 처음에 그에게 위그노 교도들을 몰살시키도록 제안했을 때, 그는 두려움에 벌벌 떨면서 "안돼, 안돼, 유모! 그들은 내 사랑하는 신하들이야"라고 말하는 것으로 끝났다. **그때** 그의 인생에 위기가 닥쳤다. 그가 만약 피 흘림에 대한 본성의 두려움에 유의했더라면, 성 바돌로매 축제의 전야는 결코 그 나라의 역사를 불명예스럽게 만들어놓지 않았을 것이다. 그리고 그 자신은 죽을 때 그를 미치게 만든 그 두려운 후회를 모면할 수 있었을 것이다. 그는 주치의에게 죽기 직전에 이렇게 말했다: "잠이 들거나 깨어 있거나 나는 위그노 교도들이 토막 난 모습으로 내 앞을 지나가는 장면을 보게 되오. 그들은 피를 뚝뚝 흘리고 있소. 그들은 섬뜩한 얼굴로 나를 바라보고 있소. 그들은 자기 상처를 가리키면서 나를 조롱하고 있소. 오, 젖먹이 아기들만이라도 죽이지 않았더라면!" 결국 그는 고뇌로 괴로워하는 울부짖음과 비명을 토해냈다. 그의 피부에 있는 땀구멍마다 피 같은 땀이 스며 나왔다. 그는 겟세마네 동산에서 우리 주님의 고뇌에 주어졌던 현상을 역사 속에서 몸소 보여 준 몇 안되는 실례다. 그것은 그의 날카로운 양심이 극도의 죄책에 대해 반응한 결과로서 주어진 열매였다. _ 오스틴 펠프스(Austin Phelps)

교회를 위한 기도

그러하온즉 우리 하나님이여 지금 주의 종의 기도와 간구를 들으시고
주를 위하여 주의 얼굴 빛을 주의 황폐한 성소에 비추시옵소서
_ 다니엘 9:17

이 진실한 마음을 가진 사람은 자신을 위해 살지 않았다. 다니엘은 열렬
한 애국자였다. 그는 인간적으로 신실한 사람이었고, 그래서 존대를 받았으
나 일신의 영달로 만족하지 않았다. 그는 하나님에 대한 환상을 갖고 있었
으나 환상을 좇는 사람은 아니었다.

그는 탐구하고 연구하는 사람이었지만, 또한 기도하는 사람이었다. 간구
는 항상 우리의 묵상의 결과가 되어야 한다. 그의 기도는 우리에게 교훈을
준다. 그것은 오늘날 우리로 하여금 하나님의 교회를 위해 열심히 기도하도
록 암시한다.

I. 거룩한 장소. "성소."

성전은 모형이다. 우리는 교훈을 위해 영적 처소에 대해 말하는 것처럼
본문을 읽어야 한다. 모형 속에는 상징하고 있는 다양한 요점이 있지만, 다
음과 같은 것으로 충분하다:

1. 성전은 유일했다. 여호와를 위해서는 하나의 성전이 있을 수밖에 없는
   것처럼 오늘날 교회도 하나의 교회가 존재한다.
2. 성전은 "말할 수 없이 장엄한" 곳이었다. 하나님과 거룩한 존재들의 눈
   에 교회는 하나님의 영광의 전이다.
3. 성전은 지혜의 결정체였다. 솔로몬 왕이 그것을 세웠다. 마찬가지로 교
   회에 대해서도 우리는 "솔로몬보다 더 큰 이가 여기 있다"고 말할 수

있다.

4. 성전은 커다란 대가와 막대한 수고의 결과였다. 마찬가지로 교회도 측량할 수 없는 대가를 치르신 주 예수님으로 말미암아 세워졌다.

5. 성전은 하나님이 거하시는 처소였다.

6. 성전은 그분을 예배하는 장소였다.

7. 성전은 그분의 권능의 보좌였다. 그분의 말씀은 예루살렘으로부터 나왔다. 거기서 그분은 자기 백성들을 다스리고 그의 원수들을 쫓아내셨다.

훗날 예수 그리스도의 교회는 정확히 성전의 대칭 모형이다. 이것은 현재의 교회가 광야의 성막에 대해서 그런 것과 같다.

II. 간절한 기도.

"주의 얼굴빛을 주의 황폐한 성소에 비추시옵소서."

1. 그것은 모든 이기심을 초월한 기도였다. 이것은 그의 유일한 기도로서, 그의 모든 기도의 핵심이었다.

2. 그것은 생각이 깊은 기도였다(2절).
   • 그는 그의 백성들의 죄, 재앙, 앞날 등에 대해 생각했다.
   • 이런 기도는 사람의 마음이 달려가고 있는 길을 보여 주고, 무작정 하는 기도보다 더욱 힘이 넘친다.

3. 그것은 하나님께만 드려졌다. "우리 하나님이여."

4. 그것은 그가 스스로는 아무것도 할 수 없음을 고백하는 기도였다. 정직한 사람들은 스스로 할 수 있는 것을 해 달라고 구하지 않는다.

5. 그것은 포괄적인 은혜를 구하는 기도였다. "주의 얼굴 빛을 비추시옵소서."

이것은 우리도 하나님의 교회를 위해 간구해야 할 것들이 많다는 것을 함축한다:

(1) 교회를 재건하고, 그것이 안전하게 세워지도록.

(2) 사역자들이 자기 자리에서 섬기는데 성실을 다하도록.

(3) 예배가 인정받을 만하게 드려지도록.

(4) 진리가 명쾌하게 선포되도록. 하나님의 얼굴은 거짓과 애매함 위에서
는 비추어질 수 없다.

(5) 거룩이 그 미덕을 보여 주도록. 거룩하신 하나님이 미소 짓는 곳에서
그의 종들도 거룩하다.

(6) 교제의 즐거움이 넘치도록. 성도들이 하나님과 동행하도록.

(7) 증거에 능력이 있도록. 하나님이 기뻐하실 때, 그분의 말씀도 힘이 있
고, 모든 거룩한 수고들도 탄력을 받는다.

6. 그것은 필요한 것들을 구한 기도였다.

- 교회에 대해: 통일성, 생명, 순결성, 능력, 기쁨 등
- 세상에 대해: 계몽과 회심. 황폐한 교회는 죽은 교회다.
- 우리 자신에 대해: 교화. 시온이 황폐해질 때 우리 영혼은 자랄 수 없
다.
- 자녀들에 대해: 구원. 자녀들이 황폐한 교회에서 구원받으리라는 기
대는 갖지 못할 것이다.

III. 일관된 행위.

이런 기도와 함께 다음과 같은 행동이 수반되어야 한다.

1. 우리는 시온의 상태를 고려해야 한다(23절). 우리는 참된 종교의 상태
에 대해 세심한 판단을 해 보아야 한다.

2. 우리는 그것을 마음속에 진지하게 새겨두어야 한다. 기쁘거나 슬프거
나 교회의 상태는 우리에게 깊은 관심의 대상이 되어야 한다.

3. 우리는 우리가 교회를 위해 할 수 있는 모든 행동을 다해야 한다. 그렇
지 않으면 우리의 기도는 조롱거리가 되고 말 것이다.

4. 우리는 하나님을 슬프게 하는 것을 절대로 해서는 안 된다. 왜냐하면 모든 것이 그분의 웃음에 달려있기 때문이다. "주의 얼굴빛을 비추시 옵소서."

5. 우리는 지금까지 했던 것보다 더 많이 기도해야 한다. 우리 각자는 다 니엘이 되어야 한다.

✤ 자극 ✤

로마교회의 조종을 받는 의회와 귀족들이 스코틀랜드에서 종교개혁이 전개되지 못하도록 무력으로 억압함으로써, 개신교의 주장이 절박한 위기에 있던 혼란의 시대에, 어느 늦은 밤 존 녹스는 자신의 서재에서 나와 집 뒤편 울타리가 쳐진 조용한 곳으로 갔다. 그를 한 친구가 따라가 보았다. 잠시 침묵이 흐른 다음에 그의 음성이 들렸는데, 기도하는 것처럼 보였다. 잠시 후 그의 목소리는 더욱 깊어져 분명히 알아들을 수 있었다. 그의 진지한 간구는 몸부림치는 그의 영혼을 떠나 하늘로 올라갔다. "오 주여, 저에게 스코틀랜드를 주소서. 그렇지 않으면 죽여 주소서." 그 외에는 그 어떤 음성도 들리지 않았다. 다만 세 번에 걸쳐 더 깊은 감정을 담아 "오 주여, 저에게 스코틀랜드를 주소서. 그렇지 않으면 죽여 주소서"라고 기도했다. 그리하여 하나님은 마리아와 추기경의 공작에도 불구하고 그에게 스코틀랜드를 주심으로써, 그리스도와 그의 면류관에 고귀하게 바쳐지는 땅과 교회가 되게 하셨다.

톨룩(Tholuck)은 이렇게 말한다: "뉘른부르크 의회가 개최되었을 때, 루터는 자신의 집에서 열심히 기도하고 있었다. 그로부터 정확히 한 시간 후에 전체 개신교도들을 무조건 용서한다는 포고령이 발효되었을 때, 그는 자신의 집을 뛰쳐나와 '우리가 승리했다'고 외쳤다."

교회는 병들 수 있으나 죽지는 않는다. 절대로 죽을 수 없다. 왜냐하면 영원하신 왕의 피가 교회를 샀기 때문이다. 영원하신 영의 권능이 교회를 보존하시기 때문이다. 그리고 영원하신 하나님의 자비가 교회를 둘러싸고 있기 때문이다. _ 토머스 아담스(Thomas Adams)

기도는 이교도인 사모아 사람들에게도 보편적인 습관이었다. 그들은 기도에 대한 개념을 분명히 지식적으로 표현했다. 예를 들면 보트를 타고 여행할 때 그들은 배 안에 승객으로 앉아있는 사람들은 노를 젓는 선원들을 위해 기도하도록 되어 있었다. 승객들은 노 젓는 선원들에게 다음과 같은 말로 거듭 감사를 표현했다: "여러분의 능숙한 솜씨에 감사드립니다." 그러면 선원들은 즉각 이렇게 반응했다: "여러분의 기도에 감사드립니다." "여러분의 기도에 감사드립니다"라고 대답한 선원들은 자기들의 노 젓는 힘이 승객들의 기도에 달려있다는 원칙을 깨닫고 있었음을 알 수 있다. _ The Congregationalist

막힌 길

그러므로 (보라) 내가 가시로 그 길을 막으며 담을 쌓아
그로 그 길을 찾지 못하게 하리니 그가 그 사랑하는 자를 따라갈지라도
미치지 못하며 그들을 찾을지라도 만나지 못할 것이라
그제야 그가 이르기를 내가 본 남편에게로 돌아가리니
그때의 내 형편이 지금보다 나았음이라 하리라
_ 호세아 2:6- 7

  본문은 경고에 관한 구절에 삽입된 긍휼에 관한 말씀이다. 그것은 여호
와께서 언약적 사랑의 끈으로 묶어놓았지만, 그럼에도 불구하고 믿음을 저
버리고 반역에 빠져버린 사람들과 연관되어 있다. 정말 희한하게도, 본문은
"그러므로"란 말로 시작하고, 그 말의 근거는 자신의 언약을 절대로 포기하
지 않는 또는 자신의 택한 백성들을 절대로 버리시지 않는 불변의 하나님의
불변의 의지에 있다. 또한 그들을 자신에게 이끄시는 그분의 한결같은 결심
속에 있다. 그 말씀은 선민이지만 죄를 범한 하나님의 백성들에게 지금도
계속해서 선포되고 있다.
  우리는 다음과 같은 사항을 유의 깊게 살펴보아야 한다:

I. 무수한 죄인들의 완고한 성격.

  이것은 이스라엘의 경우에서 보는 것처럼 다양한 모습으로 그들의 삶에
서 나타난다:

  1. 통상적인 수단으로는 그들의 목표를 이루지 못했다. 그 상세한 내용은
    앞 구절들에서 주어진다. 그리고 이어서 우리는 "그러므로"라는 말을
    읽게 된다. 과거의 실패로 말미암아 하나님은 더 나은 대책을 세우고자
    하심을 보여 준다.

2. 특별한 수단이 이제 사용될 것이다. "보라"(한글성경에는 생략되어 있다)는 말을 사용함으로써, 그들의 특별성에 대해 주의를 요청하고 있다. 하나님의 놀라우신 은혜의 방법은 죄인들의 놀라운 완고함을 증명한다.

3. 심지어는 이 특별한 수단도 실패로 돌아갈 것이다. 담과 벽을 쌓아놓은 것처럼, 섭리는 특수한 방법을 사용한다. 그러나 한동안 죄인은 은혜의 계획을 좌절시킨다. "그가 그 사랑하는 자를 따라갈지라도" 등. 사람들은 자기가 사랑하는 죄악을 저지르기 위해 담을 뛰어넘고, 벽을 타고 올라갈 것이다.

4. 오직 신적 능력만이 강퍅한 마음을 이길 것이다. 하나님은 "내가 하리니"라고 말씀하시고, "그는 못할 것이라"와 "그가 하게 될 것이라"고 덧붙이신다. 이것은 전능하신 사랑의 하나님께서 이제 그 목록을 작성하고, 반역적이고 완고한 죄인들을 정복하고자 하심을 증명한다. 하나님 자신이 개인적으로 간섭하셔야 한다. 그렇지 않으면 그들은 절대로 그분께 돌아오지 아니할 것이다.

하나님께서 전능하신 은혜 안에 두시지 않는 한, 담이나 벽으로는 막을 수 없는 죄인들은 얼마나 끔찍한 자들일까!

II. 하나님께서 그들을 교정하기 위해 사용하는 수단.

이 수단은 그 자체로는 아무것도 이룰 수 없는 무력한 것일지라도, 하나님에 의해 사용될 때 효과가 있다.

1. 쓰라린 고통: "내가 가시로 그 길을 막으며" 많은 사람들이 호된 고통을 통해 자기를 돌아보고 반성하게 된다. 여행자들은 "사람의 통행을 방해하는 가시"에 관해 말한다. 그것은 아주 조심하며 지나가는 사람을 쿡쿡 찔러 아프게 한다. 악을 극단적으로 추구할 때 하나님은 죄인이 그 죄를 멈추도록 하실 수 있다.

2. 넘을 수 없는 난관: "담을 쌓아." 사랑의 주님은 자신이 구원하기를 바라는 사람들의 길에 효과적으로 장애물을 설치하신다. 만일 사람들이 담을 무너뜨린다면, 그분의 오래 참으시는 사랑은 벽을 세우고, 그리하여 그들이 죄를 용납하지 못하도록 하실 것이다.

3. 시력장애: "그로 그 길을 찾지 못하게 하리니." 심지어 넓은 길이 도리어 장애처럼 보일 정도로 죄를 즐기는 쾌락의 길은 그에게 어려움과 미혹을 제공할 수 있다.

4. 철저한 실패: "그가 그 사랑하는 자를 따라갈지라도 미치지 못하며." 우리는 전혀 올바른 길로 나아가지 않는 사람들을 알고 있다. 그들은 나름대로 최선을 다해 열심히 살아가지만, 결국 성공에 이르지 못한다. 그들의 길은 하나님이 전혀 기뻐하시는 길이 아니기 때문이다. 그분은 그들이 그 길에서 벗어나기를 바라신다. 이런 사람들은 죄의 길에서 성공을 찾아 헤매지만, 그것은 그들에게서 달아나고 만다.

5. 쓰라린 실망: "그들을 찾을지라도 만나지 못할 것이라" 즐거움은 더 이상 그 길에서 찾아지지 않을 것이다. 과거에 그들을 그토록 즐겁게 했던 쾌락도 이제는 즐겁지 않게 된다.

이 혹독한 징계는 자주 신앙생활 초기에는 굉장히 유익하게 작용한다. 그것은 심기 전에 땅을 가는 것이다.

III. 결국 얻게 되는 복의 결과.

방황하며 방탕에 빠진 영혼은 결국 자기 하나님께 되돌아오도록 인도 받는다.

1. 기억이 되살아난다: "내 형편이 지금보다 나았음이라."

2. 상실에 대한 슬픈 고백이 터져 나온다: "그때의 내 형편이 **지금보다** 나았음이라." 그는 자신의 날에 먹구름이 끼어있기 때문에 더 행복했던 과거를 생각하게 된다.

3. 결단이 형성된다: "내가 돌아가리니."

4. 사랑을 자극 받는다: "내가 본 남편에게로 돌아가리니."

- 그는 사랑의 끈을 붙잡는다. 그는 벗어나기 위해 그 끈을 무리하게 당긴 것을 후회한다.
- 문제가 멀리 떠나갈 때, 슬픈 상처는 치유되고, 새롭게 된 사랑의 활동이 시작된다.
- 우리는 하나님께서 우리를 멈추게 하기 위해 가시를 사용하기 전에 그분께 돌아와야 한다.
- 만일 이미 담이 높이 쌓였다면, 가는 길을 고려해야 한다.
- 어쨌든 우리는 믿음으로 예수님께 돌아와 그분 안에서 안식해야 한다.

❖ 선별 예화 ❖

"내가 담을 쌓아 그로 그 길을 찾지 못하게 하리니" — 하나님께서 자기 백성들에 대해 쌓으시는 담은 이중적이다. 그들로부터 악을 막아 주기 위한 보호의 담이 있고, 악으로부터 그들을 지켜 주기 위한 고난의 담이 있다. 보호의 담은 이사야 5:5에서 보는 것처럼, 하나님께서 그의 포도원에서 "그 담을 헐겠다"고 위협하시는 말씀에 나타나 있다. 또 하나님은 욥에 관해 "울타리로 두르셨다"(욥 1:10)고 말씀하는데, 이것도 보호의 담이다. 그러나 본문에 나오는 담은 고난의 담이다. "내가 담을 쌓아 그로 그 길을 찾지 못하게 하리니" 즉 이 말씀은 내가 너를 악으로부터 지키기 위해 혹독하고 힘든 고난을 주겠다는 뜻이다.

농부는 길이 아닌 자기 밭 사이로 사람들이 지나감으로써, 채소나 곡식이 상하는 것을 보면, 그들이 자신의 곡식 사이로 다니지 못하도록 밭에 가시를 둘러놓는다. 그럼에도 불구하고 사람들이 그곳으로 들어간다면, 고통과 불편을 감수해야 할 것이다. 마찬가지로 하나님께서도 "내가 가시로 그 길을 막으며 담을 쌓아 그로 그 길을 찾지 못하게 하시겠다"고 말씀하신다. _ 제레미야 버로우스(Jeremiah Burroughs)

고통 속에 있는 양심의 선한 결과를 생각해 보라. 현재를 위해서는 근신하고, 미래를 위해서는 적극적이다. 첫째, 근신한다. 이 무거운 마음(당분간)은 당신의 영혼에 굴레가 되어 그렇지 못했을 때 저질렀을 많은 죄를 피하도록 만든다. 지금 자신의 가게 안에서 슬픔에 빠져 앉아 있거나 방 안에서서 한숨을 내쉬고 있는 당신은 이 고통으로 말미암아 근신하지 않았다면, 이 순간 술에 취해 있거나 방탕하거나 더 악한 상황 속에 있었을지도 모른다. 하나님은 유다에게 "내가 담을 쌓아 그로 그 길을 찾지 못하게 하리니"라고 말씀하신다. 즉 영적 간음죄로부터 그들을 지켜내기 위해서이다. 고통 속에 있는 양심은 가시로 된 담이다. 그러나 이 가시담은 진정으로 우리의 길들여지지 않은 영혼을 지켜준다. 만약 그렇지 않다면, 우리 영혼은 갈피를 못잡고 헝클어졌을 것이다. 아름다운 장미로 장식되어 있지만, 우리를 파멸로 이끄는 잘못된 길에서 방황하는 것보다는 가시와 덤불로 덮여있지만, 우리를 올바르게 이끄는 길을 지키는 것이 더 낫다. _토머스 풀러

미국에서 크게 인기가 있고, 성공한 한 젊은 목사가 불신앙의 덫에 걸려 강단을 떠나고 불신자 클럽에 가담해서 다른 사람들에게 세상의 구주로서 설교했던 그분의 이름을 더럽히고 말았다. 그러나 그는 병이 들어 죽게 되었다. 친구들이 그의 주위에 몰려들어 냉정하고 차가운 이론들로 그를 위로하려고 했다. 그러나 그것은 모두 헛수고였다. 그는 문득 옛날 생각이 떠올랐다. 자기가 겪었던 옛 경험들이 회상되었다. 그는 "여보, 내게 헬라어 성경을 가져다주오"하고 말했다. 침상에서 그는 고린도전서 15장을 펼쳐 읽었다. 마지막 구절까지 다 읽고 나자 그의 뺨에는 큰 기쁨의 눈물이 흘러내렸

다. 그는 성경책을 덮고, 이렇게 말했다: "여보, 드디어 옛 반석 위로 다시 돌아가서 죽게 되었소."

100
기이한 사랑의 방법

그러므로 보라 내가 그를 타일러 거친 들로 데리고 가서 말로 위로하고
_ 호세아 2:14

이 장의 전반부에서, 우리는 고소하는 말을 발견하는데, 죄악된 민족을 향해 극히 당연하게 고소하는 말과 경고가 주어지는 것을 본다. 이 후반부에서 우리는 순수한 은혜에 관한 구절을 발견한다. 그 말을 받는 사람은 똑같다. 하지만 그는 또 다른 혜택 곧 23절에 압축되어 있는 은혜 언약까지 누리게 되어 있다.

자신의 죄악된 백성들을 사랑으로 다루시기 원하는 하나님은 아주 확고한 의지를 갖고 말씀하신다.

I. 그분의 사랑의 행위에 대한, 모든 이유를 초월하는 이유가 여기 있다.

본문은 "그러므로"라는 말로 시작된다. 하나님은 항상 이유를 갖고 계신다.

문맥은 최대의 죄악에 대해 묘사하고 있는데, 하나님은 거기서 이유를 어떻게 발견하실까?

1. 하나님은 그 이유가 전혀 없는 곳에서 은혜의 이유를 발견하신다. 어떤 다른 이유가 있어서 그분은 이스라엘 또는 우리를 축복하셨는가?
2. 하나님은 다른 온갖 이유를 압도하는 한 가지 이유를 만드신다. 그의 백성들이 너무 악해서 항상 죄를 범하기 때문에 그분은 그들이 죄악으로부터 돌이킬 때까지 더 큰 사랑을 보여 주실 것이다.
3. 하나님은 반대할 이유로부터 **찬성할** 이유를 만들어내신다. "그가 나를 잊어버리고 … 그러므로 내가 그를 타일러"(본문의 앞 구절들을 보라).

본질상 심판의 이유에 해당되는 엄청난 죄가 신적 은혜로 말미암아 긍휼의 증거로 바뀌게 된다.

4. 하나님은 한 가지 이유로 말미암아 사람들을 다루는 자신의 이유를 정당화시키신다. 난외주에 따르면, '내가 그의 마음에 말하리라'는 것이 본문의 약속이고, 여호와께서는 그것 때문에 **"그러므로"**라는 말씀을 하시는 것이다. 그분은 사랑으로 우리를 대하시는 이유로서 은혜라는 이유를 갖고 계신다.

하나님의 주권적 은혜는 그의 백성들을 선택하고, 그의 변함없는 사랑은 이 백성들이 본래의 자리로 되돌아오도록 이끄시고, **그러므로** 그것은 지체 없이 활동한다.

II. 모든 능력을 초월하는 능력의 방법이 여기 있다.

"내가 그를 타일러."

1. 사랑의 타이름은 다른 모든 종류의 힘을 능가한다.

다른 방법들이 사용된 것으로 보이는데, 그것은 다음과 같다:

- 그 가시로 길을 막고 담을 쌓아 그 길을 찾지 못하게 하는 고난(6절).
- 그 모든 실제적 도움을 베풀었던 것에 대한 교훈(8절).
- 필요까지도 다시 박탈함(9절).
- 아무리 부인하더라도 그 죄를 드러냄(10절).
- 슬픔에 슬픔을 더함(11과 12절).
- 그 부드러운 사랑의 타이름은 그들이 실패하는 곳에서 계속될 것이다.

2. 사랑의 타이름은 반항의지를 물리친다.

우리는 비난하면 반항하지만, 타이르면 순종한다.

3. 은혜의 타이름은 많은 정복 무기들을 갖고 있다.

- 예수님의 인격, 사역, 직분과 사랑은 사람들을 포로가 되게 한다.

- 하나님의 용서의 너그러움과 풍성함은 반발을 잠잠케 한다.
- 언약의 은혜와 진리는 반항을 허용하지 않는다.
- 지극히 큰 은혜로 주어진 양자됨과 상속의 기업은 감사의 힘에 압도되어 마음을 복종시킨다.
- 현재 평화에 대한 느낌과 미래 영광에 대한 전망은 우리로 하여금 모든 것들을 초월하도록 설복시킨다.

III. 모든 사귐을 초월하는 사귐의 상태가 여기 있다.

1. 그는 홀로 있도록 만들어진다. 동료들의 유혹과 미혹은 없다. 또는 동료들의 도움도 없다. 그가 사랑하는 모든 자들은 그로부터 멀리 떨어져 있다. 그들에 대한 소망도 사라졌다.
2. 그는 오직 하나님만 의지해야 한다. 그분은 그의 의지, 소망, 목적, 사랑이 된다.
3. 그는 광야에서처럼 홀로 살아야 한다. 광야의 이스라엘 백성들이 예증하는 것처럼 그는 여호와를 구원자, 인도자, 빛, 만나, 치료자, 대장, 영광의 본체 그리고 왕으로 알고 있었다.
4. 그는 이스라엘과 똑같은 목적을 위해 곧 훈련과 성장과 조명 그리고 약속된 안식을 위한 준비 등을 홀로 해야 한다.

IV. 모든 위로를 뛰어넘는 위로의 음성이 여기 있다.

"말로 위로하고."
1. 참된 위로는 하나님과 홀로 대면하는 영혼들에게 주어진다. 하나님의 말씀은 마음에 받아들여지고, 그래서 그 위로가 이해되고, 전유되고, 효과적으로 마음을 감동시키게 된다.
2. 충만한 위로가 주어지고, 받아들여지고, 인정된다:
- 새로워진 감사를 통해: "그가 거기서 응대하기를 어렸을 때와 애굽 땅

에서 올라오던 날과 같이 하리라"(15절).

- 더 잘 의탁하는 영혼을 통해: "네가 나를 내 남편이라 일컫고"(16-17절).
- 정착된 평화를 통해(18절).
- 영원한 사랑에 관한 더 분명한 계시를 통해(19-20절).
- 영원한 미래에 대해 더 확실해진 의식과 무한한 복을 제공하는 혼인 관계를 통해: 약혼은 혼인을 예고하기 때문이다.

이제 이 모든 것을 깨닫고 느끼도록 하라. 그러면 우리는 마음이 움직일 것이다. 이후로 반역이란 있을 수 없다.

우리 각자의 기도는 다음과 같이 되어야 하리라:

오 천국의 사랑에 내 마음을 복종시켜서
승리하도록 나를 인도하소서.
오직 하나님만을 위해 살도록 타이름을 받고
그분의 보좌에 무릎 꿇고 복종하게 하소서.

✛ 간단한 메모 ✛

하나님의 값없는 은혜는 그 대상 위에 투사될 때, 종종 아주 독특한 방법으로 그 영혼을 이끈다. 나는 여기서 은혜가 그 나름의 능력으로 설득하고 인도한다는 사실을 말하는 것이다. 그것은 힘이 아니라 설복을 통해 정복한다. 여러분은 어머니가 자녀로 하여금 입맞춤에 대한 기대를 갖고 자신의 품으로 달려들도록 이끄는 것을 보지 않았는가? 여러분은 작은 새가 황홀한 노래로 동료 새를 유혹하는 것을 들어본 적이 없는가? 여러분은 새가 그 목적을 이루는 사랑의 방법을 모르는가? 알고 있다면, 여러분 역시 사랑 받는 자는 홀로 있을 때 왜 소리를 들어야 하는지 이해하게 될 것이다. 사랑은 수줍음이 많고 사람들을 피한다. 고독은 사랑의 요소다. 한 영혼은 하나님과 홀로 있게 될 때, 지금까지 들을 수 없었던 많은 것들을 듣게 될 것이다. 마음에 말하는 것은 홀로 있을 때 가능하다. 혼잡스러운 장소에서 하나님과의 친교의 비밀을 보여 주기는 어렵다. 그러므로 홀로 있는 자여, 왜 그대가 홀로 있는 시간을 마련해야 하는지 이해하라. 그리고 지금 주권적 은혜의 거룩한 타이름에 대해 그대의 마음을 복종시키라! _ 스펄전

몇 년 전에 오스트리아의 전여왕 샬롯과 관련된 한 감동적인 사건이 보고되었다. 그녀의 남편은 잠시 멕시코 황제가 되었다. 1867년에 그는 혁명세력에 의해 사살당했다. 그의 불행한 아내는 우울증의 희생자가 되었고, 의사도 치료에 대한 희망을 완전히 포기한 상태가 되었다. 또한 그녀는 어린 시절의 취미와 습관으로 되돌아갔는데, 그 중의 하나가 꽃에 대한 정열적인 집착이었다. 그녀는 꽃에 대부분의 시간을 보냈다. 꽃의 매력에 너무 심취한 나머지 하루는 수행원들의 감시가 소홀한 틈을 타 궁정에서 도망을 쳤다. 붙잡혔을 때 강제 수단을 사용하지 않고는 그녀를 궁정으로 다시 돌아오도록 할 방법이 거의 없는 것처럼 보였다. 그러나 그 방법은 확실히 위험 요소가 많았다. 다행스럽게도 그녀의 주치의 가운데 하나가 꽃에 대한 그녀의 강렬한 애착을 생각해냈다. 순간순간 그녀에게 꽃을 보여 주자 그녀는 조금씩 궁정으로 돌아오는 길로 나아가게 되었다. 이 이야기는 하나님이 방탕한 영혼들을 복음의 초대와 약속을 통해 자신에게 돌아오도록 유혹하는 방법에 대한 하나의 예증으로 채택될 수 있지 않을까?

101
백성이 아닌 사람들

내가 나를 위하여 그를 이 땅에 심고 긍휼히 여김을 받지 못하였던 자를
긍휼히 여기며 내 백성 아니었던 자에게 향하여 이르기를
너는 내 백성이라 하리니 그들은 이르기를
주는 내 하나님이시라 하리라 하시니라
_ 호세아 2:23
호세아의 글에도 이르기를 내가 내 백성 아닌 자를 내 백성이라,
사랑하지 아니한 자를 사랑한 자라 부르리라
너희는 내 백성이 아니라 한 그곳에서
그들이 살아 계신 하나님의 아들이라 일컬음을 받으리라 함과 같으니라
_ 로마서 9:25-26

우리는 성경의 절대적 권위를 받아들인다. 그 모든 말씀은 우리에게 진
리다. 그러나 우리는 주 하나님께서 개인적으로 직접 하신 말씀 곧 본문의
경우처럼, 하나님 자신이 제1인칭 화자가 되시는 부분에 대해서는 특별한
비중을 두고 접근할 것이다. 나아가 우리는 하나님의 메시지가 반복될 때
곧 본문에서처럼 바울이 "호세아의 글에도 이르기를" 하고 기록하고 있는
경우를 주목할 것이다.

하나님은 자신이 오래 전에 말씀하신 것을 다시 "말씀하신다." 그러므로
염려 속에 있는 영혼들아, 나아와 당신과 같은 사람들에게도 할 수 있다고
소망을 주기 위해 그의 선민들에게 주시는 하나님의 은혜의 이야기를 들으
라.

여호와의 백성들에 관한 말씀을 관심을 갖고 바라보자:

I. 그들의 원래 상태.

"긍휼히 여김을 받지 못하였던 자 — 내 백성이 아니었던 자."

1. 그들은 "사랑받지" 못했을 뿐만 아니라 **분명히 그분의 백성이 아닌 자들이었다.** 그들에 대해 "내 백성이 아니라"고 했다. 그들의 주장은, 어떤 주장일지라도 거부되었다.

   • 이것은 벌어질 수 있는 최악의 상황이다. 홀로 남겨지는 것보다 더 악한 일은 없다.

   • 이것 곧 양심, 섭리 그리고 하나님의 말씀은 모두 죄 가운데 있는 사람들에게 말하기 위해 나타난다.

2. 그들은 하나님의 인정을 받지 못했다.

   • 그들은 그의 백성들 속에 포함되지 아니했다.

   • 그들은 아낌없는 사랑이라는 면에서 볼 때, "사랑받지" 못했다.

3. 그들은 최상의 의미에서 "긍휼히 여김을" 받지 못했다.

   • 그들에게는 섭리의 심판이 기다리고 있었다.

   • 그 심판은 그들에게 축복이 되지 못했다.

   • 그들은 심지어 긍휼을 구하지도 못했다.

4. 그들은 다음과 같은 사람들의 유형이었다:

   • 예수님의 피의 효력을 느끼지 못했다.

   • 성령의 거듭나게 하시는 역사를 알지 못했다.

   • 기도를 통해 도움을 받지 못했다. 아마 그래서 그들은 기도하지 않았을 것이다.

   • 약속들의 위로를 누리지 못했다.

   • 하나님과의 친교를 알지 못했다.

   • 천국에 대한 소망도 갖지 못했고, 그것을 위한 준비도 하지 못했다.

   구원받지 못한 사람들에 관한 모든 묘사와 함께, 그것은 정말 두려운 묘

   사다.

본문에서 주어지는 무조건적 약속 곧 "너는 내 백성이라"는 말씀은 확실

한 약속이다. 때가 되면 하나님의 영을 통해 그들 속에 일어난 회개와 믿음으로 말미암아 현실이 될 것이다. 이런 백성들이 있다는 것은 우리가 복음을 설교하는데 큰 힘이 된다. 왜냐하면 우리는 우리의 수고가 결코 헛되지 않을 줄을 알고 있기 때문이다.

II. 그들의 새로운 상태.

"너는 내 백성이라."

1. 긍휼이 약속되고 있다. "긍휼히 여김을 받지 못하였던 자를 긍휼히 여기며."

2. 신적 계시가 선언되고 있다: "이르기를 너는 내 백성이라."
   - 이것은 성령으로 말미암아 마음속에 이루어진다.
   - 이것은 은혜의 역사를 통해 생명속에 베풀어진다.

3. 진실한 반응이 주어질 것이다: "그들은 이르기를 주는 내 하나님이시라 하리라." 성령께서 그들을 이 자유로운 반응의 길로 이끌 것이다.
   - 그들은 이구동성으로 이것을 말할 것이다.
   - 각 개인은 그것을 단수형 "너"라는 말로 말할 것이다.

4. 사랑에 관한 선언이 있을 것이다: "사랑하지 아니한 자를 사랑한 자라 부르리라"(롬 9:25). 사랑을 누리게 될 것이다.

5. 이것은 다른 사람들에게 알려질 것이다: "그들이 살아 계신 하나님의 아들이라 일컬음을 받으리라."

그들은 하나님을 닮기 때문에, 마태복음 5:9에 나오는 화평케 하는 자들이 그런 것처럼, 하나님의 아들이라 불리게 될 것이다. 따라서 모든 복이 확실히, 개인적으로 그리고 영원히 그들의 것이 될 것이다. 이 모든 것들로부터 일어나는 생각의 결과는 다음과 같다:

   - 우리는 무엇이든 소망이 없다고 포기해서는 안 된다. 비록 그것들이 하나님의 백성이 아니라는 두려운 증거에 의해 주어진 것들이라고 해

도 그렇다.

• 어느 누구도 절망 속에서 자신을 포기해서는 안 된다.
• 주권적 은혜가 타락한 자들의 궁극적 소망이다.
• 그토록 은혜롭고, 그토록 구원에 능하고, 자신까지도 자기를 무시하고 누구나 하나님의 백성이 아닌 자로 포기했던 사람들을 그토록 결정적으로 이끄시는 하나님을 의지하자.

✥ 주 의 사 항 ✥

한 영국인 선교사가 닝포(Ningpo)에서 존경받는 한 중국인에게 "당신은 이전에 복음을 들어본 적이 있는가?"라고 물었다. 그는 한 번도 선교원에서 본 적이 없던 사람이었다. 그는 "아니오"라고 대답하면서 이렇게 덧붙였다: "하지만 나는 그것을 **본** 적은 있소. 나는 이웃에게 공포의 대상이었던 한 사람을 알고 있습니다. 좀 심한 말을 했다 하면 그는 아마 꼬박 이틀 동안 쉬지 않고 고래고래 저주를 퍼부을 것이오. 그는 야수보다 더 위험한 사람으로 아편 중독자였습니다. 그러나 예수교가 그를 지배했을 때, 그는 완전히 변화되었습니다. 그는 점잖고, 도덕적이고, 성급하게 화내지 않고, 아편도 끊었습니다. 참으로 그 가르침은 유익합니다." ＿ 「말씀과 행위」(*Word and Work*)

성도가 자신이 과거에 취했던 도덕의 깊이를 경멸하는 것은 그의 행복에 대한 일종의 찬사가 될 것이다. **밤에** 벼랑 끝에 서 있는 사람은 그것을 분명하게 볼 수 없다. 그러나 새벽이 되면 자기가 얼마나 위험한 상황에 있었는지를 볼 수 있을 것이다. 마찬가지로 성도는 지상에 있는 동안에는 자기가 일으켰던 죄의 깊이를 인식할 수 없다. 그러나 천국의 빛으로 그것을 보고 잴 수 있게 되는데, 자기가 과거에 있었던 곳보다 더 밑으로 내려갈 수 있다. 그리고 **자기가 현재 어떤지** 즉 이전에는 얼마나 깊은 곳에 있었고, 지금은 얼마나 높은 곳에 있는지에 대해서도 생각하게 된다 — 그것은 행복과 영광에 대한 느낌을 증가시켜 줄 것이다. 그리고 **누가** 그 원인인지에 대해서도 생각하게 되는데, 과거의 자신을 경멸할 때마다 그것은 "우리를 사랑하사 그의 피로 우리 죄에서 우리를 해방하시고 그의 아버지 하나님을 위하여 우리를 나라와 제사장으로 삼으신 그에게 영광과 능력이 세세토록 있기를 원하노라"(계 1:6)는 송영을 더 크게 부각시켜 줄 것이다. _ 존 포스터(John Foster)

브라운로 노스(Brownlow North)가 자신의 갑작스러운 변화에 대해 옛 친구들에게 한 선언은, 말로 한 것이든 글로 쓴 것이든 상관없이, 그들 사이에 큰 파장을 불러일으켰다. 어떤 사람은 그가 정신이 나갔다고 생각했다. 다른 사람들은 그것이 일시적인 기분이나 흥분에 의한 것이므로 곧 사라질 것이라고 일축했는데, 이것은 특별히 그와 과거에 신념과 세상 개혁을 함께 했던 사람들의 반응이었다. 반면에 일부 신문들 가운데는 심지어 공적 활동을 시작한 후 그가 한 모든 일은 내기를 위해 한 일이었고, 따라서 그것 역시 정해진 시일 안에 수천 아니 수만의 청자들을 모으겠다는 내기를 걸었기 때문이라고 보도했다. 이와 마찬가지로 육에 속한 사람들은 하나님의 영의 역사를 거의 이해하지 못한다. 심지어는 그들이 정말 특별하고 명백한 그 증거들을 눈으로 볼 때에도 그렇다. _ 무디 스튜어트(K. Moody - Stuart) 목사가 쓴 「브라운로 노스의 생애」

102
추수가 어떻게 될 것인가?

그들이 바람을 심고 광풍을 거둘 것이라 심은 것이 줄기가 없으며
이삭은 열매를 맺지 못할 것이요 혹시 맺을지라도 이방 사람이 삼키리라
_ 호세아 8:7

인생은 씨를 심는 시기다. 모든 인간들에 관해 "그들이 심었다"고 할 수 있다. 신중한 사람들은 "추수가 어떻게 될 것인가?"라고 물을 것이다.

추수에 대한 소망은 의인들에게 즐거운 자극이다. 추수의 확실성은 불경건한 사람들에게 엄중한 경고가 될 것이다.

우리는 세속적인 삶을 피하기 위해 그들의 삶의 문제들을 따라가 보는 것이 좋다. 여기서 우리는 악한 씨가 무엇을 생산하는지를 살펴볼 것이다.

I. 어떤 심음의 결과는 두려운 것이 될 것이다.

"그들이 바람을 심고 광풍을 거둘 것이라."

그 심음은 부주의하고, 무익하고 또는 변덕스러웠다. 따라서 그 추수도 똑같이 무모하고, 무정하고, 혼탁한 성격을 띠고, 오직 두려움의 도가 더해졌을 뿐이다.

1. 악인들은 자기들의 조잡한 귀리를 심는데, 무엇을 거둘지에 대해서는 말할 필요도 없다. 우리 주변에는 난봉꾼, 술주정뱅이, 탕자가 있는데, 그들은 이미 자신의 인격 속에 죄악에 관한 끔찍한 추수의 첫 열매를 지니고 있다.

2. 나라 안에서 백성들을 억압하는 압제자들은 프랑스 혁명 및 다른 두려운 역사적 사건들이 보여 주는 것처럼, 확실히 반란과 학살 등에 급격히 빠져들 가능성이 있다. 전쟁은 빈곤과 죽음이라는 끔찍한 추수를 가

져온다. 오, 우리 민족은 전쟁에 빠져들지 않기를!

3. 비윤리적 이론들은 그 원래의 의도보다 훨씬 더 악한 결과를 가져온다. 그 사변은 허망하고, 그 결과는 세워져있는 모든 것들을 파괴시켜 버리는 광풍이다.

4. 교회 안에 있는 이단들 역시 예기치 못한 악을 불러일으킨다. 분명히 사소한 오류가 엄청난 죄악으로 발전된다. 상징물을 사용하는 것이 우상숭배가 되어 버린다. 작은 방종이 엄청난 부도덕으로 확대된다. 사소한 논쟁이 원한과 분열의 원인이 되고 만다.

5. 가정에서 죄를 용납하는 것이 걷잡을 수 없는 죄악의 씨앗이 된다. 엘리 제사장의 경우를 보라. 그것이 당신 자신의 경우가 되지 않도록 조심하라.

6. 당신 자신 속의 죄를 용납하는 것. 가끔 저지르는 방종이 습관이 되고, 습관은 사막의 모래폭풍과 같아서 그 앞에서는 생명이 사라지고, 소망이 날아가 버린다. 심지어는 허용할 만한 행위들이 위험한 부절제로 발전할 수 있다.

어느 누구도 자신이 자신과 자신의 가족과 교회나 세상에 관한 죄의 결과들을 적당히 조절할 수 있다거나 또는 제한할 수 있다고 상상해서는 안 된다. 일단 바람이 불면, 누가 그것을 잠잠하게 할 수 있는가?

II. 어떤 심음의 결과는 명백한 실패로 나타난다.

"심은 것이 줄기가 없으며."

씨는 약하지만 자라보려고 애쓰지만, 그것은 아무것도 낳지 못한다.

1. 자만심은 헛되이 명성을 낳고자 노력한다.

2. 자기의는 구원을 얻어보려고 힘쓰나 성공하지 못한다.

3. 인간의 지혜는 어리석게도 새로운 복음을 만들어 보려고 획책한다.

4. 단순히 게으른 자들과 말 많은 자들도 유용한 사람이 되어 보려고 하지

만, 그것은 헛된 망상이다. 무엇인가 이루어지는 것처럼 보이지만 곧 사라지고 만다. 목소리는 크지만 "줄기가 없다."

5. 그리스도를 믿는 믿음이 없이 또 그분의 뜻에 대한 순종이 없이 자신의 인생을 허비하는 사람은 행복한 미래를 꿈 꿀 수는 있으나 곧 속임을 당하게 될 것이다. "줄기가 없으며."

사람들은 무엇 때문에 그토록 어리석게 살고, 허영에 빠질까?

III. 많은 심음의 결과가 만족스럽지 못하다.

"이삭은 열매를 맺지 못할 것이요."

"마귀의 음식은 전부 왕겨"라고 그들은 말하고, 그것은 사실이다.

1. 쾌락을 위해 산 사람은 물림을 거두었다.

2. 명예를 위해 산 사람은 허망을 거두었다.

3. 자아를 위해 산 사람은 비참을 거두었다.

4. 자신의 행위와 종교성을 가지고 산 사람은 마음의 평화를 얻지 못하고 참된 구원에 이르지 못했다.

IV. 많은 심음의 결과가 개인적 실망을 가져왔다.

"혹시 맺을지라도 이방 사람이 삼키리라."

1. 사람은 상전을 위해 일하는 평범한 노동자로 한평생을 살지만, 이것은 더 고상한 인생의 목적이 없다면 비참한 결과다.

2. 그는 생각하고, 계획하고, 시작하지만, 그 이득은 다른 사람이 차지한다.

3. 그는 부를 축적하면서도 그것을 누가 차지할지 알지 못한다. 그의 상속자들은 그를 잊고, 엉뚱한 사람들이 그가 모은 재산을 감사도 없이 삼켜 버린다.

하나님이 없으면 지혜롭거나 강하거나 가치 있는 행동도 없다.

오직 하나님을 위해 사는 것만이 지혜로운 심음이다.

우리가 썩어질 것을 거두지 않도록 하나님께서 우리의 육체를 위하여 심는 모든 것을 다 소멸시켜 주시기를(갈 6:8)!

주 예수께서 우리에게 좋은 씨를 공급해 주고, 그 씨를 심도록 축복하시기를! 오, 성결한 삶을 위해!

✦ 예화 ✦

동양에는 압달라에 관한 우화가 전해진다. 그에게 처음에 악령이 당밀을 하나씩 빨아들이는 파리로서 날아 들어왔다. 그는 그 벌레를 쫓아내지 아니했다. 그런데 얼마 후 놀랍게도 그것은 메뚜기만큼 크기가 커졌다. 더 열심히 빨아대던 벌레는 점차 커지더니 엄청난 괴물이 될 정도로 급격히 커졌다. 게걸스럽게 먹어대던 벌레는 결국에는 그의 곡물을 다 먹어치우고, 그 껍데기와 6큐빗이나 되는 자신의 발자국을 남겨놓고는 마당을 떠나갔다. 이것은 죄가 사람들에게서 거대한 습관이 되어 결국에는 그들을 죽일 때까지 자라가는 과정을 보여 준다.

아우구스티누스는, 마귀는 파리와 그같이 작은 존재들을 만들었다고 생각한 한 젊은이에 관해 말한다. 이것은 외관상 아주 사소한 오류의 여파가 조금씩 그에게 미쳐서 결국에는 모든 것을 사탄에게 내주고 하나님을 믿지 않게 된 것을 의미한다. 이렇게 오류는 바람을 심고 광풍을 거두게 한다. 세밀하게 믿음을 교정하는 것은 도덕적으로 주의 깊게 행동하는 것 못지않게 중요한 의무다.

역사가 및 철학자이자 회의가인 데이비드 흄은 하나님의 말씀을 비방하는데 한평생을 바쳤다. 인생의 마지막 순간에도 그는 주위 사람들과 농담을 나누었다. 그러나 그 사이는 슬픔으로 채워졌다. 그는 이렇게 썼다: "철학이

나를 절망적인 고독에 빠뜨렸기 때문에 심히 두렵고 혼란스럽다. 내 자신의 내면을 들여다보면, 의심과 무지 외에는 찾을 것이 없다. 나는 어디에 있고, 또 누구인가? 나는 캄캄한 심연에 빠져 가장 비참한 상태에 처해 있는 내 모습을 상상하기 시작한다." _ 새 예화 백과사전

　"라콘"의 저자인 칼렙 콜턴(Caleb Colton) 목사의 이야기는 본문의 진리를 예증해 주는 적절한 예화로 사용될 수 있다. 그는 티벌톤의 교구 목사로서 인기 있고, 탁월한 사람이었다. 그러나 사냥과 같은 야외 스포츠를 무척 좋아했다. 그러던 어느 날 한 친구가 하나님에 대해 극히 모독적인 말을 하다 급사하고 말았다. 충격으로 겁을 먹은 목사는 사냥개와 총을 버리고, 이후부터는 거룩한 소명에 충실하며 살기로 맹세했다. 몇 달 동안 그의 설교는 진지했다. 그러나 마지막 시점에서 그는 스포츠 활동을 다시 시작했다. 더욱이 도박에 미치기까지 했다. 큐 및 피터샴 지역의 교구목사직에 대한 제안을 받고 그는 런던으로 왔다. 많은 사람들이 그의 저서 「라콘, 즉 생각하는 사람들에게 전하는, 작은 말 속의 많은 일들」을 즐겁게 읽는 동안, 그 패역한 저자는 도박꾼들 사이에 밤이 새도록 앉아있었다. 돈이 다 떨어졌음에도 불구하고 도박판에서 떠날 줄 모르는 그의 정열은 결국 그를 도망자로 만들었고, 그의 삶은 공허한 삶으로 귀착되었다. 부랑자로서 인생을 산 후 그는 1832년에 퐁텐블로에서 스스로 자결함으로써 생을 마감했다.

103
마음의 질병

그들이 두 마음을 품었으니 이제 벌을 받을 것이라
_ 호세아 10:2

하나의 민족으로서 이스라엘은 여호와와 바알 사이에서 그 충성이 둘로 나뉘었다. 그래서 그들은 선한 것을 찾아볼 수 없게 되었고, 포로로 잡혀가게 되었다.

하나님은 사람에게 한 마음을 주셨기 때문에 두 마음을 품거나 한 마음을 둘로 나누려는 시도는 모든 경우에 사람의 인생에 유해하다.

한 교회가 파당으로 갈라지거나 교리가 다르게 되면, 이단이 되거나 분란을 일으키거나 약해지거나 무익하게 된다.

한 그리스도인이 주님의 영광이 아닌 다른 목적을 갖게 되면, 확실히 불쌍하고 무익한 인생으로 허송하고 말 것이다. 그는 우상숭배자로서, 그의 전체 성격은 결함투성이가 될 것이다.

그리스도를 추구하는 한 구도자는 그의 마음이 세속적 쾌락이나 자기의로 가득 찬 확신들을 갈망하는 한 그분을 결코 만나지 못할 것이다. 그의 추구는 너무 결점이 많아 결코 성공할 수 없을 것이다.

한 목사가 자신의 오직 한 가지 목표가 아닌 다른 어떤 것을 목표로 한다면, 그것이 명성이든 학문이든 철학이든 말이든 이권이든 막론하고, 정말 하나님을 잘못 섬기는 결과로 판명될 것이다.

어쨌든 이 마음의 질병은 무서운 악이다. 상한 마음은 복된 마음이지만, 갈라진 마음은 치명적인 질병이다. 우리는 이것을 심각하게 살펴보아야 한다:

I. 질병.

"그들이 두 마음을 품었으니."

이 악은 다음과 같은 곳에서 발견된다:

1. 그들의 처지에 대한 생각 속에서: 그들은 입술로 자기들이 "비참한 죄인들"이라고 말하지만, 실제로는 극히 존경 받을 만하다고 믿는다.

2. 그들의 신뢰의 근거에서: 그들은 입술로 그리스도를 믿는 믿음을 고백하지만, 자기를 더 의지한다. 그들은 은혜와 행위를 혼합시키려고 한다.

3. 그들의 인생의 목적에서: 그들은 하나님과 재물, 그리스도와 벨리알, 천국과 세상을 다 목적으로 삼는다.

4. 그들의 사랑의 대상에서: 그것은 예수님과 세상이다. 그들은 "오직 예수님만" 사랑할 수 없다.

5. 그들의 의지의 결단에서: 그들은 결코 결심하지 못한다. 그들은 두 입장 사이에서 멈춰 서있다. 그들은 자기들의 마음을 잘 모른다. 그들은 두 마음을 갖고 있고, 그래서 참된 마음이 없다.

그 질병은 생명의 원천 속에 자리 잡고 있고, 그래서 그것은 그들의 인간성 모든 부분에 영향을 미친다. 그것은 두렵게도 큰 소리로 신앙고백을 하는 사람들 속에도 통상적으로 나타난다. 만일 그것을 고치지 못한다면, 그것은 치명적인 결과를 가져오고, 어쩌면 마음의 질병이 으레 그러는 것처럼, 갑자기 죽음을 일으킬 수도 있을 것이다.

II. 그 질병의 최악의 결과.

"이제 벌을 받을 것이라."

온갖 종류의 방법으로 그 벌은 스스로 드러날 것이다.

1. 하나님은 온전히 사랑받지 않을 때 전혀 사랑받는 것이 아니다.

2. 그리스도는 경쟁자가 생길 때 모욕을 받는다.

3. 마음이 전적으로 받아들이지 않는 한, 은혜는 영혼 속에 역사하지 못한다.

4. 생명은 그 배후에 온전한 마음을 소유하고 있지 못할 때 자라지 못하고 지체한다.

5. 머지않아 그 사람은 철저하게 잘못된 길을 가게 된다.

이 은밀한 악은 조만간 그 전체 고백이 시종일관 형벌이라는 것을 증명해 줄 것이다.

만일 이것이 죽음이 임박할 때까지 발견되지 못한다면, 그것은 참으로 두려운 일이 될 것이다.

III. 치유책.

두 마음을 가진 사람은 다음과 같은 사실을 심각하게 고려해야 할 것이다:

1. 자신의 마음을 하나님께 충분히 복종시키도록 자신을 죽이는 것. 왜 전적으로 순종하지 못하는가? 그 길을 전적으로 가지 못하면서, 왜 그 길을 가려고 하는가?

2. 구원은 자신의 모든 생각과 마음을 요구할 것이라는 것. 그것은 절대로 사소한 문제가 아니기 때문이다. "천국은 침노를 당하나니 침노하는 자는 빼앗느니라"(마 11:12). "또 의인이 겨우 구원을 받으면 경건하지 아니한 자와 죄인은 어디에 서리요"(벧전 4:18).

3. 그가 구하는 복은 그의 전체 영혼과 힘을 투자할 만하다는 것.

4. 예수님은 자신의 온 심령을 우리의 대속을 위해 주셨고, 그러므로 우리가 절반의 마음으로 그것을 받는 것은 합당치 못하다는 것.

5. 우주 안에 있는 모든 힘 있는 존재들은 두 마음을 품지 않았다는 것.
   • 악인들은 자기들의 쾌락, 이득 등에 열심이다.
   • 마귀는 자신의 모든 능력을 가지고 악을 일으킨다.

- 의인은 그리스도를 위해 열심이다.
- 하나님은 복을 베푸시는데 열심이다.

6. 그리스도를 믿는 믿음은 마음 전체의 행위로서, 두 마음을 품는 것으로는 구원하는 믿음을 소유할 수 없고, 그리하여 구주와는 상관없게 된다.

이 순간부터 당신은 두 마음을 갖지 않게 해 달라고 기도하라.

온 마음을 다해 읽고, 듣고, 기도하고, 회개하고, 믿으라. 그러면 당신은 곧 온 마음으로 즐거워하게 될 것이다.

✤ 적용을 위한 도움말 ✤

브루클린에 사는 한 목사는 최근 한 사업가로부터 이런 질문을 받았다: "목사님, 저는 예수 그리스도께서 저를 익명의 성도로 삼아 주실지 그것이 궁금합니다." "왜 그렇게 묻습니까?" "저는 성도가 되기를 원하지만, 그것을 다른 사람들이 알아보는 것은 원하지 않기 때문입니다." 이에 대한 목사의 대답은 이것이었다: "그리스도는 익명의 성도는 취급하지 않습니다."

어떤 사람들은 마귀가 굽이 갈라진 발을 갖고 있다고 말한다. 그러나 마귀의 발이 어쩌하든, 그의 자식들은 갈라진 마음을 갖고 있음이 확실하다. 절반의 마음은 하나님을 향해, 나머지 절반의 마음은 죄를 향해, 또 절반의 마음은 그리스도를 향해, 다른 절반의 마음은 현재의 세상을 향해 나누어져 있다. 하나님은 그 안에서 한 구석을 차지하고 있고, 나머지는 죄와 마귀가 차지하고 있다. _ 리처드 얼라인(Richard Alleine)

이것도 아니고 저것도 아닌 것처럼 악한 것은 없다. 우리는 중국 남부의 수로에서 그 좋은 실례를 발견한다. 그 수로는 겨울에는 수송에 아무 도움이 되지 못한다. 기온이 가장 큰 문제가 되는데, 그 이유는 수로를 충분히 얼게 해서 그 위로 수송이 가능하도록 온도가 내려가지도 않고, 그렇다고 얼음을 녹일 정도로 충분히 따뜻해서 배로 그 수로를 통과할 수 있는 상황도 못 되기 때문이다.

일부 위대한 왕 또는 군주는 자신이 다스리는 도시를 방문할 마음이 있을 때, 신하를 미리 보내, 자신의 엄위를 지키기에 합당한 집을 미리 정해 놓는다. 왕은 오직 홀로 독점할 수 있는 집으로 갈 것이다. 만일 그가 그 집 전체를 차지할 수 없다면, 그는 다른 곳으로 갈 것이다. 이때 신하는 그 주인이 왕을 모시기를 원하는 한 집을 찾았는데, 그는 작은 방을 하나만 소유하고 있고, 그 방에서 아내와 자녀들이 함께 살고 있었다. 신하는 그의 제안을 받아들이지 아니할 것이다. 그런데 주인은 자기 집 옆에 큰 기둥을 세우고 통로를 만들더니 고급 가구들을 가득 채워놓고 머물 것을 간청한다. 신하는 "안 됩니다. 그럴 수 없습니다. 당신이 집을 아무리 크게 만들었다고 해도, 왕과 그 수행원들이 묵기에는 너무 작습니다"라고 말한다. 마찬가지로 모든 사람의 몸은 하나님의 전이고, 그의 마음은 그 성전의 지성소다. 그분의 사역자들은 우리에게 그리스도께서 그곳에 거처하기 위해 오신 것을 알리도록 세상에 보내심을 받는다. 따라서 우리는 그 방을 깨끗이 청소하고, 위대하신 영광의 왕이 그 안에 들어올 수 있도록 해야 한다. 하나님은 온 마음, 온 정신, 온 영혼을 차지할 것이다. 그리고 이 모두는 그분과 그분이 수행하고 있는 성령의 은혜들이 들어와 거하시기에는 너무나 작다. "내 것도 되게 말고 네 것도 되게 말고 나누게 하라"는 말은 이상한 여인의 음성이었다(왕상 3:26). 이것은 현재 세상의 목소리다. 그러나 하나님은 절대로 그렇게 하시지 않을 것이다. 그분은 온 마음을 소유하든지 아니면 전혀 소유하지 않든지 하실 것이다. _ 존 스펜서(John Spencer)

104

시계 소리

너희가 자기를 위하여 공의를 심고 인애를 거두라
너희 묵은 땅을 기경하라 지금이 곧 여호와를 찾을 때니
마침내 여호와께서 오사 공의를 비처럼 너희에게 내리시리라
_ 호세아 10:12

매년 자기의 가장 기름진 땅을 묵히고 있는 농부가 있다면 우리는 어떻게 생각하겠는가? 그러나 사람들은 자기 영혼에 대해서 이처럼 무관심하다. 나아가 그들의 내면의 밭은 아무 쓸모없이 잡초로 무성하고, 얼마나 더러운지 모른다.

여러분은 다른 것에 대해서는 그토록 주의를 기울이면서, 자신의 영혼에 대해서는 그렇게 무관심하겠는가? 하나님은 여러분의 개간되지 않은 마음의 묵은 땅을 기경하도록 여러분을 부르고, 지금도 그분은 여러분을 돕기 위해 기다리신다.

그분이 "지금이 곧 여호와를 찾을 때니"라고 하시는 주장을 유심히 관찰해 보라. 하나님께서는 여러분을 설득하신다. 이것을 위해 그분은 우리가 정말 유념해야 할 몇 가지 교훈을 덧붙이신다.

I. 언제가 그때인가?

"지금이 곧 … 때니."

1. 책임이 부과된 첫 시간은 절대로 너무 빠른 때가 아니다.

2. 늦은 현재의 시간은 절대로 너무 늦은 때가 아니다. "지금이 곧 … 때니."

3. 징계가 임할 때는 즉시 하나님께 구하라. 왜냐하면 "더 심한 것이 생기

560

지 않게"(요 5:14) 하기 위해서는 지금이 가장 좋은 때이기 때문이다.

4. 시험이 오기 전에는 긍휼과 자비가 감사로 나타나야 한다. 어찌하여 우리가 우리 하나님께 매를 더 맞을 필요가 있겠는가?(사 1:5)

5. 당신은 오랫동안 죄를 많이 범하지 않았는가? 우리가 육체를 따라 사는 것은 지나간 과거로 충분하지 않은가?(벧전 4:3)

6. 당신이 큰 책임을 지고 있을 때 그리고 인생의 새로운 전환점에 들어설 때 — 결혼할 때, 주인이 되거나 아버지가 될 때 등(대상 22:19).

7. 하나님의 영이 특별히 역사할 때, 그래서 다른 사람들이 구원받을 때(행 3:19).

 • 당신의 양심에 거룩에 대한 자극을 느끼고, 마음으로 바랄 때(시 27:8; 삼하 5:24).

 • 복음이 진실된 사역자나 친구를 통해 당신에게 주어질 때.

II. 무엇이 특별한 일인가?

"여호와를 찾는 것."

1. 하나님께 가까이 나아가는 것. 예배, 기도 등을 통해 그분을 찾는 것(시 105:4).

2. 예수님의 속죄를 통해 그분의 손에 용서를 구하는 것(사 55:6).

3. 거듭남과 관계된 복을 얻는 것(요 1:12-13).

4. 그분의 영광을 위해 사는 것: 모든 일 속에서 그분의 영예를 추구하는 것(마 6:33).

III. 이것이 이루어지려면 얼마나 걸릴까?

"마침내 여호와께서 오사 공의를 비처럼 너희에게 내리시리라."

1. 공의가 임할 때: "마침내 여호와께서 오사."

2. 그것을 충분히 받을 때: "공의를 비처럼."

3. 당신의 영혼이 흠뻑 적실 때: "공의를 비처럼 너희에게 내리시리라."
구하는 것과 복 사이에 멈춤의 시기가 있다고 생각해 보라. 그렇다고 해도
다른 방향으로 시선을 돌리지 말고 계속 하나님만 바라보라.

- 당신은 그 외에 다른 일을 할 수 있는가?(요 6:68)
- 하나님은 주권자가 아닌가? 그분은 자신이 기뻐하는 대로 주시지 않
  겠는가?
- 지금도 어떤 은혜의 비가 당신에게 내리고 있을 것이다. 그것에 대해
  감사하라.
- 이 생명의 은혜를 기다리는 것이 무가치한가?
- 그것은 확실히 올 것이다. 그분은 오시되, 지체하지 않으실 것이다(히
  10:37).

IV. 그것에 관해 무엇이 오는가?

1. 그분이 오실 것이다. 이것은 "마침내 여호와께서 오사"라는 말씀 속에
   함축되어 있다. 하나님이 은혜 속에서 오시는 것이 당신에게 필요한 모
   든 것이다.
2. 그분은 공의를 가지고 오실 것이다. 당신에게는 순결과 거룩이 필요하
   고, 그분은 자신과 함께 이것들을 갖고 오실 것이다.
3. 그분은 당신의 순종의 씨를 충족시키는 풍성한 은혜를 가지고 오실 것
   이다. "공의를 심고." 그런 다음 "공의를 비처럼 너희에게 내리시리라"
   는 약속을 기억하라.
4. 하나님이 공의를 가지고 당신에게 오시는 결과로서, 당신은 "인애를 거
   둘 것이다." 기쁨으로 당신은 그분의 사랑의 열매를 거둘 것이다. 당신
   자신의 공의 때문이 아니라 그분의 공의로 말미암아 그것을 거두게 되
   는데, 그때 하나님은 공로에 대한 대가로서가 아니라 긍휼로써 내려주
   시는 것이다.

그러므로 오라. 와서 바로 지금 이 순간에 여호와를 찾으라! 만일 당신이 그분을 찾는다면, 그분은 그리스도 안에 계실 것이다. 그분을 믿으라. 그러면 당신은 그분을 만나고, 그분 안에서 의롭게 될 것이다(롬 3:22).

❖ 소생시키는 자 ❖

그리스도께서 부르시는 동안은 나아가는데 너무 늦은 경우는 없다. 당신은 반대하는가? 즉 "만일 죄인들이 무관심하다면, 구원의 문이 닫히는 날이 없겠다"고 보는가? 이에 대한 내 대답은 "이 안에 진리가 있지만, 죄인이 그 안에 들어가도록 되어 있는 날 외에 다른 날은 없다"는 것이다. 당신은 그리스도께서 받아주시는 날이 끝났다고 생각할 수 있지만, 당신이 순종할 수 있는 날은 아직 끝나지 않았다. 당신이 하나님의 말씀에 순종할 수 있는 시간은 여러분이 세상에 살아 있는 동안에는 절대로 끝나지 않는다. 당신은 아직도 정죄 아래 있지만, 그분이 당신에게 행하라고 명하는 것은 무엇이든 하나님께 순종할 수 있다. … 하나님이 당신을 부르시는 동안 그날은 절대로 끝나지 않는다. 이것은 당신이 의무에 이끌려, 그리고 은혜로 말미암아 즉시 나아가도록 용기를 줄 것이다. _ 랠프 로빈슨

토머스 모어 경은 성채에 갇혀 있을 때 절대로 자신의 뜻을 굽히지 않았다. 그는 자신의 머리의 우월성을 위해 왕과 논쟁을 벌였고, 그 논쟁에서 이길 때까지 어떤 희생도 마다하지 않았다고 한다. 우리는 그의 이런 태도를 쓸데없는 것은 빼고, 진지하게 본받아야 한다. 왜냐하면 하나님과 우리 사이의 소송이 어떻게 되고, 하나님이 우리와 벌이시는 논쟁의 핵심 문제가 무엇인지 결론을 보지 않는 한, 확실히 우리가 인생을 즐겁고 유쾌하게 만드는데 우리 자신의 모든 것을 투자하는 것은 단순히 어리석은 짓에 불과하기 때문이다. 그렇다면 우리의 평화를 확보하기 위해 시작하는 것이 가장 지혜로운 과정이 아니겠는가? 그리고 그것이야말로 더 신속하게 우리의 인생을 행복

의 길로 이끌지 않겠는가? "빚이 없는 자가 부자"라는 말이 있다. 마찬가지로 죄 사함 받은 영혼은 절대로 가난할 수 없는 것이 확실하다. 왜냐하면 평화가 이루어지면, 자유로운 교제가 하나님과 영혼 사이에 열리기 때문이다. 일단 용서받았다면, 우리는 하나님의 영역 안에 있는 항구는 어디든 자유롭게 항해할 수 있고, 또 환영 받을 것이다. 모든 약속은 그 보화로 장식된 채 존재하고, 그래서 "자, 가난한 영혼이여, 그대의 믿음이 담아서 가져갈 수 있을 만큼 충분히 가득 채워 모든 보화를 가져가라"고 말한다. _ 존 스펜서

한 어린 소녀가 겁먹은 모습으로 벌벌 떨고 울면서 한 목사의 서재 문을 두드리고 있었다. 안에서 유쾌한 목소리로 "들어오세요"라는 말이 들렸다. 문의 손잡이가 조금씩 움직였고, 거기에는 그녀가 감정이 복받쳐 울고 있었다. "내 사랑하는 딸아, 무슨 일이니?" 하고 연민으로 가득 찬 목사가 물었다. 그러나 그녀가 **"예, 목사님! 저는 예수님 없이 7년이나 살았어요"**라고 대답했다. 그녀는 이제 막 7번째 생일을 맞이했던 것이다. _ 영국 설교자

시간을 붙들라.
천국의 시간은 그 날개를 갖고 있다.
세상 사람들이 재물을 원할 때,
우리는 시간을 원해야 하리라.

_ 영

토머스 풀러는 "하나님은 많은 사람들을 그의 쇠막대기로 상처를 내지 않고, 그의 황금 홀로 초청하신다"고 말한다. 만일 그분의 은혜의 초대가 자유롭게 허락된다면, 우리는 자주 그분의 손의 징계를 면하게 되었을 것이다. 오, 사람들은 건강하고 행복하고 번영할 때만 하나님을 찾기에 적당한 때라고 알고 있도다! 하지만 시간이 우리와 함께 하는 한, 하나님을 찾기에 좋은

시간은 어느 시간이든 마찬가지다. 지혜로운 사람은 지금 자기에게 주어지는 시간을 바보같이 던져 버리고 달력 속에서 더 좋은 시간을 찾으려고 하지 않을 것이다. 그러나 누구든 시간을 사소하게 다루어서는 안 된다. 왜냐하면 순식간에 죽음이 임할 수 있기 때문이다. 불경건한 사람들에게 주는 경고의 말씀이 여기 있다: "너희가 재앙을 만날 때에 내가 웃을 것이며 너희에게 두려움이 임할 때에 내가 비웃으리라"(잠 1:26).

105
신정(神政)

(내가) 네 왕이라
_ 호세아 13:10

본문은 큰 필요를 채우시고 백성들을 큰 짐으로부터 벗어나게 하실 하나님께서 이스라엘에 대해 선언하시는 말씀이다. 그들은 인간이 세운 왕 때문에 야기되는 희생과 위험으로부터 구원받아야 했고, 하나님 자신의 정부와 지도권을 찾아야 했다.

이것은 그들의 세속적 마음을 충족시켜 주지 못했고, 그래서 그들은 주변의 열방들처럼 왕을 원했다. 이 요구로 말미암아 그들은 하나님을 화나게 했고, 큰 특권을 놓치게 되었다.

하나님은 오늘날 우리에게도 고도의 영적 의미에서 볼 때, 똑같은 특권을 제시하신다. 만일 우리가 지혜롭다면 그것을 받아들일 것이다.

I. 본성의 갈망. "내게 왕을 주소서."

우리는 여기서 이론적으로 군주제도의 장단점에 대한 정치적 문제를 거론하지 아니할 것이다. 그것은 우리가 현재 관심을 두고 있는 부분의 논의를 더 혼란스럽게 하고, 논의의 주제로 적당하지 않기 때문이다. 우리는 우리나라(영국)의 정부형태에 대해 크게 만족하고 있다.

그러나 우리는 지금 도덕적으로 그리고 영적으로 개인적 필요에 관해 말하고 있다. 인간은 하나님이 그의 왕이셨던 에덴동산에서는 행복했다. 그러나 만왕의 왕을 반역하게 되자 어쩔 수 없이 다른 왕을 맞아들이게 되었다.

"내게 왕을 주소서"라는 말은:

1. 약함에서 나오는 부르짖음이다. 인간에게는 우러러볼 대상이 필요하

다.

2. 고통의 표시다. 곤란한 상황 속에서 그는 현명하고 강한 자가 자기를 돕고 구조해 주기를 갈망한다.

3. 절실한 기도다.

- 영혼의 무정부상태는 두려운 일이다. 각각의 감정은 주인을 위해 다툰다.
- 왕이 없고, 목적이 없는 삶은 비참하다. 무위(無爲) 상태는 고통스러운 일이다. 목표가 없는 사람들은 불행하다.
- 자아라는 왕은 가난하고, 비천하고, 비열하고, 폭력적이고, 어리석고, 연약하다.
- 세상은 잔인하고 무정한 주인이다.

4. 경험의 욕구다.

- 어리석음이 우리로 하여금 법수여자를 원하도록 만든다.
- 위험이 우리로 하여금 보호자를 갈망하게 만든다.
- 우리에게 부과된 책임이 우리로 하여금 우리의 길을 선택해 주고 그 길에서 우리를 인도해 줄 절대자를 갈구하도록 만든다.

II. 은혜로우신 왕의 답변. "내가 네 왕이라."

1. 현저하게 낮아지심. 우리 하나님은 다스리기 위해 오신다:

- 파괴되고, 파산하고, 황폐한 영역을.
- 왕을 요구하는 사람들이 다툼으로써 갈갈이 찢긴 곳을.
- 강력하고 잔인한 원수들에게 둘러싸인 곳에.
- 무한한 사랑 외에 그 어떤 것도 그분으로 하여금 이 낮은 보좌를 취하도록 하거나 그토록 값비싼 희생을 치르는 면류관을 쓰도록 할 수 없었다. "너희 왕을 보라!"

2. 충분히 만족시킴. 그 이유는:

- 그분은 모든 내적 반역자를 복종시킬 충분한 능력을 갖고 계시기 때문이다.
- 그분은 통치자로서 합당한 인격을 갖고 계시기 때문이다. 이런 왕에게 복종하는 것은 큰 영광이다.
- 그분은 모든 문제를 해결하는데 솔로몬의 지혜보다 더 큰 지혜를 갖고 계시기 때문이다.
- 그분은 은총을 베푸실 만한 선이 있고, 행복, 평화 그리고 번영의 시대를 통치하실 수 있는 능력을 구비하고 계시기 때문이다.
- 그분은 사랑의 순종을 명하기에 충분한 사랑을 갖고 계시기 때문이다.

3. 무한히 위로하심.
- 그분의 전능성을 통해 보호받기 때문에.
- 절대적 완전을 통해 다스림을 받기 때문에.
- 절대로 패하거나 죽거나 포기하거나 변하실 수 없는 왕에 의해 통치를 받기 때문에.
- 지상 최고의 지배자들이 가지고 있으리라고 상상할 수 있는 것보다 훨씬 더 큰 위대하심과 선하심을 하나님 안에서 발견하기 때문에.

4. 영광스럽게 능력을 주심.
- 이런 지도자를 위해 살고 죽도록.
- 사람의 마음이 이런 시혜자를 기억하도록.
- 본을 받아 순종하도록.
- 그토록 엄위하신 주권자와 영원히 함께 하도록.

III. 충성의 즐거움.

본문의 약속에 대한 우리의 대답은 이것이다: "하나님이여 주는 나의 왕이시니이다"(시 44:4).

만일 우리가 무조건 우리 왕을 받아들인다면 −

1. 우리는 조만간 그분의 영광을 보고, 함께 누리게 된다(사 33:17).
2. 우리는 현재 구원받을 것을 기대하게 된다(시 44:4).
3. 우리는 지혜, 선 그리고 그분의 모든 불변적인 계획을 즐겁게 의지하게 된다.
4. 우리는 그분의 지배권이 확대되기를 바란다(마 6:10).
5. 우리는 말할 수 없는 즐거움으로 그분의 이름을 높이게 된다. 그분의 역사는 우리의 묵상이요, 그분의 약속은 우리의 양식이며, 그분의 영예는 우리의 영광이고, 그분의 인격은 우리의 예배다. 그분의 보좌는 우리의 항구이자 우리의 천국이다. 그분 자신은 우리의 구원이자 우리의 소망이다(삼하 23:5).

✤ 존경의 이유 ✤

예수님은 그 행위와 진리에서 나의 왕이신가? 그 증거가 어디에 있는가? 나는 지금 성령 안에 있는 그분의 "의"와 평강과 희락의 나라에서 살고 있는가?(롬 14:17) 나는 그 나라의 언어를 사용하고 있는가? 나는 그분의 백성이 아닌 "사람들의 풍습"(렘 10:3)을 따르고 있는가? 나는 실제로 그분의 법의 다스림 속에 있는가? 나는 그분을 마음으로 경외하는가? 나는 담대하게 그리고 진실하게 단순히 주변 사람들이 그렇게 하기 때문이 아니라 그것이 바로 그분의 것이기 때문에 그분의 주장을 지지하고 있는가? 나의 충성이 오늘 나의 인생에 얼마나 실제적인 차이를 주고 있는가? - 하버갈 양(Miss Havergal)

하나님은 모든 인간 사회의 궁극적 기초다. 그분 없이는 사회를 결합시키거나 지배할 수 없다. 여러분은 프랑스혁명 당시 일어난 얼빠진 시도를 기억할 것이다. 정부단체는 하나님이 없다는 포고령을 발했다. 그 결과가 어떠했을까? 무정부상태, 혼란, 방종, 유혈사태, 테러 등이었다. 혁명 지도자

가운데 하나였던 로베스피에르는 동지들이 모인 한 비밀집회에서 "만일 하나님이 없다면, 우리는 하나가 될 수는 있다. 그러나 그분 없이는 프랑스를 다스릴 수 없다"고 선언하지 않으면 안되었다. _ J. 신딜런 존스(J. Cynddylan Jones)

그렇다면 우리가 그분의 충신들로서 받게 되는 이 무한한 호의에 대해 어떻게 보답해야 할까? 오, 우리는 우리 소득의 십일조만이 아니라 우리의 사랑의 첫 열매도 드려야 하리라. 또 우리 입술의 문들뿐만 아니라 마음의 문도 활짝 열어서 영광의 왕이 들어오실 수 있도록 해야 하리라. 오 나의 주여, 당신은 들어오실 때, 최고의 엄위를 갖추고 나의 비천한 집으로 들어오시나이다. 그리하여 세상이 갖지 못하고, 내 가슴 어느 한 구석에 담아두지 못할 그 위대하신 능력으로 이적을 행하시나이다. 당신의 영광의 선구자에게 은혜를 베푸소서!

오 나의 주권자여, 나를 완전히 소유하소서! 내 육체를 다스리사 당신의 법에 순종하게 하소서. 내 영혼을 다스리사 당신의 약속들을 신뢰하게 하소서. 내 혀는 당신을 찬양하도록 만드시고, 내 무릎은 당신을 공경하도록 꿇리시고, 내 힘은 당신만을 섬기게 하시고, 내 욕망은 당신만 바라게 하시며, 내 마음은 오직 당신만 품게 하소서. _ 베이커 경의 "주의 기도"에서

본문에서 하나님은 신하들이 자기를 왕으로 선택해서가 아니라 자신이 그들을 신하로 택하셨기 때문에 왕의 보좌를 취하신다. 그리고 그 행위는 그분이 자연스럽게 소유하고 있는 것보다 더 높은 위엄으로 상승하는 것이 아니라 그분 자신보다 우리 자신의 유익을 위해 낮은 자리로 사랑의 하강을 하는 것이다. 그분은 우리를 다스리기 위해 기꺼이 낮아져서 우리에게 오신다. 그러므로 우리가 그분의 영원한 다스림의 무한한 특권을 받아들이는 것이 참으로 즐거운 우리의 지혜다.

106.
외모보다 더 중요한 중심

너희는 옷을 찢지 말고 마음을 찢고 너희 하나님 여호와께로 돌아올지어다
_ 요엘 2:13

옷을 찢는 동방의 풍습을 설명해 보자. 사람들은 메뚜기가 그들의 곡물을 갉아먹으려고 나타났을 때 또는 어떤 다른 심판이 그들을 위협할 때 외적으로 슬픔의 표시를 나타낼 준비가 되어 있다.

그들은 **여호와에 대해서는** 그리고 그분의 징계의 막대기에 대한 영적 경의를 표하는 데에는 실패했다. 여기서 본문의 말씀을 따라가 보자. 그리고 우리의 생각을 정리해 보자.

I. 참된 종교는 외면보다는 내면에 있다는 일반적 교훈.

"너희는 옷을 찢지 말고 마음을 찢고"라는 표현은 단순히 외적인 것은 별로 중요하지 않다는 것을 의미한다.

1. 이것은 사람들이 내놓는 형식과 의식들을 존중한다. 이것은 아무리 많아도 헛되다. "너희는 옷을 찢지 말라"는 것은 그들의 경우에 가장 강력한 경고로 간주될 수 있다. 자의적 예배는 죄다.

2. 그것은 또한 은혜 없이 실천되고, 그들 자신에게만 효과가 있도록 수행된다면, 하나님 자신이 규정하는 규례들은 외적인 것이 되고 만다.

선한 일이지만 아무 유익이 없게 될 경우들을 우리는 다음과 같이 언급할 수 있다:

- 규칙적으로 예배의 자리에 있을 때.
- 가정에서 가족기도를 드릴 때.
- 성경을 읽을 때.

- 정통 신조들을 지킬 때.
- 개인기도를 드릴 때.
- 성례에 참여할 때.

이 모든 선한 일들은 우리의 삶에 자리잡고 있다. 그러나 그것은 참성도 됨을 증명하는 것은 아니다. 죄인도 나름대로 그것을 실천할 수 있기 때문이다. 진실한 마음이 결여되면 그것은 모두 헛 것이다.

II. 사람은 내적 문제보다 외적 의식에 더 몰두하는 경향이 있다는 일반적인 교훈.

따라서 하나님은 옷을 찢는 것을 권하지 않는다. 다만 그 행위가 어떤 경우에는 깊은 회개와 죄에 대한 거룩한 두려움의 적절한 표현이 될 경우는 예외다. 사람은 외적인 것들에 치우치는 경향이 있다:

1. 그가 본성상 영적이지 못하고 육체적이기 때문이다.
2. 내적인 것은 외적인 것보다 행하기 어렵고, 특별히 사고, 근면, 주의, 겸손 등이 필요하기 때문이다.
3. 그가 죄를 사랑하기 때문이다. 그는 옷이 자신의 것이 아니기 때문에 그것을 찢을 것이다. 그러나 자기가 사랑하는 죄를 찢는 것은 그의 눈을 찢는 것과 같다.
4. 그가 하나님께 복종하기를 좋아하지 않기 때문이다. 그는 율법과 복음을 모두 싫어한다. 그는 마음으로 하나님께 순종하는데 필요한 것은 모두 좋아하지 않는다.

많은 사람들이 회개, 신앙 그리고 성결의 거룩한 자리를 피하고, 대신 종교적 준수가 이루어지는 외적 뜰만 밟는다.

III. 경건의 외적 행위보다 마음을 찢는 것이 더 낫다는 특수한 교훈.

1. 마음을 찢는 것은 다음과 같이 이해되어야 한다:

- 깨어지고, 뉘우치고, 부드럽고, 민감한 마음을 가진다는 것.
- 과거의 죄에 대해 슬퍼하는 마음을 갖는다는 것.
- 거룩한 열정을 가질 때처럼, 죄를 멀리 하는 마음을 가진다는 것.
- 시험이 올 때 거룩한 두려움과 의로운 분노를 가지고 마음을 찢는다는 것. 죄를 볼 때, 특히 십자가의 빛을 통해 그것이 드러날 때 마음을 찢어야 한다.

2. 마음을 찢는 것은 외적 의식보다 선행되어야 한다. 왜냐하면:
- 이것은 그들 자신을 위해 명해진 것이 아니기 때문이다.
- 이것은 마음이 어떠하냐에 따라 선하거나 악하게 되기 때문이다.
- 그것을 준수할 때 죄, 그것도 큰 죄가 수반될 수 있기 때문이다.
- 외적 의식은 우리를 그리스도로부터 떼어놓는 적그리스도가 될 수도 있기 때문이다.
- 이것은 예수님 자신을 위한 자리를 제공할 수 없기 때문이다.

3. 마음을 찢는 것은 실천되어야 한다. "너희는 마음을 찢고."
- 이것은 벅찬 투쟁이 필요하다. 사람이 스스로 마음을 찢을 수 있는가?
- 이것은 우리로 하여금 더 큰 능력을 사모하도록 이끈다.
- 이것은 예수님에 의해서만 가능하다. 우리가 찌른 그분을 바라볼 때, 우리의 마음은 찢어진다.
- 이것이 충분히 진행되면, 오직 "상심한 자들을 고치시며 그들의 상처를 싸매시는"(시 147:3) 분의 발 앞에 우리를 둘 것이다.

❖ 요점 ❖

고대 히브리 민족 일화 중에 이런 이야기가 있다. 한 가난한 사람이 어느 날 병상을 떠나 비틀거리는 몸으로 성전에 갔다. 그는 너무 가난해서 바칠 희생제물이 없었기 때문에 크게 부끄러워하며 나아갔다. 그러나 좀 더 가까이 나아가 성가대의 찬송 소리를 듣게 되었다: "주께서는 제사를 기뻐하지 아니하시나니 그렇지 아니하면 내가 드렸을 것이라 주는 번제를 기뻐하지 아니하시나이다 하나님께서 구하시는 제사는 상한 심령이라 하나님이여 상하고 통회하는 마음을 주께서 멸시하지 아니하시리이다"(시 51:16). 다른 경배자들이 와서 그를 제치고 먼저 나아가 희생제물을 드렸다. 그러나 그는 아무것도 없었다. 드디어 그는 제사장 앞에 엎드렸다. 제사장이 '내 아들아, 그대는 무엇을 가져왔는가? 드릴 제물이 없는가?'라고 묻자 그는 이렇게 대답했다: "예, 없습니다. 어젯밤 한 가난한 과부가 자녀들을 데리고 내게 왔는데, 희생제물로 준비해 놓은 비둘기 두 마리 외에는 줄 것이 아무것도 없었습니다." 그러자 제사장이 "그것을 가져오라. 질 좋은 밀가루 한 에바와 함께"라고 말했다. "가져올 것이 아무것도 없습니다. 오늘 질병과 가난 때문에 자녀들까지 굶었습니다. 한 에바의 밀가루도 없습니다." "그렇다면 무엇 때문에 내게 왔느냐?" "'하나님께서 구하시는 제사는 상한 심령이라'는 성가대의 찬송소리를 들었기 때문입니다. '주여, 죄인인 내게 자비를 베푸소서!'라고 구한다면 하나님께서 나의 제물을 받아주시지 않을까요?' 그때 제사장은 그를 땅에서 일으키며 "아들아, 너에게 축복이 있을지로다. 네 제물은 강물같이 많은 기름보다 더 좋은 것이로구나"라고 말했다. _ 팩스턴 후드(Paxton Hood)의 「잠언과 비유의 세계」

만일 이 위선 곧 외적 준수만 남아있는 의식이 그림자와 의식들로 가득 찬 종교인 율법 아래서 하나님께 그토록 가증한 것이라면, 훨씬 더 단순하고 훨씬 더 마음의 진실함을 요구하는 복음 아래서는 얼마나 더 가증하겠는가? 그러나 복음은 율법적 권리와 의식들을 수행하는 외적 인간의 짐을 완전히 해방시켜 주었다. 그러므로 지금 우리가 복음 아래 있으면서, 미갈이 실제의 다윗 대신 잘 만들어진 우상으로 사울을 속였던 것처럼, 전능하신 하나님을 속이려고 생각한다면, 언젠가 하나님이 아니라 우리 자신을 조롱하는 날을 맞이하고, 위선자들 속에서 우리가 차지하는 몫이 얼마나 큰지도 발견하게 될 것이다. _ 윌리엄 칠링워스(William Chillingworth)

몸을 위해 옷이 있는 것처럼 종교를 위해 의식들이 있다. 옷은 산 몸에 적당한 온도를 유지시켜 준다. 그것을 시체에 입혀보라. 그런다고 생명의 온기를 주지는 못한다. 의식들은 헌신을 촉진시키는데 도움을 준다. 그러나 죽은 마음속에서 그것들은 결코 그것을 촉진시킬 수 없다. 이 종교의 옷들은 거룩한 사람이 자신의 거룩한 몸에 그리스도의 옷을 입은 것처럼 그 위에 입어야 어울린다. 그러나 더러운 마음을 가지고 참여하면 그것은 그리스도를 십자가에 못 박은 살인자들에게 그분의 옷을 입혀놓은 것과 같다. _ 랠프 브라우닝(Ralph Browning)

옷을 찢는 것은 슬픔, 분노 또는 염려 등을 표현하는 고대의 통상적인 풍습 가운데 하나였다. 그것은 성경에서도 자주 언급되고 있다. … 형제, 자매, 아들 딸 또는 아내를 위해서는 상의를 찢었고, 아버지나 어머니를 위해서는 옷 전체를 찢었다. 마이모니데스는 그 찢은 옷들은 30일이 지날 때까지 다시 기워서 입지 않았다고 말한다. 유대인들로 하여금 그들의 옷을 찢도록 명하는 율법은 없다. 그러나 일반적으로 그들은 형식적으로라도 그 마음을 표현하기 위해서 지금까지 이 고대의 관습을 따르는 것이 필수적이라고 생각한다. _「그림성경」

107
다림줄

또 내게 보이신 것이 이러하니라
다림줄을 가지고 쌓은 담 곁에 주께서 손에 다림줄을 잡고 서셨더니
_ 아모스 7:7

아모스의 비유는 평범하고 단순하지만 큰 힘이 있다. 그는 하나님의 가르침을 받았다. 그렇지 않았더라면 사람들이 말하는 것처럼, 자기의 가르침을 받았을 것이다. 그의 환상을, 마치 그것을 우리 자신이 본 것처럼, 우리 앞에 두어보자.

하나님이 행하신 일은 줄에 따르는 것이었다. "주께서 손에 다림줄을 잡고 서셨더니." 그분의 과거에 행하신 일은 의롭고 진실했다. 하나님은 계속 동일하게 무오한 줄을 사용하신다. 그분이 계시는 곳마다 그 손에는 다림줄이 들려져 있다. 다림줄은 일직선으로 떨어진다. 그러므로 그 선은 담이 수직으로 되어 있는지를 판단하는 최고의 시금석이다. 다림줄은 그것이 바깥으로 휘었는지 아니면 안으로 휘었는지를 분명히 보여 준다. 그것은 결코 실제 이상으로 나타내지 않는다. 그 나름의 확실한 진리의 기준으로 진실에서 벗어난 모든 일탈을 드러내고 정죄한다. 이것이 지존자의 판단이다.

우리는 다림줄을 진리와 의의 표상으로 간주할 것이다.

I. 다림줄은 집을 지을 때 사용된다.

우리는 모든 집을 지을 때 올바른 줄에 따라 행동해야 한다.

1. 하나님의 집을 지을 때에도 마찬가지다.

• 그분은 다림줄로 재어 그 흠이 발견되면, 낡은 벽을 허물어 버리신다. 진리는 허위의 제거를 요구한다.

- 그분은 진실과 성실로 건축하신다. 신실성이 그분의 본질이다.
- 그분은 거룩과 순결함으로 지으신다.
- 그분은 공의의 줄에 따라 완전하게 지으신다.

2. 우리 자신의 인생의 집을 지을 때에도 그렇게 해야 한다.

- 성급하지 말고, 진실이 우리의 목표가 되어야 한다.
- 사람의 눈에 좌우되지 말고, 사실에 입각해야 한다.
- 우리는 말씀에 따라, 하나님의 관점에서, 그리스도의 본을 따라, 성령으로 말미암아, 거룩을 좇아 집을 지어야 한다. 오직 그래야만 다림줄이 제대로 사용될 것이다.

3. 교회의 집을 짓는데에도 그렇게 해야 한다.

- 무슨 일을 하든 오직 성경을 가르치라.
- 복음 외에 다른 것을 설교하지 말라.
- 죄인들을 율법으로는 낮추고, 하나님의 은혜로는 높이라.
- 진리의 교훈으로 사람들을 거룩과 평강으로 이끌라.
- 교회의 순결을 위해 권징을 시행하라.

II. 다림줄은 시험을 위해 사용된다.

수직에서 벗어난 것은 다림줄에 의해 드러난다. 마찬가지로 사람들은 진리에 의해 시험을 받는다.

1. 우리는 그것을 다음과 같은 경우에 사용할 것이다:

- 자기의, 자만, 자랑 등과 같은 벽에.
- 무절제한 삶의 벽에.
- 의식만을 중시하는 진리의 벽에.
- 단순히 복음을 듣기만 하는 신뢰의 벽에.
- 모든 외적 신앙고백의 벽에.

2. 하나님은 그것을 현세 속에서 사용하신다. 그분은 사람들의 마음을 시

험하고, 그들의 행위를 잰다.

그들은 자주 속이는 행위가 발견된다. 시간 또한 그것을 입증하고, 시련은 그것을 시험한다.

3. 그분은 그것을 마지막 때에도 사용하실 것이다.

4. 우리는 그것을 우리 스스로에게 사용해야 한다.

우리가 거듭났는가? 믿음이 없는 것은 아닌가? 등에 사용해야 한다. 또 우리는 거룩한가? 우리 안에 성령의 활동이 보이는가? 등에 대해서도 사용해야 한다.

III. 다림줄은 멸망의 척도로 사용될 것이다.

엄중한 공의는 심판의 보좌에서 하나님이 사용하시는 줄이다. 동일한 줄이 모든 사람에게 적용될 것이다.

1. 심지어는 구원받은 자들도 우리 주 예수님을 통해 정당하게 구원받게 될 것이다. 그들의 경우에 모든 죄가 진멸되고, 모든 악의 흔적이 천국에 들어가기 전에 제거될 것이다.

2. 구원 받을 만한 아무 자격 없는 사람들도 절대로 정죄 받지 아니할 것이다. 증인들, 변론자들 그리고 무오한 재판관과 함께, 시험이 있을 것이다. 의인들은 주권에 의해 구원받게 되지만, 악인들은 오직 공의의 기준에 따라 정죄 받게 될 것이다.

3. 고통은 정당한 사유 없이는 주어지지 않을 것이다.
   • 정죄 받은 사람들의 경우에는 차별이 있을 것이다.
   • 각각의 판단 속에 가장 엄격한 공의가 적용될 것이다.
   • 모든 상황이 참작될 것이다.
   • 지식의 유무가 줄의 수를 증가시키거나 감소시킬 것이다(눅 7:47-48).

4. 그리스도를 거부하는 사람들은 견딜 수 없는 자신의 파멸을 발견하게 될 것이다. 왜냐하면 그들은 스스로 그 공의를 인정할 수밖에 없기 때

문이다(눅 19:27). 상실된 자들은 자기들이 받아야 할 비참을 알게 된다.

5. 모든 선고는 정확하고 오류가 없기 때문에 재심도 있을 수 없다. 각각의 판결은 너무나 공평하고 정의롭기 때문에 그것은 영원토록 서 있을 것이다(마 25:46).

그것이 지금 이 순간에도 하나님에 의해 사용되고 있음을 상정해 보라. 우리가 예수님을 기초로 삼아 그분 안에 서 있기 위해서 그분을 바라보는 것이 정말 지혜롭지 않겠는가?

✤ 말과 글 ✤

"진리란 무엇인가?"라는 질문이 귀머거리와 벙어리들에게 주어졌을 때, 한 소년이 땅 바닥에 **일직선을** 그었다. "그러면 거짓은 무엇이냐?"라는 질문이 주어지자 그의 대답은 구부러진 선이었다. _ G. S. 보우스

하나님의 교회가 별로 중요하지 않은 진리로부터 벗어났다고 생각하기 시작할 때, 교회는 곧 비참한 날을 맞이할 것이다. _ J. H. 에반스

횟필드는 종종 세상이 비웃는 500명의 사람들이 모이는 교회보다 차라리 하나님과 올바른 관계에 있는 의인 10명이 모이는 교회가 낫다고 주장했다. _ 조셉 쿡(Joseph Cook)

선교사로서 리빙스턴은 명목상의 교인들이 많이 모이는 대형교회를 피하려고 노력했다. 그는 "나는 어떤 일이 있어도 불순한 교회를 만들지 않을 것이다. '한 교회에 50명이 늘어났다'는 소식은 좋은 소식 같지만, 그 중에 5명의 진실한 성도가 있다면, 위대한 그날에 얼마나 큰 기쁨이 될까?"라고 썼다. _ 블레이키(Blaikie)

그대가 그대의 마음에 기뻐하는 대로 행해서
진정 즐거워하고 기뻐하려면, 그 마음이 진실해야 하리라.
그러나 그때 그대의 다림줄과 수평기는
나를 기쁘게 하는 것으로 올바르게 사용되어야 하리라.
_ 크리스토퍼 하비

지상의 죄인들은 항상 마땅히 받아야 할 것보다 형벌을 더 받지 않고, 지옥에 있는 자들도 그 이상으로 더 받는 것이 아니다. _ 벤저민 베돔 (Benjamin Beddome)

아덴의 아레오바고 재판관들은 선고를 내릴 때 너무나 진실해서 어느 누구도 자기들이 부당하게 정죄 받았다는 말을 꺼낼 수 없었다고 전해진다. 하나님의 의로우신 판단은 이보다 얼마나 더 진실하실까? 그러므로 그분 앞에서는 아무리 의로운 사람도 모든 입을 닫아야 하리라. _ 존 트랩(J. Trapp)

건물이 약간 허물어질 조짐이 보일 때 건축자들은 그것을 통나무로 성급하게 받쳐놓는다. 그러기 오래 전 감정인은 그들에게 집을 헐어내라고 명령한다. 허물어져가는 벽이 제거된다면 교회에 얼마나 큰 변화가 일어날지 모르는가? 그러나 이것은 절대로 손실이 아니고, 주님의 시각으로 보면, 하나님의 도성에 오히려 큰 유익을 준다.

사람이 자기 검토를 두려워할 때, 그의 두려움은 공연한 의심에 불과하다. 자신의 벽에 다림줄을 대지 않는 사람은 그것이 얼마나 수직으로부터 벗어나 있는지 알 수 없다. 진실한 사람은 "주여, 가장 악화된 나의 상태를 알려 주소서"라고 기도할 것이다. 시온에서 편안하게 살다 자기기만의 속임수에 망하는 것보다는 불필요한 고통을 겪는 것이 훨씬 낫다.

108
스스로 속는 것

> 너의 마음의 교만이 너를 속였도다
> _ 오바댜 1:3

이것은 교만한 모든 사람들에게 해당된다. 왜냐하면 교만은 자기기만이기 때문이다. 우리 회중 가운데에도 교만한 사람이 있을 수 있다. 자신은 교만하지 않다고 생각하는 사람들이 아마 가장 교만한 사람들일 것이다. 자신의 겸손을 자랑하는 사람들도 역시 교만하다.

우리는 절대로 기만당하지 않을 것이라는 확신은 단지 우리를 괴롭게 하는 완전한 기만으로 나타날 수 있다.

에돔 사람들의 경우와 그들의 마음의 교만을 살펴볼 때, 우리는 거기서 우리 자신에게 도움을 주는 사실을 발견할 수 있다.

I. 그들은 속았다.

선지자는 그들이 속은 어떤 문제들에 관해 언급하고 있다.

1. 그들에 대한 다른 사람들의 평가에 관해. 그들은 스스로 자기들이 존귀하다고 생각했다. 그러나 선지자는 "네가 크게 멸시를 받느니라"(2절)고 말한다.

여러분은 다른 사람들이 여러분을 하찮게 생각한다는 것을 알았을 때 기분이 나쁠 것이다. 그러나 여러분이 다른 사람들을 그렇게 생각한다면, 여러분도 크게 멸시 받는 것을 이상하게 생각할 필요가 없다. 왜냐하면 "너희가 헤아리는 그 헤아림으로 너희가 헤아림을 받을 것이기"(마 7:2) 때문이다.

2. 자기들의 개인적 안전에 관해. 그들은 안전하다고 느꼈다. 그러나 실제로는 그들의 파멸이 임박해 있었다. "누가 능히 나를 땅에 끌어내리겠

느냐?' "내가 거기에서 너를 끌어내리리라 여호와의 말씀이니라"(3절
과 4절). 그들이 반석으로 이루어진 바위 도시에서 사는 것은 그들에게
실제로는 안전을 주지 못했다. 우리들 가운데 어느 누구도 불행, 질병
또는 갑작스러운 죽음으로부터 벗어나 있다고 생각할 수 없다.

3. 자기들의 개인적 지혜에 관해. 그들은 "에돔에서 지혜 있는 자"에 관해
말했다(8절). 그러나 여호와께서는 "네 마음에 지각이 없음이로다"(7
절)라고 말씀하신다.

하나님의 말씀보다 더 많이 안다는 사람들은 아무것도 모르는 자들이다.

4. 자기들이 신뢰하는 것의 가치에 관해. 에돔은 약조한 자들을 의지했지
만, 완전히 실패했다. "너와 화목하던 자들이 너를 속여 이기며"(7절).
부유한 친척, 유력한 친구, 믿을 만한 동지 ― 그들은 그들을 믿었던 사
람들을 모두 실망시켰다.

II. 그들 자신의 교만이 그들을 속였다.

1. 앞에 언급된 각각의 문제들 속에는 교만이 그들의 잘못의 근저에 자리
잡고 있다.

2. 모든 경우에 교만은 사람을 속임당하는 자리에 둔다.
   • 그의 판단은 교만에 의해 왜곡된다. 그는 공평한 저울을 가질 수 없다.
   • 그의 기준이 부정확하게 된다. 그의 무게는 거짓이다.
   • 그의 욕망은 아첨으로 나아가고, 그는 어리석게도 그것을 받아들인다.

3. 모든 경우에 교만한 사람은 속는 사람이다. 그는 자신이 스스로에 대해
자신이 생각하는 그런 사람이 아니다. 그리고 그는 자신을 겸손하게 만
들어야 할 인격 부분에 대해서는 무지하다.

4. 영적인 경우에 교만은 특별히 더 그렇다.

자기의, 자기만족, 완전주의 등 이 모든 것은 그들의 마음의 교만으로 말
미암아 속는 것들이다.

III. 이 교만은 그들을 악의 길로 이끌었다.

1. 그들은 오만으로 충만했다. "누가 능히 나를 땅에 끌어내리겠느냐."
   이 자만심은 적대감을 불러일으키고, 전쟁과 다툼 그리고 온갖 형태의
   경쟁과 분열을 낳는다.

2. 그들은 동정이 결여되어 있었다. "네가 멀리 섰던 날"(9-12절을 보라).
   친족들은 죽임을 당했고, 그들은 연민의 정이 없었다. 교만은 돌 같은
   마음이다.

3. 그들은 심지어 압제에도 동참했다(13절과 14절을 보라). 이것은 재물을
   자랑하는 형식적 신앙인들에게 흔히 나타난다. 그들은 하나님의 가난
   한 백성들을 보살피면서, 어떤 이득을 취하는데 발이 빠르다.

4. 그들은 거룩한 일을 멸시했다. "너희가 내 성산에서 마신 것 같이"(16
   절). 하나님은 그의 교회를 술집이나 오락실로 만드신 적이 없다. 그러
   나 이러한 일이 교만한 위선자들과 형식주의자들에 의해 지금도 일어
   날 수 있다.

IV. 이 악의 길은 그들의 파멸을 가져왔다.

1. 그들의 오만은 그들의 원수를 자극시켰다.

2. 그들의 무정함은 그들 자신의 품으로 되돌아왔다. 15절은 복수법 곧 탈
   리오의 법칙을 보여 준다.

3. 그들이 하나님을 멸시한 것은 그분으로 하여금 "에서 족속에 남은 자가
   없으리라"(18절)는 말씀을 하시도록 만들었다.

   멸시받는 시온의 운명과 얼마나 다른가!(17절과 21절을 보라)

   우리는 다른 모든 것을 능가하는 시온에 계시는 그분을 구주로 찾아야 한
   다.

   모든 교만을 미워하고, 겸손히 그분 안에서 안식을 얻자. 그렇게 하면 우
   리는 절대로 속임을 당하지 않을 것이다. 예수님은 "진리"이시므로.

❖ 경고 ❖

우리의 관념에 따르면, 에스키모인이 자기들에게 붙인 이름을 보면, 아주
흥미로운 사실이 있다. 그것은 그들이 스스로를 "이뉴잇"(Innuit) 즉 탁월한
"사람들"이라고 부르는데서 나타난다.

이방인이여, 이제 경고를 받으라. 그 교만을 알라.
네 스스로의 위엄으로 아무리 위장할지라도,
그것은 무가치하다.
생명의 일을 멸시하는 자는
결코 써먹지 못한 능력을 가지고 있는 것이고,
그가 하는 생각은 너무 유치하다.
_ 워즈워스

만일 어떤 사람이 완전주의자로서, 자기는 무죄하다고 생각한다면, 그것
은 그가 다른 사람보다 더 나은 존재라는 것을 증명하는 것이 아니라 그가
단지 눈먼 사람이라는 것을 증명할 뿐이다. _ 리처드 글로버(Richard
Glover)

교만한 사람이 자신을 최고라고 생각할 때, 하나님과 사람은 그를 최하라
고 판단한다. 그의 모든 영광은 단지 안개와 같아서 하늘로 상승하는 것처
럼 보이지만, 한 번 가장 낮은 곳으로 떨어져 버리면 그만으로, 절대로 다시
올라가지 못할 것이다. 마찬가지로 아담도 선악과가 자신을 하나님처럼 만
들어 줄 것이라고 생각했다. 그러나 하나님은 그의 교만을 물리쳤고, 선악과
는 그를 유혹한 뱀과 같은 존재로 아담을 만들어 놓았다. 압살롬은 반역이
자기를 왕으로 만들어 줄 것으로 생각했다. 그러나 하나님은 그의 교만을
물리쳤고, 그의 반역은 그를 나무 위에 매달리게 했다. _ 헨리 스미스(Henry

Smith)

 베네치아 대사는 추기경 울시에 대해 이렇게 썼다: "나는 해마다 그의 세력이 점점 더 커지는 것을 느꼈다. 내가 처음 영국에 왔을 때 그는 '**하나님**은 무엇이든 하실 수 있소' 라고 말하곤 했다. 이후에 그는 '**우리**는 무엇이든 할 수 있소' 라고 말했다. 그런데 지금 그는 '**나**는 무엇이든 할 수 있소' 라고 말한다." 그러나 역사는 울시의 교만이 어떻게 파괴되고, 그의 오만한 위세가 어떻게 추락했는지를 기록하고 있다.

 나폴레옹 보나파르트는 성공에 도취되고, 무소불위의 권력을 잡고 있을 때 "나는 환경을 만들어낸다"고 큰 소리쳤다. 그러나 모스크바, 엘바, 워털루 그리고 그가 죽을 때까지 유배당해 있던 바위섬, 성 헬레나는 전적인 몰락 속에서 그가 얼마나 무력한 존재였는지를 증거한다. _ J. B. 고우(J. B. Gough)

 하나님은 두 개의 처소를 가지고 계신다. 천국과 회개하는 심령이다. 마찬가지로 마귀도 두 개의 처소를 가지고 있다. 지옥과 교만한 마음이다. _ 토머스 왓슨(T. Watson)

109
니느웨인들의 회개

요나가 그 성읍에 들어가서 하루 동안 다니며 외쳐 이르되
사십 일이 지나면 니느웨가 무너지리라 하였더니
_ 요나 3:4

심판 때에 니느웨 사람들이 일어나 이 세대 사람을 정죄하리니 이는 그들이
요나의 전도를 듣고 회개하였음이거니와 요나보다 더 큰 이가 여기 있으며
_ 마태복음 12:41

우리 주님은 청중들에 대해 결코 참지 못하신 적이 없었다. 그리고 어느 누구에 대해서도 악의적으로 매도하신 적이 없었다. 그러므로 그분의 책망은 충분한 이유가 있는 것이었다.

요나 당시의 니느웨에 대한 경고는 진실로 우리 주님이 오셨던 당시의 예루살렘에 대한 책망이었다. 왜냐하면 유대인들은 하나님의 특별한 사명을 띠고 선대를 받았지만, 회개하지 않고, 평화의 사자를 십자가에 못박아 죽였기 때문이다.

우리 주님은 오늘날 우리 시대의 불신자들을 향해서도 똑같이 책망하시지 않겠는가? 니느웨는 곧 영국에 대한 책망이 아닌가? 우리가 그것을 살펴보자.

니느웨 사람들은 회개하고 하나님께 돌아왔다. 그러나:

I. 그들에 대한 회개의 요청은 여러 번 주어진 것이 아니었다.

- 니느웨는 특권을 누리지 못하고, 이교도의 흑암 가운데 있었다.
- 니느웨는 단 한 사람으로부터 예언을 들었다. 그는 가장 위대하거나 사랑으로 충만한 선지자가 아니었다.

- 니느웨는 단 한 번 예언을 들었고, 그것도 아주 짧고 극히 단조로운 옥외 집회 설교였다.
- 니느웨는 복음에 관한 소식을 한마디도 듣지 못했다. 오직 율법의 뇌성만을 들었다.

그러나 경고에 대한 순종이 즉각적, 보편적, 실천적 그리고 수용적으로 나타났다. 그리하여 그 도시는 구원을 받았다.

II. 선지자의 메시지는 격려의 메시지가 아니었다.

1. 그는 용서에 대한 약속을 선포하지 않았다.
2. 그는 회개에 대해서도 언급하지 않았다. 그 결과 그는 회개하는 자들에 대해 소망을 주지도 않았다.
3. 그는 저주와 최후의 심판에 대해 예언했다: "니느웨가 무너지리라." 그의 메시지는 경고로 시작하고 끝났다.
4. 그는 임박한 날을 선포했다: "사십 일이 지나면."

그러나 이 두려운 메시지로부터 백성들은 복음을 발견했고, 그리하여 구원을 얻기 위해 그것에 따라 행동했다. 하지만 우리들 가운데 많은 이들이 부요하고, 자유롭고, 확실한 하나님의 약속을 불신앙으로 말미암아 아무 효력이 없도록 만들고 말았다.

예수님의 가르침을 들은 사람들은 우리와 마찬가지로 "이때까지 그 사람이 말한 것처럼 말한 사람이 없었기"(요 7:46) 때문에 크게 구원을 받을 것이며, 우리와 마찬가지로 그들도 회개하지 못한 죄책들을 슬퍼하며 회개하게 될 것이다.

III. 선지자 자신은 그들의 소망을 돕는 자가 아니었다.

요나는 길 잃은 양을 찾기 위해 물불을 안가리는 사랑이 넘치고, 자비로운 목자가 결코 아니었다.

1. 그는 자신에게 맡겨진 사명을 좋아하지 않았고, 그래서 의심할 것 없이 완고하고 거친 태도로 사역에 임했다.
2. 그는 동정적인 사랑의 말을 하지 않았다. 왜냐하면 그는 그런 마음이 조금도 없었기 때문이다. 그는 엘리야 선지자 학교 출신으로서, 예수님의 마음에서 불타올랐던 사랑을 알지 못했다.
3. 그는 사랑이 내포된 연민으로 기도하지 않았다.
4. 그는 그 도시가 구원받는 것을 싫어하기까지 했다.

그러나 니느웨 사람들은 그의 목소리에 순종했고, 그의 경고에 마음을 찢음으로써 긍휼을 얻었다. 이것은 부드럽고 사랑으로 충만한 권면을 받아들이지 않은 많은 사람들에 대한 경고가 아닌가? 확실히 그것은 우리 주님이 살던 당시 사람들에 대한 경고였다. 그 두 시대의 사람들은 요나와 우리 주님의 주장을 받아들일 여지가 있을 수 없었다는 점에서 확고한 대조를 보이기 때문이다. 진실로 니느웨 사람들은 요나보다 "더 크고," 더 낫고, 더 부드러운 마음을 가지고 있었다.

IV. 니느웨 사람들이 가질 수 있었던 희망은 희박했다.

그것은 "누가 알겠느냐?"는 반문 외에는 다른 말이 없었다.
1. 그들은 이스라엘의 하나님으로부터 특별한 계시를 받지 못했다.
2. 그들은 속죄제물에 대해 알지 못했다.
3. 그들은 주님을 찾으라는 초청이나 회개하라는 명령을 받지 못했다.
4. 그들의 주장은 주로 부정적인 것들이었다.

그들의 회개에 대해서는 아무 말도 없었다.

그들은 회개보다 더 악한 상황에 있었다.
5. 긍정적인 주장은 희박했다.

선지자의 선포는 하나의 경고에 불과했다. 그럴지라도 그 경고 속에는 어느 정도의 자비가 들어있었다. 그들은 **누가 알겠느냐?**고 말하면서, 희미한 소망을 품고 담대히 나아갔다. 우리는 최소한 이 정도의 희망만 갖고 있는 것은 아니지 않은가? 그런데도 우리는 복음에 더 가까이 나아가지 못하는가? 우리가 그런 용기를 갖지 못하는가?

✥ 권면 ✥

나는 대포가 발사되는 장면을 보았다. 그것이 떨어질 지점에서 도망친 사람들은 땅 위에 바짝 엎드렸고, 그렇게 그들은 그 탄환을 피했다. 이 탄환이 떨어지면 모든 담은 힘없이 쓰러지고, 부복은 탄환을 피하는 최고의 무장이다. 그러나 그들에게 탄환이 떨어지는 때를 알게 되는 것은 대포가 발사되기 전 불을 보고 나서였다. 오! 그 불의 자비는 마치 그것이 가져온 폭발, 그것이 일으킨 살인을 회개하는 것 같아서, 달려가 탄환을 앞지르도록 함으로써. 사람들은 (그것을 볼 때) 그것을 막을 힘이 없을 때, 그것에 대책을 세울 수 있게 되는 것이다.

마찬가지로 하나님도 상하게 하기 전에 경고하시고, 싸우기 전에 두려움을 갖게 하신다. "사십 일이 지나면 니느웨가 무너지리라." 오, 우리는 창조주 하나님 앞에 바짝 엎드려야 하리라! 그러면 우리 안에서 그분의 분노가 날마다 그냥 지나가게 될 것이고, 우리를 향해 날아오던 그분의 탄환은 우리 위로 날아가 버리게 될 것이다. _ 토머스 풀러(Thomas Fuller)

다니엘 윌슨 목사는 자신의 한 설교에서 이렇게 말했다: "나는 어떤 사람에 대해 들었는데, 그의 이름도 알고 있습니다. 그는 자신의 목숨을 끊어버리고 싶다는 유혹을 받았는데, 그가 생을 마감하려고 했던 이유는 만약 그렇게 계속 산다면 죄만 늘어나고, 그럼으로써 결코 그것을 피하지 못해 자신이 비참한 상태에 떨어지고 말 것이라는 것 때문이었습니다. 반면에 그는 자신이 빨리 죽을수록 지옥에도 그만큼 빨리 가야 한다는 것도 알았지만, 그보다는 주어질 고통에 대한 예상이 그를 더 괴롭게 했습니다. 이런 연상의 영향

아래 그는 투신자살을 결심하고 강으로 갔습니다. 하지만 그가 막 강물에 뛰어들려고 할 때 **누가 알겠느냐?**라고 그에게 말하는 음성이 들리는 것 같았습니다. 그 말은 마치 그가 듣도록 주어진 말씀처럼 생각되었습니다. 그리하여 이 말 때문에 그는 멈추어 서게 되었습니다. 그의 생각은 그 말씀에 사로잡혔고, 그 뜻이 무엇인지 헤아려보기 시작했습니다. **누가 알겠느냐**(욘 3:9)는 말은 즉 하나님께서 자신의 은혜를 영광스럽게 선포하실 때 무엇을 하실지 누가 알겠느냐는 의미가 아닌가? 내가 긍휼을 발견하는 사람이 될지 누가 알겠느냐? 곧 그것을 위해 하나님께 겸손하게 기도하는 자에게 무슨 일이 일어날지 누가 알겠느냐? 또는 하나님이 어떤 목적으로 나를 회복시키실지 누가 알겠느냐? 였던 것입니다. 이러한 생각으로 말미암아 그는 시험에서 벗어나려고 애썼고, 은혜롭게도 하나님은 그가 모든 의심과 두려움을 통과하고 믿음으로 자신을 예수 그리스도께 던질 수 있도록 역사하셨습니다. 그는 또 예수 그리스도를 통해 하나님께 가까이 나아감으로써 구원받고, 겸손하게 자신의 영혼에 긍휼이 베풀어지기를 갈망했습니다. 이 안에서 그는 더 이상 좌절하지 않았고, 후에는 저명한 그리스도인이자 목사가 되었습니다. 그는 은혜의 부요함에 대한 자신의 체험을 통해 다른 사람들의 회심과 위로를 위해 크게 쓰임 받았습니다." _ 「신앙적 · 도덕적 일화」

110
마롯 곧 절망하는 자들

마롯 주민이 근심 중에 복을 바라니
이는 재앙이 여호와께로 말미암아 예루살렘 성문에 임함이니라
_ 미가 1:12

쓴 샘 마을(이것은 마롯이라는 이름의 의미로 볼 때 아마 그럴 것이다)은 쓴 절망을 경험했다. 근심하면서 그토록 열렬하게 참고 기다리면 기다릴수록 그들이 어쩔 수 없이 마실 수밖에 없었던 한 모금 악의 물맛은 그만큼 더 썼다. 사람을 믿는 그들의 신뢰는 헛된 것으로 판명되었다. 왜냐하면 앗수르인들이 이스라엘을 초토화시켰기 때문인데, 그들은 멈추지 않고 예루살렘 문 앞까지 이르렀다. 그들은 하나님을 믿는 히스기야의 믿음으로 말미암아 그 자리에서 멈추고, 뒤로 후퇴했다.

우리는 본문에서 제시받은 다음과 같은 사실을 고찰해 볼 것이다:

I. 슬픈 좌절.

"근심 중에 복을 바라니 이는 재앙이 임함이니라."

좌절은 낙관적인 사람들에게 자주 찾아온다. 그러나 그것은 또한 기다리는 사람들 — 근심하며 기다리고, 합리적으로 기대하는 — 에게도 잘 일어난다.

1. 좌절은 그 순간 극도의 고통을 가져온다.
2. 그러나 우리는 모든 진실을 알 수 있고, 그래서 그것을 슬퍼해서는 안 된다.
3. 다양한 종류의 기대가 그 좌절과 밀접하게 연계되어 있다. 예를 들면 어떤 대상에 대해 우리가 그것이 제공하도록 되어 있는 것보다 더 큰

기대를 가질 때, 죄 가운데 있으면서 행복하기를 바랄 때, 육체의 일이 영속되기를 기대할 때 등이다.

4. 많은 경우에 좌절이 일어날 개연성이 있다. 오만한 희망들, 근거 없는 기대들, 부질없는 사변들이 그런 경우다.

5. 모든 경우에 좌절의 가능성이 있다. "다 끝내기까지 방심은 금물이다."

6. 좌절은 과감한 인내로 대처해야 한다.

7. 좌절은 우리에게 큰 교훈과 가르침이 될 수 있다.

- 우리의 판단의 오류.
- 세상일의 불확실성.
- 미래에 관해 말할 때 조심해야 할 필요성(약 4:14).
- 하나님의 뜻에 우리 자신의 모든 계획을 맞추어야 할 의무.

8. 좌절은 우리를 크게 성결하게 만들 수 있다.

- 때때로 좌절은 삶의 전환점이 될 수 있다.
- 좌절은 우리로 하여금 세상을 사랑하지 않도록 한다.
- 좌절은 하나님의 신실하심을 소중히 여길 수 있도록 인도한다. 하나님은 자기를 경외하는 사람들의 욕구를 이루어 주시는 분이기 때문이다.
- 좌절은 우리로 하여금 오직 경험을 통해서만 알 수 있는 보배로운 일들을 깨닫게 한다.
- 좌절은 우리를 망하게 하는 미지의 악으로부터 우리를 구원한다.

II. 이상한 약속.

본문은 우리에게 "재앙이 여호와께로 말미암아 임할 것"이라고 말씀한다.

1. 그 표현은 잘못 이해되어서는 안 된다. 하나님은 도덕적 악의 저자가 아니다. 여기서 가리키는 것은 슬픔, 고통, 재앙의 악이다.

2. 그럼에도 불구하고 그것은 보편적으로 참이다. 악은 절대로 하나님의 허용 없이는 임하지 않는다. "나는 평안도 짓고 환난도 창조하나니"(사 45:7).
3. 어떤 악은 확실히 하나님으로부터 온다. "이 재앙이 여호와께로부터 나왔으니"(왕하 6:33).
   • 사람들을 시험하고, 그리하여 그들의 참된 성격이 알려지도록 하기 위해서.
   • 의인들을 징계하기 위해서(대상 21:7).
   • 악인들을 처벌하기 위해서(창 6:5-7; 19:24-25).
4. 따라서 경건한 자들은 하늘 아버지의 뜻에 겸손하게 복종하는 것으로 이 악을 감수해야 한다.
5. 따라서 우리는 그것들 아래에서 위로를 얻는다. 모든 악은 하나님의 조종 가운데 있기 때문에 그것들이 주는 해악은 결국 제거될 것이다.
6. 따라서 우리의 좌절에 대한 해독제는 그것이 하나님의 약속이라는 사실에 있다.

III. 좌절로 마감되지 않을 기대.

1. 소망이 하나님의 약속 위에 기초되어 있기 때문이다(히 10:23).
2. 신뢰가 주 예수님께 두어져 있기 때문이다(벧전 2:6).
3. 소원이 믿음의 기도에 나타나 있기 때문이다(마 21:22).
4. 추수가 여호와를 위해 씨를 뿌리는 것과 관련되어 있기 때문이다(시 126:5-6).
5. 기대가 예수 안에서 자는 자들에게 있기 때문이다(살전 4:14).
   여러분의 삶은 좌절로 더 쓰라린가?
   그 쓴 물을 십자가에 던져 버리라. 그러면 그것이 달콤하게 될 것이다.

❖ 글모음 ❖

이 나라에서 복권이 별로 유행하지 않던 시대에 성 바울 교회 마당에 있는 한 복권 판매소의 창을 들여다보고 있던 한 신사가 자신이 산 복권이 1만 파운드 당첨금을 탈 수 있게 된 것을 확인하자 크게 기뻐했다. 이 갑작스러운 행운에 도취된 그는 교회 마당을 여기저기 걸어 다니면서, 조용히 그 돈을 어떻게 사용해야 할지 생각했다. 그러고는 다시 복권판매소 앞을 지나가면서 즐거운 마음으로 안을 바라보았다. 그런데 놀랍게도 그곳에는 새로운 당첨번호가 적혀있는 것이었다. 궁금한 마음에 확인해 본 결과 처음에 그가 확인했던 번호는 실수로 잘못 기재된 것이었고, 결국 그는 당첨금의 주인이 아닌 것으로 판명되었다. 그의 섭섭함은 그가 직전에 느꼈던 기쁨 못지않게 컸다. _ 헤이그 밀러(W. Haig Miller)의 「인생의 낙원」

한 가지 일에 실망하게 될 때, 다른 일에 대한 기대로 그것을 상쇄시키는 것이 현명하다. 그것은 농부가 "완두콩이 흉작이라면, 강낭콩은 풍작을 이룰 것을 기대한다"고 말하는 것과 같다. 그러나 똑같은 성격의 수확에 대해 각기 다른 기대를 갖는 것은 무익한 기대로 아무 소용이 없을 것이다. 왜냐하면 그것은 땅을 더 악화시킬 뿐이기 때문이다. 그러므로 낙천적인 세상 사람의 허구(fictions)로부터 주의 말씀을 믿는 신자의 사실(facts)로 방향을 바꾸는 것이 더 낫다. 만일 우리가 땅으로부터 아무런 유익을 얻지 못한다면, 우리는 즉시 마음의 보화를 하늘에서 찾아야 할 것이다. 우리는 금덩어리는 **잃어버릴 수 있으나** 하나님은 결코 잃어버리지 않을 것이다. 의인들의 기대는 하나님으로부터 오고, 그분으로부터 나오는 것은 무엇이든 절대로 헛되지 않을 것이다.

나는 죽은 딸이 살아나리라는 기대로 우상을 만든 한 사람을 알고 있다. 그 딸은 병들어 죽었는데, 그는 얼마나 어리석은지, 결국 그로 인해 자신을 죽이는 지경에 이르렀다. 인간의 생명의 유한한 수명에 어떤 기대를 두는 것은 우리의 잔을 벌레로 가득 채워놓는 것과 같다. 이 아버지가 딸을 하늘로 데려 가신 하나님의 손을 어떻게 지배할 수 있었겠는가? 그는 딸에 대한 기대를 먼저 거두었어야 했다. 그래야 그는 여생을 행복하게 살고, 거룩한 인내의 본을 보여 줄 수 있었을 것이다. _ 스펄전

간신히 광야의 우물에 도착해 물을 떠 마셨는데 그 물이 쓰다면, 누가 "마롯"이라고 불평하지 않겠는가? 여러분은 달콤함과 만족감이 있으리라고 생각했던 곳에서 소금물을 발견한 적이 없는가? 사랑, 아름다움, 세상의 기분 좋은 모임, 결혼, 가정 그리고 한때 여러분을 매혹시키고, 영혼의 행복에 대한 갈증을 풀어 줄 것으로 약속된 일들이 모두 엘림 곧 달콤한 샘물과 종려나무로 드러났는가? 오, "마롯"의 불평은 얼마나 혹독하게 마음을 쥐어짜고, 하나님 외에는 그 어떤 것에 대해서도 신뢰를 두지 않았던 영혼을 그분으로부터 얼마나 멀리 후퇴시키고, 그분을 원망하게 할까! 어느 누구든 자신의 영혼에 대한 쓰라린 좌절 없이는 그 먼 광야 길을 제대로 갈 자가 없다는 것을 믿으라. 그곳을 거쳐 여행의 무대가 다른 곳으로 옮겨질 때, 그래서 생명수가 흐르는 12샘과 종려나무 70주가 있는 엘림 안에서 쉬는 자가 행복하다. _ I. B. 브라운

정말 이루고 싶었던 소원을 이루지 못했을 때의 좌절은 견디기가 쉽지 않고, 그래서 우리는 시간 속에서의 좌절은 종종 영원 속에서의 좌절을 막아 주는 수단이 된다는 사실을 항상 기억하지는 못한다. _ 윌리엄 제이

111
최대의 원수

근래에 내 백성이 원수 같이 일어나서
_ 미가 2:8

사람들은 환난 속에 있을 때, 하나님에 대해 불평하기 쉽다. 그러나 그 불평의 원인은 그들 스스로에게 있다. "그의 행위가 이러하시다 하겠느냐"(7절). 선하신 하나님께서 자기 마음대로 슬픔을 일으키시는가? 아니다. 그것은 죄의 열매요, 타락의 결과다. 여기서 하나님은 **자신에 대한** 이스라엘의 **불평**에 **그들에 대한** 참으로 진실하신 불평으로 대응하신다.

그들은 자기들이 고난 받는 것에 대해 이상하게 여겨서는 안 된다. 왜냐하면 그들은 하나님께 원수가 되고, 따라서 자기 자신에 대해서도 원수로 행하기 때문이다.

I. 우리는 혹독한 비난을 들어야 한다.

여기에 사랑의 하나님으로부터 오는 깊은 비애가 스며있다.

1. 그들은 그분 자신의 백성들이었다. "내 백성이." 하나님은 그의 사랑하는 백성들이 적이 되지 않아도 충분히 많은 원수들을 갖고 있다. 선민들이 은혜를 배반하는 것은 참으로 두려운 배은망덕이요, 반역 행위다.

2. 그들은 "원수같이" 일어났다. 믿음이 약한 친구들이 깊은 상처를 주고, 때로는 다른 대적자보다 더 쓰라린 상처를 입힌다. 사랑받는 사람들이 원수같이 일어나는 것은 정말 잔인하다.

3. 그들은 최근에 그렇게 처신했다. "근래에" — 난외주에는 "어제"라고 되어 있다. 죄는 새로 저질러지고, 상처는 피로 철철 넘치고 있으며, 그 범죄는 악랄하다. 고의적인 변덕이 그들에게 있었다.

4. 그들은 이처럼 방탕하게 행동했다(그 구절에 이어지는 부분을 보라). 그들은 "전쟁을 피하여 평안히 지나가는" 사람들의 의복에서 겉옷을 벗겼다. 하나님은 우리를 사랑하셨지만, 우리는 아무 이유 없이 그분에게서 등을 돌린다.

우리에게 주어져야 할 이런 고소들이 얼마나 많을까!

II. 우리는 그 비난이 보여 주는 더 가슴 아픈 증거에 대해 들어야 한다.

"내 백성"이라는 말을 신앙 고백을 하는 모든 그리스도인들을 가리키는 말로 생각해 보면, 그들 중 얼마나 많은 사람들이 다음과 같은 사실을 통해 "원수 같이 일어나는지" 모른다:

1. 그들의 하나님과의 단절. "나와 함께 아니하는 자는 나를 반대하는 자요"(마 12:30). 그들은 그분과 친교하며 걷지 않는다. 또 그분을 섬기는 것을 즐거워하지 않거나 순종하는데 무관심하며, 그분의 주장을 소중히 여기지 않는다.

2. 그들의 세속성. 이것은 여호와의 질투를 일으킨다. 왜냐하면 세상은 진실로 그분의 반대자로 세워져 있기 때문이다. "세상과 벗된 것이 하나님과 원수됨을 알지 못하느냐"(약 4:4).

3. 그들의 불신앙. 그것은 그분의 영예, 그분의 진실성, 그분의 불변성 (요일 1:10) 등에 먹칠을 한다. 사람이 그분을 거짓말쟁이로 부르게 하는 것보다 더 악하게 그분을 대하는 것은 없다.

4. 그들의 이단성. 이것은 그분의 계시된 진리에 대적하여 싸우는 것이다. 교회와 그 사역자들이 복음을 반대하는 것은 참으로 참람한 일이다. 이것이 이 타락한 시대에 흔히 벌어지는 것은 정말 두려운 일이다.

5. 그들의 불경건. 거룩하지 못한 신앙고백자들은 **특별히** 그리스도의 십자가의 원수로 행하는 자들이다(빌 3:18).

6. 그들의 미지근함. 그들은 구주를 병들게 하고(계 3:16), 성령을 근심
시키고(엡 4:30), 죄 가운데 있는 죄인을 위로해 주며(겔 16:54), 진리
를 구하는 자를 낙심시킨다.

이것들과 다른 불행한 행동과정을 통해 하나님의 친구가 되어야 할 사람
들이 종종 "원수 같이 일어나는 것"을 보게 된다.

III. 우리는 극히 서글픈 경고에 귀를 기울여야 한다.

하나님을 반대하는 곳에 절대로 선이 올 수는 없다. 그 대신 그곳에는 가
장 고통스러운 악이 불가피하게 임할 것이다.

1. 참그리스도인들이라면, 그들에게 무거운 징계와 수치가 임할 것이
다. 만일 우리가 하나님께 반하는 길로 나아간다면, 그분은 우리에게
반하여 역사하실 것이다(레 26:23-24).
2. 또 이들에게는 극심한 후회와 마음의 고뇌가 주어질 것이다. 초원
옆길로 내려가는 것은 즐거운 일이지만, 왕의 고속도로로 되돌아오는
것은 많은 번민과 눈물이 필요할 것이다.
3. 단순한 신앙고백자들이라면, 곧 그 고백을 버리고 부도덕과 7배의
죄악 등에 빠질 것이다.
4. 또 이들에게는 특별한 형벌이 따르는데, 그들 때문에 하나님의 우주
에 대한 테러가 일어날 것이다.

예수님의 피로 말미암아 하나님과 진실로 화해했음을 유념하라.

그분의 영에 순종함으로써 하나님과 평화 속에 거하라.

갈수록 더 강하게 그분을 사랑하고 경외함으로써, 쓴 뿌리가 그분과 여러
분 사이에 절대로 자라나지 않도록 하라.

✣ 급소 ✣

우리는 결국 그분의 원수가 아니기 때문에 지극히 크신 그분의 사랑은 우

리의 마음이 그분으로부터 조금이라도 벗어난다면, 그것을 즉시 느끼고 알아차릴 것이다. 그분과 함께 하지 않는 것은 그분을 반대하는 것이기 때문에 그분의 친교를 피하는 사람은 "원수 같이" 느껴질 것이다. _ F. M. 의 "그의 친구의 집에서 받은 상처"로부터

죄는 하나님의 자녀들일지라도 회개의 원인이 된다. 악인들의 죄는 그리스도의 옆구리를 찌르지만, 경건한 사람들의 죄는 그분의 심장에 창을 꽂는다.

칼라일은 세월이 가져온 변화에 대해 설명하면서, "옛 친구들의 모습이 얼마나 비극적으로 보이는지, 그들의 모습을 보는 것이 참으로 두렵다!'고 말한다. 죄는 한때 하나님의 친구들 사이에 끼어있던 사람들을 두렵게 변질시켰다.

폰투스의 왕, 미트리다테스의 아들 파르나케스는 카이사르를 반역하여 반란을 일으켰을 때, 그에게 왕관을 보냈다. 이에 카이사르는 그 선물을 거절하고, "그가 먼저 반란을 종식시켜야 한다. 그러면 내가 그 왕관을 받겠다"고 말했다. 선한 고백으로 그리스도의 머리에 영광의 면류관을 씌우는 사람들이 많이 있다. 그러나 악한 말을 통해 그분의 머리에 가시면류관을 씌우는 자들 또한 무수히 많다. _ 세커(Secker)

아랍인으로서, 마틴 목사의 전도를 통해 그리스도를 믿는 믿음을 고백한 가련한 사밧은 훗날 기독교를 버리고 이슬람교를 지지한다는 글을 썼다. 어느 날 그는 말라카에서 지금은 고인이 된 밀른 목사를 만났는데, 밀른 목사가 정곡을 찌르는 질문을 하자 그는 이렇게 대답했다: "나는 행복하지 않습니다. 내 머리 위에 불타고 있는 모래를 산더미처럼 쌓아놓고 있습니다. 어

떤 일을 할 때 내가 지금 무엇을 하고 있는지 나도 모르겠습니다." 우리 하나님 여호와를 포기하는 것은 참으로 악한 일이고, 견딜 수 없이 괴로운 일이다. _ 「베이트 백과사전」

불어라, 불어라, 그대 겨울바람아.
그대는 사람의 배은망덕만큼
절대로 혹독하지 않도다.
그대의 이는 그리 날카롭지 않도다.
비록 그대의 숨결이 거칠기는 해도
보이지 않기 때문이다.

얼게 하라, 얼게 하라 그대 차가운 공기야.
그대는 은혜를 잊는 것같이
그렇게 살을 베지 않는도다.
아무리 물을 흉용케 할지라도
그대의 침은 친구가 쏘는 것만큼
그리 날카롭지 않기 때문이다.

_ 셰익스피어

112
자기 백성들을 향한 하나님의 호소

> 내 백성아 내가 무엇을 네게 행하였으며
> 무슨 일로 너를 괴롭게 하였느냐 너는 내게 증언하라
> _ 미가 6:3

본문은 여호와께서 그의 백성들에게 변론하시는 말씀 가운데 한 부분이다.

그분은 자신과 이스라엘 사이에 벌어진 소송을 듣도록 산들과 땅의 강한 기초들을 불러내셨다.

하나님이 우리와 변론하실 때 우리는 그것을 절대로 소홀히 여겨서는 안된다. 왜냐하면 그분에게 그것은 아주 심각한 문제이기 때문이다. 자신을 겸손하게 낮추시는 은혜 속에서 하나님은 자기 백성에 대한 사랑을 크게 보여 주시고, 그것을 절대로 쉽게 포기하지 않으실 것이다.

우리 앞에 다음과 같은 사실이 놓여 있다:

I. 애절한 절규. "내 백성아."

영원하신 하나님께서 이런 말씀을 하셨다는 것이 놀랍지 않은가?

1. 그것은 엄숙한 진심에서 나오는 음성이다.
2. 그것은 슬픔의 부르짖음이다. 그 탄식은 눈물로 얼룩져 있다.
3. 그것은 사랑의 하소연이다. 사랑은 상처를 입었지만, 살아서 변론하고, 항의하며, 간청한다.
4. 그것은 간절한 소원의 표현이다. 하나님의 사랑은 반역자와의 화해를 간절히 갈망한다. 그것은 그의 충성스러운 애정을 염원한다.

하나님은 아직도 반역한 족속을 "내 백성"으로 부르신다. 은혜가 죄보다

더 강하다. 영원한 사랑은 우리의 공로에 기초한 것이 아니다.

II. 고통스러운 사실. "너를 괴롭게 하였느냐."

이스라엘은 자기 하나님에 대해 싫증이 난 것처럼 행동했다.

1. 그들은 그분의 이름에 싫증을 냈다. 바알과 아스다롯을 따르고, 살아 계신 하나님을 멸시했다.
2. 그들은 예배에 싫증을 냈다. 희생제사, 제사장, 성소, 기도, 찬송 등 모든 것을 멸시했다.
3. 그들은 율법이 옳고, 의롭고, 자기들에게 유익이 됨에도 불구하고 그것에 복종하는데 싫증을 냈다.
4. 그들은 하나님이 금하신 것들에 대해 싫증을 냈다. 그들은 범죄를 통해 스스로 멸망하는 길로 나아가는 자유를 원했다.

우리 자신과 이스라엘 사이에는 외면적으로 유사점이 있다.

어떤 고백자들은 다음과 같이 행함으로써, 자신들이 하나님에 대해 싫증을 내고 있음을 입증하고 있다:

- 그들은 친교의 자리에 나아감을 포기한다.
- 그들은 엄밀하게 말씀을 실천하는 것을 포기한다.
- 그들은 충분히 성결한 삶을 살지 못한다.
- 그들은 열렬한 열심을 버리고 냉랭하다.
- 이 모든 것은 사실상 그들이 하나님에 대해 싫증을 낸 결과로 일어난다.

이것은 그 크신 사랑의 마음에 대한 말할 수 없는 슬픔이다.

III. 오래 참으시는 질문. "내가 무엇을 네게 행하였으며."

얼마나 놀라우신 사랑인가! 하나님 자신이 자신을 시험 가운데 두신다.

1. 하나님께서 자신의 길을 향해 가지 못하도록 우리를 이끄신 행동이 단 한번이라도 있는가? "내가 무엇을 네게 행하였으며."

2. 우리에게 싫증의 원인이 되도록 하나님이 계속하신 일이 과연 있는가? "무슨 일로 너를 괴롭게 하였느냐."

3. 우리가 하나님에 대해 반감을 가질 수 있는 어떤 종류의 증거가 있는가? "너는 내게 증언하라."

하나님께서 우리에게 조금도 악한 일을 행하시지 않았다는 무조건적 고백 외에 우리가 할 수 있는 대답은 없다.

하나님은 선 자체요, 순수 자비이시다.

- 그분은 헌신의 요구를 통해 우리를 짜증스럽게 하시지 않는다.
- 그분은 엄격한 복종으로 우리를 부담스럽게 하시지 않는다.
- 그분은 무미건조함으로 우리를 싫증나게 하시지 않는다.
- 그분은 우리가 안식을 누리는 것을 거부하지 않고, 오히려 그것을 명하신다.

만일 우리가 하나님으로 말미암아 괴롭힘을 당한다면, 그것은 다음과 같은 이유에서다:

- 우리의 어리석은 우둔함 때문이다.
- 우리의 변덕스러운 망상 때문이다.
- 그분 자신과 거룩을 향한 우리의 빈약한 사랑 때문이다.

하나님께서 이미 우리에게 베푸신 것들로 말미암아 우리는 그분을 일편단심으로 사랑해야 한다. 성령의 신성한 능력으로 말미암아 우리는 끝까지 그 사랑을 지킬 수 있다.

✤ 인용 ✤

우리가 타락한 자들을 주목해야 할 한 가지 사실이 있다. 그것은 하나님께서는 그들을 절대로 포기하지 않으시지만, 그들이 그분을 포기했다는 것이다. 하나님은 그들을 조금도 떠나지 아니하셨으나 그들이 그분을 떠났도다! 그것도 아무 이유도 없이 말이다! 그분은 "너희 조상들이 내게서 무슨 불

의함을 보았기에 나를 멀리 하고 가서 헛된 것을 따라 헛되이 행하였느냐'
(렘 2:5)고 말씀하신다. 사람들은 하나님께서 변하신다고 생각하는 경향이
있다. 하지만 그 변덕은 사람들의 것이다. 타락한 자여, 나는 그대에게 "너
희 조상들이 내게서 무슨 불의함을 보았기에 나를 멀리 하고 가서 헛된 것을
따라 헛되이 행하였느냐'고 물어보는 바다.

사랑은 잊혀지는 것을 좋아하지 않는다. 여러분이 어머니라면, 자녀들이
여러분을 떠나 편지 한 장 보내지 않고, 사랑한다는 어떤 애정 표시 하나 남
기지 않았다면, 여러분의 마음은 찢어질 것이다. 하나님은 타락한 자들을 부
모가 방황하는 자녀들을 사랑하는 것처럼 위하신다. 그리고 그들이 돌아오
기를 간절히 바라신다. 그분은 "너희가 나를 버릴 만한 일을 내가 한 적이 있
느냐?'고 물으신다. 성경 전체에서 찾아낼 수 있는 가장 자상하고, 가장 자
비로운 말씀은 아무 이유 없이 자기를 떠난 사람들에게 여호와께서 주시는
말씀 속에 들어있다. _ D. L. 무디

하나님으로부터 떠나고 싶은 유혹을 받는 사람들은 크리스천이 아볼루
온에게 주는 대답을 기억해야 한다. 아볼루온이 주님을 포기하고 자기에게
돌아오라고 유혹할 때, 그는 이렇게 대답했다: "오, 너 파괴자 아볼루온아,
진실로 말하는데 나는 그분의 도우심과 그분의 상급과 그분의 종들과 그분
의 정부와 그분의 친구들과 그분의 나라를 너의 것들보다 더 좋아한다. 그
러므로 나를 더 이상 설득하려고 하지 말고 제발 떠나라. 나는 그분의 종이
니, 그분을 따를 것이다."

폴리캅은 이교도 재판관에게 그리스도를 저주하도록 요구받았을 때, 다
음과 같이 재치 있고 신앙심 깊은 대답을 했다: "지난 86년의 세월을 살면서
그분은 한 번도 나를 해한 적이 없는데, 내가 어찌하여 나를 훼방하거나 나

604

에게 손해를 끼친 적이 없는 하나님을 저주해야 하겠는가?' 우리는 하나님
이 어떤 잘못을 저질렀다고, 우리의 은혜로우신 주님이 강퍅하다고 또는 우
리에게 손해가 되고 무정하다고 비난할 수 없다. 아니 오히려 우리는 폴리
캅처럼 그분의 놀라우신 은혜와 말할 수 없는 선하심을 인정해야 한다. _ 리
처드 미어데스(Richard Meredeth)

'내 백성아 내가 무엇을 네게 行하였느냐?' 아니다. 이 말씀은 "내가 너에
게 선을 행하지 않은 적이 있느냐?'는 뜻으로 바뀌어야 한다. "너희 이 세대
여 여호와의 말을 들어 보라 내가 이스라엘에게 광야가 되었었느냐 캄캄한
땅이 되었었느냐 무슨 이유로 내 백성이 말하기를 우리는 놓였으니 다시 주
께로 가지 아니하겠다 하느냐"(렘 2:31). 데미스토클레스가 은혜를 모르는
자기 동포들에게 "너희가 어떻게 한 사람에게 그토록 많은 은혜를 받았음에
도 불구하고 그렇게 염치가 없단 말이냐?'고 말한 것처럼 나도 말할 수밖에
없지 않겠느냐? 하지만 그럼에도 불구하고 나는 이렇게 말한다: 내가 언제
너희를 해한 적이 있느냐? 내가 어디서 너희에게 진저리를 내고 너희를 괴
롭게 한 적이 있느냐? 날마다 자상하게 너희 짐을 져 주고(시 68:19), 너희의
짜증을 다 받아주지 않았느냐? 그래도 너희는 나의 잘못을 용서하라(고후
12:13). _ 트랩

'내 백성아." 만일 신하들이 그들의 왕에게 충성을 다하지 않는다면, 그
들은 열 지파가 그의 멍에가 너무 무겁다는 이유로 르호보암에게 반기를 들
었을 때처럼 핑계를 댈 것이다. 그러나 여러분은 과연 이런 일로 핑계를 댈
수 있는가? '내가 네게 무엇을 行한 것"이 불의하고, 무정한 것인가? '내가
너를 괴롭게 한 것"이 무거운 복종의 요구고, 부당한 강탈인가? '나는 제물
로 말미암아 너를 수고롭게 하지 아니하였고"(사 43:23). _ 매튜 헨리

113
산성

여호와는 선하시며 환난 날에 산성이시라
그는 자기에게 피하는 자들을 아시느니라
_ 나훔 1:7

여기서 우리는 나훔의 폭풍우가 있는 호수의 섬에 있게 된다. 이 구절만 놓고 보면 모든 것이 고요하다. 하지만 전체 문맥은 폭풍으로 뒤흔들리고 있다.

본문은 하나님으로 충만하고, 그분에 대한 찬양으로 흘러넘치고 있다.

I. 하나님 자신.

"여호와는 선하시며."

1. 본질적으로 그리고 독립적으로 선하시다.

2. 영원히 그리고 변함없이 선하시다.

3. 성부, 성자, 성령 각 인격이 전부 선하시다.

4. 그분의 은혜의 행위가 모두 선하다.

5. 이전에 행하신 섭리의 모든 행위가 선하다.

6. 어떤 행위든 간에 그분의 현재 행위가 다 선하다.

7. 산성에 대해 선하시다. 그래서 환난날에 믿을 만하다.

8. 자기 백성에게 선하시다. 그들은 그분 안에서 자기들의 선함을 발견한다.

우리는 가장 크고, 무조건적인 의미에서 그분의 선하심을 찬양해야 한다. 이유 여하를 막론하고, 우리는 하나님은 항상 선하다는 사실을 알고 있다. 그렇다. "선한 이는 오직 한 분이시니라"(마 19:17).

II. 우리를 위하시는 하나님.

"환난날에 산성이시라."

1. 특별한 환경 속에서 우리의 의지처가 되신다.

시련이 특별하고 맹렬한 환난의 **그날**에.

일시적이지만 주님이 간섭하지 않으시면 평생 지속될 수도 있는 긴 환난의 **날**에.

내적, 외적, 주변적으로 가혹한 염려, 두려움, 곤궁 그리고 슬픔을 가져오는 **환난**의 날에.

2. 항상 우리의 안전을 지켜 주신다. 산성은 항상, 심지어는 현재 전쟁이 없을 때에도 강하기 때문이다.

3. 우리의 평화를 지켜 주신다. 성곽 안에 있을 때에는 안심하고 다닐 수 있다. 왜냐하면 그것이 원수들을 막아주기 때문이다.

4. 우리의 원수들을 허용하지 않으신다. 그들은 감히 이 산성을 공격할 엄두를 내지 못할 것이다.

5. 항상 동일한 분으로 존재하신다. 언제나 곤궁한 자들의 확실한 피난처가 되신다.

우리는 문이 활짝 열려 있는 땅의 가난한 백성들이 전쟁 시에 성벽이 있는 도시로 도망치는 것처럼 그분께 달려가야 한다.

III. 우리와 함께 하시는 하나님.

"그는 자기에게 피하는 자들을 아시느니라."

"그는 … 아시느니라"는 말씀은 다음과 같은 내용을 포함하고 있다:

1. 그들의 성격, 조건 등을 자세하게 알고 계신다.

2. 그들의 모든 필요를 채워 주기 위해 자상하게 보살피신다.

3. 그들을 영적으로 인정하신다. 그분은 다른 사람들에게 "나는 너희를 알지 못하노라"(눅 13:25)고 말씀하신다.

4. 그들과 친밀한 교제를 나누신다. 그것은 그들이 그분에게 알려져 있고, 그분의 사랑하는 친구들임을 입증하는 최고의 증거가 될 것이다.

5. 공개적으로 시인하신다. 그분은 현재 그들을 소유하고 있고, 세상 모든 사람들 앞에 그것을 선포할 것이다(계 3:5).

우리는 육신의 눈으로 그것을 분별할 수 없을 때에도 하나님의 선하심을 믿어야 한다.

우리는 환난의 폭풍이 임할 때 그분의 보호를 받기 위해 그분께 달려가야 한다.

우리는 우리의 원수들에게 위협을 당할 때 그분의 자비로운 보살핌을 확신해야 한다.

우리는 그리스도 예수 안에서 주어지는 구원을 위해 조심스럽게 그분을 의지해야 한다.

❖ 증거 ❖

이 세상에서 유일하게 안전한 곳은 우리가 확실하게 하나님을 만나 "그분의 날개 그늘 아래" 있는 곳이다. 성경은 이 개념을 웅대한 비유로써, 선언하는데, "의인들이 달려가 안전을 얻는 요새"(잠 18:10)로, "견고한 망대"(시 61:3)로, "큰 바위 그늘"(사 32:2) 등으로 말하고 있다. 최근에 우리가 요세미티 계곡에 갔을 때, 안내인이 말하기를 수년 전 그 계곡에 일련의 무시무시한 지진이 일어났다고 했다. 얼마 되지 않는 그곳 주민들은 기절초풍해서 밤중에 잠자리를 박차고 밖으로 뛰어나왔다. 힘없는 오두막집은 그대로 허물어져 버렸다. 이 지진의 충격으로 절벽 위로부터 계곡 아래로 박살난 바위들이 무수히 떨어져 내렸다. 이 충격은 여러 날 동안 계속되었고, 그 결과 주민들은 절망과 공황상태에 빠졌다. "당신은 어떻게 했나요?"라고 우리는 안내인에게 물었다. 그는 (계곡 남쪽에 있는 지반 3마일, 높이 3천 피트의 거대하면서 조금도 요동하지 않는 엘 캐피탄 바위를 가리키면서) "우리는 저

바위로 가서 그 아래에 집을 짓기로 했습니다. 만약 그곳이 요동하게 된다면, 세상이 끝난 것이라고 우리는 알고 있기 때문입니다." _카일러 박사(Dr. Cuyler)

다말이 변장하고 익숙하지 않은 길을 갈 때, 유다는 그녀를 알아보지 못했다. 눈이 어두워진 이삭은 에서 대신 야곱을 축복했다. 요셉과 그 형제들은 세월이 흐르면서 서로 잊고 살았다. 솔로몬은 누가 아이의 친엄마인지를 의심할 수밖에 없었다. 그리스도께서 자기 백성들에게 오셨지만 그들은 그분을 알아보지 못했다. 시간, 장소, 말 또는 의복 등이 그분의 눈이나 귀를 애매하게 하거나 어둡게 할 수 없다. 그분은 토굴 속에 있는 다니엘을 알아보실 수 있고, 아무런 변화가 없었지만 비참한 상황에 있던 욥도 알아보실 수 있다. 물고기 뱃속의 요나, 옥에 갇힌 베드로 또는 무덤 속의 나사로, 핏속에서 뒹구는 아벨 등, 그분은 그들의 이름을 부르시고, 천사들을 보내 위로하실 수 있다. 무지와 망각은 피조물 속에서 사랑과 지식을 소외시킬 수 있다. 그러나 주님에게는 그런 일이 일어나지 않는다. 왜냐하면 그분의 눈은 그분의 속성처럼 모든 곳을 다 보시기 때문이다. 그분은 만물을 다 알고 계신다. _스펜서의 "옛 것과 새 것"

내 주는 강한 성이요,
방패와 병기되시니
큰 환난에서 우리를
구하여 내시리로다.
옛 원수 마귀는 이때도 힘을 써
모략과 권세로 무기를 삼으니
천하에 누가 당하랴.

내 힘만 의지할 때는
패할 수밖에 없도다.
힘 있는 장수 나와서
날 대신하여 싸우네.
이 장수 누군가?
주 예수 그리스도, 만군의 주로다.
당할 자 누구랴,
반드시 이기리로다.

_ 마틴 루터

많은 사람들이 참된 신앙이 무엇인지도 모르면서 하나님을 믿는다고 말한다. 누가 신자인지 아닌지를 어떻게 아는가? 이 질문은 환난의 때에는 그렇지 않지만 번영의 때에는 대답하기가 어렵다. 그러나 환난의 날에 진실한 신자는 하나님 안에서 평온과 고요를 유지하고, 거짓 신자는 약삭빠르게 행동한다. 본문은 이에 대한 암시를 주는 것처럼 보인다. 누구나 겨울에 나무가 벌거벗고 있을 때 새 둥지를 발견하는 법이다. 그러나 잎이 무성하면 그것은 가려서 보이지 않는다. 마찬가지로 신자들도 역경의 때에 발견된다. 그러나 결코 망각해서는 안 될 한 가지 사실이 있다. 그것은 신자인지 아닌지를 우리는 알지 못하지만 하나님은 아신다는 것이다. 그분은 한 사람의 위선자도 그 수에 포함시키지 않고, 한 사람의 진실한 신자는 그가 아무리 작은 믿음을 가지고 있다 할지라도, 절대로 제외시키지 않으신다. 그분은 아무 오류 없이 모든 것을 아신다. 그분은 과연 나를 아실까? 나까지도 자기를 믿는 사람들 가운데 하나로 알고 계실까? 하나님은 자기 백성들을 아시며, 그들은 그분을 자기들의 강한 산성으로 알고 있다. 나는 이 지식을 갖고 있는가?

114
바라보라, 기다리라, 기록하라

내가 내 파수하는 곳에 서며 성루에 서리라 그가 내게 무엇이라
말씀하실는지 기다리고 바라보며 나의 질문에 대하여
어떻게 대답하실는지 보리라 하였더니 여호와께서 내게 대답하여 이르시되
너는 이 묵시를 기록하여 판에 명백히 새기되
달려가면서도 읽을 수 있게 하라
이 묵시는 정한 때가 있나니 그 종말이 속히 이르겠고
결코 거짓되지 아니하리라 비록 더딜지라도 기다리라 지체되지 않고
반드시 응하리라 보라 그의 마음은 교만하며
그 속에서 정직하지 못하나 의인은 그의 믿음으로 말미암아 살리라
_ 하박국 2:1- 4

하나님의 약속은 지체되고, 악인들이 승리했다. 여기에 다윗의 문제가 또
다른 형식으로 나타나 있다. "어찌하여 거짓된 자들을 방관하시나이까"(합
1:13)는 "내가 악인의 형통함을 보고 오만한 자를 질투하였음이로다"(시
73:3)라는 말씀의 반복에 다름 아니다.

이 동일한 문제는 우리 자신에게서도 일어나고, 그러기에 이 본문은 우리
에게 도움을 줄 것이다.

이성을 가지고 본문을 살펴보자:

I. 약속이 지체되고 있다는 말씀의 의미.

중요한 것은 외관적 지체가 아니다. 우리의 시간과 하나님의 시간은 동
일한 시계로 재지지 않기 때문이다.

1. 각 약속은 그것이 적절하게 성취될 때를 기다려야 한다: "이 묵시는 정
한 때가 있나니."

2. 각 약속은 결국 참된 것으로 입증될 것이다: "그 종말이 속히 이르겠고

결코 거짓되지 아니하리라."

3. 각 약속은 우리의 기다림에 응할 것이다: "비록 더딜지라도 기다리라"

4. 각 약속은 실제로 그 정확한 시간에 이루어질 것이다. "지체되지 않고 반드시 응하리라."

하나님의 말씀은 사건만큼이나 시간상으로도 참되다.

그분에게는 그 성취의 시간이 짧다. 다만 우리에게 길 뿐이다.

II. 약속이 지체될 때 신자의 태도.

우리는 하나님께서 자신의 약속을 성취하는 데에 어떻게 나타나시는지 주시해야 한다. 그때 우리는 축복과 함께 그분의 책망을 받을 준비도 해두어야 한다. 선지자는 다음과 같은 태도를 취했다:

1. 결연하고 신중한 태도: "내가 내 파수하는 곳에 서며 성루에 서리라."

2. 주의 깊은 태도: "그가 내게 무엇이라 말씀하실는지 기다리고 바라보며." 그는 이 한 가지 목적 곧 오직 여호와로부터 가르침을 받는 일에 모든 힘을 집중시켰다.

3. 끈질긴 태도: "성루에 서리라." 그것은 마치 그가 보초로 서 있고, 그의 초소에 있는 것과 같았다.

4. 고독한 태도: 그는 지금 홀로 스스로 말하고 있다.

5. 겸손하고 복종적인 마음의 상태: "나의 질문에 대하여 어떻게 대답하실는지 보리라."

모든 면에서 하나님의 사람은 하나님을 향할 준비가 되어 있다.

지체는 분명히 그에게 축복이다.

복은 임할 때 더 클 것이다.

III. 약속이 지체될 때 하나님의 종의 사역.

1. 믿음으로 환상을 보라. 당신 자신의 영혼 속에 하나님의 말씀의 성취를

실현시켜라. "그가 내게 무엇이라 말씀하실는지 기다리고 바라보며."

2. 그것이 확실하다고 선언하라: 아직 질문되지 못한 사실처럼, 흑백으로 그것을 기록하라. "환상을 책상 위에 기록해 두라."

3. 그것이 실제라고 선언하라. 그리하여 그것을 읽는 자는 그 결과를 바라보고 달려갈 수 있다.

4. 그것을 지속적으로 선언하라: 계속 언급될 수 있도록 그 기록을 적어 두라. 계속 볼 수 있도록 그것을 액자 속에 새겨놓으라.

가짜 믿음은 그 기대를 언급하기를 철저하게 사양한다. 그것은 하나님께서 자신의 약속을 지키고, 그렇게 하시리라는 말씀을 긍정하는 것을 주제넘고, 광신적이고, 무분별한 것으로 간주한다. 참신자는 그렇게 생각하지 않고, 정직한 사람들이 사업상 정한 약속을 지키는 것처럼, 하나님의 약속을 따라 행동한다. 그는 그 약속을 참된 것으로 다루고, 다른 약속도 그와 똑같이 다룰 것이다.

IV. 약속의 지체가 사람들을 시험할 때 그들 속에 나타나는 차이.

1. 은혜를 모르는 자는 너무 교만해서 하나님의 종이 그렇게 하는 것과는 달리 하나님을 기다리지 못한다. "그의 마음은 교만하며 그 속에서 정직하지 못하나."

- 그는 스스로에게 정직하지 못하고, 그래서 하나님을 의심한다.
- 이것은 그가 약속이 주는 위로를 얻지 못하도록 방해한다.

2. 의로운 자는 거룩하신 하나님의 말씀을 믿는다. 그는 충만한 확신을 갖고 잠잠히 기다린다. 그는 가장 좋은 의미에서 믿음으로 말미암아 사는 사람이다.

"나의 영혼아 잠잠히 하나님만 바라라"(시 62:5).

자신의 창조주를 믿는 믿음이 없는 사람이 무엇을 할 수 있겠는가?(히 11:6)

✤ 우리의 서판으로부터 ✤

매년 일어나는 공공사건을 최고대신관 곧 대제사장(pontifex maximus)이 석판 위에 기록하는 것이 로마인들의 관습이다. 그것들은 이같이 하여 볼 수 있도록 되어 있었기 때문에 대중들은 그 사건들에 관해 익히 알 수 있는 기회가 있었다. 또 공인된 법을 서판 위에 기록하여 시장과 성전 등에 높이 걸어두는 것이 보통이었기 때문에, 그들은 그것을 보고 읽을 수 있었다 (Tacitus; 로마의 역사가). 마찬가지로 유대의 선지자들도 자기 집이나 성전의 서판 위에 자기들의 예언을 공개적으로 기록함으로써 지나가는 사람들이 누구든 들어가 읽어볼 수 있도록 했다. _ 버더(Burder)

저녁이 되고
아침이 다시 오더라도
내 마음은 당신의 힘을 절대로 불신하지 않으리라.
오 그대 이스라엘의 씨여,
진실로 성령이 낳은 그대여, 이같이 하라.
그대의 하나님이 나타나심을 기다리라!

_ 마틴 루터

경건한 노인 스퍼스토우(Spurstow)는 이렇게 말한다: "어떤 약속들은 아몬드 나무와 같다. 그것들은 아주 이른 봄에 급하게 꽃을 피운다. 반면에 어떤 약속들은 뽕나무와 비슷하다. 그것들은 아주 느리게 그 잎들을 피운다." 만일 어떤 사람이 늦게 그 꽃을 피우는 뽕나무 약속을 지니고 있다면, 어떻게 해야 하는가? 그 꽃이 필 때까지 기다려야 한다. 그것을 앞당기는 것은 그의 능력으로는 안 되는 일이기 때문이다. 만일 묵시가 지체된다면 인내라고 부르는 보배로운 은혜를 사용하라. 그러면 약속의 때가 되면 확실히 풍성한 보상이 주어질 것이다. _ 스펄전

하나님의 약속은 분명히 그 성취의 날짜가 정해져 있지만, 신비에 속한다. 하나님의 연대기에 맞추지 못하면, 우리는 하나님이 우리를 잊어버렸다고 생각하기 쉽다. 참으로 그때 우리는 자신을 망각하고 하나님을 우리 자신의 시간에 맞출 정도로 뻔뻔스러워지고, 그분이 우리에게 즉시 임하시지 않는다고 화를 내게 된다. _ 거널(Gurnall)

만일 우리가 더 겸손해진다면, 더 인내하는 자가 될 것이다. 굶주림에 시달려온 거지는 부자의 문 앞에서 음식 부스러기라도 얻으려는 희망을 가지고 많은 시간을 기다린다. 그러나 아무런 부족함이 없는 주님은 그의 노크에 문이 열리지 않는다면 곧 사라질 것이다. 우리는 충분히 오랫동안 주님을 기다리고 있었음에도 불구하고, 그분이 더 지체하심으로써 우리의 믿음과 인내를 시험하신다고 해도 전혀 이상하지 않다. 어쨌든 우리는 우리 마음속에, 그분은 자신의 약속을 틀림없이 이루셔야 하고, 또 반드시 이루실 것이라고 새겨 넣어야 한다. 본문은 정확하게 약속을 지키시는 하나님과 인내하며 기다리는 자 그리고 공포된 신뢰를 우리에게 보여 준다. 그러나 그것은 교만한 불신자와는 아무 상관이 없다. 아니, 단호한 결심을 공포하는 쪽은 사람이고, 그러한 그의 믿음에 응답하는 쪽은 하나님이시다. 인내하는 믿음에 대해서는 이유가 주어지고, 인내하지 못하는 교만에 대해서는 책망이 주어진다.

115
교만을 버리는 자

> 보라 그의 마음은 교만하며 그 속에서 정직하지 못하나
> 의인은 그의 믿음으로 말미암아 살리라
> _ 하박국 2:4

구원이 지체되는 것은 사람들을 평가하기 위함이다. 미결정 상태는 아주 힘들고, 엄격한 시험 기간을 구성한다. 이것은 그들의 참된 성격을 드러냄으로써 사람들을 두 부류로 나눈다.

교만한 자들과 의로운 자들은 구원에서 그 구별이 뚜렷하다. 정직하지 못한 자들과 정직한 자들은 하늘과 땅만큼 거리가 멀다. 두 경우에 시험의 결과는 생명과 죽음이라는 차이가 있다.

약속이 더디 이루어지는 것은 다음과 같은 이유에서다:

I. 중대한 잘못을 드러내기 위함이다.

"그의 마음은 교만하며."

사람은 성급하고, 잘 기다리지 못한다. 이것은 말할 수 없는 교만이다. 왜냐하면 그것은 하나님과 다투고, 그분께 감히 지시하는 것과 같기 때문이다.

1. 교만한 것은 우리에게 자연스러운 일이다. 그래서 우리의 첫 조상도 타락했고, 우리도 그의 잘못을 물려받는다.

2. 교만은 다양한 형태를 취한다. 우리가 즉시 시중들지 않으면 안 되는 이 교만한 사고 습관은 그 중에서도 가장 두드러진다.

3. 모든 경우에 교만은 불합리하다. 하나님을 우리의 종으로 삼고 그분의 시계를 우리의 손목시계처럼 사용한 자는 바로 우리가 아닌가?

4. 모든 경우에 교만은 하나님을 슬프게 하고, 특히 그것이 그분이 은혜로 주시는 주권적 자유를 방해할 때는 더욱 그렇다. 그분이 스스로 사랑을

베푸시는 일에 우리의 지시를 받아야 되는가? "이 사람아 네가 누구이기에 감히 하나님께 반문하느냐"(롬 9:20).

II. 슬픈 죄악을 드러내기 위함이다.

"그 속에서 정직하지 못하나."

1. 그는 진리를 알지 못한다. 그의 마음은 비뚤어져 있고, 그의 지식은 부정확하며, 그의 판단은 실수투성이다. 그는 "쓴 것으로 단 것을 삼으며 단 것으로 쓴 것을 삼는"(사 5:20) 사람이다.

2. 그는 빛을 찾지 않는다. 그의 마음은 솔직하지 못하다. 그 감정은 왜곡되어 있다. 그는 오만한 자아관을 가지고 있고, 잘못을 인정하려고 하지 않는다(욥 1:3).

3. 그의 전체 신앙은 거짓된 마음과 정신으로 뒤틀려 있다. 그 사람의 참된 영혼은 허영에 의해 크게 어긋나 있다.

4. 그는 기다림의 시험을 견디지 못할 것이다. 그는 구원받기에는 너무 성급해서 죄에 빠질 것이다. 그는 하나님으로부터 벗어나 다른 믿음의 대상을 찾아 나설 것이다. 그는 자신의 자아가 하나님과 화목하지 않음을 그 삶을 통해 보여 줄 것이다.

III. 심각한 반대를 드러내기 위함이다.

그는 언약의 총체인 복음에 싫증을 내고, 그것이 요청하는 믿음의 행사를 싫어한다. 그는 교만 때문에 예수님을 믿는 믿음을 통해 은혜로 말미암아 주어지는 구원을 거부한다.

1. 그는 복음을 고려하기에는 너무 위대하다.

2. 그는 복음을 믿기에는 너무 현명하다.

3. 그는 복음을 필요로 하기에는 너무 선하다.

4. 그는 복음을 수용하기에는 "문화적으로" 너무 앞서 있다.

계시된 진리에 대한 대부분의 반대들은 지성의 교만이나 재물의 교만이나 마음의 교만으로 말미암아 마음이 균형을 잃을 때 일어난다.

IV. 즐거운 대조를 우리에게 알려 주기 위함이다.

1. 실제로 의로운 사람이 진정 겸손한 사람이다. 본문은 이에 관해 교만한 자들과 의로운 자들 사이의 대조를 암시한다.
2. 겸손하게 된 그는 절대로 자신의 하나님을 의심하지 않고, 확고한 믿음으로 그분의 말씀에 순종한다.
3. 그의 믿음은 그로 하여금 시험을 견디게 하고, 영적 삶의 기쁨과 특권들 속에 들어가도록 한다.
4. 그의 생명은 그로 하여금 시험을 이기고, 영생에 들어가게 한다.

신자는 약속된 복을 소유하고, 사는 동안 참된 생명의 삶을 산다.

불신자는 복을 놓치고, 사는 동안 죽은 존재다.

교만 때문에 믿음을 거부하고, 그리하여 영생과 그 모든 복을 잃어버리는 것은 얼마나 어리석을까!

❖ 인용 ❖

"자신이 어떤 일을 행할 때 하나님의 시간을 바꾸는 것은 결정적으로 비성경적이라고 나는 생각한다. 시간과 때는 아버지께서 자신의 손 안에 두고 계신다. 인간 그리스도 예수는 이방인들을 위해 간구했고, 그들을 얻게 **될 것이다.** 그러나 그때까지 이미 그분은 1800년을 기다렸고, 인간으로서 그분은 '때'에 관해서는 아는 바 없다고 말씀하셨다. 계속 기도하고 믿으라. 그러면 열매를 **거두리라.**" ― 브라운로 노스(Brownlow North)가 한 기독교 사역자에게 쓴 편지에서.

거품 이는 요단 강물의 치유 능력을 믿을 수 없었던 인간이 다메섹의 아바나와 바르발 강의 흙탕물 속으로 그토록 자주 기꺼이 들어가는 것은 정말 이상한 일이로다! _ 에드워드 가렛(Edward Garrett)

천국으로 향하는 첫 단계가 겸손인 것처럼, 지옥으로 향하는 첫 단계는 교만이다. 교만은 복음을 어리석은 것으로 간주한다. 그러나 복음은 항상 교만이 어리석은 것임을 입증한다. 지옥으로 가는 죄인이 자랑할 것이 있을까? 지옥으로부터 새롭게 구원받은 성도가 자랑할 것이 있을까? 하나님은 그의 백성이 교만하게 살기보다는 차라리 가난하게 살기를 더 바라신다. _ 메이슨(Mason)

영혼의 가난은 그리스도께서 자신의 은혜의 부(富)를 채워 넣는 가방이다. _ 롤런드 힐(Rowland Hill)

우리는 은혜를 채우기 전에 먼저 자아를 비워야 한다. 우리는 의로 옷 입기 전에 먼저 누더기 옷을 벗어야 한다. 우리는 옷 입기 위해서 벗어야 하고, 고침받기 위해서는 상처를 입어야 하며, 생명을 얻기 위해서는 죽임을 당해야 한다. 거룩한 영광 속에서 부활하기 위해서는 수치 속에서 장사되어야 한다. "썩을 것으로 심고 썩지 아니할 것으로 다시 살아나며 욕된 것으로 심고 영광스러운 것으로 다시 살아나며 약한 것으로 심고 강한 것으로 다시 살아나며"(고전 15:42-43)라는 말씀은 영혼에 대해서뿐 아니라 육체에 대해서도 진실이다. 외과의사의 치료법으로부터 한 예를 든다면, 위치가 잘못된 뼈는 제자리를 찾도록 하기 위해서 다시 부러뜨려야 한다. 나는 이 진리를 당신이 주목하기를 바란다. 자아로 가득 채워져 있는 영혼은 하나님이 들어설 여지가 없는 것이 사실이다. 비천한 손님들로 복작거리는 베들레헴의 여관처럼, 교만과 불신사상으로 미리 채워져 있는 마음 역시 우리 안에 "영광의 소망"을 심어 주실 그리스도께서 거할 방이 없는 법이다. _ 거스리(Guthrie)

교만으로 가득 찬 마음은 단지 공기로 가득 찬 그릇과 같다. 이 자만은 구원의 지식이 우리 속에 들어오기 전에 우리에게서 뽑혀나가야 한다. 겸손은 영혼의 무릎으로서, 그 자세를 취한 자에게 어린양께서 책을 열어 주실 것이다. 그러나 교만은 책을 강탈해갈 것처럼 발 끝으로 서 있으나 그것은 손에서 빠져나가고 만다. 그리스도인이 배울 첫 번째 교훈은 겸손이다. 그리고 이 첫 번째 교훈을 배우지 못한 자는 새로운 것을 얻기에 적합하지 않다. _ 토머스 아담스

교만하지 않았더라면 지옥에 있는 천사들은 천국에 있게 되었을 것이다 (유 1:6). 교만하지 않았더라면 수풀 속에 있던 느부갓네살은 궁정에 있게 되었을 것이다(단 4장). 교만하지 않았더라면 물고기들과 함께 있는 바로는 귀족들과 함께 있게 되었을 것이다(출 14장). 겸손하라는 약속을 지켰더라면 죄가 이처럼 무수한 사람들을 끌어내리지는 못했을 것이다. 모든 교만의 자녀들의 아버지는 교황이다. 그는 하나님의 성전에 앉아 하나님처럼 경배를 받고 있다(살후 2:4). … 교만하지 않았더라면 바리새인들은 그분의 제자들처럼 공손하게 그리스도를 받아들였을 것이다. 교만하지 않았더라면 헤롯은 목자들처럼 그리스도를 겸손하게 경배했을 것이다. 교만하지 않았더라면 자녀로서 부르심을 받을 때, 우리 시대의 남자들은 아브라함처럼 나아가고, 여자들은 사라처럼 행동했을 것이다. 교만하지 않았더라면 고관들도 백성들과 함께 교회에 나올 것이다. 교만하지 않았더라면 신사들도 종들과 함께 책망을 달게 받았을 것이다. 교만하지 않았더라면 당신은 당신의 형제를 용서하고, 법률가들이 일할 필요가 없었을 것이다. _ 헨리 스미스(Henry Smith)

116

믿음: 생명

보라 그의 마음은 교만하며 그 속에서 정직하지 못하나
의인은 그의 믿음으로 말미암아 살리라
_ 하박국 2:4
복음에는 하나님의 의가 나타나서 믿음으로 믿음에 이르게 하나니
기록된 바 오직 의인은 믿음으로 말미암아 살리라 함과 같으니라
_ 로마서 1:17
또 하나님 앞에서 아무도 율법으로 말미암아 의롭게 되지 못할 것이
분명하니 이는 의인은 믿음으로 살리라 하였음이라
_ 갈라디아서 3:11
나의 의인은 믿음으로 말미암아 살리라 또한 뒤로 물러가면
내 마음이 그를 기뻐하지 아니하리라
_ 히브리서 10:38

하나님의 영이 자주 반복해서 말씀하는 것은 특별한 관심을 요구하시기 위함이다. 자주 반복해서 선언되는 교훈은 가장 중요한 것임에 틀림없다. 자주 반복해서 선언되는 교훈은 지속적으로 선포되어야 한다.

자주 반복해서 선언되는 교훈은 듣는 자들 각자에게 주저 없이 받아들여져야 한다.

I. 우리는 이 본문을 하나로 취급할 것이다.

그 가르침은 분명하다. "의인은 믿음으로 말미암아 살리라."

1. 생명은 사람을 의롭게 만드는 믿음으로 말미암아 받게 된다.
   • 사람은 예수님을 믿을 때, 정죄와 죽음의 형벌로부터 완전히 해방된 자로 살기 시작한다.
   • 사람은 주 예수 그리스도를 믿는 믿음을 갖게 될 때, 영적 죽음으로부터 다시 살아난 자로 살기 시작한다.

행위나 고백 또는 지식, 심지어는 자연적 감정의 어떤 형식도 그가 자유롭고 소생된 사람이 되었음을 증명할 수 없다. 오직 믿음으로만 가능하다.

2. 생명은 사람을 의인으로 살게 하는 믿음으로 말미암아 유지된다.

- 죄 사함 받고 생명을 얻은 사람은 이후에도 믿음으로 말미암아 살아가기 시작한다. 그의 감정이나 헌신이나 업적이 그의 의지가 되는 것이 아니다. 그는 계속 자신이 아니라 예수님을 바라본다. 그는 신자라는 것 외에 아무것도 아니다.
- 그는 어떤 신분의 삶을 살든 믿음으로 말미암아 산다.

어린아이든 종이든, 길을 가는 나그네든 전투하는 군사든, 노후를 즐기는 연금수혜자든 막대한 유산을 물려받은 상속자든 간에 똑같다.

- 그는 모든 삶의 상황 속에서 믿음으로 말미암아 산다.

  즐거울 때나 슬플 때나, 부유할 때나 가난할 때나

  강할 때나 약할 때나, 일할 때나 쇠약할 때나,

  살 때나 죽을 때나 마찬가지다.
- 그는 비록 다른 곳에 관심을 두고 있을지라도 믿음이 가장 좋을 때 최선의 삶을 산다. 그는 그리스도를 가장 잘 믿을 때 가장 복된 그리스도의 생명을 산다.

하나님과 그분의 아들과 그분의 약속과 그분의 은혜를 믿는 충실한 믿음이 영혼의 생명이다. 다른 것으로는 절대로 그 자리를 대신할 수 없다. "믿음으로 살라"는 것은 성도와 죄인 모두에게 주는 불변의 교훈이다. "믿음은 항상 있을 것인데"(고전 13:13).

II. 우리는 이 본문을 개별적으로 다룰 것이다.

우리가 정확하게 읽는다면, 성경은 반복된 구절을 전혀 포함하고 있지 않다는 것을 알게 될 것이다. 반복되는 구절일지라도 그것은 각각의 문맥 속에서 새로운 의미를 갖고 있기 때문이다.

1. 첫 번째 본문(합 2:4)은 아직 그 약속이 성취되지는 않았지만 사람으로 하여금 평강과 겸손 속에서 살 수 있게 하는 능력으로서의 믿음을 보여 준다. 기다리는 동안 우리는 눈에 보이는 대로가 아니라 믿음으로 말미암아 사는 것이다.
   • 그래서 우리는 악인들의 일시적인 승리 아래에서 견딜 수 있는 능력을 갖게 된다. 하박국 1장을 보라.
   • 그래서 우리는 지체될 때 교만해서 참지 못하는 성급함으로부터 보존 받게 된다.
   • 그래서 우리는 다가올 선한 일들에 대한 확실한 기대감으로 크게 즐거워할 수 있다.
2. 두 번째 본문(롬 1:17)은 정욕으로 말미암아 세상에서 범하게 되는 죄로부터 구원을 일으키는 능력으로서의 믿음을 보여 준다. 본문이 나오는 장은 인간본성의 끔찍한 모습에 관해 말하고, 오직 복음을 믿는 믿음만이 다음과 같은 형식을 통해 우리를 생명으로 이끌 수 있음을 암시한다:
   • 참하나님께 영광을 돌리는 성숙한 정신의 삶(롬 1:19-23).
   • 도덕적으로 순결한 삶(롬 1:24하)
   • 영적이고 거룩한 존재와 교제하는 영적인 삶.
   • 거듭나지 못한 자연인은 죽었고, 부패한 존재다. 율법은 우리의 죽음을 보여 준다(롬 3:10-20). 그러나 복음은 그것을 믿음으로 말미암아 받는 사람들에게 영적 생명을 제공한다.
3. 세 번째 본문(갈 3:7)은 죽음의 선고로부터 우리를 구원하는 의를 우리에게 제공하는 능력으로서의 믿음을 보여 준다.

어떤 사람도 믿음으로 말미암지 않고는 하나님 앞에서 의롭게 될 수 없다는 이 선언만큼 더 분명하고, 더 적극적이고, 더 결정적인 선언은 있을 수 없다. 부정적 진술이든 긍정적 진술이든 그 진술은 충분히 명백하다.

4. 네 번째 본문(히 10:38)은 마지막까지 견디며 사는 삶의 능력으로서의
   믿음을 보여 준다.
   - 천국을 기다리는 동안 믿음이 필요하다(32-36절).
   - 이 믿음이 없으면 우리는 뒤로 물러가는 자가 되고 만다(38절).
   - 뒤로 물러가는 것은 치명적 실수다.
   - 뒤로 물러가는 것은 절대로 일어날 수 없다. 왜냐하면 믿음이 영혼을
     모든 위험으로부터 구원하고, 끝까지 천국을 맞이할 때까지 지켜 줄
     것이기 때문이다.

   믿음이 없는 여러분은 무엇을 할 수 있는가?
   어떤 다른 길을 통해 여러분은 하나님을 받아들일 수 있는가?
   어떤 근거로 하나님을 믿지 않는 불신앙을 핑계할 수 있겠는가?
   여러분은 그분을 믿는 것보다 더 빨리 멸망하겠는가?

✧ 요약 ✧

탈무드에서 유대인들은 "시내 산에서 모세에게 주신 율법은 전체 613개
조항이다"라고 말한다. 다윗은 시편 15편에서 그 모두를 11개의 조항으로
압축시킨다. 이사야는 그것들을 6개 항목으로 요약한다(사 33:15). 미가는
그것을 3개로(미 6:8) 만든다. 이사야는 그것을 또 두 개로 만든다(사 56장).
하박국은 이것을 "의인은 믿음으로 말미암아 살리라"는 말씀 하나로 요약
한다. _ 라이트푸트(Lightfoot)

영혼은 육체의 생명이다. 믿음은 영혼의 생명이다. 그리스도는 믿음의
생명이다. _ 플라벨

믿으라 그러면 살리라
저 멀리 문 위에 새겨져 있는데,

별처럼 밝게 눈에 띄고,
다만 별들이 주는 빛으로만 읽을 수 있는
영혼을 살리는 말씀.

_ 쿠퍼

　하나님을 믿는 것은 사소한 일이 아니다. 그것은 하나님과 화해한 마음의 지침이자 정신의 참된 영성의 표지다. 그것은 참된 예배의 본질이고, 진실한 순종의 뿌리다. 자신의 죄에도 불구하고 하나님을 믿는 자는 계속 찬양하고 있는 그룹과 스랍들보다 더 하나님을 영화롭게 하는 자다. 믿음은 정말 작다! 반면에 불신앙은 어떤가? 그 죄는 너무 커서 천국을 가로막고 영벌을 면치 못하게 한다. 당신이 하나님을 멸시하지 않으려면 믿음을 멸시하지 말라. 두 번째 자리에 다른 무엇을 두든 첫 번째 자리에는 믿음을 두도록 하라. 그것은 절대로 헛된 일이 아니다. 왜냐하면 그것이 당신의 생명이기 때문이다.

117
혹시

여호와의 규례를 지키는 세상의 모든 겸손한 자들아 너희는
여호와를 찾으며 공의와 겸손을 구하라
너희가 혹시 여호와의 분노의 날에 숨김을 얻으리라
_ 스바냐 2:3

모든 현세의 일에는 "혹시"라는 가능성이 있다. 그것들을 구할 때 우리는 크게 주저하면서 구한다. 그러나 우리는 여호와의 진노의 날에 우리의 호소가 그분에게 주어질 때 확신을 가지고 간구할 수 있다. 그때 우리의 필요는 절박하다. 우리가 간구하는 것은 우리의 삶을 위해서이고, 하나님은 우리의 절박한 궁지에 대해 극히 은혜로우시다.

영적인 일에서 우리 아주 미미한 희망의 징조일지라도 그것이 하나님으로부터 나오는 것이라면, 거기서 큰 용기를 이끌어낼 수 있다. "혹시 숨김을 얻으리라."

여기서 명령된 대로 피난처를 구하는 자들은 공의와 겸손을 구하는 자들이어야 한다. 하지만 죄인들에게 숨김의 처소를 선언하고, 그들에게 극히 작은 위로일지라도 하나님을 찾도록 명하는 것은 우리의 즐거움이다.

본문은 세 가지를 찾도록 명령하고 있다:

- "여호와를 찾으라." 곧 회개하고 여호와를 의지하라.
- "공의를 구하라." 이미 의로운 자들에게 그 의를 계속 유지하라고 명령한다.
- "겸손을 구하라." 겸손한 자들에게 하나님의 징계의 손 앞에서 항상 겸손하게 무릎을 꿇으라고 언급된다.

그러나 우리의 요점은 이것이다: 우리는 극히 작은 위로일지라도 하나님

을 찾을 수 있다는 것. 강력한 동기와 광범한 약속들이 있다. 그러나 만약 이것들을 단단히 붙잡을 수 없다고 해도, 우리는 "혹시" 하는 기대를 가지고 나아갈 수도 있다.

I. 성경의 다양한 기록들을 보면, "혹시" 하는 기대에 대한 실례는 올바른 행동을 촉진시키고, 정당화시켰다.

우리가 언급할 실례들로부터 다음과 같은 교훈을 배울 수 있다:

1. "혹시" 하는 기대는 요나단으로 하여금 블레셋 군대를 공격하도록 했다(삼상 14:6). "여호와께서 우리를 위하여 일하실까 하노라 여호와의 구원은 사람이 많고 적음에 달리지 아니하였느니라." 이것은 성도들에게 거룩한 모험을 하도록 자극을 줄 것이다.

2. "혹시" 하는 기대는 압살롬이 반역을 일으켰을 때와 시므이가 저주했을 때(삼하 16:12) 다윗에게 기운을 북돋워주었다. "혹시 여호와께서 나의 원통함을 감찰하시리니." 우리는 아무리 암담한 순간일지라도 하나님 안에서 소망을 가져야 한다.

3. "혹시" 하는 기대는 나병환자들로 하여금 수리아(아람) 진영을 찾아가도록 이끌었다(왕하 7:4). 그들의 필사적인 모험은 똑같은 상황에 있는 사람들에게 용기를 주게 될 것이다. 그들은 어쨌든 망할 수밖에 없는 사람들이다. 그들로 하여금 하나님을 찾게 하자. 그러면 그분께서 죽이든 살리든 마음대로 하실 것이다.

4. "혹시" 하는 기대는 "비록 그리할지라도"라는 생각으로 그 힘이 희박해지기는 해도, 고통 속에 있는 자들을 겸손하게 만들었다. 예레미야애가 3:29을 보라. 시험 속에 있는 모든 영혼은 똑같은 소망을 포기해서는 안 된다.

5. "누가 알겠느냐?"라는 질문 형식에 들어있는 "혹시" 하는 기대는 니느웨 온 백성을 회개하도록 만들었다(욘 3:9).

만일 다른 사람들이 이처럼 희미한 위로에 대해 이토록 적극적으로 행동했다면, 우리 영혼이 파멸의 두려움에 있을 때, 똑같은 결심과 소망을 갖고 행동할 수 없겠는가? 만일 우리가 어린아이와 같은 믿음으로 예수님께 나아간다면, "혹시"하는 기대 이상의 결과가 우리를 행복하게 해 줄 것이다.

II. 진지하게 구하는 자의 실례를 보면, "혹시"하는 기대는 특별한 힘을 갖는다.

만일 우리가 다음과 같이 한다면, 회개자가 구원을 얻을 가능성은 항상 충분하다:

1. 하나님의 은혜로운 속성을 감안하라(미 7:18).
2. 죄인들을 위해 행하신 그리스도의 영광스러운 사역을 생각하라(딤전 1:15).
3. 죄인들이 이미 받은 자비를 기억하라. "여호와의 인자와 긍휼이 무궁하시므로 우리가 진멸되지 아니함이니이다"(애 3:22).
4. 구원받은 사람들의 숫자와 인격을 살펴보라(계 5:9; 7:9; 고전 6:11).
5. 성령의 전능성을 고려하라(요 3:8).
6. 마지막 날 주님의 재림으로 주어질 영광을 바라보라. 확실히 그것은 영혼들을 구원함으로써 임하고, 그들 가운데 많은 사람들을 구원하게 될 것이다.

III. 그러나 구하는 자는 단순히 "혹시"하는 기대보다 훨씬 더 강력한 행동으로 나아간다.

하나님의 말씀 속에는 확실한 약속이 무수히 존재하고, 이것은 다음과 같은 것들을 통해 이루어진다:

- 회개(잠 28:13; 사 55:7).
- 믿음(막 16:16; 요 3:18; 행 16:31).

- 기도(마 7:7; 행 2:21).

이 약속들을 깊이 연구하고, 그 요구사항에 즉시 순종함으로써 그것들이 제공하는 능력을 얻어야 한다.

- 하나님은 이 약속들을 주실 때 일어날 모든 사건들을 예견하셨고, 따라서 그분은 그것들을 이루시는데 조금도 실수가 없었음을 기억하라.
- 그분은 자신의 약속을 철회할 수 없음을 기억하라.
- 그분은 약속을 하실 때나 지금이나 동일하신 분이고, 그래서 실제로 날마다 반복된다는 점을 기억하라.
- 주님이 우리 하나님이라는 것과 그분을 믿는 경배행위를 의심하는 것은 죄악임을 기억하라. 그러므로 지금 거짓이 없으신 하나님의 진실한 약속에(딛 1:2) 목숨을 걸라.

오 죄인이여, 여호와를 찾으라!

그분은 그리스도 예수 안에서 당신에게 오셨다. 즉시 그분을 찾으며 살라.

❖ 격려의 말 ❖

혹시 당신은 형벌을 피하게 될 수 있을 것이다. 또 혹시 슬픔을 면하게 될 수도 있을 것이다. 그러나 죄 사함은 확실하게 받을 것이다. 만일 그것을 받는다면, 슬픔 또한 제거될 것이다. 당신이 구원을 받게 된다면 그래서 은혜의 인도를 받게 되거나 내면적으로 평안을 누리게 된다면, 다른 사람들이 궁지에 몰렸을 때 당신의 영혼은 그들을 안심시켜 줄 수 있을 것이다. 당신은 하나님의 날개 아래 그리고 그분의 손에서 안전할 것이다. 세상에서 하나님 없이 사는 사람들은 폭풍 속에서 벌거벗고 있는 사람, 전쟁터에서 아무 무장 없이 서 있는 사람 또는 닻 없이 바다 위에 떠 있어서 암초와 유사에 좌초되고 침몰 위기에 있는 배와 같다. _트랩

존 던컨 박사는 언젠가 에든버러에 있는 한 여자 걸인에게 이런 말을 해 주었다: "자, 당신이 구하는 것을 말하시오. 하지만 구하는 것이 당신을 구원하는 것이 아님을 명심하시오. 구하는 것은 당신의 의무로서, 구하게 되면 찾게 될 터인데, 그 찾는 것이 당신을 구원할 것입니다."

우리의 소망은 "나는 그렇게 생각한다"거나 "그것은 그럴 것이다"라는 말처럼 풀어져 버린 느슨한 실에 매여 있는 것이 아니다. 우리를 강하게 붙들어 매고 있는 굵은 닻줄은 영원한 진리이신 분의 맹세요 약속이다. 우리의 구원은 하나님의 불변하신 본성이라는 강한 말뚝에 하나님 자신의 손과 그리스도 자신의 힘에 의해 견고하게 매여 있다. _ 새뮤얼 러더퍼드

비록 자선에 대한 아무런 약속이 없고, 행인으로부터 동전 하나라도 받을 기회가 많지 않음에도 불구하고, 거지는 얼마나 오래 기다리며, 또 얼마나 간절하게 구걸을 할까! 아직 한 마리의 고기도 잡지 못한 어부가 그물을 그토록 열심히 반복해서 던지는 것은 고기가 그곳에 몰려올지 모른다는 가능성 때문이 아니겠는가! 굴 속에 있는 진주를 찾아내겠다는 기대로 그토록 필사적으로 바다 속으로 뛰어드는 것은 부자가 되겠다는 불확실한 일념 때문이 아니겠는가! 그렇다면 사람들은 자기들의 전망이 훨씬 더 밝고, 그 기대가 훨씬 더 합당할 때, 하나님께 더 가까이 나아가야 하지 않을까? 나라면, 그리스도께서 내 병든 영혼을 반드시 고쳐주실 것이라는 확실하고 분명한 믿음으로 그분께 나아가겠다. 그리고 그분이 어디로 가시든 나를 영원한 왕국과 영광으로 인도하리라는 은은한 확신으로 그분을 따라가겠다. _ 스펄전

118
중첩된 죄

그가 명령을 듣지 아니하며 교훈을 받지 아니하며 여호와를 의뢰하지 아니
하며 자기 하나님에게 가까이 나아가지 아니하였도다
_ 스바냐 3:2

하나님은 사람들을 판단할 때, 자기 백성으로 부르심을 받은 사람들이라
고 특혜를 베푸시지 않는다. 모압과 암몬과 니느웨도 부르심을 받았다. 예
루살렘만 부르신 것이 아니다.

본문에 등장하는 사람들의 경우처럼, 선민이 아닌 사람들은 범할 수 없는
죄가 있다. 특별한 권리가 특별한 죄를 만들기 때문에 그 죄는 특별한 형벌
로 이어질 것이다. 이 구절에 언급되고 있는 죄악은 오늘날에 이르기까지
민족, 교회, 개인들 속에서 그리고 어느 정도는 하나님 자신의 백성들 속에
서 발견된다.

I. 본문에서 우리는 네 가지 명시된 죄를 깨닫는다.

1. 우리는 이 네 가지 죄를 하나로 묶어 살펴볼 것이다.

- 부작위의 죄는 작위의 죄가 존재하는 곳에서도 확실히 존재한다. 예
루살렘은 "패역하고 더러운 곳"으로 이야기되고 있고, 따라서 이 부
작위의 죄가 상기되고 있다.
- 부작위의 죄는 가장 악한 범죄들과 연계된다. 문맥을 보라. 얼마나 두
려운 부작위의 죄악들이 열거되고 있는지를 확인해 보라. 마치 그들
의 죄악의 악랄함을 보여 주는 것 같다.
- 부작위의 죄는 집단적으로 진행된다. "그가 듣지 아니하며." "그가 교
훈을 받지 아니하며." "그가 여호와를 의뢰하지 아니하며." "그가 자

기 하나님에게 가까이 나아가지 아니하였도다." 진정 네 마리의 새가 한 둥지 안에 자리 잡고 있다! 하나의 죄는 결코 홀로 죄를 범하지 않는다.

- 부작위의 죄는 주로 영적인 죄일 때가 많다. 본문에서 언급되고 있는 죄들이 바로 이런 죄이고, 그것들은 가장 심각한 죄의 항목들 속에서 인용되고 있다.

2. 우리는 이 네 가지 죄를 각각 개별적으로 살펴볼 것이다.

- 그들은 하나님이 말씀하시는 것을 들었으나 주의를 기울이지 않았다. 이것은 반역, 마음의 강퍅함, 오만 그리고 반항을 포함하고 있다. 그리고 이 모든 것은 엄숙한 경고, 큰 가르침, 부드러운 초청 이후에 행해졌다.

- 그들은 책망을 느꼈으나 교훈을 받지 않았다. 이것은 더 심각한 거역의 완고함과 마음의 옹고집을 초래했다.

- 그들은 불신하고, 우상을 섬긴 반면에 하나님을 의존하지 않았다. 불신앙은 근본 죄다.

- 그들은 그들의 하나님과 교통하지 않았다. "그의 하나님"은 명목상 언약관계 속에서만 존재하고, 그 안에 예배, 사랑 또는 섬김 등은 없었다.

  이 네 가지 죄는 우리 주변과 우리 사이에서도 흔하게 벌어지고 있다. 무관심, 완고함, 불신앙 그리고 하나님에 대한 반감은 어디서나 통상적이다.

그것들은 사람들에게 이 세상에서는 비참을, 다가올 세상에서는 영원한 파멸을 가져다 준다. 그것들이 여러분들을 파괴하고 있지는 않은가?

II. 본문에서 우리는 더 나은 일을 추구하도록 네 가지 숨겨진 권면을 발견한다.

자기의 죄를 고백하는 자들은 소망을 품고 본문을 읽을 수 있다. 왜냐하면 다음과 같은 사실이 분명하기 때문이다:

1. 하나님은 사람들에게 말씀하신다. 따라서 그분은 우리에게도 말씀하실 수 있다.
2. 하나님은 우리의 유익을 위해 책망하신다. 그것은 파멸이 아니라 교훈을 위해 주어진 것이다(난외주를 보라).
3. 하나님은 우리로 하여금 자신을 믿게 하실 것이다. 만일 우리가 그분을 믿도록 허락받지 않았다면, 그분은 믿지 않는다고 우리를 책망하지 아니할 것이다.
4. 하나님은 우리를 자기 가까이 이끄실 것이다. 그렇지 않다면, 우리가 그분께 나아가지 않는 것이 죄로 언급되지 않았을 것이다.

이 모든 것을 오늘날 우리에게 적용시켜보자.

오늘날도 하나님은 우리 가운데 계시고, 우리의 가장 깊은 영혼을 헤아리신다. 우리는 우리 죄를 유념하고, 그리스도 예수를 통해 하나님의 얼굴을 구해야 한다.

❖ 몇 마리 작은 물고기 ❖

오 내 영혼아, 무화과나무는 해로운 열매를 맺어서가 아니라 열매가 없어서 저주 받았음을 기억하라. _ 토머스 풀러

어서 대주교가 들려준 마지막 말은 이와 같았다: "주여, 내 죄를, 특별히 부작위의 내 죄를 사하여 주소서."

작위의 죄는 부작위의 죄에 대한 통상적 처벌이다. 의무를 이행하지 않는 사람은 곧 죄를 범하는 자리에 있게 될 것이다. _ 거널

죄는 결코 홀로 죄를 범하지 않는다. 맥도널드 박사는 "그 형제, 자매 및 조카들을 함께 살자고 끌고 오지 않는 범죄란 없다"고 말한다.

오, 하나님이 말씀하시는 것을 충분히 듣는 영혼을 발견하기란 얼마나 어려운지! _ 페넬롱(Fenelon)

은혜는 뱀을 지팡이로 만든다. 그러나 죄는 지팡이를 뱀으로 만든다. 전자는 독을 약으로 만들지만, 후자는 약을 독으로 만든다. _ 벤저민 베돔(Benjamin Beddome)

슬픔은, 마치 우리가 새에게 노래를 가르칠 때 새장을 어둡게 하는 것처럼, 우리를 교훈하기 위해 보내어진다. _ 장 폴 리히터(Jean Paul Richter)

119
부정한 것과 부정하게 하는 것

학개가 이르되 시체를 만져서 부정하여진 자가
만일 그것들 가운데 하나를 만지면 그것이 부정하겠느냐 하니
제사장들이 대답하여 이르되 부정하리라 하더라
이에 학개가 대답하여 이르되 여호와의 말씀에
내 앞에서 이 백성이 그러하고 이 나라가 그러하고
그들의 손의 모든 일도 그러하고 그들이 거기에서 드리는 것도 부정하니라
_ 학개 2:13-14

선지자는 제사장들을 그들 자신과 백성들에 대한 증인으로 삼는다. 이것은 진리를 확신시키는 강력한 수단이었다.

거룩한 일을 단순히 견지하는 태도만으로는 성결에 이를 수 없다는 것은 12절을 볼 때 분명하다. 그러나 제사장들은 부정한 사람을 만지는 것으로 부정하게 되었다고 인정했다.

얼마나 생생한 묘사인가! 부정한 사람은 그의 손이 닿는 곳마다 모든 것을 부정한 것으로 만들어 버린다니! 그는 사방을 오염시키지 않고서는 움직일 수 없었다. 이것이 하나님의 심판에 대한 학개 당시 죄인들의 생각이었다. 그러나 하나님은 그렇게 가혹하게 심판하지 않으신다.

이것은 오늘날 죄인들에게도 마찬가지다.

I. 끔찍한 부정.

여기서 우리는 본문을 충실히 살펴볼 것이다.

신약성경의 해석이 어떠한지 디도서 1:15을 읽어보자.

1. 일반 사물은 부정한 본성을 가진 사람들에 의해 오염된다.

원래부터 비천하거나 부정한 것은 아무것도 없다. 왜냐하면 하나님의 모

든 피조물은 선하기 때문이다(딤전 4:4). 그러나 다양하게 일반 세계의 사물은 부정하게 된다:

- "우리가 무엇을 먹을까?"라고 말하는 것 등을 통해 음식을 신으로 삼음으로써.
- 음식을 지나치게 많이 먹음으로써. 즉 폭식과 폭음 등을 통해.
- 먹을 것을 과도하게 소유함으로써. 구두쇠의 물건은 저주받은 재물이다.
- 먹을 것에 대해 감사하지 않음으로써. 그 결과 그들은 복을 발로 차게 된다.

2. 거룩한 것이 부정한 본성을 가진 사람들에 의해 오염된다.
   - 그들은 복음을 죄에 대한 변명의 도구로 사용한다.
   - 그들은 기도를 엄숙한 조롱거리로 만든다.
   - 그들은 찬양을 단순한 음악 행위로 만든다.
   - 그들은 성례를 위선 또는 거짓으로 변질시킨다.
   - 죄가 그것을 더럽히기 때문에 그 안에 거룩한 것이 전혀 없다.

3. 선행은 악인들이 행하면 오염된다. "그들의 손의 모든 일도 그러하고."
   - 그들은 허례에 대해 관대할 것이다.
   - 그들은 사람들의 눈으로 보기에는 신앙적일 것이다.
   - 그들은 복수하는데 냉혹한 의인이 될 것이다.
   - 그들은 자신의 목적을 이루기 위해 겸손할 것이다.

4. 희생제물은 부정한 사람들에 의해 드려질 때 오염된다. "그들이 거기에서 드리는 것도 부정하니라."
   - 그들의 공개적인 감사 표시는 거짓이다.
   - 그들의 엄격한 금식은 단순한 사기극이다.

자신의 가장 거룩한 행위조차 철저하게 죄로 얼룩지게 만드는 사람은 얼마나 불쌍한 사람일까! 그는 하나님 앞에서 자신을 멈추고, 자기를 낮출 수 있으나 그렇게 할수록 그의 현재 상태는 더욱 큰 죄로 얼룩지게 될 것이다.

죄는 온 우주에 뱀의 발자국을 만들어놓고, 피조물 자체를 헛된 일에 종속시킨다. 사람이 만짐으로써 타락하고 오염되지 않는 것이 무엇이 있을까? 여기에 충분히 숙고해야 할 사고의 범주와 겸손해야 할 충분한 이유가 있다.

II. 전충족적 치유.

여기서 우리는 본문이 아닌 다른 본문을 살펴볼 것이다. 민수기 19장에서, 우리는 중요한 치유책을 발견하게 되는데, 거기서 부정이 제거되는 방법에 대해 깊이 상고해 보자.

부정한 자를 정결케 하기 위해 사용된 의식들 속에:

1. 희생제물이 있었다(민 19:2-4): "온전하여 흠이 없고 아직 멍에 메지 아니한 붉은 암송아지를"(민 19:2). 이것은 죽임을 당해야 한다. 피 흘림이 없이는 죄 사함도 없기 때문이다(히 9:22).

2. 번제가 있었다(5절과 6절). 죄는 증오의 대상이고, 우리는 죄를 그렇게 보아야 한다. 그것은 진 밖에서 불태워져야 한다.

3. 구별시키는 물이 있었다. 희생제물의 피로 정결케 된 우리는 성화의 물로 씻김을 받아야 한다.

4. 우슬초의 사용이 있었다. 믿음은 깨끗한 것을 받아들여야 한다. "우슬초로 나를 정결하게 하소서 내가 정하리이다"(시 51:7).

5. 이것은 우리의 본성 전체를 정결케 해야 한다(19절을 보라). 온 몸과 그 옷을 씻었다.

이 방식이 의도하고 있는 모든 것은 이렇게 발견될 수 있다:

- 우리의 주님에게서 흘러나온 물과 피 속에서. 그것은 그분의 희생제사가 갖고 있는 이중의 능력을 상징한다.

- 성령의 유효하게 하시는 사역 속에서.

오 죄인이여, 당신은 무엇을 행하기 전에 정결케 될 필요가 있음을 보아야 하리라. 이 이전에는 당신이 하나님 앞에 어떤 존재가 되든, 무엇을 가지고 나오든 또는 어떤 일을 행하든 깨끗한 것을 드리지 못할 것이다. 이 이후에야 모든 것이 당신에게 거룩하게 될 것이다. 즉시 이 깨끗케 하는 방식을 주목하고, 이외에 다른 어떤 방법도 적당하지 못함을 깨달으라.

✤ 활력소 ✤

"내 친구들은 어디서나 내가 그리스도인이 아니라고 말합니다. 나는 부활절 공식예배를 드림으로써 그들을 거짓말쟁이로 만들고, 그리하여 내가 태어나면서부터 오랜 세월 견지했던 무신론자로서의 경력에 종지부를 찍기로 굳게 마음먹었습니다. 나는 나를 두려움에 떨게 했던 혹독한 열병의 공격을 12번에 걸쳐 지속적으로 받은 이후에 이 중요한 신앙행위를 실천했고, 이제 죽기 전에 나는 당신에게 나의 존경과 헌신을 보여 주고자 합니다."

_ 볼테르가 두바리 부인에게 쓴 편지에서

(거룩한 것을 더럽게 만든 사람의 가장 확실한 실례가 아닐까!)

우리는 어떤 선행을 실천할 때, 우리의 타락과 허물에 의해 그것이 부정한 것이 되지 않도록 스스로 조심해야 할 것이다.

_ 매튜 헨리(Matthew Henry)

더러운 목욕탕 옆에 서 있던 디오게네스는 "여기서 몸을 씻은 사람들은 어디서 씻겨져야 할까?" 라고 외치는 소리를 들었다. 사람들의 신앙적 의무가 더럽혀질 때, 그들이 자신을 정결하게 할 수 있는 희망이 과연 있을까? 기도를 조롱거리로, 성례를 구경거리로 변질시키는 사람들은 약을 독으로 만들어버린 것이다. 그렇다면 그들은 어떻게 치유를 받게 되는가?

한 어린아이가 전염병에 걸렸다. 그때 그 아이가 당신에게 안기려고 한다면, 당신은 그를 밀어낼 것이다. 그 아이가 물건을 손으로 붙잡으면 그에게 그것을 놓으라고 명령할 것이다. 그 아이는 격리되어야 하고, 가족과 접촉하는 것을 금지당해야 한다. 그 아이가 자기 방을 떠나 다른 가족들과 함께 있기를 고집한다고 해도 그렇게 해야 한다. 그 아이의 동기가 아무리 그럴듯하다고 해도, 그것은 잘못하는 것이고, 실수하는 것이다. 그 아이가 부지런히 집 주위에서 활동하고, 여기저기 뛰어다니면 다닐수록 더 무질서하게 될 것이다. 그 아이가 감당하는 가정사는 그가 건강하다면 괜찮을 것이다. 그러나 그렇지 못하기 때문에 그의 모든 움직임은 위험하고, 그가 최선을 다할수록 위험에 처해진다. 그 아이는 가족을 위해 참된 일을 하기 전에 치료를 먼저 받아야 한다. 병에 감염되어 있는 동안에는 그가 만지는 모든 것이 감염되고, 그가 접촉하는 모든 것이 병에 오염되고 만다. 오, 회개하지 않은 사람들도 선한 일을 위해 많은 수고를 할 필요보다는 선행을 할 수 있는 자가 되기 위하여 먼저 오염에서 깨끗하게 되어야 한다는 것을 깨닫는 것이 참된 지혜다.

아일랜드의 한 빈민학교에서 어떤 목사가 "거룩이란 무엇인가?"라고 질문했다. 잠시 침묵이 흐른 후에 더러운 누더기 옷을 걸친 한 아일랜드인 개종자가 펄쩍 뛰면서 "당신의 경외자를 찬양하십시오. 그러면 속이 거룩하게 될 것입니다"라고 말했다. _G. S. 보우스

120✿
작은 일을 멸시하지 말라

작은 일의 날이라고 멸시하는 자가 누구냐
_ 스가랴 4:10

대부분의 사람들이 "작은 일의 날"을 무시한다. 그들이 지혜롭다면, 결코 그렇게 하지 않을 것이다. 왜냐하면 어떤 일이든 무시하는 것은 현명하지 못하고, 그것이 작은 일이라고 경시하는 것은 커다란 어리석음이기 때문이다.

작은 일은 크게 선한 일이 될 수도 있고 아니면 두렵게 악한 일이 될 수도 있다. 그리고 어떤 경우든 그것을 멸시하는 것은 지혜롭지 못하다. 작은 일의 날과 함께 자신의 큰일을 시작하시는 것이 통상적인 하나님의 방법이다.

- 그래야 비천한 자신들이 아무것도 아닌 것이 보이기 때문이다.
- 그래야 하나님의 권능이 더 충분하게 부각되기 때문이다.
- 그래야 믿음이 행사되고, 다양한 교훈을 배우게 되기 때문이다.

사람들은 왜 하나님이 정하신 것을 무시하게 될까? 감히 이같이 멸시적인 행동을 하는 사람들은 누구인가? 그들은 결코 이런 태도를 가질 만한 권리가 없음에도 불구하고 감히 그렇게 한다.

그들은 다양한 방법으로 자기들의 경멸을 표현한다.

- 그들은 이런 미약함을 동정하는 척한다(느 4:2).
- 그들은 비방을 일삼고, 트집을 잡는다(삼상 17:28).
- 그들은 냉소적이고, 조소적이다(마 13:55, 행 17:18).
- 그들은 은밀히 무시하면서 독자적으로 행동한다(행 5:8).

이 멸시가 은혜를 처음 받기 시작한 성도에게 주어질 때, 그 결과는 참으로 슬프다. 왜냐하면 그것은 그에게 견딜 수 없는 고통과 낙심을 일으키기 때문이다.

여기서 우리의 목적은 신앙생활 초기에 좀 약한 은혜를 받는 영혼을 멸시하는 자들을 책망하는 것이다. "작은 일들의 날"이 있는 것은 사실이지만, 이것은 기뻐할 일이지 멸시당할 일이 아니다.

　여기서 우리는 다음과 같이 이야기할 것이다:

I. 작은 일의 날에 있는 다른 사람을 멸시하는 사람들.

1. 당신은 영적으로 어린 아기가 있고, 그 역시 하나님의 참된 자녀라는 것을 모르는가? 당신은 그 명백한 사실을 의심하는가?
2. 당신은 과거에 이같이 작은 자였던 적이 없는가? 만일 그런 적이 없다면, 당신은 당신보다 더 나은 자들을 멸시해야 하는가?
3. 한때 극히 연약했던 성도가 아주 위대한 성도로 변화되지 않았는가? 그런데도 당신은 그렇게 행동하는가?
4. 강한 자도 때로는 이 작은 자처럼 구원의 확신이 불투명하게 느껴질 때도 있지 않은가? 그런데 왜 당신이 부러워할 수도 있는 그를 멸시하는가?
5. 우리 주님은 어린양을 자상하게 보살피지 않는가?(사 40:11)
6. 그분은 교만한 모든 멸시자에게 경고하시지 않았는가?(마 18:6)
　그런데도 누가 감히 작은 자들의 날을 멸시하는가?

　누가 그렇게 악한 사람인가? 그들은 교만한 자들이요, 무지한 자들이요, 분별력이 없는 자들이요, 무감각한 자들이요, 불경스런 자들이다.

II. 자기에게 주어진 작은 일들의 날을 멸시하는 사람들.

1. 그들은 자기를 그리스도께 이끈 사상과 감정을 스스로 인식하고 계발하는데 자주 실패할 것이다.
2. 그들은 구원이 통상적인 수단을 통해 또는 그들의 현재 지식과 감정을

통해 올 수 있다는 사실을 믿을 수 없다. 이것은 그들이 보기에는 너무 작은 것으로 그들은 표적과 기사를 갈망한다.

3. 그러므로 그들은 그들 자신의 사고를 시초부터 죽이려고 하고, 욕구의 불꽃이 화염이 될 수 없도록 미리 꺼 버린다. 그러나 이처럼 무시된 것들이 구원으로 이끄는 것들이다.

4. 만일 그들이 자기의 약한 욕구, 약한 결심, 약한 믿음, 약한 소망을 증진시켰다면, 그들에게 큰 힘이 되었을 것이다.

5. 의심할 여지 없이 많은 사람들이 하나님이 자기들에 대해 생각할 때 나쁘게 느낄 것이라고 믿고 있다. 그들은 작은 믿음, 작은 생명, 작은 힘이 별로 소용이 없다고 판단한다. 그러나 주님은 그렇게 생각하시지 않는다.

예수님에 대해서는 작은 일, 큰일을 따지지 않는 것이 지혜롭다. 우리는 그분의 때를 바라보고, 즐거워해야 한다(요 8:56).

우리는 그분이 성취하신 사역을 믿고, 그분이 계속하고 계시는 활동을 즐거워해야 한다. "스룹바벨의 손에 다림줄이 있음을 보고 기뻐하리라"(문맥을 보라).

III. 작은 일들의 날을 멸시하지 않는 사람들.

1. 낙관적인 목회자들. 우리는 은혜의 징조들을 구하고 있고, 작은 일들의 날을 멸시하는 잘못을 범하기보다는 낙관적인 희망에 쉽게 인도받고 있다.

2. 갈급한 부모들. 그들은 자기 자녀들에게서 은혜의 싹 보기를 바란다. 영적 생명에 대한 아무리 작은 징조일지라도 그들을 기쁘게 할 것이다.

3. 지혜로운 전도자들. 그들은 "첫 열매" 보기를 기뻐할 것이다.

4. 예수님 자신. 그분은 어린 아이들을 사랑하신다(막 10:14).

너희 모든 두려워하는 영혼들아, 그분께 나아오라!

❖ 짧지만 내용이 풍부한 글 ❖

소년이 석판에 초상화를 그리고, 목탄으로 스케치를 시작했을 때, 위대한 화가는 이미 그 안에 잉태되어 있었다. 모든 눈이 그의 천재적인 소질을 알아본 것은 아니었다. 그러나 그것을 알아본 그는 그 소년이 그림을 자신의 소명으로 깨닫도록 자극을 주었고, 그를 도왔다는데서 평생 동안 만족을 느꼈다. 그가 그 젊은 화가를 무시했더라면, 한평생 자신의 어리석음을 후회하며 살았을 것이다. 그러나 지금 그는 그 유명한 화가의 모든 업적을 보며 즐거워하고 있다. 만일 당신이 일찍부터 경건을 자극하고, 온유한 마음이 거룩과 평화의 길을 가도록 가르친다면, 훨씬 고상하고 영적인 이런 기쁨이 당신의 것이 될 것이다. 하늘로 향하는 열망은 어린아이 같은 마음을 수반하기 때문에 그것을 억압하는 것은 극히 잔인한 일이다. 포도나무의 거친 가지들은 잘라내되, 그 뿌리까지 뽑아내서는 안 된다. 아무리 작을지라도 은혜의 징조는 키우고 증진시켜야 한다. "그것을 상하지 말라 거기 복이 있느니라" (사 65:8).

소심 ― 나는 진리를 다 알고 있지 못합니다. 아주 무지한 그리스도인입니다. 때때로 주 안에서 즐거워하기도 하지만, 그것을 실천할 수 없기 때문에 오히려 괴롭습니다. 나는 강한 자들 사이에 서 있는 약한 사람이요, 건강한 사람 가운데 서 있는 병자요, 도대체 뭘 어떻게 해야 될지를 모르는 "멸시받는 불구자"가 바로 나입니다. "평안한 자의 마음은 재앙을 멸시하나 재앙이 실족하는 자를 기다리는구나" (욥 12:5). 정말 어떻게 해야 할지 모르겠습니다.

용감 ― 하지만 형제여, 나는 '마음이 약한 사람을 위로하고,' '약한 자를 돕는 것'이 사명입니다. 그대는 우리와 함께 가도 됩니다. 함께 간다면 우리는 그대를 기다려 줄 것이고, 부축해 줄 것입니다. 우리는 당신을 위해 말이든 행동이든 조심할 것입니다. 당신 앞에서는 '의심스러운 논쟁'은 절대로 하지 않겠습니다. 당신을 홀로 남겨놓고 가기보다는 당신을 위해 '모든 것을 희생할' 것입니다(롬 14장; 고전 8장; 4:22). _ 존 번연의 「천로역정」

어느 날 오후, 내가 알기로는 주일학교 교사인 한 젊은 여인을 예배석상에서 보았다. 예배 후 나는 그녀에게 그녀가 가르치는 반이 어디에 있느냐고 물었다. 그러자 그녀는 "아 예, 주일학교에 갔지만 단 한 명만이 출석했기에 그냥 돌아왔습니다"라고 말했다. "단 한 명이라구요?"라고 나는 외쳤다. 그리고 계속해서 "그 한 영혼의 가치를 생각해 보세요. 종교개혁의 불길이 그 갈색 머리 소년 속에 잠재해 있을 수도 있습니다. 당신의 반에서 젊은 녹스나 웨슬리 혹은 횟필드가 있을 수도 있단 말입니다"라고 말해 주었다. _ D. L. 무디

작은 이끼류는 바다 한가운데 메마른 바위들 표면의 얇은 흙의 층 위에 미세하게 자리잡고 있다. 그런데 그것이야말로 기름진 섬에 풍성한 부와 아름다움을 제공하는 요소다. 양치류는 오랫동안 전혀 없는 것처럼 보일 정도로 극히 미세한 씨를 갖고 있다. 그러나 이런 씨는 육안으로는 전혀 보이지 않지만, 공기를 통해 여기저기 떠다니다가 이끼로 덮여 있는 섬에 떨어져서 즉시 열매를 맺고, 그곳을 식물로 가득 채운다.

이끼는 대단히 작은 식물이지만, 그 씨가 깊고, 습하고, 불안정한 늪지대에 떨어지면 금방 자라나 서로 얽혀 땅을 단단하게 연결시켜 줌으로써 아주 안전하게 그 위로 다닐 수 있도록 해 준다. 즉 사실상 넓고 튼튼한 다리가 세워지는 것이다. "창조 전반에 걸쳐 아주 거대하고, 복잡한 목적은 아주 단순한 수단을 통해 이루어진다." _ 제임스 닐(James Neil), 「자연계로부터의 빛」에서

121
자아냐, 하나님이냐

온 땅의 백성과 제사장들에게 이르라 너희가 칠십 년 동안
다섯째 달과 일곱째 달에 금식하고 애통하였거니와
그 금식이 나를 위하여, 나를 위하여 한 것이냐 너희가 먹고 마실 때에
그것은 너희를 위하여 먹고 너희를 위하여 마시는 것이 아니냐
_ 스가랴 7:5-6

신앙적 의무를 무조건 수용하는 것을 당연한 것으로 여겨서는 안 된다.
우리는 그 의무에 관한 질문을 엄밀히 물어보아야 한다. 그 이유는 하나님
자신이 그렇게 하시기 때문이다. 그 거룩한 의무에 관한 개인적인 질문을
끝내는 것은 극히 조심할 일이다.

오랜 세월, 아니 "심지어는 70년에 걸쳐 한평생" 경건하게 그 의무를 준
수했지만, 그 안에 아무런 미덕이 없는 경우가 있을 수 있다. 이 사실은 우리
모두가 자문해 보는 것이 좋다. 왜냐하면 우리는 습관적인 신앙인일 수 있
고, 그래서 실제로는 어떤 행실이 "여호와를 위해서는" 아무것도 행하지 않
는 것이 될 수도 있기 때문이다.

우리의 생각 앞에 두 가지 반성할 내용이 놓여 있다:

I. 신앙적 의무의 준수는 여호와를 위해 행해져야 한다.

"그 금식이 나를 위하여, 나를 위하여 한 것이냐."

1. 그것은 하나님의 명령에 대한 존중으로부터 나와야 한다. 그분의 명령
에 속하지 아니한 의식은 단순히 자의적 경배에 지나지 않는다. 우리가
규례를 지킬 때, 그 이유는 관습이나 교회의 법이라서가 아니라 "주를
위하는 것"(롬 14:6)이라야 한다.

2. 우리에게 유용한 것이 되기 위해서 그것은 하나님의 은혜에 의지해서

수행되어야 한다. 하나님의 영이 그것을 우리에게 적용시키지 아니하면, 그것은 마른 우물에서 끌어올린 빈 두레박과 같다(요 6:63).

3. 그것은 그 본질과 의미가 제시하는 대로 하나님의 눈에 맞게 성취되어야 한다. 예를 들면, 금식할 때에는 하나님을 슬프게 한 이유로 그분을 향한 슬픔이 있어야 한다. 거룩한 축제에서는 기쁨이 세속적인 것이 되어서는 안 되고, "하나님 안에서 즐거워하는" 것이 되어야 한다.

4. 그것은 하나님의 눈에 단순한 장난이 아니라 진지한 영적 이해에 따라 수행되어야 한다. 참된 금식에는 죄에 대한 절제가 있어야 한다. 진정한 축제에는 기쁨으로 그리스도를 환영하는 모습이 있어야 한다.

5. 그것은 하나님을 영화롭게 하려는 목적으로 진행되어야 한다. 이 목적 때문에 우리는 세례와 성찬과 찬양을 드리기 위해 나아와야 한다.

만일 이것이 하나님을 위해 준수되지 않는다면, 무신론적 의식과 무슨 차이가 있겠는가? 또는 마술을 하거나 주문을 외우거나 염불을 하는 것과 같지 않은가?(사 66:3)

II. 신앙적 의무의 준수가 우리 자신을 위해 행해질 수 있다.

"너희를 위하여 먹고 너희를 위하여 마시는 것이 아니냐."

그것은 다음과 같은 경우에 분명히 그렇게 된다:

1. 영적 요소를 결여할 때. 성찬예식에서도 고린도교회 성도들이 그랬던 것처럼 단순히 먹고 마시는 것으로 끝날 수 있다. 얼마나 흔히 종교 축제들이 단순히 즐기는 향연으로 끝나고 마는가!

2. 규례가 개인적 영예를 주기 때문에 준수될 때. 사람들이 관습, 책임 또는 체면 등의 동기 때문에 하나님의 식탁에 나아올 수 있다. 이것은 우리 자신을 위해 먹는 것이다.

3. 외적 준수가 양심의 평강을 위한 수단으로 사용되거나 영적 아편으로 취해질 때. 사람은 하나님께 가까이 나아가지 않고 약간의 경건 의식을

준수함으로써 더 편안함을 느낀다. 이것은 우리 자신을 위해 먹고 마시는 것이다.

4. 외적 의식을 준수하는 것으로 구원받기를 바라는 소망에서 그것이 준수될 때. 그 동기는 종교적 이기성이고, 그 행위는 용납될 수 없는 것이다.

5. 그 안에 하나님을 기쁘시게 하는 의도가 전혀 없을 때. 의도 자체가 하나의 행동이기 때문이다. 하나님께 나아가는 의도가 없을 때, 전체 문제는 하나님을 받아들이는 믿음이 없다는 것이다.

불신자들이 종교적인 활동을 하는 것은 얼마나 헛될까! 이 장의 1-3절을 읽어보라. 우리는 모든 금식과 축제 그리고 다른 모든 참된 준수의 총화이자 본질이신 예수님께 나아와야 한다. 우리는 주를 위하여 살아야 한다(롬 14:8).

✤ 인상적인 글 ✤

그토록 자주 미사, 조찬기도, 저녁기도 등을 드리고, 성찬예식에 참여하고, 주교나 추기경 또는 교황의 축도를 받은 후라면, 여러분은 여러분의 이웃에게 선을 행하고, 그를 더 깊이 사랑하며, 상관들에게 더 잘 복종하고, 사람들에게 더 큰 자비와 용서의 능력을 보여 주게 될 것이다. 여러분이 세상을 사랑하지 않고 영적인 일에 그만큼 더 관심을 쏟는다면, 이 일들은 은혜를 더 충만하게 해 줄 것이다. **만일 그렇게 되지 않는다면, 그것들은 모두 거짓이다.** _ 틴들(Tyndale)

어떤 왕이 대예배당을 건축하고, 그 공적을 모두 자기 자신에게 돌렸다. 그는 그 건물의 설립에 대한 공로가 다른 사람에게 돌아가는 것을 조금도 허락하지 않았다. 그 기념판이 건물 측면에 설치되어 있었다. 그 위에는 그의 이름이 건축자의 이름으로 크게 새겨져 있었다. 그러나 어느 날 저녁 그는 꿈속에서 하늘에서 내려온 한 천사가 그곳에 새겨진 그의 이름을 지워 버리고, 그 대신 한 가난한 과부의 이름을 적어놓은 것을 보았다. 이것은 세 번에 걸쳐 반복되었다. 분노가 충천한 왕은 그 과부를 자기 앞에 불러놓고 "네가 한 일이 도대체 무엇이냐? 네가 어찌하여 내 공로를 그렇게 허물어 버리느냐?"고 물었다. 두려움에 떨며 그녀는 이렇게 대답했다: "저는 하나님을 사랑하고, 그분의 이름이 높임을 받고, 그분의 교회의 건물이 크게 세워지기를 바랐습니다. 하지만 저는 그곳에서 일하는 것을 금지당했습니다. 그래서 가난한 저는 성전을 이룰 돌들을 나르는 말을 위해 작은 건초더미를 가지고 왔습니다." 그때 왕은 자신은 자신의 영광을 위해, 그 과부는 하나님의 영광을 위해 수고했음을 깨달았다. 왕은 그녀의 이름을 그 기념판에 새겨놓도록 명령했다. _「예화백과사전」

광대한 우주의 어디에서도 **우연히 경건에 이르는** 경우란 없다. 모든 곳에서 아니 심지어는 천국에서도 피조물은 목적, 의도, 노력에 따라 경건에 힘쓰는 법이다. 이것이 땅에서는 훨씬 더 현저한 사실이다. 어느 누구도 지금까지 **우연히** 신앙을 보여 준 사례는 없다. _ 스토튼(Stoughton) 박사의 「세상의 빛」에서

조심스럽게 말해야 하지만, 아주 유익한 한 이야기가 있다. 그것은 지나치게 잠이 많은 동양의 술탄 곧 한 이슬람 군주에 관한 이야기다. 그는 잠이 너무 많아 기도 시간에도 일어나지 못했다. 그래서 하루는 마귀가 다가와 그를 깨운 후에 일어나 기도하라고 말했다. 술탄은 "당신은 누구요?" 라고 물었다. 상대방은 "오, 걱정 마시오. 어쨌든 내 행동이 선하지 않소? 그렇다면 선한 행동을 하는 사람이 누구인지는 상관없지 않소?" 라고 대답했다. 술탄은 "그건 그렇소. 하지만 나는 당신이 사탄이라고 생각하오. 나는 당신의 얼굴을 알고 있소. 당신은 악한 동기를 가진 존재입니다" 라고 말을 받았다.

이에 상대방은 "하지만 나는 내가 한 것만큼 그렇게 악하지 않소. 나도 한때는 천사였소. 지금도 약간은 원래의 선이 남아있긴 하다오." 여기서 지혜롭고 분별력이 있는 이 모하메드의 후계자는 "그건 그렇지만, 당신은 화를 일으키는 자요. 그것이 당신의 일이지요. 나는 당신이 왜 내가 일어나 기도하기를 원하는지 그 이유를 알고 싶소." 이 질문에 마귀는 참지 못하고 화를 내며 이렇게 말했다: "글쎄요, 당신이 알기를 원한다면, 말해 주리다. 만일 당신이 잠에 빠져 기도를 잊어버린다면, 다음에 그것을 죄로 생각하고 회개할 것이오. 하지만 지금처럼 10년 동안 한 번도 빠지지 않고 그렇게 기도한다면, 스스로 크게 만족하게 될 것인데, 그것은 당신이 때때로 기도를 빼먹고, 그것에 대해 회개하는 것보다 훨씬 더 나쁜 일이기 때문이오. 하나님은 교만으로 채워져 있는 당신의 미덕보다 회개로 채색되어 있는 당신의 잘못을 더 좋아하시니까요. "

사람들이 만들어 내는 의는 모두 무엇일까?
그것은 단지 하늘을 더럽히는 거래일 뿐이다.
그러나 그리스도는 자랑스러운 보좌를 팔고,
하늘에서 내려와 몸을 굽히고 자신의 모든 것을 포기하셨다.

_ 쿠퍼

122
갇혀 있으나 소망을 품은 자들

또 너로 말할진대 네 언약의 피로 말미암아 내가 네 갇힌 자들을 물 없는 구
덩이에서 놓았나니 갇혀 있으나 소망을 품은 자들아 너희는 요새로 돌아올
지니라 내가 오늘도 이르노라 내가 네게 갑절이나 갚을 것이라
_ 스가랴 9:11-12

9절과 10절에서 주어지는 하나님에 관한 묘사를 가지고 묵상을 시작해
보자. 여기서 우리는 그분의 나라, 그분의 인격, 그분의 구원능력, 그분의 낮
아지심, 그분의 정복의 무기들에 관해 본다: "그가 이방 사람에게 화평을 전
할 것이요." 그리고 그분의 통치의 궁극적 범위에 관해서도 본다: "땅 끝까
지 이르리라."

그분 때문에, 그분을 통해, 시온에서 억압 받고 환난당하는 사람들에게
자비가 있다: "또 너로 말할진대"(11절). 이 말씀은 마음이 가장 낮은 상태
에 있는 사람들에게 놀라운 본문이다. 하나님께서 그들에게 복을 내려 주시
기를!

여기서 우리가 생각해 볼 주제는 다음과 같다:

I. 슬픔 속에 있는 자들의 상태.

"물 없는 구덩이에 갇힌 자들."

그들은 다음과 같은 사람들로 묘사되고 있다:

1. 갇힌 자들: 이들은 속박 받고, 자유가 없고, 자기들이 하고 싶은 것을 할
   수 없으며, 다른 사람들의 힘에 따라 행동하는 불쌍한 사람들이다.
2. 구덩이에 갇힌 자들: 이들은 피하는 것이 불가능하고, 견딜 수 없는 어
   둠에 있고, 운명에 어쩔 수 없이 매여 있으며, 두려운 불안에 직면해 있

650

는 사람들이다.

3. 물 없는 구덩이에 갇힌 죄수들: 이들은 아무런 위로가 없고, 목마름의 위기 속에 있는 사람들이다. 그들은 죄 가운데서 아니 진실로 그 어떤 상황에서도 아무런 위로를 발견하지 못한다. 그들은 위로도 적지만, 설상가상으로 물이 없는 곳에 있는 사람들이다. 죄 가운데서, 주어지는 위로는 치명적이다. 그 위로가 없는 것이 오히려 소망이다.

억압받는 무수한 사람들이 주님이 오셔서 그들을 구원하실 때까지 절망의 권세 아래 아무 소망 없이 살고 있다.

II. 그들의 구원의 원인.

"내가 네 갇힌 자들을 놓았나니."

1. 전지하신 하나님은 토굴 속에 있는 그들을 감찰하시고, 그들이 누구의 갇힌 자들인지 아신다.

2. 그분은 갇힌 자들을 해방시켜 줄 수 있는 권세와 권한을 가지고 계신다. 누가 그분이 구원하는 자들을 막을 수 있겠는가?

3. 그분은 구덩이로부터 그들을 놓아주신다. 그분은 그들에게 생명, 빛 그리고 자유를 허락하신다. 그들의 발은 자유롭고, 그들은 자유롭게 땅을 돌아다닌다.

4. 그분은 "피"로써 그들을 놓아주신다. 그 피는 하나님 앞에서 죄를 대속했고, 회개하는 자의 양심에 평화를 일으켰다.

5. 그분은 "네 언약의 피"로 부르는 것 — 시온과 그의 왕 사이에 체결된 언약 — 을 통해 그들을 놓아주신다.

한 영혼에게 "언약"의 축복과 "피"의 인치는 능력을 알려 주자. 그러면 그는 더 이상 갇힌 자가 아닐 것이다.

III. 구원받은 자들에게 명해진 길.

"갇혀 있으나 소망을 품은 자들아 너희는 요새로 돌아올지니라."

그들은 절망의 구덩이로부터 나오긴 했지만, 환난의 "통으로부터" 나온 것은 아니다. 그들은 구원의 소망은 있으나 구원 자체가 필요한 사람들이다.

다음과 같이 하는 것이 그들의 지혜다:

1. 그들의 특징대로 소망을 가질 것. 그들이 갇힌 자들임을 스스로 느낀다면, 소망이 있고, 따라서 "갇혀 있으나 소망을 품은 자들"이 된다.

2. 그리스도를 자기의 요새로 삼을 것.

3. 날마다 그리고 항상 그분께 돌아올 것.

4. 자신을 갇힌 자로 느낄 때에는 특별히 그분에게 돌아올 것.

사람이 사망과 절망으로부터 해방되면, 그는 예수님께 더욱 가까이 나아올 것이다. "예수께 나아가"(벧전 2:4).

IV. 요새로 돌아오는 사람들에게 주어지는 위로.

"내가 오늘도 이르노라 내가 네게 갑절이나 갚을 것이라"

1. 하나님은 예수님께 돌아오는 사람들에게 신속하게 위로를 베푸신다. "내가 오늘도 이르노라."

2. 하나님은 자비를 풍성하게 베푸신다: "내가 네게 갑절이나 갚을 것이라."

   • 당신의 고난의 갑절(욥 42:10).

   • 당신의 기대의 갑절(사 61:7).

   • 당신의 성취의 갑절: "은혜 위에 은혜러라"(요 1:16).

   • 당신의 가장 큰 믿음의 갑절(엡 3:20).

3. 하나님은 자신의 약속을 따라 위로를 베푸신다. 그 약속은 다음과 같은 특징을 갖는다:

   • 명백하다: "내가 이르노라."

- 현재적이다: "내가 오늘도 이르노라."
- 적극적이다: "내가 갚을 것이라고 이르노라."
- 개인적이다: "내가 네게 갚을 것이라."

우리는 우리를 구덩이로부터 끌어올리신 여호와를 영화롭게 해야 한다.
우리는 우리의 요새가 되시는 주 예수님을 영화롭게 해야 한다.
우리는 우리에게 갑절로 베푸시는 여호와를 영화롭게 해야 한다.

❖ 자유로운 생각 ❖

여기서 성부 하나님은 자신들 사이에 체결하신 어떤 언약과 관련하여 성자 그리스도께 말씀하신다. 오로지 구속의 언약이 될 수 있는 것은 어떤 언약일까? 우리가 누리는 현세적이고, 영적이고, 영원한 모든 구원들은 성부와 성자 사이에 체결된 그 언약의 피로 말미암아 우리에게 흘러넘친다. 우리를 화해시키고, 의롭게 하고, 구원하는 것과 똑같은 언약의 피로 말미암아 유대인들은 바벨론 포로상태로부터 구원받았다. 바벨론 포로상태 곧 노예와 흩어짐은 물이 없는 구덩이요, 더러운 토굴이요, 불안하고 처량한 상태로서, 그들은 언약의 피로 말미암아 바로 이 상태로부터 구원받았다. 그것은 그 피가 백성들 위에 뿌려진 그리스도의 보혈로 말미암아 그리고 그렇게 함으로써 성취가 확증된 언약으로 말미암아 이루어졌다(출 24:8; 시 74:20; 히 13:20). 보라. 성도들이 누리는 최고의 자비, 최상의 호의, 최대의 복이 그리스도의 피로 말미암아 확보된 것처럼, 그것들 또한 동일한 피로 말미암아 성도들에게 확실히 보장된다. "네 언약의 피로 말미암아 내가 네 갇힌 자들을 놓았나니." 아무리 혹독한 고통과 치명적인 위험이 오더라도, 하나님의 백성들은 타락의 길에 떨어질지언정 "소망을 품은 갇힌 자들"이고, 언약의 피로 말미암아 구원을 바라볼 수 있다. _토머스 브룩스

이 소망의 소식은 이토록 큰 비참 속에 있던 사람들에게 당연히 최고의

감사와 기쁨과 함께 받아들여져야 하리라! 디도 플라미누스가 그리스가 로마제국에 의해 정복당한 후, 한 대중 집회에서 그리스의 자유를 선언했을 때, 청중들은 처음에는 놀람으로 망연자실했으나 곧 이어 두 시간 동안 한 목소리로 계속 "자유! 자유!"를 외쳐댔다는 감동적인 얘기가 전해져온다. 그러나 이것보다 비참한 죄인들에게 이 자유의 선언이 이루어졌을 때 오는 기쁨이 훨씬 더 커야 한다고 나는 생각한다. 그리고 그것은 현재 이루어지고 있지 않은가? 여러분은 비록 정의의 율법의 선고로 정죄 받았지만, 그 선고를 유예시킬 수 있는 대속주를 통해 여러분의 영혼이 생명과 행복을 되찾을 수 있다는 것을, 하나님의 말씀을 빌려 여러분에게 말하지 않았는가? 비록 사탄이 여러분을 어두운 속박 속에 가두었으나 위대하신 구속주의 법에 의해 그의 손으로부터 구출되었고, 그분을 통해 정복자들보다 더 많은 것을 얻었음을 증명하지 않았는가? 여러분은 지금까지 타락한 본성의 연약함과 부패함으로 고통스럽고 열매 없는 투쟁을 해 왔음에도 불구하고, 여전히 여러분을 순결하게 하고 강하게 할 성령의 도우심을 받을 수 있고, 하나님을 경외하는 가운데 온전한 거룩에 도달할 수 있음을 말해 주지 않았는가? … 소망을 품은 갇힌 자들이여, 그래도 절망하겠는가? _ 도드리지 박사(이 본문에 대한 설교에서)

123
완전한 회복

내가 그들을 긍휼히 여김으로 그들이 돌아오게 하리니
그들은 내가 내버린 일이 없었음 같이 되리라
나는 그들의 하나님 여호와라 내가 그들에게 들으리라
_ 스가랴 10:6

"내가 그들을 긍휼히 여김으로"라는 말씀은 죄인들에게 소망을 주는 말씀이다. 긍휼은 그것에 대한 소망이 사람의 가슴 속에서는 사라진 뒤에도 하나님의 마음속에는 계속 존재하고 있다.

하나님의 긍휼이 오고 있다는 것, 참으로 오고 있다는 것을 입증하는 증거는 기도다. "그가 기도하는 중이라"는 것이 구원이 오고 있음에 대한 확실한 표지다(행 9:11). 하나님은 그들 속에서 기도를 주목하셨다. 왜냐하면 그분은 "내가 그들에게 들으리라"고 말씀하셨기 때문이다.

긍휼이 온 결과는 황홀한 기쁨이다. "그들은 내가 내버린 일이 없었음 같이 되리라." 이 약속은 다음과 같이 적용될 수 있다:

I. 일반적으로, 회개하는 모든 죄인들에게.

하나님의 긍휼은 다양하게 사람들을 그들이 잃어버린 자리로 되돌려놓는다. 또 어떤 경우에는 타락하기 전의 원상태로 되돌려놓기도 한다.

1. 죄 사함과 이신칭의는 그들이 전혀 죄를 범하지 않은 것으로 받아들여지는 상태로 그들을 되돌려놓는다.

2. 성령의 거듭나게 하시는 역사로 말미암은 본성의 갱신이 타락하기 전 아담이 갖고 있던 순전한 내적 생명만큼 그들 속에 일어난다.

3. 낙원이 회복된다. 지금도 우리는 복된 상태 속에서 하나님과 함께 거한

다. 왜냐하면 하나님은 우리를 그리스도 안에서 천국을 누리도록 일으
키셨기 때문이다.

4. 저주로부터 구속을 받는다. 저주는 우리를 위해 저주를 받으신 그분을
통해(갈 3:13) 영원토록 사라졌다. 하나님의 진노는 영원히 우리에게서
제거되었다.

5. 섬김에 쓰임 받는다. 우리는 존귀하게 쓰임 받되, 우리가 전혀 죄를 범
하지 않은 것처럼 그렇게 쓰임 받을 것이다.

6. 하나님과 친교를 갖는다. 우리는 이것을 타락하지 않는 인간성으로 있
을 때처럼 진실로 누리게 된다. 참으로 하나님의 영은 거듭난 자들 속
에 거하고, 이것이 아담에 관해서는 이야기되지 않는다.

7. 영생을 소유한다. 우리는 죽음의 형벌로부터 제외된다. 예수님이 그렇
게 사시는 것처럼 우리도 그렇게 살 것이다(요 14:19). 우리는 먹고 마
시는 문제에 대해 두려움이 없다. 왜냐하면 하나님께서 우리에게 영생
을 주셨고, 그래서 우리는 결코 멸망하지 않을 것이기 때문이다(요
10:28).

구원받은 자들과 에덴동산에서의 아담의 상태 사이의 유사점을 더 깊이
살펴보면, 크게 교훈을 받을 수 있다.

II. 특유의, 회개하는 범죄자들에게.

오직 하나님께 돌아가 그분을 경외하며 살라. 그러면 당신은 최고의 영
적 상태에서 주어지는 모든 복을 누리게 될 것이다. 당신은 다음과 같은 복
을 다시 누리게 될 것이다:

1. 당신의 죄책은 완전히 제거되고, 더 이상 죄를 의식할 필요가 없을 것이
다. 따라서 당신은 영혼의 안식을 회복하게 될 것이다.

2. 당신이 처음 사랑을 가졌을 때처럼, 기쁨이 회복될 것이다.

3. 당신이 방황하기 전에 가졌던 것처럼, 마음의 순결을 회복할 것이다.

4. 하나님과 새로운 교제를 갖고, 성령의 신실한 인도하심을 받게 될 것이다. "주의 성령을 내게서 거두지 마소서"(시 51:11), 이것이 당신의 외침이 아닌가?

5. 새롭게 쓰임 받는다. 당신은 범죄자들에게 여호와의 용서의 길을 가르칠 것이다(시 51:13).

6. 당신이 전에는 배제했던 교회 활동을 회복한다. 형제들은 당신을 크게 기뻐하고, 그렇게 하나님도 당신의 하나님이 될 것이다.

7. 장래에 도움을 받는다. 당신은 더욱 진지하게 유혹을 대적할 것이고, 그리하여 은혜를 통해 더욱 견고한 모습으로 서게 될 것이다. 하나님은 당신의 과거의 부끄러운 타락을 사용해서 온갖 보배로운 교훈을 당신에게 가르칠 것이다.

만약 당신이 여호와께 돌아오라는 이 초청을 거절한다면:

- 그것은 자비로 가득 찬 사랑을 거절하는 어리석은 행동이 될 것이다.
- 이보다 더 나은 제안은 결코 있을 수 없다.
- 이것은 죄책으로 인한 양심의 불안을 일으킬 것이다.
- 이것은 거절하는 자는 여호와의 택한 자가 아닐 것이라는 두려움을 가져올 것이다.

그러나 우리는 당신에게 더 나은 일 곧 우리가 여기서 말하는 것과 같은 구원을 동반한 일이 일어나기를 바란다. 우리는 당신이 은혜의 때를 놓치지 않기를 간절히 바란다. 즉시 당신의 죄를 고백하고, 겸손히 "내가 그들을 긍휼히 여기기라"는 하나님의 말씀으로 변론하라. 그런 다음 기도로 부르짖으라. 왜냐하면 "내가 그들에게 들으리라"고 기록되어 있기 때문이다. 그리고 예수 그리스도의 이름을 믿는 믿음 안에서 "그들은 내가 내버린 일이 없었음 같이 되리라"는 약속을 굳게 붙들라.

하나님의 긍휼로 말미암아 우리는 당신이 그분의 얼굴을 즉시, 진심으로 그리고 불굴의 의지를 가지고 구하기를 바란다.

❖ 취사선택 ❖

타락은 구속보다 더 큰 신비다. 타락을 경험한 자는 구속에 관한 계시를
받게 될 것이다. _ C. 보건(C. Vaughan)

지금 그대는 아담의 자리에서 벗어나 있고,
유혹을 극복함으로써 잃어버린 낙원을 되찾았으며,
정복자의 부정한 음모를 좌절시켰다.
이제부터 그는 더 이상 낙원에서 유혹하기 위해
감히 발을 들지 못할 것이다.
그의 덫은 파괴되었다.
땅의 축복의 자리는 파괴되었지만,
지금 더 좋은 낙원이 세워져있고,
아담과 그의 선택받은 자녀들을 위해,
구주께서 구유에 내려오셨도다.
그곳은 그들이 안전하게 거할 곳이요,
그때는 유혹자와 유혹이 결코 두렵지 않게 될 때이다.

_ 밀턴

복음의 목적은 생명과 완전이다. … 그것은 우리를 의와 참된 거룩 안에
서 하나님의 형상의 참여자로 만든다. … 만일 하나님이 내게 그렇게 하지
아니하셨다면, 곧 내 영혼에 대해 그분 자신과 그분 자신의 형상에 참여하도
록 하시지 않았다면, 절대로 나를 행복하게 만들 수 없다. _ 커드워스
(Cudworth)

그분이 나를 죄의 심연과
크게 입을 벌리고 있는 지옥의 문에서 일으켜 주시고,

658

떨어지기 전보다 훨씬 더 안전한 자리로
나를 인도하셨도다.

_ 와츠

  길을 가다 우연히 지갑을 잃어버린 한 사람이 동료에게 마지막으로 그가 지갑을 꺼낸 곳이 어디인지 질문을 받는다. 그는 "나는 이 도시, 그 여관에 있을 때 분명히 주머니에 지갑이 있었던 것이 확실히 생각난다"고 말한다. 그러자 그 동료는 "오, 그래! 그렇다면 자네가 마지막으로 지갑을 갖고 있던 바로 그곳으로 되돌아가 찾아보는 것 외에 다른 방법은 없어"라고 말해 준다. 이것은 이 시대에 길을 잃고 방황하는 많은 사람들에게 해당되는 사실이다. 그들은 그리스도에 대한 사랑을 잃어버렸다. 그들의 곡식과 포도주와 기름이 너무 풍족한 탓에 그분의 진리를 상실해 버렸다. 외적인 것들이 풍성하게 그들에게 더해진 탓에 그들은 하나님의 얼굴빛을 무시했다. 세속적인 모든 안락으로부터 헐벗고 굶주렸을 때, 그들은 늦든 빠르든 하나님의 얼굴을 구했고, 그리스도의 진리보다 그들에게 더 소중하고 보배로운 것은 아무것도 없었다. 그렇다면 그리스도에 대한 이 상실된 사랑을 회복하기 위해서는 무엇을 해야 할까? 되돌아가는 것이다. 당신이 그것을 마지막으로 갖고 있던 지점으로 즉시 되돌아가야 하리라! 깨어지고 상한 마음의 표지가 있는 곳으로 되돌아가야 하리라! 그곳이 당신이 선한 말씀과 더 나은 행실을 다시 끌어낼 수 있는 지점이다. 그것을 그 세상 사람들 틈에서 잃어버렸기 때문에 다른 곳이 아니라 바로 그곳에서 당신은 그것을 확실히 다시 발견하게 될 것이다. _스펜서의 「옛 것과 새 것」

124
영적 회복

내가 그들에게 나 여호와를 의지하여 견고하게 하리니
그들이 내 이름으로 행하리라 나 여호와의 말이니라
_ 스가랴 10:12

본문의 언급과 그 장 전체의 내용을 옛날 여호와의 백성이었던 유대인들에게 적용시켜 보자. 그들은 너무나 오래 잊혀졌고, 너무나 자주 박해를 받았으며, 너무나 흔하게 멸시를 받았다. 그래서 우리가 주 하나님이 그들에 관해 말씀하신 영광스러운 미래에 관한 예언들을 생각해 보는 것은 유익하다.

그러나 자연적, 혈통적 이스라엘에게 주어진 유업은 영적 의미에서는 영적 이스라엘에게 속한 것이므로, 이 약속은 우리의 것이다.

자신의 연약함을 슬퍼하는 사람들에게 본문의 약속은 특별히 의미가 있다.

I. 하나님의 강하게 하심이 약속되었다.

"내가 그들에게 나 여호와를 의지하여 견고하게 하리니."

1. 그것은 절실하게 요구된다. 우리는 자연적으로 물처럼 약하다.
   - 영혼이 아프고 나면 슬프게도 우리는 연약한 상태에 빠지게 된다.
   - 힘든 일 앞에서 우리는 우리의 연약함을 느끼게 된다.
   - 우리는 경계하고, 걷고, 일하고, 전투하는 데에 힘을 원한다.
2. 그것은 값없이 약속되었다. 또한 6절을 보라.
   - 공의는 우리에게 맡겨져 있다.
   - 부드러운 사랑이 우리의 필요를 주목하고 있다.

- 무한한 능력이 충분히 그것을 채워 줄 것이다.

3. 그것은 신적으로 주어진다. "내가 그들에게 견고하게 하리니." 따라서 그것은 다음과 같다:

- 그 성취가 확실하다.

- 고귀하게 받는다. 주 여호와로부터 직접 힘을 받는 것은 얼마나 고상한 일인가!

- 만일 우리가 그것을 받아들일 만한 믿음만 있다면, 그 교통은 제한이 없다.

4. 그것은 점진적으로 받아들여진다. 우리는 힘에서 힘으로 나아간다.

- 은혜의 수단들을 사용함으로써: 기도, 하나님과의 친교, 영적 훈련, 체험 등.

- 성령의 내밀한 역사를 통해.

- 거룩한 은혜의 성장과 내면의 생명의 확대를 통해.

5. 그것은 즐겁게 감지된다.

한 가지 적절한 실례는 병자가 힘을 회복할 때의 경우다. 우리의 경우도 그의 경우와 같다.

- 식욕이 되살아난다. 우리는 말씀을 맛있게 섭취한다.

- 어려움이 사라진다. 짐이 가벼워진다.

- 일하고 싶어진다. 힘은 활동을 갈망한다.

- 넓은 시야가 확보된다. 우리는 즐겁게 먼 곳까지 걷고, 병든 영혼이 갇혀 있던 좁은 방을 떠난다.

- 즐거움을 누리고, 감사가 회복된다.

6. 그것은 충분히 지속된다.

- 하나님은 날마다 우리에게 힘을 주신다.

- 그분은 필요한 만큼 우리의 힘을 강하게 하신다.

- 그분은 우리가 오직 **자신의** 힘만을 알도록 **자신의** 힘을 강하게 하시

는 것만큼 우리의 연약함을 그만큼 더 분명하게 드러내신다.

II. 그리스도인의 활동이 예고되었다.

"그들이 내 이름으로 행하리라."

1. 그들은 편안함을 누릴 것이다 — 행한다는 말씀 속에 함축되어 있다.
2. 그들은 자유를 소유할 것이다. 그것은 해방의 걸음걸이다.
3. 그들은 다양한 섬김의 형식을 통해 여호와를 위해 활동할 것이다.
4. 그들은 인내하며 이 활동을 감수하고, 나아가 즐겁게 "앞으로! 위로!' 하고 외칠 것이다.
5. 그들은 그 활동을 조심스럽게 감당할 것이다: "그들이 내 이름으로 행하리라" — 무엇이든 주 예수님의 이름으로 행한다.

병든 영혼은 주님이 자기에게 힘을 주실 때 회복된 모습을 보여 줄 것이다. 병에서 회복되고 있는 사람은 이 상태가 얼마나 행복한 상태인지 안다.

III. 두 가지 복이 보장되었다.

1. "내가 하리라"는 말씀 속에는 전능하신 하나님의 은총이 들어있다.
2. "그들이 행하리라"는 말씀 속에는 성별된 자유행위가 들어있다.
3. "나 여호와의 말이니라"는 말씀 속에는 절대로 오류가 없는 신실하심이 들어있다.

이 일련의 말씀은 본문을 영광스러운 말씀으로 만든다. 당신은 병에 걸렸거나 비참하거나 유약한가? 이 고귀한 본문은 당신을 위한 말씀이다.

당신의 힘이 있는 곳을 바라보라! 힘을 얻기 위해 강하신 분을 바라보라. 그것을 얻기 위해 예수를 믿으라! 그분은 그것을 주실 준비를 하고 있다.

힘을 얻었다면, 그것을 충분히 사용하라! 약한 자를 돕고, 다른 사람들의 짐을 져 주며, 감사함으로 여호와를 섬기고, 하나님을 영화롭게 하라.

❖ 한 위대한 설교자의 말 ❖

월터 스콧 경은 자서전에 이런 글을 썼다. 그가 어렸을 때 다리 하나가 마비 되었다. 당시 의술로 그것을 치료하지 못하자 친절한 삼촌이 마루 위에 황금시계를 달아놓고 잡아당김으로써 그가 그것을 잡기 위해 쫓아가도록 유도했다. 그렇게 함으로써 생명 활동과 근육의 힘을 점차 증대시키도록 하였다. 마찬가지로 하나님도 영적 어린아이인 우리를 똑같이 다루심으로써 우리의 연약한 믿음을 강하게 하신다. 우리의 노력은 얼마나 빈약하고, 우리의 움직임은 얼마나 둔할까! 그러나 영적 생명력은 그토록 약하고 느린 노력과 움직임에 의해 유도되고, 계발되고, 강화된다.

누구나 **힘**이 필요하다. 우리는 일용할 양식을 구한다. 우리는 힘을 새롭게 하는 수단으로서 그것을 구한다. 우리가 악으로부터 구원받고, 우리의 죄악으로부터 용서받기 위해서는 그만한 힘이 필요하다. 이를 위해 어떤 일들은 실천되어야 하고, 어떤 일들은 인내해야 하며, 또 어떤 일들은 저항해야 한다. 이때 실천하고 견디고 저항할 수 있는 힘은 어떤 종류의 힘이 필요하고, 어느 정도 그 힘이 있을 때에만 가능하다. 단순히 행하거나 견디기 위해 필요한 힘은 없다. 또한 즐기기 위한 힘도 마찬가지다. 약함은 생명에 아무 도움이 되지 못한다. 연약한 자는 살아도 아주 저급한 삶을 산다.

힘이 없는 것은 어떤 종류의 외적 소유를 결여하고 있는 것보다 더 심각하다. 힘이 없는 부자는 힘이 있는 가난한 자보다 훨씬 더 악한 처지에 있다. 힘이 있는 가난한 자가 실제로 더 부자다. 약함은 활동을 감소시키고, 즐거움을 반감시키며, 어떤 종류의 고난을 크게 자초한다. 더욱이 많은 경우에 그것은 죄악의 원인이 된다. 직접 범죄로 이끌고, 그를 가혹하고 극히 위험한 유혹에 노출시킨다. 그러므로 우리 자신을 죄로부터 보호하기 위한 수단으로서 우리는 날마다 힘을 구해야 한다. 누구에게나 힘이 필요하다. 하지만 어느 누구도 자기에게 필요한 만큼의 힘을 자신의 내부에 갖고 있지 못하다. 그는 **강한 힘**이 필요하다.

그리스도인은 이 법칙에 예외가 아니다. 그에게는 힘이 필요하다. 그의
회심이 비활동, 안일, 방해받지 않는 평온에 대한 변화가 아니다. 그의 할 일
은 푸른 초장에 누워 있거나 잔잔한 시냇가에 앉아서 끊임없이 시편을 노래
하는 것이 아니다. 그는 푸른 초장에 누워있을 때도 있지만 일로 말미암아
피곤할 때도 있다. 또 그곳에 누워 있다고 해도 그것은 더 강한 사람으로 다
시 일어나기 위해서, 더 맹렬한 전투에 참여하기 위해서, 더 열심히 일하기
위해서이다. 우리는 쉼을 위해 쉬는 것이 아니라 다시 일하기 위해 쉬는 것
이다.

형제들이여, 그리스도인의 힘은 주님으로부터 힘을 받을 때에만 주어질
수 있노라. 사람으로서, 그 안에든 또는 그리스도인으로서, 그의 안에든 그
의 인생이 시작될 때부터 힘의 창고나 저장소는 절대로 없다. 날마다, 매 단
계마다, 처음에는 어린 아기로서, 그 다음에는 젊은이로서, 그 다음에는 그
리스도 안에서 아버지로서, 사람은 힘이 필요하다. 그리스도인의 삶을 시작
할 때 우리에게 이미 주어진 내적 자원 대신에 우리에게 그것이 필요할 때마
다 외부에서 공급된다는 것이 얼마나 영광스러운 일일까! 우리 영혼의 아버
지 곧 모든 힘과 지혜의 원천이 되시는 분과 친밀한 교제를 가질 때 이것이
우리에게 주어지지 않는가? 따라서 항상 적용해야 하는 일들과는 별개로,
먼저 우리를 강하게 만드시는 하나님께 바르게 적용해야 한다. _ 새뮤얼 마
틴(Samuel Martin)

125
십자가에서 애통함

내가 다윗의 집과 예루살렘 주민에게 은총과 간구하는 심령을 부어 주리니
그들이 그 찌른 바 그를 바라보고 그를 위하여 애통하기를 독자를 위하여 애
통하듯 하며 그를 위하여 통곡하기를 장자를 위하여 통곡하듯 하리로다
_ 스가랴 12:10

인격의 현저한 변화를 주목해보라: "나를 바라보고"(look upon me; 개역
개정판 한글성경은 '그'로 번역되어있지만, 흠정역 영어성경은 '나'로 되어
있다). "그를 위하여 애통하기를"(mourn for him). 이 변화는 통일성과 독특
성을 암시한다. 곧 우리에게 신성의 통일성과 인격의 삼위성을 암시하고 있
다.

말씀하시는 분은 "하늘을 펴신"(1절) 여호와지만, 그분은 "그들이 찌른
나"라고 말씀하신다. 찔림을 당하고, 은혜의 영을 쏟아 부으시는 분은 여호
와 - 예수이시다. 예수님은 유대 율법에 의해 돌로 쳐 죽임을 당해야 했는데
도 불구하고 십자가에 달려 죽으신 것은 이상한 일이다. 또 십자가에 못 박
혔을 때 로마 병사는 예언에 대해 전혀 무지했음에도 불구하고 그분을 창으
로 찌른 것도 이상한 일이다.

유대인들의 회심이 여기에 약속되어 있다: 그들은 십자가에 달려 죽은 그
리스도께 나아와 회심할 것이다. 그들은 불신앙과 미움을 통해 그분을 죽이
는 죄를 범했다. 우리는 그들이 어서 빨리 올바른 길로 나아와 구원받도록
기도해야 한다.

본문은 그들이 회개할 길을 알려 주고 있고, 이것은 또한 우리에게도 마
찬가지다. 복음에 따른 죄에 대한 애통이 여기서 우리가 살펴볼 주제이다.
우리는 다음과 같이 그것을 살펴볼 것이다:

I. 그것은 성령에 의해 주어진다.

"내가 다윗의 집과 예루살렘 주민에게 은총과 간구하는 심령을 부어 주리니."

1. 그것은 단순히 양심이나 두려움이나 참회의 감정에 의해서 또는 심지어 음악이나 그림 등을 통해서 주어지는 것이 아니다.

2. 그것은 은혜의 선물로 오는 것이다. "내가 부어 주리니." 아버지께서 부어 주시는 하나님의 영으로 말미암아 지성은 계발되고, 심령은 새롭게 된다.

3. 그것은 기도를 통해 얻어진다. "은총과 간구하는 심령을." 이것은 후회와 다른 것으로, 후회에는 기도가 동반되지 않는다.

4. 그것은 지속적이다. 왜냐하면 그것은 열려 있는 샘과 같이(이어지는 13장을 보라) 지속적인 것들과 함께 오기 때문이다. 또 그것은 항상 존재하는 원천으로부터 온다. 은총과 간구의 영은 성도들 속에 항상 거하고 있기 때문이다.

II. 그것은 예수님을 바라볼 때 일어난다.

"그들이 그 찌른 바 그(또는 나)를 바라보고."

그러므로 그것이 그 바라봄을 준비시킬 수는 없다. 우리가 먼저 현재 모습 그대로 나아와 예수를 바라보고, 그 다음 그 바라봄이 우리를 참회로 이끈다.

1. 우리는 죄가 순결에 대해 끔찍한 증오를 품고 있음을 안다. 그것은 거룩하신 분을 죽였기 때문이다. 그것도 그분이 가장 자애롭고 매력적인 모습으로 성장했을 때 말이다.

2. 우리는 죄가 사랑에 대해 무정한 태도를 갖고 있음을 안다. 죄는 무한한 사랑에 악질적인 증오로 반응한다. 그래서 그것은 예수님을 십자가에 못 박는다.

3. 우리는 죄가 하나님을 싫어하는 것을 안다. 그것은 할 수 있는 한 그분을 죽이려고 획책하고, 결과적으로 그렇게 했다. 죄는 본능적으로 신을 죽이려는 의도와 성향을 갖고 있다.

4. 우리는 이것이 우리 자신의 죄로 말미암은 끔찍한 죄책이기 때문에 단지 흠 없는 희생제물로만 그것을 대속할 수 있음을 안다.

5. 우리는 우리가 주 예수님과 그분의 주장을 거절하고 거역하는 행동을 함으로써 갈보리의 죄에 참여하게 되었음을 안다.

III. 그것은 슬픔 중의 슬픔이다.

"그를 위하여 애통하기를 독자를 위하여 애통하듯 하며."

1. 이것은 독자나 장자를 잃은 부모의 처절한 고통과 비교할 만하다. 양자는 슬픔의 근원이 아주 특별하다.

2. 이것은 또 요시야를 향한 국민의 슬픔과 비교할 만하다(11절을 보라).

어떤 민족도 유다가 요시야를 잃었을 때만큼 큰 상실을 겪은 민족은 없고, 그때 그 백성들은 온 백성이 하나가 되어 애통하는 모습을 보여 주었다. 이것이 예수님의 죽음에 대해 회개자가 보여 주는 슬픔이다.

3. 이것은 개별적이고, 개인적이다(12-14절을 보라).

4. 이것은 보편적이고, 사회적이다. "온 땅 각 족속이 애통하되"(12절).

IV. 그것 자체는 죄를 씻어내지 못한다.

그것을 통해 우리는 죄를 자백하지만, 그것으로 죄를 없앨 수는 없다. 회심은 우리의 오점을 보여 주는 거울이지 그것을 씻어내는 욕탕은 아니다.

1. 그것은 우리에게 샘이 필요함을 가르쳐 주기는 하나 그것 자체가 깨끗하게 씻는 샘은 아니다.

2. 그것은 예수님을 바라보는 구원의 역사와 함께 가는 것이지 그 반대로 가는 것이 아니다.

3. 그것은 자아 또는 심지어 자아 자체로부터 멀어지도록 이끈다.

4. 그것은 예수님께 나아가도록 이끈다. 우리는 그분을 위해 슬퍼하고, 이렇게 우리를 그분과 연계시킬 때 우리 심령은 가장 큰 영향을 받는다.

오라, 상처 받은 심령이여, 예수님을 바라보고 고침을 받으라. 오라, 강퍅한 심령이여. 예수님을 바라보고 깨어져라.

오라, 무정한 심령이여. 예수님을 바라보는 것에 그대를 붙들어 매도록 하라.

126

십자가의 고통

그들이 … 그를 위하여 통곡하기를
_ 스가랴 12:10

유대인들이 예수님을 메시아로 받아들일 때, 그들은 그분을 찔림을 당하고 죽임을 당하는 자로 바라보게 될 것이다. 그리고 그 첫 번째 결과는 통곡하는 회개가 될 것이다. 그것은 우리에게도 똑같다. 모든 눈들 가운데 십자가에 달리신 예수님을 바라보는 눈이 가장 행복하다. 하지만 동시에 그것은 통곡을 가져온다.

I. 그리스도에 대한 우리의 첫 번째 눈은 통곡을 일으킨다.

1. 그 전에 그분의 보배로움을 깨닫지 못한 것 때문에. 얼마나 큰 손해일까!

2. 이토록 큰 사랑을 그렇게 오랫동안 무시한 것 때문에. 얼마나 끔찍한 죄악 중에 죄악일까!

3. 그분이 결국 우리의 것이 될 수 없었을지도 모른다는 두려움 때문에. 이것은 무서운 고통 곧 영혼의 애절한 슬픔을 일으킨다.

4. 죄와 그 크기와 그 결과가 그분의 참혹한 죽으심 속에서 보이기 때문에. 이것은 우리로 하여금 우리의 죄책과 그분의 비애를 통탄하게 만든다.

5. 하나님의 진노와 그 공의와 그 떨림 또한 그분이 달리신 십자가에서 보이기 때문에. 이것 때문에 우리는 두려워한다.

6. 결코 사함 받지 못하리라는 두려움 때문에. 우리가 우리 자신을 스스로 용서할 수 없다는 의식은 오로지 통곡의 길로 우리를 이끈다.

II. 그리스도에 대한 우리의 계속되는 눈은 우리 안에 한평생 동일한 통곡을 일으킨다.

1. 그분의 위대하신 사랑은, 잘 알려졌을 때, 죄에 대한 더 깊은 슬픔을 일으킨다.

2. 그것은 그분을 근심시키는 것에 대해 두려운 마음을 갖도록 한다.

3. 그것은 우리의 현재 무가치성에 대해 깊은 회오를 갖도록 한다.

4. 그것은 우리가 우리 주변의 무수한 사람들이 그분을 거절하는 미친 짓으로 말미암아 실족할 때 더 큰 두려움을 갖게 한다.

5. 그것은 사람이 예수님이 죽음을 통해 제거하신 죄악과 맞서 투쟁할 때 그분과 함께 하고 싶어 하는 절실한 감정을 촉진시킨다.

III. 통곡은 지극히 은혜로운 결과를 낳는다.

1. 그것은 죄를 크게 미워하고, 그것을 더 조심스럽고 세심하게 피하도록 이끈다.

2. 그것은 그리스도를 정말 좋으신 분으로 만든다.

3. 그것은 세속적 쾌락과 유혹에 무감각하도록 만든다.

4. 그것은 핍박당할 때 분노 등과 같은 죄악된 감정을 죽이도록 이끈다.

5. 그것은 그 안에 말로 다할 수 없는 장점을 갖고 있다. 우리는 회개를 기쁘게 여기고, 겸손히 예수님에 대해 근심하는 것을 즐겁게 생각하게 된다.

❖ 요점 ❖

나는 빌라도의 관정에 몰려 있는 사람들을 보고,

그들의 분노한 모습을 주목한다.

"십자가에 못박으라"는 그들의 외침은

사이 사이 신성모독으로 오싹 소름이 끼치고,

외치는 무리들 가운데서 나 역시 하나임을 느낀다.
거친 목소리의 소란한 소리들 속에서
나는 나 자신의 목소리를 발견한다.
나는 그분의 등에 쏟아지는 채찍들을 보고,
구멍이 뚫린 면류관을 본다.
때리고 조롱하는 무리들 속에 나 역시 하나님을 느낀다.
저기 십자가 주변에 몰려들어 수난자의 신음을
조롱하는 무리들을 본다.
내 목소리도 여전히 거기서 들려온다
— 마치 나 홀로 조롱하는 것처럼.

신성한 피를 흘리게 한 자는 바로 나였고,
내가 그분을 나무에 못박았다.
내가 하나님이신 그리스도를 십자가에 못 박고,
내가 그 조롱에 가담했다.
그러나 그 피는 내 죄를 제거하는데 충분한 효력이 있었다.
그 십자가는 내게 내면의 평화를 주는데 조금도 부족하지 않았다.

우리는 우리의 죄를 그리스도의 십자가에 못 박아야 한다. 그분이 달리신 나무에 그것을 단단히 붙들어 매야 한다. 죄는 십자가상의 그리스도를 바라 볼 때 사람 속에서 죽기 시작할 것이다. 왜냐하면 그리스도의 십자가는 죄를 고소하고, 죄를 모독하며, 은밀한 권능으로 죄의 심장을 박살낼 것이기 때문이다. 우리는 그리스도께서 우리를 위해 죄를 처리하실 때 하셨던 것처럼 죄를 다루어야 한다. 우리는 그것을 높이 들어야 한다. 곧 그것을 하나님께 자백함으로써 그것이 적나라하게 드러나도록 해야 한다. 우리는 회개를 통해 그것의 손과 발을 붙들어 매야 한다. 그리고 경건한 슬픔을 통해

그것의 심장을 찔러야 한다. _ 바이필드(Byfield)

　부드럽고 자상한 심령을 만들고 견지하기 위해 그리스도의 고통스러운 수난을 묵상하는 것은 필요하고, 특별히 유효하다. 이것은 가이사의 피 묻은 제복을 볼 때 로마 시민들이 큰 힘을 얻고, "그들로 하여금 그의 죽음의 복수를 다짐하도록 했던" 것과 같다. _ 트랩

　이전에 보았던 십자가는 모든 악을 죽인다.
　그렇지 않다면 겪어야 할 고통을 다 겪고 십자가에 못 박히신 그분은 헛되이 피 흘리고, 신음하고, 고뇌하며, 죽으신 것이다.

_ 쿠퍼

　뉴턴의 찬송시 "오랫동안 죄악을 즐거워할 때"는 십자가에 달리신 그리스도를 바라봄으로써 회개와 구원에 이른 한 사람의 경험을 묘사하고 있다.
　옛 속담 가운데 "사람이 자신의 죄를 슬퍼하면, 그의 슬픔은 기쁨이 된다"는 유명한 말이 있다. _ 토머스 브룩스

127
따로

온 땅 각 족속이 따로 애통하되 다윗의 족속이 따로 하고
그들의 아내들이 따로 하며 나단의 족속이 따로 하고
그들의 아내들이 따로 하며 레위의 족속이 따로 하고
그들의 아내들이 따로 하며 시므이의 족속이 따로 하고
그들의 아내들이 따로 하며 모든 남은 족속도 각기
따로 하고 그들의 아내들이 따로 하리라
_ 스가랴 12:12-14

참된 회개는 애통을 동반한다. 그것은 그 자체로는 애통이 아니지만, 죄에 대한 애통이 포함되지 않는 회개는 단순한 허례에 불과하다. 그것은 마음의 변화로서, 그 변화는 과거에 대한 애통을 포함한다.

우리는 눈에 눈물이 없고 마음에 애통이 없는 회개를 의심할 필요가 있다. 심지어는 그리스도께서 분명히 보이고, 용서가 주어진다고 해도, 죄에 대한 애통은 멈추지 않는다. 아니 오히려 그것은 더 깊어지고 순화된다고 말할 수 있다.

이 애통은 개인적이라는 점에서 하나의 특성이 있다. 곧 그것은 개인 각자의 행위로서, 누구도 함께 하지 못하고 따로 해야 하는 개별적 행위다. 그 표어는 "따로"란 말이다.

I. 죄에 대한 애통의 개별적 결과.

우리는 여기서 "따로"라는 단어가 사용되고 있는 사람과 시대를 주목해야 한다.

1. 그 말은 그 애통이 보편적일 때에도 나타난다. "온 땅 각 족속이 따로 애통하되." 은혜가 광범하게 역사할지라도 각 개별적 인간을 향한 그

은혜의 능력은 감소되지 않는다.

2. 그 말은 애통이 보편적이고 대부분의 족속이 회개할 때, 한 족속과 다른 족속이 서로 구별된 애통을 보여 줄 것이다. 하나님을 경배하는 족속들이 극히 적을 때에는 얼마나 더 그러해야 할까!

3. 두 족속이 모두 하나님을 경외할 때에도 족속과 족속 사이에 애통의 차이가 있을 것이다. 각 족속은 각기 나름대로의 죄가 있고, 그 특수성은 각자의 고백에 따라 이루어져야 한다.

- 왕족 또는 부자나 유력자들: "다윗의 족속이 따로 하고."
- 선지자 족속 곧 목사들: "나단의 족속이 따로 하고."
- 제사장 족속 곧 교회직원이나 교사들: "레위의 족속이 따로 하고."
- 평민 족속 곧 상인이나 노동자 가족 등: "시므이의 족속이 따로 하고."

각 족속은 나름대로 이행하지 못한 의무, 악한 습관, 차별, 거듭나지 못한 자들, 악인들을 갖고 있다.

4. 그것은 아주 가까운 친족 간에도 차이가 보인다. "그들의 아내들이 따로 하며." 이들은 한 몸이다. 그러나 그들의 마음이 정욕에 떨어지면, 각자가 따로 애통해야 한다.

남편과 아내가 함께 범하는 공통의 죄는 함께 애통해야 한다. 거룩한 기쁨과 거룩한 슬픔 그리고 많은 헌신들은 서로 밀접하게 연계되어 있다. 하지만 회개로써 하나님을 구하는 데에는 각자가 따로 가져와야 한다.

거룩한 슬픔의 이러한 개인성은 불건전하고, 자의식적이며, 잘못된 것으로 낙인 찍혀 있지만, 이같이 말하는 사람들은 영적 사실에 무감각한 사람들로서 단순히 트집잡기 위해 하는 말이다.

II. 이 개별성(따로)은 어떻게 표현되는가?

물론 사건의 본질에 따라 각각의 경우마다 다르다. 그러나:

1. 각 개인이 자기 자신의 죄를 가장 잘 안다. **성격**은 오직 그만의 것이다.

   2. 각 개인은 **장소**에 관해서도 혼자이기를 바란다. 어디든 곧 그곳이 침상
   이든 들이든 또는 헛간이든 상관없다. 그러나 홀로 있음이 요구되고 또
   확보되어야 한다.

   3. 각 개인은 자기 자신만의 **시간**이 있다. 회개하는 자는 아침이든 한낮이
   든 저녁이든 막론하고 즉시 애통해야 한다. 그는 규칙적으로 시간을 가
   질 수 없다.

   4. 각 개인은 자기 자신의 **방법**이 있다. 어떤 사람은 조용하고 또 어떤 사
   람은 크게 소리를 지른다. 어떤 사람은 울부짖고, 또 다른 사람은 꼭 그
   렇게 하지 않더라도 더 깊은 슬픔을 표현한다. 어떤 사람은 마음이 찢
   어지는 것을 느끼고, 또 어떤 사람은 자신의 강퍅함을 비통해 한다.

   5. 각 개인은 자기 자신의 **비밀**이 있다. 비록 그들이 원한다 할지라도 아
   무도 그 안에 들어올 수 없다. 애통하는 자는 각자 자신의 영혼에 숨겨
   져 있는 비밀이 있고, 그는 그것을 사람들에게 보여 줄 수 없다.

III. 우리는 이 개별성을 어떻게 설명하는가?

   1. 부분적으로 다른 사람들 앞에서 죄를 고백하지 못하게 하는 자연적이
   고, 정당한 부끄러움 때문에 그렇게 된다.

   2. 마음은 하나님께 나아가기를 바라지만, 다른 사람이 옆에 있으면 그것
   을 방해받을 것이다.

   3. 사람은 자신의 죄책이 전적으로 자기에게 있고, 그래서 다른 사람들을
   거기서 분리시키기 때문에 본능적으로 하나님께 따로 나아오고, 홀로
   자신의 책임을 짊어져야 한다고 알고 있다.

   4. 이것은 신실함의 표시가 된다. 사이비 경건은 종교를 국가적인 것으로
   싸잡아 말하고, 단체 속에서 또는 거리에서 그것을 보여 주기를 좋아한
   다. 그러나 참된 경건은 마음속에 있고, "영과 진리" 속에 있는 것으로,

극히 개인적이다.

5. 이것은 그 개인적 감정, 필요, 갈등, 욕구, 후회, 고백 등에 수반되는 영적 생활의 표지다. 살아 있는 두 사람이 외적으로 똑같은 모습을 보여 줄 수는 없다. 확실히 그것은 내적으로도 마찬가지다. 그러므로 주님 앞에서 그들은 별개의 개인적 실존을 보여 주어야 한다.

자기검토를 크고, 세밀하고, 낱낱이 하도록 하라.

당신은 따로 죽어야 하고, 어떤 의미에서는 따로 판단받고, 선고받아야 한다는 것을 깨달으라. 당신 자신의 개별성을 잊지 말라. 당신은 혼자 힘으로 그리스도를 소유해야 한다. 당신 자신이 거듭나야 한다. 그렇지 않으면 당신은 버림받게 될 것이다.

당신이 이 활동을 위해 준비되었을 때, 세상에 나아가 세상을 구원하라. 당신 자신의 횃불을 밝혀라. 그렇지 않으면 다른 사람을 계몽할 수 없다. 이 타적인 존재가 되기를 추구할 때 이기성이 없는 법이다. 그것은 오직 은혜가 당신을 위해 해 줄 수 있는 일이다.

❖ 개인성 ❖

영원에 대한 질문이 당신을 독점하도록 하라. 그것은 지극히 개인적인 질문이다. 하지만 그것은 당신을 이기적 존재로 만드는 것이 아니라 당신의 마음을 크게 넓혀줄 것이다. 자기 자신의 영혼에 대해 아무 감각이 없는 사람은 다른 사람들의 영혼을 절대로 위해 줄 수 없다. _ 브라운로 노스 (Brownlow North)

개인의 은밀한 죄는 개인적으로 고백되어야 한다. 아내가 아무리 남편의 마음속에 자리 잡고 있는 죄를 훤히 알고 있다고 해도 그것을 대신할 수 없다. 나단의 아내는 남편인 나단과 일심동체라는 이유로 불평할 명분을 갖지 못한다. 그녀에게 남편과 똑같이 어떤 자유가 허락되어 있고, 또 허락될 수 있다고 해도, 그녀가 날마다 하나님께 나아가 자신의 영혼의 헌신을 보여 주어야 할 의무는 사적으로 그리고 따로 주장되는 것이다. 남편과 아내는 다른 시간에 그들 각자의 기도를 가져야 하고, 이것은 다른 누구도 예외가 아니다. _토머스 풀러

"유죄냐" 또는 "무죄냐"의 질문은 각 죄수마다 개별적으로 주어져야 한다. 각자 자신의 이름에 따라 대답하고, 자신에게 해당되는 변호를 해야 한다. 무죄가 선고된다면, 그것은 개인의 이름에 주어져야 하고, **그에게** 개별적으로 행해져야 한다. 그렇지 않으면 그것은 그에게 아무 가치 없는 문서에 불과할 것이다. 모든 경우에 유죄와 무죄는 개인적 관계에 따라야 한다. 하지만 사람이 이것을 깨닫는 것은 얼마나 어려운 일일까! 오, 우리가 "일대일" 방식으로 설교할 수 있다면, 그래서 각 회중들이 나단이 "당신이 그 사람이라"고 말했을 때처럼 개인적인 것임을 느낄 수 있도록 해 줄 수 있다면! 만일 우리 회중들이 "주여, 접니까?"라고 반응하지 않는다면, 우리는 "나는 하나님이 당신에게 전해 줄 말씀을 갖고 있소"라고 그들에게 말해 주어야 한다.

128
의심받았으나 확증된 사랑

여호와께서 이르시되 내가 너희를
사랑하였노라 하나 너희는 이르기를
주께서 어떻게 우리를 사랑하셨나이까 하는도다
_ 말라기 1:2

말라기 선지자가 활동하던 당시 이스라엘은 서로 헐뜯고 불평이 만연된 상태에 있었다. 그의 간략한 예언은 불신앙적인 질문으로 가득 차 있다. 마치 사람이 하나님과 최후 담판을 하는 자리에 있는 것처럼 보인다.

본문은 우리 영국에 대한 모습으로 간주될 수 있다. 왜냐하면 하나님께서는 우리나라에 크게 은혜를 베푸셨지만, 슬프게도 배은망덕했기 때문이다.

우리는 이스라엘을 은혜의 선택에 대한 모형으로 생각하는 것이 좋다. 그것은 온갖 죄악에 떨어져 나락과 침체에 빠지고, 음울한 불신앙으로 가득 차 있는 상태로, 은혜가 가장 적게 주어질 때, 택한 자들에게서도 나타난다.

이 마음의 상태를 우리는 다음과 같이 고찰할 것이다:

I. 하나님의 사랑이 선포됨.

"여호와께서 이르시되 내가 너희를 사랑하였노라."

하나님의 특별한 사랑은 성경에서 모든 신자에게 선포되고 있고, 본문도 그 사랑을 언급하고 있다. 이것은 이어지는 말씀을 살펴보면 극명하게 드러난다. "나 여호와가 말하노라 에서는 야곱의 형이 아니냐 그러나 내가 야곱을 사랑하였고." 이것은 사도 바울이 은혜의 선택에 관해 말할 때 정확하게 인용했던 말씀이다(롬 9:13).

이 사랑은 모든 신자에게 다음과 같이 보인다:

1. 옛적부터 그리스도 예수 안에서 선택됨.
2. 그리스도로 말미암아 이루어진 언약의 약속.
3. 주 예수님을 통해 성취된 대속.
4. 그리스도 예수 안에서 주어지는 거듭남과 영생의 선물.
5. 죄 사함, 이신칭의, 양자됨, 성화 등.
6. 이 순간까지의 보호하심과 미래에 대한 모든 약속.

이것은 주님이 거듭난 각 영혼에게 "내가 너희를 사랑하였노라"고 말씀하신 것에 대한 극히 일부 목록이다. 우리는 성령을 통해 이것이 우리 마음속에 개별적으로 각인되었던 사랑의 순간을 기억하지 않는가?

지금도 하나님은 자신의 말씀을 통해 그리고 자신의 영을 통해 구속받은 자들에게 말씀하신다. 그런데도 그들이 그것을 듣지 못하는가? 그들이 그 사랑의 선포에 대해 은혜롭게 다가가지 못하고 겸손히 인정하지 못하는가?

II. 하나님의 사랑이 의심받음.

"하나 너희는 이르기를 주께서 어떻게 우리를 사랑하셨나이까 하는도다."

이것은 충격적이고 수치스러운 일이다. 슬프게도 그것은 마음이 너무나 자주 그런 상태에 빠지는 것을 암시한다.

이 질문은 다음과 같은 상태에서 제기되었다:

1. 구원이 없는 것처럼 보였던 극도의 고통 속에서. 성급하게 슬픔에 빠지는 사람이 하나님의 사랑을 의심했다.
2. 악인이 번창하는 것을 볼 때. 교만한 시대에 약하고 멸시받는 많은 신자들이 하나님의 특별한 사랑을 분별없이 의심했다.
3. 개인의 구원에 관해 서글픈 의혹이 일어날 때, 그리고 사탄의 혹독한 시험 아래 있을 때 동일한 의심이 일어났다.

4. 슬프게도 이것은 세속화에 휩쓸려 영적인 것에 대한 모든 안목과 감각을 잃어버리고, 사랑은 마치 허구인 것처럼 취급하는 시대의 사람들에게도 일어났다.

이것은 사랑의 하나님께 깊은 상처를 주는 슬픔이다.

이것은 놀라운 자비를 무시하는 것이다.

이것은 의심하는 자에게 두려운 위험을 초래한다.

III. 하나님의 사랑이 재고됨.

이 사실들을 엄밀히 고찰하고 묵상할 때, 우리는 다음과 같은 것을 깨닫는다:

1. 탄식하는 사랑. 하나님이 그렇게 대접 받을 분인가? 그런데도 그분이 "내가 너희를 사랑하였노라 하나 너희는 이르기를 주께서 어떻게 우리를 사랑하셨나이까" 라고 슬프게 부르짖지 않는가?

2. 간청하는 사랑. 모든 어조가 "내게로 돌아오라" 고 말씀하고 있지 않은가?

3. 풍성한 사랑. 우리의 질문은 우리를 부끄럽게 한다. 하나님은 일만 가지 방법으로 우리를 사랑하신다. 우리가 악의적으로 그분의 사랑을 의심할 때에도 참으실 만큼 우리를 사랑하신다.

4. 정복하는 사랑. 우리는 여호와의 발 앞에 부끄러운 모습으로 무릎 꿇고, 우리 마음의 최고의 사랑으로 그분의 사랑에 보답한다.

오라. 너희 버림받은 자들아, 우둔한 질문을 버리고 오라!

그분의 팔에 뛰어들어 모든 두려움을 **제거하도록** 하라.

❖ 사 랑 에 관 한 해 설 ❖

한 어린아이가 아버지에게 고의로 복종하지 않았다. 이 죄 때문에 그는 징계를 받고 자기 방으로 가게 되었다. 그는 아주 우둔하고 완고한 아이였고, 아버지는 그에게 마땅히 할 일을 한 것이다. 아버지는 그에 대해 크게 슬퍼하면서 눈물로 호소한다. 아버지는 자신의 사랑을 받아주지 못하는 아들의 배은망덕에 큰 상처를 입는다. 아이는 아버지의 사랑을 받아들이지 못하고 분노로 반응한다: 만일 아버지가 자기를 사랑했다면, 왜 매로 때리고 방으로 보내겠는가? 이것은 극히 반역적인 질문이다. 이것은 본문에서처럼 똑같은 쐐기로 마음을 아프게 찌르는 질문이다. 그것은 또한 그리스도인들이 자신의 현재 상황 때문에 주님의 사랑을 재보고, 반역적인 마음으로 자신의 가난과 고통과 핍박이 하나님의 사랑에 합당한 열매인지를 물어볼 때, 드러나는 정신이기도 하다. 하나님은 우리 영혼이 쓰라린 고뇌로 혼란에 빠져있을 때 우리가 얼마나 쉽게 어리석은 행동에 빠지는지 알고 계시고, 따라서 그분은 우리의 억지에 대해 손을 대지 않고 참으며, 더 나은 정신으로 우리를 이끌기 위해 그 이유를 설명해 주신다.

만일 하나의 강이 땅으로부터 충분히 솟아오르는 것을 보는 것이 경이롭다면, 땅의 모든 강이 연원하는 광대한 샘이 즉각 끓어올라 무수한 강이 생겨나는 장면은 얼마나 장관일까? 그것은 참으로 놀라운 장면이 되리라! 누가 그것을 상상이나 할 수 있을까? 그런데 하나님의 사랑이 바로 그 샘이다. 바로 거기서 인류를 항상 기쁘게 했던 자비의 모든 강들 — 현재의 모든 은혜의 강들과 장래의 모든 영광의 강들 — 이 생겨났다. 내 영혼아. 그 거룩한 샘의 근원에 서라. 서서 우리를 사랑하신 하나님, 우리 아버지를 영원무궁토록 경배하고 찬양하라. _ 스펄전

> 자신의 품에 사랑하는 아기를 안고 있는
> 어머니의 사랑보다 더 큰 사랑은 무엇일까?
> 아기의 울음소리를 듣고, 그 위험을 돕기 위해
> 움직이는 그녀의 사랑에 어떤 증명이 필요할까?
> 그런데 세상이 생긴 이래, 가장 자상한 어머니로서

자신의 하나의 가슴 속에 모든 어머니들의 사랑을
다 담고 있다면, 그것은 오직
인간을 향한 하나님의 사랑뿐이다.

_ 존 바이롬(John Byrom)

아주 자상한 한 부모가 어릴 때부터 엄청 고집이 세고 방탕한 아들을 두
었다. 자신의 결점을 깨닫게 된 아들은 부모를 두려워하고 미워했다. 그러
다가 모든 수단을 동원해서 아버지의 가슴속에 담긴 자비와 사랑 그리고 자
기에게 베풀어졌던 모든 친절과 관용에 아무 도움이 되지 않는 의심들을 몰
아내려고 노력했다. 결국 그 방법은 성공했고, 놀라울 정도로 그의 비겁한
의심이 놓여있던 자리에 신뢰가 자리잡게 되었다. 더 이상 폐를 끼치지 않
는 가족의 일원이 되자 그는 장사를 하기 위해 집을 떠났다. 그는 궁지에 몰
렸을 때 부모에게 도움을 청하면 친절하게 도와줄 것이라고 확신했다. 세월
이 흐르자 사업에 실패한 그는 궁지에 몰렸다. 하지만 그는 부모에게 도움
을 청하지 않았고, 그의 마음속에서는 부모의 사랑과 관심에 대한 과거의 그
비굴한 의심과 불신이 다시 지배하기 시작했다. 그는 아버지에게 도움을 청
하지 않았다. 아버지의 마음이 아들의 마음의 파탄에 대해 얼마나 찢어졌을
지 누가 짐작할 수 있을까? 그러나 이것이 바로 신자의 경우다. 그는 용서 받
고 용납 받았지만, 하늘에 계신 아버지 믿기를 거부하고, 부모에 대한 자녀
로서의 신뢰를 저버리고, 거듭나기 전에 가졌던 예전의 의심이 되살아나 어
리석은 불신상태에서 아버지로부터 멀리 떨어져 서 있다. 오, 이 죄악된 불
신앙으로 하나님의 영예가 얼마나 실추될까!_ 샐터(Salter)

찰머스 박사는 자주 다음과 같이 말했다: "사람은 '하나님이 사랑이시라'
는 사실을 깨닫게 될 때 비로소 참된 회심자가 된다."

129
광선

내 이름을 경외하는 너희에게는 공의로운 해가 떠올라서
치료하는 광선을 비추리니
너희가 나가서 외양간에서 나온 송아지 같이 뛰리라
_ 말라기 4:2

사람들을 구분하는 한 가지 커다란 기준이 있다. 그것은 "하나님을 섬기는 자와 섬기지 아니하는 자"다. 본문 앞장의 마지막 구절을 보라.

하나님을 경외하는 것은 재산, 신분, 국적의 차이보다 더 확실하게 사람을 구별시키는 표시다.

그리스도의 오심은 사람들에 따라 그들에게 재앙이 되거나 복이 되거나 한다.

악인에게는 "용광로 불"이요, 하나님을 경외하는 자에게는 "태양"이로다! 얼마나 대조적인 비유인가!

본문은 우리 주님이 초림하실 때 성취되었다.

그것은 그분이 재림하실 때 더 확실하게 성취될 것이다.

그것은 언제나 일반원리로서 작용하고, 주 예수님이 영적으로 그의 백성들에게 다가오실 때 참된 것으로 느껴질 것이다.

I. 우리는 주님을 태양으로 생각해야 한다.

1. 그분은 전체 은혜 체계의 중심이시다.
2. 그분은 대인력(Grand Attraction)으로서, 태양이 그 궤도 안에 있는 행성들을 붙들고 있는 것처럼, 우리를 그 각자의 자리에서 견고하게 붙들고 계신다.

3. 그분은 모든 선의 원천이시다. 그분의 광선은 의 자체다. 그분으로부터 발산되는 모든 것이 선하다. 모든 선이 그분으로부터 나온다. 이것은 마치 모든 빛과 열이 직간접적으로 태양에서 나오는 것과 같다.

4. 그분은 변함도 없으시고 회전하는 그림자도 없으시다(약 1:17). 그분은 본질상 영원히 동일하고, 쉬지 않고 빛을 비추신다.

5. 그분은 우리에게 그분의 일출과 일몰을 갖고 계신다. 만일 한동안 우리가 그늘 속에 있다면, 이어서 밝은 햇빛이 비출 것을 기대해도 된다.

6. 그분은 자신을 경외하는 사람들에게 햇빛을 비추지 않는 법이 없다. 왜 냐하면 그것은 그들이 눈이 멀어 낮을 깨닫지 못하거나 빛을 보지 못해서 그런 것이기 때문이다.

세상에 태양이 없으면 어떻게 될까? 마찬가지로 우리 주님이 계시지 않는다면 우리는 어떻게 될까? 우리가 암흑, 죽음 등을 상상할 수 있는가?

II. 우리는 그분이 뿌려주시는 축복을 누려야 한다.

1. 우리가 그분으로부터 받게 되는 지식의 빛, 사랑의 온기, 기쁨의 광채는 얼마나 놀라울까! 그러므로 우리는 그 안에서 걸어가야 한다.

2. 그분이 우리에게 주시는 건강은 얼마나 복될까! 병든 자를 치유하시고, 약한 자를 강하게 하신다.
   - 모든 태양광선은 의학적 치료효과가 있다. 그리스도의 모든 말씀은 생명이다.
   - 우리가 그리스도께 일찍 나아올수록 유익이 크다. 그분이 떠오르면 찬란한 기쁨의 이슬이 동반된다.

그분과 긴밀하게 교제할수록 더 좋다. 우리는 그 햇빛 속에서 몸을 녹여야 한다.

3. 그분이 베푸시는 자유는 얼마나 좋을까! "너희가 나가서."

태양은 그 정해진 궤도 속에서 어떤 지점에 이르게 되면, 외양간에 갇혀 있던 가축들이 초원의 목장으로 나가도록 인도받는다. 마찬가지로 예수님은 그의 백성들에게 자유를 주어 그들이 나가도록 이끄심으로써 다음과 같은 일을 행하게 하신다.

- 영적 특권을 누리도록.
- 영적 의무를 수행하도록.
- 영적 성과를 이루도록.
- 영적 영향력을 널리 미치도록.

4. 그분이 이룩하는 성장은 얼마나 놀라울까! "외양간에서 나온 송아지 같이 뛰리라."

주 예수님이 그의 백성들과 함께 하실 때:

- 그들은 충분하게 양육받는다.
- 그들은 안전한 곳에서 산다.
- 그들은 규칙적으로 보호받는다.
- 그들은 신속하게 성숙의 단계에 들어간다.

예수님과 교제하는 심령은 젊음의 신선함, 생명의 평안 그리고 다른 이득들을 얻게 됨으로써, "외양간의 송아지들"과 충분히 비견될 정도로 놀라운 결과에 이르게 된다.

이 모든 것은 하나님을 경외할 때 오기 때문에, 우리는 진지하게 예배하고, 부지런히 순종하며, 영적으로 경건한 삶을 살아야 한다.

이 모든 것은 주 예수님을 통해 오기 때문에, 우리는 그분의 자상한 능력 아래 거해야 하고, 멀리 떨어져 그분의 햇빛으로부터 벗어나지 않도록 해야 한다. 북극의 겨울은 의로운 해가 결코 비추지 않는다.

우리는 태양을 만들거나 움직이도록 하거나 또는 살 수 없다. 오직 한 걸음씩 그 값없고 복된 햇빛을 향해 나아갈 뿐이다. 그렇다면 왜 우리가 지체하는가?

왜 우리가 믿음으로 말미암아 어둠으로부터 그분의 기이한 빛으로 나아가지 못하는가?

✦ 햇빛 ✦

케임브리지 대학의 고 로빈슨 교수는 친구와 다름없는 자신의 아들로부터 편지를 받았다. 그 아들은 서머나 앞 바다에서 항해하는 배의 선의(船醫)였다. 아들은 아버지에게 매일 아침 보게 되는 일출 장면에 관해, 그리고 바다에서 뭍으로 불어오는 신선한 바람과 그 바람이 주는 건강과 유익에 관해 언급하면서, 언제나 이 바람을 **의사**라고 불렀다. 이에 대해 로빈슨 교수는 이렇게 말한다: "그런데 바로 그 지역에서 살았던 말라기 선지자가 '공의로운 해가 떠올라서 **치료하는 광선을 비추리니**' (with healing in his wings)라고 말할 때, 바로 이런 환경에 매료된 결과가 아닐까 생각된다. 시편 기자는 '바람 날개를 타고(the wings of the wind) 높이 솟아오르셨도다' (시 18:10)고 말하는데, 그것은 해가 떠오를 때 수반되는 이 상쾌한 바람을 태양의 날개(the wings of the sun)로 충분히 볼 수 있었다고 나는 생각한다. 본문이 통상 그렇게 해석되는 것처럼, 그 바람은 태양광선 자체보다 더 큰 치료의 힘이 있다." _ 버더(Burder)의 「동양의 풍습」에서

고대 신화에 아름다운 한 이야기가 있다. 그것은 태양을 상징하는 아폴로가 아주 멀리서 정확히 겨냥해 쏜 화살이 거대한 독사를 죽인 사건에 대한 이야기다. 그것은 태양광선이 하늘로부터 즉각 발산되어 땅 위에서 기어 다니는 무수한 악한 존재들을 파멸시킴으로써, 세상이 한층 안전한 거주지가 되도록 한다는 것을 비유한다. 여기서 그 비유는 일리 있는 진리로서, 영원한 언약의 특징과 일치한다. 예수님의 얼굴로부터 나오는 빛이 인간의 마음을 관통하도록 허용될 때, 아폴로의 화살이 뱀을 죽인 것처럼, 그 마음을 괴롭히는 악한 것들이 박멸된다. _ W. 아노(W. Arnot)

식물, 동물, 도덕적·영적 생명 등의 모든 영역에서, 빛은 하나님이 베푸시는 최고의 복과 유익을 상징한다. 물리적 실존 속에서 이것은 확실히 참이다. 무수한 존재들이 빛이 없으면 죽는다. 생생한 식물의 삶, 건강한 동물의 삶도 빛이 없으면 더 이상 지속될 수 없다. 역병은 "어둠 속에서 역사한다." … 러시아 황제의 주치의였던 고 제임스 휠리 경은 상트 페테르부르크 병원에서 빛이 주는 치료효과들에 대해 세밀하게 연구했다. 그는 빛이 적절하게 공급되는 병실에서 치료받은 환자들의 수가 어두운 병실에서 치료받은 환자들보다 4배나 더 많다는 것을 발견했다. 이 차이는 빛의 역할에 기인한 것으로 식물이든 동물이든 빛이 충분히 공급되지 않으면 병들고 연약한 상태에 빠진다는 것을 보여 준다. 빛은 모든 약 가운데 가장 값이 싸지만 가장 효과가 좋다. 정신적인 질병도 빛의 능력에 기인한다. 창백한 얼굴도 햇빛을 받으면 생기가 돌고, 윤기가 흐르게 된다. 태양광선은 놀라운 정화 능력이 있다. _H. I. 헤스팅스

헤이스(Hayes) 박사는 북극에서 보낸 날들의 경험을 기록하면서, 다른 사람들과 함께 오랫동안 겨울이 계속되는 그곳을 떠나 태양을 볼 수 있는 지점에 이르자 "하늘을 찬양하노라! 내가 다시 해를 보게 되다니!'라고 했다. "우리는 거의 동시에 모자를 벗어던지고, 환호작약함으로써 오래 하늘을 잃어버린 방황자의 삶을 끝낸 것을 축하했다."

한 사람이 조소하며 묻기를 "믿음 있는 사람이 나 같은 사람보다 나은 게 무엇인가? 이 좋은 날, 해가 그에게 비추는 것처럼 나에게도 비추지 않는가?' 이에 경건한 노동자인 친구가 이렇게 대답했다: "그렇지, 하지만 믿음 있는 사람은 즉시 자기를 비추는 두 개의 태양을 갖고 있다네. 하나는 그의 몸을 비추는 태양이고, 다른 하나는 그의 영혼을 비추는 태양이라네."

_「성경의 보고」

세계기독교고전 62

스펄전 구약설교노트

1판 1쇄 발행 2005년 9월 25일
2판 2쇄 발행 2022년 1월 11일

발행인 박명곤 **CEO** 박지성 **CFO** 김영은
편집 채대광, 김준원, 박일귀, 이은빈, 김수연
디자인 구경표, 한승주
마케팅 임우열, 유진선, 이호, 김수연
펴낸곳 CH북스
출판등록 제406-1999-000038호
대표전화 070-4917-2074 **팩스** 0303-3444-2136
주소 경기도 파주시 회동길 37-20
홈페이지 www.hdjisung.com **이메일** main@hdjisung.com
제작처 영신사 월드페이퍼

'그리스도와 그의 나라를 위하여'
CH북스는 여러분의 의견 하나하나를 소중히 받고 있습니다.
원고 투고, 오탈자 제보, 제휴 제안은 main@hdjisung.com으로 보내 주세요.

"크리스천의 영적 성장을 돕는 고전"
세계기독교고전 목록